融资租赁法律实务 20 讲

RONGZI ZULIN
FALÜ SHIWU 20 JIANG

许建添 袁雯卿 著

法律出版社 | LAW PRESS
北京

图书在版编目(CIP)数据

融资租赁法律实务20讲/许建添，袁雯卿著. -- 北京：法律出版社，2023
ISBN 978-7-5197-7395-3

Ⅰ.①融… Ⅱ.①许…②袁… Ⅲ.①融资租赁-金融法-研究-中国 Ⅳ.①D922.282.4

中国版本图书馆CIP数据核字(2022)第238124号

融资租赁法律实务20讲
RONGZI ZULIN FALU SHIWU 20 JIANG

许建添 袁雯卿 著

策划编辑 邢艳萍
责任编辑 邢艳萍
装帧设计 鲍龙卉

出版发行 法律出版社	开本 710毫米×1000毫米 1/16
编辑统筹 法律应用出版分社	印张 31.5　字数 560千
责任校对 朱海波	版本 2023年1月第1版
责任印制 刘晓伟	印次 2023年1月第1次印刷
经　　销 新华书店	印刷 北京中科印刷有限公司

地址：北京市丰台区莲花池西里7号(100073)
网址：www.lawpress.com.cn　　　　　　　　销售电话：010-83938349
投稿邮箱：info@lawpress.com.cn　　　　　　客服电话：010-83938350
举报盗版邮箱：jbwq@lawpress.com.cn　　　咨询电话：010-63939796
版权所有·侵权必究

书号：ISBN 978-7-5197-7395-3　　　　　　　　定价：116.00元

凡购买本社图书，如有印装错误，我社负责退换。电话：010-83938349

序 一

融资租赁交易是与实体经济紧密结合的一种投融资方式，在推动我国产业创新升级、拓宽中小微企业融资渠道、带动新兴产业发展和促进经济结构调整等方面发挥着重要作用。基于融资租赁交易，承租人取得新的财产，融资租赁公司购买标的物实质上为承租人提供信用支持，但在形式上扮演着"出租人"的角色。在这种经由"融物"达致"融资"目的的交易中，出租人所注重的是确保承租人及时清偿租金，以收回贷款（投资）；在法律结构设计上，出租人虽在形式上保有标的物的所有权，但经济目的在于担保租金债权的清偿，仍然属于信用授受的一种方式。就这种融资实践中创新发展起来的交易模式，各国的规制进路存在较大差异，我国《民法典》上的政策选择直接影响着解释论的发展。

我国《民法典》维系着融资租赁交易中当事人之间在形式上的安排，未在担保物权规则体系中采行一体化的担保物权观念，在立法模式上并未采行彻底的功能主义进路。与此同时，虽然出租人在融资租赁交易中对于标的物享有所有权，但出租人的这一"所有权"仅具形式上的意义，实质上并不具有所有权的权能，其真实目的并非借助所有权的回复力重新取回标的物，而是担保租金债权的实现。相较于出租人，承租人更像是标的物的实际所有权人。鉴于此，《民法典》第388条第1款通过"其他具有担保功能的合同"的表述将融资租赁交易纳入担保制度，从而扩张了担保制度的外延。由此，出租人就租赁物的所有权即为担保承租人清偿租金债权的非典型担保物权。

这种不彻底的功能主义的立法方法给融资租赁交易规则带来了一系列的解释冲突，并对融资租赁实务产生了较大的影响。例如，在融资租赁交易中，将标的物的所有权明确归属于出租人,但同时规定该所有权未经登记不得对抗善意第三人(《民法典》第745条),与《民法典》所确立的物权变动规则(第224条)及所有权的效力(第240条、第114条)构成冲突。又如,在承租人破产之时,如认可出租人就租赁物享有真正的所有权,租赁物即不构成债务人财产,出租人就享有破产取回权,但《民法典》又删去了"承租人破产的,租赁物不属于破产财产"的规定(第745条)。总之,《民法典》将出租人的所有权定性为非典型担保物权,直接影响了融资租赁的权利公示、权利顺位、违约救济与权利实现,对融资租赁实务的影响不可小觑。

为消解融资租赁交易规则可能存在的冲突,《最高人民法院关于适用〈中华人民共和国民法典〉有关担保制度的解释》朝功能主义又迈进了一大步,在一定程度上统一了相关司法政策。学术界就《民法典》的新规则逐渐展开了充分的讨论,相关研究成果日益丰富。令人欣喜的是,融资租赁实务界亦深入关注《民法典》对融资租赁实务的影响,纷纷撰文或立著阐发对于《民法典》新规则的认识。

本书两位作者许建添律师、袁雯卿律师长期从事融资租赁法律实务,在繁忙的工作之余,就融资租赁实务中的争议问题撰写理论与实务相结合的文章,发表在"金融争议观察"公众号上,在融资租赁业界产生了广泛而深远的影响。两位律师定期发布的《金融法律观察与评论》更是为融资租赁法律实务的展开提供了足够的资讯。本书集中讨论了融资租赁法律实务的20个重大争议问题。其中,既有对融资租赁交易"担保功能化"的理论阐释,又有关于融资租赁交易"担保功能化"的实践讨论;既有关于《民法典》如何影响融资租赁实务的宏观归纳,又有关于"担保功能化"对于融资租赁实务影响的具体分析。从本书各讲涉及的具体内容来看,作者对于融资租赁法律实务的观察相当仔细。本书对于融资租赁公司实务操作的疑难问题及融资租赁公司普遍关心的问题(例如,构筑物、建筑物作为租赁物的合法合规性问题,融资租赁合同适用的利率上限问题,"多重买卖型"交易能否构成融资租赁法律关系问题)展开了充分的讨论,不仅总结了丰富的裁判案例,而且为相关业务的展开提供了改进建议,具有很强的实务借鉴价值。

虽然作者在本书中的观点仅为其一家之言,甚至许多观点在理论与实务中尚存争议,但本书的问世不仅为融资租赁法律问题的研究提供了实践观察的视角,也

序 一

为融资租赁法律实务中疑难问题的解决提供了经验支持与参考。希望本书作者能继续深耕融资租赁法律实务实践,并在将来有更多的研究成果面世,为我国融资租赁法的研究作出新的贡献。

权以为序。

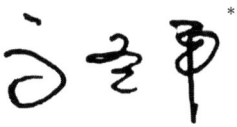*

---

* 教育部长江学者奖励计划特聘教授,中国人民大学杰出学者特聘教授、博士生导师。

序 二

法律、监管、会计和税务被称为融资租赁的四大支柱。这句话至少说明两点：第一，法律对融资租赁行业发展具有不可替代的重要性；第二，即使是为融资租赁行业提供法律服务，仅仅理解法律还不行，还需要对融资租赁行业的监管、会计和税务等相关知识有比较深入的了解。因此，融资租赁法律业务本身就需要比较高的专业门槛。

这种专业上的门槛，在《民法典》颁布实施以后，变得更为突出。因为《民法典》将融资租赁纳入"功能性担保"，使融资租赁交易同时与《民法典》总则编、合同编及物权编发生深度交集，在法律规定的理解和适用上，新增了诸多疑惑与争议。所以，非常需要精通融资租赁法律规范、监管规定、行业实务的专业人士，细细梳理和阐明民法典时代的融资租赁法律问题。而光弄懂弄通"融资租赁法律规范"本身，还需要对《民法典》当中有关总则部分、合同部分、物权部分，特别是担保问题的深度理解，谈何容易！

因缘际会，从2000年选择融资租赁法律问题作为本科毕业论文，到2012年接手《最高人民法院关于审理融资租赁合同纠纷案件适用法律问题的解释》的起草工作，再到这些年持续关注融资租赁行业实践和司法审判，回答法官、律师和法务朋友的请教及咨询，我个人也在持续追踪、学习和研究融资租赁法律问题，并一直筹备在《民法典》颁布施行后，撰写有关民法典时代融资租赁法律问题的文章和论著。但限于时间、精力和对部分问题尚未思考透彻，至今尚未完整成文成书。

许建添律师及其团队，长期深耕融资租赁法律领域，不仅有良好的民商法理论功底，持续追踪融资租赁司法审判动态，而且对融资租赁监管规定、行业实践有非常深入的理解。2022年11月，许律师将煌煌四十多万字的书稿发给我的时候，我不禁为之一振：这不就是我所期待的，深度结合融资租赁法律、监管规定、民法法理和行业实践的融资租赁法律书吗？

完成这一项工作是相当有挑战的。因为这不仅需要作者对法律、监管、司法案例、行业实践有持续的追踪和了解，而且还需要挑战《民法典》对融资租赁的"担保化功能"改造所带来的法理问题的深入思考和回应——就此而言，甚至学界和法官也经常莫衷一是，而行业交易和法律纠纷天天都在发生。

所以，尽管这样的努力，也可能很难以完美的、无可挑剔的成果呈现，但我相信，许建添律师及其团队，花费心血、认真研究、精心呈现的这本书，是非常有意义和价值的。它体现了我们在《民法典》颁行及《最高人民法院关于审理融资租赁合同纠纷案件适用法律问题的解释》修订、《最高人民法院关于适用〈中华人民共和国民法典〉有关担保制度的解释》出台之后，对融资租赁法律问题的新认知、新实践，特别是从行业实操角度，提出了细致的风险提示和业务建议。这就是融资租赁法律人的努力和贡献！

这些年，因为和融资租赁结缘，我也有幸和融资租赁业界的裘企阳老先生、学界的史燕平教授、高圣平教授以及诸多深耕融资租赁法律业务的法官、律师、公司法务人员结识。他们一棒又一棒地为融资租赁行业在我国的健康发展接续力量、夜以继日地为融资租赁疑难法律问题研究出路，令人感佩。本书也是这样的一份智慧结晶。有这么多优秀的前辈、行业精英及法律专家为之殚精竭虑、贡献智慧和力量，我坚信，在民法典时代，我国的融资租赁法律制度一定会得到更好的完善，融资租赁行业一定会有更好的发展！

是为序。

李志刚[*]

2022 年 11 月 25 日

---

[*] 法学博士，中国人民大学民商事法律科学研究中心兼职研究员，中国商法学研究会理事，北京市破产法学会常务理事，《最高人民法院关于审理融资租赁合同纠纷案件适用法律问题的解释》执笔人。

序 三

1952年5月,世界上第一家现代设备租赁公司即美国租赁公司(United States Leasing Corporation)成立。人们通常认为,这宣告了融资租赁产业的诞生。美国租赁公司最终没能成为"百年老店",它后来由其创立人叙恩菲尔德(Henry B. Schoenfled)出售给了福特汽车信贷公司(Ford Motor Credit)。不过,对于融资租赁来说,这并没有导致"人亡政息"现象的出现。相反,在国外、国际资本市场上,它迄今为止依然处于青春鼎盛时期。在这方面,一个重要的表现,就是它在融资手段中取得了仅次于银行信贷、证券投资的地位。

融资租赁的融资功能,在我国改革开放初期,引起了荣毅仁先生的注意。在他的倡导下,1981年4月18日,我国第一家融资租赁公司中国东方租赁有限公司取得营业执照、开始营业。我国融资租赁产业由此开始起步。在此后八九年的时间里,融资租赁在我国有了较快发展。可是,由于宏观环境制约和微观运作不佳,从20世纪90年代到21世纪前几年,我国的融资租赁产业陷入沉寂状态,并一直处在低谷。这种状况到2007年才有所改观。在2007年,我国停滞多年的融资租赁产业驶入发展极速车道。这具体表现在,我国融资租赁企业数量大幅增加,融资租赁行业实力强劲上升,融资租赁交易量显著提高。据统计,截至2021年年底,全国融资租赁企业(不含单一项目公司、分公司、SPV子公司、港澳台当地租赁企业和收购海外的公司,不含已正式退出市场的企业,包括一些地区监管部门列入失联或经营异常名单的企业)总数为11,917家,全国融资租赁合同余额约为62,100亿元人民币。融资租赁在过去十几年中如此高速发展与增长的态势,使我国融资租赁业取得了举世瞩目的成就。从2011年起,我国在全球融资租赁交易市场中稳居第二位。

对于我国融资租赁产业来说,这些成绩的取得值得充分肯定。不过,与稳居全球融资租赁交易市场第二位不相称的是,我国融资租赁产业还有进一步发展的空间,它还远未做强到居全球前列的程度。反映一国融资租赁市场成熟度的重要指标是融资租赁交易市场渗透率,是指融资租赁交易总额和固定资产投资总额的比率,它在一定程度上能够反映融资租赁交易对固定资产设备投资的贡献程度。据Solifi集团编写的《2022世界租赁年报》(2022 Global Leasing Report),2020年我国融资租赁交易市场渗透率为9.4%,这较之前的数据有了大幅提高。据《中国融资(金融)租赁行业发展报告(2013)》提供的数据,我国2010~2012年融资租赁交易市场渗透率分别为2.457%、3.2305%和3.783%,2013年约为4%。尽管如此,与融资租赁交易成熟国家相比,我国的融资租赁交易市场渗透率还有不小的差距。根据《2022世界租赁年报》,2020年,在融资租赁交易市场渗透率方面,美国为22%,英国为28.4%,德国为16.2%,法国为17.5%,意大利为13.4%,加拿大为42%。融资租赁交易市场渗透率方面的巨大差距,表明我国融资租赁要摆脱"大而不强""繁而不荣"的状态,还有不短的一段路要走。

随着我国融资租赁产业迅速做大,与融资租赁有关的民事纠纷也持续增长。对这一点,从最高人民法院到融资租赁产业聚集地的基层人民法院都有所体现。据最高人民法院统计,2008年人民法院受理的一审融资租赁合同纠纷案件为860件,2013年则已达到8530件,是5年前的近10倍。《上海市浦东新区人民法院涉自贸试验区融资租赁案件审判情况通报》(2013年10月~2020年9月)显示,2013年10月至2019年9月,上海市浦东新区人民法院共受理涉自贸融资租赁合同纠纷案件15,472件,共审结14,373件。其中,2014年度受理融资租赁合同纠纷案件1035件,比2013年度增长了311%。2018年度融资租赁合同纠纷案件呈爆发式增长,收案量达到4663件,相较于2014年度增长了3.5倍。此外,由民事纠纷解决的另一个主体——仲裁机构处理的融资租赁民事纠纷案件,近年来在数量上也有不小的上升。这些都意味着,维护融资租赁交易安全、自由、有效率地展开,保障融资租赁产业的健康发展,已成为人民法院金融审判工作和仲裁机构纠纷解决工作的重要任务之一。

不论是做强我国的融资租赁产业,还是妥善解决不断增加的融资租赁民事纠纷,都离不开与融资租赁相关的法律制度的完善。在这方面,国际著名融资租赁交易专家阿曼波(Sudir P. Amembal)有一个学界和业界耳熟能详的精辟论断:"支持和影响租赁业发展的有四大支柱:法律制度、直接税、财务会计和监管。这四个方面存在的细微差别可以对租赁业发展产生正面或负面的影响,特别是对交易量、增长率和市场渗透率产生影响。"

近年来,围绕着融资租赁,立法机关、司法机关和监管机关大力推进建章立制工作,形成一大批调整融资租赁的法律文件,包括法律、司法解释、地方性法规、部门规章和其他规范性文件,它们主要集中在融资租赁交易与监管两个方面。与融资租赁交易有关的法律文件,目前主要有《中华人民共和国民法典》《最高人民法院关于适用〈中华人民共和国民法典〉有关担保制度的解释》《最高人民法院关于审理融资租赁合同纠纷案件适用法律问题的解释》。与融资租赁监管有关的法律文件,目前主要有《金融租赁公司管理办法》《融资租赁公司监督管理暂行办法》《融资租赁公司非现场监管规程》,以及地方立法机构制定的地方金融监管条例、其他地方性法规(如《上海市浦东新区绿色金融发展若干规定》)、省级地方金融监管机构发布的融资租赁公司监督管理实施细则。此外,在不久的将来,融资租赁会在有法可依方面更上一层楼。拟提请全国人大常委会审议的"金融稳定法"、国务院预备制定的"地方金融监督管理条例"、最高人民法院正在起草的"全国法院金融审判工作会议纪要",都为融资租赁的监管或纠纷处理设计了相应的规则。

以上有关融资租赁的法律文件,为我国融资租赁产业的做强支撑起了法律制度这一支柱。不过,这并不意味着,融资租赁遇到的任何问题,都能从这些文件中自动生成答案。且不说融资租赁法律制度的建设本身会一直在"赶考"的路上,就是现成的制度也需要由法律制度"作者"之外的人来解读。

融资租赁在引入我国后,对其法律制度的解读从来没有间断过。在这方面,出现了不少异彩纷呈的成果,它们形成了融资租赁法律制度解读的"朋友圈"。这个"朋友圈"当然不是封闭的,它随着更多成果的出现而不断扩容。果不其然,许建添、袁雯卿两位律师共同完成的《融资租赁法律实务20讲》一书,就在融资租赁法律制度解读成果的一览表上又添上了一笔。

《融资租赁法律实务20讲》,有几个特点,使其具有了很强的可读性。第一,作者实务经验足。融资租赁固然有不少基本理论问题需要探讨,但是其生命力更主要地来自实践。融资租赁的诞生本来不是理论事前设计的结果。叙恩菲尔德后来在被问及美国租赁公司的成功经验时(该公司在创立时仅有2万美元,在出售给福特汽车信贷公司时价值已超过6.5亿美元),他说是运气好。本书两位作者深耕融资租赁民事纠纷解决领域多年,凭借着对融资租赁法律制度与融资租赁产业枝枝蔓蔓比较透彻的了解,积累了大量且丰富的经验。本书正是他们多年实务经验的分享。第二,作品问题意识强。由于作者浸淫实务界多年,本书展示出来的问题,且不说最终解决方案如何,应该都是融资租赁交易与监管实务中的真问题。或许正是由于执着于问题的关注,本书在内容安排上并没有"大水漫灌",而是聚焦问题,并将问题设计成专题来展开。第三,作依据的规则新。相较于之前的融资租赁交易法律制度,如《最高人民法院关于审理融资租赁合同纠纷案件若干问题的规定》(法发〔1996〕19号,已废止)、《中华人民共和国合同法》(中华人民共和国主席令第15号,已废止)、《最高人民法院关于审理融资租赁合同纠纷案件适用法律问题的解释》(法释〔2014〕3号)、《中华人民共和国民法典》(中华人民共和国主席令第45号)、《最高人民法院关于适用〈中华人民共和国民法典〉有关担保制度的解释》(法释〔2020〕8号)、《最高人民法院关于审理融资租赁合同纠纷案件适用法律问题的解释》(法释〔2020〕17号)就融资租赁交易在某些方面有了新的"写法"。本书十分重视这些新"写法",并对它们一一作出分析。

从1981年算起,融资租赁在我国落地生根已满41载,正巧本书作者年方四十正青春,奋力向前新辉煌。衷心祝愿两位作者在未来能出更多好的成果,为我国融资租赁产业发展和融资租赁法制建设新征程注入新的力量。

徐同远[*]

---

[*] 华东政法大学法律学院讲师,华东政法大学融资租赁研究中心研究人员。

凡 例

1. 本书中法律、行政法规名称中的"中华人民共和国"省略,其余一般不省略,例如《中华人民共和国民法典》简称《民法典》。若法律、行政法规有修改、修订的,则在后面括号备注修正或修订年份,例如《民事诉讼法》(2021修正)。

2. 本书中下列司法解释及司法指导性文件使用简称:

全称	发文字号	简称
《最高人民法院关于适用〈中华人民共和国担保法〉若干问题的解释》	法释〔2000〕44号,法释〔2020〕16号废止	《担保法解释》
《最高人民法院关于适用〈中华人民共和国合同法〉若干问题的解释(二)》	法释〔2009〕5号,法释〔2020〕16号废止	《合同法解释(二)》
《最高人民法院关于适用〈中华人民共和国民法典〉有关担保制度的解释》	法释〔2020〕28号	《民法典担保制度解释》
《最高人民法院关于审理融资租赁合同纠纷案件适用法律问题的解释》(已被修改)	法释〔2014〕3号	《融资租赁纠纷解释》(2014)
《最高人民法院关于审理融资租赁合同纠纷案件适用法律问题的解释》(2020修正)	法释〔2020〕17号修正	《融资租赁纠纷解释》(2020修正)
《最高人民法院关于审理民间借贷案件适用法律若干问题的规定》	法释〔2015〕18号	《民间借贷案件规定》(2015)
《最高人民法院关于审理民间借贷案件适用法律若干问题的规定》	法释〔2015〕18号,法释〔2020〕6号第一次修正	《民间借贷案件规定》(2020第一次修正)

续表

全称	发文字号	简称
《最高人民法院关于审理民间借贷案件适用法律若干问题的规定》	法释〔2015〕18号,法释〔2020〕6号第一次修正,法释〔2020〕17号第二次修正	《民间借贷案件规定》(2020第二次修正)
《全国法院民商事审判工作会议纪要》	法〔2019〕254号	《九民会纪要》

3.《民法典》自2021年1月1日起施行,《婚姻法》《继承法》《民法通则》《收养法》《担保法》《合同法》《物权法》《侵权责任法》《民法总则》同时废止。

CONTENTS 目 录

前　言／1

总　论

第一讲　融资租赁"担保功能化"的理解与主要争议问题／3
　一、融资租赁"担保功能化"的理解／3
　二、融资租赁"担保功能化"的理论与实践发展／5
　三、融资租赁"担保功能化"之五大争议问题／7

第二讲　《民法典》及《民法典担保制度解释》对融资租赁业务的主要影响／13
　一、当事人以虚构租赁物方式订立的融资租赁合同无效／13
　二、融资租赁涉及担保功能发生的纠纷适用《民法典担保制度解释》的有关规定／20
　三、租赁物登记制度发生重大改变／21
　四、出租人对租赁物享有的所有权无法对抗正常经营活动中的买受人／25
　五、PMSI也适用于融资租赁，出租人的所有权优先于浮动抵押／26
　六、公益设施、海关监管财产等可办理融资租赁，但需注意合规问题／29
　七、融资租赁保证金业务面临保证金制度的挑战／31
　八、债权可能法定转移，出租人负有注意义务／33
　九、出租人利用公权力救济的方式有重大改变／34

专题一　融资租赁物

第三讲　构筑物作为融资租赁物 / 39
一、融资租赁视角下的构筑物 / 39
二、金融租赁公司开展构筑物融资租赁业务受限 / 41
三、以构筑物作为租赁物的融资租赁纠纷案例分析 / 42
四、以构筑物作为租赁物的融资租赁交易风险要点 / 57

第四讲　在建工程作为融资租赁物 / 60
一、在建工程作为融资租赁物之监管限制 / 60
二、以在建工程作为融资租赁物开展回租交易一般无法成立融资租赁法律关系 / 63
三、以设备类在建工程为融资租赁物的直租交易结构搭建 / 67

第五讲　建筑物附属设施设备作为融资租赁物 / 77
一、建筑物附属设施设备的基本概念 / 77
二、建筑物附属设施设备作为融资租赁物的合规性分析 / 81
三、建筑物附属设施设备权属对融资租赁的影响 / 84
四、建筑物附属设施设备作为融资租赁物如何开展权属审查及价值审查工作 / 91

第六讲　租赁物价值对融资租赁法律关系的影响 / 93
一、关于租赁物价值的法律、司法解释及监管规定 / 93
二、"低值高买"对融资租赁法律关系的影响 / 95
三、关于租赁物"高值低买"的司法裁判观点 / 97
四、不应仅以"高值低买"否定融资租赁法律关系，但出租人应注意承租人在诉讼中主张差额返还请求权的风险 / 100

专题二　监管与合规

第七讲　融资租赁利率监管与司法裁判 / 107
一、租赁利率的常见约定方式、监管要求与司法裁判观点趋势 / 107
二、司法实践关于融资租赁合同纠纷利率上限标准的适用争议 / 117
三、近年融资租赁合同纠纷利率上限标准的主流司法裁判观点 / 125

四、关于融资租赁利率之实务建议／131

第八讲　融资租赁公司兼营商业保理业务的合规性／133

　　一、关于融资租赁公司兼营商业保理业务的监管要求分析／133

　　二、监管视角下"与主营业务有关的商业保理业务"分析／136

　　三、司法实践视角下"与主营业务有关的商业保理业务"分析／137

　　四、关于兼营商业保理业务的建议／146

第九讲　光伏电站融资租赁项目用地合规实务／148

　　一、非法占用耕地案例——"边建边批"现象及其法律风险／148

　　二、光伏电站项目用地合规要点／151

　　三、光伏电站项目合规审查建议／163

第十讲　《民法典》视角下融资租赁合同的修改与签订／164

　　一、民法典格式条款规定对融资租赁合同的影响及应对／164

　　二、完善租赁物的相关约定／175

　　三、融资租赁合同期限届满后承租人留购价条款完善／180

　　四、完善承租人违约之后出租人救济措施条款／184

　　五、视频签约法律实务问题／190

专题三　融资租赁交易

第十一讲　设备直租交易法律实务／201

　　一、租赁物的选择及法律风险分析／201

　　二、直租交易中的设备经销商风险分析／205

　　三、租赁物的交付与验收风险分析／209

　　四、出租人租后管理中的锁机风险分析／211

第十二讲　电费应收账款质押法律实务／225

　　一、《民法典》下的电费应收账款质押规范梳理／226

　　二、电费应收账款质权设立操作实务／227

　　三、质权人诉讼主张电费应收账款质权之法律实务／235

　　四、电费应收账款涉及冻结、扣划时的法律风险分析／246

第十三讲　融资租赁交易中的租赁保证金法律实务／249

　　一、监管视角下融资租赁交易中的租赁保证金／249

二、出租人是否对租赁保证金享有优先受偿权 / 253

三、司法实践层面关于租赁保证金的争议问题 / 256

四、租赁保证金相关的合同条款约定注意事项 / 270

第十四讲 "多重买卖型"转租赁法律实务 / 272

一、"转租赁"与"多重买卖型转租赁"交易结构 / 273

二、"多重买卖型转租赁"之典型案例分析 / 281

三、"多重买卖型转租赁"交易实务建议 / 293

第十五讲 融资租赁业务项下回购合同法律实务 / 297

一、融资租赁领域回购合同的法律属性 / 297

二、法律视角下融资租赁领域回购合同的具体运用 / 304

三、诉讼视角下回购合同的相关法律问题 / 306

四、起草回购合同的注意事项 / 313

第十六讲 融资租赁所有权查询与登记实务 / 317

一、融资租赁所有权查询与登记的基本问题 / 317

二、《民法典》下动产融资统一登记公示系统融资租赁查询实务问题 / 326

三、《民法典》下动产融资统一登记公示系统融资租赁登记实务 / 334

专题四 融资租赁资产保全

第十七讲 融资租赁租金加速到期法律实务 / 343

一、如何理解租金加速到期 / 343

二、出租人主张租金加速到期有哪些条件 / 346

三、出租人主张租金债权,能否主张确认对租赁物的所有权 / 354

四、出租人主张租金债权,能否一并主张就租赁物价款优先受偿 / 359

五、出租人能否主张加速到期租金之违约金 / 365

六、出租人首次起诉仅主张逾期租金而未主张租金加速到期的风险 / 373

第十八讲 承租人违约时出租人请求解除融资租赁合同之法律实务 / 376

一、承租人违约后出租人解除融资租赁合同的影响因素 / 377

目 录

二、出租人主张收回租赁物并申请法院对租赁物采取财产保全
措施的实务问题 / 385

三、出租人自行收回租赁物的法律实务问题 / 389

四、在出租人主张解除合同、收回租赁物的诉讼中租赁物价值
的确定 / 398

五、主张加速到期后再行起诉主张解除合同、收回租赁物的
实务问题 / 404

六、解除融资租赁合同后的清算问题 / 408

七、融资租赁合同解除后保证人责任问题 / 416

第十九讲 融资租赁出租人执行异议之诉法律实务 / 425

一、担保功能主义下出租人的所有权能否排除执行 / 426

二、租赁物被另案执行时,出租人应提起案外人异议 / 430

三、出租人已经另案主张权利,对案外人执行异议之诉有何影响 / 434

四、租赁物为机动车但产证登记在承租人名下,出租人的所有权能否
排除执行 / 443

五、出租人案外人执行异议之诉未被支持的其他情形 / 450

第二十讲 承租人破产时出租人权利保护法律实务 / 453

一、《民法典》施行前后出租人在破产程序中的权利主张比较 / 453

二、《民法典》背景下出租人关于租赁物的权利主张 / 460

三、承租人破产时管理人对融资租赁合同的挑拣履行权 / 467

四、出租人申报债权时存在的争议 / 471

后记 / 478

前　言

由于《民法典》与《最高人民法院关于适用〈中华人民共和国民法典〉有关担保制度的解释》(以下简称《民法典担保制度解释》)就融资租赁交易与以往的规定有比较大的变化,因此对融资租赁实务产生了较大的影响。但新法与旧法具体在哪些方面不一样,新法究竟对融资租赁实务的哪些方面产生了影响、产生了怎样的影响,笔者作为长期从事融资租赁法律实务的律师,对这些问题有浓厚的兴趣,也有不少疑惑。为更好地向融资租赁法律实务专家、同行请教,笔者将近年来在实务中所碰到所观察的问题进行了归纳、总结,不揣浅陋,形成本书。

本书涉及20个主题(分为20讲),并按照各主题的内容区分为总论与4个专题,分别是融资租赁物专题、监管与合规专题、融资租赁交易专题及融资租赁资产保全专题。

总论部分共有2讲,主要探讨融资租赁"担保功能化"的理解与主要争议问题,并就《民法典》及《民法典担保制度解释》对融资租赁业务的主要影响进行归纳。《民法典》将融资租赁纳入非典型担保,引发融资租赁的出租人担忧其对租赁物的所有权是否会被"降格"为担保物权。笔者认为,融资租赁交易担保功能化在实践中早已有之,只是未能通过法律予以明确。因此,并非《民法典》或《民法典担保制度解释》发明了融资租赁交易的担保功能,而是担保功能本身即为融资租赁交易的题中应有之义。笔者认为,融资租赁"担保功能化"并不意味着出租人的权利"降格",反而使融资租赁交易的规则更加明确。只要融资租赁行业充分注意到这些变化并妥当应对,那么融资租赁担保功能化对融资租赁行业而言,总体上利远大于弊。

融资租赁物专题以构筑物、在建工程、建筑物附属设施设备等为例,探讨融资租赁实践中争议较大的租赁物适格性问题。由于传统的机器设备单体价值有限,如需要大规模开展融资租赁交易,将对融资租赁公司在人力、物力方面提出较高的要求。随着融资租赁实践的创新与发展，实务中，部分融资租赁公司选择的租赁物并不局限于有形动产。但是，无论是《合同法》还是《民法典》，对于融资租赁交易，均要求出租人能够对租赁物享有所有权。就以构筑物、在建工程、建筑物附属设施设备作为租赁物开展的融资租赁交易而言，一方面，此类标的物价值较高，实务中颇受融资租赁公司青睐；另一方面，此类标的物能否由出租人取得所有权、如何确认其真实存在、如何确定其具有经济价值等问题，在实践中亦存在较大争议。故，本专题均分别予以探讨。除此之外，本专题就租赁物价值对融资租赁法律关系的影响亦展开了分析，但并未局限于探讨常见的租赁物"低值高买"问题，也分析了在实践中存在并已经引发较大争议的租赁物"高值低买"问题。

监管与合规专题重点探讨融资租赁领域的几个重要监管与合规问题，包括利率问题、兼营商业保理问题、光伏电站融资租赁项目用地合规实务及《民法典》视角下融资租赁合同业务的修改与签订。之所以挑选这几个问题进行探讨，是因为笔者为融资租赁公司提供日常法律咨询服务时，上述问题属于频繁出现的热点问题。尤其是近几年监管政策不断变化，司法政策亦不断调整，如何在发展融资租赁业务的同时兼顾监管层面的合规经营要求，以及司法实践层面的融资租赁法律关系成立需要，成为一个难题。而之所以探讨光伏电站融资租赁项目用地合规实务，则与近几年新能源领域融资业务较为活跃相关。与传统融资租赁业务相比，出租人在开展光伏电站融资租赁业务时需要关注的合规性问题更多，不仅涉及租赁物及交易结构本身，也涉及租赁物（光伏电站）使用的土地合规性。而上述领域对于大部分融资租赁公司而言较为陌生。有赖于笔者近年来为多家专注于新能源领域的融资租赁公司提供法律服务积累的实务经验，笔者在本书中也以专题形式就上述问题作出了讨论。

融资租赁交易专题的内容则更加丰富，不仅探讨了传统的设备直租交易法律实务、融资租赁交易中的租赁保证金法律实务、融资租赁业务项下回购合同法律实务、融资租赁所有权查询与登记实务，还探讨了近几年比较热门的电费应收账款质押法律实务及争议比较大的"多重买卖型"转租赁法律实务。虽然设备直租交易等系传统融资租赁业务，但是本专题探讨了传统交易在现有法律、司法与监管环境下出现的许多新问题，并提出了新的解决方案，对融资租赁实务定有参考价值。而电费应收账款质押法律实务看似不属于典型的融资租赁交易，但熟悉新能源领域的融资租赁公司会发现，在新能源领域尤其是电力领域的融资租赁交易离不开电费应收账款质押，且有许多疑难问题亟待解决。至于"多重买卖型"转租赁法律实

前 言

务,则在理论与实务中争议更大,笔者亦提出了一些浅见。

融资租赁资产保全专题虽然放在本书最后一个专题,但却是很重要的专题。融资租赁诉讼与资产处置工作是融资租赁公司最不希望发生但又不得不面对的工作。客观而言,随着融资租赁公司资产规模的不断累积,每一家融资租赁公司或多或少都可能面临诉讼、提出执行异议甚至在债务人的破产程序中进行债权申报等工作。而《民法典》施行之后,融资租赁"担保功能化"对融资租赁业务的影响不仅体现在融资租赁业务的开展,更体现在融资租赁诉讼与资产处置方面。主张融资租赁合同加速到期与解除合同是融资租赁合同纠纷中,出租人提出的两种主要的诉讼请求,在民法典时代应当如何选择、要注意哪些问题,本专题的第十七讲与第十八讲在结合大量案例的基础上,提出了可行方案并对各方案可能存在的风险作出了分析。租赁物被其他债权人申请法院执行(查封、扣押或评估、拍卖、变卖),出租人如何维权?出租人以所有权人的身份提出执行异议能否获得支持?本专题第十九讲会有详细答案。若承租人破产,出租人如何申报债权?《民法典》第745条删除了《合同法》第242条中"承租人破产的,租赁物不属于破产财产"的规定,是否意味着出租人对租赁物不再享有取回权?本专题第二十讲对此进行了充分讨论。

本书是笔者在多年融资租赁实务经验基础上所进行的深度归纳与总结,笔者认为本书存在以下特点:

第一,本书仅20讲,讨论的主题也许并不全面,但笔者对每个主题都有深入研究。融资租赁实务发展迅速,业务模式不断创新,因此对融资租赁实务的研究难以面面俱到。例如,关于知识产权能否作为租赁物是近几年争议较大的问题之一,但因篇幅所限并未被收入本书。而本书讨论的20个主题,均是笔者结合实践经验深入研究的成果。尽管理论深度不足,但笔者自认为足以解决实务中相关领域的许多问题。

第二,本书案例翔实,尽量汇总相关问题在实务中的争议。司法裁判者对融资租赁法律实务的裁判观点,某种意义上是融资租赁业务的"指南针"。如果裁判者认为某种融资租赁交易属于"名为融资租赁实为借贷",则融资租赁公司在开展业务之前便需要对业务进行调整使之合法合规,若无法规避相关风险的,则可以选择不再开展相关业务。因此笔者在探讨相关问题之时,尽全面检索了具有参考价值的案例,并结合不同案例,提出相应的解决方案或风险预防对策。但是笔者并不是简单罗列裁判文书,而是进行了梳理总结,使相关案例的核心观点得到充分展示而又不会因为裁判文书篇幅冗余而影响阅读。

第三，本书各专题均高度契合融资租赁公司日常业务开展中面临的问题及实际需要，并非理论化地讨论《民法典》及《民法典担保制度解释》项下的融资租赁法律问题，也非简单总结融资租赁司法实践中的主要裁判观点，而是基于法律法规及监管规定、司法实践的要求，提炼总结融资租赁实务中的常见问题、交易难点、应对方案等。对于没有法学教育背景，但具有融资租赁从业经验的实务工作者而言，相信本书各专题所涉内容也将为其实务工作带来借鉴及启发。

第四，本书各讲对每个融资租赁实务问题的讨论，都尽可能剖析其可能面临的监管障碍、诉讼风险，并在合同条款的约定、交易结构的搭建等实际操作方面结合可能面临的诉讼风险提出了具有借鉴价值的建议。笔者发现，基于律师行业区分"非诉讼律师"与"诉讼律师"的行业特点，非诉讼律师由于缺乏诉讼实务经验，其在为融资租赁公司提供交易咨询、合同起草等法律服务时，可能较容易忽略诉讼风险。例如，融资租赁合同关于争议解决费用的承担问题，非诉讼律师起草的合同条款经常仅列"保全费"而不列"保全担保费用"，导致出租人在申请财产保全后，于诉讼中主张聘请保险公司或担保公司出具担保函或担保书所发生的费用无法被法院支持。又如，诉讼律师往往仅可为融资租赁公司提供诉讼法律服务，但在诉讼过程中，如果涉及出租人接受以物抵债后是否涉及国有资产处置问题、处置抵债资产时的合规注意事项问题，则可能无法给予融资租赁公司较为准确的答复。笔者作为长期专注于融资租赁法律实务的律师，深感在融资租赁法律服务领域兼具非诉思维与诉讼经验的重要性。因此，本书尽可能兼顾了监管合规、诉讼风险、实务建议等多方面的问题，对问题的分析及讨论尽可能结合非诉讼思维给出有操作价值的建议，并尽可能地避免诉讼风险，避免本书成为"融资租赁法律问题的简单堆砌"、"法律法规汇编"或"裁判文书汇编"。

法律写作，是法律从业人员专业上获得成长的最佳方式之一。本书的写作历经选题、核理法律法规与监管文件、检索相关案例、整理笔者过往参与的交易案例等诸多环节。以上工作不仅是笔者总结过往工作经验的过程，也是笔者不断学习、进步的过程。尽管如此，囿于笔者的水平有限，本书难免存在纰漏，甚至部分内容值得进一步商榷，还望读者批评指正。

2022 年 12 月 10 日于上海

总 论

第一讲 融资租赁"担保功能化"的理解与主要争议问题

《民法典》第388条第1款规定:"设立担保物权,应当依照本法和其他法律的规定订立担保合同。担保合同包括抵押合同、质押合同和其他具有担保功能的合同。担保合同是主债权债务合同的从合同。主债权债务合同无效的,担保合同无效,但是法律另有规定的除外。"2020年5月22日,第十三届全国人民代表大会第三次会议上全国人民代表大会常务委员会副委员长王晨在作《关于〈中华人民共和国民法典(草案)〉的说明》时谈到,草案"扩大担保合同的范围,明确融资租赁、保理、所有权保留等非典型担保合同的担保功能,增加规定担保合同包括抵押合同、质押合同和其他具有担保功能的合同"。[①] 可见,《民法典》第388条所规定的"其他具有担保功能的合同"包括融资租赁、保理、所有权保留等非典型担保合同,将《民法典》合同编已经作出典型化规定的融资租赁、保理、所有权保留买卖等交易形态予以"担保功能化"。笔者以融资租赁为例,于本讲探讨对于融资租赁"担保功能化"的理解及存在的主要争议问题。

一、融资租赁"担保功能化"的理解

首先,《民法典》第388条"担保合同包括抵押合同、质押合同和其他具有担保功能的合同"的规定是功能主义的担保观念在立法上的直接体现。功能主义担保观念强调交易的本质,无论当事人之间的交易表现为何,只要其本质在于对债权起

[①] 王晨:《关于〈中华人民共和国民法典(草案)〉的说明》,载《中华人民共和国全国人民代表大会常务委员会公报》2020年特刊,第188页。

担保作用,都将纳入"动产担保交易法"的调整范围,即"透过现象看本质"。对于融资租赁而言,出租人对租赁物享有的所有权只是交易手段,其目的是用于担保租金债权能够获得清偿,是借助所有权构造的交易模式达到担保租金债权实现的目的。因此,透过融资租赁"所有权"的形式,可见其"担保"的本质,"所有权"只是形式与手段,"担保"才是目的。为了保障租金债权的实现,出租人在行使权利时,手段不能超过目的。融资租赁交易功能化之后,出租人在任何情况下所获得的利益均不得超过其租金债权总和。若出租人取回租赁物,则出租人必须履行清算义务,将取回的租赁物价值与出租人的损失进行清算("多退少补"),避免出租人因取回租赁物而获得额外利益。

其次,融资租赁功能化在立法体现上,除《民法典》第388条第1款之外,还有《民法典》第745条,该条规定:"出租人对租赁物享有的所有权,未经登记,不得对抗善意第三人。"该条明确规定融资租赁的所有权也需要经过登记才能产生对抗善意第三人的效力。更重要的是,《民法典》第414条在《物权法》第199条的基础上增加了第2款:"其他可以登记的担保物权,清偿顺序参照适用前款规定。"从而将之改造为适用于一切担保物权优先顺位的通用性规则。《民法典》第414条第2款与《民法典》第388条第1款互相呼应,只要实质上是具有担保功能的交易形态,如可通过登记进行公示,就承认其可以发挥功能化担保物权的效力。融资租赁、保理、所有权保留均属于这样的交易形态,并通过登记对抗规则消除了隐形担保。

再次,融资租赁交易功能化符合物权法定原则。融资租赁、保理、所有权保留等都是已经在《民法典》合同编规定的交易类型,但承认融资租赁、保理、所有权保留等非典型担保合同的担保功能,不违背《民法典》第116条"物权的种类和内容,由法律规定"所确定的物权法定原则。《民法典》第10条规定:"处理民事纠纷,应当依照法律;法律没有规定的,可以适用习惯,但是不得违背公序良俗。"因此,习惯法也是重要的法律渊源。在《民法典》施行之前,我国融资租赁行业一直采用以所有权的构造叙做融资租赁交易,不仅符合法律规定,也形成了交易习惯。在此交易习惯下,租赁物所有权客观上对租金债权起到了担保作用,因此明确承认融资租赁交易的担保功能,同样符合物权法定原则。

最后,融资租赁合同作为"具有担保功能的合同",并不意味着融资租赁合同等于担保合同,而是融资租赁合同项下的租赁物在某种程度上可以对出租人的债权起到担保的功能。出租人对租赁物享有的所有权具有担保功能,这是从权利的客观功能上来定位的,并非在法律上将出租人对租赁物享有的所有权直接等同于担保物权。"在融资租赁交易中对出租人债权起到担保作用的关于融资租赁物所有权的安排基本以融资租赁合同条款的形式呈现,因而其与典型担保合同(如抵押合同、质押合同)存有明显差异,后者通常是主债权债务的从合同,是要式合同。所以,如果仅依此条规定认为融资租赁合同系属纯粹担保合同则是误入歧途,实际是融资租赁合同涵盖动产担保功能或曰特征,担保绝非融资租赁合同的主要目的,此也是其被称为非典型担保合同的原因所在"。① 对于融资租赁交易而言,应当首先依照《民法典》合同编之相关规定认定融资租赁合同的效力,但一旦涉及物权的登记、冲突、顺位等问题时,就应当适用《民法典》物权编的相关规定。在这个问题上,《民法典担保制度解释》第 1 条规定得非常清楚:"……所有权保留买卖、融资租赁、保理等涉及担保功能发生的纠纷,适用本解释的有关规定。"这些具有担保功能的合同,只有在涉及担保功能发生的纠纷时,才适用《民法典》物权编和《民法典担保制度解释》中的有关规定。

《民法典》第 388 条第 1 款的规定在理论上也许有进一步讨论的空间,但对于实务而言,该规定明确了融资租赁、保理、所有权保留等非典型担保合同具有担保功能,不仅缓和了我国物权债权二分立法体系下的冲突问题,也符合交易的实质,因此有学者称之为《民法典》最伟大的条款之一。同时,《民法典》第 414 条创造了一切担保物权优先顺位均适用的通用性规则,称之为担保效力的"帝王条款"也不为过。② 不容置疑的是,融资租赁担保功能化对实务的影响值得重视。

二、融资租赁"担保功能化"的理论与实践发展

如果融资租赁交易中的所有权被担保化,即出租人以自己之物来担保自己债权的实现,传统观念视之似乎与我国法律中所有权的基本观念相悖,但是客观上融资租赁交易担保功能化并非近期才提出的概念。虽然《民法典》是从法律层面首次"明确融资租赁、保理、所有权保留等非典型担保合同的担保功能",事实上融资租赁项下的租赁物具有担保出租人债权实现的功能早已有之,并且获得了理论与实务的认可。

第一,在理论研究过程中,学者们早就注意到了融资租赁交易中租赁物对租金

---

① 梅夏英、王剑:《后〈民法典〉时代的融资租赁法律治理》,载《烟台大学学报(哲学社会科学版)》2021 年第 5 期。

② 参见龙俊:《民法典中的动产和权利担保体系》,载《法学研究》2020 年第 6 期。

债权的担保功能。学理上关于融资租赁合同的性质争论已久,其中观点之一为动产担保交易说。① 事实上,早在1992年就有学者认为融资租赁除了同时具备买卖、租赁、借贷特征外,"还具有担保的属性","出租人保有所有权,意义并不在于真正的所有,而在于拥有价值权","融资租赁虽属于合同之债,但却具有某些担保物权的特征"。"出租人在租赁期间虽享有所有权,但其实际上几乎放弃了一切所有权所具备的功能,成为一种名义上的所有权。更确切地说,是一种仅保存担保功能的所有权,一种实际上的担保物权……"② 还有观点认为:"融资租赁中,租赁物所有权的主要权能都由承租人享有和行使,所有权附带的风险收益等也都由承租人负担,出租人对租赁物的所有权仅是名义的所有权,主要用于担保租金债权的清偿。"③ 虽然理论上的争议未曾消弭,但主流观点逐步接受了融资租赁之租赁物具有担保功能。由上可见,在编纂《民法典》前,我国相关法律已有关于所有权保留买卖和融资租赁的规定,学理上也认可出租人享有的所有权具有担保功能。

第二,融资租赁交易功能化在《民法典》发布之前已经在我国司法实践中有所体现。《合同法》第249条规定:"当事人约定租赁期间届满租赁物归承租人所有,承租人已经支付大部分租金,但无力支付剩余租金,出租人因此解除合同收回租赁物的,收回的租赁物的价值超过承租人欠付的租金以及其他费用的,承租人可以要求部分返还。"《融资租赁纠纷解释》(2014)第22条规定:"出租人依照本解释第十二条的规定请求解除融资租赁合同,同时请求收回租赁物并赔偿损失的,人民法院应予支持。前款规定的损失赔偿范围为承租人全部未付租金及其他费用与收回租赁物价值的差额。合同约定租赁期间届满后租赁物归出租人所有的,损失赔偿范围还应包括融资租赁合同到期后租赁物的残值。"同时,结合《融资租赁纠纷解释》(2014)第21条之规定,出租人只能在请求承租人支付合同约定的全部未付租金与请求解除合同之间二选一,而不能同时主张。若出租人请求解除合同、返还租赁物并要求赔偿损失,出租人所能实现的债权最多不会超过承租人全部未付租金及其他费用。且不论上述法律与司法解释的立法者是否受到担保功能主义理念的影响,但依照这些规定,租赁物在客观上起到了担保作用。而且《融资租赁纠纷解释》(2020修正)对《融资租赁纠纷解释》(2014)的第21条、第22条的内容予以

---

① 该观点据说是我国台湾地区学者吕荣海所提倡。参见徐显明、张炳生:《融资租赁合同法律性质探究》,载《宁波大学学报(人文科学版)》2007年第2期。
② 佟强:《关于融资性租赁问题的理论探讨》,载《中外法学》1992年第2期。
③ 邸天利:《非典型担保共性解析》,载《政法论坛》2011年第1期。

保留。

第三,最高人民法院的理解与适用也认可出租人的所有权仅具担保功能。最高人民法院认为:"租赁期间,出租人对租赁物有所有权,但此时出租人的所有权仅具担保功能,系出租人收取租赁物的物权保障,租赁物的占有、使用功能均为承租人所享有,出租人不得任意收回或者转让租赁物。"①而在司法实践中,越来越多的法院在出租人请求解除合同并赔偿损失的诉讼案件中,一方面判决支持出租人取回租赁物的诉讼请求;另一方面判决出租人应当就租赁物与承租人协议折价,或者将租赁物拍卖、变卖,所得价款用于清偿承租人的债务,超过承租人付款义务的部分归承租人所有,不足部分由承租人继续清偿。② 类似判决要求出租人对租赁物的价值进行清算,自然是符合《融资租赁纠纷解释》(2014)第22条之规定的,但背后也体现了担保功能主义的观念。

由上可见,融资租赁交易担保功能化在实践中早已有之,只是未能通过法律予以明确,笔者认为,并非《民法典》或《民法典担保制度解释》发明了融资租赁交易的担保功能,而是担保功能本身即为融资租赁交易的题中应有之义。

三、融资租赁"担保功能化"之五大争议问题

(一)融资租赁功能化为担保物权,是否意味着出租人的权利"降格"

有观点认为,融资租赁中出租人对租赁物本来享有所有权,而《民法典》将融资租赁交易功能化之后,出租人的权利就被"降格"了。融资租赁交易功能化之后,出租人对租赁物只享有名义上的所有权,实质上为担保权,出租人便不得再行使破产取回权而只得行使破产别除权。我国司法实践中破产别除权的行使与保护本身存在较多限制,出租人认为破产取回权的地位明显优于破产别除权。加上《民法典》合同编融资租赁合同章删除了《合同法》第242条中"承租人破产的,租赁物不属于破产财产"的规定,因此,有观点认为融资租赁交易功能化为担保物权之后,出租人对租赁物享有的所有权"降格"为担保物权。

笔者认为,且不论理论上关于功能主义立法与形式主义立法如何争论不休,

---

① 最高人民法院民事审判第二庭编著:《最高人民法院关于融资租赁合同司法解释理解与适用》,人民法院出版社2016年版,第37页。
② 持有类似观点的案例包括但不限于:天津市高级人民法院民事判决书,(2016)津民初82号;上海市第一中级人民法院民事判决书,(2019)沪01民终1142号;上海金融法院民事判决书,(2018)沪74民初172号。

也不论融资租赁出租人对租赁物享有的是"所有权"还是"担保物权",对于出租人而言,最需要的并不是"高大上"的权利名称,而在于规则的完善,从而充分保障其权利。

诚然,从形式主义角度来看,融资租赁出租人对租赁物享有所有权无疑。但是,在所有权构造之下,出租人权利的行使面临诸多困境。例如,既然所有权归出租人,出租人就应对租赁物价值拥有完整的所有权,那为何依据《融资租赁纠纷解释》(2014)第22条的规定,出租人取回租赁物后,还要将超出债权部分的租赁物价值归还承租人?

此外,依据《民法典担保制度解释》第57条之规定,《民法典》第416条所确立的超级优先顺位规则适用于融资租赁交易,这就意味着融资租赁交易中出租人的担保性所有权具有优先于留置权以外的其他担保权利的效力,已与完全所有权的效力相近。在此情况下,笔者认为出租人的权利其实并没有受到实质性的影响。相反,《民法典》《民法典担保制度解释》所规定的担保物权规则、租赁物上担保权利冲突解决规则以及承租人违约后出租人救济程序等在功能化转向前已进一步明确,客观上增加了融资租赁交易的确定性。

因此,《民法典》施行之后,出租人对租赁物享有的所有权表面上功能化为担保物权,但"担保功能化"并不意味着出租人的权利"降格",反而使融资租赁交易的规则更加明确。只要融资租赁行业充分注意到这些变化并妥善应对,那么融资租赁担保功能化对融资租赁行业而言利远大于弊。

(二)担保功能化之后,融资租赁合同是否具有主从合同之分

《民法典》第388条第1款规定:"设立担保物权,应当依照本法和其他法律的规定订立担保合同。担保合同包括抵押合同、质押合同和其他具有担保功能的合同。担保合同是主债权债务合同的从合同。主债权债务合同无效的,担保合同无效,但是法律另有规定的除外。"依据该规定,融资租赁合同作为"其他具有担保功能的合同"被纳入担保合同的范畴,那么融资租赁合同是否具有主从合同之分?

一种观点认为,融资租赁合同不存在主从合同的问题。抵押合同、质押合同(准确地说应为抵押权、质押权)与所担保的主合同(准确地说应为因合同而产生的债权债务),在法律上是两个独立的合同。而在融资租赁中,租赁物所有权与其所担保的债权债务关系,是融为一体的。凭借融资租赁合同,出租人保有租赁物所有权以担保出租人的租金债权。因此,对于融资租赁合同(甚至保理合同、所有权

保留买卖合同)而言,不存在什么主从合同的问题。①

另一种观点则认为,对于《民法典》第388条之规定,"不宜机械地理解法条本意,而应根据非典型担保合同或条款的情况之不同,相应地将其解释为适用或者参照适用从属性的规定,即有关担保权益问题另行订立合同的,其当然在成立、效力等方面对主债权债务合同形成从属关系,适用从属性的规定;有关担保权益问题的约定未单独订立合同而是包含于主债权债务合同之中的,则应解释为相应的条款从属于决定合同性质和内容的主要条款,参照适用从属性的规定"。②

笔者认为,与抵押、质押等典型担保相比,融资租赁作为非典型担保的特殊性在于前者的担保物(抵押物或质押物)是可独立于主债权债务关系的,而后者的担保物(租赁物)与主债权债务关系完全融为一体而无法分割。融资租赁交易虽然集买卖、租赁、担保于一体,但融资租赁的租赁物本身就是融资租赁法律关系的关键或核心,如果缺失租赁物则融资租赁法律关系不成立。我们在讨论融资租赁交易担保功能化的时候,并不需要把一份融资租赁交易区分为主债权债务合同与从合同。租赁物虽然起到了担保的功能,但是租赁物同时也是融资租赁交易的标的物。该特点与传统的抵押、质押担保存在主债权债务合同与从合同有明显区别。因此,融资租赁合同不存在主合同与从合同之分。不过,在物上担保领域,担保从属性的表达已经不是担保合同从属于主合同,更为准确的表达应是担保物权从属于主债权,担保物权是主债权的从权利。准此,在承租人违约、出租人就租赁物实现其权利之时,出租人的租金债权可理解为主债权,出租人对租赁物享有的所有权则可理解为担保权利。此时,与其说是融资租赁合同或其条款的从属性,不如说是担保权的从属性。③

(三)若融资租赁合同无效,租赁物是否仍然具有担保功能

如前所述,既然融资租赁合同是一体化的合同,不存在什么主从合同问题,那么也不能依据《民法典》第388条第1款"主债权债务合同无效的,担保合同无效"之规定,因主债权债务合同无效而认定租赁物一定不具有担保功能。在当事人虚构租赁物导致融资租赁合同无效的情况下,由于租赁物不存在,也不需要讨论担保

---

① 笔者就此问题请教专家时,华东政法大学徐同远老师提出了该观点。
② 刘保玉:《民法典担保物权制度新规释评》,载《法商研究》2020年第5期。
③ 有学者指出,对物的担保之从属性应指担保物权的从属性,而非担保合同的从属性。现行法中规定的担保合同的从属性既不符合从属性的本质,也不符合区分原则的要求,值得检讨。参见李运杨:《担保合同的从属性抑或担保物权的从属性?——以区分原则为视角》,载王洪亮等主编:《中德私法研究:民法体系的融贯性》(第19卷),北京大学出版社2020年版,第143~160页。

功能问题。但是,根据学界关于物权变动有因性的阐述,设立物权的合同无效,相应的物权变动也随之无效,故具有担保功能的担保物权效力也不应例外。①

但是对于以下两种情形,笔者认为有探讨之必要。

第一种,虽然融资租赁合同无效,但当事人之间的交易构成借贷或者其他法律关系的。例如,对于《民法典》第737条所规定的"虚构租赁物",理论与实务中有观点认为除了租赁物不存在,还包括低值高估或租赁物不适格的情形。在此情况下,笔者认为,此时虽然融资租赁合同无效,但依据《民法典》第146条第2款"以虚假的意思表示隐藏的民事法律行为的效力,依照有关法律规定处理"之规定,双方仍然可能构成民间借贷或其他法律关系。同时,《融资租赁纠纷解释》(2020修正)第1条第2款规定:"对名为融资租赁合同,但实际不构成融资租赁法律关系的,人民法院应按照其实际构成的法律关系处理。"此时,即使融资租赁合同无效,但双方构成其他法律关系。只要租赁物是存在的,若出租人对租赁物的"所有权"依法进行了登记,则租赁物对出租人的债权依然具有担保功能,只是实际价值远低于出租人与承租人约定的购买价格,担保功能减弱。事实上,《民法典》施行之前,部分案例中法院认定出租人与承租人之间属于"名为融资租赁实为借贷"法律关系,但同时以租赁物已经办理了抵押登记为由支持出租人对租赁物主张抵押权。② 因此,若当事人之间构成其他有效的借贷等法律关系的,笔者倾向于认为,租赁物在符合条件的情况下仍然具有担保功能。

第二种,融资租赁合同无效情况下租赁物的归属。对于该问题,主要依据《民法典》第157条及第760条规定进行判断。第157条规定:"民事法律行为无效、被撤销或者确定不发生效力后,行为人因该行为取得的财产,应当予以返还;不能返还或者没有必要返还的,应当折价补偿。有过错的一方应当赔偿对方由此所受到的损失;各方都有过错的,应当各自承担相应的责任。法律另有规定的,依照其规定。"第760条规定:"融资租赁合同无效,当事人就该情形下租赁物的归属有约定的,按照其约定;没有约定或者约定不明确的,租赁物应当返还出租人。但是,因承租人原因致使合同无效,出租人不请求返还或者返还后会显著降低租赁物效用的,租赁物的所有权归承租人,由承租人给予出租人合理补偿。"

笔者认为,第760条是对第157条规定的补充,当事人的约定应当优先适用。

---

① 参见刘贵祥:《民法典关于担保的几个重大问题》,载《法律适用》2021年第1期。
② 参见最高人民法院民事判决书,(2020)最高法民终1154号。

在未约定或者约定不明的情况下租赁物应当返还出租人,此时出租人即可对租赁物主张优先受偿权。若出租人不请求返还或者返还后显著降低租赁物效用,则出租人丧失对租赁物享有所有权,自然也无法对租赁物主张优先受偿权。

(四)出租人是否需要审查承租人的董事会或股东会决议或公告

依据《公司法》(2018修正)第16条、《九民会纪要》中"关于公司为他人提供担保"部分、《民法典担保制度解释》第7条至第9条之规定,债权人接受公司担保的,必须审查公司出具的董事会决议、股东(大)会决议,若公司是上市公司,债权人必须审查上市公司的公告。因此,对于普通公司,"凡担保,必决议";对于上市公司,"凡担保,必公告"。

由于融资租赁交易被视为具有担保功能,那么出租人在与承租人办理融资租赁业务过程中,出租人是否也必须要求承租人出具决议或作出公告?

笔者认为,从合规角度考虑,出租人一般都会要求承租人出具相关决议或公告。但是,《公司法》(2018修正)第16条规范的是公司向其他企业投资或者为他人提供担保的问题。融资租赁业务中,即使融资租赁项下的所有权被视为担保物权,承租人作为担保人,将租赁物所有权转移给出租人,目的也在于担保承租人自身的租金债务,而非为他人债务提供担保。此外,《最高人民法院民法典担保制度司法解释理解与适用》也明确,《民法典担保制度解释》第9条的初衷是通过规则防止境内上市公司违规担保,损害广大中小投资者利益,由于境内上市公司为自身债务担保并不是违规担保,所以该条的适用范围是境内上市公司为他人提供担保,境内上市公司对自身债务提供担保,不适用《民法典担保制度解释》第9条的规定。[①] 因此,笔者认为,即使出租人未审查承租人出具的董事会决议、股东(大)会决议或公告,也不影响融资租赁合同对承租人发生法律效力。

但是也需要注意,在共同租赁业务中,存在多名承租人,其特点在于多名承租人共同作为融资租赁合同的一方,与出租人达成融资租赁交易。实践中此种交易模式被认为存在"名为融资租赁实为担保"的法律风险。若出租人未依据《公司法》(2018修正)第16条之规定审查相关决议或公告,则相关融资租赁合同可能对该承租人不发生效力。因此,为避免可能出现的风险,笔者建议,融资租赁公司在办理融资租赁业务过程中,要求承租人出具董事会决议、股东(大)会决议或作出

---

① 参见最高人民法院民事审判第二庭:《最高人民法院民法典担保制度司法解释理解与适用》,人民法院出版社2021年版,第156页。

公告。

(五)其他担保物权一般规则是否全部适用于融资租赁交易

笔者认为,《民法典担保制度解释》第1条规定融资租赁涉及担保功能发生的纠纷,适用本解释的有关规定,主要包括四类规则:一是有关登记对抗的规则;二是有关担保物权的顺位规则;三是有关担保物权的实现规则;四是关于价款优先权等有关担保制度。①

除此之外,笔者认为将来融资租赁实践中还应当关注担保物权一般规则可能带来的影响。例如,《民法典》第700条规定:"保证人承担保证责任后,除当事人另有约定外,有权在其承担保证责任的范围内向债务人追偿,享有债权人对债务人的权利,但是不得损害债权人的利益。"依据该条规定,保证人不仅享有对债务人的追偿权,还享有法定代位权,若融资租赁保证人承担了保证责任,一方面有权在其承担保证责任的范围内向承租人追偿;另一方面还可"代替"出租人的地位对承租人主张权利,包括出租人对承租人的租金请求权和对租赁物的所有权(担保物权)。当然,保证人行使法定代位权不得损害出租人的利益。

此外,就动产抵押而言,依据《民法典》第406条规定,如无特别约定,抵押人在抵押期间无须经过抵押权人同意,即可任意处分抵押财产,不仅可以就该抵押物再为他人设定担保,也可自由转让给他人。然而,《民法典》第753条规定:"承租人未经出租人同意,将租赁物转让、抵押、质押、投资入股或者以其他方式处分的,出租人可以解除融资租赁合同。"可见,融资租赁期间,承租人不得参照《民法典》第406条的规定任意处分抵押物。尽管如此,笔者建议,出租人依据《民法典担保制度解释》第43条的规定在融资租赁合同中约定禁止或者限制租赁物转让的特约条款,并在办理融资租赁登记时将该特约条款予以一并登记。

由上可见,虽然依照《民法典》及《民法典担保制度解释》之规定,融资租赁交易发生功能化转向,但并不能因此而抹杀融资租赁交易与抵押、质押等典型担保的区别,更不能认为担保物权一般规则全部适用于融资租赁交易,在具体实践中还应当谨慎对待。正因如此,《民法典担保制度解释》第1条明确规定:"……所有权保留买卖、融资租赁、保理等涉及担保功能发生的纠纷,适用本解释的有关规定。"

---

① 参见最高人民法院民事审判第二庭:《最高人民法院民法典担保制度司法解释理解与适用》,人民法院出版社2021年版,第43页。

第二讲 《民法典》及《民法典担保制度解释》对融资租赁业务的主要影响

CHAPTER 02

《民法典》与《民法典担保制度解释》于2021年1月1日起正式施行,对包括金融行业在内的所有民商事交易活动产生了重大影响。《民法典》与《民法典担保制度解释》在融资租赁交易方面的规定也有比较大的变化,对融资租赁行业也产生了较大的影响。笔者结合为融资租赁行业提供法律服务的经验,就《民法典》与《民法典担保制度解释》对融资租赁业务的主要影响进行汇总,供融资租赁行业参考。

一、当事人以虚构租赁物方式订立的融资租赁合同无效

《民法典》第737条规定:"当事人以虚构租赁物方式订立的融资租赁合同无效。"该条虽然字数很少,但却是融资租赁公司和从业人员最为关注和重视的条款之一。

(一)该条规定中的"当事人"如何理解

该条规定的表述并未进一步明确"当事人"系单方还是双方,若是承租人一方单独虚构租赁物并与出租人进行融资租赁交易,那么所签订的融资租赁合同的效力应当如何认定,可能产生争议。在融资租赁实践中,承租人单方虚构租赁物的情形并不少见,如承租人提供虚假合同等资料虚构其对某项租赁物享有所有权进行融资租赁,而出租人已经严格履行对于融资租赁物的审查义务。此种情形是否适用《民法典》第737条的规定?

《民法典》第737条是总则编通谋虚伪表示规定的具体化，[①]本条需要结合《民法典》第146条进行理解。《民法典》第146条第1款规定："行为人与相对人以虚假的意思表示实施的民事法律行为无效。"该款规定表明，双方通过虚假的意思表示实施的民事法律行为是无效的，即双方当事人对虚假意思表示均是知晓的，反映出双方之间存在意思联络。既然《民法典》第737条是第146条规定的具体化，那么第737条所规定的当事人应当与第146条的规定相符，即必须是双方当事人。[②]

在承租人单方面虚构租赁物欺骗出租人的情况下，承租人的行为属于单方欺诈行为，应当适用关于欺诈行为的规定。《民法典》第148条规定："一方以欺诈手段，使对方在违背真实意思的情况下实施的民事法律行为，受欺诈方有权请求人民法院或者仲裁机构予以撤销。"因此，对于承租人的单方欺诈行为，出租人有权请求予以撤销，如果出租人未参与承租人的欺诈行为或并不知晓承租人欺诈而与之进行融资租赁交易，则应当认定融资租赁合同有效。例如，在上海金融法院（2019）沪74民终294号融资租赁合同纠纷案中，法院认为，在未有证据显示出租人参与或明知承租人涉嫌虚构租赁物之行为的前提下，出租人已尽到审核义务，不存在主观恶意或重大过失，其主张融资租赁合同有效于法有据，应予支持。

（二）该条规定中的"虚构租赁物"应如何认定

笔者认为，"虚构租赁物"指融资租赁交易项下的租赁物不存在，或者租赁物低值高估，导致无法实现租赁物的担保功能。但是，"虚构租赁物"又不应当简单等同于租赁物不存在，还需要结合当事人主观上是否知晓或应当知晓租赁物不存在或低值高估进行判断。一是如果出租人在与承租人进行交易时已经尽到审核义务，则出租人可根据融资租赁法律关系主张权利。二是如果在达成融资租赁交易之初或融资租赁合同履行过程中租赁物是存在的，但由于被盗、损毁而灭失，则不属于"虚构租赁物"。

融资租赁交易需同时具备"融资"和"融物"双重属性，系以融物为手段实现融资的目的。当事人以虚构租赁物方式订立的融资租赁合同，由于缺少"融物"的基

[①] 参见黄薇主编：《中华人民共和国民法典合同编解读（下册）》，中国法制出版社2020年版，第858页。

[②] 另外，《民法典》第763条规定："应收账款债权人与债务人虚构应收账款作为转让标的，与保理人订立保理合同的，应收账款债务人不得以应收账款不存在为由对抗保理人，但是保理人明知虚构的除外。"依据该条规定，应收账款债务人可以以应收账款不存在（虚构）为由对抗保理人的前提是保理人明知，即要求保理人参与虚构。虽然融资租赁不同于保理，但在虚构应收账款与虚构租赁物方面，笔者认为两者性质相似，法律应当作出类似的评价。

本特征,故而无效。此外,实践中还存在租赁物低值高估(如将价值1万元的设备作价100万元作为租赁物)、租赁物不适格等情形,也应当视为租赁物不存在的表现形式。关于租赁物低值高估,也有观点认为,在融资租赁担保功能化的背景下,应当放宽对租赁物价值的审查,特别是租赁物价值本身需要放到市场上进行评价,如何审查并认定低值高估,超出了司法裁判的能力范围。笔者在参加一些会议或论坛时,部分专家指出,在审判实践中未经评估而直接通过主观判断租赁物价值本身就超出了审判者的能力范围,即使通过评估确定了价值,融资租赁合同约定的租赁物价格比实际价值高出多少方可视为低值高估或低值高买,也无明确标准。尽管如此,目前主流的司法裁判观点还是认为低值高估不具有"融物"特征,故不构成融资租赁。[1]

司法实践中,融资租赁的当事人对于租赁物是否存在可能发生争议。此时,应当"由出租人举证证明租赁物真实存在,法院应当综合审查采购合同、支付凭证、发票、租赁物办理保险或者抵押登记的材料、中国人民银行征信中心融资租赁公示系统记载的租赁物权属状况等证据作出认定"。[2] 并且,"一般情况下,'售后回租'模式下出租人的证明标准更高"。[3]

此外,如果部分租赁物虚构,是否导致融资租赁合同整体无效?对此,司法实践中存在分歧。天津市第三中级人民法院(2021)津03民终6029号融资租赁合同纠纷案民事判决书[4]认为,部分租赁物虚构的,可在同一案件中分别处理融资租赁和借款法律关系。在该案中,融资租赁合同项下租赁物共有20台车,但仅有8台车真实存在,并完成了租赁物所有权转移,而对于另外12台车,一审法院认为从其交付情况来看,出租人与承租人仅签署了《交车验收单》,没有其他证据可以佐证该12台车客观真实存在。因此,一审法院认为真实存在的8台车部分应构成融资租赁法律关系,而虚构的12台车部分不构成融资租赁法律关系,应认定为借款法律关系。

但是,也有法院认为,如果租赁物部分真实而部分不真实的,若出租人对租赁

---

[1] 关于租赁物价值对融资租赁法律关系的影响,详见本书第六讲"租赁物价值对融资租赁法律关系的影响"。
[2] 茆荣华主编:《上海法院类案办案要件指南(第1册)》,人民法院出版社2020年版,第59页。
[3] 茆荣华主编:《上海法院类案办案要件指南(第1册)》,人民法院出版社2020年版,第60页。
[4] 该案系天津市滨海新区人民法院(天津自由贸易试验区人民法院)东疆保税港区融资租赁中心法庭(该法庭系全国首家以融资租赁命名集中审理融资租赁案件的专业法庭)于2022年6月28日发布的十大典型融资租赁司法案例之一。

物的真实性及权属未尽到审慎注意义务,仍应认定为"名为租赁实为借贷"。例如,上海市浦东新区人民法院(2020)沪 0115 民初 4804 号融资租赁合同纠纷一案[①]即涉及租赁物部分真实情形下"售后回租赁合同"的性质认定。该案特殊之处在于,承租人自认部分租赁物真实存在,使合同并非完全缺乏"融物"属性,故法院认为不可简单地以出租人举证不能否定融资租赁性质,而应进一步查明出租人审核行为,考察其真实意思表示。出租人的真实意图如系建立融资租赁合同法律关系,理应对租赁物的真实性及权属尽到审慎注意。该案中,出租人既无法提供租赁物发票原件,甚至连复印件也无法提供,现场勘查照片仅涉及极少设备且难以确认关联性,又未就在先融资且公示登记的设备权属予以审核,可见,原告对租赁物本身是否存在、其是否能够取得所有权并不关注,据此难以认定其具有融资租赁的真实意思表示,法院最终认定当事人之间构成借贷法律关系。

(三)若虚构租赁物导致融资租赁合同无效,应当如何认定当事人之间的法律关系

《民法典》第 737 条规定引起关注的另一个原因是其规定的法律后果是"融资租赁合同无效",但当事人之间构成何种法律关系则未进一步说明。对此,同样应当结合《民法典》第 146 条之规定进行解释。《民法典》第 146 条第 2 款规定:"以虚假的意思表示隐藏的民事法律行为的效力,依照有关法律规定处理。"即虚构租赁物将导致融资租赁交易这一表面行为无效,但并不导致隐藏的法律行为一定有效或无效,而是应当"依照有关法律规定处理"。《融资租赁纠纷解释》(2020 修正)第 1 条第 2 款也规定:"对名为融资租赁合同,但实际不构成融资租赁法律关系的,人民法院应按其实际构成的法律关系处理。"司法实践中,一般情况下均依据该规定,对出租人与承租人之间按实际构成的法律关系处理。[②] 但在融资租赁实践中,以下争议问题值得关注。

1. 名为融资租赁实为借贷是否违反监管规定并导致借款合同无效

依据《融资租赁公司监督管理暂行办法》(银保监发〔2020〕22 号发布)第 8 条第 2 项规定,融资租赁公司不得有"发放或受托发放贷款"的业务或活动。如果融资租赁合同被认定为借款合同,则融资租赁公司可能违反了该暂行办法的规定。在一般情况下,融资租赁公司的借款合同不会因此而无效。

---

① 该案入选《中国法院 2022 年度案例》。
② 例如最高人民法院再审民事判决书,(2018)最高法民再 373 号、(2019)最高法民再 81 号;最高人民法院二审民事判决书,(2020)最高法民终 1154 号、(2020)最高法民终 1256 号。

但是《九民会纪要》第31条规定:"违反规章一般情况下不影响合同效力,但该规章的内容涉及金融安全、市场秩序、国家宏观政策等公序良俗的,应当认定合同无效。人民法院在认定规章是否涉及公序良俗时,要在考察规范对象基础上,兼顾监管强度、交易安全保护以及社会影响等方面进行慎重考量,并在裁判文书中进行充分说理。"那么,借款合同是否会因为违反了《融资租赁公司监督管理暂行办法》(银保监发〔2020〕22号发布)第8条第2项而被认定为无效?

根据笔者检索的案例情况,目前未检索到法院直接以融资租赁公司违反了《融资租赁公司监督管理暂行办法》(银保监发〔2020〕22号发布)的规定为由认定借款合同无效的案例,但是法院可能以融资租赁公司的放贷行为扰乱我国金融市场和金融秩序、违反了《银行业监督管理法》和《商业银行法》等法律的有关规定、损害了社会公共利益等理由,认定借款合同无效。

例如,在河南省郑州市中级人民法院(2020)豫01民终2851号民间借贷纠纷一案中,法院认为,《银行业监督管理法》(2006修正)第19条规定:"未经国务院银行业监督管理机构批准,任何单位或者个人不得设立银行业金融机构或者从事银行业金融机构的业务活动。"该规定属于效力性强制性规定。鉴于出租人是从事融资租赁的企业,并非有权从事经营性贷款业务的企业,故《融资租赁合同》系以合法形式掩盖从事金融借贷业务这一非法目的,且针对不特定的多人,依法应认定为无效合同。

又如,在福建省福州市中级人民法院(2019)闽01民终9076号融资租赁合同纠纷一案中,根据法院查明的事实,出租人有众多与本案同种类型的涉诉案件,另有大量合同未进入诉讼程序。出租人通过"名为融资租赁实为民间借贷"的方式大量向外出借款项,以租金方式间接约定高额利息。因此,法院认为出租人具有从事经常性放贷业务以收取高额利息的事实,符合向社会不特定对象提供资金以赚取高额利息的情形,出借行为具有反复性、经常性,借款目的也具有营业性的特征,未经批准,擅自从事经常性的贷款业务,属于从事非法金融业务活动。出租人该种行为扰乱我国金融市场和金融秩序,违反了银行业监督管理法和商业银行法等法律的有关规定,也损害了社会公共利益。法院依据《合同法》第52条第4项、第5项的规定,认定借贷合同无效。

2.融资租赁公司被认定为职业放贷人而导致借款合同无效

融资租赁合同被认定为借款合同的,一般情况下仍然属于有效的借款关系。但是《九民会纪要》第53条规定:"未依法取得放贷资格的以民间借贷为业的法人,以及以民间借贷为业的非法人组织或者自然人从事的民间借贷行为,应当依法认定无效。同一出借人在一定期间内多次反复从事有偿民间借贷行为的,一般可以认定为是职业放贷人。民间借贷比较活跃的地方的高级人民法院或者经其授权的中级人民法院,可以根据本地区的实际情况制定具体的认定标准。"因此,如果融资租赁公司在一定期间内专注于放贷或被认定为职业放贷人,则其签订的借款合同存在被认定为无效的风险。

司法实践中,如果承租人抗辩出租人属于职业放贷人并进一步主张融资租赁合同无效,可能出现以下两种判决结果:

一是法院以承租人未提供证据证明出租人属于职业放贷人为由,对承租人的主张不予支持。例如,在大连市中山区人民法院(2020)辽 0202 民初 3180 号民间借贷纠纷案中,法院认为,关于承租人主张出租人长期以民间借贷为业,属于法律意义上的"职业放贷人",故融资租赁合同因违反法律强制性规定而无效一节,承租人未提供相应证据证明其该节主张,法院根据承租人的陈述到网上查询,出租人作为原告起诉的案件基本为融资租赁合同纠纷,并非承租人陈述的长期以民间借贷为业,故承租人主张合同无效的诉讼请求,不符合法律规定,法院不予支持。①

二是法院可能根据出租人涉及诉讼的同类型案件的数量与金额判断出租人是否属于职业放贷人,或者直接依据出租人是否在职业放贷人名单之列,从而认定借款合同是否有效。例如,在杭州市萧山区人民法院(2020)浙 0109 民初 5615 号融资租赁合同纠纷案中,法院认为,从出租人与承租人签订的《融资租赁合同(最高额)》约定的权利义务来看,该合同名为融资租赁,实为民间借贷。同一出借人在一定期间内多次反复从事有偿民间借贷行为的,一般可以认定其为是职业放贷人。从出租人同期涉及诉讼的同类型案件的数量与金额来看,出租人通过向社会不特定对象提供借款,出借行为具有反复性、经常性、营业性,符合职业放贷的特征。出租人未经金融监管部门批准,擅自从事经常性的贷款业务,违反银行业监管法律的有关规定,属于违反《合同法》第 52 条第 5 项②的规定,其与被告之间的民间借贷

---

① 持有类似观点的案例有:北京市高级人民法院二审民事判决书,(2021)京民终 804 号;上海金融法院二审民事判决书,(2021)沪 74 民终 1800 号;上海市宝山区人民法院一审民事判决书,(2020)沪 0113 民初 7287 号。

② 已废止,对应《民法典》第 146 条。

合同无效。①

（四）虚构租赁物导致融资租赁合同无效，担保人的责任如何认定

《民法典》第388条规定，主债权债务合同无效的，担保合同无效，似乎表明融资租赁合同无效，担保合同也无效，担保人便不需要承担责任了。但是长期以来司法实践的主流观点均认为，因为虚构租赁物导致融资租赁法律关系不成立，并不一定导致担保合同无效。担保人是否仍然应当承担责任，应结合担保人的意思表示进行认定。若融资租赁法律关系不成立而当事人之间成立其他法律关系的，只要能够认定担保人的真实意思是承担兜底责任，则应当认定担保人仍然需要承担担保责任，除非担保合同中已经明确约定担保人仅在主合同构成融资租赁法律关系的情况下承担担保责任。但《民法典》第737条规定的是"融资租赁合同无效"，而《民法典》施行之前实践中主流观点是认为融资租赁法律关系不成立或不构成融资租赁，但构成其他法律关系，即常见的"名为融资租赁实为借贷"或"名为融资租赁实为买卖"等。显然，"融资租赁合同无效"与"不构成融资租赁法律关系"存在区别，前者否定了双方之间签订的合同效力，后者则认可合同效力但不认可表面的融资租赁法律关系。

权威观点则认为，"法律关系定性不会影响被担保债务的同一性。如有人为融资租赁的债权提供保证时，若无特别约定，保证人不能仅以法律关系另行定性为由，要求免除己方之保证责任。保证人缔约时不知道案涉法律关系性质的，除'融资租赁合同'当事人串通骗保、债务人欺诈、胁迫保证人且债权人明知该事实以及债权人欺诈、胁迫保证人外，保证人不能因此免除其责任"。②

笔者建议，融资租赁公司仍应当重点注意对租赁物的审查，确保融资租赁物真实合法，避免融资租赁合同被认定为无效。若融资租赁合同因虚构租赁物而被认定为无效，则将按照实际构成的法律关系处理。但当事人之间实际构成的法律关

---

① 持有类似观点的案例有：苏州市虎丘区人民法院一审民事判决书，（2018）苏0505民初5270号；驻马店市驿城区人民法院一审民事判决书，（2019）豫1702民初9891号；佛山市禅城区人民法院一审民事判决书，（2019）粤0604民初33584号；上海市第一中级人民法院二审民事判决书，（2019）沪01民终15664号、（2020）沪01民终347号、（2020）沪01民终396号、（2020）沪01民终398号；广东省高级人民法院再审民事判决书，（2021）粤民再153号；长沙市开福区人民法院一审民事判决书，（2020）湘0105民初3062号；杭州市萧山区人民法院一审民事判决书，（2020）浙0109民初5695号、（2020）浙0109民初5600号、（2020）浙0109民初5606号、（2020）浙0109民初5617号、（2020）浙0109民初6148号、（2020）浙0109民初6153号。

② 黄薇主编：《中华人民共和国民法典合同编解读（下册）》，中国法制出版社2020年版，第859页。

系并非一定有效,也存在无效的风险,甚至可能导致担保合同亦无效。

二、融资租赁涉及担保功能发生的纠纷适用《民法典担保制度解释》的有关规定

《民法典》第388条第1款第2句规定:"担保合同包括抵押合同、质押合同和其他具有担保功能的合同。"全国人民代表大会常务委员会副委员长王晨在作《关于〈中华人民共和国民法典(草案)〉的说明》时谈到,草案"扩大担保合同的范围,明确融资租赁、保理、所有权保留等非典型担保合同的担保功能,增加规定担保合同包括抵押合同、质押合同和其他具有担保功能的合同。"[1]可见,《民法典》第388条所规定的"其他具有担保功能的合同"包括融资租赁、保理、所有权保留等非典型担保合同。

《民法典担保制度解释》第1条规定呼应了《民法典》第388条之规定,扩张了《民法典担保制度解释》的适用范围——明确"所有权保留买卖、融资租赁、保理等涉及担保功能发生的纠纷,适用本解释的有关规定"。但与《最高人民法院关于适用〈中华人民共和国民法典〉担保部分的解释(征求意见稿)》相比,《民法典担保制度解释》规定的适用范围又有所差异:依照征求意见稿的规定,原则上这些"具有担保功能的合同"引发的纠纷,均可适用该司法解释,除非"根据其性质不能适用"。而《民法典担保制度解释》第1条的规定并不限定于"合同所引发的纠纷",该表述更加科学。无论是《民法典》第388条还是《民法典担保制度解释》第1条,都是功能主义担保观念[2]在法律与司法解释层面的具体体现。

需要注意的是,融资租赁合同作为"具有担保功能的合同",并不意味着融资租赁合同等于担保合同,而是融资租赁合同项下的租赁物在某种程度上可以对出租人的债权起到担保的功能(事实上也并非所有融资租赁合同都具有担保功能)。对于融资租赁交易而言,应当首先依据《民法典》合同编之相关规定认定融资租赁合同的效力,但一旦适用物法上的关系(如物权的登记、冲突、顺位等物权问题),就应当适用《民法典》物权编的相关规定。

笔者认为,融资租赁公司应当及时转变观念,融资租赁公司对租赁物享有的所

---

[1] 王晨:《关于〈中华人民共和国民法典(草案)〉的说明》,载《中华人民共和国全国人民代表大会常务委员会公报》2020年特刊,第188页。

[2] 关于功能主义担保观念详见本书第一讲"融资租赁'担保功能化'的理解与主要争议问题"。

有权并非真正意义上的所有权,但也要深刻理解担保功能主义与融资租赁之间的关系,以便更好地开展融资租赁业务。①

三、租赁物登记制度发生重大改变

在过去,由于缺乏统一的动产担保登记制度,租赁物权属公示等机制不成熟导致交易缺乏安全保障。例如,承租人擅自向他人转让租赁物或擅自将租赁物抵押予第三人,导致出租人对租赁物享有的所有权与第三人的所有权或抵押权形成冲突,对融资租赁交易安全造成重大影响。《民法典》第414条②规定了适用于一切担保物权优先顺位的通用性规则,同时在第745条规定了出租人对租赁物享有的所有权需经登记才可对抗善意第三人的登记对抗规则。

《国务院关于实施动产和权利担保统一登记的决定》(国发〔2020〕18号)规定,自2021年1月1日起,在全国范围内实施动产和权利担保统一登记,纳入统一登记的担保类型包括:"(一)生产设备、原材料、半成品、产品抵押;(二)应收账款质押;(三)存款单、仓单、提单质押;(四)融资租赁;(五)保理;(六)所有权保留;(七)其他可以登记的动产和权利担保,但机动车抵押、船舶抵押、航空器抵押、债券质押、基金份额质押、股权质押、知识产权中的财产权质押除外。"

如此一来,不仅解决了融资租赁业务中租赁物权属登记公示问题,还解决了动产和权利担保统一登记问题。在此后的融资租赁业务中,租赁物权属调查更加便利,融资租赁业务中出租人通过查询统一登记平台即可判断租赁物是否已经设立了在先担保。③ 即使承租人擅自处分租赁物,出租人对租赁物享有的所有权与第三人的权利发生冲突时,根据所有权或担保物权公示先后即可判断权利优先顺位。因此,融资租赁交易安全更加有保障。

对于融资租赁实务而言,应当重点注意以下问题:

---

① 关于融资租赁"担保功能化"问题,详见本书第一讲"融资租赁'担保功能化'的理解与主要争议问题"。

② 《民法典》第414条:同一财产向两个以上债权人抵押的,拍卖、变卖抵押财产所得的价款依照下列规定清偿:(一)抵押权已经登记的,按照登记的时间先后确定清偿顺序;(二)抵押权已经登记的先于未登记的受偿;(三)抵押权未登记的,按照债权比例清偿。其他可以登记的担保物权,清偿顺序参照适用前款规定。

③ 自2022年5月起,中国人民银行征信中心陆续发布公告,试点开展机动车、船舶、知识产权担保登记信息统一查询公告。截至本书出版时,中国人民银行征信中心动产融资统一登记公示系统已经试点提供全国著作权质押及北京市、重庆市、深圳市、杭州市、广州市机动车、船舶、注册商标专用权、专利权等担保登记信息统一查询服务。

(一) 出租人的所有权经登记才具有对抗善意第三人的效力

《民法典》第745条规定已经明确出租人对租赁物享有的所有权未经登记不得对抗善意第三人，反言之，登记了才能对抗善意第三人。按照《国务院关于实施动产和权利担保统一登记的决定》(国发〔2020〕18号)的要求，融资租赁应当在中国人民银行征信中心动产融资统一登记公示系统(以下简称动产融资统一登记公示系统)办理融资租赁登记，但是《国务院关于实施动产和权利担保统一登记的决定》(国发〔2020〕18号)规定，机动车、船舶、航空器等特殊动产的抵押则不在统一登记之列。实践中若以机动车、船舶、航空器等特殊动产作为租赁物，考虑到租赁物上牌登记、承租人需取得以其为付款人的发票(发票抬头必须为承租人)方可申请补贴等需要，实践中这些特殊动产的所有权一般仍然登记在承租人名下。那么，除了在动产融资统一登记公示系统办理融资租赁登记，是否还应当像《民法典》施行之前的交易方式一样到车辆管理所、海事局或航空主管部门办理登记，实践中还存在不同观点。

一种观点认为，依照《国务院关于实施动产和权利担保统一登记的决定》(国发〔2020〕18号)的相关规定，融资租赁在动产融资统一登记公示系统办理了登记即视为登记完成，依据《民法典》第745条之规定具有对抗善意第三人之效力。

另一种观点认为，对于以机动车、船舶、航空器等特殊动产办理融资租赁的，若仅在动产融资统一登记公示系统办理融资租赁登记，第三人难以从特殊动产相应的管理部门所颁发的证明文件中了解标的机动车、船舶、航空器是否存在融资租赁的情况，因此有必要到车管所、海事局或航空主管部门办理登记。

2022年1月27日，最高人民法院在其"全国人大代表全国政协委员联络沟通平台"公布的《对十三届全国人大四次会议第9022号建议的答复》中认为："但是在机动车融资租赁业务当中，出租人对租赁物的权利主张可能发生在两种情形下：一是承租人与第三人发生机动车买卖的真实交易，由于机动车登记在承租人名下，第三人的权益应当予以保护。融资租赁公司明知机动车的登记管理制度与出租人所有权冲突可能产生的风险，仍然开展相关的租赁业务，对此，法律并不能例外作出保护。二是承租人的债权人对承租人名下的租赁物申请强制执行，出租人以其系真实所有权人或者抵押权人为由向人民法院提出执行异议。实践中，出租人通常会通过办理抵押登记方式对租赁物设定抵押权。如果对租赁物办理了融资租赁(抵押)登记的，是能够对抗保全、执行措施的；如果对租赁物未办理融资租赁(抵押)登记，人民法院基于承租人的债权人的申请对租赁物采取保全或者执行措施的,出租人主张对抵押财产优先受偿的,根据《最高人民法院关于适用〈中华人民共和国民法典〉有关担保制度的解释》第五十四条第三项规定,不应予以支持。"①

依照《对十三届全国人大四次会议第9022号建议的答复》的意见,在机动车融资租赁业务中,虽然租赁物所有权属于出租人,但因机动车登记管理制度的关系,租赁物仍登记在承租人名下,此时机动车的登记管理制度与出租人的所有权将在一定程度上产生冲突。在此情况下,融资租赁公司明知存在该风险,仍然开展相关的租赁业务,一旦承租人与第三人发生机动车买卖的真实交易,法律优先保护第三人的权益。

从《对十三届全国人大四次会议第9022号建议的答复》明确了办理融资租赁(抵押)登记能够对抗保全、执行措施,而未明确可对抗购买机动车的第三人来看,似乎该句只针对第二种情形而不包括第一种情形。况且,在阐述第一种情形时,《对十三届全国人大四次会议第9022号建议的答复》已经明确"融资租赁公司明知机动车的登记管理制度与出租人所有权冲突可能产生的风险,仍然开展相关的租赁业务,对此,法律并不能例外作出保护"。若如此,是否意味着,即使融资租赁公司在动产融资统一登记公示系统办理了融资租赁登记,甚至出租人与承租人就机动车办理了抵押登记,一旦承租人与第三人发生机动车买卖的真实交易,均优先保护第三人的权益?

对此,笔者建议,机动车、船舶、航空器等融资租赁业务,有必要既在动产融资统一登记公示系统办理融资租赁登记,又在这些特殊动产相应的登记部门办理抵押登记(若租赁物所有权仍登记在承租人名下)或所有权登记(若租赁物所有权可登记于出租人名下)。

(二)关于办理融资租赁登记时如何描述租赁物

《民法典担保制度解释》第53条规定:"当事人在动产和权利担保合同中对担保财产进行概括描述,该描述能够合理识别担保财产的,人民法院应当认定担保成立。"由于融资租赁合同被视为具有担保功能的合同,因此,如何在合同中对融资租赁的"担保财产"——租赁物进行描述,也可参照适用第53条之规定。该条规定主要有以下两方面原因:

一方面是在《民法典》的立法过程中,有意见提出,为进一步改善营商环境,赋

---

① 最高人民法院:《对十三届全国人大四次会议第9022号建议的答复》,载全国人大代表全国政协委员联络沟通平台 2022年1月27日, http://gtpt.court.gov.cn/#/NewsDetail?type=03000000&id=0112034ec7594a458de91af36ebc5f03。

予当事人更大自主权,建议允许担保合同对担保财产作概括性的描述。据此,《民法典》第400条第2款第3项简化规定了抵押合同的一般条款,将《物权法》第185条第2款第3项的表述修改为"抵押财产的名称、数量等情况",同时《民法典》第427条第2款第3项也简化了质押合同的一般条款,减少对质押财产具体描述的要求,将《物权法》第212条第2款第3项规定的质押合同条款包括"质押财产的名称、数量、质量、状况"修改为"质押财产的名称、数量等情况"。

另一方面是《民法典》第396条规定"将有的生产设备、原材料、半成品、产品"可以抵押、第440条规定"将有的应收账款"可以出质、第761条规定"将有的应收账款"可以转让,这些都属于将来的动产和权利,如果仍然要求当事人在担保合同中对担保财产进行准确描述,可能不切实际。对于这些将来的动产或权利,允许合同进行概括性描述,但必须能够合理识别,担保才成立。

其实,就融资租赁业务而言,对于拟作为担保财产的未来动产和权利的描述必须符合司法解释之规定,同时对于现有的租赁物,在合同中及办理登记时也应当尽量准确描述,避免因租赁物无法识别导致担保不成立。

(三)关于租赁物标识与自物抵押问题

值得注意的是,依据《融资租赁纠纷解释》(2014)第9条的规定,在租赁物的显著位置作出标识、办理自物抵押①均可以实现对抗第三人之目的,但是2020年修正时第9条被删除,标识与自物抵押还能否产生对抗善意第三人之效果,仍有讨论空间。

依据《民法典》第745条的规定,出租人对租赁物享有的所有权,未经登记,即使出租人在租赁物的显著位置作出标识,仍不得对抗善意第三人。但是,依据《民法典担保制度解释》第67条的规定,出租人的所有权未经登记不得对抗的"善意第三人"的范围及其效力,参照该解释第54条的规定处理。而依据《民法典担保制度解释》第54条的规定,未登记的动产抵押权能够对抗第三人的情形只有两种,分别是:

(1)转让抵押财产情况下,抵押权人能够举证证明受让人知道或者应当知道已经订立抵押合同;

(2)出租抵押财产情况下,抵押权人能够举证证明承租人(在融资租赁语境

---

① 依照《民法典》的相关规定,抵押物所有权归抵押人,抵押权人对抵押物并不享有所有权。由于出租人对租赁物本身享有所有权,因此出租人将自有之物再抵押给出租人称为自物抵押。

下,应指融资租赁承租人将租赁物再出租的第三人)知道或者应当知道已经订立抵押合同。

参照上述规定,若融资租赁出租人对租赁物享有的所有权未经登记,但是在租赁物显著位置作出了标识,有利于出租人举证证明第三人知道或应当知道该租赁物所有权人为融资租赁出租人,即若有证据证明第三人在与承租人交易时知道或者应当知道该物为租赁物的,则不构成善意。因此,笔者认为,在《民法典》施行后,出租人除了办理登记以外,不妨继续在租赁物显著位置作出标识,更有利于保护出租人的所有权。但是需要注意的是,在任何情况下融资租赁出租人都应当及时办理融资租赁所有权登记,以获得对抗善意第三人之法律效力。标识只是在个别场景下可能对出租人举证有所帮助,或者有利于出租人在租赁物上对外彰显其所有权,并不是对抗善意第三人的法定要件。例如,在第三人向法院申请保全或执行租赁物,或承租人破产的情况下,如未做融资租赁登记而仅有标识,则极有可能仍无法帮助出租人有效对抗第三人。

关于自物抵押,若租赁物为设备等普通动产,出租人的所有权可以在动产融资统一登记公示系统办理登记,显然已经不具有办理自物抵押之必要。然而,如前所述,对于机动车、船舶、航空器等特殊动产,笔者建议除按照之前的融资租赁操作实践办理自物抵押外,同时在动产融资统一登记公示系统办理融资租赁登记。

(四)关于出租人的所有权与其他担保物权竞合问题

《民法典》第414条第1款规定了两个以上抵押权的优先顺位规则,第2款同时规定"其他可以登记的担保物权,清偿顺序参照适用前款规定"。而融资租赁作为可以登记的"担保物权",同样适用该规则。该规定进一步表明,融资租赁出租人对租赁物所有权应当及时办理登记的重要性。

笔者建议,融资租赁公司在办理融资租赁业务时,必须注意的是,不论是什么情况,融资租赁都必须办理登记。同时,在融资租赁合同中及办理登记时应当对租赁物进行规范描述,以便于租赁物的识别。

四、出租人对租赁物享有的所有权无法对抗正常经营活动中的买受人

《民法典》第404条规定:"以动产抵押的,不得对抗正常经营活动中已经支付合理价款并取得抵押财产的买受人。"该条是《民法典》对正常经营活动中买受人的特殊保护,以将动产抵押制度给第三人造成的额外交易成本降至社会能容忍的程度。《民法典担保制度解释》第56条对《民法典》第404条作了进一步解释,并将

《民法典》第404条关于正常经营活动中买受人的保护规则扩张到已经办理登记的所有权保留买卖、融资租赁。

《民法典担保制度解释》第56条规定:"买受人在出卖人正常经营活动中通过支付合理对价取得已被设立担保物权的动产,担保物权人请求就该动产优先受偿的,人民法院不予支持,但是有下列情形之一的除外:(一)购买商品的数量明显超过一般买受人;(二)购买出卖人的生产设备;(三)订立买卖合同的目的在于担保出卖人或者第三人履行债务;(四)买受人与出卖人存在直接或者间接的控制关系;(五)买受人应当查询抵押登记而未查询的其他情形。前款所称出卖人正常经营活动,是指出卖人的经营活动属于其营业执照明确记载的经营范围,且出卖人持续销售同类商品。前款所称担保物权人,是指已经办理登记的抵押权人、所有权保留买卖的出卖人、融资租赁合同的出租人。"

依据《民法典担保制度解释》第56条之规定,即使融资租赁出租人的所有权经过了登记,也不得对抗正常经营活动中的买受人,但同时列举了五种可以对抗买受人的情形。对于第56条,笔者认为以下几个问题有进一步解释的空间,值得关注:

一是"购买商品的数量明显超过一般买受人"如何判断,如何进行准确量化或定性?何为一般买受人?数量超过多少算是明显超过?实践中,不排除部分买受人经济宽裕,一次性购买较多的商品,是否就不属于一般买受人?

二是买受人与出卖人存在直接或间接的控制关系,控制到什么程度?

三是什么情况下属于"买受人应当查询抵押登记而未查询的其他情形"?这样的兜底条款在司法实践中如何解释运用?

笔者建议,融资租赁出租人尽可能避免以承租人的产品、存货作为租赁物,避免被承租人在正常经营活动中出售给买受人,导致租赁物无法起到担保出租人租金债权的作用。例如,若以4S店的库存汽车作为融资租赁的租赁物,则不仅违反监管部门要求融资租赁公司必须以固定资产作为租赁物的规定,而且出租人对库存汽车的所有权,即使办理了融资租赁登记,也无法对抗购车的消费者。

五、PMSI也适用于融资租赁,出租人的所有权优先于浮动抵押

《民法典》第416条规定了买卖价款抵押权制度。该条规定:"动产抵押担保的主债权是抵押物的价款,标的物交付后十日内办理抵押登记的,该抵押权人优先于抵押物买受人的其他担保物权人受偿,但是留置权人除外。"买卖价款抵押权(或称"价款债权担保",purchase-money security interest,PMSI),是指为了担保债务人买入动产时对出卖人或者贷款人支付价款的债务的履行,在买入的该动产上为出卖人或者贷款人设定的,经依法登记取得法律规定的优先受偿权的抵押权。由于买卖价款抵押人可以优先于该动产上的除留置权人以外的其他担保物权人受偿,因此 PMSI 在国外的相关制度以及学术理论中被称为"超级优先权"。就《民法典》第416条的解读,"本条规定的买卖价款抵押权仅限于动产抵押这种交易类型,不包涵所有权保留和融资租赁交易。所有权保留交易中的出卖人和融资租赁交易中的出租人对标的物的权利为所有权,而不是担保物权,因此不适用本条规定"。①

但是,《民法典担保制度解释》第57条将《民法典》第416条扩大适用于所有权保留买卖、融资租赁等业务。《民法典担保制度解释》第57条明确规定:"担保人在设立动产浮动抵押并办理抵押登记后又购入或者以融资租赁方式承租新的动产,下列权利人为担保价款债权或者租金的实现而订立担保合同,并在该动产交付后十日内办理登记,主张其权利优先于在先设立的浮动抵押权的,人民法院应予支持:(一)在该动产上设立抵押权或者保留所有权的出卖人;(二)为价款支付提供融资而在该动产上设立抵押权的债权人;(三)以融资租赁方式出租该动产的出租人。买受人取得动产但未付清价款或者承租人以融资租赁方式占有租赁物但是未付清全部租金,又以标的物为他人设立担保物权,前款所列权利人为担保价款债权或者租金的实现而订立担保合同,并在该动产交付后十日内办理登记,主张其权利优先于买受人为他人设立的担保物权的,人民法院应予支持。同一动产上存在多个价款优先权的,人民法院应当按照登记的时间先后确定清偿顺序。"

对于融资租赁业务而言,需要重点注意以下几个问题:

第一,承租人以融资租赁方式承租新的动产才有可能设立 PMSI,而对于传统的售后回租,由于租赁物并非新的动产,一般不能设立 PMSI。但是实践中也需要区分,并非所有售后回租均不得设立 PMSI。例如,"直转回"式的售后回租,②本质上租赁物仍然是承租人新购入的动产,笔者认为也可设立 PMSI。但对此问题,理论界与实践界均尚存争议,笔者建议,融资租赁公司对于"直转回"的融资租赁业务能否设立 PMSI,暂且不要过于乐观为妥。

---

① 黄薇主编:《中华人民共和国民法典物权编解读》,中国法制出版社2020年版,第718页。
② "直转回"式售后回租:融资租赁实务中也称为"形式回租"或"名义回租"。该种交易方式虽然由出租人与承租人签署回租形式的融资租赁合同,但租赁物为新设备,新设备的全部或大部分购买价款由出租人支付,供应商向承租人交付新设备、承租人取得新设备所有权后,立即将新设备的所有权转让给出租人,并由出租人与承租人以上述新设备作为租赁物开展融资租赁交易。

第二，若出租人拟设立 PMSI，应当在租赁物交付后十日内办理融资租赁登记。对于租赁物交付的时间，必须通过书面的证据予以固定或确认，避免影响登记宽限期的计算。关于十日宽限期，对于拟设立 PMSI 的融资租赁业务而言是宽限期，对于拟从事普通售后回租的融资租赁业务而言，则是等待期，即出租人需要等待承租人获得租赁物后十日内有没有向其他担保物权人设立 PMSI，若有，则停止办理售后回租业务；若无，则可办理普通的售后回租业务。

第三，关于十日的登记宽限期。首先，十日的起算时间是交付日的第二日，依据是《民法典》第 201 条第 1 款"按照年、月、日计算期间的，开始的当日不计入，自下一日开始计算"之规定。其次，依据《民法典》第 203 条第 1 款"期间的最后一日是法定休假日的，以法定休假日结束的次日为期间的最后一日"之规定，十日的最后一日如果是法定休假日，则以法定休假日结束的次日为期间的最后一日。在实践中，如果遇到中间有国庆、春节等长假，十日的登记宽限期可能就显得很短了。再次，十日时间对于 PMSI 的抵押权人来说是宽限期，但对于欲在动产上设立其他担保物权的债权人而言，则是等待期，除非其他债权人愿意承担相应风险。最后，如果超过十日才登记，虽然 PMSI 未能设立，但也能形成已经登记的动产抵押权，该抵押权不具有超级优先效力。

第四，《民法典》第 416 条对于 PMSI 规定的登记为"十日内办理抵押登记"，此处"办理抵押登记"是指提交登记申请，还是指登记已经完成，法条并未明确。如果指登记已经完成，那么实践中存在因为登记机关迟延办理或者在最后一日临近下班才提交登记申请材料而导致未能在十日内完成登记的，PMSI 将无法设立，那么在办理 PMSI 登记的时候将不得不预留登记机关办理登记手续的时间。如此一来，实际上十日的宽限期可能不足十日。因此，笔者认为，将"办理抵押登记"理解为提交登记申请可能更为合理。如果租赁物是普通动产，则出租人将在动产融资统一登记公示系统登记所有权，技术上可以实现提交申请即完成登记，对"办理抵押登记"在理解上就不用纠结是提交登记申请还是登记已经完成。但是，如果租赁物是机动车、船舶、航空器等特殊动产，虽然《国务院关于实施动产和权利担保统一登记的决定》（国发〔2020〕18 号）将融资租赁纳入统一登记，但是如果实践中除了在动产融资统一登记公示系统办理融资租赁所有权登记以外，出租人需同时到车管所、海事局或航空主管部门办理登记的（融资租赁所有权登记、自物抵押登记），则在实际操作过程中可能还是会面临"办理抵押登记"的理解问题。

第五，能否于交付之前办理 PMSI 登记？从《民法典》第 416 条的文字表述来看,PMSI登记时间仅限于标的物交付后十日内,标的物交付之前、标的物交付满十日之后登记的,均无法设立PMSI。实践中,购买动产从标的物选择、看样、签署合同到交付,本来就可能需要一段时间。特别是在融资租赁实践中,直租项目完全可能在租赁物交付之前就已经办理了融资租赁所有权登记,若因此而否认PMSI的有效设立,则未免对出租人过于苛刻,甚至与促进交易、保护权利人的立法初衷相悖。因此,允许交付之前的登记也能设立PMSI,笔者认为与立法的意图并不冲突。

考虑到PMSI的超级优先效力,笔者建议在承租人以融资租赁方式承租新的动产的情况下,出租人应当及时办理融资租赁登记以使该登记符合PMSI的要求。当然,根据笔者观察,由于融资租赁公司一般都要求先登记再投放融资租赁本金,因此实践中PMSI适用空间较少。

六、公益设施、海关监管财产等可办理融资租赁,但需注意合规问题

(一)部分公益设施也可以办理融资租赁

依据《民法典》第399条第3项之规定,"学校、幼儿园、医疗机构等为公益目的成立的非营利法人的教育设施、医疗卫生设施和其他公益设施"不得抵押,给实务中带来一些问题。一是非营利性的学校、幼儿园、医院因为发展需要,同样具有强烈的融资需求,这些正当、合理的需求被排除在正常的融资渠道之外,并不一定合理。二是如果从公益角度考虑,担心公益设施被抵押、质押后妨碍公益目的实现,但现实中医院等公益机构的融资租赁却并未被禁止,而在《民法典》之前的法律规定之下,融资租赁中租赁物的所有权归出租人。尤其在售后回租业务中,公益设施作为租赁物,其所有权将转移给融资租赁公司。抵押并不转移所有权,尚且不被允许,为何不允许抵押却允许转让所有权?并不合理。

《民法典担保制度解释》第6条则给公益设施融资租赁业务提供了"尚方宝剑",在规定"以公益为目的的非营利性学校、幼儿园、医疗机构、养老机构等提供担保的"无效的同时,又规定了两个有效的例外情形。对于融资租赁公司而言,比较关注的是第一种例外情形,即"在购入或者以融资租赁方式承租教育设施、医疗卫生设施、养老服务设施和其他公益设施时,出卖人、出租人为担保价款或者租金实现而在该公益设施上保留所有权"。依据条文规定,以融资租赁方式承租教育设施、医疗卫生设施、养老服务设施和其他公益设施并不仅限于直租,也包括售后回租,这显然对融资租赁公司开展业务较为有利。但也有不同观点认为,若允许以教育设施、医疗卫生设施、养老服务设施和其他公益设施叙做售后回租,等于是给公益设施担保开了一道"后门",与《民法典》限制或禁止公益机构提供担保的立法目的相背离,因此《民法典担保制度解释》第6条第1款第1项规定的以融资租赁方式承租教育设施、医疗卫生设施、养老服务设施和其他公益设施应当仅限于直租而不包括回租。事实上,许多融资租赁业务虽然交易文件看起来是售后回租,但其实是把直租业务做成了售后回租(前文所述的"直转回"式的售后回租),本质上租赁物仍然是承租人新购入的动产。因此笔者认为,至少以"直转回"的融资租赁方式承租公益设施,是符合立法本意的。

需要注意的是,最高人民法院在对《民法典担保制度解释》第6条第1款进行解释时认为:"对于从事公益服务的事业单位,根据职责任务、服务对象和资源配置方式等情况,进一步将其细分为两类:承担义务教育、基础性科研、公共文化、公共卫生及基层的基本医疗服务等基本公益服务,不能或者不宜由市场资源配置的,划入公益一类;承担高等教育、非营利医疗等公益服务,可部分由市场资源配置的,划入公益二类。"[1]并进一步认为:"事业单位还有公益一类和公益二类之分,其中公益一类不能或者不宜由市场资源配置,原则上不能提供任何担保,因而即便是本条第1款规定的例外规定,也不能适用。只有划入公益二类的学校、幼儿园、医疗机构、养老机构,因其可部分由市场资源配置,方有本条第1款例外规定的适用。"[2]根据该论述,最高人民法院认为《民法典担保制度解释》第6条第1款之例外情形并非适用于全部以公益为目的的非营利性学校、幼儿园、医疗机构、养老机构。笔者认为仅从司法解释条文来看,确实难以解读出这样的结论,但最高人民法院的观点对司法实践具有较大的指导意义。因此,若融资租赁公司拟接受承租人以融资租赁方式承租教育设施、医疗卫生设施、养老服务设施和其他公益设施时,需要特别注意。

(二)海关监管财产可以办理融资租赁

《民法典担保制度解释》第37条规定:"当事人以所有权、使用权不明或者有争议的财产抵押,经审查构成无权处分的,人民法院应当依照民法典第三百一十一条的规定处理。当事人以依法被查封或者扣押的财产抵押,抵押权人请求行使抵押权,经审查查封或者扣押措施已经解除的,人民法院应予支持。抵押人以抵押权设

---

[1] 最高人民法院民事审判第二庭:《最高人民法院民法典担保制度司法解释理解与适用》,人民法院出版社2021年版,第126页。

[2] 最高人民法院民事审判第二庭:《最高人民法院民法典担保制度司法解释理解与适用》,人民法院出版社2021年版,第128页。

立时财产被查封或者扣押为由主张抵押合同无效的,人民法院不予支持。以依法被监管的财产抵押的,适用前款规定。"

该条系针对《民法典》第399条所作出的解释。《民法典》第399条第5项规定"依法被查封、扣押、监管的财产"不得抵押。而《民法典担保制度解释》第37条坚持债权与物权二元主义,合同有效不代表物权设立,两者依据不同的规定分别进行评价。当事人以所有权、使用权不明或者有争议的财产进行抵押,即使其构成无权处分,也应当按照善意取得规则进行处理,但并不直接导致合同无效。结合《民法典担保制度解释》第1条及《民法典》第399条第5项之规定,承租人以依法被监管的财产办理融资租赁的,承租人如果主张融资租赁业务办理时租赁物处于被查封或者扣押状态,或处于海关监管状态而主张融资租赁合同无效的,人民法院不予支持。同时,在以往的司法实践中,法院主流观点是认可此类融资租赁合同的效力。例如,上海金融法院(2019)沪74民终244号民事判决认为,《海关法》(2017修正)第37条第1款虽然规定海关监管货物未经海关许可,不得提取、交付和转让,但从该规定的内容和法律后果来看,其目的是规范进口货物,在海关放行之前禁止货物的实际转移,防止当事人通过转移货物权利逃避监管,属于管理性强制性规范,不属于效力性强制性规范。因此,承租人以涉案融资租赁的标的物为海关监管物品为由,主张本案双方当事人之间签订的《售后回租协议》无效的,缺乏法律依据,不予采纳。

笔者建议,一方面,以公益设施叙做融资租赁的,优先选择直租方式,避免公益设施进行售后回租融资租赁被认定为无效。另一方面,虽然海关监管物可作为租赁物且不影响融资租赁合同的效力,但是出租人仍然应当注意到以海关监管物叙做融资租赁存在的风险,如将来处置租赁物时可能需要补缴税款。同时,依照《融资租赁公司监督管理暂行办法》(银保监发〔2020〕22号发布)及《金融租赁公司管理办法》(中国银行业监督管理委员会[①]令2014年第3号发布)的相关规定,已设置抵押、权属存在争议或已被司法机关查封、扣押的财产以及所有权存在瑕疵的财产,仍然禁止作为租赁物。因此,对于以公益设施、海关监管财产等办理融资租赁业务的,出租人应当注意合规问题。

七、融资租赁保证金业务面临保证金制度的挑战

融资租赁业务中出租人向承租人收取一定的保证金是行业惯例。在以往的实

[①] 2018年机构改革已撤并为中国银行业保险业监督管理委员会,下同。

践中,一般是承租人直接将保证金汇入出租人的账户,该资金与出租人的其他资金发生混同,一方面用于担保承租人履行租金支付义务,另一方面出租人在收取保证金后可从中赚取利差。虽然承租人将资金移交出租人占有,但资金并未特定化,也正因如此,该操作模式下承租人支付给出租人的该资金是否构成具有优先受偿效力的保证金也一直受到质疑。《民法典担保制度解释》对保证金制度作了更加明确的规定,融资租赁保证金业务可能面临新的挑战。

关于保证金账户质押问题,《担保法解释》第85条曾规定:"债务人或者第三人将其金钱以特户、封金、保证金等形式特定化后,移交债权人占有作为债权的担保,债务人不履行债务时,债权人可以以该金钱优先受偿。"依据该规定,将保证金账户特定化并转移债权人占有的,债权人可就保证金账户内资金优先受偿。但是该条规定已经无法适应《民法典》第429条规定的典型动产质押交易结构,即"质权自出质人交付质押财产时设立"。保证金账户是否属于该条所称动产?如何理解保证金账户之"交付"?保证金账户内资金浮动是否仍有优先权?《担保法解释》第85条无法解释。

《民法典担保制度解释》将保证金账户质押视为非典型担保,其第70条规定:"债务人或者第三人为担保债务的履行,设立专门的保证金账户并由债权人实际控制,或者将其资金存入债权人设立的保证金账户,债权人主张就账户内的款项优先受偿的,人民法院应予支持。当事人以保证金账户内的款项浮动为由,主张实际控制该账户的债权人对账户内的款项不享有优先受偿权的,人民法院不予支持。在银行账户下设立的保证金分户,参照前款规定处理。当事人约定的保证金并非为担保债务的履行设立,或者不符合前两款规定的情形,债权人主张就保证金优先受偿的,人民法院不予支持,但是不影响当事人依照法律的规定或者按照当事人的约定主张权利。"

《民法典担保制度解释》第70条规定了债权人可就保证金优先受偿的两种情形:一是由债务人或第三人设立专门的保证金账户并由债权人实际控制,二是将其资金存入债权人设立的保证金账户。在前一种情形下,账户的户名为债务人或第三人,在后一种情形下账户的户名为债权人,但两种情形下似乎债权人都无法动用保证金。若出租人从承租人处收取保证金并且希望达到对该保证金享有优先受偿的效果,可能无法动用保证金赚取利差。

如果出租人继续按照旧的模式从承租人处收取一笔款项但未设立专门的保证金账户,则所收取的款项可能不构成保证金,而是一笔在符合双方约定条件时出租人应当向承租人返还的款项,或者出租人应当用于抵扣承租人所欠付租金的款项。在此逻辑下,出租人对此笔款项当然不存在法律规定上的优先受偿权(因为该款项本身就是出租人欠承租人的未到期债务,且在履行条件成就前,这只是一笔或有债务)。此时,如果承租人的其他债权人申请法院冻结承租人对出租人享有的该笔债权或应收账款,出租人似乎无法对抗上述申请,而仅能以返还款项的条件尚未成就或该款项因承租人违约已被用于冲抵承租人的部分债务为由进行抗辩。

笔者建议,融资租赁公司应结合其业务定位及交易方案需要实现的目的,根据自身业务特点,搭建保证金或具有类似功能的交易结构,从合同设计、款项收付的履行,乃至涉及争议时的举证或抗辩准备等,做好相应预案。例如,出租人希望实现《民法典担保制度解释》下的保证金之效果的,则应主动适应保证金制度的变化,在提供融资租赁产品或服务时,合理调整保证金、租金利率等收益水平。同时,按照规定完成保证金账户的设立,确保出租人对保证金账户享有控制权,以保证出租人对保证金享有优先权。①

八、债权可能法定转移,出租人负有注意义务

《民法典》第 524 条规定:"债务人不履行债务,第三人对履行该债务具有合法利益的,第三人有权向债权人代为履行;但是,根据债务性质、按照当事人约定或者依照法律规定只能由债务人履行的除外。债权人接受第三人履行后,其对债务人的债权转让给第三人,但是债务人和第三人另有约定的除外。"第 700 条规定:"保证人承担保证责任后,除当事人另有约定外,有权在其承担保证责任的范围内向债务人追偿,享有债权人对债务人的权利,但是不得损害债权人的利益。"《民法典担保制度解释》第 20 条规定:"人民法院在审理第三人提供的物的担保纠纷案件时,可以适用民法典第六百九十五条第一款、第六百九十六条第一款、第六百九十七条第二款、第六百九十九条、第七百条、第七百零一条、第七百零二条等关于保证合同的规定。"

依据上述规定,若融资租赁合同项下租金是由第三人代为履行,或担保人(包括保证人、提供物的担保的第三人)承担了担保责任的,则出租人对承租人的权利法定转移给第三人或担保人,此为债权的法定转移。"享有债权人对债务人的权利"的范围除了包括对债务人享有的主债权本金,还包括对债务人财产的抵押权等

---

① 关于融资租赁保证金业务,详见本书第十三讲"融资租赁交易中的租赁保证金法律实务"。

担保物权、迟延利息或者违约金等债权。

对于融资租赁业务而言，笔者认为，出租人对承担人的权利不仅包括出租人对承租人享有的租金债权及对应的违约金、各项费用等债权，还包括出租人对租赁物所享有的所有权。若第三人代为履行或担保人承担了担保责任，出租人对承租人享有的这些权利将法定转移给第三人或承担了担保责任的担保人。因此，虽然出租人的租金债权得以清偿，但出租人仍负有注意义务，出租人此时并无权利立即注销租赁物的所有权登记及第三人提供的物的担保登记，并且应当为第三人或担保人向承租人追偿提供必要的协助，否则可能需要向第三人或担保人承担赔偿责任。

笔者建议，出租人的租金债权获得清偿之后，出租人应当首先判断该清偿行为是否由第三人或担保人所为，若该清偿行为是由第三人或担保人所为，则出租人不得自行注销租赁物所有权登记或第三人提供的物的担保登记。若难以判断出租人收到的还款是否由第三人或担保人所归还，笔者建议出租人取得充分的证据之前勿急于下结论。

九、出租人利用公权力救济的方式有重大改变

(一)《民法典》施行前出租人不可以主张以拍卖、变卖租赁物所得价款清偿租金债权

在《民法典》施行之前，依据《合同法》第248条及《融资租赁纠纷解释》(2014)第21条[对应《融资租赁纠纷解释》(2020修正)第10条]之规定，出租人不能同时要求支付全部租金(主张加速到期)和解除合同、收回租赁物，只能择一行使。在主张加速到期的案件中，出租人不能主张以拍卖、变卖租赁物所得清偿租金债权，最多只能请求法院判决确认在租金清偿完毕之前，出租人对租赁物享有所有权。而在解除合同的案件中，虽然已经有部分法院支持出租人主张返还租赁物并要求承租人赔偿损失(损失范围为全部未付租金与租赁物价值的差额)，但在具体判决的判项表述上，各地法院存在较大分歧。但无论是加速到期还是解除合同，大部分法院都不支持出租人对租赁物主张抵押权或优先受偿权。因为在传统的所有权构造之下，出租人对租赁物享有的是所有权而非抵押权。

(二)《民法典》施行后出租人可主张加速到期并拍卖、变卖租赁物

《民法典》在动产和权利担保领域采纳了担保功能主义的立法理念。体现在融资租赁领域，就是把融资租赁视为具有担保功能的交易，出租人对租赁物虽然名

义上享有所有权,但实质上仍然是担保物权,即优先受偿权。《民法典担保制度解释》第65条第1款规定:"在融资租赁合同中,承租人未按照约定支付租金,经催告后在合理期限内仍不支付,出租人请求承租人支付全部剩余租金,并以拍卖、变卖租赁物所得的价款受偿的,人民法院应予支持;当事人请求参照民事诉讼法'实现担保物权案件'的有关规定,以拍卖、变卖租赁物所得价款支付租金的,人民法院应予准许。"依据该规定,出租人在起诉主张加速到期的同时,还可以主张以拍卖、变卖租赁物所得价款清偿租金债权。但是,"出租人能否主张就拍卖、变卖租赁物所得价款优先受偿,则取决于出租人对租赁物享有的所有权是否已经办理登记。根据《民法典》第745条的规定,出租人对租赁物享有的所有权未经登记的,不得对抗善意第三人,因此在出租人对租赁物享有的所有权未办理登记时,对于出租人请求以拍卖、变卖租赁物所得价款优先受偿的请求,人民法院不应支持,而仅支持其请求以拍卖、变卖租赁物所得价款受偿的请求"。[1]

(三)出租人将来可能更倾向于主张加速到期并拍卖、变卖租赁物

另外,还需要注意的是,《融资租赁纠纷解释》(2014)第21条第2款及《融资租赁纠纷解释》(2020修正)第10条第2款均规定:"出租人请求承租人支付合同约定的全部未付租金,人民法院判决后承租人未予履行,出租人再行起诉请求解除融资租赁合同、收回租赁物的,人民法院应予受理。"按照该规定,出租人可以先主张融资租赁合同项下租金加速到期,若判决后承租人未履行,则可另行起诉请求解除融资租赁合同。但是,只要融资租赁合同已经被解除(解除方式可以是发函,也可以是诉讼),则出租人不得再起诉主张租金加速到期并主张拍卖、变卖租赁物,而只能要求承租人返还租赁物并赔偿损失。

事实上,在担保功能主义模式下,融资租赁交易实质上就是具有担保功能的交易,无论出租人主张加速到期还是主张解除合同,出租人都可能面临租赁物价值清算问题,两者最终的法律效果可能相差不多。除非租赁物对出租人有特殊意义,或者出租人认为其收回租赁物后自行处置获得的价值高于由法院拍卖、变卖租赁物可能获得的价值,否则出租人并非一定要取回租赁物。在此情况下,融资租赁公司在将来的诉讼案件中,可能更倾向于首选加速到期并主张拍卖、变卖租赁物,并以拍卖、变卖所得清偿租金债权。

---

[1] 最高人民法院民事审判第二庭:《最高人民法院民法典担保制度司法解释理解与适用》,人民法院出版社2021年版,第546页。

笔者建议，融资租赁公司应当谨慎评估实现担保物权程序的可行性，包括承租人的配合程度、可能提出哪些异议、当地法院对实现担保物权程序的支持或落实程度等。若需要提起诉讼，则建议优先选择主张加速到期并主张以拍卖、变卖租赁物所得价款清偿租金。①

---

① 关于租金加速到期的问题，详见本书第十七讲"融资租赁租金加速到期法律实务"。

专题一

融资租赁物

第三讲 构筑物作为融资租赁物

CHAPTER 03

由于构筑物单体价值高、原始享有构筑物所有权的承租人信用资质优于中小民营企业等原因,以构筑物作为租赁物的融资租赁交易长期被大量融资租赁公司青睐。但是近年来,部分金融租赁公司已基于监管要求,停止或压缩了该类融资租赁的交易规模。司法实践中,部分法院认为出租人、承租人以构筑物作为租赁物开展的融资租赁交易不构成融资租赁法律关系。监管与司法的态度均对出租人以构筑物作为租赁物开展融资租赁交易产生了负面影响。本讲将尝试探讨实务中出租人咨询较多的构筑物相关法律问题。

一、融资租赁视角下的构筑物

(一)构筑物的概念

就法律角度而言,《民法典》第344条、第352条、第356条、第357条等条款均涉及"构筑物",但并未明确"构筑物"的具体定义。《中华人民共和国民法典物权编理解与适用[下]》一书中,对构筑物作出了明确界定:"构筑物,是指不具有居住或者生产经营功能的人工建造物,如道路、桥梁、隧道、水池、水塔、纪念碑等。"[1]中华人民共和国住房和城乡建设部主编的《民用建筑设计术语标准》(GB/T 50504—2009)第2.1.5条也对构筑物作出了界定:"为某种使用目的而建造的、人们一般不直接在其内部进行生产和生活活动的工程实体或附属建筑设施。"此外,依据《高

---

[1] 最高人民法院民法典贯彻实施工作领导小组主编:《中华人民共和国民法典物权编理解与适用[下]》,人民法院出版社2020年版,第725页。

速公路公司财务管理办法》(财工字〔1997〕59号发布)第22条关于高速公路公司固定资产的举例,公路及构筑物包括路基(土方和石方)、路面、桥梁(跨线桥和跨河桥)、涵洞、隧道、防护工程等。①

需要注意的是,构筑物与建筑物在法律层面并不相同。《中华人民共和国民法典物权编理解与适用[下]》一书中,将住宅、写字楼、厂房界定为建筑物。② 据此,法律上的建筑物一般属于可以办理过户及抵押登记的不动产,而法律上的构筑物通常被认为属于地上附着物。

(二)融资租赁交易中的构筑物

与机器设备等动产相比,构筑物的单体价值往往较高。与中小型民营企业相比,原始享有构筑物所有权的主体资质往往更为优质。因此,以构筑物作为租赁物开展融资租赁交易的业务模式,长期受到融资租赁公司青睐。结合上述关于构筑物的定义,笔者就与构筑物相关的租赁物简要列举如下:

1. 道路类构筑物,包括高速公路、城市道路、地铁(不含闸机等动产)、电缆隧道、巷道、飞机跑道、飞机停机坪等。

2. 池、罐、槽、塔类构筑物,如水塔、水池、污水处理槽、工业生产用池罐、工业用塔。

3. 井、坑类构筑物,如地热水井、矿井、铸铁块坑。

4. 台、站、码头类构筑物,如铁路站台、码头、旅客站台、货物站台、加油站、码头。

5. 坝、堰及水道类构筑物,如水电站大坝、水库、水利管道或引水管道、排水管道、市政管道。

6. 沟、洞、廊、桥类构筑物,如公路涵洞、铁路涵洞、公路桥梁、铁路桥梁。

---

① 《高速公路公司财务管理办法》(财工字〔1997〕59号发布)第22条:固定资产指使用期限超过一年的和其他与生产经营有关的设备、器具、工具等。不属于生产经营主要设备的物品,单位价值在2000元以上的,并且使用年限超过两年的,也应当作为固定资产。具体包括下列内容:公路及构筑物:包括路基(土方和石方)、路面、桥梁(跨线桥和跨河桥)、涵洞、隧道、防护工程等。安全设施:包括标志、标线、护栏、护网、灯杆、灯具配电控制柜等。通讯设备:包括数据传输设备、业务电话系统、指令电话系统、紧急电话系统、电缆光缆外线路系统等。监控设备:包括外场设备、控制中心设备等。收费设施:包括中心设备、收费站设备、车道设备等。机械设备:包括清扫车、压路机、洒水车、摊铺机、路缘机等。车辆:包括巡逻车、生产用车、拖车、工程抢险车等。房屋及建筑物:包括服务区房屋、收费站房屋、管理控制中心房屋、道班房、车库、油库等。其他:包括复印机、打字机、计算机、摄像机、录音设备等。公司根据实际情况,制定固定资产目录。

② 最高人民法院民法典贯彻实施工作领导小组主编:《中华人民共和国民法典物权编理解与适用[下]》,人民法院出版社2020年版,第725页。

7.库、仓、场、斗类构筑物,如停车场、船坞、粮仓或粮库。

此外,属于建筑物、不属于构筑物的常见租赁物包括住宅、写字楼、商铺、厂房等。

需要进一步说明的是,实务中,关于管网的物权属性问题存在一定的争议。部分出租人认为,管网可以单独拆卸、独立存在,应当属于动产范围。而部分出租人则认为,大部分管网埋在地下,与土地分离后,管网无法单独使用、收益,应当界定为不动产。笔者倾向于认为,融资租赁交易中的管网种类较多,可能属于构筑物的有排水管道、市政管道等,因可以与土地分离而可能属于动产的有输热管道、输气管道等。

二、金融租赁公司开展构筑物融资租赁业务受限

近年来,部分地方监管部门不鼓励辖区内的金融租赁公司开展以构筑物作为租赁物的融资租赁交易,笔者认为可能存在的原因包括:

第一,与出租人开展以构筑物作为租赁物的承租人,可能属于地方政府融资平台类企业。《银行保险机构进一步做好地方政府隐性债务风险防范化解工作的指导意见》(银保监发〔2021〕15号)进一步明确银行保险机构应严格执行地方政府融资相关政策要求的背景下,金融租赁公司与地方政府融资平台类企业开展融资租赁交易会受到限制。

第二,《国务院国有资产监督管理委员会关于进一步促进中央企业所属融资租赁公司健康发展和加强风险防范的通知》(国资发资本规〔2021〕42号)第2条"严格规范融资租赁公司业务开展"明确:"……规范租赁物管理,租赁物应当依法合规、真实存在,不得虚构,不得接受已设置抵押、权属存在争议、已被司法机关查封、扣押的财产或所有权存在瑕疵的财产作为租赁物,严格限制以不能变现的财产作为租赁物,不得对租赁物低值高买,融资租赁公司应当重视租赁物的风险缓释作用……"

鉴于部分金融租赁公司属于上述通知中所界定的"中央企业所属融资租赁公司",而构筑物单独进行变现的经济价值可能较低,以构筑物作为租赁物开展融资租赁交易无法满足"单独变现要求",导致央企类金融租赁公司以该等租赁物开展融资租赁交易可能面临一定的合规性风险。

第三,政策导向上,《中国银监会关于提升银行业服务实体经济质效的指导意见》(银监发〔2017〕4号)第8条①、《融资租赁公司监督管理暂行办法》(银保监发〔2020〕22号发布)第4条②、《最高人民法院关于充分发挥司法职能作用　助力中小微企业发展的指导意见》(法发〔2022〕2号发布)第10条③都涉及鼓励融资租赁公司服务实体企业的内容。以构筑物作为租赁物开展的融资租赁交易,似乎与服务实体经济发展并无关系,不属于政策鼓励的业务领域。

第四,在司法实践中,部分人民法院认为,出租人、承租人以构筑物作为租赁物开展的融资租赁交易不能构成融资租赁法律关系,即出租人可能面临一定的诉讼风险。

三、以构筑物作为租赁物的融资租赁纠纷案例分析

对于以构筑物作为租赁物的融资租赁交易是否构成融资租赁法律关系,司法实践中存在分歧。有些案例支持以构筑物作为融资租赁的租赁物,认定构成融资租赁法律关系;有些案例则不支持以构筑物作为融资租赁的租赁物,认定不构成融资租赁法律关系。

(一)对于无法登记的构筑物,融资租赁的设立不以登记为必要条件

【案例一】

某金融租赁公司与全南县某公司等融资租赁合同纠纷案

【案号】

天津市高级人民法院(2019)津民终333号

【案情简介】

2016年12月27日,某金融租赁公司(出租人)与全南县某公司(承租人)签订《融资租赁合同》,约定:为实现融资租赁之目的,承租人同意向出租人转让承租人

---

① 《中国银监会关于提升银行业服务实体经济质效的指导意见》(银监发〔2017〕4号)第1条第8项:积极推动产业转型升级和支持振兴实体经济。银行业金融机构应围绕《中国制造2025》重点任务提高金融服务水平,支持关键共性技术研发和科技成果转化应用,切实加强对企业技术改造中长期贷款支持,积极运用信贷、租赁等多种手段,支持高端装备领域突破发展和扩大应用……

② 《融资租赁公司监督管理暂行办法》(银保监发〔2020〕22号发布)第4条:鼓励各地加大政策扶持力度,引导融资租赁公司在推动装备制造业发展、企业技术升级改造、设备进出口等方面发挥重要作用,更好地服务实体经济,实现行业高质量发展。

③ 《最高人民法院关于充分发挥司法职能作用　助力中小微企业发展的指导意见》(法发〔2022〕2号发布)第10条:助力拓宽中小微企业融资渠道。严格依照民法典及有关司法解释的规定,依法认定生产设备等动产担保,以及所有权保留、融资租赁、保理等非典型担保权优先受偿效力,支持中小微企业根据自身实际情况拓宽融资渠道……

享有所有权之资产,再向出租人租回该等资产,出租人同意上述转让并将该等资产租赁给承租人使用,承租人采用售后回租方式租用上述资产,并向出租人支付租金及其他应付款项。《融资租赁合同》约定的行为性质属于融资租赁售后回租。《融资租赁合同》所称租赁物是指本合同附件一租赁物清单中载明的资产及其附属设施、零部件、附着物、构筑物等。租赁物清单约定的租赁物为井巷工程,包括主井、硐室、巷道等。

某金融租赁公司向一审法院起诉请求全南县某公司全部未付租金、逾期付款违约金、留购价款等。

全南县某公司主张,案涉融资租赁物无论是从实物上还是从权利上都无法进行移交,也不具有返还原物的可能,不具备适合于租赁的特性。案涉租赁物依附于采矿权存在。由于采矿权转让的限制,导致案涉租赁物买卖没有合法基础,双方实质上也是通过另行签订抵押和保证合同作为债权保证完成资金融通。故本案系借贷法律关系,上诉主张下调借款本金。

【裁判要旨】

井巷工程等构筑物客观存在,且法律法规并未禁止其为租赁物,交易既有融资又有融物,符合融资租赁特性。

【法院认为】

双方当事人之间签订的系融资租赁合同。融资租赁具有融资和融物的双重属性。首先,从租赁物角度来看,案涉井巷工程真实客观存在,法律、行政法规并没有关于井巷工程作为融资租赁物的禁止规定。其次,从权利义务角度来看,本案中既有资金的融通,也有租赁物的占有、使用,符合融资租赁交易本身的特性。再次,承租人以融资为目的,将其自有的井巷工程出售给具有从事融资租赁业务资质的出租人后,又从出租人处租回使用,符合法律规定的售后回租的融资租赁方式。最后,承租人主张案涉租赁物井巷工程依附于采矿权,不具有返还的可能性,双方还另行签订了担保合同等,属于融资租赁公司的交易风险控制问题,不属于融资租赁合同的性质认定问题。故原审法院认定本案为融资租赁法律关系正确。

【裁判结论】

2019年7月30日,天津市第二中级人民法院作出一审判决,支持某金融租赁公司的诉讼请求。2019年9月25日,天津市高级人民法院作出二审判决,驳回全南县某公司的上诉请求,维持原判。

【律师分析】

本案中,法院认为,以巷道作为租赁物进行售后回租,不违反法律法规的禁止性规定。根据笔者检索,在以巷道为租赁物开展的融资租赁交易中,承租人常以巷道的所有权转移未经登记不生效、出租人无法取得所有权来否认双方的融资租赁法律关系。但是,现行规范对巷道如何办理不动产登记并未明确规定,承租人和出租人难以依照相关规定完成巷道的产权移转登记。"如果某类不动产物权依法本不必办理登记(土地承包经营权),则权利人进一步处分物权当然不受办理宣示登记的限制。此类不动产物权无须登记即可处分,只是不能对抗善意第三人。本条规定中的'处分',指依法律行为而进行的物权变动"。[①] 故巷道等租赁物因无法确定不动产登记机构,在缺乏统一的或地方性的所有权登记指引规范时,其所有权移转可依赖于双方的法律行为发生,而非必须以登记为生效要件。但需要注意的是,在以巷道为租赁物开展融资租赁交易时,为确保该等资产合法有效,应当特别审查该类租赁物是否有合法的建造手续,以及是否已经依法竣工验收。

【同类案例】

北京市第一中级人民法院一审民事判决书,(2020)京01民初186号;北京市第三中级人民法院二审民事判决书,(2020)京03民终7531号;江苏省高级人民法院二审民事判决书,(2018)苏民终861号;山西省太原市中级人民法院一审民事判决书,(2019)晋01民初685号。

(二)租赁物为码头的,可以构成融资租赁法律关系

【案例二】

某融资租赁公司与武汉某物流公司等港航设备设施融资租赁合同纠纷案

【案号】

天津海事法院(2020)津72民初467号

【案情简介】

2015年9月22日,某融资租赁公司与武汉某物流公司签订002号融资租赁合同及相应的转让合同,约定某融资租赁公司受让武汉某物流公司所有的租赁设备,再将租赁设备以融资租赁的方式出租给武汉某物流公司使用。合同主要条款为:(1)为实现融资租赁目的,某融资租赁公司同意受让武汉某物流公司所有的租赁

[①] 最高人民法院民法典贯彻实施工作领导小组主编:《中华人民共和国民法典物权编理解与适用[上]》,人民法院出版社2020年版,第178页。

物,再将租赁物以融资租赁的方式出租给该公司使用,武汉某物流公司向某融资租赁公司支付租金和其他应付款项。(2)合同项下租赁物为位于武汉市汉南区××段××道××道××处,武汉新港区域内,为武汉某物流公司已合法取得并实际使用的码头、油罐区和筒仓工程设施(详见附表1——002号合同租赁物清单),租赁物价值为479,055,377.01元,购买价款为36,960万元;某融资租赁公司依约向武汉某物流公司支付转让价款之日,武汉某物流公司以占有改定的方式向出租人交付租赁设备,租赁设备所有权从武汉某物流公司转移至某融资租赁公司,同时也视为某融资租赁公司履行了融资租赁合同项下租赁物的交付义务。

除002号合同外,某融资租赁公司还于同日与武汉某物流公司签订了001号《融资租赁合同》(另案审理)及相应的《转让合同》,合同约定的租赁物为存放于和润物流公用码头区域范围内的港航设备,购买价款为5040万元,租金总额为56,542,764.8元,留购价款为756万元,其他条款与002号合同相同。

某融资租赁公司与某集团公司签订了《法人保证合同》,约定某集团公司对武汉某物流公司在001号和002号两份合同项下的全部债务向某融资租赁公司提供不可撤销的连带责任保证。

某融资租赁公司向法院提起诉讼,请求武汉某物流公司支付融资租赁合同项下提前终止后应付未付的款项、违约金、律师费、诉讼财产保全责任保险费等费用,并请求某集团公司承担连带清偿责任。武汉某物流公司等被告辩称,涉案纠纷名为融资租赁合同纠纷,实为借贷合同纠纷,应当按照借贷关系处理。

【裁判要旨】

码头等租赁物的所有权通过合同约定由承租人转让给出租人,出租人取得租赁物所有权,构成融资租赁法律关系。

【法院认为】

关于002号融资租赁合同的性质与效力问题。涉案002号合同约定,武汉某物流公司将其通过合法建设取得并已实际使用的码头、油罐区和筒仓工程设施出售给某融资租赁公司,某融资租赁公司再将上述港航设施租赁给武汉某物流公司使用,武汉某物流公司采用售后回租方式租用上述租赁物,并向某融资租赁公司支付租金及其他应付款项。从双方当事人对权利义务的约定来看,武汉某物流公司作为承租人将企业设施的所有权转移给作为出租人的某融资租赁公司,并在此基础上建立融资租赁合同的权利义务关系,符合我国《合同法》有关融资租赁法律关系的规定。中海某公司为涉案租赁物投保了财产一切险,保险合同所确定的租赁物价值合理;租金以融资租赁本金和租赁利率为基础计算,其构成方式符合我国《合同法》中关于融资租赁合同租金的规定;且涉案合同订立后,双方已经按照约定正常履行了若干期,未发生争议。因此,002号合同系双方当事人真实的意思表示,内容合法有效,某融资租赁公司具备开展融资租赁业务的资质,某融资租赁公司与武汉某物流公司之间构成融资租赁合同法律关系。

【裁判结论】

2021年2月3日,天津海事法院作出一审判决,支持某融资租赁公司的大部分诉讼请求。某集团公司不服一审判决提起上诉,但其在收到法院催缴案件受理费的通知后,仍不予缴纳。故天津市高级人民法院作出裁定,本案按上诉人某集团公司自动撤回上诉处理。该判决已生效。

【律师分析】

《中华人民共和国民法典物权编理解与适用[下]》一书中对构筑物作出了明确的界定:"构筑物,是指不具有居住或者生产经营功能的人工建造物,如道路、桥梁、隧道、水池、水塔、纪念碑等。"[1]根据该书给出的定义,本案租赁物码头也应当属于构筑物,而构筑物的所有权经不动产变更登记才发生转移。从法院判决书来看,出租人与承租人仅就涉案融资租赁业务在动产融资统一登记公示系统上进行了登记,但是否就码头等构筑物办理了过户登记,则未提及。笔者认为,出租人是否取得码头等构筑物所有权,对融资租赁合同性质认定极为重要,若法院未经审查,那么法院认定本案构成融资租赁是否妥当则值得商榷。

【同类案例】

天津海事法院一审民事判决书,(2016)津72民初933号。

(三)构筑物性质不影响融资租赁合同的性质及效力

【案例三】

某金融租赁公司与某新能源公司等融资租赁合同纠纷案

【案号】

江苏省高级人民法院(2019)苏民终783号

【案情简介】

2016年5月27日,某金融租赁公司(甲方)与某新能源公司(乙方)签订了尾

---

[1] 最高人民法院民法典贯彻实施工作领导小组主编:《中华人民共和国民法典物权编理解与适用[下]》,人民法院出版社2020年版,第725页。

号为 1610016-01 号的《租赁物转让协议》及尾号为 1610016 号的《融资租赁合同》,以售后回租方式开展融资租赁交易。租赁物为焚烧炉、冷渣机、生活废水处理设备等(合计 75 项)。

2016 年 5 月 27 日,某金融租赁公司(甲方)与某新能源公司(乙方)签订了尾号为 1610017-01 号的《租赁物转让协议》及尾号为 1610017 号的《融资租赁合同》,以售后回租方式开展融资租赁交易。租赁物为烟囱、除尘器框架、供热首站管网等(合计 24 项)。

因承租人某新能源公司逾期支付租金,某金融租赁公司向一审法院起诉,请求判令某新能源公司支付全部未付租金、违约金、留购款、实现债权的费用等。一审判决后,某新能源公司等被告不服原审判决并提出上诉,主张本案租赁物清单中的部分物品根本不具备单独转让的可能性,甚至根本无法被称为《物权法》上"独立的物"。尤其是"附件一:租赁物清单"中列举的"烟囱、输料廊、引桥及空压机房、循环水泵房及戏水池、渣库、厂区围墙、厂区道路"等价值超过 1 亿元的融资租赁物,既不构成独立的物,更未发生所谓"融物"的法律效果。

《回租租赁合同》项下的租赁物包括主平硐、主运输大巷、风井平硐口、回风上山、轨道下山、管子道、副斜井、消防材料库、水池、花圃、宣传栏等;数量/单位均为 1;规格型号包括平巷、斜巷、毛石混凝土、砖混等;生产厂家均为鑫悦公司;备注包括利发煤矿、麻窝煤矿、星宇煤矿、姜家堰煤矿、新益煤矿、齐心煤矿。

【裁判要旨】

烟囱、输料廊、引桥等具有相应的金钱价值和约定的使用价值的物,法律法规未禁止其作为融资租赁合同标的物,故构成融资租赁合同关系。

【法院认为】

首先,本案《融资租赁合同》清单中"烟囱、输料廊、引桥及空压机房、循环水泵房及戏水池、渣库、厂区围墙、厂区道路"等固定资产,均未登记在土地使用权和房屋所有权证中。而用于抵押担保的土地使用权和房屋,与用于融资租赁的标的物无论是资产范围还是名称均不相同,且用于融资租赁交易的固定资产并没有登记于已办理抵押登记的不动产资产范围内,故不存在用于融资租赁的标的物与用于抵押的标的物系同一物的情形。其次,上述租赁标的物具有相应的金钱价值和约定的使用价值,可以作为《融资租赁合同》标的物。清单中"烟囱、输料廊、引桥及空压机房、循环水泵房及戏水池、渣库、厂区围墙、厂区道路"等固定资产是所有人投资兴建及购买,评估报告已证实其资产价格,故具有相应的金钱价值。同时其处于承租人不动产范围内,也为承租人的生产经营活动所具体使用,具有相应的使用价值。在法律及司法解释未对《融资租赁合同》的租赁标的物作出明确具体禁止性规定的情况下,各方当事人自愿将具有使用价值和金钱价值的固定资产作为租赁物进行融资租赁交易,并未违反法律的禁止性规定,因此案涉租赁标的物可以成为《融资租赁合同》的标的物,其对合同性质和效力不产生否定性影响。故各上诉人主张上述标的物不构成独立的物,不能作为融资租赁合同标的物的意见,缺乏事实及法律依据,不能成立。

融资租赁合同标的物是否发生实际转移交付并不影响合同的性质和效力。经查,某金融租赁公司与某新能源公司在两份《融资租赁合同》中就租赁物的交付明确约定,"项目为回租模式,租赁物一直由承租人占有,在出租人向承租人支付租赁物转让价款之日,即被视为所有权全部转移至出租人名下……为此目的在出租人向承租人支付租赁设备转让款之日,承租人应向出租人出具租赁物接收函,以表明承租人确认出租人已于当日在完整良好的状态下将租赁物交付给承租人"。该约定明确表明双方采用回租模式的融资租赁,在出卖人和承租人系同一人时,承租人为使用人,一般不会发生物的实际交付转移占有问题。本案合同履行过程中,双方也分别签订了《租赁物转让协议》,办理了所有权转移证明、租赁物接收函等手续,表明双方已经对回租模式下租赁物的交付作出特别约定并按照约定进行了履行。因此,租赁标的物是否发生转移占有并非考量回租模式融资租赁合同法律关系性质和效力的否定性因素。故各上诉人以没有发生租赁物实际交付转移占有为由否定融资租赁法律关系及其效力的上诉理由,缺乏事实和法律依据,二审法院不予采纳。

【裁判结论】

一审判决某新能源公司于判决生效之日起10日内偿付某金融租赁公司在融资租赁合同项下的租金及相应违约金等。2020年7月9日,江苏省高级人民法院作出二审判决,驳回某新能源公司等提起的上诉,维持原判。

【律师分析】

本案的租赁物为烟囱、输料廊、引桥、空压机房、循环水泵房、戏水池、渣库、厂区围墙及厂区道路等,属于不具有居住或者生产经营功能的人工建造物,在性质上属于构筑物。法院认为,上述物件作为融资租赁的标的物,不违反法律法规的禁止性规定,该等租赁物具有金钱价值和使用价值,可以成为融资租赁合同的标的物。值得注意的是,虽然法院并未否认构筑物本身作为融资租赁标的物的适格性,但是以构筑物开展融资租赁也需要满足相关法律要件,尤其是租赁物的所有权移转要求。若租赁物权属未能成功转让给出租人,则该融资租赁交易将因不具有融物属性被认定为不符合融资租赁法律关系的特征。

【同类案例】

青岛市崂山区人民法院一审民事判决书,(2014)崂民三商初字第21号。

(四)独立的钢结构及附属设施,可以构成融资租赁

【案例四】

某金融租赁公司与某汽贸集团等融资租赁合同纠纷案

【案号】

上海市高级人民法院(2020)沪民终339号

【案情简介】

2017年4月28日,某金融租赁公司与某汽贸集团签订《融资租赁合同》,约定某金融租赁公司向某汽贸集团购买汽车销售4S店的钢结构及附属设施并回租给某汽贸集团使用,并约定了租赁物总价款、保证金、咨询服务费、租赁期限、租金支付计划等。《融资租赁合同》第2.1条约定,本合同项下租赁物的所有权属于甲方(某金融租赁公司),乙方(某汽贸集团)在租赁期内只享有使用权。

《融资租赁合同》项下租赁物为江浙沪多家汽车销售4S店的钢结构及附属设施(包括店内展厅、维修区、办公区等所有钢结构及附属设施)。上海劳达律师事务所对上述租赁物的财产归属、价值状况及存放和运行情况进行尽职调查,并出具尽职调查报告。上述钢结构及附属设施构成4S店主体部分,该构筑物未办理不动产产权证。

某汽贸集团自2017年7月15日起依约支付租金,已足额支付第一期至第四期租金。自2018年7月15日起,某汽贸集团未支付第五期租金,之后各期均未支付。

某金融租赁公司诉至上海金融法院,请求判令解除《融资租赁合同》,返还租赁物,确认某金融租赁公司享有的债权并有权以租赁物折价或以拍卖、变卖租赁物受偿。一审判决作出后,某汽贸集团不服一审判决,上诉主张本案系名为融资租赁实为借贷。涉案发票的性质是工程款发票,不能证实系因租赁物的存在而开具,也不能证明涉案租赁物的价值,其与某金融租赁公司之间并未建立合法的融资租赁法律关系。

【裁判要旨】

租赁物为汽车4S店的钢结构及附属设施时,该租赁物结构清晰、易于辨认,且

具有相对独立性,可构成融资租赁。

【法院认为】

二审法院认为,本案租赁物系汽车 4S 店的钢结构及附属设施,该租赁物结构清晰、易于辨认,且具有相对独立性。系争《融资租赁合同》明确约定租赁物为 4S 店内的钢结构及其附属物,且承租人在向一审法院提交的关于租赁物权属等事项的情况说明中,对租赁物的客观真实性、合法有效性均无异议。涉案发票系工程款发票,虽不能准确反映租赁物价值,却能证明租赁物确实真实存在,而且租赁物价值系经双方协商一致确认。现承租人主张涉案发票为工程款发票,不能证实系因租赁物的存在而开具,也不能证明涉案租赁物的价值,有违诚实信用原则。依据现有证据,一审法院认定承租人与出租人之间融资租赁法律关系成立并无不当。承租人关于本案名为融资租赁实为借贷法律关系的上诉主张,与事实不符,二审法院不予支持。

【裁判结论】

一审法院判决:一、确认某金融租赁公司与某汽贸集团签订的《融资租赁合同》解除;二、某汽贸集团应于本判决生效之日起 10 日内向某金融租赁公司返还《融资租赁合同》项下租赁物;三、确认某金融租赁公司对某汽贸集团享有债权××元;四、某金融租赁公司应就上述第二项所述的租赁物与某汽贸集团协议折价,或者将该租赁物拍卖、变卖,所得价款用于清偿某汽贸集团上述第三项债务,超过上述付款义务的部分归某汽贸集团所有,不足部分由某汽贸集团继续清偿。此外,一审判决还支持了某金融租赁公司的其他诉讼请求。

二审法院于 2020 年 9 月 21 日作出二审判决,驳回某汽贸集团的上诉,维持原判。

【律师分析】

本案中,案涉租赁物结构清晰、易于辨认,且具有相对独立性,案涉发票等材料又可证实租赁物客观真实、特定化,故独立的钢结构符合租赁物的要求。目前主流观点亦认为,租赁物不会因其附着于或嵌入不动产而不再是租赁物。因此,以此类添附、建设在不动产之上的设备作为租赁物的合同,仍然属于融资租赁合同。[①] 值得注意的是,本案出租人在与承租人开展融资租赁交易时,委托律师事务所对租赁

[①] 参见最高人民法院民事审判第二庭编著:《最高人民法院关于融资租赁合同司法解释理解与适用》,人民法院出版社 2016 年版,第 50 页。

物的财产归属、价值状况及存放和运行情况进行尽职调查,并出具了尽职调查报告。某金融租赁公司也在诉讼中提交了尽职调查报告作为证据,以证明租赁物客观存在及其价值。对此,笔者认为,对于存在争议的租赁物,不妨委托律师事务所对租赁物进行尽职调查并出具相应报告。

【同类案例】

上海金融法院二审民事判决书,(2019)沪74民终913号。

(五)出租人未取得构筑物所有权,不构成融资租赁

【案例五】

某金融租赁公司与贵州某煤炭公司、广西某工程局公司融资租赁合同纠纷案

【案号】

北京市高级人民法院(2019)京民终170号

【案情简介】

2015年11月27日,评估公司出具评估报告,对贵州某煤炭公司拟融资租赁涉及的贵州某煤炭公司名下6家煤矿的井巷工程及其他构筑物在2015年11月20日的市场价值进行了评估,确认委托评估的资产在公开市场条件下评估基准日2015年11月20日的公允市场价值为352,120,662元。

2016年3月28日,某金融租赁公司作为出租人与承租人贵州某煤炭公司签订《回租租赁合同》和《回租买卖合同》。同日,广西某工程局公司作为保证人与某金融租赁公司签订《保证合同》。

《回租租赁合同》主要约定贵州某煤炭公司以租回使用为目的,向某金融租赁公司出售本合同附件所列的贵州某煤炭公司自有的物件(以下简称租赁物);某金融租赁公司应贵州某煤炭公司的要求,向贵州某煤炭公司出资购买租赁物并租回给贵州某煤炭公司使用。《回租租赁合同》项下的租赁物包括主平硐、主运输大巷、风井平硐口、回风上山、轨道下山、管子道、副斜井、消防材料库、水池、花圃、宣传栏等;数量/单位均为1;规格型号包括平巷、斜巷、毛石混凝土、砖混等;生产厂家均为鑫悦公司;备注包括利发煤矿、麻窝煤矿、星宇煤矿、姜家堰煤矿、新益煤矿、齐心煤矿。

诉讼中,贵州某煤炭公司和广西某工程局公司均认可涉案租赁物属于不动产,某金融租赁公司则主张涉案租赁物既包括不动产又包括动产,三方均认可应当对租赁物进行物权登记,但是目前对此种租赁物应当如何办理物权登记尚缺乏明确规定,实践中也没有物权登记机构能够对涉案租赁物进行物权登记。

2016年3月28日,贵州某煤炭公司向某金融租赁公司出具租赁物接收确认书,确认现已收到某金融租赁公司依据编号为长金租回租字(2016)第0023号的《融资租赁合同》向贵州某煤炭公司交付使用的租赁物(具体交付的租赁物见该合同附件租赁物清单),且所有租赁物能够完全满足贵州某煤炭公司承租使用的合同目的。

诉讼中,贵州某煤炭公司提交了《贵州省人民政府关于黔西县新益煤矿建设项目使用土地补办用地手续的批复》,贵州省息烽县国土资源局关于贵州某煤炭公司息烽县养龙司利发煤矿、息烽县石硐乡星宇煤矿、息烽县永靖镇姜家堰煤矿申请临时使用集体土地的批复,贵州省清镇市国土资源局关于清镇市新店镇齐心煤矿申请临时用地延期请示的批复及相关协议书等证据复印件,证明贵州某煤炭公司仅取得六煤矿土地的临时使用权,并未办理相关土地使用权的权属手续。某金融租赁公司虽然不认可上述证据的真实性,但是认可贵州某煤炭公司没有取得六煤矿土地使用权权属证明。

承租人违约后,某金融租赁公司提起诉讼,请求判令贵州某煤炭公司偿还租金、违约金、留购费、担保费等费用,并判令广西某工程局公司承担连带清偿责任。贵州某煤炭公司与广西某工程局公司均抗辩本案名为融资租赁实为借贷。

【裁判要旨】

租赁物既包括煤矿的固定资产、地上构筑物,也包括租赁物所附属的农村集体土地。承租人对于农村集体土地仅具有临时使用权,并未取得土地使用权权属证明,不享有完整的土地使用权,涉案土地及其地上、地下构筑物并不具备转让的条件,且各方当事人均认可对租赁物并未进行物权登记,也未进行产权变更登记。虽然租赁物中部分固定资产及地上构筑物可以作为融资租赁的租赁物,但某金融租赁公司对此并未进行单独的登记,故租赁物不能实现物权担保功能,不具有融物的属性。《回租租赁合同》仅具有提供形式上的租赁物进行融资的属性,故该合同并不属于融资租赁合同,应认定为借贷合同。

【法院认为】

关于涉案《回租租赁合同》性质是融资租赁合同还是企业借贷合同问题。根据涉案租赁物清单的记载,涉案租赁物包括贵州某煤炭公司收购的6家煤矿的相关固定资产,既包括主平硐、主运输大巷等井下构筑物,也包括地上"消防材料库""花圃""宣传栏"等地上构筑物,虽然"租赁物名称"中所载系通用名称,清单中也无具体的型号等与之对应,但是根据清单备注栏中记载的所属煤矿名称,结合租赁物均为相关煤矿固定资产的事实,可以确认《租赁物清单》中记载的租赁物应为位于相关煤矿区域内的固定资产,符合租赁物确定性的要求。贵州某煤炭公司作为涉案租赁物的出卖人和承租人,对租赁物的实际情况最为熟悉,其虽然提出《租赁物清单》中所载租赁物名称系通用名称,不能指向特定租赁物,不能确定能否与实物对应的异议,但其并未举证证明该清单中所载何种租赁物与实际情况不能对应,故法院对贵州某煤炭公司该项抗辩主张不予采纳。

融资租赁法律关系包括融资和融物两种属性,其中融物主要提供物权保障功能。只有两种属性同时具备,才能构成融资租赁法律关系。涉案租赁物主要为附着于矿区范围内的土地上的地下矿井开采作业设施和地上附属矿区设施,具有不可拆卸性,应当作为不动产予以考虑。根据《国土资源部①关于进一步完善采矿权登记管理有关问题的通知》(国土资发〔2011〕4号,已废止)的相关规定,矿区范围是指可供开采矿产资源范围及拟设开采工程分布范围的立体空间区域,划定矿区范围需要经行政机关审查批准,划定矿区范围的批准文件是申请人开展采矿登记各项准备工作的依据;取得划定矿区范围批复的持有人要想变更持有人主体,也应符合相关行政审批手续要求。作为矿区土地的使用目的系开采地下矿产资源,并非在地上、地下构建建筑物也非进行其他经营。煤矿固定资产本身虽然具有一定的价值,但是离开矿产资源的开采,煤矿固定资产本身不具有现实的市场交易价值。故出于矿区范围内的煤矿固定资产本身的特殊性,煤矿固定资产要进行现实意义的物权转让,必然要同采矿权的转让和矿区土地使用权的转让结合在一起。《物权法》规定了"房地一体"的原则,附着于土地上的建筑物、构筑物及其附属设施的物权应同所附属的土地使用权一并转移。涉案租赁物所附属的土地大多仍属于农村集体土地,贵州某煤炭公司仅具有临时使用的权利,并未取得土地使用权权属证明,并不享有完整的土地使用权,涉案土地及其地上地下构筑物并不具备转让的条件。某金融租赁公司作为一家不具有采矿权资质的金融机构,其显然不具有受让该煤矿固定资产以从事矿产资源开采的资质和能力,在贵州某煤炭公司本身不具有完整土地使用权的情况下,某金融租赁公司以煤矿固定资产为租赁物显然无法具有转移煤矿固定资产物权的可能性。此类租赁物对于出租人而言,完全不能实现物权担保功能,不具备融物的属性。涉案《回租租赁合同》项下的法律关系因为不具备融物属性,而仅具有融资属性,故而不能认定为融资租赁合同性质,应

---

① 2018年机构改革已撤并为自然资源部,下同。

认定为企业借贷合同。

【裁判结论】

2018年12月27日，北京市第二中级人民法院作出一审判决，判决贵州某煤炭公司向某金融租赁公司偿还剩余融资本金和收益并支付相应违约金等。某金融租赁公司不服，提起上诉。2020年4月16日，北京市高级人民法院作出二审判决，判决驳回上诉，维持原判。

【律师分析】

本案法院实际上从以下三个方面否定了融资租赁法律关系：

首先，案涉租赁物的性质。案涉租赁物主要为附着于矿区范围内土地上的地下矿井开采作业设施和地上附属矿区设施，具有不可拆卸性，法院认为应当将此租赁物作为不动产予以考虑。

其次，案涉租赁物无法满足所有权转移的条件。法院认为煤矿固定资产要进行现实意义的物权转让，必然要同采矿权的转让和矿区土地使用权的转让结合在一起。因此，附着于土地上的建筑物、构筑物及其附属设施的物权应同所附属的土地使用权一并转移。而涉案租赁物所附属的土地大多属于农村集体土地，贵州某煤炭公司仅具有临时使用的权利，其并未取得土地使用权权属证明，并不享有完整的土地使用权，故涉案土地及其地上地下构筑物并不具备转让的条件。

最后，某金融租赁公司作为一家不具有采矿权资质的金融机构，其显然不具有受让该煤矿固定资产以从事矿产资源开采的资质和能力，在贵州某煤炭公司本身不具有完整土地使用权的情况下，某金融租赁公司以煤矿固定资产为租赁物显然无法具有转移煤矿固定资产物权的可能性。

综合以上原因，法院认为本案不构成融资租赁法律关系。

实践中，构筑物未办理不动产权属登记，更多的是因为部分构筑物的不动产登记还处于探索阶段，无法通过不动产权属登记机关进行确权或变更登记。依照《不动产登记暂行条例》（2019修正）的规定，构筑物所有权应当办理登记，[1]若构筑物无法办理登记的，则所有权不发生移转，出租人无法取得构筑物的所有权。此时融资租赁合同不具有融物属性，仅有资金空转，系以融资租赁之名行借贷之实。笔者建议融资租赁公司在开展构筑物融资租赁业务时，应当提前了解构筑物所在地的

---

[1]《不动产登记暂行条例》（2019修正）第5条第2项：下列不动产权利，依照本条例的规定办理登记……（二）房屋等建筑物、构筑物所有权……

不动产登记政策和操作实践,尽可能办理所有权过户手续,避免因未办理所有权变更登记而影响对融资租赁合同性质的认定。

【同类案例】

青海省西宁市中级人民法院一审民事判决书,(2020)青 01 民初 149 号;资阳市雁江区人民法院一审民事判决书,(2019)川 2002 民初 1712 号;南通经济技术开发区人民法院一审民事判决书,(2020)苏 0691 民初 699 号。

(六)大坝等电站构筑物未过户的,不构成融资租赁

【案例六】

某融资租赁公司与福建某电力开发公司、张某、沈某合同纠纷案

【案号】

福建省福州市中级人民法院(2018)闽 01 民初 332 号

【案情简介】

2012 年 10 月 25 日,福建中兴资产评估房地产土地估价有限责任公司出具两份资产评估报告书,称经评估,福建某电力开发公司拟抵押贷款所涉及的松源一级和二级水电站房屋建(构)筑物、机器设备及土地使用权评估值分别为 52,101,200 元和 66,030,100 元,合计 118,131,300 元。

2012 年 12 月 16 日,某融资租赁公司和福建某电力开发公司签订编号为 RXZL－2012－Z－X－0020 的《售后回租合同》,约定:福建某电力开发公司为融通资金,将其所有的松源一级电站和二级电站的整体资产出售给某融资租赁公司,同时以融资租赁形式回租电站资产使用;某融资租赁公司购买前述资产的价款为 4300 万元。合同附件包括《租金明细表》《租赁物明细表》《租赁物所有权转移证明》《租赁物接收证明书》,其中《租赁物明细表》体现,租赁物包括房屋建(构)筑物(挡水坝工程、防洪堤及河道工程、发电厂房、升压站工程、厂区综合楼及附属工程、水泵房、贮水池及供水工程等)、土地和设备。合同还约定了其他事项。

同日,双方签订《租赁物买卖合同》,约定福建某电力开发公司将其所有的松源一级电站和二级电站的整体资产出售给某融资租赁公司,资产评估价 118,131,300 元,协议买入价 4300 万元;因某融资租赁公司购进前述资产是为了回租给福建某电力开发公司使用,故本合同无须履行交付和验收手续,合同一经签署生效即视为福建某电力开发公司已履行本合同项下的交付义务,某融资租赁公司也同时履行了《租赁合同》项下的交付义务,福建某电力开发公司应将固定资产所有权证书等有效单据及文件交付给某融资租赁公司;某融资租赁公司向福建某电

力开发公司支付货款时,前述固定资产的所有权即转移到某融资租赁公司名下;福建某电力开发公司承诺拥有电站资产的完整所有权,其有权出售,并保证合同项下固定资产的买卖是可履行的,不存在任何法律障碍;某融资租赁公司在支付全部货款后,由于合同标的物的权利瑕疵或者因可归责于福建某电力开发公司的原因导致某融资租赁公司无法在相关部门办理设备抵押登记手续的,某融资租赁公司有权解除本合同及《租赁合同》;本合同是《售后回租合同》的附件及有效组成部分。

2013年1月25日,福建某电力开发公司向某融资租赁公司出具《租赁物所有权转移证明》,称收到某融资租赁公司所汇的4300万元款项,《租赁物明细表》项下租赁电站资产自即日起转移至某融资租赁公司。同日,福建某电力开发公司出具《租赁物接收证明书》,称已收到某融资租赁公司交付的《租赁物明细表》项下租赁物。

因福建某电力开发公司违约,某融资租赁公司起诉主张解除《售后回租合同》及《补充协议》,并请求判决福建某电力开发公司返还租赁物并赔偿损失,同时请求保证人承担保证责任。

【裁判要旨】

大坝等电站构筑物未办理不动产所有权变更登记的,出租人无法取得租赁物的所有权。因无租赁物所有权的转移,而仅有资金的融通,故不构成融资租赁法律关系。

【法院认为】

出租人与承租人签订的《售后回租合同》《租赁物买卖合同》和相关补充协议,虽名为售后回租,并就租赁物及租金等问题作了明确约定,且附有《租赁物明细表》及《租赁物所有权转移证明》,但从《租赁物明细表》可知,租赁物既包括水电站的相应设备,也包括挡水坝、防洪堤及河道工程等构筑物,更包括水电站所在土地的土地使用权,而承租人对后两者显然并不享有所有权,自然无法将所有权转移给出租人,也无法办理不动产所有权变动的登记手续。故仅凭《租赁物明细表》《租赁物所有权转移证明》《租赁物接收证明书》尚不足以证明案涉合同履行过程中存在租赁物的所有权转移,也不足以认定双方之间系融资租赁合同关系。

【裁判结论】

2018年12月7日,法院作出一审判决,福建某电力开发公司应于判决生效之日起10日内向某融资租赁公司支付尚欠的本息及其逾期付款违约金等。该判决已生效。

【律师分析】

包括大坝在内的本案租赁物属于构筑物,其所有权变动应以登记为准。类似的以码头作为租赁物的融资租赁交易,因码头也属于构筑物,其所有权变动也应以登记为准。若出租人与承租人仅在融资租赁合同中约定租赁物的所有权转移给出租人而未办理所有权变更登记,则所有权不能发生转移的效果,交易不具有融物的属性,不构成融资租赁法律关系。本案中,承租人并不享有大坝等构筑物的所有权,自然无法办理不动产所有权变动的登记手续,也无法将所有权转移给出租人,故不构成融资租赁。

【同类案例】

上海金融法院一审民事判决书,(2020)沪74民初1806号;湖南省长沙市中级人民法院二审民事判决书,(2020)湘01民终5096号;北京市高级人民法院一审民事判决书,(2017)京民初109号。

四、以构筑物作为租赁物的融资租赁交易风险要点

根据前述案例分析,笔者认为融资租赁实践中以构筑物作为租赁物的,交易风险要点在于构筑物所有权能否转移给出租人。而这又可从以下两方面进行分析:

(一)构筑物能否与土地使用权进行区分,并由出租人单独取得构筑物的所有权

《民法典》第356条[1]、第357条[2]条确立了构筑物与建设用地使用权应一并处分的基本原则。《中华人民共和国民法典物权编理解与适用[下]》则进一步明确:"建设用地使用权转让时,转让人愿意拆除地上建筑物后转让的,系自愿行为,不应干涉。如果当事人在建设用地使用权转让等处分时,无法就地上房屋等一并处分达成一致,或者双方在合同中没有就地上房屋等不动产的处分作出约定的,一方请求地上房屋等不动产一并处分的,应予支持。反之亦然。审判实践中应防止出现判决确认建设用地使用权人享有建设用地使用权,但同时判决确认地上构筑物及其附属物的所有权由他人享有,并因此发生建设用地使用权人和地上建筑物、构筑物及其附属设施所有权人权利主体不一致的情形。"[3]

---

[1] 《民法典》第356条:建设用地使用权转让、互换、出资或者赠与的,附着于该土地上的建筑物、构筑物及其附属设施一并处分。

[2] 《民法典》第357条:建筑物、构筑物及其附属设施转让、互换、出资或者赠与的,该建筑物、构筑物及其附属设施占用范围内的建设用地使用权一并处分。

[3] 最高人民法院物权法研究小组编著:《〈中华人民共和国物权法〉条文理解与适用》,人民法院出版社2007年版,第443页。转引自最高人民法院民法典贯彻实施工作领导小组主编:《中华人民共和国民法典物权编理解与适用[下]》,人民法院出版社2020年版,第809页。

据此,笔者倾向于认为,构筑物并不附属于土地使用权,而系独立的物。但若承租人在融资租赁交易中,将构筑物的所有权单独转让予出租人,又将构筑物对应的土地使用权抵押予第三人的,则基于土地使用权与构筑物应实行归属一体和一并处分的规则,不排除人民法院在审理时,作出不予确认出租人对租赁物享有所有权的判决。当然,由于出租人选择构筑物作为租赁物时,往往侧重于考虑承租人及担保人的债务履行能力,较少以构筑物的变现价值作为租金债权能否收回的主要考虑因素,建议出租人在相应的诉讼阶段,主要主张租金加速到期,避免主张对构筑物享有物权,进而主张物权请求权。

(二)构筑物作为租赁物时,是否需要办理类似于房屋的不动产登记

《民法典》第209条第1款规定:"不动产物权的设立、变更、转让和消灭,经依法登记,发生效力;未经登记,不发生效力,但是法律另有规定的除外。"该条确立了不动产物权的设立、变动应当进行过户登记的基本原则。

《不动产登记暂行条例》(2019修正)第5条[1]将构筑物所有权纳入不动产权利登记的范围,《不动产登记暂行条例实施细则》(2019修正)第2条[2]则明确规定构筑物登记的权利主体应与土地使用权人保持一致。

在融资租赁实务中,上述规定对出租人开展以构筑物作为租赁物的融资租赁交易产生困扰。主要问题在于,前文提及的高速公路、道路、飞机跑道、桥梁、隧道、地铁(不含闸机等动产)、铁路站台、码头、大坝、涵洞、水塔、水池、水利管道、排水管道、引水管道、市政管道等构筑物未出现在《不动产登记暂行条例》(2019修正)或其他全国层面适用的不动产登记相关文件中,导致出租人参与以此类构筑物作为租赁物的融资租赁交易时,面临无法参照房屋办理过户登记的问题。而在部分融资租赁合同纠纷中,人民法院可能认定构筑物属于不动产,如未办理过户登记,出租人未取得租赁物的所有权,融资租赁法律关系不成立。例如,在上海金融法院(2020)沪74民初1806号融资租赁合同纠纷案中,法院认为,出租人的举证不足以证明其已经根据《物权法》等相关法律规定依法取得码头泊位等案涉租赁标的物

---

[1] 《不动产登记暂行条例》(2019修正)第5条:下列不动产权利,依照本条例的规定办理登记:(一)集体土地所有权;(二)房屋等建筑物、构筑物所有权;(三)森林、林木所有权;(四)耕地、林地、草地等土地承包经营权;(五)建设用地使用权;(六)宅基地使用权;(七)海域使用权;(八)地役权;(九)抵押权;(十)法律规定需要登记的其他不动产权利。

[2] 《不动产登记暂行条例实施细则》第2条:不动产登记应当依照当事人的申请进行,但法律、行政法规以及本实施细则另有规定的除外。房屋等建筑物、构筑物和森林、林木等定着物应当与其所依附的土地、海域一并登记,保持权利主体一致。

的所有权,故认为在案涉交易缺乏"融物"法律特征的情况下,本案不构成融资租赁法律关系。因此,出租人一方面可能面临构筑物无法参照房屋办理不动产登记的实际操作困难;另一方面又可能面临因构筑物未办理不动产登记,人民法院不认可融资租赁法律关系的诉讼风险。

实务中,为解决上述问题,部分出租人参考《水库大坝注册登记办法》(1997修订)等行业主管部门发布的特定构筑物的登记文件,或诸如《深圳市海上构筑物登记暂行办法》(深圳市人民政府令〔第213号〕发布)、《辽宁省高速公路土地登记发证实施方案》(辽政办发〔2016〕55号发布)、《上海市停车场(库)管理办法》(2021修正)等地方政府或相关部门发布的关于特定构筑物登记的文件,落实构筑物的过户登记问题。也有部分出租人就构筑物的过户登记相关事宜,向公证处申请办理相关公证,以完善构筑物的过户登记问题。还有部分出租人在办理以构筑物作为租赁物的融资租赁交易过程中,取得了构筑物主管部门的批复同意文件,以此代替构筑物的过户登记文件。

第四讲 在建工程作为融资租赁物
CHAPTER 04

近年来,监管要求金融租赁公司进一步压降构筑物作为租赁物的租赁资产占比。在相关监管文件中出现了"严禁将道路、市政管道、水利管道、桥梁、坝、堰、水道、洞,非设备类在建工程、涉嫌新增地方政府隐性债务以及被处置后可能影响公共服务正常供应的构筑物作为租赁物"的要求,市场普遍关注"非设备类在建工程"的具体内容。此外,《国务院关于加强地方政府融资平台公司管理有关问题的通知》(国发〔2010〕19号)明确,学校、医院、公园等公益性资产不得作为资本注入融资平台公司,融资租赁公司以融资平台类公司、学校、医院作为承租人时,可以选择的"非公益性资产"的租赁物有限。

基于上述种种因素,越来越多的出租人开始考虑以直租方式参与在建工程作为租赁物的融资租赁交易合规性问题。本讲从监管角度、诉讼角度、交易结构搭建角度,探讨融资租赁业务领域以在建工程作为租赁物的合法合规性问题,并讨论设备类在建工程开展直租交易的可行性及注意事项。

一、在建工程作为融资租赁物之监管限制

(一)金融租赁公司关于将在建工程作为融资租赁物的监管限制

关于禁止金融租赁公司将在建工程作为融资租赁物的监管要求,并非源于近期关于构筑物的相关监管要求。在《中国银保监会关于开展"巩固治乱象成果 促进合规建设"工作的通知》(银保监发〔2019〕23号)的附件2《2019年非银行领域"巩固治乱象成果 促进合规建设"工作要点》明确金融租赁公司的整治工作要点,即包括"违规以公益性资产、在建工程、未取得所有权或所有权存在瑕疵的财产作为租赁物"。根据该通知的要求,金融租赁公司以在建工程作为租赁物开展售后回租交易的,属于违规行为。

2022年,不少金融租赁公司收到了监管部门的最新监管要求,即"严禁将道路、市政管道、水利管道、桥梁、坝、堰、水道、洞,非设备类在建工程、涉嫌新增地方政府隐性债务以及被处置后可能影响公共服务正常供应的构筑物作为租赁物"。上述监管要求引发了不少金融租赁公司的疑问。金融租赁公司提出的问题主要包括:既然在《中国银保监会关于开展"巩固治乱象成果 促进合规建设"工作的通知》(银保监发〔2019〕23号)中已经明确"不得以在建工程作为租赁物",为何又再次强调"严禁将非设备类在建工程作为租赁物"? 监管要求中提及的"非设备类在建工程"主要包括哪些物件? 如果"非设备类在建工程"不能作为租赁物的,是否意味着"设备类在建工程"能够作为租赁物?

由于上述问题并无监管文件明确规定,结合监管层面对于"构筑物类租赁物的压降"要求,笔者对上述问题作出梳理及分析如下:

首先,《金融租赁公司管理办法》(中国银行业监督管理委员会令2014年第3号发布)第34条规定:"售后回租业务的租赁物必须由承租人真实拥有并有权处分。金融租赁公司不得接受已设置任何抵押、权属存在争议或已被司法机关查封、扣押的财产或所有权存在瑕疵的财产作为售后回租业务的租赁物。"由于在建工程所有权并不属于承租人,属于上述监管规定所述"所有权存在瑕疵的财产",在《中国银保监会关于开展"巩固治乱象成果 促进合规建设"工作的通知》(银保监发〔2019〕23号)印发前,在建工程也不能作为售后回租业务的租赁物。在《中国银保监会关于开展"巩固治乱象成果 促进合规建设"工作的通知》(银保监发〔2019〕23号)中,监管部门则再次强调以取得所有权或所有权存在瑕疵的财产作为租赁物属于违规行为,并以列举方式明确金融租赁公司禁止以在建工程作为租赁物。笔者认为,《中国银保监会关于开展"巩固治乱象成果 促进合规建设"工作的通知》(银保监发〔2019〕23号)实际禁止的正是金融租赁公司以所有权尚不属于承租人的在建工程作为售后回租交易下的租赁物。

其次,"非设备类在建工程"应当理解为处于建设期的、建造完毕后不属于设备类的财产。例如,尚未施工完毕的构筑物,包括处于建设期的桥梁、隧道、码头、大坝、水利管道等,应属于"非设备类在建工程"。

最后,部分设备类动产如果处于建设期、未转入"固定资产"科目的,则属于"设备类在建工程"。例如,处于建设期的大楼,如果已经安装了电梯的,电梯此时应属于"设备类在建工程"。主要原因是,在大楼未建设完毕时,由于电梯属于大楼的附属设施,其应当属于在建工程。但当大楼建设完毕后,随着大楼整体不再列于承租人财务报表的"在建工程"科目,此时电梯也不再属于"在建工程",而应当属于融资租赁交易中所称"有形动产"。在以在建工程作为租赁物的直租交易实务中,出租人支付租赁本金之时,出租人可能尚无法取得租赁物的所有权。在此情况下,出租人通常与承租人约定,在融资租赁合同起租前,出租人仅收取租前利息或租前租金占用费,而不收取租金。上述交易安排本身,并不影响融资租赁法律关系的成立,也不存在违反监管规定的问题,不应被禁止。相应地,如果出租人以上述存在建设期的大楼中的电梯作为租赁物开展直租交易的,则电梯在一段时间内属于"在建工程",并不必然导致融资租赁法律关系不能成立。因此,出租人如果以"设备类在建工程"开展直租交易,只要融资租赁合同的起租日为相应在建工程转入承租人"固定资产"科目之日或之后的,该等交易安排不违反法律法规及监管规定,也不影响在"设备类在建工程"转为"固定资产"科目之后,出租人取得租赁物的所有权。

(二)融资租赁公司将在建工程作为融资租赁物的监管限制

《融资租赁公司监督管理暂行办法》(银保监发〔2020〕22号发布)第7条第1款规定:"适用于融资租赁交易的租赁物为固定资产,另有规定的除外。"而《企业会计准则第4号——固定资产》(财会〔2006〕3号)第3条规定:"固定资产,是指同时具有下列特征的有形资产:(一)为生产商品、提供劳务、出租或经营管理而持有的;(二)使用寿命超过一个会计年度。使用寿命,是指企业使用固定资产的预计期间,或者该固定资产所能生产产品或提供劳务的数量。"据此,《融资租赁公司监督管理暂行办法》(银保监发〔2020〕22号发布)关于适格租赁物应为"固定资产"的界定,实际使用了会计准则的名词定义。

依照《会计科目和主要账务处理》"1601固定资产"的规定,企业购入不需要安装的固定资产,按应计入固定资产成本的金额,借记本科目,贷记"银行存款"等科目。购入需要安装的固定资产,先记入"在建工程"科目,达到预定可使用状态时再转入本科目。自行建造达到预定可使用状态的固定资产,借记本科目,贷记"在建工程"科目。已达到预定可使用状态但尚未办理竣工决算手续的固定资产,应按估计价值入账,待确定实际成本后再进行调整。[①] 此外,依照《会计科目和主要账务

[①] 参见中华人民共和国财政部制定:《企业会计准则应用指南(2022年版)》,立信会计出版社2022年版,第436页。

处理》"1604在建工程"的规定,在建工程科目的期末借方余额,反映企业尚未达到预定可使用状态的在建工程的成本。① 据此,从会计准则角度来说,"固定资产"与"在建工程"属于不同的会计科目,"固定资产"与"在建工程"的核心区别,应为资产是否已经达成了预定可使用状态。融资租赁交易中的租赁物应当可以被承租人使用、收益,而会计准备中界定的"在建工程"并未达到可使用状态。因此,会计准则所述"在建工程"不属于《融资租赁公司监督管理暂行办法》(银保监发〔2020〕22号发布)第7条规定的"适用于融资租赁交易的租赁物"。

需要注意的是,《企业会计制度》(财会〔2000〕25号)第33条规定:"所建造的固定资产已达到预定可使用状态,但尚未办理竣工决算的,应当自达到预定可使用状态之日起,根据工程预算、造价或者工程实际成本等,按估计的价值转入固定资产,并按本制度关于计提固定资产折旧的规定,计提固定资产的折旧。待办理了竣工决算手续后再作调整。"该条规定了尚未办理竣工决算但已经达到预定可使用状态的工程计入"固定资产"科目的具体要求,与《会计科目和主要账务处理》"1601固定资产"中,已达到预定可使用状态但尚未办理竣工决算手续的固定资产的会计处理规则类似。因此,从会计准则角度来说,工程是否可以计入"固定资产"科目,并不必然以办理完毕竣工决算手续为前提。

二、以在建工程作为融资租赁物开展回租交易一般无法成立融资租赁法律关系

司法实践主流观点认为,以在建住宅商品房作为租赁物,以房地产开发商作为承租人、租赁公司作为出租人的"融资租赁合同"不能构成融资租赁法律关系。主要理由是:第一,房地产在建项目尚不具备法律上的所有权,故出租人并未实际取得房地产项目的所有权,此与租赁期间出租人享有对租赁物的所有权的特征相背离。第二,房地产开发商作为承租人,并非租赁物的实际使用人,其租赁在建房地产项目,也并非为使用租赁物,而是通过房地产项目来取得贷款融资。第三,在建房地产并不属于实质意义上的固定资产。《金融租赁公司管理办法》(中国银行业监督管理委员会令2014年第3号发布)将租赁物限定为固定资产,但固定资产并

---

① 参见中华人民共和国财政部制定:《企业会计准则应用指南(2022年版)》,立信会计出版社2022年版,第438页。

非法律术语,究竟何为固定资产,认定标准也不一致。①

司法实践中,对于以在建工程作为租赁物开展回租交易的,人民法院认为一般不构成融资租赁法律关系,涉及的原因主要包括:在建工程不具有法律上的所有权,承租人未取得在建工程所有权,出租人相应也无法取得在建工程所有权;在建工程未办理不动产权证书,未登记在承租人名下,也无法过户登记于出租人名下;在建工程对应的土地使用权不得转让时,根据房地一体原则,地上在建工程也不得转让。笔者梳理典型的司法实践裁判观点如下:

(一)在建工程不具备法律上物的特性,不存在转让所有权的适当性,融资租赁法律关系不成立

在广东省佛山市中级人民法院(2018)粤06民初56号民间借贷纠纷一案中,出租人与承租人签署的《融资租赁合同(售后回租)》中记载的租赁物为"工程资产及设备"。诉讼中,出租人应法院要求进一步提交了租赁物明细表,明确租赁物为原值分别是43,533,835.51元、72,235,000元、3,015,000元、5,433,000元与49,734,926.51元的承租人公司主厂房、生活垃圾焚烧炉、汽轮发电机、锅炉及其他资产5项。

法院认定承租人公司主厂房在出租人及承租人确立合同关系时属于在建工程。主要理由包括:首先,出租人据以证明承租人公司主厂房属于租赁物的证据有两组,一为增值税专用发票一组,二为承包合同三份。其中,增值税专用发票记载的"货物或应税劳务、服务名称"均为建筑安装工程或工程款,三份承包合同则是包括承租人公司主厂房在内的工程建设承包合同。该部分证据作为租赁物权利转移的凭证,以在建工程的形式记载了承租人公司主厂房当时的情况,反映双方当时对承租人公司主厂房并非以已完工、成为不动产的形式进行权利转移的。其次,出租人在庭审结束后出具的关于租赁物相关情况的说明中表示"双方签订合同时,主厂房主体结构建设均已完成,并已封顶,仅剩部分装修垃圾运输等收尾工作尚未全部完成……"即出租人也确认承租人主厂房在诉争合同关系确立时尚未完全建成,即仍属在建工程。最后,出租人及承租人均未提交证据证明承租人公司主厂房在当时已经完工,以及承租人公司已取得该不动产所有权。

关于在建工程作为租赁物时能否构成融资租赁法律关系问题,法院则认为,本

---

① 参见最高人民法院民事审判第二庭编著:《最高人民法院关于融资租赁合同司法解释理解与适用》,人民法院出版社2016年版,第48页。

案双方虽采取售后回租的特殊融资租赁方式,形成承租人与出卖人的重合,但此种方式并不能否定租赁物所有权转移的融资租赁根本特性。然而,就主厂房这一租赁物而言,因其仍为在建工程,尚不完全具备法律上"物"的特性,不存在转让所有权的适当性。因此,出租人与承租人约定以承租人主厂房作为租赁物不符合法律的规定。

在该案中,由于出租人与承租人开展融资租赁交易时,主要的租赁物即承租人公司主厂房尚未完成建设,承租人无法对主厂房进行使用,法院认定在建工程作为租赁物不构成融资租赁法律关系并无争议。但是,笔者并不同意该案关于在建工程尚不完全具备法律上"物"的特性的裁判观点。具体而言,《民法典》第115条规定:"物包括不动产和动产。法律规定权利作为物权客体的,依照其规定。"在建工程一般为正在建造的建筑物,显然属于不动产,其当然具备法律上"物"的特性。况且,《民法典》第395条第1款第5项规定,债务人或者第三人有权处分的正在建造的建筑物可以抵押。如果在建工程不具备法律上"物"的特性,又如何能抵押呢?

《民法典》第209条第1款规定:"不动产物权的设立、变更、转让和消灭,经依法登记,发生效力;未经登记,不发生效力,但是法律另有规定的除外。"据此,不动产的所有权设立应以登记为前提。在建工程虽然属于法律上的不动产,但仍然适用《民法典》的物权变动规则。笔者认为,在建工程不适合作为回租交易项下租赁物的主要原因为,承租人未取得在建工程在法律上的所有权,承租人也无法将在建工程的所有权转移至出租人名下。基于在建工程的物权未发生转移,以在建工程作为租赁物的回租交易不构成融资租赁法律关系。

(二)在建工程未办理房屋产权证书,融资租赁法律关系不成立

在北京市第二中级人民法院(2021)京02民终3144号融资租赁合同纠纷一案中,《融资租赁合同》约定的租赁物为在建工程2号楼、3号楼、4号楼,合同并未约定租赁物的具体地址或详细信息。诉讼中,承租人和出租人共同确认前述在建工程并未办理房屋产权证书,出租人陈述在建工程并未办理抵押登记手续,且在建工程没有登记在承租人名下,而是登记在关联公司名下。

一审法院认为,承租人虽然出具了所有权转移证书,但由于没有办理不动产权登记手续,承租人的声明文件不能使出租人当然取得在建工程的所有权,即出租人无法就融资租赁合同获得任何来自租赁物的物权保障,故双方形成的法律关系不能被认定为融资租赁法律关系。二审法院也认为,《融资租赁合同》约定承租人以售后回租方式向出租人进行融资,双方约定的租赁物为在建工程,该在建工程未办

理房屋产权证书,且该在建工程没有登记在旅游公司名下,根据《融资租赁纠纷解释》(2020修正)第1条的规定,上述《融资租赁合同》实为借款合同,本案应按借款合同关系进行处理。

本案中一审、二审法院的观点基本上与《最高人民法院关于融资租赁合同司法解释理解与适用》一书相同,以在建工程无法办理房屋产权证书导致所有权无法变更至出租人名下,因此不构成融资租赁。

(三) 土地使用权不得转让时,地上在建工程也不得转让,出租人不能取得在建工程的所有权

在广东省广州市中级人民法院(2021)粤01民初573号合同纠纷一案中,《回租买卖合同》约定租赁物包括地上5层(编号C3食堂)、地上6层(编号C1学生宿舍楼)、地上16层(编号C2学生宿舍楼)、地上5层(编号B1实验楼)、地上5层(编号B2初中教学楼)、地上5层(编号B3体育馆)、地上2层(编号A2行政办公楼)、地上6层(编号A1教学楼地上)、地下1层(编号A1教学楼地上)等,均为在建工程。

出租人主张,这些房屋应属于出租人的租赁物,依据《民法典》第745条之规定,出租人对案涉租赁物仍然享有所有权,并且依据《民法典》第357条"建筑物、构筑物及其附属设施转让、互换、出资或者赠与的,该建筑物、构筑物及其附属设施占用范围内的建设用地使用权一并处分"之规定,出租人主张对案涉房屋下的建设用地依法享有所有权。

法院认为,《回租买卖合同》中约定涉案土地使用权的转让及办理相关登记手续,至今并未经市、县人民政府土地管理部门和房产管理部门批准,因此该约定违反行政法规的强制性规定,应认定为无效。《民法典》第357条规定:"建筑物、构筑物及其附属设施转让、互换、出资或者赠与的,该建筑物、构筑物及其附属设施占用范围内的建设用地使用权一并处分。"由于涉案土地使用权不得转让,地上在建工程亦不得转让。故法院认为本案实际为借款合同关系,《回租买卖合同》约定的租赁物所有权转让至某融资租赁公司也并非双方的真实意思表示。

在该案中,在建工程对应的土地使用权以划拨形式流转至某中学名下,承租人与某中学存在联合办学关系,某中学以出具具结书的方式,确认土地使用权及在建工程为某中学代承租人持有。但是,《城镇国有土地使用权出让和转让暂行条例》(2020修订)第44条规定:"划拨土地使用权,除本条例第四十五条规定的情况外,不得转让、出租、抵押。"第45条第1款规定:"符合下列条件的,经市、县人民政府

土地管理部门和房产管理部门批准,其划拨土地使用权和地上建筑物、其他附着物所有权可以转让、出租、抵押:(一)土地使用者为公司、企业、其他经济组织和个人;(二)领有国有土地使用证;(三)具有地上建筑物、其他附着物合法的产权证明;(四)依照本条例第二章的规定签订土地使用权出让合同,向当地市、县人民政府补交土地使用权出让金或者以转让、出租、抵押所获收益抵交土地使用权出让金。"据此,在未经市、县人民政府土地管理部门和房产管理部门批准的情况下,承租人与某中学之间的代理土地使用权,并由承租人向出租人转让土地使用权的约定无效。此外,《民法典》第357条规定:"建筑物、构筑物及其附属设施转让、互换、出资或者赠与的,该建筑物、构筑物及其附属设施占用范围内的建设用地使用权一并处分。"基于房地一体的原则,在土地使用权并未转移至出租人名下的情况下,土地使用权上的在建工程所有权也不发生转移。出租人以对租赁物(在建工程)享有所有权为由主张对在建工程占用范围内的建设用地使用权也享有所有权,法院未予支持,且法院认定当事人之间实际为借款合同关系而不构成融资租赁法律关系。

三、以设备类在建工程为融资租赁物的直租交易结构搭建

(一)以设备类在建工程作为租赁物开展直租交易具有可行性

综合前文的分析,笔者认为金融租赁公司、融资租赁公司以在建工程作为租赁物开展售后回租交易的,无论是从监管角度分析租赁物的合规性,还是从诉讼角度判断租赁物的所有权是否发生转移,均面临较大的障碍。就金融租赁公司而言,以非设备类在建工程作为租赁物开展直租交易的,也有可能面临监管层面的限制。但是,如果以设备类在建工程作为租赁物开展直租交易的,在交易结构搭建合理、充分关注交易风险的情况下,则具有可行性。

事实上,在融资租赁实务中,以飞机、船舶作为租赁物开展的直租交易,基于租赁物建造周期较长的特点,出租人一般采用预融资的交易模式,在租赁物处于建造期、完成交付前,就为承租人提供融资服务。以设备类在建工程作为租赁物开展的直租交易,可以参考飞机、船舶等含有预融资期的交易方案,搭建交易结构。就含有建造期的飞机、船舶直租交易而言,出租人、供应商、承租人签署三方采购合同,由出租人向供应商支付部分或全部租赁物购买价款,供应商启动租赁物的建造及交付工作;同时,出租人与承租人将签署融资租赁合同,就出租人支付租赁物购买价款至租赁物交付期间的资金占用费、融资租赁合同的最晚起租日期、供应商无法交付设备时融资租赁合同的安排等问题作出约定。在上述交易结构下,租赁物交付周期较长的因素,并不直接影响融资租赁法律关系的成立。

笔者认为,如果设备存在建设期,出租人以直租的方式在租赁物属于在建工程的状态时,就以预融资方式参与交易的,并不必然导致融资租赁法律关系不成立。即出租人以"设备类在建工程"开展直租交易具备可行性。下文笔者将详细分析以"设备类在建工程"开展直租交易的注意事项,以及相关交易涉及的法律风险及应对。

(二)以"设备类在建工程"作为融资租赁物开展直租交易的注意事项

1. 出租人是否可以直接签订租赁物相关的建设工程合同

如果出租人接受以在建工程作为租赁物开展直租交易的,可能出现承租人要求出租人直接签署建设工程合同的情况。

在传统直租交易中,依据《民法典》第735条①之规定,直租交易模式是承租人与出租人签订融资租赁合同,出租人向设备供应商购买租赁物。但实务中,出租人向设备供应商购买租赁物的交易环节,一般采用出租人、承租人、设备供应商共同签署三方形式买卖合同的方式完成(见图1),并由承租人、设备供应商另行签署与设备质量等相关的技术性质合同。

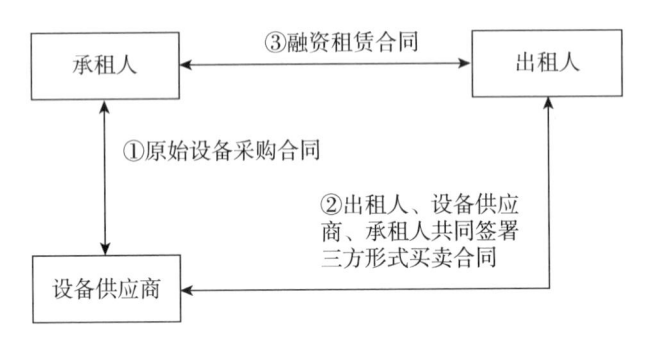

图1 传统直租交易合同关系

采用三方形式买卖合同,而不是出租人直接与设备供应商签署两方形式买卖合同的主要原因包括:

第一,依据《民法典》第742条②之规定,出租人若干预租赁物的选择,可能出

---

① 《民法典》第735条:融资租赁合同是出租人根据承租人对出卖人、租赁物的选择,向出卖人购买租赁物,提供给承租人使用,承租人支付租金的合同。

② 《民法典》第742条:承租人对出卖人行使索赔权利,不影响其履行支付租金的义务。但是,承租人依赖出租人的技能确定租赁物或者出租人干预选择租赁物的,承租人可以请求减免相应租金。

现承租人主张请求减免支付租金的风险。出租人参与直租交易时,一般将在三方形式买卖合同中明确约定租赁物及设备供应商均由承租人自主选定,避免承租人在诉讼中引用《民法典》第742条作出抗辩。

第二,在设备买卖合同中,除了设备价款、所有权转移等商务性质条款外,还可能包括有大量的设备技术规格、质量保修、设备操作要求等技术性条款。由于出租人仅在直租交易中提供融资,其不会参与上述技术性条款的磋商,也不会签署对应的合同,所以与上述技术性条款相关的合同,一般由承租人、设备供应商另行通过两方形式的合同作出约定。

第三,出租人在参与直租交易前,承租人可能已经与设备供应商签署过两方形式买卖合同,且可能已经向设备供应商支付了部分设备购买价款。此时出租人介入交易的,需要以三方形式买卖合同就上述两方形式买卖合同中的设备价款的支付、所有权的取得、承租人已经支付的部分设备价款的处理问题作出变更。上述变更安排不适宜仅由出租人、设备供应商两方进行。

但是,如果租赁物为设备类在建工程的,承租人一般将作为建设工程项目的发包人,与建设工程的承包方签署建设工程合同,就承包方完成设备原材料的采购、设备建造、工程项目施工等事宜作出约定。该等情况下,在传统设备直租交易中的承租人与设备供应商签署的原始设备采购合同将被建设工程合同代替。承租人可能出于简化交易的诉求,要求出租人作为付款义务人,一并签署建设工程合同(见图2)。

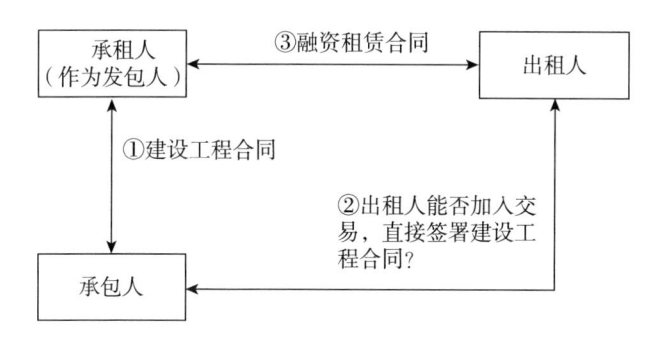

图2 以"设备类在建工程"作为租赁物的直租交易合同关系

笔者认为,出租人如果直接签署建设工程合同的,可能面临以下交易风险:

第一,出租人如果直接与承包人签署建设工程合同,则出租人与承包人将构成建设工程合同关系而非买卖合同关系。若出租人与承包人就是否应当支付价款发生纠纷,应当适用建设工程的相关法律规定处理,而不能简单适用融资租赁合同的相关法律规定。该等情况下,出租人可能面临无法以融资租赁合同项下的付款条件尚未达成为由,拒绝支付工程价款的风险。此外,建设工程合同涉及工程造价的确定、工程量的核算、竣工验收等专业问题,出租人一般不具备工程建设领域的专业知识。出租人一旦陷入建设工程合同纠纷,其面临的诉讼风险将远高于融资租赁合同纠纷。

第二,《最高人民法院关于审理建设工程施工合同纠纷案件适用法律问题的解释(一)》(法释〔2020〕25号)第23条规定:"发包人将依法不属于必须招标的建设工程进行招标后,与承包人另行订立的建设工程施工合同背离中标合同的实质性内容,当事人请求以中标合同作为结算建设工程价款依据的,人民法院应予支持,但发包人与承包人因客观情况发生了在招标投标时难以预见的变化而另行订立建设工程施工合同的除外。"若工程建设项目由承租人以招标方式确定承包人,出租人加入签署建设工程合同,可能产生出租人代替承租人作为发包方的法律效果。该等情况将进一步引发建设工程合同被认定为发生实质性变更,承包人有权要求按照中标合同结算工程价款的法律风险。由于出租人实际上不参与建设工程项目的招投标工作,但中标合同还包含工程费用等设备采购价款外的其他费用,若由出租人按照中标合同向承包方结算价款,则出租人将面临支付的款项远高于融资租赁合同中约定的租赁本金的风险。

因此,即使以"设备类在建工程"作为租赁物开展直租交易,出租人仍然应当在承租人作为发包人与承包人签署完毕建设工程合同后,签署三方形式的设备买卖合同,将上述建设工程合同项下与设备有关的付款义务人变更为出租人,将设备的所有权约定变更为出租人取得设备所有权。

2.若出租人以三方形式的权利义务转让合同代替三方形式设备买卖合同,出租人仍然面临被起诉支付工程款的诉讼风险

在设备类直租交易中,出租人目前使用的与设备供应商、承租人签署的三方形式合同一般包括设备买卖合同、权利义务转让合同两类。笔者认为,在以"设备类在建工程"作为租赁物开展的直租交易中,应尽可能避免采用权利义务转让合同的形式。主要原因为,设备买卖合同、权利义务转让合同本质上属于对设备供应商、承租人在先签署的原始购买合同的变更,在租赁物属于在建工程的情况下,原始购买合同实际上是建设工程合同,出租人若选择使用权利义务转让合同的,则可能面临权利义务转让合同的法律属性被认定为建设工程合同,进而在建设工程项目工

程款发生工程欠款时,被施工方要求承担工程款支付义务的风险。

例如,在江苏省淮安市中级人民法院(2021)苏08民终2475号建设工程施工合同纠纷一案中,南通某工程公司作为承包人与淮安某能源公司作为发包人签署了《建设工程施工合同》,淮安某能源公司与某融资租赁公司开展融资租赁合作,某融资租赁公司(甲方)与淮安某能源公司(乙方)以及南通某工程公司(丙方)签订《权利义务转让协议》,约定上述协议项下的转让标的为乙方作为发包人在《建设工程施工合同》项下的全部权利及付款义务,自权利义务转让之日起,乙丙双方签订的《建设工程施工合同》由甲、乙、丙三方继续履行等。此后,《建设工程施工合同》等发生工程款欠付情况,南通某工程公司提起建设工程施工合同纠纷诉讼,要求某融资租赁公司、淮安某能源公司支付工程款。二审法院认为,某融资租赁公司与南通某工程公司、淮安某能源公司签订权利义务转让协议,约定南通某工程公司同意淮安某能源公司将《建设工程施工合同》中发包人的全部权利及付款义务转让给某融资租赁公司,由某融资租赁公司受让淮安某能源公司作为发包人在《建设工程施工合同》项下的全部权利及付款义务,实际取得《建设工程施工合同》项下设施的所有权,并出租给淮安某能源公司使用。该权利义务转让协议明确约定某融资租赁公司受让淮安某能源公司作为发包人在《建设工程施工合同》项下的全部权利及付款义务,故该协议应认定为权利义务概括转让协议,某融资租赁公司根据该协议享有发包人权利并承担付款义务,其与淮安某能源公司和南通某工程公司之间并非委托付款关系。故法院判决某融资租赁公司向南通某工程公司支付工程款。

在该案中,某融资租赁公司签署《权利义务转让协议》的本质诉求为变更《建设工程施工合同》等项下设备采购的付款义务人及设备的所有权人为出租人,《权利义务转让协议》属于直租交易中的三方设备买卖合同。但是,某融资租赁公司实际签署的《权利义务转让协议》却约定了"本协议项下的转让标的为乙方作为发包人在《建设工程施工合同》项下的全部权利及付款义务"。从《权利义务转让协议》的约定内容来看,某融资租赁公司享有了《建设工程施工合同》项下的全部权利并承担付款义务,法院据此认定《建设工程施工合同》项下发包人的权利义务均由某融资租赁公司取得。由上述案例可知,在直租交易中,若承租人作为发包人已经与承包人签署了《建设工程合同》的,建议出租人尽可能避免通过签署权利义务转让协议的方式加入交易,避免被认定为由出租人替代发包人承担全部《建设工程合同》项下的工程款支付义务。

3. 关注建设工程优先权与租赁物所有权可能存在的权利冲突

《民法典》第 807 条规定:"发包人未按照约定支付价款的,承包人可以催告发包人在合理期限内支付价款。发包人逾期不支付的,除根据建设工程的性质不宜折价、拍卖外,承包人可以与发包人协议将该工程折价,也可以请求人民法院将该工程依法拍卖。建设工程的价款就该工程折价或者拍卖的价款优先受偿。"据此,若出租人以"设备类在建工程"作为租赁物开展融资租赁交易的,可能导致出租人主张的租赁物所有权与建设工程优先权存在权利冲突,且该等冲突如何处理,暂未有法律法规或司法解释作出明确规定。

但是,《最高人民法院关于审理建设工程施工合同纠纷案件适用法律问题的解释(一)》(法释〔2020〕25 号)第 42 条规定:"发包人与承包人约定放弃或者限制建设工程价款优先受偿权,损害建筑工人利益,发包人根据该约定主张承包人不享有建设工程价款优先受偿权的,人民法院不予支持。"在最高人民法院(2016)最高法民终 532 号建设施工合同纠纷一案中,法院认为,大连某建设公司出具的承诺书载明,无论大连某房地产公司现在及以后是否欠付大连某建设公司在建工程的工程款,其自愿放弃上述抵押合同中约定的在建工程的优先受偿权。本承诺书一经签发不可撤销。该承诺书是大连某建设公司的真实意思表示,不违反法律、行政法规的强制性规定,合法有效。在大连某建设公司明确放弃优先受偿权之后,再次提起诉讼主张涉案工程优先受偿权,违反了承诺书的约定,也违背了诚实信用原则,依法不应支持。此外,大连某建设公司放弃优先受偿权不违反法律规定。《民事诉讼法》(2012 修正)第 13 条规定,当事人有权在法律规定的范围内处分自己的民事权利和诉讼权利。建设工程优先受偿权是法律赋予建设工程施工人的法定权利,属于具有担保性质的民事财产权利。作为民事财产权利,权利人当然可以自由选择是否行使,当然也应当允许其通过约定放弃。

据此,在建设工程优先权不涉及建筑工人利益的情况下,承包人放弃建设工程优先权的书面承诺合法有效。出租人可以考虑在与承包方、承租人签署的三方形式设备买卖合同中,要求承包方放弃主张与租赁物可能存在权利冲突的建设工程优先权。此外,建议出租人在设备买卖合同中,就租赁物的所有权问题与建设工程优先权分别作出界定,即租赁物的所有权自租赁物交付日起属于出租人所有,承包人不得以建设工程未竣工、承包人享有建设工程优先权等为由,对抗出租人的所有权。

4. 存在建设期的直租交易起租日如何确定、起租前出租人是否可以收取租金

法律法规及监管层面并无起租日的界定。《企业会计准则第 21 号——租赁》

（财会〔2018〕35号）第14条规定："在租赁期开始日，承租人应当对租赁确认使用权资产和租赁负债，应用本准则第三章第三节进行简化处理的短期租赁和低价值资产租赁除外。使用权资产，是指承租人可在租赁期内使用租赁资产的权利。租赁期开始日，是指出租人提供租赁资产使其可供承租人使用的起始日期。"第15条第1款规定："租赁期，是指承租人有权使用租赁资产且不可撤销的期间。"参考上述会计准则关于租赁期开始日的定义，及《民法典》第735条关于融资租赁合同的定义，融资租赁交易中的起租日一般应为出租人向承租人提供了租赁物，出租人有权开始收取租金的起始日。

就直租交易而言，实务中存在出租人已向设备供应商支付租赁本金、租赁物尚未交付承租人时，出租人就向承租人收取租金的交易安排。若租赁物最终完成交付，上述操作方式一般不存在明显争议。但若租赁物最终未交付，则承租人可能就出租人是否有权在租赁物未交付的情况下收取租金、融资租赁法律关系是否成立等问题质疑。此外，依据《国家税务总局关于红字增值税发票开具有关问题的公告》（国家税务总局公告2016年第47号）第1条的规定，发生销货退回、开票有误、应税服务中止等情形但不符合发票作废条件，或者因销货部分退回及发生销售折让的，应当根据购买方是否已就取得的发票用于申报抵扣的不同情况，开具红字专用发票。据此，因租赁物无法交付，出租人与承租人协商解除融资租赁合同的，若出租人已经向承租人开具过租金发票的，由于融资租赁交易因合同解除实际并未开展，出租人还面临与承租人协商冲红已经开具的租金发票的问题。

基于建设工程项目的完工时间、验收时间存在较大不确定性，笔者不建议出租人在设备建造完成、办理竣工决算手续前，就约定融资租赁合同起租并收取租金。以"设备类在建工程"作为租赁物时，融资租赁合同的起租日建议约定为，建设工程项目竣工决算之日，或"设备类在建工程"转入承租人"固定资产"科目之日，或承租人收到竣工结算文件后的某一固定日期。

当然，为了尽可能控制建设工程合同完工时间不确定导致融资租赁合同长期无法起租的风险，建议出租人对在建工程可以转为固定资产的时间作出合理预估，在融资租赁合同明确约定最晚起租日，约定如果融资租赁合同在最晚起租日仍未起租的，出租人有权主张解除融资租赁合同及出租人、承包方、承租人签署的设备买卖合同，并就出租人主张解除相关合同时，承包方、承租人应承担的违约责任作出约定。

5. 出租人支付租赁本金后至起租日期间，出租人能否收取款项及如何收取

如上述第4点所述，以"设备类在建工程"作为租赁物时，出租人不宜在出租人

向承包方支付租赁本金时就约定融资租赁合同起租并收取租金。但随之而来的问题是，出租人如何缓释出租人支付租赁本金后至起租日期间无法收取租金或进行债权回收而产生的资金敞口风险。实务中，出租人通常采用以下一种或多种方案进行应对：

（1）出租人支付租赁本金后至起租日期间，按照一定的利率标准逐日收取资金占用费。

（2）由承租人预先支付一定金额的预付租金，在起租日确定后，将预付租金冲抵融资租赁合同项下的首期租金，或冲抵融资租赁合同项下特定的某几期租金。若融资租赁合同无法在最晚起租日之前起租的，则预付租金用于冲抵出租人主张解除融资租赁合同、设备买卖合同时，承包方应当向出租人返还的租赁本金及违约类款项。

（3）由承租人按照在建工程建造进度按比例支付保证金。例如，自出租人支付租赁本金之日起至融资租赁合同实际起租日止，承租人每3个月向出租人支付相当于租赁本金5%的保证金，以确保融资租赁合同在最晚起租日前起租。在融资租赁合同起租后，出租人可向承租人不计息退还部分或全部保证金，或将保证金冲抵融资租赁合同项下特定的某几期租金。若融资租赁合同无法在最晚起租日之前起租的，则保证金用于冲抵出租人主张解除融资租赁合同、设备买卖合同时，承包方应当向出租人返还的租赁本金及违约类款项。

6. 关注租赁物长期无法交付的风险

就建设工程项目而言，承包方资金链断裂、施工质量问题、材料供应问题等都可能造成建设工程项目长期无法竣工决算。以"设备类在建工程"作为租赁物时，出租人将相应面临租赁物长期无法实际交付、融资租赁合同无法起租的风险。除前文介绍的出租人在项目建设期内，要求承租人支付预付租金、保证金的风险缓释措施外，实务中，出租人还可能采取要求承租人在出租人支付租赁本金后至融资租赁合同起租期间提供短期的保证担保或抵押担保的方式。

此外，建议出租人在与承包方、承租人签署的设备买卖合同中作出约定，如果租赁物在融资租赁合同约定的最晚起租日前仍未交付、出租人主张解除设备买卖合同的，承包方、承租人连带地负有向出租人返还租赁本金、合同约定的资金占用费的义务。

7. 关注租赁物发票可能存在的税差问题

综合《财政部、国家税务总局关于全面推开营业税改征增值税试点的通知》

(财税〔2016〕36号)附件1《营业税改征增值税试点实施办法》第15条①、《财政部、税务总局关于调整增值税税率的通知》(财税〔2018〕32号)第1条、第3条、第4条②、《财政部、国家税务总局、海关总署关于深化增值税改革有关政策的公告》(财政部、税务总局、海关总署公告2019年第39号)第1条③的规定,出租人以直租方式提供融资租赁服务,属于"提供有形动产租赁服务",目前适用的增值税率为13%;设备供应商销售设备的,目前适用的增值税率也为13%;但承包人提供建筑服务的,若其不是小规模纳税人,目前适用的增值税率为9%。

据此,出租人以"设备类在建工程"作为租赁物开展直租交易时,若承包人不具有设备销售资质,则其无法向出租人就租赁物开具增值税率为13%的增值税专用发票,而只能开具增值税率为9%的增值税专用发票。但此时出租人向承租人开具的租金发票增值税率仍然为13%。若出租人不关注上述增值税率差额的,则可能因参与此类交易遭受税差损失。

实务中,出租人通常采用以下两种方式解决上述税差问题:

(1)将出租人开具租金发票的销项增值税款与出租人可以进项抵扣的增值税款差额计入租赁本金,由承租人实际承担税款差额。《民法典》第746条规定:"融资租赁合同的租金,除当事人另有约定外,应当根据购买租赁物的大部分或者全部成本以及出租人的合理利润确定。"笔者认为,由于上述税差属于出租人购买租赁物发生的成本,出租人将相应的成本计入租赁本金并由承租人支付对应租金的操作方式符合法律规定。

(2)计算出租人开具租金发票的销项增值税款与出租人可以进项抵扣的增值税款差额,由承租人以咨询服务费或手续费名义一次性向出租人支付。采用该种

---

① 《营业税改征增值税试点实施办法》第15条:增值税税率:(一)纳税人发生应税行为,除本条第(二)项、第(三)项、第(四)项规定外,税率为6%。(二)提供交通运输、邮政、基础电信、建筑、不动产租赁服务,销售不动产,转让土地使用权,税率为11%。(三)提供有形动产租赁服务,税率为17%。(四)境内单位和个人发生的跨境应税行为,税率为零。具体范围由财政部和国家税务总局另行规定。

② 《财政部、税务总局关于调整增值税税率的通知》(财税〔2018〕32号):一、纳税人发生增值税应税销售行为或者进口货物,原适用17%和11%税率的,税率分别调整为16%、10%。二、纳税人购进农产品,原适用11%扣除率的,扣除率调整为10%。三、纳税人购进用于生产销售或委托加工16%税率货物的农产品,按照12%的扣除率计算进项税额。四、原适用17%税率且出口退税率为17%的出口货物,出口退税率调整至16%。原适用11%税率且出口退税率为11%的出口货物,跨境应税行为,出口退税率调整至10%。

③ 《财政部、国家税务总局、海关总署关于深化增值税改革有关政策的公告》(财政部、税务总局、海关总署公告2019年第39号):一、增值税一般纳税人(以下称纳税人)发生增值税应税销售行为或者进口货物,原适用16%税率的,税率调整为13%;原适用10%税率的,税率调整为9%。

操作方式时,出租人需要考虑承租人是否具有一次性向出租人支付相应款项的能力,承租人是否接受出租人仅能就咨询服务费或手续费开具不能抵扣的增值税普通发票的因素。

8. 关注起租后租赁物可能存在低值高估的风险

建设工程项目可能因施工进度、采购设备发生变更等因素,出现合同实际履行的价款与合同约定价款不一致问题。因此,以"设备类在建工程"作为租赁物时,设备及对应的在建工程达到预定可使用状态、转入承租人"固定资产"科目后,也可能出现设备入账价值低于出租人支付的租赁本金的情形。为避免融资租赁交易因租赁物低值高估面临的监管风险或导致诉讼阶段融资租赁法律关系无法成立的风险,建议出租人在融资租赁合同中,就上述情况的处理方式作出约定。例如,要求承租人向出租人返还相应的差额,并向出租人支付一定的资金占用费等。

此外,以"设备类在建工程"作为租赁物的直租交易,设备的所有权可能通过采购原材料并进行建造的方式取得,而并非通过买卖的方式取得,设备原材料的价格无法体现设备完成建造后的市场价值。上述情况也将导致出租人支付的采购设备原材料的租赁本金无法反映设备真实价值的情况。建议出租人在融资租赁合同中,就起租后租赁物市场价值的确定方式问题也作出约定。例如,租赁物的价值以竣工结算报告中所载明的对应设备价值为准,或在起租后的一定时间内,由承租人委托评估公司对租赁物的价值进行评估。

9. 租赁物交付后,出租人对租赁物仍应当履行合规审查义务及租后管理义务

以"设备类在建工程"作为租赁物开展直租交易,本质上属于出租人给予承租人一定的预融资款项、等待租赁物交付后融资租赁合同再起租的交易结构。起租前出租人提供预融资款项的交易结构搭建,并不免除出租人在租赁物交付后对租赁物负有的审查义务。在"设备类在建工程"转入承租人"固定资产"科目后,出租人仍然应当就租赁物的权属文件、租赁物的价值、租赁物是否存在权利限制等问题进行合规审查,并在融资租赁合同履行期间,持续对租赁物开展租后检查。

| 第五讲 | CHAPTER 05
建筑物附属设施设备
作为融资租赁物 |

在城市基础建设领域的融资租赁交易实践中,出租人过去往往偏好选择管网及构筑物作为租赁物。但是,管网作为租赁物存在权属及价值确认困难问题,且法律层面对于管网属于动产还是不动产问题存在争议。2021年以来,金融租赁公司以构筑物作为租赁物开展的融资租赁交易也面临监管层面的合规障碍。在此背景下,部分出租人已开始选择建筑物附属设施设备作为租赁物。

但是,建筑物附属设施设备作为租赁物同样面临诸多问题。例如,建筑物已设立的抵押权是否影响之后以建筑物附属设施设备作为租赁物的融资租赁法律关系?又如,建筑物占用范围内土地的性质(出让或划拨)是否影响融资租赁交易?再如,建筑物若属于违章建筑,此时相应的附属设施设备是否还可以作为租赁物?本讲尝试对建筑物附属设施设备作为租赁物的相关法律实务问题进行探讨。

一、建筑物附属设施设备的基本概念

(一)什么是建筑物附属设施设备

"建筑物""附属设施""设备"等名词均出现在了《民法典》中,但是《民法典》并未对它们进行定义。《中华人民共和国民法典物权编理解与适用[下]》一书中,对建筑物及附属设施分别作出了界定:"本条中所谓建筑物,是指住宅、写字楼、厂房等。""所谓附属设施,是指为建筑物、构筑物配套服务而修建的设施。"[1]

《固定资产分类与代码》(GB-T 14885—2010)未单列建筑物附属设施设备这一类别,但在"土地、房屋及构筑物"门类中列明了"房屋附属设施",具体包括门(含防盗门、伸缩门、自动门、防护门、保温门、密闭门等)、门禁系统、岗楼、围墙、采暖设施、供水系统、停车设施、其他房屋附属设施(徽标、雕塑、旗杆等入此类)。而《现代汉语词典》对"建筑物"的定义为:"人工建造的供人们进行生产、生活等活动的房屋或场所,如住宅、厂房、车站等。"[2]其对"房屋"的定义则与"房子"相同,即"有墙、顶、门、窗,供人居住或做其他用途的建筑物"。[3]

法律上对"建筑物"的定义,与会计角度在固定资产分类时对"房屋附属设施"的界定范围并不完全相同,《现代汉语词典》对"建筑物"与"房屋"的定义也有点循环定义的感觉,但这并不妨碍人们的理解。笔者认为,建筑物的外延大于房屋,相关法律法规的条款也能予以证明。例如,《城市房地产管理法》(2019修正)第2条第2款规定:"本法所称房屋,是指土地上的房屋等建筑物及构筑物。"依据《不动产登记暂行条例》(2019修正)第5条第2款的规定,房屋等建筑物、构筑物所有权依照本条例的规定办理登记。

但是,无论是法律法规层面还是规章层面,对于设施与设备的概念或定义却并非泾渭分明,两者在实践中常被混同使用。例如,《最高人民法院关于审理建筑物区分所有权纠纷案件适用法律若干问题的解释》(2020修正)第3条第1款规定:"除法律、行政法规规定的共有部分外,建筑区划内的以下部分,也应当认定为民法典第二编第六章所称的共有部分:(一)建筑物的基础、承重结构、外墙、屋顶等基本结构部分,通道、楼梯、大堂等公共通行部分,消防、公共照明等附属设施、设备,避难层、设备层或者设备间等结构部分;(二)其他不属于业主专有部分,也不属于市政公用部分或者其他权利人所有的场所及设施等。"

严格来说,设备属于动产,自可作为融资租赁的租赁物。而"房屋等建筑物、构

---

[1] 胡康生主编:《中华人民共和国物权法释义》,法律出版社2007年版,第306页。转引自最高人民法院民法典贯彻实施工作领导小组主编:《中华人民共和国民法典物权编理解与适用[下]》,人民法院出版社2020年版,第725页。

[2] 中国社会科学院语言研究所词典编辑室编:《现代汉语词典》(第7版),商务印书馆2016年版,第641页。

[3] 中国社会科学院语言研究所词典编辑室编:《现代汉语词典》(第7版),商务印书馆2016年版,第370页。

筑物及其附属设施均属于地上定着物",①附属设施是属于动产还是不动产在实践中存在争议,因此其能否作为租赁物也存在争议。但是,这些模糊的概念并不影响当事人自行在融资租赁合同中对附属设施设备进行界定。在租赁物的选择不违反法律法规及监管规定的情况下,当事人在融资租赁合同中对租赁物的定义或分类不应当对融资租赁法律关系的成立产生影响。例如,出租人与承租人在融资租赁合同中约定以电梯作为租赁物,且将电梯界定为某幢大楼的附属设施设备,融资租赁法律关系并不因合同界定电梯为附属设施而发生改变。同样,为了便于讨论,本讲将附属设施与设备放在一起进行讨论,而本讲所称的建筑物附属设施设备一般是指为住宅、写字楼、厂房等配套服务而修建或安装的设施设备。

(二)建筑物与附属设施设备之间的关系

既然建筑物附属设施设备通常指为住宅、写字楼、厂房等配套服务而修建或安装的设施设备,那么建筑物与附属设施设备之间构成何种关系?是否属于主物与从物?

笔者认为,若附属设施设备与建筑物分属于不同主体,那么将附属设施设备修建或安装在住宅、写字楼、厂房等建筑物之上的行为在法律上应当属于添附行为,而添附属于物权变动原因之一。《民法典》第322条规定:"因加工、附合、混合而产生的物的归属,有约定的,按照约定;没有约定或者约定不明确的,依照法律规定;法律没有规定的,按照充分发挥物的效用以及保护无过错当事人的原则确定。因一方当事人的过错或者确定物的归属造成另一方当事人损害的,应当给予赔偿或者补偿。"因此,附属设施设备被修建或安装在建筑物之上构成法律上的添附,并可能产生物权变动效果。此时,对于添附后附属设施设备的归属,当事人之间可以进行约定;在没有约定或约定不明确时,依照法律规定进行确定;如果法律也没有规定的,再按照经济原则及保护无过错当事人原则进行确定。但是,若附属设施设备与建筑物的所有权人为同一主体,则无添附规则适用之余地。因为既然同属于一人,附合物的所有权早已确定地归属于该人,无须借助附合规则确定所有权的归属。②

由于附属设施设备毕竟是修建或安装于建筑物之上的,因此有必要进一步分析判断附属设施设备与建筑物之间的关系。与添附系物权变动原因不同,两物是

---

① 最高人民法院民法典贯彻实施工作领导小组主编:《中华人民共和国民法典物权编理解与适用[下]》,人民法院出版社2020年版,第804页。

② 参见谢在全:《民法物权论》(上册),中国政法大学出版社2011年版,第309~310页。

否构成主物与从物,则是按照物之间的相互关系作出的区分。"主物与从物的划分规则,是指在两个以上的物发生互相附着或者聚合而且在经济在发生密切的关联之后,当物上的权利发生变动时,为确定物的归属所适用的规则"。① 附属设施设备是否属于建筑物的从物,也可能对租赁物的权属产生重要影响。"主物、从物的概念不同于物的整体与其重要成分之间的关系。物的重要成分是物的组成部分,而主物和从物在聚合之前分别为独立的物。例如,自行车与车锁,在聚合之前为独立的物。"②从物具有以下特点:(1)从物并不是主物的组成部分;(2)从物是为发挥主物的效用而存在的;(3)从物与主物须有一定程度的场所结合关系;(4)从物必须与主物同属于一人。③ 从建筑物与其附属设施设备之间的关系来看,附属设施设备与建筑物在聚合之前分别是独立的物,其本身不是建筑物的组成部分,其存在也是为发挥建筑物的效用而存在,且具有明显的场所结合关系,都属于建筑物所有权人。因此,笔者认为建筑物属于主物,附属设施属于从物。例如,电梯与建筑物的消防设施,均应当属于建筑物的从物。在最高人民法院(2005)民二终字第73号民事判决书中也出现过类似的观点:"虽然电梯可以作为独立的权利客体存在,但作为建筑物重要组成部分的电梯,一旦与建筑物本身脱离,其将失去独立存在的意义。因此,原审法院依据《担保法解释》第六十二条、六十三条之规定,将在建项目中的电梯部分认定为抵押物金龙大厦的从物是正确的。"

《民法典担保制度解释》第40条规定:"从物产生于抵押权依法设立前,抵押权人主张抵押权的效力及于从物的,人民法院应予支持,但是当事人另有约定的除外。从物产生于抵押权依法设立后,抵押权人主张抵押权的效力及于从物的,人民法院不予支持,但是在抵押权实现时可以一并处分。"依据该规定,如果附属设施设备属于建筑物的从物,那么附属设施设备安装或修建时间与建筑物抵押权设立时间存在关联,并直接决定建筑物抵押权效力是否及于附属设施设备。如果建筑物设立抵押权之时,附属设施设备已经是建筑物的从物,则抵押物的范围包括附属设施设备;如果附属设施设备产生于建筑物抵押权设立之后,则抵押物的范围不包括附属设施设备。因此,建筑物上是否设立抵押及设立抵押的时间与附属设施设备

---

① 最高人民法院民法典贯彻实施工作领导小组主编:《中华人民共和国民法典物权编理解与适用[上]》,人民法院出版社2020年版,第575页。
② 黄薇主编:《中华人民共和国民法典物权编解读》,中国法制出版社2020年版,第377页。
③ 参见最高人民法院物权法研究小组编著:《〈中华人民共和国物权法〉条文理解与适用》,人民法院出版社2007年版,第346页。转引自最高人民法院民法典贯彻实施工作领导小组主编:《中华人民共和国民法典物权编理解与适用[上]》,人民法院出版社2020年版,第575~576页。

的修建或安装时间,均可能影响附属设施设备上是否产生权利负担,但当事人也可对此通过约定进行安排。

二、建筑物附属设施设备作为融资租赁物的合规性分析

(一)《融资租赁公司监督管理暂行办法》(银保监发〔2020〕22号发布)中的基本规定

《融资租赁公司监督管理暂行办法》(银保监发〔2020〕22号发布)第7条规定:"适用于融资租赁交易的租赁物为固定资产,另有规定的除外。融资租赁公司开展融资租赁业务应当以权属清晰、真实存在且能够产生收益的租赁物为载体。融资租赁公司不得接受已设置抵押、权属存在争议、已被司法机关查封、扣押的财产或所有权存在瑕疵的财产作为租赁物。"第17条第2款规定:"售后回租业务中,融资租赁公司对租赁物的买入价格应当有合理的、不违反会计准则的定价依据作为参考,不得低值高买。""固定资产"一词属于会计专业用语。《企业会计准则第4号——固定资产》(财会〔2006〕3号)第3条第1款规定:"固定资产,是指同时具有下列特征的有形资产:(一)为生产商品、提供劳务、出租或经营管理而持有的;(二)使用寿命超过一个会计年度。"《金融租赁公司管理办法》(中国银行业监督管理委员会令2014年第3号发布)关于租赁物的要求与《融资租赁公司监督管理暂行办法》(银保监发〔2020〕22号发布)的规定较为类似。

据此,从是否符合监管规定角度来说,出租人以建筑物附属设施设备开展融资租赁交易的,应当在交易前对建筑物附属设施设备是否属于固定资产、是否权属清晰、是否真实存在、是否不存在设定在先的权利负担、是否不存在低值高估等问题进行审查。

(二)央企类融资租赁公司需落实"不得以不能变现的财产作为租赁物"要求

《国务院国有资产监督管理委员会关于进一步促进中央企业所属融资租赁公司健康发展和加强风险防范的通知》(国资发资本规〔2021〕42号)第2条规定:"严格规范融资租赁公司业务开展……规范租赁物管理,租赁物应当依法合规、真实存在,不得虚构,不得接受已设置抵押、权属存在争议、已被司法机关查封、扣押的财产或所有权存在瑕疵的财产作为租赁物,严格限制以不能变现的财产作为租赁物,不得对租赁物低值高买,融资租赁公司应当重视租赁物的风险缓释作用……"但是,上述通知并未就什么是"不能变现的财产"作出列举或说明。

"变现"是指把非现金的资产和有价证券等换成现金。根据该词的含义,是否

可以变现,是一个出售资产后产生的结果。笔者认为,"不能变现"至少可以包含以下三层含义:第一,"不能变现"可以指财产价格虚高或不具有市场流通性导致无人应价,即"有价无市";第二,法律法规规定占用及使用部分财产需要取得相应的资质,但相应的特许经营资质取得的要求较高导致交易市场中较难寻找到买方,导致财产实际"不能变现";第三,因财产属于法律法规禁止流通或限制流动的范围,导致无法进行交易进而"不能变现"。据此,建议央企类出租人关注建筑物附属设施设备是否存在可能被认定为"不能变现的财产"的情形(如价值虚高)、买受人是否具有准入要求较高的特殊资质或者建筑物是否属于不宜转让的资产(如政府办公大楼)。

(三)建筑物附属设施设备不得为公益性资产、不得为在建工程

《中国银保监会关于开展"巩固治乱象成果 促进合规建设"工作的通知》(银保监发〔2019〕23号)关于金融租赁公司的整治工作要点包括:"……4.业务经营。违规以公益性资产、在建工程、未取得所有权或所有权存在瑕疵的财产作为租赁物……"中国银保监会有关部门负责人就《融资租赁公司监督管理暂行办法》(银保监发〔2020〕22号发布)答记者问时提道:"融资租赁公司与金融租赁公司所开展的融资租赁业务属于同质同类业务,应适用于相对统一的业务规则和监管约束。"[1]据此,以建筑物附属设施设备开展融资租赁交易的,出租人应当确认建筑物附属设施设备不属于公益性资产,且不得为在建工程。

关于公益性资产的定义,《国家发展改革委办公厅关于进一步规范地方政府投融资平台公司发行债券行为有关问题的通知》(发改办财金〔2010〕2881号)界定为:"'公益性资产'是指主要为社会公共利益服务,且依据国家有关法律法规不得或不宜变现的资产。"《国家发展改革委、财政部关于完善市场约束机制严格防范外债风险和地方债务风险的通知》(发改外资〔2018〕706号)则以列举形式指出:"申报企业拥有的资产应当质量优良、权属清晰,严禁将公立学校、公立医院、公共文化设施、公园、公共广场、机关事业单位办公楼、市政道路、非收费桥梁、非经营性水利设施、非收费管网设施等公益性资产及储备土地使用权计入企业资产。"据此,若出租人以为社会公共利益服务的公立学校、公立医院、机关事业单位办公楼等的附属设施设备作为租赁物的,也将面临合规性障碍。

---

[1] 中国银行保险监督管理委员会办公厅:《中国银保监会有关部门负责人就〈融资租赁公司监督管理暂行办法〉答记者问》,载中国银行保险监督管理委员会官网2020年6月9日,http://www.cbirc.gov.cn/cn/view/pages/ItemDetail.html? docId=909014&itemId=916&generaltype=0。

《企业会计制度》(财会[2000]25号)第34条第2款规定:"达到预定可使用状态应当计提折旧的固定资产,在年度内办理竣工决算手续的,按照实际成本调整原来的暂估价值,并调整已计提的折旧额,作为调整当月的成本、费用处理。如果在年度内尚未办理竣工决算的,应当按照估计价值暂估入账,并计提折旧;待办理了竣工决算手续后,再按照实际成本调整原来的暂估价值,调整原已计提的折旧额,同时调整年初留存收益各项目。"参考上述规定,实务中,出租人判断标的物是否已由在建工程转入固定资产、能否作为适格的租赁物问题时,一般以标的物是否办理了竣工决算手续、是否列示于承租人资产负债表中的固定资产科目作为标准。[①]

(四)若建筑物属于违章建筑,则相应的附属设施设备不宜作为租赁物

《土地管理法》(2019修正)第57条第2款规定:"临时使用土地的使用者应当按照临时使用土地合同约定的用途使用土地,并不得修建永久性建筑物。"第74条规定:"……对违反土地利用总体规划擅自将农用地改为建设用地的,限期拆除在非法转让的土地上新建的建筑物和其他设施,恢复土地原状,对符合土地利用总体规划的,没收在非法转让的土地上新建的建筑物和其他设施;可以并处罚款;对直接负责的主管人员和其他直接责任人员,依法给予处分;构成犯罪的,依法追究刑事责任。"《城乡规划法》(2019修正)第64条规定:"未取得建设工程规划许可证或者未按照建设工程规划许可证的规定进行建设的,由县级以上地方人民政府城乡规划主管部门责令停止建设;尚可采取改正措施消除对规划实施的影响的,限期改正,处建设工程造价百分之五以上百分之十以下的罚款;无法采取改正措施消除影响的,限期拆除,不能拆除的,没收实物或者违法收入,可以并处建设工程造价百分之十以下的罚款。"综合上述规定,在以下情况下,建筑物可能被认定为违章建筑:

1. 在未取得土地使用权情况下建造的建筑物;
2. 擅自改变土地使用性质建造的建筑物;
3. 在临时使用的土地上建造永久性建筑物;
4. 在未取得建设用地规划许可证的情况下建造的建筑物;
5. 未按照建设工程规划许可证的规定建造的建筑物。

由于违章建筑物本身面临被责令停止建设、限期拆除的法律风险,与违章建筑物配套建设的附属设施设备也将面临无法持续存续的问题。基于违章建筑物附属设施设备的物权可能因拆除而丧失的不稳定因素,其不宜作为租赁物。

[①] 关于在建工程作为租赁物的法律实务问题,详见本书第四讲"在建工程作为融资租赁物"。

三、建筑物附属设施设备权属对融资租赁的影响

(一)设施设备添附于建筑物上是否影响融资租赁法律关系

司法实践中,一般认为添附于不动产上的设备设施作为租赁物时,不影响融资租赁法律关系的成立。例如,《最高人民法院关于融资租赁合同司法解释理解与适用》指出:"我们认为,设备添附于不动产之上,与以房地产、商品房作为租赁物有显著区别,前者租赁物的是设备,后者租赁的是房地产、商品房本身,正如国际统一私法协会《租赁示范法》第2条所规定的,租赁物不会仅因其附着于或嵌入不动产而不再是租赁物。因此,以此类添附、建设在不动产之上的设备作为租赁物的融资租赁合同,仍然属于融资租赁合同。"[1] 又如,《上海法院类案办案要件指南(第1册)》指出:"司法审判中除工业设备、交通运输设备等常规租赁物外,常见的租赁物及其认定标准如下……2.以添附、建设在不动产之上的设备,如污水管网、电力架空线、机站等作为租赁物的,可以认定为融资租赁法律关系……"[2]

但是,司法实践中承租人可能抗辩称,建筑物附属设施设备属于不动产的一部分,出租人在未将不动产变更登记至其名下的情况下,不动产及附属设施设备所有权均不发生转移,故融资租赁法律关系不成立。例如,在上海市第二中级人民法院(2014)沪二中民六(商)终字第292号融资租赁合同纠纷案中,承租人以"案涉租赁物,即用于建造世贸中心的电气、电梯、变压器、电缆、空调设备等,在签订租赁合同之前,已经被安装、使用于固定的建筑物中,即被添附,成为不动产的一部分,丧失了物的独立性,本身作为的物权已经消灭了。根据融资租赁相关法律、司法解释的规定,这些租赁物已经不能成为租赁的对象,不存在租赁合同中的租赁物"为由提起上诉。二审法院认为,根据承租人提供的证人证言和相关书证,可以在一定程度上证明部分租赁物在签订《回租租赁合同》时已被使用、安装于金华世贸中心建筑物上,在出租人不持异议情况下,上述动产添附于不动产上,租赁物不会因其附着于或者嵌入于不动产而不再是租赁物,仍有其动产本身属性和独立性。只是该类租赁物被添附后,相较于出租人而言,可能存在物权担保功能减弱的问题,在承租人违约情况下,出租人虽然仍能行使租赁物的取回权,但租赁物的价

---

[1] 最高人民法院民事审判第二庭编著:《最高人民法院关于融资租赁合同司法解释理解与适用》,人民法院出版社2016年版,第50页。

[2] 茚荣华主编:《上海法院类案办案要件指南(第1册)》,人民法院出版社2020年版,第58~59页。

值或者功能会有所丧失,存有风险。该风险仅是相对于出租人可预见或者可预期的经营风险,但不属于融资租赁合同性质认定问题。承租人认为租赁物已被添附,从而租赁合同因租赁物不存在而无效缺乏相应法律依据,对其这一上诉理由不予采纳。①

在该案中,出租人与承租人以已经被安装在建筑物内的电梯作为租赁物,但人民法院确认,该等情况下电梯仍然具有动产属性,是独立的物,出租人与承租人之间的融资租赁法律关系成立。笔者认为,在融资租赁合同签订之时,电梯已经被安装在建筑物内,即添附行为已经完成。在建筑物与电梯所有权人均为承租人的情况下,承租人有权向出租人转让电梯的所有权并租回使用。此时,虽然建筑物与电梯属于主物与从物的关系,但因主物与从物所有权人均为承租人,故承租人将属于建筑物从物的电梯之所有权单独转让予出租人,并未违反法律规定,也不损害公共利益或第三人利益,因此融资租赁法律关系成立。为应对承租人可能提出的相应抗辩理由,建议出租人在开展建筑物附属设施设备融资租赁业务时,关注承租人提供的租赁物权属及价值确认文件中,是否对建筑物附属设施设备作出了明确描述。例如,若承租人提供的建筑物附属设施设备的价值评估报告仅载明"××不动产评估价值为××元"的,则不能仅以该等评估报告作为建筑物附属设施设备的价值或所有权佐证文件。

(二)若建筑物或其对应的建设用地使用权已经被设立抵押权的,是否影响建筑物附属设施设备融资租赁交易

如前文所述,附属设施设备被修建或安装于建筑物之后,附属设施设备便属于建筑物的从物。依据《民法典担保制度解释》第40条之规定,如果建筑物设立抵押权之时,附属设施设备已经是建筑物的从物的,则抵押物的范围包括附属设施设备;如果附属设施设备产生于建筑物抵押权设立之后的,则抵押物的范围不包括附属设施设备。

因此,出租人在选择建筑物附属设施设备作为租赁物时,应当关注建筑物及其

---

① 持有类似观点的案有:北京市第一中级人民法院一审民事判决书,(2016)京01民初151号;最高人民法院再审审查与审判监督民事裁定书,(2017)最高法民申2175号;浙江省杭州市中级人民法院二审民事判决书,(2018)浙01民终2301号;上海市浦东新区人民法院一审民事判决书,(2018)沪0115民初41610号;上海市高级人民法院二审民事判决书,(2019)沪民终73号。

对应的建设用地使用权是否在开展融资租赁交易前已经被设立抵押权。[①] 若已设立抵押权的,出租人应当要求承租人提供抵押担保合同及不动产抵押登记证书等文件,以便审查抵押物范围是否包含建筑物附属设施设备,以确保承租人可以就建筑物附属设施设备另行设定权利负担。此外,建议出租人要求承租人提供抵押权人单独出具的书面文件,同意承租人以建筑物附属设施设备另行设立包括融资租赁在内的权利负担。若建筑物附属设施设备已经包含在抵押物范围之内的,除非抵押权人愿意书面同意放弃对建筑物附属设施设备的抵押权,否则依据《融资租赁公司监督管理暂行办法》(银保监发〔2020〕22号发布)第7条的规定,出租人不得接受已设置抵押的建筑物附属设施设备作为租赁物。

对于出租人接受以建筑物附属设施设备作为租赁物开展融资租赁交易的,一方面,要确保该融资租赁在先于动产融资统一登记公示系统办理登记;另一方面,建议出租人有针对性地完善融资租赁合同的约定。例如,约定承租人在租赁期间不得未经出租人同意而对建筑物附属设施设备另行设定权利负担,或者即使需对建筑物另行设定权利负担,承租人应确保新的建筑物抵押权人知晓融资租赁交易在先,抵押权人主张建筑物抵押权时不得妨碍出租人对建筑物附属设施设备享有的所有权。此外,也建议出租人在融资租赁期间持续做好租后检查工作,关注租赁物所对应的建筑物及土地使用权是否新增抵押登记。

(三)若建筑物或其对应的建设用地使用权已设立抵押权,可能影响建筑物附属设施设备将来的处分问题

《民法典》第356条规定:"建设用地使用权转让、互换、出资或者赠与的,附着于该土地上的建筑物、构筑物及其附属设施一并处分。"第357条规定:"建筑物、构筑物及其附属设施转让、互换、出资或者赠与的,该建筑物、构筑物及其附属设施占用范围内的建设用地使用权一并处分。"《中华人民共和国民法典物权编理解与适用[下]》则进一步明确:"建设用地使用权转让时,转让人愿意拆除地上建筑物后转让的,系自愿行为,不应干涉。如果当事人在建设用地使用权转让等处分时,无法就地上房屋等一并处分达成一致,或者双方在合同中没有就地上房屋等不动产的处分作出约定的,一方请求地上房屋等不动产一并处分的,应予支持。反之亦

[①] 需要注意的是,我国实行"房地一体"政策,单独以建筑物或建设用地使用权抵押的,对应的建设用地使用权或对应土地上的建筑物一并抵押。《民法典》第397条规定:"以建筑物抵押的,该建筑物占用范围内的建设用地使用权一并抵押。以建设用地使用权抵押的,该土地上的建筑物一并抵押。抵押人未依据前款规定一并抵押的,未抵押的财产视为一并抵押。"

然。审判实践中应防止出现判决确认建设用地使用权人享有建设用地使用权,但同时判决确认地上建筑物、构筑物及其附属物的所有权由他人享有,并因此发生建设用地使用权人和地上建筑物、构筑物及附属设施所有权人权利主体不一致的情形。"①

由上可知,司法实践在处理建设用地使用权、建筑物所有权的相关案件时,一般遵循房地一体原则,防止出现建设用地使用权人和地上建筑物、构筑物及附属设施所有权人权利主体不一致的情况。在此原则影响下,关于单独以建筑物附属设施设备为租赁物办理融资租赁是否影响出租人受让租赁物所有权的问题,司法实践中容易产生争议。笔者认为,在建筑物附属设施设备作为动产转让时,只要其具备物理上与建筑物分离的可行性,就可以单独转让且并不影响土地使用权及建筑物所有权,不违反房地一体原则。

根据笔者的融资租赁实务经验,实践中拟以建筑物附属设施设备作为租赁物办理融资租赁交易的,承租人名下的建筑物及其对应的土地使用权大部分情况下均已经设立了抵押权。因此,笔者建议出租人以建筑物附属设施设备作为租赁物时,一方面需要注意建筑物或其对应的土地使用权是否已被抵押予第三人;另一方面需要关注司法实践中可能出现基于土地使用权与建筑物实行归属一体和一并处分的规则,导致融资租赁法律关系不能获得人民法院确认的诉讼风险。

(四)建设用地使用权的设立方式是否影响建筑物附属设施设备作为租赁物

《城镇国有土地使用权出让和转让暂行条例》(2020修订)第24条第2款规定:"土地使用者转让地上建筑物、其他附着物所有权时,其使用范围内的土地使用权随之转让,但地上建筑物、其他附着物作为动产转让的除外。"第47条规定:"无偿取得划拨土地使用权的土地使用者,因迁移、解散、撤销、破产或者其他原因而停止使用土地的,市、县人民政府应当无偿收回其划拨土地使用权,并可依照本条例的规定予以出让。对划拨土地使用权,市、县人民政府根据城市建设发展需要和城市规划的要求,可以无偿收回,并可依照本条例的规定予以出让。无偿收回划拨土地使用权时,对其地上建筑物、其他附着物,市、县人民政府应当根据实际情况给予适当补偿。"

《城市房地产管理法》(2019修正)第40条第1款规定:"以划拨方式取得土地

---

① 最高人民法院物权法研究小组编著:《〈中华人民共和国物权法〉条文理解与适用》,人民法院出版社2007年版,第443页。转引自最高人民法院民法典贯彻实施工作领导小组主编:《中华人民共和国民法典物权编理解与适用[下]》,人民法院出版社2020年版,第809页。

使用权的,转让房地产时,应当按照国务院规定,报有批准权的人民政府审批。有批准权的人民政府准予转让的,应当由受让方办理土地使用权出让手续,并依照国家有关规定缴纳土地使用权出让金。"第51条规定:"设定房地产抵押权的土地使用权是以划拨方式取得的,依法拍卖该房地产后,应当从拍卖所得的价款中缴纳相当于应缴纳的土地使用权出让金的款额后,抵押权人方可优先受偿。"

综合上述规定,建筑物所对应的土地性质属于划拨还是出让,并不必然影响以建筑物附属设施设备作为租赁物开展的融资租赁法律关系的成立。但是,出租人仍然需要关注土地性质可能对出租人债权回收产生的以下影响:

第一,若建筑物所对应的土地为划拨性质的,由于土地本身可能存在被政府部门依法无偿回收的可能,且回收土地后政府部门仅就建筑物、附着物给予适当补偿,此时融资租赁合同将面临无法继续履行的问题,出租人享有的剩余租金债权可能无法及时全额回收。

第二,若建筑物所对应的土地为出让性质的,出租人需要关注土地出让金是否已经足额缴纳。若土地出让金未足额缴纳,且土地使用权及建筑物被拍卖处置的,建筑物被拍卖后的款项将优先用于清偿土地出让金。如前文分析,建筑物设立抵押的,抵押物的范围可能及于建筑物附属设施设备,建筑物附属设施设备的处置价款也可能必须优先用于清偿土地出让金,导致出租人的租金债权无法通过租赁物的变现获得回收。

(五)若建筑物已经被承租人出租予第三方使用,是否影响建筑物附属设施设备开展融资租赁交易

《民法典》第726条第1款规定:"出租人出卖租赁房屋的,应当在出卖之前的合理期限内通知承租人,承租人享有以同等条件优先购买的权利;但是,房屋按份共有人行使优先购买权或者出租人将房屋出卖给近亲属的除外。"第728条规定:"出租人未通知承租人或者有其他妨害承租人行使优先购买权情形的,承租人可以请求出租人承担赔偿责任。但是,出租人与第三方订立的房屋买卖合同的效力不受影响。"一方面,建筑物的承租方[①]可以在建筑物被处置时主张优先购买权;另一方面,融资租赁承租人未通知建筑物的承租方行使该等权利时,不影响建筑物所有权转让合同的履行。

---

① 指《民法典》第703条(租赁合同是出租人将租赁物交付承租人使用、收益,承租人支付租金的合同)租赁合同的承租人,非指融资租赁合同的承租人,下同。

但是,法律法规并未就建筑物附属设施设备作出类似于房屋的优先购买权的规定,且建筑物的附属设施设备存在被单独转让的可行性。笔者认为,建筑物被融资租赁承租人在先出租于第三方的,不影响以建筑物附属设施设备开展融资租赁交易。

当然,为尽可能减少租赁物开展融资租赁交易前是否存在权属负担方面的合规争议,笔者建议出租人在开展融资租赁交易前,尽可能要求建筑物的承租方出具确认函件,明确其知晓以建筑物附属设施设备作为租赁物开展融资租赁交易,并同意不妨碍融资租赁的出租人对建筑物附属设施设备行使基于融资租赁交易产生的所有权。

(六)若建筑物附属设施设备属于建筑物共有部分的,在未经业主表决同意开展融资租赁交易前,不得作为租赁物

《民法典》第274条规定:"建筑区划内的道路,属于业主共有,但是属于城镇公共道路的除外。建筑区划内的绿地,属于业主共有,但是属于城镇公共绿地或者明示属于个人的除外。建筑区划内的其他公共场所、公用设施和物业服务用房,属于业主共有。"《最高人民法院关于审理建筑物区分所有权纠纷案件适用法律若干问题的解释》(2020修正)第3条第1款也规定了建筑区划内属于业主共有的附属设施设备。综合上述规定,建筑物内具有基础公共功能的设施设备(如承重结构墙体、通道、楼梯、大堂、消防、公共照明),属于建筑物中的共有部分,由业主共有。

据此,若建筑物附属设施设备具有基础公共功能,与建筑物内其他业主的生产、生活密切相关,则属于建筑物中的共有部分,以该附属设备作为租赁物开展融资租赁需要符合法律规定的共有部分处分规则。

具体而言,根据《民法典》第278条第1款第9项的规定,有关共有和共同管理权利的其他重大事项由业主共同决定。第2款规定,业主共同决定事项,应当由专有部分面积占比2/3以上的业主且人数占比2/3以上的业主参与表决。《最高人民法院关于审理建筑物区分所有权纠纷案件适用法律若干问题的解释》(2020修正)第7条规定:"处分共有部分,以及业主大会依法决定或者管理规约依法确定应由业主共同决定的事项,应当认定为民法典第二百七十八条第一款第(九)项规定的有关共有和共同管理权利的'其他重大事项'。"因此,以建筑物中共有部分为租赁物开展融资租赁的,涉及共有部分所有权的转移,属于《最高人民法院关于审理建筑物区分所有权纠纷案件适用法律若干问题的解释》(2020修正)第7条规定中

规定的"处分共有部分",应当适用关于共有部分的处分规则。

在浙江省高级人民法院(2016)浙民终9号案外人执行异议之诉一案中,一审法院认为,融资租赁公司异议财产清单中的所有财产,最迟在2009年已经全部投入使用,其中电梯、空调设备、风机、配电箱、冷/热量表、锅炉及辅机、离心泵、电动三通阀、电动二通阀、应急电源、控制柜、预制双层不锈钢烟囱、不锈钢水箱、电梯装潢、低压开关柜、变频节能仪、集中控制系统、两翼自动旋转门、热泵热水工程、变压器、温控器、机柜、服务器机柜、水泵是保证三门县海游镇滨海大道18号大楼(包括浙江保罗大酒店三门金陵保罗大酒店)正常运行必不可少的一部分,本身已经成为三门县海游镇滨海大道18号大楼的一个有机组成部分,根据《最高人民法院关于审理建筑物区分所有权纠纷案件具体应用法律若干问题的解释》(2020修正)第3条的规定,"除法律、行政法规规定的共有部分外,建筑区划内的以下部分,也应当认定为物权法第六章所称的共有部分:(一)建筑物的基础、承重结构、外墙、屋顶等基本结构部分,通道、楼梯、大堂等公共通行部分,消防、公共照明等附属设施、设备,避难层、设备层或者设备间等结构部分;(二)其他不属于业主专有部分,也不属于市政公用部分或者其他权利人所有的场所及设施……"这些作为附属设施、设备的财产也是三门县海游镇滨海大道18号大楼全体业主(包括浙江保罗大酒店、英超房地产公司及其他已经购买房屋的业主)的共有部分,浙江保罗大酒店在没有征得三门县海游镇滨海大道18号大楼全体业主同意的情况下,擅自将这些共有部分作为融资租赁合同的标的物转让给出租人,违反了《物权法》第70条[①]"业主对建筑物内的住宅、经营性用房等专有部分享有所有权,对专有部分以外的共有部分享有共有和共同管理的权利"之规定,是无权处分的无效的民事行为。[②]

在该案中,出租人以原属于承租人名下的酒店相关设施设备作为租赁物,开展融资租赁交易。但是,酒店所在大楼的部分楼层权利人登记为承租人以外的自然人及法人。因此,大楼的通道、楼梯、大堂、消防、公共照明等附属设施、设备等属于共有部分,承租人在未取得大楼其他业主同意的情况下,将共有部分设施设备作为租赁物的,属于无权处分行为,出租人因此无法取得共有部分设施设备的所有权。

综合上述规定与案例,若以建筑物中属于业主共有部分的设施设备开展融资

[①] 已废止,对应《民法典》第271条。
[②] 持有类似观点的案例有新疆维吾尔自治区高级人民法院一审民事判决书,(2019)新民初17号。

租赁交易的,应当经专有部分面积占比2/3以上的业主且人数占比2/3以上的业主表决通过,否则可能因承租人无权处分该等设施设备,导致融资租赁法律关系无法成立。

四、建筑物附属设施设备作为融资租赁物如何开展权属审查及价值审查工作

(一)建筑物的权属审查、建筑物与附属设施设备权利人审查

如前所述,建筑物与附属设施设备之间构成主物与从物的关系。因此,出租人以建筑物附属设施设备开展融资租赁交易,首先需要审查建筑物及附属设施设备的权属问题。

通常而言,建筑物的所有权人应与开展售后回租业务的承租人相同,该等情况下,出租人可以根据建筑物的不动产登记证书、施工许可证、竣工备案表、工程款付款凭证、工程发票等确定建筑物的所有权人。但是,若承租人仅为建筑物附属设施设备的使用权人(例如,承租人通过租赁或受托管理方式取得了建筑物的使用权,并自负费用在建筑物上新增了具有改善功能的附属设施设备),即建筑物的所有权人为第三方,该等情况下,出租人需要关注第三方是否与承租人就附属设施设备的归属问题作出过书面约定、建筑物已经设定的抵押登记(如有)是否包含了建筑物附属设施设备等问题。另外,依据《民法典》第322条之规定,既然当事人可以就添附物的归属进行约定,那么出租人和承租人参照《民法典》第322条的规定,就添附资产的归属进行约定并开展融资租赁交易亦不应当被限制或禁止。

(二)建筑物附属设施设备权属及价值审查

建筑物附属设施设备的权属及价值审查属于以该类标的物开展融资租赁交易的难点。核心原因为,建筑物在建造过程中,建筑物附属设施设备的建造、施工安装可能已经被列入建设工程合同范围,故建筑物附属设施设备不存在单独的采购合同及发票。例如,建筑物中安装的电梯、空调、空气净化系统等设备,实务中承租人可能无法提供合同及发票。

在上述情况下,出租人需要就建筑物的建设施工合同、工程费发票等进行审查,并确认建筑物附属设施设备的范围、价值是否在建设施工合同中作出了单独的约定。若建筑物附属设施设备的具体内容、价值既未签署过单独的采购合同,也无法按照建筑物所对应的建设施工合同进行确定,则建议出租人结合建筑物附属设施设备对应的付款凭证、价值评估报告、建筑物附属设施设备设置现场的照片等进

行审查。此时,出租人应重点关注承租人是否存在虚构租赁物以实现融资目的的情况。例如,出租人应重点关注承租人是否存在将包含建筑物在内的整体价值作为建筑物附属设施设备的价值申请融资租赁的情况,租赁物是否存在低值高估的问题。

第六讲 租赁物价值对融资租赁法律关系的影响

CHAPTER 06

《融资租赁纠纷解释》(2020修正)第1条第1款规定:"人民法院应当根据民法典第七百三十五条的规定,结合标的物的性质、价值、租金的构成以及当事人的合同权利和义务,对是否构成融资租赁法律关系作出认定。"依此规定,租赁物的价值对于是否构成融资租赁法律关系具有重要影响。在监管规定方面,《金融租赁公司管理办法》(中国银行业监督管理委员会令2014年第3号发布)与《融资租赁公司监督管理暂行办法》(银保监发〔2020〕22号发布)均规定不得"低值高买"(指融资租赁交易中出租人以远高于租赁物实际价值的价格购买租赁标的物再回租给承租人使用,又称"低值高估",本书以下含义相同)。在融资租赁纠纷的司法实践中,若租赁物严重"低值高估"的,人民法院倾向于否定构成融资租赁法律关系。但是,如果租赁物"高值低买"(指售后回租交易中出租人以远低于租赁物实际价值的价格购买租赁标的物再回租给承租人使用,又称"高值低卖"或"高值低估",本书以下含义相同),则在监管方面缺乏明确规定,而司法实践中既有案例的观点也存在一些分歧。

一、关于租赁物价值的法律、司法解释及监管规定

(一)法律与司法解释规定梳理

在法律层面,《民法典》未就融资租赁高值低估作出任何规定。而在司法解释层面涉及租赁物价值的规定也只有《融资租赁纠纷解释》(2020修正)第1条第1款。虽然该规定强调了租赁物的价值对融资租赁法律关系的影响,但并未进一步明确是"低值高买"还是"高值低买"会导致融资租赁法律关系不成立,因此似乎两者均包含于其中。

对此,《最高人民法院关于融资租赁合同司法解释理解与适用》一书在解释"标的物的价值与融资租赁合同法律关系的认定"时认为:"标的物的价值及租金构成,主要针对的是以价值明显偏低、无法起到担保租赁债权实现的情形,如将价值1000元的设备估价为1000万元的设备作为融资租赁合同的标的物。此时,仅有融资之实,而无融物之实。从当事人选择的交易结构来看,即使将该1000元的设备估价为1000万元,并由'出租人'享有所有权,但该租赁物显然不足以作为出租人的物权保障。"[1]从《最高人民法院关于融资租赁合同司法解释理解与适用》的举例及阐述内容分析,在租赁物"低值高买"的情况下,租赁物的价值远低于租赁本金,不论从租赁物价值能否担保租金债权的角度分析,还是从出租人是否选择了足额价值的租赁物以及是否存在虚构租赁物的角度分析,严重的"低值高买"不能成立融资租赁法律关系。

但是,从最高人民法院对《融资租赁纠纷解释》(2020修正)第1条第1款的理解与适用来看,似乎主要是指严重的"低值高买"会影响融资租赁法律关系的成立,而并不涉及"高值低买"问题。对此,最高人民法院的裁判观点为:"融资租赁法律关系的判断之所以要考察租赁物的价值,主要针对的是租赁物价值较交易价格明显偏低或租赁物不存在的情形。该情形下,租赁物不足以或不具备保障出租人债权实现的担保功能,仅有融资之实,而无融物之实,不构成融资租赁法律关系。"[2]反之,如果租赁物价值较交易价格偏高,则租赁物具备担保功能,不影响融资租赁法律关系。

(二) 监管规定梳理

《金融租赁公司管理办法》(中国银行业监督管理委员会令2014年第3号发布)第36条及《融资租赁公司监督管理暂行办法》(银保监发〔2020〕22号发布)第17条均规定,售后回租业务中,金融租赁公司或融资租赁公司对租赁物的买入价格应当有合理的、不违反会计准则的定价依据,不得低值高买。在此监管要求下,

---

[1] 最高人民法院民事审判第二庭编著:《最高人民法院关于融资租赁合同司法解释理解与适用》,人民法院出版社2016年版,第53页。

[2] 参见最高人民法院二审民事判决书,(2021)最高法民终44号。在该案中,承租人的上诉理由之一为《融资租赁合同》约定的租赁物价格与实际价值严重不符,高值低卖。针对该上诉理由,最高人民法认为高值低卖不影响租赁物的担保功能,故未采纳承租人的上诉意见。

《国务院国有资产监督管理委员会关于进一步促进中央企业所属融资租赁公司健康发展和加强风险防范的通知》(国资发资本规〔2021〕42号)及各地方金融监督管理局出台的融资租赁公司监督管理办法或实施细节也作出了与银保监会的监管规定相同之规定。

但是,上述监管规定或要求均只强调对租赁物不得"低值高买",未规定不得"高值低买"。因此,笔者认为,至少从监管规范层面来看,监管部门并不禁止融资租赁业务中出租人以"高值低买"租赁物的方式开展融资租赁交易。

二、"低值高买"对融资租赁法律关系的影响

(一)"低值高买"不构成融资租赁法律关系

若租赁物严重"低值高买",则出租人向承租人提供的融资金额远高于租赁物的实际价值,那么低值的租赁物无法为租金债权提供担保功能。对此问题,司法实践已经基本达成共识,主流观点均认为,以低值高买的方式开展融资租赁交易的,不构成融资租赁法律关系,应按照其实际构成的法律关系处理。

例如,在最高人民法院(2018)最高法民再373号融资租赁合同纠纷一案中,案涉租赁物的购买价远远高于实际价值,某金融租赁公司提交的发票复印件所载明的设备价款总额为17,951.2567万元,承租人提交的与之相对应票号的发票原件所载明的设备价款总额为1068.8652万元(法院采信了该证据),而出租人与承租人签订的合同约定的买卖价款为15,000万元,涉案租赁物的实际价值与约定的转让价款差异巨大。法院据此认为,某金融租赁公司作为专业融资租赁机构,其提供的证据不能证明其主张的设备的价值,其以高于市场价值十几倍的价格购买租赁物,显然背离买卖合同等价交换原则,其租金也不体现租赁物的真正价值,故原审认定为借贷关系并无不妥。[1]

个别地方法院还出台了相应的审理标准或办案指南、指引,明确租赁物价值低值高估的不构成融资租赁。例如,《天津法院融资租赁合同纠纷案件审理标准》(津高法发〔2018〕5号发布)第4.1.3条规定:"售后回租合同的出租人明知租赁物

---

[1] 持有类似观点的案例有:北京市高级人民法院二审民事判决书,(2021)京民终127号;安徽省高级人民法院二审民事判决书,(2017)皖民终228号;北京市第三中级人民法院一审民事判决书,(2020)京03民初353号;山东省滨州市中级人民法院二审民事判决书,(2020)鲁16民终1731号;四川省成都市中级人民法院二审民事判决书,(2019)川01民终2592号;安徽省高级人民法院二审民事判决书,(2017)皖民终169号及(2017)皖民终174号。

不存在或者租赁物价值严重低值高估的,不认定为融资租赁合同关系。"《上海法院类案办案要件指南(第1册)》也明确:"融资租赁法律关系中的租赁物应具有担保租金债权实现的功能。若租赁物的价值明显低于融资本息,即租赁物'低值高估'的,不构成融资租赁法律关系。"[1]《深圳前海合作区人民法院关于审理前海自贸区融资租赁合同纠纷案件的裁判指引(试行)》第3条第2款第2项规定,承租人将自有物品出售出租人,再从出租人处回租的售后自租合同中,租赁物的购买价格缺乏合理依据,一般可以认定双方之间不存在真实的融资租赁法律关系。

(二)法院是否应当主动审查存在"低值高买"

在融资租赁纠纷案件中,如果承租人抗辩租赁物价值存在"低值高买"情形的,此时当事人对租赁物的价值和合同性质已经产生争议,法院当然要对此进行审查。但是,司法实践中也存在租赁物可能实际上属于"低值高买",但承租人并未就租赁物的价值或融资租赁合同的性质提出抗辩,那么法院是否应当主动审查租赁物的价值与合同性质?有观点认为:"根据私法自治的原则,法院一般不应主动审查租赁物的价值和合同性质,除非损害第三人利益、公共利益或国家利益。"[2]

笔者认为,在融资租赁合同纠纷案件中,无论当事人是否对租赁物的价值产生争议,法院应当主动对租赁物的价值进行审查,理由如下:

第一,依据《融资租赁纠纷解释》(2020修正)第1条第1款之规定,人民法院应当根据《民法典》第735条的规定,结合标的物的性质、价值、租金的构成以及当事人的合同权利和义务,对是否构成融资租赁法律关系作出认定。该规定要求人民法院主动根据相关规定,结合租赁物的价值等因素,对是否构成融资租赁法律关系作出认定,而不以当事人之间是否就此问题产生争议为前提。

第二,实践中不乏出租人与承租人双方均明知租赁物"低值高买"而仍然进行融资租赁交易,即双方有意以融资租赁为名行借贷之实。而纠纷发生之后双方对租赁物的价值、融资租赁法律关系的性质并无争议,只对还款金额有争议。此时法院如果不对租赁物的价值或融资租赁法律关系进行主动审查,则法院判决反而可能帮助当事人规避了监管规定。

第三,以是否损害第三人利益、公共利益或国家利益作为判断是否需要主动审查租赁物价值的标准,缺乏可操作性。在审理过程中如何判断是否损害第三人利

---

[1] 茆荣华主编:《上海法院类案办案要件指南(第1册)》,人民法院出版社2020年版,第61页。
[2] 李阿侠:《融资租赁案件裁判精要》,法律出版社2018年版,第84~85页。

益、公共利益或国家利益？若是判决之后发现可能损害第三人利益、公共利益或国家利益，是否需要再审？因此，以是否损害第三人利益、公共利益或国家利益作为法院是否应主动审查租赁物价值与合同性质的判断标准，在实践中可操作性不强。

综上，笔者认为，法院应当主动审查租赁物的价值与合同性质。故出租人在融资租赁交易中应当避免租赁物"低值高买"，以防止融资租赁交易被认定为不构成融资租赁法律关系。

三、关于租赁物"高值低买"的司法裁判观点

（一）"高值低买"可能影响融资租赁法律关系

部分案例中，法院认为融资租赁之出租人与承租人之间必须存在真实的买卖交易，否则可能影响融资租赁法律关系的成立。

有观点认为，"高值低买"不属于真实的买卖交易。例如，在最高人民法院（2020）最高法民终1154号融资租赁合同纠纷一案中，法院认为，租赁物的所有权未从出卖人处转移至出租人则无法实现真正的融物，也无法对租赁债权进行担保。该类融资租赁合同仅有资金流转没有融物属性，名为融资租赁实为借贷。具体到本案中，融资租赁交易的租赁物所有权并未转移至出租人名下，该交易仅有融资而没有融物。同时，案涉《回租买卖合同》项下租赁物购买价仅为350,000,000元，明显低于其实际价值601,728,000元，出租人并非以合理对价进行交易，其与承租人之间并不存在真实的买卖交易，而实质建立借贷法律关系。

也有观点认为，租赁物的价值与租金差异较大，买卖合同并不实际存在。例如，在山东省高级人民法院（2013）鲁商初字第33号民间借贷纠纷一案中，法院认为，涉案租赁物的价值与租金差异较大，买卖合同并不实际存在。出租人所购的137套19,582.58平方米的商品房，按照当时当地的同类型房价，该137套商品房价值不会低于1.6亿元，而合同约定的购房款为1亿元，该买卖合同并不是等价交换。因此，法院认为出租人与承租人间并不存在真正的买卖合同交易行为。

上述两案虽然法院最终认定出租人与承租人之间不构成融资租赁法律关系，并在阐述判决理由时提到了租赁物"高值低买"的问题，但融资租赁法律关系不成立的主要原因均为租赁物的所有权未转移至出租人名下，而租赁物"高值低买"并非导致融资租赁法律关系不成立的唯一原因或者主要原因。尽管如此，两案中法院均把"高值低买"作为论证融资租赁法律关系不成立的理由之一。

此外，在《2014—2018年上海法院融资租赁合同纠纷案件审判情况通报》关于

"高值低买"的问题的分析部分指出:"当前售后回租案件中,由于出租人处于主导和强势地位,多表现为'半价购'、'差价购'等'高值低买'回租情形,对此行为的性质能否认定为售后回租,系在不损害第三人合法权益下尊重商事主体的自愿交易安排,还是认为有违公平原则、双方真实意图仅在于融资而进行司法干预,存在争议。"[1]由此可见,由于"高值低买"可能存在损害承租人利益、并非商事主体平等磋商的结果,司法实践中不排除人民法院基于"公平原则"对"高值低买"情况下的法律关系重新作出界定。

(二)"高值低买"不构成融资租赁法律关系

在个别案例中,法院认为"高值低买"的,不构成融资租赁法律关系。

例如,在佛山市南海区人民法院(2018)粤 0605 民初 20838 号执行异议之诉一案中,法院基于以下两方面的原因认为出租人与承租人基于《售后回租赁合同》实际建立的法律关系是借贷关系:一方面,租赁物账面价值高达 310 万元,协议价款却仅为 60 万元,协议价款不足账面价值的 20%,出租人实际仅需支付 50 万元(协议价款 60 万元扣减保证金 10 万元)即可取得涉讼设备的所有权,原告支付的价款与涉讼设备的价值悬殊;另一方面,根据该合同约定,租赁物留购价仅为 100 元,第三人在支付完毕合同约定的租金及合同履行过程中可能出现的利息、违约金及增加的税款等款项后,仅需支付该 100 元后即可取回涉讼设备的所有权。[2]

在该案中,法院以承租人向出租人出售设备属于"高值低买"为由,认定出租人与承租人之间并未成立真正的融资租赁法律关系,出租人未支付租赁物的真实对价,故出租人不能根据《售后回租赁合同》及支付"协议价款"的行为取得租赁物的所有权。

该案认为,租赁物的买卖与一般的买卖一样需要遵循等价交换原则,笔者认为,显然与融资租赁售后回租交易的本质相悖。出租人从承租人处购买租赁物并获得租赁物所有权,出租人的目的并不在于真正占有、使用租赁物,而是将租赁物作为其对承租人享有的租金债权的担保。因此,售后回租交易中租赁物的买卖并非基于等价交换原则,而是为了获得租赁物的所有权使之发挥担保功能。

---

[1] 参见上海市高级人民法院:《2014—2018 年上海法院融资租赁合同纠纷案件审判情况通报》,载微信公众号"上海高院"2019 年 7 月 29 日,https://mp.weixin.qq.com/s/_apY-BEbEGd3dJYr3XdHkA。

[2] 持有类似观点的案例有:湖北省宜昌市中级人民法院二审民事判决书,(2019)鄂 05 民终 1334 号;黑龙江省黑河市中级人民法院二审民事判决书,(2020)黑 11 民终 714 号。

(三) 不能仅依据"高值低买"否定融资租赁法律关系

部分案例中,法院认为租赁物"高值低买"不影响融资租赁法律关系。本讲选取以下几种观点:

第一种观点认为,即便转让价格低于实际价值,对承租人并非完全不利,不影响双方之间的融资租赁法律关系。例如,在上海市第一中级人民法院(2016)沪01民终4312号融资租赁合同纠纷一案中,法院认为,系争租赁物(初始购买价450万元,转让价150万元)购买已两年有余,租赁物转让价格经双方协商一致,并且承租人应支付的租金金额亦是根据转让价格即出租人的成本加上利润、费用等确定的,系争租赁物于出租人而言重在担保功能,即便转让价格低于实际价值,对承租人并非完全不利,对出租人则系旨在保障其债权的实现,并不影响双方间融资租赁法律关系的认定。

第二种观点认为,"高值低买"符合融资租赁行业惯例。例如,在武汉海事法院(2014)武海法商字第00777号船舶买卖合同纠纷一案中,法院认为,虽然涉案船舶造价为171,000,000元,远高于《买卖合同》价格60,000,000元,但融资租赁中的买卖合同不同于一般标的物的买卖合同,融资租赁中买卖合同标的物价格通常参照融资金额确定,并非参照标的物的实际价值确定。在租赁期限届满且买方收回全部租金后,买方通常以非常低的名义货价将租赁物所有权转移给承租方,因此本案中原告以60,000,000元价格购买"恒顺达191"轮符合融资租赁行业惯例,合法有效。

第三种观点认为,"高值低买"不损害出租人利益,反而更有利于保障出租人,因此不影响融资租赁法律关系。《人民法院报》也曾在2015年发表文章认可"高值低买"不影响融资租赁法律关系:"本案中森公司将价值5100万元的自有设备及生产线作价2100万元卖给租赁公司,获得融资款2100万元。高值低卖不损害租赁公司的利益,相反会使租赁公司出资款的偿还更有保障。对于承租人来讲,低卖设备可能与其融资的急迫性有关。虽然承租人低卖其设备后会使其丧失再融资的可能性,略显不公,但在法律没有明确禁止且不存在损害第三方利益的情况下,法院应当尊重商事合同的意思自治,确认其合法性,绝不能以显失公平为由,利用公权力去调整合同的平衡性。"[1]

---

[1] 咸海荣:《高值低卖售后回租交易应认定为融资租赁》,载《人民法院报》2015年7月22日,第7版。

由以上案例可以看出,在司法实践中,也有法院根据融资租赁交易中租赁物担保价值的理解,对"高值低卖"的情形进行合理性分析,并对此持肯定态度。对此,《上海法院类案办案要件指南(第1册)》明确指出:"融资租赁法律关系中的租赁物应具有担保租金债权实现的功能。若租赁物的价值明显低于融资本息,即租赁物'低值高估'的,不构成融资租赁法律关系。司法实践中存在租赁物的价值高于双方当事人约定的融资本息,即租赁物'高值低估',承租人据此主张不构成融资租赁法律关系的情形。'高值低估'并不影响租赁物的担保价值,不能仅依据该因素否定融资租赁法律关系。"①该观点明确,明显"低值高估"的,融资租赁法律关系不成立,但是"高值低买"不影响租赁物的担保功能,该因素不能作为否定融资租赁法律关系的唯一因素。

四、不应仅以"高值低买"否定融资租赁法律关系,但出租人应注意承租人在诉讼中主张差额返还请求权的风险

(一)不应仅以"高值低买"否定融资租赁法律关系

笔者认为,无论是法律与司法解释,还是相关监管规定,均未否定"高值低买"情形下的融资租赁法律关系。从鼓励交易的角度出发,不应仅以"高值低买"为由否定融资租赁法律关系。除此之外,以下三方面的因素更加表明"高值低买"不影响融资租赁法律关系。

1."高值低买"不影响租赁物担保功能

全国人民代表大会常务委员会副委员长王晨在作《关于〈中华人民共和国民法典(草案)〉的说明》时谈到,草案"扩大担保合同的范围,明确融资租赁、保理、所有权保留等非典型担保合同的担保功能,增加规定担保合同包括抵押合同、质押合同和其他具有担保功能的合同"。② 因此,《民法典》第388条第1款③明确了融资租赁合同的担保功能。"租赁期间,出租人对租赁物有所有权,但此时出租人的所有权仅具担保功能,系出租人收取租赁物的物权保障,租赁物的占有、使用功能均

---

① 茆荣华主编:《上海法院类案办案要件指南(第1册)》,人民法院出版社2020年版,第61页。
② 王晨:《关于〈中华人民共和国民法典(草案)〉的说明》,载《中华人民共和国全国人民代表大会常务委员会公报》2020年特刊,第188页。
③ 《民法典》第388条第1款:设立担保物权,应当依照本法和其他法律的规定订立担保合同。担保合同包括抵押合同、质押合同和其他具有担保功能的合同。担保合同是主债权债务合同的从合同。主债权债务合同无效的,担保合同无效,但是法律另有规定的除外。

为承租人所享有,出租人不得任意收回或者转让租赁物"。① 之所以监管禁止出租人买入租赁物时"低值高买",且人民法院否定明显"低值高买"的融资租赁交易的融资租赁法律关系,主要在于"低值高买"时,租赁物的实际价值远低于融资本金,仅有"融资"属性而不具有"融物"属性,租赁物对出租人的债权不具有担保效果。

反之,"高值低买"的租赁物价值高于融资本金,当承租人出现逾期时,租赁物的处置或变现价值高于出租人的债权金额,因此租赁物仍然对出租人的债权具有担保功能。此种融资租赁交易具有"融资"与"融物"双重属性,符合融资租赁交易本质。因此,"高值低买"不影响租赁物的担保功能。

2. "高值低买"未损害承租人的利益

当承租人违约时,出租人可以请求支付全部租金;也可以解除合同,收回租赁物。由于出租人对租赁物享有的所有权仅具有担保功能,因此无论出租人选择哪一种主张,"高值低买"均不会损害承租人的利益。

一方面,若出租人请求支付全部租金,则依据《民法典担保制度解释》第65条第1款②的规定,出租人在请求承租人支付全部剩余租金的同时可以主张以拍卖、变卖租赁物所得的价款受偿,并且可以请求参照民事诉讼法"实现担保物权案件"的有关规定实现其权利。此时,租赁物价值超过租金债权的部分应当返还承租人,不足部分则由承租人继续清偿,并不损害承租人的利益。

另一方面,若出租人请求解除合同收回租赁物,则"当事人约定租赁期限届满租赁物归承租人所有,承租人已经支付大部分租金,但是无力支付剩余租金,出租人因此解除合同收回租赁物,收回的租赁物的价值超过承租人欠付的租金以及其他费用的,承租人可以请求相应返还。"(《民法典》第758条第1款)同时依据《民法典担保制度解释》第65条第2款③之规定,若出租人请求解除融资租赁合同并收

---

① 最高人民法院民事审判第二庭编著:《最高人民法院关于融资租赁合同司法解释理解与适用》,人民法院出版社2016年版,第37页。
② 《民法典担保制度解释》第65条第1款:在融资租赁合同中,承租人未按照约定支付租金,经催告后在合理期限内仍不支付,出租人请求承租人支付全部剩余租金,并以拍卖、变卖租赁物所得的价款受偿的,人民法院应予支持;当事人请求参照民事诉讼法"实现担保物权案件"的有关规定,以拍卖、变卖租赁物所得价款支付租金的,人民法院应予准许。
③ 《民法典担保制度解释》第65条第2款:出租人请求解除融资租赁合同并收回租赁物,承租人以抗辩或者反诉的方式主张返还租赁物价值超过欠付租金以及其他费用的,人民法院应当一并处理。当事人对租赁物的价值有争议的,应当按照下列规则确定租赁物的价值:(一)融资租赁合同有约定的,按照其约定;(二)融资租赁合同未约定或者约定不明的,根据约定的租赁物折旧以及合同到期后租赁物的残值来确定;(三)根据前两项规定的方法仍然难以确定,或者当事人认为根据前两项规定的方法确定的价值严重偏离租赁物实际价值的,根据当事人的申请委托有资质的机构评估。

回租赁物,承租人以抗辩或者反诉的方式主张返还租赁物价值超过欠付租金以及其他费用的,人民法院应当一并处理。

可见,即使租赁物"高值低买",无论出租人选择行使何种权利,最终出租人能够获得的利益均不会超过其依法享有的债权金额,而对于租赁物变现之后超过租金债权部分应当返还承租人,并未损害承租人的利益。

3."高值低买"具有合理性,且符合正常商业逻辑与交易习惯

如前所述,租赁物的作用在于担保出租人的租金债权的实现,因此租赁物的实际价值不得明显低于租赁本金。为保证租赁物具有担保功能,出租人应当确保租赁物的实际价值等于或高于租赁本金。从租赁物担保功能角度理解租赁本金与租赁物价值的关系,可以类比商业银行抵押贷款业务。在商业银行抵押贷款业务中,通常商业银行会根据不同产品而设置"抵押率"(抵押贷款本金利息之和与抵押物估价价值之比,具体比例不同银行、不同产品会有不同要求)。例如,以房产抵押的,抵押率一般最高不得超过70%;以交通运输工具、通用机器设备和工具抵押的,抵押率一般最高不得超过60%;以专用机器设备和工具或无形资产(含土地使用权)和其他财产抵押的,抵押率一般最高不得超过50%。在此,商业银行通过抵押率的要求,控制抵押贷款的风险。

融资租赁交易对租赁物的价值要求,与前述商业银行抵押贷款的"抵押率"存在共同的商业逻辑。"在售后回租中,租赁物的购买款低于租赁物价值很正常。考虑到租赁物的贬值和折旧情况,在签订合同之时,租赁物的购买价款低于其实际价值才有可能在日后出租人取回租赁物时,租赁物的变现价值能够覆盖租金债权,租赁物才能真正实现担保功能"。[①]

(二)即使承租人是国有企业的,"高值低买"一般也不涉及违反国有资产转让相关规定导致融资租赁合同无效问题

笔者注意到,司法实践中,有观点认为,如果融资租赁交易中的承租人为国有企业的,该等情况下的租赁物属于国有资产,如果融资租赁交易存在严重的"高值低买"情况的,该等融资租赁合同可能涉嫌违反《企业国有资产法》第52条"国有资产转让应当有利于国有经济布局和结构的战略性调整,防止国有资产损失,不得损害交易各方的合法权益"之规定,进而依据《民法典》第153条第1款"违反法律、行政法规的强制性规定的民事法律行为无效。但是,该强制性规定不导致该民事

[①] 李阿侠:《融资租赁案件裁判精要》,法律出版社2018年版,第82页。

法律行为无效的除外"之规定,应当确认融资租赁合同无效。

笔者并不赞同上述观点。主要原因为国有实物资产的交易行为一般属于买卖法律关系。为了避免国有资产流失,国有资产交易通常涉及资产评估、进场交易等流程,低于国有资产评估价值转让的行为,确实涉及违反《企业国有资产法》及其他国有资产产权相关规定而导致买卖合同无效问题。但是,就融资租赁合同而言,不应将租赁物的转让简单理解为买卖合同关系,并基于买卖合同法律关系,就租赁物的转让套用买卖合同关系下的国有资产转让的相关规定。融资租赁合同项下的租赁物具有担保出租人租金债权实现的功能。在承租人正常履行完毕融资租赁合同的情况下,回租交易不产生租赁物所有权实质转移的结果,也不存在国有资产流失问题。因此,即使承租人是国有企业,且租赁物存在"高值低买"情况的,一般也不存在因融资租赁合同违反国有资产转让相关规定而无效的问题。但是,笔者建议出租人在承租人为国有企业时,关注承租人参与融资租赁交易需要履行的相关国资审批程序问题,并合理确定融资租赁合同项下的租赁物价值,避免诉讼阶段与承租人产生争议。

(三)"高值低买"可能导致出租人在诉讼中面临承租人主张差额返还请求权的风险

《民法典》第758条第1款规定:"当事人约定租赁期限届满租赁物归承租人所有,承租人已经支付大部分租金,但是无力支付剩余租金,出租人因此解除合同收回租赁物,收回的租赁物的价值超过承租人欠付的租金以及其他费用的,承租人可以请求相应返还。"《民法典担保制度解释》第65条第2款也规定:"出租人请求解除融资租赁合同并收回租赁物,承租人以抗辩或者反诉的方式主张返还租赁物价值超过欠付租金以及其他费用的,人民法院应当一并处理……"据此,在承租人出现违约、出租人提出解除融资租赁合同收回租赁物的诉讼请求时,如果租赁物价值远高于承租人欠付的租金的,承租人可能以抗辩或提出反诉的方式,要求出租人返还租赁物价值扣减承租人欠付租金的差额部分。如租赁物存在"高值低买"情形的,出租人可能面临向承租人返还较高差额的风险。

综上所述,笔者认为,"高值低买"不仅不违反法律法规或监管规定,而且具有合理性,符合商业逻辑与融资租赁的交易习惯。因此,"高值低买"不影响融资租赁法律关系,不能仅因租赁物"高值低买"而否定融资租赁法律关系的成立及其效力,但出租人应注意"高值低买"可能存在的诉讼风险。

专题二

监管与合规

第七讲　融资租赁利率监管与司法裁判

CHAPTER 07

在融资租赁业务中,融资租赁利率不仅是出租人与承租人关注的敏感问题,也是监管部门与司法机关共同关注的核心问题。对于出租人而言,除了保证租赁本金回收安全外,还需要获得必要的利润,提高租赁利率无疑是提升利润的直接方式;对于承租人而言,则需要根据租赁利率来核算业务成本,甚至决定是否与出租人达成融资租赁交易;对于监管而言,利率问题一直都是监管关注的重要内容之一,且监管要求可能影响司法裁判标准,甚至两者逐渐趋同;而如何随着社会经济的发展以及监管政策的变化制定合理的司法保护利率上限,一直都是司法政策制定者所重视的核心问题之一。本讲从监管与司法裁判角度,对融资租赁利率的实务问题展开分析。

一、租赁利率的常见约定方式、监管要求与司法裁判观点趋势

(一)融资租赁合同中租赁利率的常见约定方式及利弊分析

虽然融资租赁合同有较强的金融属性,但关于租赁利率的约定方式问题,仍与金融借款合同的借款利息约定存在一定的差异。具体而言,各家银行对于金融借款合同的利率约定一般较为明确,借款合同的利息以借款本金为基数,按借款本金占用的天数及借款合同利率逐日计算。但是,就融资租赁合同而言,由于租金由租赁本金与租赁利息组成,监管部门并未明确要求出租人在融资租赁合同中披露各期租金对应的租赁本金与租赁利息的具体金额,导致实务中各出租人出具的"租金支付计划表"的形式各有不同(仅列明租金,或既列明租金也列明对应的租赁本金、租赁利息)。此外,监管部门对金融租赁公司、融资租赁公司的融资租赁合同租赁利率的披露要求也有

所不同。实践中,常见的融资租赁合同利率及本息金额列示方式主要包括三种类型。

1. 披露年化租赁利率、"租金支付计划表"拆分本息型

该类融资租赁合同一般在"特别条款"、"租金概算表"或合同正文中明确披露年化租赁利率、日利率计算公式、租金计算方式(等额本金、等额本息、不规则还款法等),并在"租金支付计划表"中列示各期租金对应的租赁本金、租赁利息。

显然,该类融资租赁合同租赁利率约定清晰明确。对于承租人而言,可以简单通过合同约定核算综合融资成本。对于出租人而言,不论是在合同履行期间根据 LPR[①]开展调息工作,还是在诉讼中因"名为融资租赁、实为借贷"需要重新核算计息本金及利息,[②]抑或诉讼中应法院要求核算出租人计收的租赁利息及罚息类款项是否超过法律法规上限问题时,出租人均可以根据上述明确的合同依据进行相应计算。

但是,在融资租赁实务中,上述合同利率约定方式仅被部分金融租赁公司、再融资能力强的融资租赁公司采用。笔者认为出现上述情况的原因主要包括:

第一,融资租赁交易下的年化租赁利率一般高于金融借款年化利率。出租人可能考虑营销、开拓客户的需要,为了减少客户对不同融资方式的比较,从而选择不在合同中披露租赁利率。相应地,部分大型金融租赁公司的资金成本较低,其有能力向承租人提供利率更低的融资租赁方案。此类金融租赁公司在融资租赁合同中明确披露年化租赁利率,有助于吸引更多的客户。

第二,2021 年 3 月 12 日发布的《中国人民银行公告〔2021〕第 3 号》第 1 条规定:"所有从事贷款业务的机构,在网站、移动端应用程序、宣传海报等渠道进行营销时,应当以明显的方式向借款人展示年化利率,并在签订贷款合同时载明,也可根据需要同时展示日利率、月利率等信息,但不应比年化利率更明显。"尽管融资租赁公司开展的业务不属于"贷款业务",但实务中,部分金融租赁公司仍然被监管部门要求参照《中国人民银行公告〔2021〕第 3 号》的规定,在融资租赁合同中明确披露租赁利率。

第三,若承租人对租赁利率高低并不敏感或议价能力较弱,融资租赁合同明确约定年化租赁利率、租赁本金及租赁利息后,将为出租人实施租后管理、参与融资租赁合同纠纷诉讼活动提供便利。但融资租赁市场优质客户的竞争较为激烈,存在多名出租人竞争同一名承租人、争取开展业务合作的情况。为了避免恶性降价竞争客户问题,出租人向承租人提供的报价方案一般不作为公开信息。若出租人在融资租赁合同中披露年

---

① LPR 即中国人民银行授权全国银行间同业拆借中心公布的同期贷款市场报价利率。

② 融资租赁合同存在"名为融资租赁实为借贷"问题时,若出租人向承租人支付的租赁本金提前扣了手续费、租赁保证金款项的,出租人可以主张的计息本金一般将被调整。

化租赁利率并拆分本息金额的,该等数据可能被其他出租人取得,并引发价格竞争。

2. 不披露年化租赁利率,但明示租金计算方式、"租金支付计划表"拆分本息型

该类融资租赁合同一般在"特别条款"、"租金概算表"或合同正文中披露租金计算方式(等额本金、等额本息、不规则还款法等),并在"租金支付计划表"中明确披露各期租金对应的租赁本金、租赁利息。

由于年化租赁利率＝当期租赁利息÷当前未清偿的剩余租赁本金÷当期租赁利息实际占用的天数×360[①]×100%,即使融资租赁合同未披露租赁利率,稍有金融知识的承租人仍然可以通过合同约定简单计算出年化租赁利率。在合同履行期间,若发生需要根据LPR进行年化租赁利率调整的情况,或在诉讼中需要确认融资租赁合同利率具体数值的,出租人也可以根据合同约定推导计算出年化租赁利率。

若出租人采用该方式约定租赁本金、租赁利息,笔者认为,出租人可能考虑的因素包括:

第一,直接约定年化租赁利率可能导致部分对融资成本敏感度较高的客户不愿意与出租人开展融资租赁交易。此外,部分自然人客户、中小企业客户可能不具备核算租赁利率的金融知识。上述合同约定方式实现了相对清晰地说明各期租金组成方式的目的,但仍然需要承租人通过自行计算才能获得年化租赁利率数据。该等合同约定方式在一定程度上使出租人既向承租人披露了其融资成本,但又未过分强调年化租赁利率。

第二,实务中,部分承租人内部管理存在融资利率上限要求。在出租人提供的年化租赁利率超过上限要求后,即使承租人对该等年化租赁利率不持异议,为了满足承租人内部审批要求,承租人也可能与出租人协商,在融资租赁合同中披露以"平面利率法"[②]核算的年化利率,以代替披露年化租赁利率。

第三,该类合同约定对于出租人开展租后管理工作、参与融资租赁合同纠纷诉讼活动不产生明显影响。

3. 不披露年化租赁利率,"租金支付计划表"仅列示各期应付租金

由于该类合同仅通过"租金支付计划表"列示各期应付租金,承租人若需要知

---

① 实务中,部分出租人采用假设每年有365个自然日的方式计算租赁利息,即年化租赁利率＝当期租赁利息÷当前未清偿的剩余租赁本金÷当期租赁利息实际占用的天数×365。

② 平面利率法,是实务中债权人采用的一种利率计算及列示方式。部分人民法院在核算债权人可以主张的利率时,也采用该等计算方式。就融资租赁合同而言,年化平面利率＝(租金－租赁本金)÷租赁本金÷租赁期(年)×100%。由于该等利率计算方式不考虑资金的时间成本,平面利率算法一般无法真实体现出租人的实际收益。

晓出租人的真实收益情况,一般需要通过 Excel 中的"IRR 函数""XIRR 函数"进行核算。出租人采用该等租金约定方式的原因与上述第 2 种情况类似。

但是,该等合同约定方式可能存在以下问题:

第一,若出租人对应的监管部门要求出租人披露租赁本金、租赁利息的,该等合同约定可能不满足监管要求。

第二,若融资租赁合同采用浮动利率调息的,租赁利息的调整金额实际与融资租赁合同项下的初始年化租赁利率挂钩,即该等合同约定可能出现由于租赁利率约定不明,导致出租人根据 LPR 变化情况开展调息工作时与承租人发生争议。

第三,司法实践中,越来越多的法院将主动审查出租人收取的租赁利息、罚息类款项是否超过法律法规允许的上限标准。因此,上述合同约定方式也较有可能对出租人的诉讼活动产生影响,出租人可能需要根据法院的要求出具详细的情况说明,向法院明确租金的组成方式、租赁利率的计算方式。

第四,若融资租赁交易被法院认定属于"名为融资租赁、实为借贷"的,由于融资租赁合同无明确的租赁利率约定,法院无法参考合同约定确定借贷法律关系下的年利率,可能出现法院直接采用"平面利率法"核算出租人的合同利率,并据此确定出租人有权收取的利息,导致出租人涉诉后可主张的债权金额降低。

(二)监管视角下关于融资租赁合同租赁利率约定的要求分析

2021 年 3 月 12 日发布的《中国人民银行公告〔2021〕第 3 号》,对贷款业务的年化利率披露问题作出了规范。如前文所述,一方面,《中国人民银行公告〔2021〕第 3 号》发布后,部分金融租赁公司可能已经按照属地监管部门的要求,在融资租赁合同中披露了租赁利率。另一方面,《中国人民银行公告〔2021〕第 3 号》第 4 条规定:"贷款年化利率可采用复利或单利方法计算。复利计算方法即内部收益率法,具体示例见附件。采用单利计算方法的,应说明是单利。"《中国人民银行公告〔2021〕第 3 号》附件进一步明确:"计算贷款年化利率较为公允的方法是,根据借款人的借款本金、每期还款金额、贷款期数等要素,考虑复利后计算得出的年化内部收益率(IRR)。"实务中,部分出租人对上述《中国人民银行公告〔2021〕第 3 号》关于 IRR[1] 的规定产生了误解,认为融资租赁合同不仅需要披露租赁利率,也需要披露 IRR。笔者认为,即使金融租赁公司被要求参照《中国人民银行公告〔2021〕第

---

[1] Internal Rate of Return(IRR),指当租金收入的现值等于租赁成本时使用的折现率称为隐含利率,又称内部收益率,是租赁成本的实际回报率。

3号》的规定披露租赁利率,由于融资租赁合同的租金计算一般不采用复利方式,融资租赁合同并不必然需要披露IRR。

但是,出租人关于融资租赁合同租赁利率、租赁本金、租赁利息披露的规范程度问题,已经受到了监管部门的关注,近几年地方金融监督管理部门发布的许多监管文件均涉及这些问题(见表1)。

表1　涉及租赁利率等相关问题的监管文件

文件名称	发文机构	与租金约定要求相关的内容
《上海市融资租赁公司、商业保理公司涉个人客户相关业务规范指引》(沪金规〔2021〕1号发布)	上海市地方金融监督管理局	第18条:【信息披露】本市融资租赁公司、商业保理公司应当依据相关产品、服务的特性,在签订业务合同时,及时、真实、准确、全面地向个人客户披露下列重要信息(包括但不限于): (一)相关产品、服务及业务合同的法律属性,租赁物等合同标的物的权利归属; (二)客户融资总金额,具体项目融资金额,客户支付租金(或偿还资金、费用)的金额(或标准)、时间、方式; (三)客户违约可能承担的主要法律后果(包括但不限于记入个人征信系统、提起司法诉讼等),需要承担的费用、违约金的金额或计算方式; (四)介入交易过程的其他第三方机构的完整名称,融资租赁公司、商业保理公司通过该第三方机构提供的服务及收取的费用(或收费标准); (五)合同文本的获取渠道、方式; (六)因相关产品、服务产生纠纷的投诉及处理途径; (七)实际提供相关产品、服务、承担合同义务的融资租赁公司、商业保理公司的完整中文企业名称。 第19条:【披露要求】对本指引第十八条所列与客户切身利益密切相关的重要交易信息,融资租赁公司、商业保理公司应当使用"业务确认书""还款计划表"等便于接收、理解的方式向相关个人客户进行充分披露,以便其完整、准确接收相关交易信息。 第22条:【费用收取】本市融资租赁公司、商业保理公司向个人客户收取的租金、费用、违约金等,应当事先充分告知并明确约定具体金额或收取标准;有关法律法规、行业监管制度或司法解释有明确标准的,不得超出规定的标准。

续表

文件名称	发文机构	与租金约定要求相关的内容
《江苏省融资租赁公司监督管理实施细则（试行）》（苏金监规〔2021〕1号发布）	江苏省地方金融监督管理局	第13条：融资租赁公司开展汽车融资租赁业务的，应当遵守以下规定： （一）不得以融资租赁业务的名义从事汽车消费贷款业务，不得与承租方签订汽车抵押贷款合同； （二）不得以"分期付款""汽车贷款"等名义，误导消费者，合同、宣传资料、网站、手机应用程序等不得出现"贷""贷款"等不属于融资租赁业务经营范围内的字样描述； （三）提供服务时，准确解释融资租赁业务内容，真实、全面告知车辆所有权归属等重要信息； （四）规范租金管理，明确告知融资金额项目明细与具体金额，月租金还款日期与金额等各项费用金额，以及违约情形下需承担的违约责任及相关费用构成； （五）不得为客户提供或变相提供融资担保； （六）审慎选择合作机构，发现合作机构存在乱收服务费、故意泄露个人信息、非法催收等违法违规行为，及时终止合作关系。
《关于规范融资租赁公司汽车融资租赁业务的通知》（粤金监函〔2021〕63号）	广东省地方金融监督管理局	一、严格规范经营业务 （三）融资租赁公司经营车辆售后回租业务时，不得先行在支付款中扣除利息等费用。开展汽车融资租赁业务，在业务正常完结时，应遵照合同条款及时履行车辆解押义务，不得收取不合理的额外费用。 三、严格订立业务合同 （一）融资租赁合同应公平、合理地确定双方的权利义务，载明双方的权利义务及违约责任等必备条款；应列明租赁物的名称、数量、规格、租赁期限、租金构成及其支付期限和方式、综合年化费率说明、币种、租赁期限届满前后租赁物的归属等条款。
《天津市金融局关于引导我市融资租赁公司合规发展汽车融资租赁业务的意见》（津金监局〔2020〕8号）	天津市地方金融监督管理局	二、有关要求 （三）业务规范 5. 在合同签署前或签署时应向承租人充分提示风险以保障其知情权。要主动告知承租人开展的是融资租赁业务并解释融资租赁的含义，及时全面准确向承租人释明融资金额包含的项目明细及具体金额、融资租赁款结清前汽车所有权归属、月租金还款日期及金额、逾期处理等信息，并通过录音、录像、电子签约、书面确认函等合理形式确保承租人知悉。对已签署合同但未告知以上信息的承租人，应及时补充。 7. 应以合理方式确保承租人知悉并明确同意融资租赁合同中约定的各项费用收费水平、收取时点和收取方式，利息不得从租金本金中先行扣除。

通过梳理比较,就现阶段而言,各地方金融监督管理部门关于融资租赁合同租金约定的监管要求,主要集中于出租人与个人开展的融资租赁业务、以汽车作为租赁物开展的融资租赁业务。从监管要求角度来看,主要是要求融资租赁合同明确收取的租赁利息、手续费金额及标准,仅有广东省地方金融监管局发布的《关于规范融资租赁公司汽车融资租赁业务的通知》(粤金监函〔2021〕63号)中出现了"综合年化费率说明"的要求。笔者认为,"综合年化费率说明"不应被简单理解为IRR,如果融资租赁合同列示了年化租赁利率,"租金支付计划表"就融资本金及租赁利息作出拆分,且各期租赁利息是以当前的剩余本金为基数、按年化租赁利率及各期租金经过的天数进行计算的,出租人关于年化租赁利率的合同约定已经属于较为明确,该等情况下不宜苛求出租人进一步说明或列示IRR。

(三) 司法视角下关于融资租赁合同租赁利率约定的裁判规则新趋势

1. 部分法院可能在诉讼中,对债权债务合同中的IRR或内部收益率进行核实审查,并以IRR或内部收益率作为判断债权人收取的利息、罚息等款项是否超过法律法规上限的判断标准

《中国人民银行公告〔2021〕第3号》发布后,关于融资租赁合同中租赁利率、租赁本金、租赁利息披露的规范性问题,除了受到不少地方金融监管部门关注外,也有法院在审理的案件时,主动审查债权人IRR或内部收益率,并以IRR或内部收益率作为判断债权人利息、罚息等款项是否超过法律法规上限的标准。

例如,在上海市青浦区人民法院(2021)沪0118民初16476号金融借款合同纠纷一案中,法院作出的判决在"事实查明"部分确认,贷款金额120,000元,年化利率IRR22.80%(20200921公布的1YLPR+18.95%),折合APR13.11%,贷款期限36个月,还款日为每月15日,还款方式为等额本息。法院判决认为,原告将合同约定的罚息、利率自行调整至年利率24%,于法无悖,可予支持。

又如,在北京市第二中级人民法院(2022)京02民终737号民间借贷纠纷案中,一审法院的判决在"事实查明"部分确认,各笔贷款的贷款真实利率(内部收益率)分别为贷款真实利率(内部收益率)年利率18.36%、年利率16.24%、年利率12.24%、年利率13.83%、年利率26.16%、年利率36%。一审法院判决认为,确定该损失上限时,仍应考虑金融借款合同以及民间借贷合同的利率管制上限,即在2020年8月19日(含当日)前不得超出年利率24%,此后不得超出四倍LPR(适用2020年8月20日LPR,年利率确定为17%)。对于出借人主张的真实利率超出年利率24%或年利率17%的利息部分,应收利息总和应按利率上限予以缩减。二审

法院判决维持了一审判决。

2. 在合同 IRR 核算结果与合同披露的利率不一致时，以更低的合同披露利率作为计算利息的标准

实务中，部分出租人可能在租赁利息外，还收取租赁手续费、租赁保证金，上述情况将导致融资租赁合同实际执行的 IRR 高于合同约定的年化租赁利率；也有部分出租人在融资租赁合同中，仅披露平面利率计算方式下的年利率，而不披露实际作为租赁利息计算基数的年化租赁利率。上述情况将导致融资租赁合同实际执行年化租赁利率高于合同约定的年利率。司法实践中，部分人民法院已经关注到了合同约定利率与实际执行利率不一致问题，并在债务人为自然人的债权债务类纠纷中，结合《民法典》格式合同的相关规定，以较低的合同约定利率作为计算利息的标准。

例如，在四川省成都市中级人民法院（2021）川 01 民终 12406 号金融借款合同纠纷一案中，二审法院查明，案涉贷款按本金 600,000 元计算，期限 3 年，按约还款，共 36 期，借款人每月等额还款 21,766.8 元，按照《中国人民银行公告〔2021〕第 3 号》内部收益率法得出该笔贷款年化内部收益率为 18.25%。对此，二审法院判决认为，案涉《借款合同》载明贷款利率为月利率 0.85%（年利率 10.2%），还款方式为等额还款。客户还款告知书也载明借款利率为月利率 0.85% 以及每期还款本息额，未载明实际利率或能够反映实际利率的利息计算方式。但按照年利率 10.2% 所载明的借款人每月等额还款 21,766.8 元进行核算，本金 600,000 元时，实际年利率约为 18.25%。借款人作为不具备专业金融知识的合同主体，不能仅仅依靠合同中"等额还款"二字真正理解某信托公司合同披露的年利率 10.2% 的真实计算方法。贷款人按照客户还款告知书收取的利率达 18.25%，却向贷款人披露贷款利率年息为 10.2%，导致贷款人对实际用资成本产生误解。利率是借款合同的核心要素，在某信托公司未明确披露实际利率的情况下，应当以其披露的年利率 10.2% 为年利率，以剩余本金为基数计算利息。

又如，在上海金融法院（2020）沪 74 民终 1034 号[1]借款合同纠纷案中，一审法院查明，某信托公司提交了另一版本还款计划表载明每期应还款中的利息金额、本金金额、当年利率（第一年利率为 21.8%，此后逐年为 19.6%、17.2%、14.43%、

---

[1] 该案入选 2020 年度上海法院金融商事审判十大案例之二，并入选"2019～2020 年全国消费维权十大典型司法案例"。

10.01%、6.67%、3.92%、1.32%），此外在表格尾部还载明贷款本金 6,000,000 元，利息合计 5,702,400 元，本息合计 11,762,400 元，总利率为 95.04%，年利率平均值为 11.88%。经一审法院核算，前述各年利率系以当年应付息总和除以初始贷款本金额 6,000,000 元，而 11.88% 系前述各年利率的算术平均值。二审法院认为，该案合同首部载明的平均年利率 11.88% 即表面利率，经法院根据合同所附还款计划表进行核算，其实际年利率约为 20.94%。实际利率是普通金融消费者所理解的利率，但利息计算具有专业性，不同的本息支付方式又增加了计算的复杂程度，缺乏会计或金融专业知识的普通民众难以具备计算实际利率的能力。实践中，一些贷款产品的提供者利用其与借款人在专业知识上的不对称，通过只展示较低的表面利率，或只展示每期支付的利息或费用，掩盖较高的实际利率，给金融消费者带来"利率幻觉"的困扰。法院判决，在某信托未明确披露实际利率的情况下，应当根据合同解释原则，结合合同的相关条款、行为的性质和目的、习惯以及诚信原则来确定系争借款的利息计算方式。在分次还本付息的场合，以剩余本金为基数计算利息属于常理通识。借款人以 11.88% 为年利率，以剩余本金为基数计算利息，符合一般理性人对利息、利率的通常理解，也符合交易习惯和诚信原则，应予支持。

经笔者梳理，四川省成都市中级人民法院（2021）川 01 民终 12406 号金融借款合同纠纷一案与上海金融法院（2020）沪 74 民终 1034 号借款合同纠纷一案存在以下两个共同特征：一是金融机构的交易对手方均为自然人，自然人在专业知识上明显处于弱势；二是均存在合同披露的年利率与实际执行的年利率不同的问题，人民法院实际按较低的合同披露利率确认借款人应当承担的利息。

笔者认为，若出租人与自然人承租人签署的融资租赁合同存在合同约定利率与实际利率不同情况的，一旦该等融资租赁合同产生争议，可能出现人民法院按照较低的合同约定利率确认租赁利息的情况。主要原因包括：

一方面，《民法典》第 142 条第 1 款规定："有相对人的意思表示的解释，应当按照所使用的词句，结合相关条款、行为的性质和目的、习惯以及诚信原则，确定意思表示的含义。"租赁利息及 IRR 的计算具有专业性，作为自然人的合同相对方一般不具备计算能力。若出租人采取合同约定利率与实际执行利率不同的操作方式，那么作为自然人的交易对手方有合理的信赖合同约定利率为真实利率的理由。

另一方面，《民法典》第 498 条规定："对格式条款的理解发生争议的，应当按照通常理解予以解释。对格式条款有两种以上解释的，应当作出不利于提供格式条款一方的解释。格式条款和非格式条款不一致的，应当采用非格式条款。"交易对方为自然人时,融资租赁合同存在一定的民事合同属性,且融资租赁合同文本由出租人提供,属于典型的格式合同。若出租人、承租人关于合同利率的约定存在理解不一致的情况,诉讼中法院较有可能采纳更有利于承租人的解释。

但是,若出租人的交易对手方为法人,由于该类融资租赁合同属于商事合同,承租人作为平等的商事主体,应当具备参与融资租赁交易的基本知识,对融资租赁合同具有必要的认知。据此,四川省成都市中级人民法院(2021)川01民终12406号金融借款合同纠纷一案、上海金融法院(2020)沪74民终1034号借款合同纠纷一案项下的裁判观点并不必然适用于法人主体。但是,若出租人未在融资租赁合同中披露真实年化租赁利率的,或存在融资租赁合同中约定的利率与实际执行的利率不一致情况的,出租人仍然应当关注该等情况下可能产生的合规及诉讼风险。

(四)关于融资租赁合同租赁利率披露的建议

综合上述分析,笔者提醒出租人在起草融资租赁合同中的租赁利率相关条款时,重点关注以下问题:

1.监管部门是否存在关于租赁利率约定方面的监管要求

如前文分析,部分银保监局可能要求金融租赁公司参照《中国人民银行公告〔2021〕第3号》的规定,在采用单利计算租赁利息时,明确披露融资租赁合同的年化利率,在采用复利计算租赁利息时,披露IRR(内部收益率)。此外,出租人需要关注并遵守地方金融监管部门关于融资租赁合同租金、"租金支付计划表"、费用收取标准方面的监管要求,确保合同约定符合监管部门的要求。

2.若承租人为自然人的,建议明确披露年化租赁利率,对租赁利息的计算方式作出说明,避免合同记载的利率与实际执行的利率不一致

若交易对手方为自然人的,为降低格式合同争议带来的诉讼风险、顺应监管要求,笔者建议融资租赁合同列示年化租赁利率,"租金支付计划表"就融资本金及租赁利息作出拆分,各期租赁利息以当前的剩余本金为基数、按年化租赁利率及各期租金经过的天数进行计算。

此外,笔者建议在该类合同签署过程中,留存出租人向承租人进行合同条款说明的证据。例如,证券业务中使用的"业务规则、合同内容及风险揭示讲解记录表",银行业务中使用的"要求自然人客户本人抄写已阅读合同内容、理解交易风险"等方式,都可以为融资租赁公司所借鉴。

3.若承租人为法人的,建议尽可能披露年化租赁利率

若出租人的交易对手方为法人的,从调息的便利性、诉讼阶段本息核算的风险

控制角度,笔者建议,出租人优先考虑在融资租赁合同中披露年化租赁利率、"还款计划表"拆分本息并明确列式。出租人也可以考虑"租金支付计划表"拆分本息,并增加列示各期租金对应的剩余本金总额,合同正文中增加通过各期租赁利息、当前剩余本金总额、各期租金支付间隔推导计算租赁利率的方式说明,实现出租人不希望直接披露年化租赁利率的诉求。

若出租人基于商务需求,希望保留融资租赁合同不披露年化租赁利率、"租金支付计划表"仅列示各期应付租金做法的,建议出租人在融资租赁合同中对租金的合同列示方式以加粗、加下划线等方式作出明确提示,并征得承租人的同意。同时,出租人需要持续关注监管要求、司法实践对该类合同约定方式的裁判观点及监管要求。若交易结构本身存在"名为融资租赁、实为借贷"法律风险的,出租人还应综合考虑诉讼阶段本息被调减的风险因素,以确定合同中利率的约定形式。

需要注意的是,若融资租赁合同存在为满足承租人内部审批需求,仅披露平面利率而不披露真实年化租赁利率等特殊利率约定安排的,建议出租人在融资租赁合同中明确约定平面利率的含义,并以"特别提示""利率计算方式确认书"等方式,向法人客户清晰地说明租赁利率的计算方式、平面利率与租赁利率的差异,并取得法人客户的确认同意,避免合同利率条款适用方面存在争议。

4. 合理设定租赁利率,避免租赁利息、手续费、罚息类款项超过法律法规上限

关于在融资租赁合同纠纷中出租人可以主张的利率上限问题,司法实践中尚未形成统一的裁判观点,核心的争议包括:一是融资租赁纠纷的利率上限应参照适用金融借贷纠纷标准,还是民间借贷纠纷利率上限标准;二是出租人可以主张的款项上限,是以租金类款项、罚息类款项分别计算适用上限,还是以出租人全部主张的租金、罚息类款项合并计算适用上限。

上述问题对出租人在融资租赁合同中可以约定的年化租赁利率、罚息率均产生影响。关于上述争议问题,笔者将在本讲第二部分、第三部分详细分析。

二、司法实践关于融资租赁合同纠纷利率上限标准的适用争议

(一)融资租赁合同利率上限的司法政策变迁

《最高人民法院关于进一步加强金融审判工作的若干意见》(法发〔2017〕22号发布)第2点规定:"……金融借款合同的借款人以贷款人同时主张的利息、复利、罚息、违约金和其他费用过高,显著背离实际损失为由,请求对总计超过年利率24%的部分予以调减的,应予支持,以有效降低实体经济的融资成本……"司

法实践中,金融借贷纠纷的利率上限标准,一般仍参考该规定,以年利率24%为限。

《民间借贷案件规定》(2020第二次修正)第25条规定:"出借人请求借款人按照合同约定利率支付利息的,人民法院应予支持,但是双方约定的利率超过合同成立时一年期贷款市场报价利率四倍的除外。前款所称'一年期贷款市场报价利率',是指中国人民银行授权全国银行间同业拆借中心自2019年8月20日起每月发布的一年期贷款市场报价利率。"据此,就民间借贷纠纷而言,出借人目前可以主张的利率上限为合同成立时一年期贷款市场报价利率4倍(以下简称4倍LPR)。

但是,关于融资租赁合同纠纷的利率上限,是参照《最高人民法院关于进一步加强金融审判工作的若干意见》(法发〔2017〕22号发布)的规定,按年利率24%的上限标准处理,还是参照《民间借贷案件规定》(2020第二次修正)的规定,按四倍LPR的上限标准处理,目前仍存在争议。

事实上,由于民间借贷相关司法解释已修订数次,融资租赁合同纠纷的利率上限标准在司法实践中发生多次变化。2020年12月29日最高人民法院发布《最高人民法院关于新民间借贷司法解释适用范围问题的批复》(法释〔2020〕27号),虽然明确了融资租赁合同纠纷不适用民间借贷相关司法解释,但仍然未就融资租赁合同利率的具体法律适用问题作出说明。时至今日,该问题仍然存在争议。为更清晰地说明出租人在融资租赁合同纠纷中可以主张的租金、罚息类款项的上限问题,笔者梳理融资租赁合同利率上限的司法政策变迁如下:

1.第一阶段,参照《民间借贷案件规定》(2015)执行,实行"两线三区"

《民间借贷案件规定》(2015)第26条规定:"借贷双方约定的利率未超过年利率24%,出借人请求借款人按照约定的利率支付利息的,人民法院应予支持。借贷双方约定的利率超过年利率36%,超过部分的利息约定无效。借款人请求出借人返还已支付的超过年利率36%部分的利息的,人民法院应予支持。"该规定以24%、36%两条"线",划分出三个利率区间:

(1)司法保护区,即不高于年利率24%标准的约定利息,人民法院予以保护;

(2)自愿支付区,即年利率超过24%而不高于36%标准的约定利息,借款人可以自愿支付,但未支付部分,债权人请求支付的,人民法院不予支持;

(3)高息无效区,即超过年利率36%标准的约定利息,人民法院不予保护,即使借款人已经支付也有权请求债权人返还。

《最高人民法院关于依法审理和执行民事商事案件保障民间投资健康发展的通知》(法〔2016〕334号)第6条"依法妥善审理融资纠纷案件,缓解融资难、融资贵问题"中规定:"依法审理涉及非公有制经济主体的金融借款、融资租赁、民间借贷等案件,依法支持非公有制经济主体多渠道融资。根据物权法定原则的最新发展,正确认定新型担保合同的法律效力,助力提升非公有制经济主体的融资担保能力。正确理解和适用《最高人民法院关于审理民间借贷案件适用法律若干问题的规定》,在统一规范的金融体制改革范围内,依法保护民间金融创新,促进民间资本的市场化有序流动,缓解中小微企业融资困难的问题。严格执行借贷利率的司法保护标准,对商业银行、典当公司、小额贷款公司等以利息以外的不合理收费变相收取的高息不予支持。"该规定是最高人民法院第一次明确融资租赁租金的司法保护标准可以参照民间借贷的利息标准。

2. 第二阶段,参照《最高人民法院关于进一步加强金融审判工作的若干意见》(法发〔2017〕22号发布)执行,金融借款利率以24%为限

《最高人民法院关于进一步加强金融审判工作的若干意见》(法发〔2017〕22号发布)第2条明确规定:"……金融借款合同的借款人以贷款人同时主张的利息、复利、罚息、违约金和其他费用过高,显著背离实际损失为由,请求对总计超过年利率24%的部分予以调减的,应予支持,以有效降低实体经济的融资成本……"第4条规定:"……依法保护融资租赁、保理等金融资本与实体经济相结合的融资模式,支持和保障金融资本服务实体经济。对名为融资租赁合同、保理合同,实为借款合同的,应当按照实际构成的借款合同关系确定各方的权利义务,防范当事人以预扣租金、保证金等方式变相抬高实体经济融资成本。"该年利率24%的标准来源于当时施行的《民间借贷案件规定》(2015)第26条的规定,即:"借贷双方约定的利率未超过年利率24%,出借人请求借款人按照约定的利率支付利息的,人民法院应予支持。借贷双方约定的利率超过年利率36%,超过部分的利息约定无效。借款人请求出借人返还已支付的超过年利率36%部分的利息的,人民法院应予支持。"

3. 第三阶段,参照《民间借贷案件规定》(2020第一次修正)的规定,以四倍LPR为限

《民间借贷案件规定》(2020第一次修正)删除了《民间借贷案件规定》(2015)关于"两线三区"的利率上限,而是将利率上限修改为"合同成立时一年期贷款市场报价利率四倍(利率上限为四倍LPR)",《民间借贷案件规定》(2020第二次修

正)则保留了该利率上限。因此,部分法院参考《民间借贷案件规定》(2020第一次修正)的规定,认为融资租赁利率也应当以4倍LPR为限。

4. 第四阶段,依照《最高人民法院关于新民间借贷司法解释适用范围问题的批复》(法释〔2020〕27号)之规定,不适用新民间借贷司法解释,但适用年利率24%上限标准,还是适用4倍LPR上限标准,存在争议

《最高人民法院关于新民间借贷司法解释适用范围问题的批复》(法释〔2020〕27号)明确:"一、关于适用范围问题。经征求金融监管部门意见,由地方金融监管部门监管的小额贷款公司、融资担保公司、区域性股权市场、典当行、融资租赁公司、商业保理公司、地方资产管理公司等七类地方金融组织,属于经金融监管部门批准设立的金融机构,其因从事相关金融业务引发的纠纷,不适用新民间借贷司法解释。"依此规定,融资租赁公司因从事融资租赁业务引发的融资租赁合同纠纷不适用《民间借贷案件规定》(2020第二次修正)。但是,《最高人民法院关于新民间借贷司法解释适用范围问题的批复》(法释〔2020〕27号)未进一步就具体的利率适用标准进行明确。

综上,《最高人民法院关于新民间借贷司法解释适用范围问题的批复》(法释〔2020〕27号)施行后,融资租赁合同的利率上限应如何确定,在司法实践中存在一定争议。若出租人提出租赁利率上限按年利率24%标准计算的诉讼请求的,可能被法院驳回,而承租人也可能参照《民间借贷案件规定》(2020第二次修正)的规定,对租金、违约金提出抗辩,因此司法实践中部分出租人慎重考虑这些因素之后,在诉讼阶段主动将租金、罚息类款项的利率上限调整至合同成立时4倍LPR。

(二)融资租赁合同纠纷是否可以参照适用《民间借贷案件规定》(2020第二次修正)规定的利率上限标准

关于融资租赁合同纠纷是否适用民间借贷相关司法解释问题,《最高人民法院新民间借贷司法解释理解与适用》指出:"地方金融监管部门监管的金融机构。例如,小额贷款公司、融资担保公司、区域性股权市场、典当行、融资租赁公司、商业保理公司、地方资产管理公司等七类地方金融组织,这些金融组织都属于广义上金融监管部门批准设立的地方金融机构。从现实情况来看,在这些机构中,小额贷款公司和典当行主要从事的就是贷款业务,而融资担保公司、商业保理公司、融资租赁公司、地方资产管理公司、区域性股权市场在经营过程中也可能涉及提供融资服务。关于这些地方金融机构从事放贷业务是否属于本规定

调整对象的问题,在2015年本规定起草过程中,就有争议。当时的主流观点认为,当时这些机构都是地方政府或行业主管部门审批设立,并非中央金融监管部门监管对象,并不执行统一的利率、准备金率、放贷规模等方面的监管政策,日常业务监管并不规范,甚至有监管滞后、缺位现象。故其具备民间借贷特征,发生纠纷时,应适用本规定处理。但《民间借贷案件规定》(2015)制定施行后,相关争议并未尘埃落定。近年来,最高人民法院不断收到关于应明确上述七类地方金融机构不适用本规定,以免对消费金融业务带来冲击,减少普惠金融供给的建议和意见,而且各地法院也普遍反映本条第2款中金融机构的范围及认定标准应当明确。为此,我们在本次修正过程中,专程前往广东省、浙江省等地方法院就此问题进行专题调研,并征求了相关金融监管部门的意见。金融监管部门反馈意见认为,《中共中央、国务院关于服务实体经济防控金融风险深化金融改革的若干意见》(中发〔2017〕23号)已经明确,上述七类地方金融组织,由中央金融监管部门制定规则,地方金融监管部门实施监管。而《国务院办公厅关于全面推进金融业综合统计工作的意见》(国办发〔2018〕18号)也已将上述七类地方金融组织纳入金融业综合统计范围。据了解,目前中国人民银行正在起草的《地方金融监督管理条例》拟明确上述七类地方金融组织需经地方金融监管部门批准设立,接受地方金融部门监管。与此同时,司法部正在起草的《非存款类放贷组织条例》重点对小额贷款公司和典当行等非存款类放贷组织的业务作出规范。在此背景下,建议明确规定上述七类地方金融组织,不适用本规定。"[1]

根据笔者观察,关于融资租赁公司是否属于金融机构问题,司法实践的裁判观点随着我国金融监管体系的调整而存在变化。过去的司法实践中,存在参照《民间借贷案件规定》(2015)处理融资租赁合同纠纷的情况,但现阶段人民法院处理融资租赁公司利率问题时,一般参照金融机构处理。

因此,若仅从主体角度分析,似乎在融资租赁合同纠纷案件中,参照《民间借贷案件规定》(2020第二次修正)规定的利率上限标准,缺乏法律依据。

---

[1] 最高人民法院民事审判第一庭编著:《最高人民法院新民间借贷司法解释理解与适用》,人民法院出版社2021年版,第59~60页。

（三）融资租赁公司在司法实践中是否属于"金融机构"，是否可以参照适用金融借贷合同纠纷利率上限标准

笔者认为，就司法实践角度而言，融资租赁公司属于"金融机构"[①]。因此，可以参照"金融借贷"的利率标准，确定融资租赁合同纠纷的利率上限。现阶段，在没有其他法律或司法解释对融资租赁合同利率作出其他规定的情况下，融资租赁合同纠纷可以继续参照《最高人民法院关于进一步加强金融审判工作的若干意见》（法发〔2017〕22号发布）的规定，以年利率24%作为利率上限。

在此需要说明的是，司法实践视角下"金融机构""金融借贷"的界定，与监管视角下"金融机构"存在差异，司法实践视角下对"金融机构""金融借贷"的界定范围宽泛于监管视角下对"金融机构"的界定范围。具体而言：

第一，监管视角下的金融机构，一般仅指具有金融许可证、经营证券业务许可证、经营保险业务许可证等特许经营证书，由中国银行保险监督管理委员会通过行政许可程序批准设立的银行业、证券业和保险业机构等。而司法实践视角下的金融机构，还包括融资租赁公司、商业保理公司、典当行等由地方金融监督管理部门审批设立并实施日常监管的机构。例如，将《银行保险机构许可证管理办法》（中国银行保险监督管理委员会令2021年第3号发布）第4条[②]规定的许可证范围，与《最高人民法院关于上海金融法院案件管辖的规定》（2021修正）第1条[③]、《最高

[①] 从严谨角度来说，小额贷款公司、融资担保公司、区域性股权市场、典当行、融资租赁公司、商业保理公司、地方资产管理公司等均不属于金融机构。但是，《最高人民法院关于新民间借贷司法解释适用范围问题的批复》（法释〔2020〕27号）第1条又将这七类组织界定为由地方金融监管部门监管的七类地方金融组织，属于经金融监管部门批准设立的金融机构，并进一步明确其因从事相关金融业务引发的纠纷，不适用新民间借贷司法解释。《最高人民法院关于充分发挥审判职能作用为企业家创新创业营造良好法治环境的通知》（法〔2018〕1号）第5条规定："……对商业银行、典当公司、小额贷款公司等金融机构以不合理收费变相收取高息的，参照民间借贷利率标准处理，降低企业融资成本……"

[②] 《银行保险机构许可证管理办法》（中国银行保险监督管理委员会令2021年第3号发布）第4条：本办法所称许可证包括下列几种类型：（一）金融许可证；（二）保险许可证；（三）保险中介许可证。金融许可证适用于政策性银行、大型银行、股份制银行、城市商业银行、民营银行、外资银行、农村中小银行机构等银行机构及其分支机构，以及金融资产管理公司、信托公司、企业集团财务公司、金融租赁公司、汽车金融公司、货币经纪公司、消费金融公司、银行理财公司、金融资产投资公司等非银行金融机构及其分支机构。保险许可证适用于保险集团（控股）公司、保险公司、保险资产管理公司等保险机构及其分支机构。保险中介许可证适用于保险代理集团（控股）公司、保险经纪集团（控股）公司、保险专业代理公司、保险经纪公司、保险兼业代理机构等保险中介机构。

[③] 《最高人民法院关于上海金融法院案件管辖的规定》（2021修正）第1条：上海金融法院管辖上海市辖区内应由中级人民法院受理的下列第一审金融民商事案件：（一）证券、期货交易、营业信托、保险、票据、信用证、独立保函、保理、金融借款合同、银行卡、融资租赁合同、委托理财合同、储蓄存款合同、典当、银行结算合同等金融民商事纠纷……

人民法院关于北京金融法院案件管辖的规定》(法释〔2021〕7号)第1条[1]关于上海金融法院、北京金融法院受理的一审金融民商事案件范围进行比较,可证明上述差异性问题。《银行保险机构许可证管理办法》(中国银行保险监督管理委员会令2021年第3号发布)第4条规定,金融许可证适用于金融租赁公司,但不包括融资租赁公司。而《最高人民法院关于上海金融法院案件管辖的规定》(2021修正)与《最高人民法院关于北京金融法院案件管辖的规定》(法释〔2021〕7号)均将融资租赁合同纠纷纳入金融民商事案件对待。

第二,司法实践中一般将贷款区分为"金融借贷"和"民间借贷"。《九民会纪要》第50条第3项明确:"人民法院在审理借款合同纠纷案件过程中,要根据防范化解重大金融风险、金融服务实体经济、降低融资成本的精神,区别对待金融借贷与民间借贷,并适用不同规则与利率标准。要依法否定高利转贷行为、职业放贷行为的效力,充分发挥司法的示范、引导作用,促进金融服务实体经济。"《民间借贷案件规定》(2015)、《民间借贷案件规定》(2020第一次修正)、《民间借贷案件规定》(2020第二次修正)第1条均规定:"本规定所称的民间借贷,是指自然人、法人和非法人组织之间进行资金融通的行为。经金融监管部门批准设立的从事贷款业务的金融机构及其分支机构,因发放贷款等相关金融业务引发的纠纷,不适用本规定。"由上可见,依据出借主体不同,借贷在司法实践中分为"金融借贷"与"民间借贷"。

第三,在适用的司法规则上,由于我国司法实务层面已经将借贷行为明确区分为金融借贷和民间借贷两种类型,因此各有其适用规则和利率标准。[2] "金融机构一般是指在中华人民共和国境内依法设立和经营金融业务的机构,包括银行、信用合作社、财务公司、信托投资公司、金融租赁公司等。实践中,金融机构包括经'一行两会'等金融监管部门批准设立的银行、非银行金融机构及各自的分支机构,以及经有关政府部门批准设立的从事金融活动的典当行、小额贷款公司等法人及其分支机构。原则上说,凡持牌经营的金融机构签订的借款合同,都属于金融借款合同的范畴。根据金融服务实体经济、降低融资成本等原则和精神,要区别对待金融

---

[1] 《最高人民法院关于北京金融法院案件管辖的规定》(法释〔2021〕7号)第1条:北京金融法院管辖北京市辖区内应由中级人民法院受理的下列第一审金融民商事案件:(一)证券、期货交易、营业信托、保险、票据、信用证、独立保函、保理、金融借款合同、银行卡、融资租赁合同、委托理财合同、储蓄存款合同、典当、银行结算合同等金融民商事纠纷……

[2] 参见最高人民法院民事审判第一庭编著:《最高人民法院新民间借贷司法解释理解与适用》,人民法院出版社2021年版,第43页。

借贷和民间借贷,并适用不同规则和利率标准"。①

第四,《全国法院民商事审判工作会议纪要理解与适用》一书亦明确:"但因为金融借款利率比民间借贷利率低,因此,金融借款的总成本显然应该低于民间借贷利率的上限。"②因此,从最高人民法院上述观点分析,似乎可以得出"金融借贷"的利率应低于"民间借贷"的结论。相应地,若融资租赁合同参照"金融借贷"的利率标准执行,似乎融资租赁合同的利率上限也不应高于民间借贷合同纠纷的利率上限。但事实上,《最高人民法院关于进一步加强金融审判工作的若干意见》(法发〔2017〕22号发布)关于金融借款合同年利率以24%为限的观点,考虑的是当时的市场利率情况。由于近年来贷款市场利率持续下降,目前4倍LPR标准下的利率标准实际大幅低于年利率24%。上述情况导致融资租赁合同纠纷继续参照适用《最高人民法院关于进一步加强金融审判工作的若干意见》(法发〔2017〕22号发布)的规定时,出租人可以主张的债权金额更高。因此,笔者认为司法实践中部分法院按照4倍LPR标准确定融资租赁合同利率上限,也可能考虑到了年利率24%高于目前时点的4倍LPR的因素。

第五,最高人民法院法官会议纪要对此问题也有倾向性观点。最高人民法院第二巡回法庭2021年第20次法官会议纪要指出,《最高人民法院关于新民间借贷司法解释适用范围问题的批复》(法释〔2020〕27号)已经明确小额贷款公司、融资担保公司、区域性股权市场、典当行、融资租赁公司、商业保理公司、地方资产管理公司七类地方金融组织因从事相关金融业务引发的纠纷,不适用《民间借贷案件规定》(2020第二次修正),不适用民间借贷利率上限的管制,那么适用什么标准呢?该会议纪要进一步指出,回到2017年《最高人民法院关于充分发挥审判职能作用为企业家创新创业营造良好法治环境的通知》确定的标准,即参照原来的民间借贷利率标准(不超过24%)来确定类金融机构借款的利率上限,就成为顺理成章的选择了。至此,新的利率上限"双轨制"彻底形成:民间借贷利率上限为"四倍LPR",金融借贷的利率上限为24%。但会议纪要又指出,其合理性如何以及对经济社会有何影响,有待进一步观察。③

---

① 最高人民法院民事审判第二庭编著:《全国法院民商事审判工作会议纪要理解与适用》,人民法院出版社2019年版,第333页。
② 最高人民法院民事审判第二庭编著:《全国法院民商事审判工作会议纪要理解与适用》,人民法院出版社2019年版,第332页。
③ 参见贺小荣主编:《最高人民法院第二巡回法庭法官会议纪要》(第三辑),人民法院出版社2022年版,第280~281页。

三、近年融资租赁合同纠纷利率上限标准的主流司法裁判观点

除了上文提到的融资租赁合同利率上限适用4倍LPR标准还是年利率24%标准外，实践中争议较多的问题还有在确定利率上限的过程中，如何确定基数的问题。例如，租金及罚息类款项是应当分别确定上限标准，还是以出租人实际主张的全部租金、罚息类款项合并确定上限标准，司法实践中争议较大。关于融资租赁合同纠纷利率上限的主流司法裁判观点，笔者参考《最高人民法院关于新民间借贷司法解释适用范围问题的批复》（法释〔2020〕27号）印发至今的公开民事判决书，对相关观点进行整理。

（一）观点一：结合《民间借贷案件规定》（2015）、《民间借贷案件规定》（2020第二次修正）的规定，租金上限不超过4倍LPR，罚息及其他费用上限不超过4倍LPR

【案例七】

于某与某融资租赁（天津）有限公司等融资租赁合同纠纷案

【案号】

天津市第三中级人民法院（2021）津03民终7297号

【案情简介】

2019年11月21日，某融资租赁（天津）有限公司与于某签署《融资租赁合同》，开展售后回租交易。因于某未按合同约定履行按时给付租金的义务，出租人以提起诉讼的方式主张融资租赁合同加速到期。出租人的诉讼请求包括：1.判令于某、刘某向出租人支付全部未付租金324,785.86元、名义价款100元，共计324,885.86元；2.判令于某、刘某向出租人支付逾期利息（以截止合同加速到期日的各期逾期未付租金为基数，按照日5‰的标准，自每期逾期租金逾期之日计算至实际清偿之日止）、违约金（按照逾期未付租金的20%计算）等。

【裁判要旨】

逾期利息和违约金同属于违约责任的范畴，应一并予以考虑，酌定按年利率15.4%计算。

【法院认为】

关于出租人逾期利息和违约金，同属于违约责任的范畴，一并予以考虑，结合本案实际情况，酌定按年利率15.4%计算，违约金应以加速到期日之前已经到期的第13~17期租金为基数，分别自每期租金支付日次日开始计算至实际支付之

日止。

【裁判结论】

法院判决：一、被告于某、刘某于本判决发生法律效力之日起 10 日内共同向出租人支付全部未付租金 324,785.86 元和名义价款 100 元；二、被告于某、刘某于本判决发生法律效力之日起 10 日内共同向出租人支付违约金（分别以第 13 期未付租金 3812.81 元、第 14～17 期每期租金 13,955.35 元为基数，按年利率 15.4% 标准，分别自每期租金支付日次日起至实际给付之日止，租金支付日分别为 2020 年 12 月至 2021 年 4 月的每月 15 日）。

【律师分析】

笔者认为，本案法院主要考虑的是《民间借贷案件规定》(2015)、《民间借贷案件规定》(2020 第二次修正) 分别规定了借款利率、逾期利率的上限，但未就借款利率、逾期利率合计上限问题作出明确规定，且融资租赁合同纠纷大部分裁判观点均确认租金、罚息及其他费用可以分别主张且分别确定利率上限。

需要进一步说明的是，租金年利率上限的计算基数一般为剩余租赁本金，而关于罚息及其他费用上限的计算基数问题，司法实践中存在以已到期未付租金与加速到期租金之和为基数，以加速到期日之前的未付租金为基数两种主流的裁判观点。因此，观点一项下的租金上限、罚息及其他费用上限不能简单相加得出 8 倍 LPR 的结论。

此外，经检索并梳理后笔者发现，2020 年年末至 2022 年年初，天津地区审理融资租赁合同纠纷较多的天津自由贸易试验区人民法院、天津市滨海新区人民法院、天津市第三中级人民法院均存在一定数量的裁判文书认为出租人主张的罚息类款项过高，人民法院酌定按 4 倍 LPR 进行调整。

(二) 观点二：租金、罚息及其他费用上限不超过年利率 24%

【案例八】

某纸业有限公司与浙江某融资租赁有限公司融资租赁合同纠纷案

【案号】

浙江省高级人民法院 (2020) 浙民终 1160 号

【案情简介】

2015 年 12 月 24 日，浙江某融资租赁有限公司与某纸业有限公司签订《融资租赁合同》，开展融资租赁交易。上述合同履行期间，某纸业有限公司多次出现租金逾期支付情况，且自第 33 期租金起发生欠付情况。出租人向法院提起诉讼，主张融资租赁合同加速到期。出租人的诉讼请求包括:1.判令某纸业有限公司赔偿出租人租金和名义货款67,911,300元(其中逾期租金12,430,000元,未到期租金53,270,000元,名义货价2,211,300元)、违约金4,326,678.17元(以每期未付租金为基数,按日10‰自应付之日起暂计算到2019年10月14日,后续至实际付清之日止另计),扣除保证金12,600,000元后,共计应赔偿59,637,978.17元等。

【裁判要旨】

租金已经包括一定租息,再加上违约金过分高于逾期付款损失,故酌情调整违约金计算标准使企业融资成本不超过年利率24%。

【法院认为】

关于逾期付款违约金,虽然合同中约定计算标准为每日10‰,但考虑到每期支付的租金中已经包含了一定租息率,再加上日10‰的违约金,已然过分高于逾期付款损失,故该院酌情调整逾期付款违约金计算标准至每日4‰,以使企业融资成本不超过年利率24%。

【裁判结论】

法院判决:一、某纸业有限公司于判决生效之日起10日内向出租人支付租金人民币53,100,000元;二、某纸业有限公司于判决生效之日起10日内向出租人支付名义货价人民币221,1300元;三、某纸业有限公司于判决生效之日起10日内向浙江某融资租赁有限公司支付计算至2019年10月14日的违约金人民币1,730,671.27元及此后继续计算至实际清偿之日止的违约金(其中,以2,900,000元为基数自2019年11月16日计算至实际清偿之日、以3,500,000元为基数自2019年12月17日计算至实际清偿之日、以46,700,000元为基数自2019年12月13日计算至实际清偿之日),均按照每4‰标准计算。

【律师分析】

《中华人民共和国民法典合同编理解与适用[三]》一书明确认为:"对于融资租赁公司收取的租金以及复利、罚息、违约金和及其他费用总计超过承租人融资数额年利率24%的部分,人民法院应当不予支持。"[①]

上述观点在其他金融纠纷中被部分人民法院所采纳。例如,在广东省肇庆市中级人民法院(2021)粤12民终1573号金融借款合同纠纷一案中,二审法院认为,

---

① 最高人民法院民法典贯彻实施工作领导小组主编:《中华人民共和国民法典合同编理解与适用[三]》,人民法院出版社2020年版,第1671页。

《最高人民法院关于进一步加强金融审判工作的若干意见》（法发〔2017〕22号发布）规定："严格依法规制高利贷，有效降低实体经济的融资成本。金融借款合同的借款人以贷款人同时主张的利息、复利、罚息、违约金和其他费用过高，显著背离实际损失为由，请求对总计超过年利率24%的部分予以调整的，应予支持，以有效降低实体经济的融资成本。"某银行主张的利息及罚息总计为年利率17.48%，并未超过年利率24%，应予以支持。二审法院基于上述理由，认定一审法院关于某银行主张的利息及罚息总计不得超过上述司法解释规定的全国银行间同业拆借中心公布的贷款市场报价利率4倍的意见适用法律错误，并对一审法院的相应判项进行了改判。

值得注意的是，尽管《中华人民共和国民法典合同编理解与适用〔三〕》出版时间已较长时间，但在司法实践中，采用"租金、罚息及其他费用上限不超过年利率24%"裁判观点的人民法院并不多。笔者认为，出现该等情况的原因可能为，融资租赁合同综合年化利率并非简单地将租金利率与罚息类款项年化利率相加进行计算，精确计算融资租赁合同综合年化利率对大部分法官及律师都存在一定的难度。具体而言，租金由租赁本金与租赁利息构成，租赁利息以承租人在融资租赁合同项下未清偿的全部剩余本金为基数、按租金年化利率计算；而罚息类款项则一般以融资租赁合同项下未清偿的全部租金为基数，或者以出租人主张融资租赁合同加速到期后已到期未清偿租金为基数，按融资租赁合同约定的罚息率计算。即租赁利息与罚息类款项的计算基数、利率均不同。如果考虑保证金抵扣、承租人已经支付的手续费、咨询费等款项的，不具备Excel表格计算IRR的相应知识，也没有软件或系统辅助的，则相应的计算更为困难。基于类似的原因，后文提及的采用"租金、罚息及其他费用上限不超过四倍LPR"裁判观点的人民法院也不多。

【同类案例】

北京金融法院二审民事判决书，(2021)京74民终689号。

(三) 观点三：延续《民间借贷案件规定》(2015) 的思路，租金上限不超过年利率24%，罚息及其他费用上限不超过年利率24%

【案例九】

某金融租赁股份有限公司与河南某电视网络股份有限公司融资租赁合同纠纷案

【案号】

上海金融法院(2021)沪74民初1869号

【案情简介】

2018年10月29日，某金融租赁股份有限公司与河南某电视网络股份有限公司签署《融资租赁合同(售后回租类)》,开展售后回租交易。因承租人在上述融资租赁合同项下第4期、第5期租金发生逾期支付情形,出租人提起诉讼,主张融资租赁合同加速到期。出租人的诉讼请求包括:1.判令被告偿还《融资租赁合同(售后回租类)》项下全部未偿租金合计人民币108,600,000.01元(以下币种均为人民币),及对应的逾期利息(自宣布加速到期日次日起算至实际偿付日,以108,600,000.01元为基数,按日5‰计算);2.判令被告偿还截至2021年5月26日的逾期利息4,716,716.67元[自2020年10月22日起算至2021年4月21日,以37,633,333.33元为基数,按日5‰计算的逾期利息为3,424,633.33元;自2021年4月22日至2021年5月26日,以73,833,333.33(37,633,333.33+36,200,000)元为基数,按日5‰计算的逾期利息为1,292,083.33元],以及自2021年5月27日起算至宣布加速到期之日止的逾期利息(以全部到期未付租金73,833,333.33元为基数,按日5‰计算);3.判令被告支付违约金11,363,028.33元(按租金总额227,260,566.67元的5%计算)等。被告则认为原告主张的逾期利息、违约金过高且属于重复主张。

【裁判要旨】

出租人依据合同约定主张按日5‰支付逾期利息于法不悖,违约金以全部未付租金为基数计算更为合理。

【法院认为】

原告依据涉案《融资租赁合同》约定主张被告按日5‰支付逾期利息,于法不悖,法院予以支持。关于违约金的计收,原告主张按租金总额227,260,566.67元的5%计收违约金,被告则主张违约金计算标准过高。考虑到本案属逾期付款导致合同加速到期的情形,被告已支付3期租金,剩余3期未付,基于合同实际履行情形,违约金以全部未付租金为基数计算更为合理,故法院酌情调整违约金为按全部未付租金108,600,000.01元的5%计收,即543万元。

【裁判结论】

一、被告河南某电视网络股份有限公司应于本判决生效之日起10日内向出租人支付全部未付租金人民币108,600,000.01元、留购价款人民币1元及违约金人民币5,430,000元;二、河南被告某电视网络股份有限公司应于本判决生效之日起10日内向出租人支付截至2021年6月3日的逾期利息人民币5,012,050元,以及自2021年6月4日起至实际清偿之日止以人民币108,600,000.01元为基数,按日5‰计算的逾期利息。

【律师分析】

该观点是《最高人民法院关于进一步加强金融审判工作的若干意见》(法发〔2017〕22号发布)印发后,融资租赁合同纠纷案件的主流裁判观点。但在《民间借贷案件规定》(2020第一次修正)施行期间内,该等观点受到了租金、罚息及其他款项上限是否应当调整为4倍LPR观点的冲击。笔者关注到,《民间借贷案件规定》(2020第二次修正)及《最高人民法院关于新民间借贷司法解释适用范围问题的批复》(法释〔2020〕27号)施行后,部分人民法院已继续适用该等观点审理融资租赁合同纠纷。

【同类案例】

北京市高级人民法院一审民事判决书,(2018)京民初190号。[①]

(四)观点四:参考《民间借贷案件规定》(2020第二次修正)的利率上限规定,租金、罚息及其他费用上限合计不超过4倍LPR

【案例十】

某融资租赁有限公司深圳分公司与河南某煤业集团有限公司、登封市某煤业有限公司融资租赁合同纠纷案

【案号】

河南省郑州市中级人民法院(2021)豫01民初69号

【案情简介】

2017年7月6日,某融资租赁有限公司深圳分公司与河南某煤业集团有限公司、登封市某煤业有限公司共同签署《融资租赁合同》,开展售后回租交易。因承租人在上述融资租赁合同项下发生4期租金逾期支付情形,出租人提起诉讼,主张承租人支付欠付租金及逾期利息等。出租人诉讼请求:1.判令被告河南某煤业集团有限公司、登封市某煤业有限公司支付全部未付租金共计24,710,511.11元及逾期利息1,936,379.67元(逾期利息暂计至2020年8月20日,并继续计算至付清之日止)等。

【裁判要旨】

与民间借贷相比较,融资租赁交易风险低于民间借贷,故按照风险与利益一致原则,以租赁成本为基数计算租赁利息的利率标准,不应当超过民间借贷的利率

[①] 该判决书的作出时间为2020年12月31日。该案事实部分载明,租赁本金6亿元整,租赁期限120个月,实际执行年利率6.86%。

上限。

【法院认为】

法院认为,融资租赁兼具融资和融物功能,售后回租型融资租赁合同的交易目的和主要功能与民间借贷的功能具有同质性。与民间借贷相比较,从出租方考察,其交易风险低于民间借贷,故按照风险与利益一致原则,因融资租赁中的租金由租赁成本和租赁利息组成,以租赁成本为基数计算租赁利息的利率标准,不应当超过民间借贷的利率上限。换言之,出租人主张的未按期支付租金对应的逾期利息和租金支付表中的利息之和,不得超过以租金支付表中本金为基数,按民间借贷利率上限计算所得的利息。

【裁判结论】

被告河南某煤业集团有限公司、登封市某煤业有限公司共同于本判决生效后10日内支付出租人租金23,710,511.11元并支付逾期利息(包括截至2020年8月19日的逾期利息927,693.61元及2020年8月20日至租金清偿之日,按全国银行间同业拆借中心公布的一年期贷款市场报价利率四倍计算的逾期利息)。

【律师分析】

笔者认为,该等观点的主要逻辑为,融资租赁合同纠纷与其他金融贷款案件无本质性差异,基于在金融借贷类纠纷中,债权人主张的利息及罚息类款项合并计算上限,融资租赁合同中的租金、逾期类款项也应当合并计算。此外,基于《全国法院民商事审判工作会议纪要理解与适用》表达了金融借贷的利率应当低于民间借贷利率的观点,现阶段以4倍LPR作为出租人可以主张的租金、罚息类款项的上限并不无不当。

【同类案例】

安徽省颍上县人民法院一审民事判决书,(2021)皖1226民初4181号。

四、关于融资租赁利率之实务建议

综上分析,融资租赁合同利率不仅是出租人与承租人关注的重要问题,也是监管与司法关注的重要问题。出租人在制定融资租赁合同过程中,既要注意租赁合同利率约定方式是否符合监管规定,还要确保融资租赁合同利率能够得到法院支持。此外,租金支付表是否对租赁本金、租赁利息以拆分方式列示,可能影响出租人是否必须在融资租赁合同中明确披露租赁利率,还可能影响当融资租赁交易被认定属于"名为融资租赁、实为借贷"时法院可以支持的本息金额。

首先,《中国人民银行公告〔2021〕第3号》并非全部出租人应当遵循的监管文件,但出租人应当关注并遵循属地监管部门关于租赁利率、租金、"租金支付计划表"、费用收取标准方面的监管要求,并根据监管要求完善规范合同约定。

其次,虽然目前尚不能得出融资租赁合同必须披露租赁利率甚至融资租赁合同必须披露IRR(内部收益率)的结论,但在承租人为自然人客户时,若融资租赁合同实际执行的年化利率与合同约定不一致,出租人将面临诉讼阶段按合同约定的较低利率计算租金的风险。即使承租人为法人客户的,出租人仍然应当关注融资租赁合同项下特殊的利率、租金列示方式是否向法人客户充分说明并获得其同意等问题。

最后,在相关司法文件未对融资租赁合同租金、罚息及其他费用上限作出进一步明确规定的情况下,建议出租人关注融资租赁合同约定的管辖法院的相关裁判观点,并相应调整融资租赁合同关于租金、罚息及其他费用的约定及诉讼请求。笔者倾向于认为,如融资租赁合同约定的管辖法院没有特殊裁判观点的,则关于融资租赁合同租金、罚息及其他费用的上限约定,及融资租赁合同纠纷诉讼请求,可暂参考观点三进行安排,即延续《民间借贷案件规定》(2015)的思路,租金上限不超过年利率24%,罚息及其他费用上限不超过年利率24%。但如果融资租赁合同约定的管辖法院对罚息等款项存在其他要求的(如前文讨论的天津地区人民法院,已逐步将罚息类款项的支持上限调整为4倍LPR),则建议出租人相应调整诉讼请求。当然,如出租人可主动将租金、年利率及其他款项的上限调整为4倍LPR以内,则诉讼阶段面临的争议将更小。需要注意的是,司法实践中亦存在金融借贷利率应当低于民间借贷利率的裁判观点,在该等观点的影响下,融资租赁合同利率上限在诉讼中可能存在被调减的风险。

第八讲 融资租赁公司兼营商业保理业务的合规性

CHAPTER 08

关于融资租赁公司能否兼营商业保理业务问题,我国的监管政策发生过变化,司法裁判观点也存在争议。融资租赁公司曾由商务部主管,在商务部主管时期关于能否兼营商业保理业务的监管政策就曾发生变化。依照《商务部办公厅关于融资租赁公司、商业保理公司和典当行管理职责调整有关事宜的通知》(商办流通函〔2018〕165号)、《融资租赁公司监督管理暂行办法》(银保监发〔2020〕22号发布)的规定由中国银行保险监督管理委员会主管、由地方金融监管部门具体负责监管。而《融资租赁公司监督管理暂行办法》(银保监发〔2020〕22号发布)则删除了融资租赁可以"兼营商业保理业务"的经营范围。因此,从过去到现在,前后监管要求发生了数次变化。就司法实践角度而言,融资租赁公司开展保理业务时,各法院对于保理法律关系能否成立的审查标准、裁判尺度也存在差异。

需要说明的是,金融租赁公司由中国银行保险监督管理委员会主管,其可以开展的业务范围不包括保理业务。因此,金融租赁公司不存在能否开展保理业务的问题,本讲仅探讨融资租赁公司能否兼营商业保理业务的问题。

一、关于融资租赁公司兼营商业保理业务的监管要求分析

关于融资租赁公司能否兼营商业保理业务问题,监管部门的监督态度发生过数次变化。

(一)第一阶段:绝对禁止混业经营阶段

《商务部关于商业保理试点有关工作的通知》(商资函〔2012〕419号)第2条第

3项规定:"开展商业保理原则上应设立独立的公司,不混业经营,不得从事吸收存款、发放贷款等金融活动,禁止专门从事或受托开展催收业务,禁止从事讨债业务……"据此,在开展商业保理公司业务试点的早期,商务部禁止融资租赁公司兼营商业保理业务。

(二)第二阶段:部分地区允许融资公司兼营商业保理业务阶段

《中国(上海)自由贸易试验区商业保理业务管理暂行办法》(中〔沪〕自贸管〔2014〕26号,已失效)第9条规定:"除融资租赁公司兼营与主营业务有关的商业保理业务以外的商业保理公司应当在名称中加注'商业保理'字样。"《天津市商务委、天津市市场监管委关于融资租赁企业兼营商业保理业务有关问题的通知》(津商务流通〔2016〕21号)规定:"1.内资融资租赁试点企业申请兼营与主营业务有关的商业保理业务无需行业准入,由市场监管部门直接办理企业经营范围增项。2.外商投资融资租赁企业兼营与主营业务有关商业保理业务,按现行规定办理审批(备案)手续。3.融资租赁企业应遵守《融资租赁企业监督管理办法》,兼营的商业保理业务应与主营业务有关,在开展商业保理业务时,参照商业保理行业管理相关规定执行。"据此,在该阶段,部分地区通过地方主管部门发文的形式,允许辖区内的融资租赁公司兼营商业保理业务。

(三)第三阶段:融资租赁公司兼营商业保理业务在全国范围放开阶段

《商务部办公厅关于融资租赁行业推广中国(上海)自由贸易试验区可复制改革试点经验的通知》(商办流通函〔2015〕575号)明确:"为贯彻落实《国务院关于推广中国(上海)自由贸易试验区可复制改革试点经验的通知》(国发〔2014〕65号)精神,推动融资租赁行业快速健康发展,商务部决定将中国(上海)自由贸易试验区融资租赁行业改革试点经验在全国范围内推广,允许融资租赁公司兼营与主营业务有关的商业保理业务,融资租赁公司设立子公司不设最低注册资本限制……各地商务主管部门要严格要求融资租赁公司遵守《融资租赁企业监督管理办法》,以融资租赁等租赁业务为主营业务,兼营的商业保理业务与主营业务有关,在兼营商业保理业务时,参照商业保理行业管理相关规定执行。"该通知下发后,大量融资租赁公司根据上述要求,在经营范围中增加了"商业保理业务"的相关表述,并陆续开展了商业保理业务。

(四)第四阶段:融资租赁公司兼营商业保理业务的监管要求趋严,各地方主管部门采取不同的监管态度阶段

现行有效的《融资租赁公司监督管理暂行办法》(银保监发〔2020〕22号发布)第

5条规定:"融资租赁公司可以经营下列部分或全部业务:(一)融资租赁业务;(二)租赁业务;(三)与融资租赁和租赁业务相关的租赁物购买、残值处理与维修、租赁交易咨询、接受租赁保证金;(四)转让与受让融资租赁或租赁资产;(五)固定收益类证券投资业务。"关于融资租赁公司可以开展的经营范围表述中,并未含有"兼营商业保理业务"内容。上述暂行办法施行后,在各省级地方金融监管部门出台的融资租赁公司监督管理实施细则或暂行办法的经营范围相关表述中,均无关于"兼营商业保理业务"的内容。例如,湖北省地方金融监督管理局2022年6月28日在其官方公众号公布的《湖北省融资租赁公司监督管理实施细则(试行)》(鄂金发〔2022〕20号发布)第12条规定融资租赁公司可以经营的部分或全部业务亦不包括商业保理业务,仅于该条第6项规定"法律法规或国务院金融监督管理部门规定可从事的其他业务"。在《融资租赁公司监督管理暂行办法》(银保监发〔2020〕22号发布)规定融资租赁公司的业务范围不含有"兼营商业保理业务"的情况下,意味着《湖北省融资租赁公司监督管理实施细则(试行)》(鄂金发〔2022〕20号发布)也对融资租赁公司"兼营商业保理业务"持否定态度。[1]

但是,各省级地方金融监管部门对于融资租赁公司能否继续兼营商业保理业务问题,存在不同的理解,相应采取的监管要求也存在差异。例如,《广东省融资租赁公司监督管理实施细则(征求意见稿)》第16条规定:"新注册融资租赁公司不得兼营商业保理业务。现有融资租赁公司不得新增商业保理业务,相关存量业务合同到期后自然终止。"[2]又如,部分地方金融监管部门通过窗口指导意见或口头通知的方式,要求辖区内的融资租赁公司停止开展商业保理业务。再如,部分地区虽然没有通过发文的形式明确禁止融资租赁公司继续兼营商业保理业务,但在融资租赁公司申请变更注册资本金、变更法定代表人等涉及营业执照换发或地方金融监管部门审核的事项时,可能通过口头的方式,要求融资租赁公司删除经营范围中的"兼营商业保理业务"字样,并以调整经营范围作为核准相关变更事项的前提

---

[1] 类似的地方融资租赁公司监督管理实施细则还包括《广东省融资租赁公司监督管理实施细则》(粤金规〔2022〕2号发布)、《吉林省融资租赁公司监督管理实施细则(试行)》(2021年12月31日发布)、《新疆维吾尔自治区融资租赁公司监督管理实施细则(试行)》(新金规〔2021〕3号发布)、《福建省融资租赁公司监督管理实施细则(试行)》(闽金规〔2022〕2号发布)、《上海市融资租赁公司监督管理暂行办法》(沪金规〔2021〕3号发布)、《山东省融资租赁公司监督管理暂行办法》(鲁金监发〔2021〕8号发布)等。

[2] 广东省地方金融监督管理局正式印发的《广东省融资租赁公司监督管理实施细则》(粤金监规〔2022〕2号发布)删除了该条规定。

条件。

综上，现阶段关于融资租赁公司能否兼营商业保理业务问题，应当主要参考融资租赁公司住所地的地方金融监管部门的监管意见。

二、监管视角下"与主营业务有关的商业保理业务"分析

何为"与主营业务有关的商业保理业务"，目前并未见适用于全国范围内融资租赁公司的监管文件对此作出解释或说明。但部分地方性监管文件对上述问题作出了说明。例如，《中国(上海)自由贸易试验区商业保理业务管理暂行办法》(中〔沪〕自贸管〔2014〕26号，已失效)第5条第2款规定："融资租赁公司可申请兼营与主营业务有关的商业保理业务，即与租赁物及租赁客户有关的上述业务。"《中国(福建)自由贸易试验区商业保理业务试点管理暂行办法》(闽商务外资〔2015〕25号发布，已失效)也有相同规定。《陕西省复制推广上海自贸试验区改革试点经验工作方案》(陕政办发〔2015〕62号发布)第2条第4项规定："……允许融资租赁公司兼营与主营业务有关的商业保理业务。融资租赁公司可申请兼营与主营业务有关的商业保理业务，即与租赁物及租赁客户有关的进出口保理业务、国内及离岸保理业务、与商业保理相关的咨询服务及经许可的其他相关业务……"

《上海法院类案办案要件指南(第4册)》在关于"保理人经营范围对保理合同法律关系认定的影响"的审查要点中指出："融资租赁公司营业执照载明可兼营与主营业务相关的商业保理业务的，根据《商务部办公厅关于融资租赁行业推广中国(上海)自由贸易试验区可复制改革试点经验的通知》等相关规定，'兼营与主营业务相关的商业保理业务'是指该等业务必须与租赁物及租赁客户有关。若保理人开展了与其主营业务无关的保理业务，则视为超出其经营范围。"[1]

参考上述文件及观点，笔者认为，从审慎经营的角度而言，"与主营业务有关的商业保理业务"应当理解为"与租赁物及租赁客户相关的商业保理业务"。即融资租赁公司若希望与客户开展商业保理交易的，应当以相关客户已经与融资租赁公司开展了融资租赁交易，且相关融资租赁交易处于存续期为前提。

需要进一步说明的是，实务中，部分出租人在客户实际没有足够的、适格租赁物的情况下，可能采取"小租赁、大保理"的交易方式，以期满足"与租赁物及租赁客户相关的商业保理业务"的要求。例如，某客户希望与出租人开展人民币1亿元

---

[1] 茆荣华主编：《上海法院类案办案要件指南(第4册)》，人民法院出版社2021年版，第461~462页。

的商业保理业务,但该客户并未与出租人开展过融资租赁交易,且客户没有足额的租赁物。出租人可能要求某客户先与其开展一次较小金额的融资租赁交易(如电脑一台,租赁本金人民币5000元)。在融资租赁合同起租后,再与客户正式开展商业保理交易。笔者认为,虽然上述保理交易满足了与"与租赁物及租赁客户相关"的要求,但是从租赁本金与保理本金的绝对金额角度分析,由于保理本金远高于租赁本金,出租人可能面临保理业务不属于"兼营"而属于"主营"的合规风险。

三、司法实践视角下"与主营业务有关的商业保理业务"分析

若融资租赁公司兼营商业保理业务,所签订的保理合同的效力如何?对此问题,司法实践中存在较大争议,主要存在以下三种观点:

(一)融资租赁公司开展与主营业务无关的保理业务,该交易行为超出了融资租赁公司的特许经营范围,保理法律关系不成立

【案例十一】

某第三建筑工程有限公司、某工程局有限公司与某融资租赁(上海)有限公司民间借贷纠纷案

【案号】

上海市高级人民法院(2019)沪民终468号

【案情简介】

2016年7月18日,某融资租赁(上海)有限公司作为保理商与某第三建筑工程有限公司作为应收账款转让方签订《有追索权保理合同》,约定以某第三建筑工程有限公司转让其对A公司、B公司的部分应收工程账款给某融资租赁(上海)有限公司为代价,由某融资租赁(上海)有限公司向某第三建筑工程有限公司支付一定金额的应收账款买收款,为其提供商业保理服务。合同签订后,某融资租赁(上海)有限公司按约履行了全部合同义务,某第三建筑工程有限公司也将其对A公司和B公司的到期应收工程款债务转让给了某融资租赁(上海)有限公司并通知了A公司和B公司,得到了A公司和B公司的书面确认与回执。但此后某第三建筑工程有限公司未能按合同约定履行分期支付回收款保证金和手续费的付款义务,在支付了第五期回收款保证金和手续费后就再未履行付款义务。某融资租赁(上海)有限公司向一审法院起诉,请求判令某第三建筑工程有限公司履行回购义务,并由某工程局有限公司承担连带清偿责任。为证明上述事实,某融资租赁(上海)有限公司提供了《有追索权保理合同》《服务合同》《服务协议》《总经理办公会

决议》《承诺书》《辅助余额表》《应收账款转让登记协议》《应收账款转让通知书》《确认函》《收据》《催收函》《关于要求立即履行回购义务并终止〈服务合同〉项下代收管理服务的通知》《诉讼代理合同》等证据在案佐证。

某第三建筑工程有限公司、某工程局有限公司共同辩称：某融资租赁（上海）有限公司与某第三建筑工程有限公司签订的《有追索权保理合同》名为保理合同，实为借贷合同。某融资租赁（上海）有限公司并非银行或商业保理公司，不具有保理资质。尽管某融资租赁（上海）有限公司的经营范围里有"从事与主营业务有关的商业保理业务"，但根据《中国（上海）自由贸易试验区商业保理业务管理暂行办法》（中〔沪〕自贸管〔2014〕26号，已失效）第5条第2款的规定，融资租赁公司可以申请兼营与主营业务有关的商业保理业务，即与租赁物及租赁客户有关的商业保理业务，但本案中不存在租赁物，某第三建筑工程有限公司也并非某融资租赁（上海）有限公司的租赁客户，故本案中所谓保理不属于与主营业务有关的商业保理业务，超出某融资租赁（上海）有限公司的资质范围。

【裁判要旨】

融资租赁公司仅能兼营与主营业务相关的商业保理业务，如果融资租赁公司开展了与该公司主营业务无关的保理业务，则该交易行为由于超出了融资租赁公司的特许经营范围，保理法律关系不成立。

【法院认为】

一审法院认为，某融资租赁（上海）有限公司的主营范围为融资租赁业务，根据其营业执照载明的经营范围，其可兼营与主营业务相关的商业保理业务。根据《商务部办公厅关于融资租赁行业推广中国（上海）自由贸易试验区可复制改革试点经验的通知》等相关规定，"兼营与主营业务相关的商业保理业务"是指该等业务必须与租赁物及租赁客户有关。本案中，某融资租赁（上海）有限公司与某第三建筑工程有限公司没有融资租赁业务往来，也即某融资租赁（上海）有限公司与某第三建筑工程有限公司开展了与某融资租赁（上海）有限公司主营业务无关的保理业务，该交易行为已超出某融资租赁（上海）有限公司的特许经营范围。经营商业保理业务必须获得相应的行政许可，某融资租赁（上海）有限公司不具有本案系争的保理融资交易的经营资质，故对其关于双方系保理融资关系的主张，法院不予支持。

二审法院认为，某融资租赁（上海）有限公司与某第三建筑工程有限公司签订涉案《有追索权保理合同》及相关的交易行为虽已超出其兼营与融资租赁相关商业保理业务的范畴,鉴于某融资租赁(上海)有限公司已实际向某第三建筑工程有限公司提供了融资服务,某第三建筑工程有限公司收取了涉案融资款项并履行了部分还款义务,且某融资租赁(上海)有限公司并非经金融监管部门批准设立的从事贷款业务的金融机构,一审判决认定某融资租赁(上海)有限公司和某第三建筑工程有限公司之间成立民间借贷法律关系并无不当,法院予以支持。

【裁判结论】

上海市第一中级人民法院于2019年9月27日作出(2018)沪01民初1073号民事判决,判决某第三建筑工程有限公司归还某融资租赁(上海)有限公司借款及利息、支付违约金、赔偿律师费,并驳回其他诉讼请求。

上海市高级人民法院于2020年2月12日作出(2019)沪民终468号民事判决,判决驳回上诉,维持(2018)沪01民初1073号民事判决。

【律师分析】

虽然《民法典》第505条规定:"当事人超越经营范围订立的合同的效力,应当依照本法第一编第六章第三节和本编的有关规定确定,不得仅以超越经营范围确认合同无效。"但上述法院仍然以融资租赁公司超出经营范围为由,认定当事人之间不构成保理融资关系,笔者认为具有一定合理性。

一方面,与融资租赁业务相比,保理业务的金融属性更为明显。就保理业务而言,资金提供方与资金需求方基于一笔现有的或将有的应收账款即可开展资金融通业务。如不对资金提供方的业务资质进行必要的限制,并通过特许经营的方式作出规范,可能产生各类主体都借用保理业务的名义,变相开展借贷业务的后果,势必造成金融市场的混乱。人民法院可能考虑上述因素,就保理交易项下的真实法律关系进行从严审查。例如,《天津市高级人民法院关于审理保理合同纠纷案件若干问题的审判委员会纪要(一)》(津高法〔2014〕251号发布)第2条规定:"构成保理法律关系,应当同时具备以下几个基本条件:(1)保理商必须是依照国家规定、经过有关主管部门批准可以开展保理业务的金融机构和商业保理公司;(2)保理法律关系应当以债权转让为前提;(3)保理商与债权人应当签订书面的保理合同;(4)保理商应当提供下列服务中的至少一项:融资、销售分户账管理、应收账款催收、资信调查与评估、信用风险控制及坏账担保……"

另一方面,我国的金融业属于特许经营行业,如未取得金融业务经营资质的市场主体长期开展金融业务的,也应当确认相应的合同无效。对此问题,《九民会纪要》第31条关于"违反规章的合同效力"问题也明确规定:"违反规章一般情况下不影响合同效力,但该规章的内容涉及金融安全、市场秩序、国家宏观政策等公序良俗的,应当认定合同无效。"从该角度分析,融资租赁公司如多次开展与融资租赁业务无关的保理业务的,客观上存在扰乱金融市场秩序问题,相关保理合同被认定为无效合同,具有合理性。

【同类案例】

某融资租赁(深圳)有限公司与上海某发展有限公司、李某民间借贷纠纷案

【案号】

深圳前海合作区人民法院(2019)粤 0391 民初 3545 号

【案情简介】

2017 年 11 月 19 日,某融资租赁(深圳)有限公司与上海某发展有限公司、李某签订了《国内保理业务合同》。合同约定上海某发展有限公司将一年租金收益权及相关权利转让给某融资租赁(深圳)有限公司,某融资租赁(深圳)有限公司审查确认后,给予上海某发展有限公司总额为 1000 万元整的保理融资;从融资发起之日起,上海某发展有限公司每满一个月以现款电汇,第一个月向某融资租赁(深圳)有限公司支付当期代收的不含税租金 983,337 元整,后 11 个月每月向某融资租赁(深圳)有限公司支付当期代收的不含税租金 983,333 元,共分 12 期付清。同时,李某作为上海某发展有限公司的担保人,对上海某发展有限公司在合同项下的全部债务承担连带责任保证担保。合同签订后,某融资租赁(深圳)有限公司依约向上海某发展有限公司支付了保理融资款 1000 万元,上海某发展有限公司按照保理合同约定仅支付了本息 7,866,668 元,截至 2019 年 7 月 3 日,仍有 3,933,332 元未支付给原告。为维护合法权益,某融资租赁(深圳)有限公司特向法院提起诉讼。某融资租赁(深圳)有限公司围绕诉讼请求依法提交了《国内保理业务合同》、银行电子回单、还款情况表等证据。

【裁判要旨】

开展保理业务的保理商应为依照国家规定、经过相关部门批准可以开展保理业务的商业银行或商业保理公司。融资租赁公司受让客户的应收账款,该应收账款应当与融资租赁所承租的租赁物有关,或者该客户应当为融资租赁的租赁客户。在未与客户建立融资租赁或租赁业务的情况下,融资租赁公司不得与客户开展保理业务,否则属于超范围经营,不应按保理关系予以处理。

【法院认为】

第一,某融资租赁(深圳)有限公司并未与上海某发展有限公司发生其他融资租赁或租赁业务,不符合《国务院关于印发中国(上海)自由贸易试验区总体方案的通知》(国发〔2013〕378号)中"允许融资租赁公司兼营与主营业务有关的商业保理业务",即不属于与租赁物及租赁客户有关的上述业务。故某融资租赁(深圳)有限公司在未与上海某发展有限公司建立融资租赁或租赁业务的情况下,不得与上海某发展有限公司开展保理业务,某融资租赁(深圳)有限公司与上海某发展有限公司开展保理业务属于超范围经营。第二,保理以应收账款债权转让为前提,保理商受让债权后取得债权人地位,可以对应收账款进行持续性监督管理;同时,保理商取得对债务人的直接请求权,债务人支付应收账款为保理融资的第一还款来源,保理商发放保理融资款在很大程度上是依赖于债务人的还款能力,合同当事人就应收账款的转让达成真实合意是保理合同成立的基础。本案中,尽管某融资租赁(深圳)有限公司、上海某发展有限公司之间签订了保理合同,但合同当事人从未就基础交易合同、应收账款的数额、应收账款是否有效转让、是否用应收账款偿还融资款等内容进行过任何形式的确认。且某融资租赁(深圳)有限公司也从未将应收账款转让的事实通知债务人,未曾要求应收账款债务人付款,而仅要求融资申请人履行还款义务。第三,从保理合同的安排来看,某融资租赁(深圳)有限公司向上海某发展有限公司提供保理融资款,上海某发展有限公司分期还款,某融资租赁(深圳)有限公司取得融资本息,并由上海某发展有限公司法定代表人提供担保,上海某发展有限公司须以定期定额方式向某融资租赁(深圳)有限公司承担融资款的还款义务,该还款义务以某融资租赁(深圳)有限公司所支付的融资本金为基础,以一定的融资利率计算利息,更符合担保借款的特征。故本案应按借贷关系予以处理。

【裁判结论】

法院判决驳回某融资租赁(深圳)有限公司的诉讼请求。

(二)融资租赁公司的子公司与客户开展过融资租赁业务,融资租赁公司再与客户开展商业保理业务的,属于与主营业务相关的商业保理业务

【案例十二】

某国际物流集团有限公司与某融资租赁有限公司保理合同纠纷案

【案号】

上海金融法院(2021)沪74民终1769号

【案情简介】

2018年3月13日,某融资租赁有限公司作为保理商与作为应收账款转让方的某国际物流集团有限公司签订了《有追索权保理合同》,约定某国际物流集团有限公司将其与案外人B公司签署的基础合同所产生的应收账款转让给某融资租赁有限公司,由某融资租赁有限公司作为保理商向某国际物流集团有限公司提供贸易/应收账款融资、客户资信调查与评估、应收账款管理与催收等部分或全部内容的综合性保理服务。同日,某融资租赁有限公司与某国际物流集团有限公司签订《应收账款转让登记协议》,约定:为保障某融资租赁有限公司与某国际物流集团有限公司签署的《有追索权保理合同》项下应收账款转让的顺利实现,双方同意由某融资租赁有限公司通过中国人民银行征信中心应收账款质押/转让登记公示系统办理保理合同项下应收账款转让登记,且某国际物流集团有限公司对某融资租赁有限公司在应收账款质押/转让登记公示系统中的登记内容已确认无误。2018年3月30日,某融资租赁有限公司扣除保证金,向某国际物流集团有限公司支付应收账款受让款。某国际物流集团有限公司自2020年1月30日开始出现逾期,于某融资租赁有限公司起诉后的2020年12月31日部分还款,此后未再还款。某融资租赁有限公司起诉要求某国际物流集团有限公司支付回购款、违约金等。

【裁判要旨】

融资租赁公司的子公司与客户开展过融资租赁业务,融资租赁公司再与客户开展的商业保理业务,属于与主营业务相关的商业保理业务。

【法院认为】

根据《民法典》第761条的规定,保理合同是应收账款债权人将现有的或者将有的应收账款转让给保理人,保理人提供资金融通、应收账款管理或者催收、应收账款债务人付款担保等服务的合同。对于本案中某融资租赁有限公司是否具有保理业务经营资质的问题。首先,从某融资租赁有限公司的经营范围来看,某融资租赁有限公司的经营范围中包括"兼营与主营业务相关的商业保理业务",某融资租赁有限公司开展涉案保理业务并未超越其经营范围。其次,从某融资租赁有限公司展业的历史沿革来看,某融资租赁有限公司作为中国(上海)自由贸易试验区内的融资租赁公司,其开展相关的商业保理业务系监管机构允许的金融服务开放措施。最后,从保理合同的特点来看,目前并无法律和行政法规规定保理业务属于金融行业的特许经营范围,某融资租赁有限公司经营保理业务也未违反法律和行政法规的禁止性规定。因此,某融资租赁有限公司作为融资租赁公司具有保理业务经营资质。本案中,某融资租赁有限公司与某国际物流集团有限公司签订的《有追索权保理合同》《应收账款转让登记协议》,均系双方当事人的真实意思表示,根据前述合同约定,原告系保理合同项下的保理人,某国际物流集团有限公司系应收账款债权人,案外人 B 公司系应收账款债务人,某国际物流集团有限公司向原告转让了其对案外人 B 公司所享有的应收账款,原告依约向被告某国际物流集团有限公司支付保理融资款项、提供保理融资服务,各方当事人之间的合同依法成立有效,符合《民法典》第 761 条规定的保理合同特点,各方当事人理应恪守。

此外,根据某融资租赁有限公司提供的《融资租赁合同》,某融资租赁有限公司的子公司某(天津)融资租赁有限公司与某国际物流集团有限公司之间开展过融资租赁业务,故某融资租赁有限公司主张其与某国际物流集团有限公司之间的案涉保理业务属于与主营业务相关的商业保理业务,该主张具有事实依据,予以支持。

【裁判结论】

上海市浦东新区人民法院于 2021 年 7 月 1 日作出(2021)沪 0115 民初 2572 号民事判决,判决被告某国际物流集团有限公司向原告某融资租赁有限公司支付回购款、违约金。

上海金融法院于 2022 年 2 月 22 日作出(2021)沪 74 民终 1769 号民事判决,判决驳回上诉,维持原判。

【律师分析】

笔者认为,该案的审查及裁判观点似乎略有不妥。具体而言:

首先,母子公司作为彼此独立的法人主体,子公司与客户开展过融资租赁业务,并不可以得出同一名客户属于母公司的"租赁客户"的结论。相应地,融资租赁交易项下的租赁物在租赁期内的所有权也属于子公司,与母公司无关。将子公司的客户及租赁物,也认定属于与母公司的业务相关,似乎过于宽泛。

其次,分析(2021)沪 74 民终 1769 号民事判决书的"事实查明"部分,某融资租赁有限公司在二审阶段才提交了其子公司与某国际物流集团有限公司签署的《融资租赁合同》,一审法院在未审查出租人开展的商业保理交易是否与主营业务相关的情况下,就确认了保理法律关系成立,该等审查方式与同一地区更早作出的(2019)沪民终 468 号民事判决书审查方式存在差异。

最后,在(2021)沪 74 民终 1769 号民事判决书中,未披露人民法院是否就《融资租赁合同》的签署及履行时间是否早于《有追索权保理合同》,《融资租赁合同》

的本金是否大于《有追索权保理合同》，《有追索权保理合同》签署时《融资租赁合同》是否存续等问题作出审查。在人民法院未充分审查上述问题的情况下，仅以子公司签署的《融资租赁合同》作为证据的，尚不足以证明某融资租赁公司开展的商业保理交易与租赁物及租赁物客户相关。

（三）融资租赁公司的经营范围包括"兼营与主营业务相关的商业保理业务"，且法律法规并未规定保理业务属于金融行业的特许经营范围，融资租赁公司具有保理业务的经营资质

【案例十三】

上海某融资租赁有限公司与某商贸有限公司等保理合同纠纷案

【案号】

上海市浦东新区人民法院（2021）沪0115民初57862号

【案情简介】

2020年6月28日，上海某融资租赁有限公司与某建筑公司签订《无追索权保理合同》，约定本次无追索权保理业务是某建筑公司将其在基础合同项下对某商贸有限公司合法享有的应收账款转让给上海某融资租赁有限公司，以向作为保理商的上海某融资租赁有限公司申请办理无追索权的保理业务；上海某融资租赁有限公司同意受让应收账款并为某建筑公司提供应收账款融资、应收账款管理及坏账担保等一项或多项内容的综合性保理服务。

同日，上海某融资租赁有限公司及某建筑公司向某商贸有限公司发送《应收账款转让通知书》，载明：上海某融资租赁有限公司与某建筑公司签署了《无追索权保理合同》及其附件，某建筑公司已将本通知书所列基础合同项下某商贸有限公司应向某建筑公司支付的应收账款以及就该应收账款所产生的全部债权及附属权益转让给了上海某融资租赁有限公司，自接到本通知书之日起，上海某融资租赁有限公司应将上述应收账款直接支付至上海某融资租赁有限公司指定的银行账户。某商贸有限公司在《应收账款转让确认书》（回执）上盖章确认收到《应收账款转让通知书》，认可并同意全部内容。

2020年6月29日，上海某融资租赁有限公司在中国人民银行征信中心对前述应收账款转让（保理）进行了动产融资的初始登记。

2020年6月28日，上海某融资租赁有限公司作为债权人与作为保证人的某发展公司签订《最高额保证合同》，约定包括某建筑公司在内的供应商与上海某融资租赁有限公司拟在2020年6月28日起至2020年7月15日止分别签署总计额度

不超过9900万元的《无追索权保理合同》及其所有附件(以下合称"主合同"),上海某融资租赁有限公司同意作为保理商为供应商及债务人提供商业保理服务,某发展公司作为保证人同意为包括某商贸有限公司在内的债务人在上述主合同项下所有债务提供最高额连带责任保证。

2020年6月28日,上海某融资租赁有限公司分两笔向某建筑公司发放融资款。后应收账款期限届满,某商贸有限公司未向上海某融资租赁有限公司付款,某发展公司亦未承担保证责任,故上海某融资租赁有限公司起诉,请求判令某商贸有限公司支付应收账款及逾期利息,某发展公司承担连带责任。

上海某融资租赁有限公司为证明其主张,提供了《无追索权保理合同》《应收账款转让通知书》及《应收账款转让确认书》(回执)、《施工合同》《债权债务确认协议》《最高额保证合同》等证据。

某商贸有限公司辩称,工程款保理并非上海某融资租赁有限公司主营租赁业务相关的商业保理,故上海某融资租赁有限公司超越经营范围经营,本案基础法律关系应为借贷。

【裁判要旨】

融资租赁公司的经营范围包括"兼营与主营业务相关的商业保理业务",且法律法规并未规定保理业务属于金融行业的特许经营范围,融资租赁公司具有保理业务的经营资质。

【法院认为】

首先,从经营范围来看,上海某融资租赁有限公司的经营范围中包括"兼营与主营业务相关的商业保理业务",其开展涉案保理业务并未超越其经营范围。其次,从上海某融资租赁有限公司展业的历史沿革来看,上海某融资租赁有限公司作为中国(上海)自由贸易试验区内的融资租赁公司,其开展相关的商业保理业务系监管机构允许的金融服务开放措施。最后,从保理合同的特点来看,目前并无法律和行政法规规定保理业务属于金融行业的特许经营范围,上海某融资租赁有限公司经营保理业务亦未违反法律和行政法规的禁止性规定。因此,上海某融资租赁有限公司作为融资租赁公司具有保理业务经营资质。

【裁判结论】

上海市浦东新区人民法院于2021年12月22日作出(2021)沪0115民初57862号民事判决,判决被告某商贸有限公司支付上海某融资租赁有限公司应收账款、逾期利息等,某发展公司承担连带责任。

【律师分析】

本案中,人民法院并未审查融资租赁公司开展的商业保理业务是否与"与主营业务相关",直接以融资租赁公司的经营范围包括"兼营与主营业务相关的商业保理业务",保理业务不属于特许经营范围为由,认定融资租赁公司具有保理业务经营资质。

本案中,法院认为"上海某融资租赁有限公司作为中国(上海)自由贸易试验区内的融资租赁公司,其开展相关的商业保理业务系监管机构允许的金融服务开放措施",可能为《国务院关于印发中国(上海)自由贸易试验区总体方案的通知》(国发〔2013〕38号)所列"允许融资租赁公司兼营与主营业务有关的商业保理业务"。值得注意的是,《国务院关于印发中国(上海)自由贸易试验区总体方案的通知》(国发〔2013〕38号)也是(2019)沪民终468号、(2019)粤0391民初3545号民事判决书认定融资租赁公司直接开展商业保理业务超越经营范围、保理法律关系不成立所依据的监管政策。在(2019)沪民终468号民事判决书出具在先,且系由同一地区高级人民法院出具的情况下,(2021)沪0115民初57862号民事判决书为何就类似的交易主体、类似的基本事实作出截然不同的裁判观点,尚有待考证。

四、关于兼营商业保理业务的建议

综上,从监管趋势分析,融资租赁公司基于"与主营业务有关的商业保理业务"的经营范围开展商业保理交易的,可能违反日趋严格的监管要求。鉴于融资租赁公司兼营商业保理业务的监管要求存在多次变化,且不同的地方金融监管部门可能对此问题持不同看法,建议融资租赁公司持续关注并遵循属地金融监管部门的最新监管要求。

从司法裁判观点角度分析,司法实践中关于融资租赁公司基于"与主营业务有关的商业保理业务"的经营范围,能否直接开展商业保理业务的裁判观点并不统一。部分法院认为,融资租赁公司仅能够开展"与租赁物及租赁客户有关"的商业保理业务,并就融资租赁公司是否与客户有融资租赁业务往来问题作出审查;部分法院虽然也关注到了融资租赁公司开展的保理业务存在应"与租赁物及租赁客户有关"的监管要求,但诉讼阶段可能不就该问题进行实质性审查;部分法院认为只要融资租赁公司的经营范围包括"兼营与主营业务相关的商业保理业务",就具有开展保理业务的经营资质。因此,就减少诉讼风险的角度而言,笔者建议融资租赁公司在属地金融监管部门允许其开展保理业务交易的前提下,尽可能落实开展的商业保理业务满足"与租赁物及租赁客户有关"的要求,避免人民法院从严审查时否定保理法律关系成立的风险。

第九讲 CHAPTER 09

光伏电站融资租赁项目用地合规实务

在"碳达峰""碳中和"的目标指引下,近几年光伏行业迎来了新的发展机遇。在国家及地方政府陆续出台鼓励光伏行业发展的政策文件背景之下,大量融资租赁公司陆续参与到了光伏电站项目的融资业务中。对于含有建设期的集中式光伏电站项目及地面分布式光伏电站项目而言,光伏电站用地合规性问题是融资租赁公司参与项目时的重要审查内容之一。实务中,不少光伏电站项目因违规占地被责令拆除,导致光伏电站无法按照建设计划竣工验收、并网发电,并进一步导致融资租赁公司已经为光伏电站融资项目提供的融资丧失主要还款来源。本讲将结合光伏电站的处罚案例及关于地面光伏项目的用地规定,对涉及光伏电站用地问题的法律法规、通知文件等规范进行梳理,并就光伏电站项目用地合规性若干法律问题进行分析。

一、非法占用耕地案例——"边建边批"现象及其法律风险

(一)光伏项目违规占用耕地的处罚案例

在遂平县人民法院(2020)豫 1728 行初 32 号行政裁定书中,原告某光伏科技有限公司的主张载明,原告系某县人民政府招商引资企业,与某县人民政府签订了《农光互补光伏电站项目投资框架协议》,县政府批准原告在某镇投资建设 100 兆瓦农光互补光伏发电项目。某镇人民政府同意项目建设,某县人民政府规划办公室出具了选址意见书,某县国土资源局于 2016 年作出《关于对某镇 100MWp 农光互补光伏发电项目的预审意见》,认为项目符合某乡土地利用总体规划,符合国家

产业政策和供地政策。

但是,一审法院的事实查明部分则载明,2020年5月19日,某县自然资源局对原告某光伏科技有限公司作出《责令改正通知书》,主要内容为:"你公司未经县级以上人民政府批准,擅自占用常庄镇常庄村和常庄镇吴集村的土地(一般耕地)建桩基基础和光伏支架及其他附属设施的行为,涉嫌违反了《土地管理法》(2019修正)第四十四条的规定。根据《土地管理法》(2019修正)第七十七条、《土地管理法实施条例》第四十二条、国土资规(2015)5号文[1]的规定,现责令你公司自收到本通知书之日起七日内予以改正,自行拆除占用的土地上新建的建筑物和其他设施,恢复土地原状。逾期不改正的,将依法追究法律责任。"

在该案中存在的问题是,如果某光伏科技有限公司已经取得了县国土资源局出具的预审意见、县政府规划办公室出具的选址意见书,为何其开发建设的光伏电站项目仍然被认定存在违规占用耕地情形,且县自然资源局作出了责令拆除违规占地建筑及设施的处罚决定?

(二)光伏电站项目占用耕地的法律法规分析

就光伏电站项目而言,参照国土资源部《光伏发电站工程项目用地控制指标》(国土资规〔2015〕11号)[2]的规定,光伏方阵、变电站、运行管理中心、集电线路用地和场内道路属于永久性建筑物,永久性建筑物的用地性质应为永久性建设用地。《国土资源部、发展改革委、科技部、工业和信息化部、住房城乡建设部、商务部关于支持新产业新业态发展促进大众创业万众创新用地的意见》(国土资规〔2015〕5号)第1条第4项明确:"……对项目永久性建筑用地部分,应依法按建设用地办理手续。对建设占用农用地的,所有用地部分均应按建设用地管理……"此外,《土地管理法》(2019修正)第44条规定:"建设占用土地,涉及农用地转为建设用地的,应当办理农用地转用审批手续。永久基本农田转为建设用地的,由国务院批准。在土地利用总体规划确定的城市和村庄、集镇建设用地规模范围内,为实施该规划而将永久基本农田以外的农用地转为建设用地的,按土地利用年度计划分批次按照国务院规定由原批准土地利用总体规划的机关或者其授权的机关批准。在已批准的农用地转用范围内,具体建设项目用地可以

---

[1] 指《国土资源部、发展改革委、科技部、工业和信息化部、住房城乡建设部、商务部关于支持新产业新业态发展促进大众创业万众创新用地的意见》(国土资规〔2015〕5号)。

[2] 《光伏发电站工程项目用地控制指标》(国土资规〔2015〕11号)自2016年1月1日起实施,有效期5年。

由市、县人民政府批准。在土地利用总体规划确定的城市和村庄、集镇建设用地规模范围外,将永久基本农田以外的农用地转为建设用地的,由国务院或者国务院授权的省、自治区、直辖市人民政府批准。"

据此,由于计划占用耕地的光伏电站项目中部分建筑物属于永久性建筑物,因此需要依照《土地管理法》(2019修正)的规定办理农用地转为建设用地的审批手续。但是,对于规模范围外将农用地转为建设用地的(不含永久基本农田转为建设用地),相应的审批一般应由国务院或国务院授权的省、自治区、直辖市人民政府负责,县级人民政府并无审批权限。因而,前述处罚案例中的某光伏科技有限公司实际并未获得用地批准,属于非法占用土地情形,故县自然资源局依据《土地管理法》(2019修正)第77条作出责令其拆除违规占地建筑及设施的处罚决定。

(三)实务中的"边建边批"现象及其法律风险

在光伏项目实务中,确实存在"边建边批"的现象。县级人民政府为了实现招商引资、完成光伏项目建设的诉求,通过签署招商引资协议或光伏项目合作协议的方式,吸引投资人于当地投资建设光伏项目。如果涉及地面光伏项目需要占用耕地情形的,县级人民政府可能口头承诺投资方,将由县级人民政府协调完成耕地转为建设用地审批手续,并希望投资方在办理用地审批手续的同时,完成光伏电站建设。在相关的项目合作中,可能出现类似前述案例的情况,即县级国土资源部门先行出具了项目用地选址的预审意见、县人民政府规划办公室出具了选址意见书。但是,除已批准的农用地转用外,县级国土资源部门、县级地方政府均无权就农用地转为建设用地事项进行审批。一旦省、自治区、直辖市人民政府不同意农用地转为建设用地的,处于建设状态的光伏电站项目将面临较大的违规甚至非法占地风险。

《土地管理法》(2019修正)第77条第1款规定:"未经批准或者采取欺骗手段骗取批准,非法占用土地的,由县级以上人民政府自然资源主管部门责令退还非法占用的土地,对违反土地利用总体规划擅自将农用地改为建设用地的,限期拆除在非法占用的土地上新建的建筑物和其他设施,恢复土地原状,对符合土地利用总体规划的,没收在非法占用的土地上新建的建筑物和其他设施,可以并处罚款;对非法占用土地单位的直接负责的主管人员和其他直接责任人员,依法给予处分;构成犯罪的,依法追究刑事责任。"据此,光伏电站项目如果违规或非法占用了耕地,其面临的主要风险为被责令限期拆除电站相关建筑。此外,如果光伏电站项目违规占用林地的,依据《森林法》(2019修订)第73条①、《森林法实施条例》(2018修正)第43条②的规定,也可能被责令恢复原状及受到罚款处罚。

二、光伏电站项目用地合规要点

(一)法律层面的土地分类

《土地管理法》(2019修正)第4条规定:"……国家编制土地利用总体规划,规定土地用途,将土地分为农用地、建设用地和未利用地。严格限制农用地转为建设用地,控制建设用地总量,对耕地实行特殊保护。前款所称农用地是指直接用于农业生产的土地,包括耕地、林地、草地、农田水利用地、养殖水面等;建设用地是指建造建筑物、构筑物的土地,包括城乡住宅和公共设施用地、工矿用地、交通水利设施用地、旅游用地、军事设施用地等;未利用地是指农用地和建设用地以外的土地……"光伏电站项目使用的土地类型涵盖农用地、建设用地和未利用地这三类规划用途,其中农用地中的耕地、林地、草地,未利用地中的戈壁、荒漠、荒草地、宜林地等均有可能涉及。

(二)光伏电站项目用地取得方式

光伏电站项目常见的土地取得方式包括出让方式、划拨方式和租赁方式。如前文分析,部分地面光伏电站的建筑物为永久性建筑物,项目用地性质应为永久性用地。而永久性用地一般应通过出让、划拨方式取得。光伏电站项目用地取得方式、主要依据及重要规定详见表2。

---

① 《森林法》(2019修订)第73条:违反本法规定,未经县级以上人民政府林业主管部门审核同意,擅自改变林地用途的,由县级以上人民政府林业主管部门责令限期恢复植被和林业生产条件,可以处恢复植被和林业生产条件所需费用三倍以下的罚款。虽经县级以上人民政府林业主管部门审核同意,但未办理建设用地审批手续擅自占用林地的,依照《中华人民共和国土地管理法》的有关规定处罚。在临时使用的林地上修建永久性建筑物,或者临时使用林地期满后一年内未恢复植被或者林业生产条件的,依照本条第一款规定处罚。

② 《森林法实施条例》(2018修正)第43条:未经县级以上人民政府林业主管部门审核同意,擅自改变林地用途的,由县级以上人民政府林业主管部门责令限期恢复原状,并处非法改变用途林地每平方米10元至30元的罚款。临时占用林地,逾期不归还的,依照前款规定处罚。

表 2　用地取得方式及其依据

用地取得方式	主要依据	重要规定梳理
出让方式	《土地管理法》(2019 修正)	第 54 条:建设单位使用国有土地,应当以出让等有偿使用方式取得……
出让方式	《国土资源部、发展改革委、科技部、工业和信息化部、住房城乡建设部、商务部关于支持新产业新业态发展促进大众创业万众创新用地的意见》(国土资规〔2015〕5 号)	一、加大新供用地保障力度 (四)采取差别化用地政策支持新业态发展。……对项目永久性建筑用地部分,应依法按建设用地办理手续。对建设占用农用地的,所有用地部分均应按建设用地管理……
划拨方式	《土地管理法》(2019 修正)	第 54 条:建设单位使用国有土地,应当以出让等有偿使用方式取得;但是,下列建设用地,经县级以上人民政府依法批准,可以以划拨方式取得: (一)国家机关用地和军事用地; (二)城市基础设施用地和公益事业用地; (三)国家重点扶持的能源、交通、水利等基础设施用地; (四)法律、行政法规规定的其他用地。
划拨方式	《划拨用地目录》(国土资源部令第 9 号发布)	三、对国家重点扶持的能源、交通、水利等基础设施用地项目,可以以划拨方式提供土地使用权。对以营利为目的,非国家重点扶持的能源、交通、水利等基础设施用地项目,应当以有偿方式提供土地使用权。
划拨方式	《国务院关于促进光伏产业健康发展的若干意见》(国发〔2013〕24 号)	七、完善支持政策 (六)完善土地支持政策和建设管理……光伏发电项目使用未利用土地的,依法办理用地审批手续后,可采取划拨方式供地……

续表

用地取得方式	主要依据	重要规定梳理
租赁方式	《国土资源部、发展改革委、科技部、工业和信息化部、住房城乡建设部、商务部关于支持新产业新业态发展促进大众创业万众创新用地的意见》(国土资规〔2015〕5号)	一、加大新供用地保障力度 (四)采取差别化用地政策支持新业态发展。光伏、风力发电等项目使用戈壁、荒漠、荒草地等未利用土地的,对不占压土地、不改变地表形态的用地部分,可按原地类认定,不改变土地用途,在年度土地变更调查时作出标注,用地允许以租赁等方式取得,双方签订好补偿协议,用地报当地县级国土资源部门备案……

综合《土地管理法实施条例》(2021修订)、《国土资源部关于严格土地利用总体规划实施管理的通知》(国土资发〔2012〕2号)、《农村土地承包法》(2018修正)、《农村土地经营权流转管理办法》(农业农村部令2021年第1号)等法律法规的规定,对于光伏电站项目使用不同类型土地对应的用地取得方式,笔者进行了梳理,详见图3。

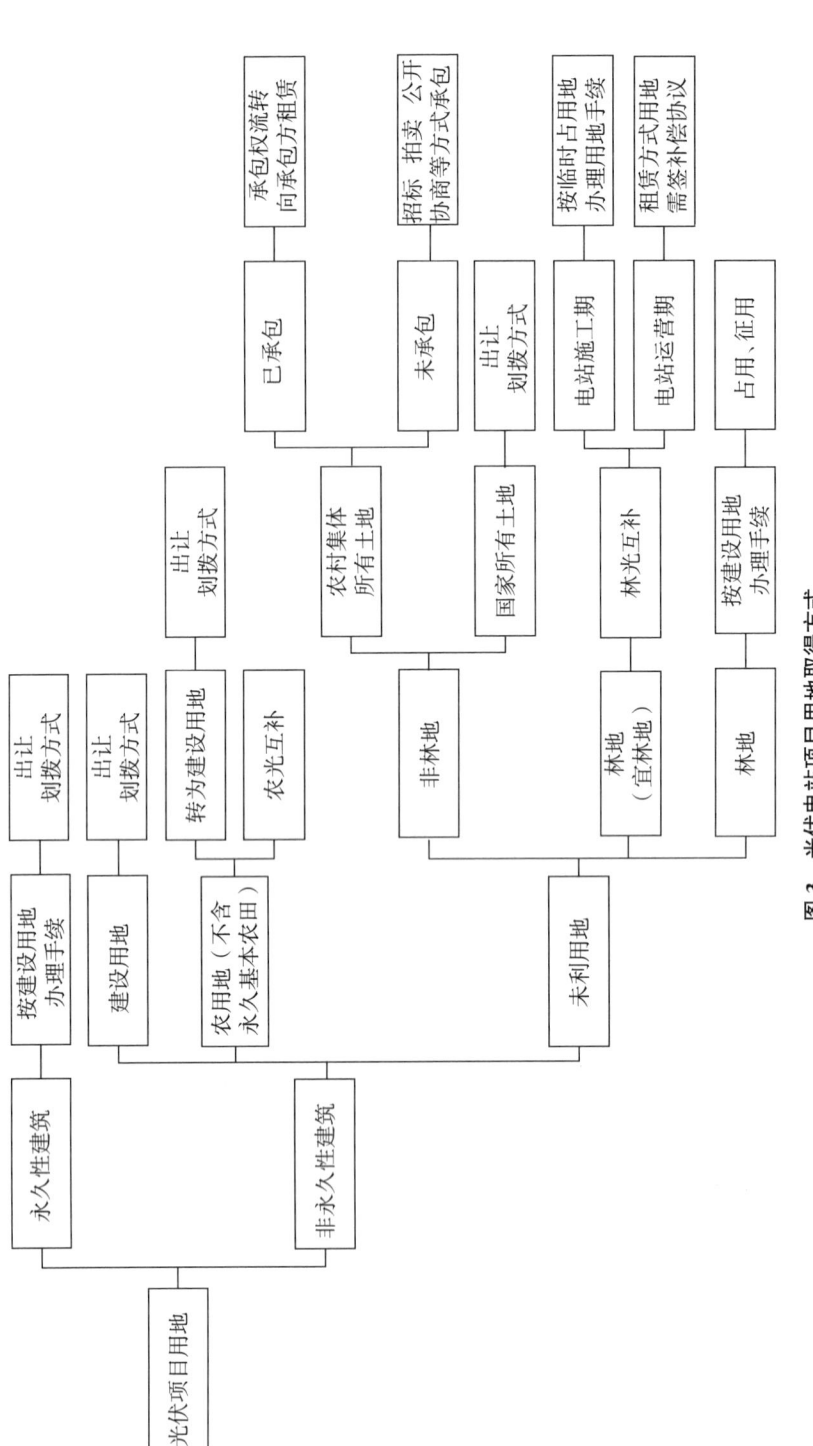

图 3 光伏电站项目用地取得方式

(三) 光伏电站用地审批事项梳理

综合《土地管理法》(2019修正)等关于土地流转的法律法规,光伏电站项目土地审批的核心步骤包括取得建设项目用地预审与选址意见书、办理建设用地审批手续(含农用地转用审批手续、农用地转用涉及的征收土地手续)、签署土地使用合同(临时用地)、占用草原或林地核准同意文件(草地、林地)、办理建设工程规划许可、取得建设用地文件(出让土地、划拨土地)、取得建设用地使用权证(出让土地、划拨土地)。需要注意的是,依照《自然资源部关于以"多规合一"为基础推进规划用地"多审合一、多证合一"改革的通知》(自然资规〔2019〕2号),建设项目选址意见书、建设项目用地预审意见已经合并为建设项目用地预审与选址意见书。上述审批事项涉及的主要法律依据详见表3。

表3 审批事项主要法律依据

审批手续	主要依据	重要规定梳理
取得建设用地预审与选址意见书	《自然资源部关于以"多规合一"为基础推进规划用地"多审合一、多证合一"改革的通知》(自然资规〔2019〕2号)	一、合并规划选址和用地预审 将建设项目选址意见书、建设项目用地预审意见合并,自然资源主管部门统一核发建设项目用地预审与选址意见书(见附件1),不再单独核发建设项目选址意见书、建设项目用地预审意见。 涉及新增建设用地,用地预审权限在自然资源部的,建设单位向地方自然资源主管部门提出用地预审与选址申请,由地方自然资源主管部门受理;经省级自然资源主管部门报自然资源部通过用地预审后,地方自然资源主管部门向建设单位核发建设项目用地预审与选址意见书。用地预审权限在省级以下自然资源主管部门的,由省级自然资源主管部门确定建设项目用地预审与选址意见书办理的层级和权限。 使用已经依法批准的建设用地进行建设的项目,不再办理用地预审;需要办理规划选址的,由地方自然资源主管部门对规划选址情况进行审查,核发建设项目用地预审与选址意见书。 建设项目用地预审与选址意见书有效期为三年,自批准之日起计算。

续表

审批手续	主要依据	重要规定梳理
	《城乡规划法》(2019修正)	第36条:按照国家规定需要有关部门批准或者核准的建设项目,以划拨方式提供国有土地使用权的,建设单位在报送有关部门批准或者核准前,应当向城乡规划主管部门申请核发选址意见书。 前款规定以外的建设项目不需要申请选址意见书。
	《建设项目用地预审管理办法》(2016修正)	第6条:依照本办法第4条规定应当由国土资源部预审的建设项目,国土资源部委托项目所在地的省级国土资源主管部门受理,但建设项目占用规划确定的城市建设用地范围内土地的,委托市级国土资源主管部门受理。受理后,提出初审意见,转报国土资源部。 涉密军事项目和国务院批准的特殊建设项目用地,建设用地单位可直接向国土资源部提出预审申请。 应当由国土资源部负责预审的输电线塔基、钻探井位、通讯基站等小面积零星分散建设项目用地,由省级国土资源主管部门预审,并报国土资源部备案。 第8条:建设单位应当对单独选址建设项目是否位于地质灾害易发区、是否压覆重要矿产资源进行查询核实;位于地质灾害易发区或者压覆重要矿产资源的,应当依据相关法律法规的规定,在办理用地预审手续后,完成地质灾害危险性评估、压覆矿产资源登记等。 第15条:建设项目用地预审文件有效期为三年,自批准之日起计算。已经预审的项目,如需对土地用途、建设项目选址等进行重大调整的,应当重新申请预审。 未经预审或者预审未通过的,不得批复可行性研究报告、核准项目申请报告;不得批准农用地转用、土地征收,不得办理供地手续。预审审查的相关内容在建设用地报批时,未发生重大变化的,不再重复审查。
	《国土资源部关于严格土地利用总体规划实施管理的通知》(国土资发〔2012〕2号)	四、严格土地利用总体规划实施 (二)严格建设项目用地预审。强化建设项目用地规划审查,凡不符合法律规定和土地利用总体规划的,不得通过建设项目用地预审……

续表

审批手续	主要依据	重要规定梳理
办理建设用地审批手续（含农用地转用审批手续、农用地转用涉及的征收土地手续）	《土地管理法实施条例》（2021修订）	第25条：建设项目需要使用土地的，建设单位原则上应当一次申请，办理建设用地审批手续，确需分期建设的项目，可以根据可行性研究报告确定的方案，分期申请建设用地，分期办理建设用地审批手续。建设过程中用地范围确需调整的，应当依法办理建设用地审批手续。农用地转用涉及征收土地的，还应当依法办理征收土地手续。
	《土地管理法》（2019修正）	第44条第1款：建设占用土地，涉及农用地转为建设用地的，应当办理农用地转用审批手续。
签署土地使用合同（临时用地）	《城镇国有土地使用权出让和转让暂行条例》（2020修订）	第8条：土地使用权出让是指国家以土地所有者的身份将土地使用权在一定年限内让与土地使用者，并由土地使用者向国家支付土地使用权出让金的行为。土地使用权出让应当签订出让合同。第29条：土地使用权出租，出租人与承租人应当签订租赁合同。租赁合同不得违背国家法律、法规和土地使用权出让合同的规定。
	《土地管理法》（2019修正）	第57条：建设项目施工和地质勘查需要临时使用国有土地或者农民集体所有的土地的，由县级以上人民政府自然资源主管部门批准。其中，在城市规划区内的临时用地，在报批前，应当先经有关城市规划行政主管部门同意。土地使用者应当根据土地权属，与有关自然资源主管部门或者农村集体经济组织、村民委员会签订临时使用土地合同，并按照合同的约定支付临时使用土地补偿费。临时使用土地的使用者应当按照临时使用土地合同约定的用途使用土地，并不得修建永久性建筑物。临时使用土地期限一般不超过二年。
	《国家林业局[①]关于光伏电站建设使用林地有关问题的通知》（林资发〔2015〕153号）	四、光伏电站建设必须依法办理使用林地审核审批手续。采用"林光互补"用地模式的，电池组件阵列在施工期临时占用林地办理使用林地手续，运营期双方可以签订补偿协议，通过租赁等方式使用林地……

---

① 2018年机构改革后为国家林业和草原局，下同。

续表

审批手续	主要依据	重要规定梳理
占用草原/林地核准同意文件(草地、林地)	《草原征占用审核审批管理规范》(林草规〔2020〕2号发布)	第6条:矿藏开采和工程建设确需征收、征用或者使用草原的,依照下列规定的权限办理: (一)征收、征用或者使用草原超过七十公顷的,由国家林业和草原局审核; (二)征收、征用或者使用草原七十公顷及其以下的,由省级林业和草原主管部门审核。 第7条:工程建设、勘查、旅游等确需临时占用草原的,由县级以上地方林业和草原主管部门依据所在省、自治区、直辖市确定的权限分级审批。 临时占用草原的期限不得超过二年,并不得在临时占用的草原上修建永久性建筑物、构筑物;占用期满,使用草原的单位或者个人应当恢复草原植被并及时退还。
	《建设项目使用林地审核审批管理办法》(2016修改)	第5条:建设项目占用林地的审核权限,按照《中华人民共和国森林法实施条例》的有关规定执行。 建设项目占用林地,经林业主管部门审核同意后,建设单位和个人应当依照法律法规的规定办理建设用地审批手续。 第9条:建设项目需要使用林地的,用地单位或者个人应当向林地所在地的县级人民政府林业主管部门提出申请;跨县级行政区域的,分别向林地所在地的县级人民政府林业主管部门提出申请。
办理建设工程规划许可、取得建设用地文件(出让土地、划拨土地)	《土地管理法》(2019修正)	第54条:建设单位使用国有土地,应当以出让等有偿使用方式取得;但是,下列建设用地,经县级以上人民政府依法批准,可以以划拨方式取得: (一)国家机关用地和军事用地; (二)城市基础设施用地和公益事业用地; (三)国家重点扶持的能源、交通、水利等基础设施用地; (四)法律、行政法规规定的其他用地。

续表

审批手续	主要依据	重要规定梳理
	《自然资源部关于以"多规合一"为基础推进规划用地"多审合一、多证合一"改革的通知》(自然资规〔2019〕2号)	二、合并建设用地规划许可和用地批准 将建设用地规划许可证、建设用地批准书合并，自然资源主管部门统一核发新的建设用地规划许可证(见附件2)，不再单独核发建设用地批准书。 以划拨方式取得国有土地使用权的，建设单位向所在地的市、县自然资源主管部门提出建设用地规划许可申请，经有建设用地批准权的人民政府批准后，市、县自然资源主管部门向建设单位同步核发建设用地规划许可证、国有土地划拨决定书。 以出让方式取得国有土地使用权的，市、县自然资源主管部门依据规划条件编制土地出让方案，经依法批准后组织土地供应，将规划条件纳入国有建设用地使用权出让合同。建设单位在签订国有建设用地使用权出让合同后，市、县自然资源主管部门向建设单位核发建设用地规划许可证。
	《国务院关于促进光伏产业健康发展的若干意见》(国发〔2013〕24号)	七、完善支持政策 (六)完善土地支持政策和建设管理。对利用戈壁荒滩等未利用土地建设光伏发电项目的，在土地规划、计划安排时予以适度倾斜，不涉及转用的，可不占用土地年度计划指标。探索采用租赁国有未利用土地的供地方式，降低工程的前期投入成本。光伏发电项目使用未利用土地的，依法办理用地审批手续后，可采取划拨方式供地。完善光伏发电项目建设管理并简化程序。
取得建设用地使用权证(出让土地、划拨土地)	《城镇国有土地使用权出让和转让暂行条例》(2020修订)	第16条：土地使用者在支付全部土地使用权出让金后，应当依照规定办理登记，领取土地使用证，取得土地使用权。 第43条：划拨土地使用权是指土地使用者通过各种方式依法无偿取得的土地使用权。 前款土地使用者应当依照《中华人民共和国城镇土地使用税暂行条例》的规定缴纳土地使用税。

(四) 光伏电站项目用地的禁止性规定及其他注意事项

关于光伏电站用地的合规性问题，除了关注土地审批相关手续是否齐备外，融资租赁公司作为融资方还应当关注项目用地是否存在违反法律法规及相关通知文件中关于光伏项目用地的禁止性规定、项目是否存在其他用地注意事项等问题。例如，依照《草原征占用审核审批管理规范》（林草规〔2020〕2号发布）的规定，光伏电站项目原则上不得占用生态保护红线内的草原。

《水法》（2016修正）第38条第1款规定："在河道管理范围内建设桥梁、码头和其他拦河、跨河、临河建筑物、构筑物，铺设跨河管道、电缆，应当符合国家规定的防洪标准和其他有关的技术要求，工程建设方案应当依照防洪法的有关规定报经有关水行政主管部门审查同意。"即过去光伏电站项目在获得审批的情况下，可以在河道管理范围内建设。值得注意的是，2022年5月20日起施行的《水利部关于加强河湖水域岸线空间管控的指导意见》（水河湖〔2022〕216号）第3条第5项规定："……光伏电站、风力发电等项目不得在河道、湖泊、水库内建设。在湖泊周边、水库库汊建设光伏、风电项目的，要科学论证，严格管控，不得布设在具有防洪、供水功能和水生态、水环境保护需求的区域，不得妨碍行洪通畅，不得危害水库大坝和堤防等水利工程设施安全，不得影响河势稳定和航运安全。各省（自治区、直辖市）可结合实际依法依规对各类水域岸线利用行为作出具体规定。"笔者认为，《水利部关于加强河湖水域岸线空间管控的指导意见》（水河湖〔2022〕216号）施行后，将对河道、湖泊、水库以内及周边建设的光伏电站项目产生明显影响。关于光伏电站项目涉及的主要用地禁止性规定及常见的违规问题详见表4。

表4 用地禁止性常用规范汇总

主要依据	重要规定梳理
《基本农田保护条例》（2011修订）	第15条：基本农田保护区经依法划定后，任何单位和个人不得改变或者占用。国家能源、交通、水利、军事设施等重点建设项目选址确实无法避开基本农田保护区，需要占用基本农田，涉及农用地转用或者征收土地的，必须经国务院批准。

续表

主要依据	重要规定梳理
《水土保持法》(2010修订)	第15条：有关基础设施建设、矿产资源开发、城镇建设、公共服务设施建设等方面的规划，在实施过程中可能造成水土流失的，规划的组织编制机关应当在规划中提出水土流失预防和治理的对策和措施，并在规划报请审批前征求本级人民政府水行政主管部门的意见。 第22条：林木采伐应当采用合理方式，严格控制皆伐；对水源涵养林、水土保持林、防风固沙林等防护林只能进行抚育和更新性质的采伐；对采伐区和集材道应当采取防止水土流失的措施，并在采伐后及时更新造林。 在林区采伐林木的，采伐方案中应当有水土保持措施。采伐方案经林业主管部门批准后，由林业主管部门和水行政主管部门监督实施。 第24条：生产建设项目选址、选线应当避让水土流失重点预防区和重点治理区；无法避让的，应当提高防治标准，优化施工工艺，减少地表扰动和植被损坏范围，有效控制可能造成的水土流失。 第25条第1款：在山区、丘陵区、风沙区以及水土保持规划确定的容易发生水土流失的其他区域开办可能造成水土流失的生产建设项目，生产建设单位应当编制水土保持方案，报县级以上人民政府水行政主管部门审批，并按照经批准的水土保持方案，采取水土流失预防和治理措施。没有能力编制水土保持方案的，应当委托具备相应技术条件的机构编制。
《国家林业局关于光伏电站建设使用林地有关问题的通知》(林资发〔2015〕153号)	二、光伏电站的电池组件阵列禁止使用有林地、疏林地、未成林造林地、采伐迹地、火烧迹地，以及年降雨量400毫米以下区域覆盖度高于30%的灌木林地和年降雨量400毫米以上区域覆盖度高于50%的灌木林地。
《国土资源部、发展改革委、科技部、工业和信息化部、住房城乡建设部、商务部关于支持新产业新业态发展促进大众创业万众创新用地的意见》(国土资规〔2015〕5号)	一、加大新供用地保障力度 (四)采取差别化用地政策支持新业态发展。光伏、风力发电等项目使用戈壁、荒漠、荒草地等未利用土地的，对不占压土地、不改变地表形态的用地部分，可按原地类认定，不改变土地用途，在年度土地变更调查时作出标注，用地允许以租赁方式取得，双方签订好补偿协议，用地报当地县级国土资源部门备案；对项目永久性建筑用地部分，应依法按建设用地办理手续。对建设占用农用地的，所有用地部分均应按建设用地管理……

续表

主要依据	重要规定梳理
《水法》(2016修正)	第38条第1款:在河道管理范围内建设桥梁、码头和其他拦河、跨河、临河建筑物、构筑物,铺设跨河管道、电缆,应当符合国家规定的防洪标准和其他有关的技术要求,工程建设方案应当依照防洪法的有关规定报经有关水行政主管部门审查同意。
《湿地保护管理规定》(2017修改)	第30条:建设项目应当不占或者少占湿地,经批准确需征收、占用湿地并转为其他用途的,用地单位应当按照"先补后占、占补平衡"的原则,依法办理相关手续。 临时占用湿地的,期限不得超过2年;临时占用期限届满,占用单位应当对所占湿地限期进行生态修复。
《国家级公益林管理办法》(林资发〔2017〕34号发布)	第9条:严格控制勘查、开采矿藏和工程建设使用国家级公益林地。确需使用的,严格按照《建设项目使用林地审核审批管理办法》有关规定办理使用林地手续。涉及林木采伐的,按相关规定依法办理林木采伐手续。 经审核审批同意使用的国家级公益林地,可按照本办法第十八条、第十九条的规定实行占补平衡,并按本办法第二十三条的规定报告国家林业局和财政部。
《河道管理条例》(2018修正)	第11条:修建开发水利、防治水害、整治河道的各类工程和跨河、穿河、穿堤、临河的桥梁、码头、道路、渡口、管道、缆线等建筑物及设施,建设单位必须按照河道管理权限,将工程建设方案报送河道主管机关审查同意。未经河道主管机关审查同意的,建设单位不得开工建设。 建设项目经批准后,建设单位应当将施工安排告知河道主管机关。 第12条第1款:修建桥梁、码头和其他设施,必须按照国家规定的防洪标准所确定的河宽进行,不得缩窄行洪通道。

续表

主要依据	重要规定梳理
《草原征占用审核审批管理规范》(林草规〔2020〕2号发布)	第5条第1款:矿藏开采、工程建设和修建工程设施应当不占或者少占草原。严格执行生态保护红线管理有关规定,原则上不得占用生态保护红线内的草原。 第7条:工程建设、勘查、旅游等需临时占用草原的,由县级以上地方林业和草原主管部门依据所在省、自治区、直辖市确定的权限分级审批。 临时占用草原的期限不得超过二年,并不得在临时占用的草原上修建永久性建筑物、构筑物;占用期满,使用草原的单位或者个人应当恢复草原植被并及时退还。
《水利部关于加强河湖水域岸线空间管控的指导意见》(水河湖〔2022〕216号)	三、严格河湖水域岸线用途管制 (五)严格管控各类水域岸线利用行为。……光伏电站、风力发电等项目不得在河道、湖泊、水库内建设。在湖泊周边、水库库汊建设光伏、风电项目的,要科学论证,严格管控,不得布设在具有防洪、供水功能和水生态、水环境保护需求的区域,不得妨碍行洪通畅,不得危害水库大坝和堤防等水利工程设施安全,不得影响河势稳定和航运安全。各省(自治区、直辖市)可结合实际依法依规对各类水域岸线利用行为作出具体规定。

三、光伏电站项目合规审查建议

实务中,光伏电站项目的用地形式多样,用地合法合规性问题涉及多项法律法规及通知文件。光伏电站项目在未完成用地审批手续的情况下,不论是违法违规占用耕地还是林地、草地等,都可能被责令拆除占用土地建筑设施并被处以罚款。此外,光伏电站项目还存在禁止占用永久基本农田、禁止占用生态保护红线内的草原等要求,甚至光伏电站项目也可能涉及水土保持、取得河道主管部门审批同意等要求。鉴于光伏电站项目用地合法合规审查工作的复杂性,笔者建议,融资租赁公司在参与此类项目时,审慎审查光伏电站项目已取得的土地审批文件,并采用现场走访方式实地查看项目用地情况,充分关注光伏电站项目用地的合法合规性问题。

第十讲 《民法典》视角下融资租赁合同的修改与签订

CHAPTER 10

《民法典》明确了融资租赁合同属于其他具有担保功能合同(《民法典》第388条第1款),新增了虚构租赁物的融资租赁合同无效规定(《民法典》第737条),完善了登记对抗主义的规定(《民法典》第745条)。《民法典》《民法典担保制度解释》施行后,出租人需要结合法律及司法解释的调整,对融资租赁合同作出相应调整,以减少诉讼中关于合同约定方面的风险。本讲将就《民法典》视角下融资租赁合同修改与签订的实务问题作出讨论及分析。

一、民法典格式条款规定对融资租赁合同的影响及应对

《民法典》第496条至第498条是关于格式合同条款的相关规定,其中第496条、第497条对《合同法》及《合同法解释(二)》与格式条款相关修改(见表5)。

表5 《民法典》格式条款修订内容比较

《民法典》	《合同法》
第四百九十六条　格式条款是当事人为了重复使用而预先拟定,并在订立合同时未与对方协商的条款。 采用格式条款订立合同的,提供格式条款的一方应当遵循公平原则确定当事人之间的权利和义务,并采取合理的方式提示对方注意免除或者减轻其责任等与对方有重大利	第三十九条　采用格式条款订立合同的,提供格式条款的一方应当遵循公平原则确定当事人之间的权利和义务,并采取合理的方式提请对方注意免除或者限制其责任的条款,按照对方的要求,对该条款予以说明。 格式条款是当事人为了重复使用而预先拟定,并在订立合同时未与对方协商的条款。

续表

害关系的条款,按照对方的要求,对该条款予以说明。提供格式条款的一方未履行提示或者说明义务,致使对方没有注意或者理解与其有重大利害关系的条款的,对方可以主张该条款不成为合同的内容。	《合同法解释(二)》 第九条 提供格式条款的一方当事人违反合同法第三十九条第一款关于提示和说明义务的规定,导致对方没有注意免除或者限制其责任的条款,对方当事人申请撤销该格式条款的,人民法院应当支持。
《民法典》 第四百九十七条 有下列情形之一的,该格式条款无效: (一)具有本法第一编第六章第三节和本法第五百零六条规定的无效情形; (二)提供格式条款一方不合理地免除或者减轻其责任、加重对方责任、限制对方主要权利; (三)提供格式条款一方排除对方主要权利。	《合同法》 第四十条 格式条款具有本法第五十二条和第五十三条规定情形的,或者提供格式条款一方免除其责任、加重对方责任、排除对方主要权利的,该条款无效。
《民法典》 第四百九十八条 对格式条款的理解发生争议的,应当按照通常理解予以解释。对格式条款有两种以上解释的,应当作出不利于提供格式条款一方的解释。格式条款和非格式条款不一致的,应当采用非格式条款。	《合同法》 第四十一条 对格式条款的理解发生争议的,应当按照通常理解予以解释。对格式条款有两种以上解释的,应当作出不利于提供格式条款一方的解释。格式条款和非格式条款不一致的,应当采用非格式条款。

从前述修改内容的比较来看,笔者认为虽然《民法典》与《合同法》关于格式条款的条文都只有3条,似乎在文字上修改不多,但实质上变化非常大。在融资租赁实践中,特别是标的额较小但交易数量大且承租人以自然人为主的车辆融资租赁合同,承租人在诉讼中提出格式合同抗辩的情况较多,出租人对《民法典》格式条款修改内容应予重视。

(一)扩大了出租人应当履行说明义务的条款范围

与《合同法》第39条的规定相比,《民法典》第496条就提供格式条款的一方应当履行说明义务的条款,增加了"与对方有重大利害关系"的条件,明显扩大了范围。

在2019年度上海法院金融商事审判十大案例之一即上海金融法院(2019)沪74民终439号融资租赁合同纠纷一案中,法院认为,《融资租赁合同》系某融资租赁公司为重复使用而预先拟定,并在签订合同时已打印完毕的条款,故《融资租赁合同》第11-1条关于处置租赁物的条款属于格式条款。第11-1条约定出租人有权自行"公开或私下处分该租赁车辆",该条款在形式上字体极小,难以辨识,且某融资租赁公司并未就该格式条款提请合同相对人予以特别注意,在内容上明显属于出租人针对承租人缺乏经营资金这一劣势,利用订立合同时的优势地位排除了承租人对处置车辆的参与权、对处置价格的异议权,同时也剥夺了承租人的优先购买权。提供格式条款的当事人在合同条款已经约定了通知对方方式和途径的情况下,又以上述约定免除自己的通知义务,违反法律规定的等价、有偿、公平的基本原则,属于《民法典》第497条规定的"排除对方主要权利"的条款内容,应为无效条款。

在(2019)沪74民终439号案中,人民法院认为融资租赁合同项下关于自行收回并处分租赁物的条款属于与承租人有重大利害关系的条款,出租人应当履行相应的提示或者说明义务。但是,在融资租赁合同中,"与对方有重大利害关系"的条款非常多。除了租金、违约金、管理费或手续费外,出租人在何等情况下有权主张融资租赁合同加速到期、解除合同、租赁物的状况、租赁物的交付期限、交付地点、租赁物的返还、租赁物价值或残值的确定、租赁物的处分等,都属于与承租人有重大利害关系的条款。这可能导致《民法典》施行后融资租赁合同纠纷中承租人频繁主张出租人未就与承租人有重大利害关系的格式条款履行提示或说明义务,同时也可能迫使出租人不得不在融资租赁合同中到处采用足以引起对方注意的文字、符号、字体等特别标识。但是,如果对所有与承租人有重大利害关系的条款都采用特别标识,那么合同条款可能到处都是特别标识,实际的提示效果反而可能打折扣。

(二)明确了出租人未尽提示或说明义务的后果

若提供格式条款的一方未尽到提示或说明义务,《合同法》第39条并未规定任何法律后果,《合同法解释(二)》第9条则规定对方当事人可以申请撤销该格式条款。但是,《合同法解释(二)》第9条在实务中存在难以被有效适用的问题。

一方面,与格式条款提供方相比,对方当事人一般在商业谈判地位、诉讼相关资源、法律专业知识等方面处于劣势,较少有对方当事人依据《合同法解释(二)》第9条的规定主动向法院提起诉讼要求撤销格式条款。实务中,承租人一般采用在诉讼中主张格式条款无效的方式进行抗辩。

另一方面,撤销权属于形成权,可能受除斥期间影响,在承租人未及时主张撤销格式条款的情况下,可能出现人民法院认定格式合同有效的情况。例如,在最高人民法院2019年第5期公报案例即上海市第一中级人民法院(2017)沪01民终9095号商品房预售合同纠纷中,法院认为,根据《合同法解释(二)》第9条的规定,提供格式条款的一方当事人违反《合同法》第39条第1款关于提示和说明义务的规定,导致对方没有注意免除或者限制其责任的条款,对方当事人申请撤销该格式条款的,人民法院应当支持。系争责任限制条款虽然以列举免责事项的方式限制了逾期交房违约责任的范围,但并未绝对免除开发商的违约责任。根据上述法律规定,系争责任限制条款属于可撤销的格式条款,而非绝对无效之格式条款,因张某等在法定的一年除斥期间内并未申请撤销该条款,故该条款仍属有效。

《民法典》第496条第2款则明确,提供格式条款的一方未履行提示或者说明义务,致使对方没有注意或者理解与其有重大利害关系的条款的,对方可以主张该条款不成为合同的内容。《最高人民法院关于充分发挥司法职能作用 助力中小微企业发展的指导意见》(法发〔2022〕2号发布)第3条明确:"……具有优势地位的市场主体采用格式条款与中小微企业订立合同,未按照《民法典》第四百九十六条第二款的规定就与中小微企业有重大利害关系的条款履行提示或者说明义务,致使中小微企业没有注意或者理解该条款,中小微企业主张该条款不成为合同内容的,应予支持……"如果合同部分条款不成为合同的内容,意味着该部分内容等同于没有签署过,对双方当事人均无约束力,在实际的适用效果上等同于格式条款无效。

在上海市虹口区人民法院(2020)沪0109民初9650号融资租赁合同纠纷一案中,法院认为,在格式条款内容存在约定不明的情况下,原告更应采取合理方式提示合同相对方注意免除或者减轻其责任等与对方有重大利害关系的条款,并根据对方要求对条款内容进行说明,现上述条款均未以加黑加粗方式进行提示,故该条款约定不应成为合同内容。法院在该案中驳回了出租人向承租人提出的全部诉讼请求,仅支持了出租人要求卖方返还购车款的相关诉讼请求。

综上,《民法典》施行后,对于承租人而言,其对格式条款的权利主张不再仅局限于诉请撤销格式条款,其除了有权选择依《民法典》第497条主张格式条款无效以外,还可以依据《民法典》第496条主张格式条款不成为合同的内容。相应地,对于出租人而言,在融资租赁合同中向承租人提示注意、说明与其有利害关系的条款显得格外重要。

(三)免除或减轻出租人责任、加重承租人责任的格式条款不当然无效

《民法典》第497条规定了格式条款无效的三种情形,第一种情形是《民法典》

因法律行为无效导致格式条款无效的情形（包括《民法典》第 144 条[①]、第 145 条[②]无民事行为能力实施的民事法律行为无效或限制行为能力超出民事行为能力实施的民事法律行为范围无效、第 146 条[③]行为人意思表示虚假无效、第 153 条[④]违反法律法规强制性规定无效及第 154 条[⑤]恶意串通无效）；第二种情形是提供格式条款一方不合理地免除或者减轻其责任、加重对方责任、限制对方主要权利；第三种情形是提供格式条款一方排除对方主要权利的情形。

《民法典》第 497 条第 2 项规定的情形为"提供格式条款一方不合理地免除或者减轻其责任、加重对方责任、限制对方主要权利"，其最重要的变化在于比《合同法》第 40 条增加了"不合理"这个限制性规定，即必须是不合理地免除或者减轻其责任、加重对方责任、限制对方主要权利的格式条款才无效。反之，如果免除或者减轻其责任、加重对方责任、限制对方主要权利是合理的，则格式条款有效。

以融资租赁合同为例，如果合同约定，只要承租人发生租金逾期（包括 1 天逾期），出租人就有权立即解除融资租赁合同、收回租赁物，则较有可能属于"不合理地免除或者减轻其责任、加重对方责任、限制对方主要权利"的约定。主要原因为，《融资租赁纠纷解释》（2020 修正）第 5 条已明确规定："有下列情形之一，出租人请求解除融资租赁合同的，人民法院应予支持：（一）承租人未按照合同约定的期限和数额支付租金，符合合同约定的解除条件，经出租人催告后在合理期限内仍不支付的；（二）合同对于欠付租金解除合同的情形没有明确约定，但承租人欠付租金达到两期以上，或者数额达到全部租金百分之十五以上，经出租人催告后在合理期限内仍不支付的；（三）承租人违反合同约定，致使合同目的不能实现的其他情形。"即使出租人主张适用《融资租赁纠纷解释》（2020 修正）第 5 条第 1 项规定解除合同的，出租人仍然应当履行催告义务，给予承租人合理的债务履行期限。通过合同约定形式免除出租人在法律上应当履行的催告义务、缩短承租人的债务履行

---

① 《民法典》第 144 条：无民事行为能力人实施的民事法律行为无效。

② 《民法典》第 145 条：限制民事行为能力人实施的纯获利益的民事法律行为或者与其年龄、智力、精神健康状况相适应的民事法律行为有效；实施的其他民事法律行为经法定代理人同意或者追认后有效。相对人可以催告法定代理人自收到通知之日起三十日内予以追认。法定代理人未作表示的，视为拒绝追认。民事法律行为被追认前，善意相对人有撤销的权利。撤销应当以通知的方式作出。

③ 《民法典》第 146 条：行为人与相对人以虚假的意思表示实施的民事法律行为无效。以虚假的意思表示隐藏的民事法律行为的效力，依照有关法律规定处理。

④ 《民法典》第 153 条：违反法律、行政法规的强制性规定的民事法律行为无效。但是，该强制性规定不导致该民事法律行为无效的除外。违背公序良俗的民事法律行为无效。

⑤ 《民法典》第 154 条：行为人与相对人恶意串通，损害他人合法权益的民事法律行为无效。

时间并不合理。

笔者认为,"不合理"这一限制性规定给融资租赁合同提供了一定的商业空间,融资租赁公司在设计合同时应当注意商业合理性,如行业惯例、交易习惯,避免合同约定过于强势导致诉讼阶段被认定为"不合理"。

(四)融资租赁合同的格式条款被认定为无效或不成为合同内容的风险

在融资租赁合同纠纷的司法实践领域,已经有越来越多的承租人关注到了提供格式合同的一方应当受到的法律约束,并在诉讼中以格式合同作为抗辩理由。部分案件的出租人已经由于合同约定不明、未充分向承租人披露格式合同条款等问题惨遭败诉。

例如,在深圳市罗湖区人民法院(2021)粤0303民初24789号融资租赁合同纠纷一案中,被告提出了管辖权异议,认为融资租赁合同虽然约定了争议由合同签订地罗湖区人民法院管辖,但实际上合同不是在深圳市签订的,合同约定的管辖法院无效。法院认为,该案合同实际履行地、被告住所地、原告住所地均不在深圳市罗湖区,仅合同约定"由合同签订地的人民法院管辖",而各被告主张合同签订地在佛山市,即被告住所地。除被告东莞市某驾驶员培训有限公司外,其他被告的生产经营地和租赁物使用地均在佛山市,本案当事人却前往深圳市罗湖区这一与双方均无联系点的地点签订合同,与常理不符,且案涉合同为格式合同,原告在合同版本上事先直接注明签订地,明显是为了规避法定管辖,故法院认定深圳市罗湖区并非合同实际签订地,该案关于管辖的协议内容不发生效力。该案中法院裁定被告提出的管辖权异议成立,将该案移送至被告住所地有管辖权的人民法院管辖。

又如,在辽宁省沈阳市中级人民法院(2022)辽01民终3241号融资租赁合同纠纷一案中,出租人某融资租赁公司收回租赁物后,提起诉讼主张承租人赔偿损失,支付车辆使用期间产生的保险费、管理费、违章罚款等。融资租赁合同约定出租人收回租赁物的折旧计算方式为,交车时车辆评估价值－退车时车辆评估价值－已支付租金＝总租金的30%。法院则认为,该合同为某融资租赁公司提供的格式合同,而该格式合同中的此项约定排除了邓某请求对收回租赁物进行价值评估的主要权利,且该计算方式并无合理依据,故双方在该格式合同中约定的该计算方式无效。该案中,一审法院驳回了原告某融资租赁公司的全部诉讼请求,二审法院维持了一审判决结果。

再如,在江苏省常州市中级人民法院(2022)苏04民终1100号融资租赁合同纠纷一案中,出租人与承租人就出租人收取的租赁首付款、租金和保证金是否超过法律规定的上限问题产生争议。一审法院认为,案涉融资租赁合同中,当事人明确约定了"租赁首付款+每月支付租金"的融资租赁交易模式,但未明确所谓租赁首付款是否为租金的一部分。而融资租赁合同是出租人根据承租人对出卖人、租赁物的选择,向出卖人购买租赁物,提供给承租人使用,承租人支付租金。从上述概念表述来看,承租人仅有向出租人支付租金的义务,再无支付其他款项的义务。鉴于融资租赁合同为出租人制定的格式合同,依照法律中关于格式条款的不利解释原则,从合同双方利益平衡的角度综合考虑,将租赁首付款认定为租金较为适宜。一审法院综合测算承租人支付的租赁首付款、保证金、租金后,未支持租金和其他费用超过年化24%的部分。二审法院维持了一审判决结果。

融资租赁业务经过多年的发展,出租人在融资租赁合同条款的设计与约定方面已经积累了一定经验。结合《民法典》关于格式条款之修改,融资租赁公司可以采取一些应对措施,进一步防范格式条款被认定为无效或不成为合同内容的风险。

(五)融资租赁公司应注意哪些问题并采取哪些应对措施

1. 出租人提示与说明义务的具体内容与要求

笔者认为,《民法典》第496条第2款关于格式条款提供方的提示、说明义务应当注意几个问题:

一是可以适当对"与对方具有重大利害关系"的条款进行扩大解释。如前所述,该规定扩大了出租人应当履行提示、说明义务的范围。但笔者认为,范围的扩大并不一定会增加出租人过多的交易成本,甚至适当扩大解释有助于尽可能全面履行提示、说明义务。在司法实践中,承租人提出抗辩的频率较高的内容一般都是涉及经济利益的条款,因此,凡是涉及承租人具体经济利益或具体费用的,有必要纳入与承租人有重大利害关系的条款范畴。

二是出租人是否应当主动向承租人提示、说明?从《民法典》第496条第2款的条文表述来看,出租人应当"按照对方的要求,对该条款予以说明",似乎出租人可以不主动向承租人进行提示、说明。但是,《民法典》第496条第2款该句的完整表述为:"采用格式条款订立合同的,提供格式条款的一方应当遵循公平原则确定当事人之间的权利和义务,并采取合理的方式提示对方注意免除或者减轻其责任等与对方有重大利害关系的条款,按照对方的要求,对该条款予以说明。"即出租人针对格式条款应当先履行提示注意义务,并在承租人提出要求的情况下,进一步对条款内容予以说明。

三是提示、说明义务应当采取何种方式?笔者认为,出租人可通过静态与动态两种方式履行提示、说明义务。静态的提示、说明义务(或者主动提示与说明)主要是采取合理方式提示承租人注意相关条款,过去的实践中主要依据《合同法解释(二)》第6条第1款之规定,在订立融资租赁时采用足以引起承租人注意的文字、符号、字体等特别标识进行提示或说明。而动态的提示、说明义务,则主要是依据承租人的要求,出租人对格式条款予以说明,因此也可视为是被动提示与说明。但动态提示、说明亦不妨碍出租人在订立合同过程中主动向承租人进行提示、说明。

四是提示、说明义务应当到达何种程度？在《合同法》第39条中,格式条款提供方的提示义务只需要达到足以提请对方注意或者按对方的要求对条款进行说明即可,至于对方是否理解则在所不问。《民法典》第496条对此提出了更高要求,除了要提示对方注意以外,还需要达到使对方理解的程度。该条中"致使对方没有注意或者理解与其有重大利害关系的条款的"使用的是"或者"的表述,意味着只要承租人没有注意或者没有理解与其有重大利害关系的条款(包括没有注意,或者虽然注意了但未理解),承租人均可以主张该条款不成为合同的内容。因此,笔者建议出租人要求承租人书面确认(甚至反复书面确认)已经理解相应条款的内容。

《全国法院贯彻实施民法典工作会议纪要》(法〔2021〕94号)第7条明确规定:"提供格式条款的一方对格式条款中免除或者减轻其责任等与对方有重大利害关系的内容,在合同订立时采用足以引起对方注意的文字、符号、字体等特别标识,并按照对方的要求以常人能够理解的方式对该格式条款予以说明的,人民法院应当认定符合民法典第四百九十六条所称'采取合理的方式'。提供格式条款一方对已尽合理提示及说明义务承担举证责任。"一方面,笔者建议出租人参考上述纪要的要求,采用相关条款加粗、加下划线等方式,履行作为格式合同提供方的说明义务。另一方面,考虑到融资租赁合同中属于"与对方有重大利害关系"的条款较多,如果对所有与承租人有重大利害关系的条款都采用特别标识,那么合同条款可能到处都是特别标识,实际上起到的提示效果可能有限,笔者建议出租人考虑在合同首部、合同签署页等位置,对融资租赁合同使用的格式合同条款问题,承租人是否基于其真实意思表示、在完全同意合同内容的情况下签署合同作出提示。

此外,监管部门对部分金融机构为客户提供的高风险业务提出了充分进行风险提示的监管要求。实务中,金融机构一般采取要求客户亲自抄录知晓相关风险的表述;通过电话或视频方式与客户就业务开展进行确认并再次提示风险、要求客户明确回复确认已经知晓相关风险;单独向客户出具风险揭示说明并要求客户仔细阅读后签署等方式,落实风险揭示要求。

笔者认为,在出租人与承租人开展融资租赁交易时,特别是当开展标的是车辆等已经被人民法院作出较多负面评价的融资租赁交易时,出租人可以参照上述做法,除在合同条款加粗、加下划线以外,向承租人作出其他方式的格式合同条款提示。若承租人的学历程度较低的,可以考虑辅助以口头说明并进行录音录像。例如,在上海市闵行区人民法院(2020)沪 0112 民初 9564 号融资租赁合同纠纷一案中,法院对格式合同的评价为,合同模板虽由原告提供,但具体的合同内容系针对涉案双方之间融资租赁合同关系而设定,双方订立合同表明已经达成合意,且合同已实际履行。另,原告对于需要特别注意的条款和事项通过加深字体作了特别提示,且被告签署了《重要事项告知书》,因此,原告有权以合同为依据向被告主张相应权利。

需要特别指出的是,《上海市融资租赁公司、商业保理公司涉个人客户相关业务规范指引》(沪金规〔2021〕1 号发布)第 18 条详细规定了融资租赁公司在签订业务合同时,应当及时、真实、准确、全面地向个人客户披露的重要信息。第 19 条则规定了披露要求,融资租赁公司应当使用"业务确认书""还款计划表"等便于接收、理解的方式向相关个人客户进行充分披露,以便其完整、准确接收相关交易信息。进一步地,第 20 条则对提示说明义务作了进一步解释,除了明确融资租赁公司应当以易于引起客户注意的字体、字号或颜色、符号等显著方式进行提示外,对其中的关键专业术语应当根据客户要求进行必要解释说明;格式合同文本采用电子形式提供的,应当可识别且易于获取。出租人可以考虑参照《上海市融资租赁公司、商业保理公司涉个人客户相关业务规范指引》(沪金规〔2021〕1 号发布)的要求,对格式合同条款作出披露及说明。

2.融资租赁合同形式、标识应当注意的问题

无论是《合同法》还是《民法典》,均未就格式条款的形式作出特别规定,也未规定格式条款的字体及其大小是否影响格式条款效力。笔者认为,字体大小、合同条款编排是否过密或易于识别,本身并不会必然导致格式条款无效,但可能不利于格式条款提供方举证证明其履行了相应的提示、说明义务。在合同字体较小的情况下,笔者建议出租人对涉及承租人义务的相关条款采加粗、加下划线的方式作出提示。

例如,在达州市达川区人民法院(2021)川 1703 民初 5938 号融资租赁合同纠纷一案中,法院认为,《融资租赁合同》第 11.2.3 条约定"若丙方发生违约,甲方有权随时单方提前解除合同,同时有权向丙方按剩余全部租金的 15% 收取解约违约金",该条款约定的违约金显属过高,系加重对方责任的条款。且该合同字体太小,

未采用足以引起对方注意的文字、符号、字体等特别提示。依据《合同法》第 40 条"……提供格式条款一方免除其责任、加重对方责任、排除对方主要权利的,该条款无效"的规定,合同第 11.2.3 条应属无效条款。

又如,在广西壮族自治区贺州市中级人民法院(2021)桂 11 民终 264 号融资租赁合同纠纷一案中,法院认为,案涉《汽车融资租赁合同》系上诉人为重复使用而预先拟定,并在签订合同时已打印完毕的条款,故法院认为第 12 条关于违约和补偿的条款属于格式条款。第 12.2.5.2 条约定出租人有权主张的损失赔偿范围包括律师费,该条款在形式上条款字体极小,难以辨识,且上诉人并未就该格式条款提请被上诉人予以特别注意,在内容上明显属于出租人针对承租人缺乏经营资金这一实际劣势,利用订立合同时的优势地位排除被上诉人对该条款的异议权,故法院对该条款的效力不予认定,未支持出租人关于律师费损失的诉讼请求。

再如,在河南省开封市中级人民法院(2015)汴民终字第 207 号融资租赁合同纠纷一案中,二审法院认为,由于双方所签订的合同系某融资租赁公司提供的格式合同,通用条款字体太小,非常模糊,常人无法看清,且某融资租赁公司未提供证据证明其已明确告知张某如违约应承担的责任,张某应依法定承担违约责任,支付自 2013 年 12 月 25 日起至本判决确定的付款期限届满时止的租金,对于欠付租金的滞纳金计算标准应按同期银行贷款利率计算。

实务中,若承租人为中小企业或自然人客户,为了避免融资租赁合同页数过多导致交易产生对手方抵触情绪,出租人可能采取将合同条款调整在一页 A4 纸中排列 2 列或 3 列并缩小字体的方式,以实现减少融资租赁合同页数的目的。若融资租赁合同适用于汽车租赁、农机租赁等合同金额较低的业务领域时,出租人出于纸张成本、合同档案管理成本的考虑,也可能采取缩小合同字体、缩小条款行间距等方式操作。但因为合同条款排版更紧凑,所以出租人更需要关注此类合同中格式条款的说明及提示义务。

3.融资租赁线上签约如何防范格式条款风险

随着电子商务的发展,越来越多的融资租赁公司已经把小金额融资租赁合同的签约方式由线下面签方式改为线上电子方式签署。线上电子签约方式有效控制了出租人的交易成本、提高了合同签署效率。但是,线上方式签署合同可能进一步缩短承租人阅读合同的时间,出租人也无法采取类似于线下面签合同的同时就重要条款作出提示的方式对格式条款作出说明。因此,与纸质合同相比,电子方式签署的合同更容易引发承租人在格式合同条款效力方面的抗辩。

从格式条款方面考虑,笔者建议出租人重点关注以下问题:

首先,线上融资租赁合同应当充分利用技术手段,就与承租人具有重大利害关系的条款进行提示。比如,可以设置合同的标准大小字体,但也可以由承租人选择更大字体,对于合同的重要条款通过多种颜色、字体、标识等进行提示。又如,签约过程中,可以设计合同条款相关页面停留较长时间、客户必须在预先设置的合同阅读时间届满后,方可进入合同签署页,反复对合同条款进行提示并由承租人点击确认等。再如,可以设置要求承租人将"已经阅读并理解相关条款"等提示提款采用手工复制、粘贴至合同指定栏位的功能,强化条款提示效果。

其次,除了通过字体、颜色等标识进行提示的内容可以通过合同条款予以举证以外,如何证明在线上签约过程中给予了承租人足够的阅读合同时间?这个问题在技术上可以通过延长客户必须停留在合同签署页的时间进行控制。但如果发生争议,由于签约过程并无录音录像,出租人可能举证比较困难。为解决上述问题,部分融资租赁公司在签约系统上线之后,就系统第一次签约流程委托公证处办理签约过程公证,并且每次对流程修改后,均重新做一次公证。那么在将来发生诉讼时,这些经过公证的签约流程就可以作为参考。根据笔者的经验,上述证据获得法院采纳的概率较高。也有部分融资租赁公司在承租人完成合同签署后,与客户进行电话或视频方式回访,在回访过程中确认融资租赁合同的相关条款承租人是否已经全部阅读并接受,并对回访过程进行录音录像。

最后,出租人如何证明已经"按照对方的要求,对该条款予以说明"?对于静态的提示,合同可以保留相应的证据。但是签约过程中,承租人面对的是手机、电脑而不是出租人的具体业务人员,如果承租人对条款有疑问而要求出租人说明、解释,应当通过何种途径提出要求?笔者认为,可以在签约过程中预留电子邮箱、电话号码等联系方式,便于承租人提出说明或解释要求,出租人应当对承租人提出的说明或解释要求进行说明并保留相应的证据(如电子邮件、电话录音)。同时,出租人也可参考线下签约的做法,在签约过程中反复要求承租人点击确认出租人已经根据承租人的要求对相关条款进行了说明,承租人已经完全理解合同全部条款内容。

此外,依照《上海市融资租赁公司、商业保理公司涉个人客户相关业务规范指引》(沪金规〔2021〕1号发布)之要求,若格式合同文本采用电子形式提供的,应当可识别且易于获取。

4.可否通过签订补充协议以证明出租人已履行说明义务

笔者认为,即使融资租赁合同为格式合同或者部分约定属于格式条款,出租人亦可以与承租人签订补充协议,在补充协议中确认出租人已经履行了提示、说明义务,同时增加已磋商、已协商等约定以淡化合同的格式条款属性。

一方面,补充协议可以证明出租人已经就相关条款向承租人履行了提示、说明义务。在实践中,不少融资租赁公司会与承租人另行签署一份关于合同条款的特别说明,表明已经对承租人履行了相应的提示、说明义务。就目前司法实践情况来看,法院对此种做法一般予以认可。

另一方面,补充协议可以证明双方已经就所有条款都进行了磋商或协商,承租人对合同的条款已经没有异议或者有异议的条款已经通过补充协议协商修改。依照《合同法》或《民法典》对格式条款的定义,"在订立合同时未与对方协商"是格式条款的构成要件之一。如果签订的合同是双方充分协商的结果,那么合同条款就不属于格式条款。因此,笔者建议通过补充协议增加已磋商、已协商等约定内容,以淡化条款的格式性。

二、完善租赁物的相关约定

(一)完善融资租赁合同关于租赁物真实性的相关约定

《民法典》第737条规定:"当事人以虚构租赁物方式订立的融资租赁合同无效。"据此,租赁物真实存在是融资租赁合同合法有效的前提条件。需要进一步说明的是,尽管《民法典》第760条规定:"融资租赁合同无效,当事人就该情形下租赁物的归属有约定的,按照其约定;没有约定或者约定不明确的,租赁物应当返还出租人。但是,因承租人原因致使合同无效,出租人不请求返还或者返还后会显著降低租赁物效用的,租赁物的所有权归承租人,由承租人给予出租人合理补偿。"但该条适用的前提应为租赁物客观存在,并不适用于当事人虚构租赁物的情况。因此,在当事人虚构租赁物时,出租人不能依据《民法典》第760条关于"由承租人给予出租人合理补偿"的规定,主张承租人给予补偿。

为避免承租人在诉讼中提出融资租赁合同项下租赁物为出租人主导进行的虚构,笔者建议出租人在融资租赁合同中增加承租人关于租赁物真实性承诺的相关条款。此外,为预防保证人引用《民法典担保制度解释》第17条第2款"主合同无效导致第三人提供的担保合同无效,担保人无过错的,不承担赔偿责任……"的规定抗辩不承担保证责任,建议出租人考虑一并要求保证人承诺确认租赁物真实存在,同意就承租人所负全部债务承担保证责任。

需要注意的是,部分融资租赁合同关于出租人支付租赁本金的前提条件的相关条款约定看似详尽,但实际上反而可能引发诉讼风险。例如,融资租赁合同约定出租人在支付租赁本金前,已取得全部租赁物发票复印件、租赁物对应的购买合同复印件。若出租人在实际操作环节减免了部分租赁物发票的,或未要求承租人提供租赁物对应的购买合同复印件的,则出租人可能被人民法院认定为未对租赁物的权属作出审查而存在过错。例如,在上海市浦东新区人民法院(2020)沪0115民初4804号民间借贷纠纷一案中,法院认为,出租人的真实意图如系建立融资租赁合同法律关系,理应对租赁物的真实性及权属尽到审慎注意。回租购买合同已明确约定,承租人应将租赁物的原始发票原件(及/或其他乙方在将租赁物出售给甲方前对租赁物享有所有权的证明文件的原件)交付给出租人保管,直至回租租赁合同履行完毕。现出租人不仅无法提供租赁物发票原件,甚至连复印件也无法提供,现场勘查照片仅涉及极少部分设备,且难以确认与本案租赁物的关联性,出租人也未提供其他审核证据。据此,法院认为出租人对租赁物本身是否存在、其是否能够取得所有权并不关注,难以认定出租人具有进行融资租赁的意思表示。

因此,融资租赁合同关于出租人支付租赁本金的前提条件的约定,笔者建议表述为"出租人取得本次融资租赁交易之必要的租赁物权属文件"。

(二)调整承租人虚构租赁物时出租人的救济措施约定

《民法典》第146条规定:"行为人与相对人以虚假的意思表示实施的民事法律行为无效。以虚假的意思表示隐藏的民事法律行为的效力,依照有关法律规定处理。"该条规定对当事人之间的意思表示进行区分,"在同时存在虚假意思表示和隐藏行为的情况下,虚假意思表示无效,如果隐藏法律行为本身有效,那么按有效处理。如果隐藏法律行为无效,那么按照无效处理"。[1] 结合《民法典》第737条的规定分析,如果出租人、承租人共同参与了虚构租赁物的行为,基于双方仍然存在融资的意思表示,应当认定出租人、承租人以虚假的融资租赁为名行借贷之实,即确认出租人与承租人之间构成借贷法律关系。

由于融资租赁法律关系不能成立时,合同项下关于租赁利率、租赁手续费等约定并不必然适用于借贷法律关系,笔者建议出租人在融资租赁合同中增加因租赁

---

[1] 最高人民法院民法典贯彻实施工作领导小组主编:《中华人民共和国民法典总则编理解与适用[下]》,人民法院出版社2020年版,第730页。

物存在瑕疵、租赁物被虚构导致融资租赁法律关系不能成立时,出租人可采取的救济措施约定。出租人可以考虑约定在上述情况下,出租人有权选择解除合同、返还本金,要求承租人参照租赁利率、以承租人实际占用的资金为基数逐日支付资金占用费,要求承租人支付违约金等。此外,如果出租人主张解除合同、恢复原状的,需要考虑就出租人已开具的租息(租金)发票是否需要办理红冲问题一并作出约定。

如果仅有承租人采用虚构租赁物的方式骗取出租人支付租赁本金,而出租人已履行了必要的审查义务核实租赁物权属及价值的,笔者认为此时不宜简单套用《民法典》第737条的规定认定融资租赁合同无效。当然,为避免诉讼阶段人民法院仍然认定租赁物不存在或租赁物对融资租赁合同丧失担保功能,并认定融资租赁法律关系不能成立,笔者建议出租人参照上述解除合同、返还本金的条款,相应调整融资租赁合同权利救济的相关约定。

(三)调整融资租赁合同关于租赁物所有权登记的约定

《民法典》第745条规定:"出租人对租赁物享有的所有权,未经登记,不得对抗善意第三人。"《国务院关于实施动产和权利担保统一登记的决定》(国发〔2020〕18号)第2条[①]、第3条[②]进一步明确了包括融资租赁在内的权利担保于动产融资统一登记公示系统办理登记。此外,《动产和权利担保统一登记办法》(中国人民银行令〔2021〕第7号发布)第9条第4款规定:"担保权人可以与担保人约定将主债权金额、担保范围、禁止或限制转让的担保财产等项目作为登记内容。"即"禁止或限制转让的担保财产"可以作为登记内容,但需要当事人约定。

综合上述规定,笔者建议出租人在融资租赁合同中至少在以下几个方面进行调整:

第一,明确承租人准许出租人使用其信息,于动产融资统一登记公示系统就融资租赁交易信息、为担保融资租赁合同履行的保证金等信息办理融资租赁登记、变更登记。如果出租人要求承租人承担登记费用的,应当一并作出约定。

[①] 《国务院关于实施动产和权利担保统一登记的决定》(国发〔2020〕18号)第2条:纳入动产和权利担保统一登记范围的担保类型包括:(一)生产设备、原材料、半成品、产品抵押;(二)应收账款质押;(三)存款单、仓单、提单质押;(四)融资租赁;(五)保理;(六)所有权保留;(七)其他可以登记的动产和权利担保,但机动车抵押、船舶抵押、航空器抵押、债券质押、基金份额质押、股权质押、知识产权中的财产权质押除外。

[②] 《国务院关于实施动产和权利担保统一登记的决定》(国发〔2020〕18号)第3条:纳入统一登记范围的动产和权利担保,由当事人通过中国人民银行征信中心(以下简称征信中心)动产融资统一登记公示系统自主办理登记,并对登记内容的真实性、完整性和合法性负责。登记机构不对登记内容进行实质审查。

第二,明确约定融资租赁期间,承租人未经出租人同意不得转让租赁物,出租人有权将该等不得转让租赁物的约定一并在动产融资统一登记公示系统中作出登记。

第三,明确约定如果出现保证人或第三方代承租人清偿了融资租赁合同项下承租人欠付的租金等款项情况的,出租人有权将融资租赁相关登记中的权利人变更登记为履行代偿义务的保证人或第三方,承租人不得要求出租人在该等情况下注销融资租赁登记信息。

(四)继续保留租赁物抵押登记的相应合同条款,并在部分高风险或特殊动产融资租赁业务中办理租赁物抵押登记

在《民法典》施行之前,由于融资租赁缺乏统一的所有权登记机构,为避免承租人将租赁物进行重复融资,出租人不得不在动产融资统一登记公示系统办理融资租赁登记,并同时在市场监督管理局或特殊动产的登记部门(如车辆管理所)办理抵押权登记,由承租人将租赁物抵押给出租人(自物抵押)。后者主要依据是《融资租赁纠纷解释》(2014)第9条之规定,出租人授权承租人将租赁物抵押给出租人并在登记机关依法办理抵押权登记的,可以产生对抗第三人之法律效果。然而,依据《国务院关于实施动产和权利担保统一登记的决定》(国发〔2020〕18号)第2条的规定,除飞机、船舶、机动车等特殊动产外,动产抵押登记、融资租赁登记已统一于动产融资统一登记公示系统办理。此外,过去出租人办理自物抵押登记的主要法律依据为《融资租赁纠纷解释》(2014)第9条,在《融资租赁纠纷解释》(2020修正)中已被删除。笔者认为,对于租赁物为一般动产的融资租赁项目而言,出租人办理动产融资统一登记公示系统融资租赁登记后,并无同时办理租赁物动产抵押登记之必要。因此,不少出租人删除了融资租赁合同中关于自物抵押的约定内容。

但是,笔者认为,在部分情况下,建议出租人继续就租赁物办理动产抵押登记。相应地,出租人仍然需要在融资租赁合同中保留出租人有权办理租赁物抵押登记的相关约定。上述情况包括:

第一,若出租人开展融资租赁交易的租赁物存在一定的权属瑕疵,但出租人希望就租赁物变现的价款作为出租人债权实现的担保措施时,建议出租人就租赁物办理动产抵押登记。主要原因为,租赁物的担保功能以出租人与承租人构成融资租赁法律关系为前提。一旦因租赁物存在瑕疵导致出租人与承租人之间的融资租赁法律关系变更为借贷法律关系或其他法律关系的,租赁物也将相应丧失担保功能。

第二,如果租赁物为飞机、船舶、机动车的,由于上述动产的抵押登记并非于动产融资统一登记公示系统办理,若出租人不在中国民用航空总局、海事局、车辆管理所办理对应抵押登记的,可能出现租赁物被承租人再次抵押的情况,导致出租人对租赁物享有的所有权无法对抗在后办理抵押登记的权利人。关于上述问题,最高人民法院在其"全国人大代表全国政协委员联络沟通平台"公布的《对十三届全国人大四次会议第9022号建议的答复》就机动车融资租赁业务明确:"一是承租人与第三人发生机动车买卖的真实交易,由于机动车登记在承租人名下,第三人的权益应当予以保护。融资租赁公司明知机动车的登记管理制度与出租人所有权冲突可能产生的风险,仍然开展相关的租赁业务,对此,法律并不能例外作出保护;二是承租人的债权人对承租人名下的租赁物申请强制执行,出租人以其系真实所有权人或者抵押权人为由向人民法院提出执行异议。实践中,出租人通常会通过办理抵押登记方式对租赁物设定抵押权。如果对租赁物办理了融资租赁(抵押)登记的,是能够对抗保全、执行措施的;如果对租赁物未办理融资租赁(抵押)登记,人民法院基于承租人的债权人的申请对租赁物采取保全或者执行措施的,出租人主张对抵押财产优先受偿的,根据《最高人民法院关于适用〈中华人民共和国民法典〉有关担保制度的解释》第五十四条第三项规定,不应予以支持。"[1]由此可见,就部分特殊动产而言,出租人需要同时在动产融资统一登记公示系统及对应的动产抵押登记部门同时办理登记。

(五)就承租人破产时,租赁物的归属等问题作出合同约定

《合同法》第242条规定:"出租人享有租赁物的所有权。承租人破产的,租赁物不属于破产财产。"《民法典》第745条规定:"出租人对租赁物享有的所有权,未经登记,不得对抗善意第三人。"《民法典》删除了"承租人破产的,租赁物不属于破产财产"的表述,可能导致在部分破产案件中,出租人主张取回租赁物时存在困难。笔者认为,即使《民法典》下的融资租赁担保功能化并且法律层面不再表述"租赁物不属于破产财产",但并不代表出租人对租赁物不享有所有权,在符合条件的情况下,出租人仍有可能主张收回租赁物。[2]

---

[1] 最高人民法院:《对十三届全国人大四次会议第9022号建议的答复》,载全国人大代表全国政协委员联络沟通平台2022年1月27日,http://gtpt.court.gov.cn/#/NewsDetail?type=03000000&id=0112034ec7594a458de91af36ebc5f03。

[2] 关于承租人破产后出租人取回租赁物的问题,详见本书第二十讲"承租人破产时出租人权利保护法律实务"。

但是,在破产案件实务中,基于管理人工作量较大等因素,管理人往往简单根据债权人提出的合同依据及对应的法律规定开展债权审核工作。而大部分管理人也非专业从事融资租赁实务的法律工作者,部分管理人可能不了解《民法典》删除"租赁物不属于破产财产"表述背后的法律逻辑。在《民法典》未就承租人破产时租赁物的归属问题作出规定的情况下,若融资租赁合同中也未就承租人破产时租赁物的所有权及出租人的权利主张作出约定,可能加大出租人在破产案件中债权申报的难度。

因此,笔者建议出租人在融资租赁合同中约定,承租人在被人民法院裁定破产重整或进入预重整程序的情形下,租赁物所有权仍然归属于出租人,同时明确出租人可以选择的救济方式。相关救济措施条款可参考融资租赁合同诉讼中出租人常见的诉讼请求进行设计,常见诉讼请求包括主张融资租赁合同租金加速到期,主张解除融资租赁合同、收回租赁物,主张解除融资租赁合同、赔偿损失等。

三、融资租赁合同期限届满后承租人留购价条款完善

(一)《民法典》关于留购价款之规定

《民法典》第759条规定:"当事人约定租赁期限届满,承租人仅需向出租人支付象征性价款的,视为约定的租金义务履行完毕后租赁物的所有权归承租人。"该条是关于根据当事人约定象征性价款推定租赁期限届满后租赁物所有权归属的规定。实践中,大部分融资租赁合同约定租赁期限届满后,承租人付清全部租金及其他款项,并向出租人支付小额的留购价款(如100元),租赁物的所有权归属于承租人。若有该类似约定,则视为当事人已经约定了租赁期限届满之后租赁物的归属,出租人不能以融资租赁合同关于租赁期限届满后租赁物所有权归属约定不明为由,主张适用《民法典》第757条的规定:"出租人和承租人可以约定租赁期限届满租赁物的归属;对租赁物的归属没有约定或者约定不明确,依据本法第五百一十条的规定仍不能确定的,租赁物的所有权归出租人。"

(二)如何理解留购价条款

《中华人民共和国民法典合同编理解与适用[三]》一书认为,人民法院在审判实践中适用《民法典》第759条时,应当注意,如果当事人约定承租人可以选择仅需向出租人支付象征性价款或选择不支付价款而放弃租赁物的,不能视为租赁期间

届满后租赁物的所有权归承租人。① 其理由为："实践中,当事人在融资租赁合同里约定租赁期限届满后承租人可以支付象征性的价款留购租赁物,也可以选择不支付价款而放弃租赁物,这类约定实际上是将是否要取得租赁物所有权的选择权赋予了承租人,而且行使选择权的时间点为租赁期限届满之时。换言之,在融资租赁合同订立时以及合同履行期间承租人无权行使选择权,也无法确定租赁期限届满后租赁物的归属,应当属于当事人对租赁物归属约定不明确的情形。如双方就租赁期限届满后租赁物的归属发生纠纷,需适用《民法典》第757条之规定来确定。"②

《对十三届全国人大四次会议第9022号建议的答复》则认为:"在合同约定承租人享有留购选择权的情况下,虽然当事人没有明确约定租赁物的归属,但民法典第七百五十九条对当事人的意思表示作出了解释和补充,承租人享有留购选择权视为约定的租金义务履行完毕后租赁物归承租人。然而承租人逾期不支付租金,承租人行使留购选择权的条件不具备,则应依据民法典第七百五十七条的规定,当事人对租赁物归属约定不明确的,租赁物的所有权归出租人。"③

根据上述内容,最高人民法院似乎倾向于认为以下两种情况下可排除《民法典》第759条的适用:

第一,虽然融资租赁合同约定租赁期限届满之后,承租人支付象征性价款,租赁物所有权归承租人,但同时约定承租人有权选择支付象征性价款获得租赁物所有权,也有权选择不支付象征性价款而放弃租赁物所有权的,不适用《民法典》第759条,即不能视为租赁期间届满后租赁物的所有权归承租人。

第二,承租人行使留购选择权以承租人按期支付租金为前提,如果承租人逾期不支付租金,则承租人无权再行使留购选择权。此时,不应当适用《民法典》第759条,而应当适用《民法典》第757条,视为当事人对融资租赁期限届满之后租赁物的归属约定不明确,推定租赁物所有权归出租人。

对于《民法典》第759条规定的理解,笔者认为,最高人民法院在《中华人民共

---

① 参见最高人民法院民法典贯彻实施工作领导小组主编:《中华人民共和国民法典合同编理解与适用[三]》,人民法院出版社2020年版,第1751页。
② 最高人民法院民法典贯彻实施工作领导小组主编:《中华人民共和国民法典合同编理解与适用[三]》,人民法院出版社2020年版,第1751~1752页。
③ 最高人民法院:《对十三届全国人大四次会议第9022号建议的答复》,载全国人大代表全国政协委员联络沟通平台2022年1月27日,http://gtpt.court.gov.cn/#/NewsDetail? type = 03000000&id = 0112034ec7594a458de91af36ebc5f03。

和国民法典合同编理解与适用[三]》等相关著作及《对十三届全国人大四次会议第9022号建议的答复》中的观点值得商榷。

1. 承租人对支付留购价款享有选择权,为何属于对租赁物归属约定不明

笔者认为,《民法典》第759条规定的"承租人仅需向出租人支付象征性价款"本身即赋予了承租人选择权。尽管承租人支付象征性留购价款后获得租赁物所有权的前提是承租人已付清全部租金及其他费用,但是这样的合同条款约定本质上就说明这是承租人的一项权利而不是义务。既是权利,承租人当然有权选择放弃行使该权利,而且承租人行使选择权的时间点也是租赁期限届满之时。换言之,即使融资租赁合同没有约定承租人"可以选择不支付价款而放弃租赁物",承租人仍然有选择权。

那么,如果《中华人民共和国民法典合同编理解与适用[三]》中的观点成立,则《民法典》第759条就永远无法得到施行。但凡融资租赁合同约定租赁期限届满,承租人仅需向出租人支付象征性价款后,租赁物所有权归承租人,就代表承租人享有选择权,表明"在融资租赁合同订立时以及合同履行期间承租人无权行使选择权,也无法确定租赁期限届满后租赁物的归属,应当属于当事人对租赁物归属约定不明确的情形"。那么,《中华人民共和国民法典合同编理解与适用[三]》得出的结论,是否与《民法典》第759条的立法本意相悖?

2. "承租人逾期不支付租金"是否一律导致"承租人行使留购选择权的条件不具备"而推定"租赁物的所有权归出租人"

笔者认为,如果《对十三届全国人大四次会议第9022号建议的答复》中的"然而承租人逾期不支付租金,承租人行使留购选择权的条件不具备,则应依据民法典第七百五十七条的规定,当事人对租赁物归属约定不明确的,租赁物的所有权归出租人"成立的话,也会得出有违《民法典》第759条立法本意的结论。理由包括:

首先,是否所有融资租赁合同中承租人违约之后,承租人一定丧失留购选择权?或者说,承租人行使留购选择权是否一定是以承租人不存在任何违约情形为前提?笔者认为,此问题属于当事人意思自治的范畴,应当根据融资租赁合同中的约定进行判断。若融资租赁合同并未约定承租人留购选择权的行使前提,则人民法院不应强加前提条件。

其次,若承租人违约后承租人即丧失留购选择权,那么在承租人违约的融资租赁纠纷案件中,租赁期限届满之后的租赁物所有权都将归属于出租人。因为,实践中出租人提起诉讼大部分是因为承租人逾期不支付租金(或有其他违约行为)。

但是,《民法典》第759条的适用并未规定只适用于承租人未违约的场合。该条款的适用主要是根据融资租赁合同条款来判断,即如果融资租赁合同存在"租赁期限届满,承租人仅需向出租人支付象征性价款"或类似表述的约定,则视为"约定的租金义务履行完毕后租赁物的所有权归承租人"。

最后,即使因为承租人逾期不支付租金而认定承租人行使留购选择权的条件不具备,那么也不宜直接就推定当事人对租赁物归属约定不明确的,租赁物的所有权归出租人。根据《民法典》第757条之规定,如果当事人对租赁物的归属没有约定或约定不明,只有在依据《民法典》第510条的规定仍不能确定的情况下,租赁物的所有权才归出租人。而《民法典》第510条规定:"合同生效后,当事人就质量、价款或者报酬、履行地点等内容没有约定或者约定不明确的,可以协议补充;不能达成补充协议的,按照合同相关条款或者交易习惯确定。"可见,《民法典》第510条明确了对于没有约定或约定不明的内容,按照合同相关条款或者交易习惯进行确定。那么,就融资租赁交易习惯而言,租赁物对融资租赁出租人的主要意义在于担保功能,出租人更关心的是其全部租金债权的实现。出租人的全部租金债权实现后,出租人自然就愿意将租赁物所有权转移给承租人。一般仅在承租人无力支付租金时,出租人才会退而求其次,选择收回并变现租赁物,以弥补应当回收的租金债权。因此,即使当事人对租赁物的归属约定不明,亦不难依据融资租赁合同的相关条款或者融资租赁的交易习惯确定租赁物所有权在融资租赁期限届满之后归属于出租人。换言之,即使对于租赁期限届满后租赁物所有权归属没有约定或约定不明,尚且可以通过合同相关条款或者交易习惯确定租赁物的归属问题。那么,在融资租赁合同已经约定了承租人具有留购选择权的情况下,更应当直接适用《民法典》第759条的规定,视为约定的租金义务履行完毕后租赁物的所有权归承租人。

因此,笔者认为,在承租人存在违约的情况下,承租人可能确实不具备行使留购选择权的条件,但不应据此认定当事人对租赁物归属约定不明并推定租赁物的所有权归出租人。若承租人在此后支付了全部剩余租金、违约金及其他费用(包括留购价),则租赁物所有权仍然应当归承租人所有。

(三)留购价条款的完善建议

笔者认为,《民法典》第759条已经明确规定,如果当事人约定租赁期限届满,承租人仅需向出租人支付象征性价款的,就视为约定的租金义务履行完毕后租赁物的所有权归承租人。一方面,当事人的此类约定本身就是赋权性的合同条款,承租人当然有选择权,但不因此而认定当事人对租赁物所有权归属约定不明。另一方面,该条未规定以承租人未违约为适用前提,在具体适用时还应当分析融资租赁合同的具体约定,且不宜以承租人违约为由认为承租人行使留购选择权的条件不具备并进一步认定当事人关于租赁物所有权归属的约定不明。笔者建议出租人完善融资租赁合同的约定,增加"本合同履行期间,如承租人发生租金逾期支付等违约情形的,出租人有权撤销本合同关于留购价款的相关约定"或"在承租人未发生租金逾期支付等违约情形的前提条件下,承租人有权根据本合同关于留购价款的相关约定,留购租赁物"等类似约定,以最大化维护出租人的权利。

四、完善承租人违约之后出租人救济措施条款

(一)以合同约定的方式界定"催告"及"合理期限"

《民法典》第752条延续了《合同法》第248条之规定,出租人请求支付全部租金或者解除合同的前提是"承租人经催告后在合理期限内仍不支付租金的"。但《民法典》并未对"催告"的方式及"合理期限"作出界定,诉讼实务中的"合理期限",一般以各地法院的审判指导意见、主审法官对案情的综合分析加以判定。

为了减少发生纠纷后对"催告"及"合理期限"产生争议,笔者建议出租人完善融资租赁合同的约定。一方面,出租人可在融资租赁合同中约定出租人可以选择"催告"的具体方式。例如,融资租赁合同可以约定承租人的联系方式(电子邮箱、手机号、微信、通讯地址等),只要出租人按照合同约定的承租人联系方式向承租人发出催告通知的,不论承租人是否拒收催告通知或者催告通知因承租人提供的联系方式错误而被退回的,均应视为出租人已经履行了催告义务。另一方面,关于出租人是否给予承租人"合理期限"的争议,出租人可以考虑在融资租赁合同中,对出租人进行催告的合理期限作出界定。例如,融资租赁合同可以根据承租人逾期金额的不同分别约定对应的债务履行合理期限。在出租人履行过催告义务且承租人在债务履行合理期限内仍未履行债务清偿义务的,出租人有权进一步主张融资租赁合同加速到期,或主张解除融资租赁合同。此外,也可约定在出租人不经书面催告而直接以提起诉讼的方式主张融资租赁合同加速到期或解除合同的情形下,此时对应的"合理期间"为出租人提起诉讼之日至民事起诉状副本送达承租人之日所经过的期间。[1]

(二)约定出租人有权在承租人违约时对租赁物采取锁机、取回等控制措施

《民法典》第748条规定:"出租人应当保证承租人对租赁物的占有和使用。出租人有下列情形之一的,承租人有权请求其赔偿损失:(一)无正当理由收回租赁物;(二)无正当理由妨碍、干扰承租人对租赁物的占有和使用;(三)因出租人的原因致使第三人对租赁物主张权利;(四)不当影响承租人对租赁物占有和使用的其他情形。"据此,在融资租赁合同履行期间,出租人应当确保承租人享有对租赁物的平静占有权。但是,为了防范承租人恶意将租赁物搬离合同约定的使用地点,承租人未经出租人同意转租或处置租赁物等风险,出租人可能就部分租赁物加装锁机装备(包括内置程序或随租赁物配置的设备)。此外,在承租人发生租金严重逾期、出租人决定收回租赁物等情形时,出租人也有可能采取锁机措施使承租人无法正常使用租赁物。[2]

但基于锁机措施客观上影响了承租人对租赁物的平静占有权,笔者建议出租人在融资租赁合同中,就出租人有权采取锁机措施且不承担违约及赔偿责任的情形作出明确约定。常见的情形可以包括:承租人擅自处分租赁物,影响出租人的租赁物所有权;承租人转租租赁物;承租人将租赁物免费提供给第三方使用;承租人将租赁物搬离融资租赁合同约定的使用地点;出租人发生严重的租金逾期支付情况(如连续发生2期或以上的租金逾期支付情形或欠付的租金累计达全部租金的15%)。

此外,部分出租人可能在承租人发生租金逾期支付的情形下,希望采用暂时收回租赁物的方式,督促承租人支付租金,同时防范承租人因资金紧张自行出售租赁物的风险。但上述操作方式对于出租人而言,如果没有明确的合同约定,则将面临较高的法律风险,出租人"暂时收回租赁物"的方式,实际可能产生解除融资租赁合同的法律效果。具体而言,《上海法院类案办案要件指南(第1册)》关于"合同解除日的认定和裁判规则"明确:"在承租人违约出租人已经收回或扣押租赁物的情况下,出租人收回租赁物即发生解除合同的效果。"[3]据此,出租人收回租赁物的

---

[1] 在起诉前未催告的情况下,一般是以承租人收到民事起诉状副本视为催告。实践中,受理案件的法院在原告提起诉讼之时即可能通过短信向被告发送涉诉通知。在此情况下,将"合理期间"约定为出租人提起诉讼之日至民事起诉状副本送达承租人之日所经过的期间,存在被法院采纳的可能。

[2] 关于出租人在租后管理中的锁机风险,详见本书第十一讲"设备直租交易法律实务"。

[3] 茆荣华主编:《上海法院类案办案要件指南(第1册)》,人民法院出版社2020年版,第70页。

日期,诉讼阶段将被认定为融资租赁合同解除日,出租人无法另行提出主张融资租赁合同加速到期的诉讼请求。

因此,出租人如果考虑暂时收回租赁物,但不解除融资租赁合同的,建议出租人与承租人通过书面约定的方式,对"暂时收回租赁物但融资租赁合同未解除"的事项作出约定。例如,在出租人暂时保管租赁物期间,若承租人于特定期限届满之前履行了租金支付义务,承租人有权取回租赁物并自行使用。若承租人于特定期限届满之前仍无法支付租金的,则届时由出租人、承租人另行协商确定融资租赁合同的履行事宜。

(三)调整出租人主张融资租赁合同加速到期时的救济措施条款

《民法典担保制度解释》第65条第1款规定:"在融资租赁合同中,承租人未按照约定支付租金,经催告后在合理期限内仍不支付,出租人请求承租人支付全部剩余租金,并以拍卖、变卖租赁物所得的价款受偿的,人民法院应予支持;当事人请求参照民事诉讼法'实现担保物权案件'的有关规定,以拍卖、变卖租赁物所得价款支付租金的,人民法院应予准许。"依据该款规定,出租人可以在主张租金加速到期时,一并主张以拍卖、变卖租赁物所得的价款受偿。至于出租人能否对租赁物享有优先受偿权,则取决于出租人对租赁物享有的所有权是否已经办理登记。[①]

由于《合同法》及《融资租赁纠纷解释》(2014)均未规定出租人在主张融资租赁合同加速到期的同时可以主张就租赁物拍卖、变卖款项受偿,因此融资租赁实践中大部分融资租赁合同仅约定承租人违约情形时,出租人有权主张全部租金加速到期,但未约定出租人有权一并就租赁物拍卖、变卖所得的价款优先受偿。在《民法典担保制度解释》第65条明确规定了出租人有权就拍卖、变卖租赁物所得的价款受偿的情况下,笔者建议出租人从两方面完善合同条款:一方面,及时调整出租人主张融资租赁合同加速到期时的救济措施条款,增加出租人对租赁物享有优先受偿权的约定;另一方面,考虑到出租人有权请求参照《民事诉讼法》"实现担保物权案件"的有关规定,以拍卖、变卖租赁物所得价款支付租金,因此建议进一步约定出租人因此而发生的诉讼成本(包括申请费、重新诉讼的诉讼费、律师费等)均由承租人承担。

需要注意的是,《民法典担保制度解释》第65条第1款规定的"租赁物拍卖、变

[①] 关于出租人能否对租赁物主张优先受偿权,详见本书第十七讲"融资租赁租金加速到期法律实务"。

卖租赁物所得的价款"的受偿范围仅为"剩余租金",并不包括罚息类款项、违约金、律师费等款项。如果出租人未通过合同约定的方式,明确罚息类款项、违约金、律师费等费用属于租赁物处置价款的优先受偿范围,则在诉讼中仍有可能产生争议。

例如,在东莞市第二人民法院(2022)粤1972民初5498号融资租赁合同纠纷一案中,法院认为,案涉租赁物已在中国人民银行征信中心进行动产担保登记证明——初始登记,故原告可请求以拍卖、变卖案涉租赁物所得的价款受偿本案全部未付租金649,000元,但是对于出租人主张就租金之外的违约金等款项以拍卖、变卖租赁物所得价款受偿,法院未予支持。而在上海市长宁区人民法院(2021)沪0105民初23396号融资租赁合同纠纷一案中,对于原告要求以拍卖、变卖租赁物所得价款受偿的诉请,法院认为,融资租赁合同系具有担保功能的合同,以租赁物担保原告合同项下债权实现,符合双方当事人的意思表示。根据《民法典担保制度解释》第65条的规定,承租人未按约支付租金,出租人有权请求承租人以拍卖、变卖租赁物所得价款受偿,故出租人该项主张具有法律依据。原、被告签订的《抵押合同》约定以融资租赁合同项下的租赁物作为抵押物,担保范围包括租金、违约金等费用,故出租人该项主张也具有合同依据。据此,法院对出租人要求以租赁物折价或者拍卖、变卖的价款受偿的诉请予以支持。即该案中法院支持违约金也属于租赁物折价或者拍卖、变卖的价款受偿范围的理由为该等处理方式具有合同依据。

因此,笔者建议,出租人在融资租赁合同中作出明确约定,如果出租人主张融资租赁合同加速到期,同时主张租赁物折价或者拍卖、变卖的价款优先受偿的,该等优先受偿的价款范围包括全部未付租金、罚息类款项、出租人处置租赁物发生的全部费用、出租人提起诉讼发生的律师费、保全担保费等。

(四)明确约定出租人收回租赁物后可自行拍卖、变卖租赁物

《民法典担保制度解释》第45条第1款规定:"当事人约定当债务人不履行到期债务或者发生当事人约定的实现担保物权的情形,担保物权人有权将担保财产自行拍卖、变卖并就所得的价款优先受偿的,该约定有效。因担保人的原因导致担保物权人无法自行对担保财产进行拍卖、变卖,担保物权人请求担保人承担因此增加的费用的,人民法院应予支持。"该条虽然是关于担保物权实现途径的规定,但是在融资租赁担保功能化的情况下,本条也适用于融资租赁。

依据该规定,出租人与承租人可以在融资租赁合同中约定,当承租人不按期支付租金或者发生其他违约情形时,出租人有权将租赁物自行拍卖、变卖并就所得的价款优先受偿。而且,出租人无须向人民法院申请实现担保物权即可将租赁物自

行拍卖、变卖并就所得价款优先受偿。

在以往的司法实践中,即使融资租赁合同约定了类似的条款,其法律效力仍然具有一定争议。而该条作出了全新的规定,因此在具体运用该条款时需要注意以下问题:

第一,融资租赁合同中可以约定出租人有权将租赁物自行拍卖、变卖的条件,同时约定拍卖、变卖的具体流程,包括租赁物如何定价、委托哪家机构或平台对租赁物进行评估、拍卖或变卖,拍卖、变卖的费用或成本如何分担等。

第二,即使有类似约定,将来在合同的具体履行过程中,类似约定的实施仍然需要得到承租人的配合,出租人仍然应当在法律法规允许的范围内行使合同权利。特别是若承租人不配合,出租人切勿采取暴力、威胁等手段取回租赁物,避免侵犯他人合法权益甚至涉及刑事犯罪。

第三,在中国目前的诚信制度、司法环境下,由于该条款的实施大部分情况下需要承租人配合,因此在实践中能运用到什么程度,还存在很大的不确定性。但建议出租人还是先增加此类条款,因为在实践中亦不排除部分承租人配合出租人拍卖、变卖租赁物,若有该条款,则可直接按照约定操作。

综上,笔者建议出租人完善融资租赁合同约定,在合同中加入自行拍卖、变卖等相关条款。

(五)融资租赁合同应完善租赁物价值的确定方式

《民法典担保制度解释》第65条第2款规定:"出租人请求解除融资租赁合同并收回租赁物,承租人以抗辩或者反诉的方式主张返还租赁物价值超过欠付租金以及其他费用的,人民法院应当一并处理。当事人对租赁物的价值有争议的,应当按照下列规则确定租赁物的价值:(一)融资租赁合同有约定的,按照其约定;(二)融资租赁合同未约定或者约定不明的,根据约定的租赁物折旧以及合同到期后租赁物的残值来确定;(三)根据前两项规定的方法仍然难以确定,或者当事人认为根据前两项规定的方法确定的价值严重偏离租赁物实际价值的,根据当事人的申请委托有资质的机构评估。"[1]

---

[1] 该条规定基本延续了《融资租赁纠纷解释》(2014)第23条及《融资租赁纠纷解释》(2020修正)第12条。《融资租赁纠纷解释》(2020修正)第12条规定:"诉讼期间承租人与出租人对租赁物的价值有争议的,人民法院可以按照融资租赁合同的约定确定租赁物价值;融资租赁合同未约定或者约定不明的,可以参照融资租赁合同约定的租赁物折旧以及合同到期后租赁物的残值确定租赁物价值。承租人或者出租人认为依前款确定的价值严重偏离租赁物实际价值的,可以请求人民法院委托有资质的机构评估或者拍卖确定。"

在确定承租人赔偿数额时,对于租赁物的价值如何认定是司法实践中的一大难点,不少融资租赁纠纷案件中,出租人因无法举证证明租赁物的价值而败诉。例如,2020年5月上海市高级人民法院发布的2019年度上海法院金融商事审判十大案例之案例九判决认为,融资租赁合同虽然约定出租人有权自行处置租赁物,但并未约定租赁物价值如何确定,且出租人未能举证证明租赁物处置价格的合理性,最终判决出租人败诉。就当事人对租赁物的价值有争议的,《融资租赁纠纷解释》(2020修正)及《民法典担保制度解释》均规定了租赁物价值的确定规则,笔者建议融资租赁公司对此引起重视。

笔者认为,对于租赁物价值的确定,融资租赁合同可约定由出租人与承租人共同认可的有资质的第三方评估机构名单,只要是委托名单里的评估机构对租赁物作出的评估结果,出租人与承租人均予以认可,产生的评估费用由承租人负担且承租人不得提出任何异议。此外,也可另外约定一些比较简便易行的租赁物价值计算方法,如约定租赁物价值随使用期限按一定规律递减。同时,融资租赁合同还可结合《民法典担保制度解释》第45条之规定,对如何拍卖、变卖租赁物详加约定。

需要注意的是,如果融资租赁合同仅约定出租人有权自主决定租赁物的处置价格,且承租人对处置价格不提出任何异议的,人民法院可能认为出租人与承租人对租赁物的处置价值约定不明,并重新认定租赁物处置价格。例如,在江西省南昌市中级人民法院(2019)赣01民终2866号融资租赁合同纠纷一案中,法院认为,双方签订的《融资租赁协议》对收回租赁物的处置问题虽然进行了约定,但该条款系预先拟定的格式条款,排除了承租人对租赁物处分的参与权、决定权,系排除了承租人主要权利的条款。且依据该条款并不能直接确定案涉租赁物收回时的价值,该条款不具备确定性,无法依据该条款确定租赁物价值。上诉人某融资租赁公司对此虽提出其自行处置的价款为1,150,000元,但因该处置价格涉及承租人的合法权益,且该价格系某融资租赁公司在未引入第三方评估机构评估的情况下擅自变卖处置设备,也未将设备处置价款告知洪某某,洪某某也未予追认。鉴于租赁设备已被销售,距今时间久远,且双方明确表示不同意进行评估,无法通过评估、拍卖方式来确定其价值。一审法院结合挖掘机的购买价格、使用年限、加速折旧等因素,参照重置成本法认定租赁设备售价按1,556,000元计算,并无不当。

此外,即使融资租赁合同明确约定了租赁物折旧计算方式,如果该等计算方式明显不合理、确定的租赁物价值过低,仍然可能面临被法院不予确认的风险。例如,在天津自由贸易试验区人民法院东疆融资租赁中心法庭2022年6月28日发布的十大典型融资租赁司法案例中,其中一例裁判主旨为"租赁物价值确定方式有失公允的,人民法院可不予认定"。在该案中,出租人主张解除融资租赁合同、收回租赁物并赔偿损失,损失赔偿范围为全部未付租金、违约金与收回租赁物价值的差额。但法院认为,关于已收回两台车的价值确定,合同中虽然约定了评估价格计算方式,但约定折旧年限过短,通过该公式难以反映车辆的实际价值,不应采用,本案原告对于案涉两台车辆,收车时间相距约半年,根据原告主张的车辆价值计算方式难以公平合理地确定车辆价值,根据原告提交的证据难以反映处置价格系市场价格,故法院无法对原告主张的租赁物价值计算方式予以采纳。[1]

五、视频签约法律实务问题

在新冠肺炎疫情持续影响下,银行、融资租赁公司等金融或类金融机构的不少业务签约方式已经由传统纸质签约调整为线上电子签约,便捷、高效又安全。中国银行保险监督管理委员在2020年7月出台了《商业银行互联网贷款管理暂行办法》,规范商业银行互联网贷款业务。但金融机构的许多业务仍然采用传统的线下纸质签署方式,受新冠肺炎疫情的影响较大。在此背景下,能否通过视频签约代替传统的线下面签,以及需要注意什么事项,值得探讨。

(一)视频签约是否等同于电子签约

视频签约,严格来讲并非准确的法律概念。所谓视频签约,是指通过视频连线的方式,确认各方当事人签署书面合同的过程。以视频签约方式签署的合同仍然是当事人在物理空间签署的纸质合同,只是并非"面对面"看着对方签署合同,而是"屏幕对屏幕"看着对方签署合同。合同是否成立、生效,仍然有赖于纸质合同关于成立、生效的合同约定,当事人使用的公章是否真实,签署合同的当事人是否获得了合法有效的授权,合同是不是各方当事人真实意思表示等因素,但视频签约过程形成的视听资料可以作为合同成立、生效的佐证。当然,实践中还存在一种视频签约,即在电子签约完成之后,通过视频方式再对电子签约的过程与结果进行确认,此种视频签约并非此处所讨论的范畴。

电子签约是指当事人之间通过电子信息网络,借助数字签名、信息加密等技术

---

[1] 参见天津市滨海新区人民法院:《天津滨海新区法院发布十大融资租赁案例》,载微信公众号"天津高法"2022年7月5日,https://mp.weixin.qq.com/s/5hDeSa8MClUTyMv1WFFZ6A。判决内容参见天津自由贸易试验区人民法院一审民事判决书,(2021)津0319民初5931号。

手段,以电子形式达成设立、变更、终止民事法律关系的协议。通俗地说,就是把传统线下签署纸质合同的过程与结果均搬到网络上,在网络上完成合同签署、管理并形成电子合同。关于电子签约我国早有法律规范。我国《电子签名法》在 2005 年就已经施行了,电子签约所形成的电子合同效力也早得到《合同法》及《民法典》的确认。事实上,电子签约早已深入我们的生活,例如,我们日常通过网银、支付宝、微信等进行的交易,都属于电子签约。

由上可见,视频签约与电子签约存在一定共性。例如,两者的使用目的均是签署合同,都涉及网络技术,但两者的法律依据、签署过程与要求、签署载体甚至签署后的效力判断标准完全不同。

1. 法律依据不同

视频签约目前并无法律层面的明确规定或依据。如果一定要找到相关规定或依据,则在证据角度有相关司法解释支持视频签约可作为合同签订过程的佐证。《最高人民法院关于适用〈中华人民共和国民事诉讼法〉的解释》(2022 修正)第 116 条规定:"视听资料包括录音资料和影像资料。电子数据是指通过电子邮件、电子数据交换、网上聊天记录、博客、微博客、手机短信、电子签名、域名等形成或者存储在电子介质中的信息。存储在电子介质中的录音资料和影像资料,适用电子数据的规定。"《最高人民法院关于民事诉讼证据的若干规定》(2019 修订)亦有类似规定。可见,视频签约过程形成的视听资料可作为证据,用于证明签约的客观真实性。

而电子签约,则受《电子签名法》(2019 修正)、《民法典》等相关法律的直接约束和调整。《电子签名法》(2019 修正)第 3 条规定:"民事活动中的合同或者其他文件、单证等文书,当事人可以约定使用或者不使用电子签名、数据电文。当事人约定使用电子签名、数据电文的文书,不得仅因为其采用电子签名、数据电文的形式而否定其法律效力……"《民法典》也认可通过电子签约方式所签署的合同之法律效力。

2. 签约过程与要求不同

虽然视频签约与电子签约都借助网络或信息技术手段,但两者的签约过程与要求完全不同,视频签约对网络和信息技术的要求远低于电子签约。

视频签约只是通过视频方式"看着"对方在纸质合同上签字或盖章,只需要通过视频连线即可实现。在互联网高度普及的今天,随时随地都可以通过手机、电脑等工具实现视频签约。当事人除了可以通过视频"看着"对方签约,还可以通过录屏、录像等保存签约的过程,并在将来发生争议时提供给裁判机构作为证据使用。因此,视频签约的核心在于签约过程的可视化。

电子签约则不然。电子签约并不需要当事人以任何方式见面(包括实地或者视频连线等),签约的过程可以在信息系统内部通过一系列的数据传递完成,与视频签约、传统面对面签约具有本质区别。

《电子签名法》(2019修正)第13条规定:"电子签名同时符合下列条件的,视为可靠的电子签名:(一)电子签名制作数据用于电子签名时,属于电子签名人专有;(二)签署时电子签名制作数据仅由电子签名人控制;(三)签署后对电子签名的任何改动能够被发现;(四)签署后对数据电文内容和形式的任何改动能够被发现。当事人也可以选择使用符合其约定的可靠条件的电子签名。"第16条规定:"电子签名需要第三方认证的,由依法设立的电子认证服务提供者提供认证服务。"据此,《电子签名法》(2019修正)并不要求电子签名必须经第三方依法设立的电子认证服务提供者提供认证。但是,在司法实践中,如果各方当事人对电子签名的真实性产生争议,人民法院仍然可能以电子签名是否经第三方依法设立的电子认证服务提供者认证,作为判断电子签名真实性的考量因素。因此,如果当事人计划采用电子签约方式的,一般需要与有相应资质的第三方电子签名及认证机构进行合作,搭建或对接相应的信息系统,并在系统中以电子签名方式签约。

电子签约虽然便捷高效,签约的效力也更有保障,但由于对签约系统要求较高,会产生相应的经济成本,并需要选择与有资质的第三方机构合作,要想在短时间内推广并非易事。就这个角度而言,电子签约并非疫情期间解决合同面签障碍的最佳选择。

3.签约效力判断标准不同

实践中,采用快递方式由各方先后签署并交换合同的签约方式极为普遍,有无视频签约环节并不影响合同的成立与生效。如前所述,视频签约只是将签约的过程可视化,其余的与传统的合同签署方式并无差别。相应地,对于视频签约的合同成立与否、生效与否,与传统方式签署的纸质合同判断标准并无差异。而视频签约过程所留下的视听资料,属于可用于证明签约过程的证据,但也并不会因为有签约过程的视听资料而认定所签订的合同绝对成立或生效。例如,签署人是否为当事人本人或经当事人授权的主体,在合同上所加盖的印章是否真实,另一方当事人是否也签字或盖章等,均可能影响合同的成立或生效,并不因视频签约而有所不同。

与视频签约相比,电子签约所形成的合同之成立、生效与否的判断标准则要复杂得多。一方面,电子签约必须借助一系列技术手段以保证电子签约的安全可靠。实践中常用的技术包括哈希值校验、电子签名、可靠时间戳、保全链、区块链等,在电子签约的加密、传输、存储等环节均离不开这些技术。另一方面,由于电子签约过程与结果大大有别于传统纸质签约,故判断所签署的电子合同是否成立、生效,则需要考虑电子合同是否经过篡改、签约时的网络环境是否安全、电子签名是否可靠等,而这些方面的判断显然要复杂于纸质合同。由于电子签约的复杂性,在司法实践中也存在较多的问题。对此,天津市滨海新区人民法院、天津自由贸易试验区人民法院于2022年1月发布的《融资租赁案件审判白皮书》就专门披露了融资租赁审判中发现的关于电子签约不规范的问题。

由上可见,视频签约不等同于电子签约。

(二)视频签约是否合规

通过"面对面"方式签署合同还是"屏幕对屏幕"签署合同,法律并无强制性规定,属于当事人意思自治的范畴。况且,视频签约并未在本质上改变纸质合同的签署方式,因此其合法性自然毋庸置疑。但是,如果是金融租赁公司拟在疫情期间采用视频签约代替线下面签,由于金融租赁公司主体的特殊性,则需要考虑视频签约的合规性问题。

1. 关于金融租赁公司合同签署的主要参考规定

《商业银行授信工作尽职指引》(银监发〔2004〕51号发布)第40条规定:"商业银行授信实施时,应关注借款合同的合法性。被授权签署借款合同的授信工作人员在签字前应对借款合同进行逐项审查,并对客户确切的法律名称、被授权代表客户签名者的授权证明文件、签名者身份以及所签署的授信法律文件合法性等进行确认。"

《个人贷款管理暂行办法》(中国银行业监督管理委员会令2010年第2号发布)第23条规定:"贷款人应与借款人签订书面借款合同,需担保的应同时签订担保合同。贷款人应要求借款人当面签订借款合同及其他相关文件,但电子银行渠道办理的贷款除外。"

《农户贷款管理办法》(银监发〔2012〕50号发布)第31条规定:"农村金融机构应当要求借款人当面签订借款合同及其他相关文件,需担保的应当当面签订担保合同。采取指纹识别、密码等措施,确认借款人与指定账户真实性,防范顶冒名贷款问题。"

《中国银监会办公厅关于加强信贷管理严禁违规放贷的通知》(银监办发〔2014〕40号)第2条规定:"……在贷款合同签订和发放阶段,要坚持合同面签制度,严防在未落实贷款条件或客户经营发生重大不利变化情况下发放贷款……"

从以上监管规定来看,监管部门对银行等金融机构签订合同是有要求的,部分规定甚至直接明确要求"面签",旨在确保金融机构交易安全,督促金融机构审慎经营。因此,若银行业机构拟采取视频签约的,则需要考虑合规性问题。当然,实践中大部分银行都有分支机构,即使签约的客户在外地,银行也有较大可能通过外地分行或支行协助完成线下面签工作。

2.关于融资租赁公司合同签署、租赁物核实的主要要求

《金融租赁公司管理办法》(中国银行业监督管理委员会令2014年第3号发布)第30条规定:"金融租赁公司应当按照全面、审慎、有效、独立原则,建立健全内部控制制度,防范、控制和化解风险,保障公司安全稳健运行。"第31条规定:"金融租赁公司应当根据其组织架构、业务规模和复杂程度建立全面的风险管理体系,对信用风险、流动性风险、市场风险、操作风险等各类风险进行有效的识别、计量、监测和控制,同时还应当及时识别和管理与融资租赁业务相关的特定风险。"第34条规定:"售后回租业务的租赁物必须由承租人真实拥有并有权处分。金融租赁公司不得接受已设置任何抵押、权属存在争议或已被司法机关查封、扣押的财产或所有权存在瑕疵的财产作为售后回租业务的租赁物。"

《融资租赁公司监督管理暂行办法》(银保监发〔2020〕22号发布)第7条第2款规定:"融资租赁公司开展融资租赁业务应当以权属清晰、真实存在且能够产生收益的租赁物为载体。融资租赁公司不得接受已设置抵押、权属存在争议、已被司法机关查封、扣押的财产或所有权存在瑕疵的财产作为租赁物。"第11条规定:"融资租赁公司应当按照全面、审慎、有效、独立原则,建立健全内部控制制度,保障公司安全稳健运行。"第12条规定:"融资租赁公司应当根据其组织架构、业务规模和复杂程度,建立全面风险管理体系,识别、控制和化解风险。"

虽然监管未明确规定融资租赁公司的业务合同必须面签,但是许多金融租赁公司或融资租赁公司可能根据监管的规定,制定与公司业务相匹配的合同面签相关的制度。从监管规定与公司内控角度来说,如果采取视频签约,那么在合规性方面可能面临一定的障碍。

此外,融资租赁交易存在核实租赁物真实性的合规性要求。实务中,关于租赁物发票原件与复印件的一致性的核实、租赁物加贴或加装已开展融资租赁交易的铭牌等工作,可能在签约时一并完成。如出租人需要在签约时完成租赁物真实性的核实工作的,则不适宜采用视频签约方式。

3. 新冠肺炎疫情期间监管政策变化

新冠肺炎疫情发生后，监管部门针对金融业务出台了一系列的政策，为视频签约提供了一定的政策支持。

《国务院扶贫办、①中国银保监会关于积极应对新冠肺炎疫情影响切实做好扶贫小额信贷工作的通知》（国开办发〔2020〕3号）第2条就"简化业务流程手续"作出如下规定："指导承办银行机构在疫情期间，对新发放贷款、续贷和展期需求，加快审批进度，简化业务流程，提高业务办理效率。引导贫困户通过电话银行、手机银行、网络银行等线上方式和村村通金融服务点申请贷款和自助还款。对受疫情影响的贫困户，可采取多种方式灵活办理业务，待疫情解除后，按程序补办相关手续，期间发生逾期的不纳入征信失信记录。"

《中国银保监会办公厅关于加强银行业保险业金融服务 配合做好新型冠状病毒感染的肺炎疫情防控工作的通知》（银保监办发〔2020〕10号）第1条规定："……适当调整工作计划和考核要求，减少人员聚集和客户集中拜访。"第3条规定："开辟金融服务绿色通道。各银行保险机构要进一步加大对疫区的支持，减免手续费，简化业务流程，开辟快速通道……"

《中国人民银行、财政部、银保监会、证监会、外汇局关于进一步强化金融支持防控新型冠状病毒感染肺炎疫情的通知》（银发〔2020〕29号）第1条第5项规定："……对受疫情影响较大领域和地区的融资需求，金融机构要建立、启动快速审批通道，简化业务流程，切实提高业务办理效率。在受到交通管制的地区，金融机构要创新工作方式，采取在就近网点办公、召开视频会议等方式尽快为企业办理审批放款等业务。"第2条第13项规定："支持银行业金融机构、非银行支付机构在疫情防控期间，采用远程视频、电话等方式办理商户准入审核和日常巡检……"

《中国人民银行、银保监会、发展改革委、工业和信息化部、财政部、市场监管总局、证监会、外汇局关于进一步强化中小微企业金融服务的指导意见》（银发〔2020〕120号）第1条"不折不扣落实中小微企业复工复产信贷支持政策"第1项规定："……提高响应效率，简化办理手续，鼓励通过线上办理。"

新冠肺炎疫情发生后监管部门出台的一系列规定，为金融机构在疫情期间的业务提出了创新工作方式、简化业务流程等要求，甚至多次提到借助视频等技术支持。因此，在特殊时期，采取视频签约方式，可兼顾疫情防控与业务开展的需要，在

---

① 2021年已改为国家乡村振兴局，下同。

风险把控适当、保障交易安全的情况下,可以一试。但是,毕竟视频签约与传统监管要求不完全相符,各金融机构在具体操作时,不妨事先与监管部门沟通并获得其支持。而金融租赁公司、融资租赁公司等机构,鉴于公司已有相应的合同面签制度,为保证合规性要求,可在采用视频签约之前适当修改相应制度,或者针对合同签订制度进行调整。

(三)视频签约有哪些注意事项

与电子签约需要引入第三方合作机构、成本高昂相比,视频签约成本低、运用便捷,因此不失为疫情之下的较优选择。但是视频签约并不能完全替代线下面签,只是特殊时期用于解决无法线下面签问题的一种办法。那么,视频签约有哪些注意事项值得关注,以防范或规避视频签约可能存在的风险?笔者拟简要分析。

1. 哪些业务或项目可以视频签约

笔者认为,并非所有业务或项目的合同均可视频签约,应当有所选择。在客户的选择上,尽量选择已有合作经验的优质客户进行视频签约。此类客户的合同履行能力、信用资质已经为前期合作的项目所验证,且对方过往签署的文件或印鉴可供视频签约之后比对。对于此类客户采用视频签约,客户配合度高、操作风险较小。在项目的选择上,尽量选择已经完成了前期尽职调查工作,且内部审批工作已经大部分完成的项目进行视频签约。虽然以远程视频核实替代现场尽职调查在技术上可行,但一方面融资租赁现场尽职调查本身非常重要,另一方面监管或融资租赁公司内部一般都有现场尽职调查的要求。因此,若前期尽职调查(尤其是现场尽职调查)尚未完成,不可用视频尽职调查代替,更不可能在尽职调查完成之前签署合同。对于此类业务,无论是从合规角度还是风险控制角度,均建议疫情期间暂缓推进。

2. 视频系统与网络的准备

虽然如今发起视频非常方便,但考虑到视频签约的目的以及防范可能出现的法律风险,融资租赁公司应当在视频签约之前充分准备好系统与网络。

首先,选择合适的视频系统,必须操作方便快捷,便于客户使用,同时还应当附有详细的使用说明或操作手册。在远程视频过程中,视频设备应当具备同步录音、录像及存储功能,便于签约之后存储保管。

其次,融资租赁公司业务人员应事先学习、熟练操作相关软件或系统的使用方法,必要时制作好操作手册供业务人员学习。融资租赁公司还应制作一份适用于客户的操作手册,并提前发送给客户,提前远程指导、协助客户安装系统,熟悉使用系统的相关功能。

最后,一般应事先约客户进行测试,包括测试系统操作情况、网络是否通畅等,避免签约过程中网络迟延或掉线导致签约的视频记录不完整或不连续。

3. 视频签约前注意事项

视频签约前,融资租赁公司可以将拟签订的融资租赁合同、担保合同等文件打印好快递给承租人、担保人。为防止承租人、担保人篡改,应当将经融资租赁公司法务部门审核的最终版本合同加水印。

考虑在视频签约过程中,融资租赁公司无法当面核对承租人、担保人是否在全部签署页中完成了签字、盖章工作,建议融资租赁公司就融资租赁合同、担保合同中需要加盖公章、需要法定代表人或被授权人加盖名章、签字的位置作出明显的标记或折角。此外,融资租赁公司还可以考虑制作书面的签约注意事项,将需要签字、盖章的合同份数、名称,具体加盖公章的要求(第几页盖章,是否需要加盖骑缝章等),合同签字盖章后如何交接作出详细说明。

如果技术允许,融资租赁公司也可通过电子邮件将拟签订的合同发送给承租人、担保人。发送时应注意:(1)电子邮件所发送的融资租赁合同、担保合同除加水印以外,必须加密防篡改;(2)应当按照合同中约定的邮箱发给合同中约定的联系人,如果约定的联系人是非法定代表人的,邮件还应抄送给公司的法定代表人;(3)承租人、担保人如果是企业的,最好约定企业的官方邮箱为收件邮箱;(4)除将拟签订的文件作为附件发送以外,可在邮件正文将租赁物、租赁物价款或融资本金、保证金的金额,租赁利率及浮动方式,融资租赁期限,担保方式及担保人、担保物,租金金额、租金支付日期等核心要素予以列明,并注明拟通过视频核保签约,要求对方及时回复邮件进行确认。

4. 视频签约过程注意事项

关于视频签约主体身份的确认。合同的签字人或盖章人应在视频中逐一展示各自单位证照原件、单位印章、签字人身份证原件等基础证照材料,拍摄时应全程横屏拍摄,以使融资租赁公司的签约人员能够清楚看到上述各项材料。如果合同签署主体是自然人且由本人签约的,有条件的融资租赁公司可以利用人脸识别技术对签约人员进行身份核验。如果签约的是代理人,则应当事先取得经公证的授权委托书,或以其他方式确认授权委托书的真实性。

关于视频签约地点的确认。承租人、担保人的签约地点优先选择其所在公司或住处,视频应当体现承租人或担保人公司前台、公司名称或 Logo。建议通过微信核实承租人、担保人签约地点,并对核实过程通过视频予以记录。目前核实地点的最简便方式是通过微信位置,包括发送位置与共享实时位置。但微信发送位置可以编辑地点,共享实时位置则一般不便篡改,因此建议融资租赁公司使用微信的共享实时位置功能。

关于视频签约时应当在视频中展示的画面或内容。承租人、担保人除应当在视频中出示公司的营业执照原件、授权书或委托书原件、法定代表人或授权代表的身份证原件及名片原件以外,融资租赁公司可要求承租人或担保人对着视频镜头逐一做如下陈述:"本人已清楚知悉编号××融资租赁合同的各项条款,现将签署本合同。我现在签署的合同文本系根据××融资租赁公司(融资租赁公司的全称)的××(融资租赁公司经办人员)于×年×月×日×时邮件发给我的标题为'编号××号融资租赁合同'的邮件所带附件合同下载打印的,对打印的纸质版合同没有修改。"此外,笔者建议,融资租赁公司要求承租人、担保人陈述融资租赁交易的核心要素、在视频中展示拟签署的合同(清晰显示合同名称、版本及合同编号)并陈述合同页数与签署份数。视频应当完整展示法定代表人或授权代表在合同相应位置签字并加盖公司印章的过程,若加盖公司印章的人并非法定代表人的,则应当要求法定代表人在一旁且入镜。另外,融资租赁公司还可要求对方签约后复述融资租赁交易的核心要素,并陈述将于何时、通过什么方式(快递、闪送等)将签署后的合同或文件邮寄给融资租赁公司。

5. 视频签约后注意事项

视频签约完成之后,融资租赁公司经办人员应当及时下载签约过程视频,并对签约过程进行回放以检查是否存在遗漏。检查无误后及时刻盘保存,并上传至指定的内部网络空间。融资租赁公司一旦收到对方签署的合同,应立即对印鉴进行比对,以确认合同上的印章及签字与预留印鉴有无明显不一致。此外,建议融资租赁公司再次核对客户完成签署的合同与前期发出合同文本的一致性。在疫情结束或缓解后,融资租赁公司应当立即对承租人、担保人进行现场回访,要求承租人、担保人面签确认视频签约过程,或留存其他足以反映承租人、担保人本人视频签约过程的材料。

需要进一步说明的是,如果融资租赁交易涉及不动产抵押登记、核验其他放款必需的原件材料等事项的,相关工作仍然建议通过线下方式现场完成。

综上所述,视频签约并不等同于电子签约,疫情期间选择视频签约,是特殊时期的权宜之计,不宜全面推广。同时,金融机构等债权人不仅要关注合规风险,更要关注到在视频签约之前、签约过程中以及签约之后要注意的问题,以最大化防范可能出现的风险。

专题三

融资租赁交易

第十一讲 设备直租交易法律实务

CHAPTER 11

在设备融资租赁业务领域，直租交易属于最常见的交易形态。但是，相较于回租交易结构而言，直租交易操作更复杂且风险更高，尤其是经销商模式下的直租交易，经销商信用风险频发，甚至部分承租人利用大部分设备可移动的特征以融资租赁方式骗取租赁物。因此，出租人参与设备直租交易时，将面临更多的风险。本讲就设备直租交易中的常见法律实务问题及应对方案进行探讨。

一、租赁物的选择及法律风险分析

（一）承租人可能抗辩厂商系出租人干预租赁物选择

《民法典》第735条规定："融资租赁合同是出租人根据承租人对出卖人、租赁物的选择，向出卖人购买租赁物，提供给承租人使用，承租人支付租金的合同。"上述关于融资租赁合同的定义描述了典型的直租交易方式。据此，在直租交易中，承租人有权选定设备及出卖人。

《融资租赁纠纷解释》（2020修正）第8条规定："租赁物不符合融资租赁合同的约定且出租人实施了下列行为之一，承租人依照民法典第七百四十四条、第七百四十七条的规定，要求出租人承担相应责任的，人民法院应予支持：（一）出租人在承租人选择出卖人、租赁物时，对租赁物的选定起决定作用的；（二）出租人干预或者要求承租人按照出租人意愿选择出卖人或者租赁物的；（三）出租人擅自变更承租人已经选定的出卖人或者租赁物的。承租人主张其系依赖出租人的技能确定租赁物或者出租人干预选择租赁物的，对上述事实承担举证责任。"据此，若出租人干预了承租人对租赁物的选定，租赁物在融资租赁交易期间发生质量问题的，可能导致承租人主张减免部分租金或主张出租人承担部分赔偿责任。

但实务中存在的问题是,部分厂商系融资租赁公司设立的主要目的是实现关联厂商的设备促销,即该类出租人、厂商以允许承租人分期支付设备租金的形式,实现关联厂商的设备销售。若承租人选择的不是厂商生产的设备,则出租人无法在该等情况下与承租人订立融资租赁合同、开展直租交易。在上述情况下,承租人可能在诉讼中主张出租人干预了承租人对租赁物及出卖人的选择。

笔者建议,出租人在开展与关联厂商相关的融资租赁交易时,保留租赁物及厂商均为承租人自主选定的书面证据,避免承租人在诉讼中引用《融资租赁纠纷解释》(2020修正)第8条进行抗辩的风险。上述证据可以包括:承租人签字盖章的融资租赁业务申请书,申请书中明确承租人选择了厂商作为租赁物的出卖人,承租人选择的租赁物名称、规格型号、价格等;在出租人介入融资租赁交易前,已经由承租人与厂商签署的设备订单、设备购买意向协议或设备买卖合同等。

(二)设备质量问题可能影响融资租赁合同履行

在直租交易中,由于租赁物一般由出租人按照承租人对出卖人及租赁物的选择确定,即使租赁物存在质量问题,出租人也一般不承担责任。但是,《民法典》第744条规定:"出租人根据承租人对出卖人、租赁物的选择订立的买卖合同,未经承租人同意,出租人不得变更与承租人有关的合同内容。"第747条规定:"租赁物不符合约定或者不符合使用目的的,出租人不承担责任。但是,承租人依赖出租人的技能确定租赁物或者出租人干预选择租赁物的除外。"若在选定及购买设备的过程中,出租人因操作不当被认定为参与了租赁物的选定,则在产品存在质量问题、不能正常使用的情况下,出租人可能在诉讼中被判决承担部分责任。

【案例十四】

某(中国)融资租赁公司与李某、李某某融资租赁合同纠纷案

【案号】

河南省焦作市中级人民法院(2016)豫08民终611号

【案情简介】

2007年4月16日,某销售员范某持某(中国)融资租赁公司的《融资租赁协议》及担保书,分别与李某、李某某签订了《融资租赁协议》和担保书。《融资租赁协议》约定,某(中国)融资租赁公司作为出租人,李某作为承租人,李某某作为担保人,租赁设备型号为330D、系列号为EAH00402的挖机,首付款为371,707.46元,手续费为22,302.45元,每期为一个月,每期租金35,949.91元,共48期,2011年4月24日到期,并且约定,某(中国)融资租赁公司在设备上安装GPS系统。

2007年4月16日,李某将款394,009.91元通过银行汇给某(中国)融资租赁公司。2007年4月25日,某(中国)融资租赁公司将设备交付李某。

2007年5月5日至2008年4月18日,挖机发生数次被GPS锁车系统锁定无法使用问题。2008年5月9日,挖机损坏,设备瘫痪。

协议正常履行期间,李某支付租金至2008年4月25日,共12期,另加599.85元,共431,998.77元。设备瘫痪后的2008年5月20日,李某则向某(中国)融资租赁公司主张停付租金、终止租赁协议、赔偿损失、退回租赁物等,而某(中国)融资租赁公司则认为,挖机的质量问题应由李某向供应商行使索赔权,李某无权单方解除协议,并要求李某支付租金及利息。

因双方无法就融资租赁合同的履行问题达成一致意见,某(中国)融资租赁公司向法院起诉,主张:李某立即向其返还租赁设备;李某向其支付直至《融资租赁协议》终止之日的到期未付租金1,293,596.91元,以及到期未付租金至实际付清之日的迟延利息(暂计至2013年9月2日,为人民币1,201,839.07元),共计人民币2,495,435.98元等。李某则提起反诉,主张:确认《融资租赁协议》购买的设备所有权归李某所有;某(中国)融资租赁公司向李某损失赔偿额1,293,596.91元;确认融资租赁协议和购买合同中有关索赔权转让的条款无效,确认双方签订的《融资租赁协议》无效等。

【裁判要旨】

出租人交付予承租人使用的租赁物是未经国家有关部门批准制造的不合格产品,因此双方签订的融资租赁合同无效,出租人应向承租人退还所收到的款项,承租人应将租赁物退给出租人。

【法院认为】

涉案挖机于2007年4月由某(中国)融资租赁公司交付给李某使用,但该挖机的制造商K(徐州)有限公司于2007年11月22日才取得国家质量监督检验检疫总局[1]颁发的《特种设备制造许可证》,获准其制造该挖机,也就是说,在2007年11月22日之前K(徐州)有限公司未取得该挖机的生产许可,同时某(中国)融资租赁公司也未提供证据证明该挖机系合格产品,故其上诉称该挖机系合格产品的理由缺乏事实依据,法院不予采纳,该挖机系不合格产品。原审认定双方签订的融资租赁协议无效,并无不当。

---

[1] 2018年机构改革后为国家市场监督管理总局,下同。

原审将李某的反诉合并审理,程序上是否违法。由于涉案挖机系李某通过某(中国)融资租赁公司的合同经办人推荐购买的,且某(中国)融资租赁公司与该挖机的制造商 K(徐州)有限公司存在利益关系,又未约定索赔权转让给了承租人李某,李某的反诉符合法律规定,且与本诉存在牵连关系,故原审予以合并审理并无不妥。

【裁判结论】

一审法院判决李某将 330D、系列号为 EAH00402 挖机返还给某(中国)融资租赁公司,某(中国)融资租赁公司返还李某已付款 826,008.68 元。

【律师分析】

该案中,法院认为出租人、承租人于 2007 年 4 月签署的融资租赁协议载明的租赁物型号为 330D 挖机,但该型号挖机在 2007 年 4 月尚未由生产商取得生产许可,是未经国家质量监督检验检疫总局批准制造的不合格产品,据此确认融资租赁合同无效。从该案的事实查明部分分析,尽管出租人不参与租赁物的选定,但仍然应当采取必要的方式与承租人核实其选择的租赁物信息,避免因融资租赁合同中的租赁物型号填写错误、经销商实际交付的租赁物与承租人要求的租赁物不一致等情况,导致在诉讼中被认定为干预了租赁物选择,或未经承租人同意变更了租赁物。

(三)租赁物价格虚高及出租人的应对

《民法典》第 744 条规定:"出租人根据承租人对出卖人、租赁物的选择订立的买卖合同,未经承租人同意,出租人不得变更与承租人有关的合同内容。"据此,在直租实务中,租赁物的价格及其他与租赁物购买相关的商务条件均由出卖人与承租人协商确定,出租人并不参与其中。

但是,基于上述直租交易的特殊性,部分承租人为了获得更多的融资款项,与出卖人串通抬高租赁物的出售价格,在出卖人收到出租人支付的租赁本金后,再由出卖人与承租人私下协商、分配被抬高的出售价格。该操作使设备价值出现虚高情况的,导致出租人可能面临以下两方面的风险:一是若租赁物存在"低值高买"情形的,可能导致融资租赁法律关系无法成立;[1]二是租赁物价值虚高的,融资租赁合同项下的租赁本金将被相应提高,承租人实际需要支付的租金也将增加,可能超出了承租人的真实支付能力,承租人后续履行融资租赁合同过程中容易发生租

---

[1] 关于该问题,可以详见本书第六讲"租赁物价值对融资租赁法律关系的影响"。

金逾期支付的情况。

因此,在设备直租交易中,出租人需要采取必要的手段,控制租赁物价格虚高风险。出租人可以采取的风控控制方式包括:

1. 在出卖人、承租人签署的设备购买合同中,由出卖人、承租人就未抬高设备价格问题作出承诺,若出卖人或承租人违反该等承诺的,出租人有权要求出卖人、承租人返还被抬高的租赁物购买价款,并由出卖人、承租人承担违约责任。

2. 对出租人参与直租交易的租赁物厂商、租赁物范围作出限定,并就相应范围内的租赁物出售价格范围进行调研,确保出租人参与签署的设备购买合同中的租赁物价格未偏离合理范围。

3. 固定直租交易中的合作厂商,即由出租人选择资质佳、设备具有一定市场份额的厂商开展业务合作。在厂商合作模式下,出租人可以与设备的经销商签署设备购买合同,但设备的销售价格则参考厂商给出的设备销售指导价格确定,以此方式避免经销商与承租人串通虚构设备价格问题。

二、直租交易中的设备经销商风险分析

(一) 经销商税务异常风险

在融资租赁实践中,部分出租人在参与直租交易的过程中,收到过税务局通知,要求就经销商开具给出租人的、出租人已经完成进项抵扣的租赁物发票办理进项转出,进而产生了税金损失。依照《国家税务总局关于异常增值税扣税凭证管理等有关事项的公告》(国家税务总局公告2019年第38号)的相关规定,在直租交易中,经销商常见的、出现开具租赁物增值税发票被认定为异常增值税扣税凭证的情况包括:

1. 经销商未足额缴纳增值税专用发票的税款的;

2. 经销商存在虚开增值税发票情形的(包括超越经营范围开具增值税发票);

3. 经销商异常凭证进项税额累计占同期全部增值税专用发票进项税额70%(含)以上,且累计超过人民币5万元的;

4. 经销商被税务主管部门判定为走逃(失联)企业,即税务机关通过实地调查、电话查询、涉税事项办理核查以及其他征管手段,无法查询到经销商下落,或虽然可以联系到经销商代理记账、报税人员等,但其并不知情也不能联系到经销商实际控制人的。

实务中,如果经销商出现上述税务异常事项的,出租人依据《国家税务总局关于走逃(失联)企业开具增值税专用发票认定处理有关问题的公告》(国家税务总局公告2016年第76号)等文件向经销商或承租人主张赔偿税金损失的,即使出租人取得胜诉民事法律文书,基于直租交易中的税金损失金额较高,经销商及承租人的债务履行能力有限等因素,出租人发生的税金损失往往无法获得实际弥补。

例如,在天津市滨海新区人民法院(2018)津0116民初4066号融资租赁合同纠纷一案中,出租人天津某租赁公司以1180万元人民币的价款向出卖人上海瑞芯国际贸易有限公司购买阀控式密封铅酸蓄电池生产成套设备并出租给德泰隆公司使用,且出租人取得了出卖人开具的1180万元的增值税专用发票、完成了进项抵扣。但是,2017年6月,出租人接到主管税务部门国税东疆保税港区税务局(以下简称东疆国税)的电话通知,因出租人取得的进项税发票涉嫌"黄金票"案,要求出租人将1180万元进项税做全额转出。2018年7月16日。东疆国税就"黄金票"案件向出租人来函,认定已进行进项税转出的,不得抵扣进项税。出租人因此产生损失合计1,714,529.91元,随即提起诉讼,要求承租人赔偿因出租人未能进行增值税进项税抵扣造成的损失1,714,529.91元。虽然该案出租人取得了胜诉判决,但根据该案强制执行阶段的(2019)津0116执385号之一执行裁定书显示,出租人并未获得执行回款。

因此,尽管直租交易中的经销商一般不承担租金支付义务,出租人仍然应当对经销商与增值税发票开具相关的资质问题作出必要的尽职调查及审查,审查的范围一般包括:经销商的经营范围是否包括有权销售直租交易中的租赁物,经销商是否被所在地税务主管部门作出过税务处罚,经销商是否被所在地税务主管部门列入税务异常名单,经销商是否发生过欠税等。

此外,在经销商、出租人、承租人签署的设备购买合同中,建议出租人明确约定基于经销商系由承租人自主选定并要求出租人与其签署合同,如因经销商税务异常导致出租人发生税金损失的,应由承租人与经销商承担连带赔偿责任。出租人也可以考虑在设备购买合同中以公式形式明确税金损失的计算方式,减少各方关于税金损失如何确定的争议。

(二)经销商欺诈风险

不少设备融资租赁业务存在单笔合同金额较低,但承租人数量较多的特点。基于上述特征,实务中,与出租人开展融资租赁交易的承租人往往来源于设备经销商的推荐。以工程机械融资租赁为例,为了进一步提高开展设备融资租赁交易业务的效率,承租人的业务资料搜集、融资租赁合同的签署、租赁物交付的现场核实工作,可能都由出租人委托经销商开展(见表6)。

表6　某厂商系融资租赁公司工程机械业务操作流程

审批阶段	承租人	经销商	出租人	回购厂商
第一阶段 授信审批	①申请融资	②搜集并审核资料	③审批	④审批
第二阶段 合同签署	—	⑤签署融资租赁相关合同/拍摄视频或照片	⑥审核	—
第三阶段 放款手续	⑦承租人支付首付款/保证金/手续费/保险费/设备抵押/保险	⑧向出租人寄送合同原件等资料	—	—
第四阶段 出租人放款	—	—	⑨出租人向经销商支付设备价款(融资本金)	—
第五阶段 设备交付	—	⑩向承租人交付设备(租赁物)	—	—

由于经销商参与了包括承租人资料搜集、融资租赁合同签署、租赁物交付等多个环节,若经销商在此过程中虚构承租人、虚构融资租赁合同的,则出租人向经销商支付设备购买价款后,融资租赁合同可能因不存在承租人而未成立或未生效,给出租人造成资金损失。例如,甘肃省庆阳市中级人民法院审理的(2012)庆中刑初字第16号被告人刘某某犯合同诈骗罪一案中,被告人刘某某于2006年11月23日注册成立庆阳市富友工程机械有限公司,主要经营各类工程机械。在经营过程中,刘某某在明知自己没有实际履行能力的情况下,采取向厂方或一级代理商先支付少量首付款或者向厂家提供虚假的融资租赁合同的方式,骗取工程机械,随后将机械抵顶给其债权人或低价销售,套取现金用于偿还个人债务和挥霍,共计诈骗金额为662.6276万元。

此外,部分出租人为了简化操作流程、提高交易效率,可能委托经销商代出租人收取融资租赁合同项下的手续费、保证金、首付款等款项后,一并汇总转付给出租人。该等代收代付的操作方式,也为经销商虚构承租人、骗取出租人款项提供了可乘之机。例如,徐州经济技术开发区人民法院审理的(2016)苏0391刑初150号丁某犯合同诈骗罪一案,被告人丁某利用伪造的印章、委托证明文件等,分别冒用河南省济源市北海某安装防腐有限公司和郭某的名义,与某融资租赁公司签订融资租赁合同,先后骗取融资租赁公司 QY2545-1 汽车起重机四台和一台,后分别以人民币 348 万元和 84 万元的价格将四台车出售给北海某安装防腐有限公司、一台车出售给郭某。经鉴定,被骗五台汽车起重机价值合计人民币 440.11 万元。

除了上述虚构承租人及融资租赁合同,骗取租赁物的欺诈方式外,常见的经销商欺诈方式还包括:经销商、承租人利用出租人不对租赁物是否交付进行现场察看的流程漏洞,虚构租赁物交付照片骗取租赁物购买价款;经销商、承租人利用设备融资租赁业务中,出租人进行实地租后检查较少的漏洞,在租赁物完成交付、出租人检查确认后,经销商立即收回租赁物。

为了降低上述风险,出租人可以考虑采用的风险控制方式包括:

1. 适当提高合作经销商的准入要求。例如,对经销商的成立时间、最低实缴注册资本金、实际控制人或法定代表人在经销商住所地是否购买了商品房、经销商与设备厂商的合作时间等提出要求。需要注意的是,部分不符合出租人准入要求的经销商为了与出租人开展合作,也可能采取借用款项增资后抽逃注册资本金的方式,满足出租人提出的经销商最低实缴注册资本金要求。因此,建议出租人对经销商的最低注册资本金缴纳时间,也提出一定的管控要求。

2. 采取电话回访承租人、搜集承租人其他签字盖章样本等方式,核实承租人是否真实存在、是否具有真实的使用租赁物的目的。

3. 在融资租赁合同中明确约定禁止承租人转租租赁物、禁止将租赁物交付承租人以外第三人,并通过电话回访方式向承租人进行强调或核实。

4. 若经销商与融资租赁公司未曾经开展过业务合作,应尽可能避免采用委托经销商签署合同、核实租赁物交付情况的操作方案。

5. 尽可能避免采取委托经销商代收代付承租人款项的操作方案。如必须采取代收代付方案的,仍应采取必要手段,核实承租人是否实际向经销商支付了相应金额的款项。

(三)经销商挪用租赁物购买价款

在租赁物的卖方不是生产厂商,而是与生产厂商建立授权代理关系的经销商时,则存在经销商挪用租赁物购买价款之风险。实务中,虽然出租人向经销商支付了租赁物购买价款,但经销商可能将租赁物购买价款挪作他用,并进一步导致经销商无法向承租人交付租赁物。

例如,在济南市历下区人民法院(2019)鲁 0102 民初 3772 号融资租赁合同纠纷一案中,某融资租赁公司根据《买卖合同》的约定,在合同约定的付款条件满足后,根据某经销商、某承租人共同出具的付款通知书一次性向某经销商支付货物购买价款。但某经销商并未向某承租人交付租赁物,某融资租赁公司据此提起诉讼,主张解除《融资租赁合同》,并要求承租人赔偿损失。该案中的经销商及其母公司均因涉嫌合同诈骗被刑事立案侦查。

因此,在设备直租交易中,出租人也需要对经销商的合同履行能力作出评估,尽可能避免采用支付全部租赁物购买价款后,经销商再履行租赁物交付义务的交易结构。此外,出租人还应当注意在设备购买合同、融资租赁合同中约定租赁物的最晚交付期限。若在租赁物交付期限届满后租赁物仍未交付的,出租人享有解除设备购买合同与融资租赁合同的权利,并有权要求经销商及承租人共同承担租赁物购买价款及资金占用利息返还义务。

(四)承租人已向经销商支付部分设备购买价款的处理方案

实务中可能存在出租人介入直租交易前,承租人已经就租赁物与经销商在先签署了设备买卖合同且支付了部分设备首付款的情况。基于直租交易中的租赁物购买价款应当由出租人支付,上述首付款需要通过合同安排调整为融资租赁合同项下的部分租赁本金,或由承租人、经销商自行协商退款事宜。如果通过合同安排进行处理的,一般将上述款项在出租人、承租人、经销商签署的设备购买合同中界定为出租人委托承租人向经销商支付,而在融资租赁合同中界定为承租人应支付的首付款或首付租金。

三、租赁物的交付与验收风险分析

(一)租赁物常见的交付与验收风险

在租赁物交付与验收的环节,出租人可能面临的法律及交易风险较多,主要包括:

1. 租赁物交付承租人前,出租人已开始收租金,租赁物最终无法交付时的合同处理问题;

2. 出卖人、出租人、承租人签署的设备购买合同未就租赁物逾期交付、无法交付时的责任承担问题作出明确约定,导致合同实际履行环节产生争议;

3. 出租人支付租赁物购买价款前,租赁物已实际交付至承租人处,且承租人、经销商在先签署的设备买卖合同不存在设备所有权保留约定,也不存在其他交易结构调整方案,导致融资租赁法律关系无法成立;

4.租赁物需要经过安装、调试后方可使用的,出租人与经销商关于租赁物购买价款的尾款支付的安排中,未约定以租赁物安装、调试无误且承租人及经销商(或厂商)共同出具租赁物验收证明为付款前提条件,导致租赁物的质量问题影响融资租赁合同的实际履行等。

为了降低上述风险,出租人可以采用的风险控制方式包括:限定直租交易的设备厂商、型号,考察确认相应型号设备的销售价格区间,将经销商、承租人恶意抬高租赁物购买价款作为三方买卖合同的违约情形;加强前期的审查环节,核实承租人对租赁物是否具有真实的使用目的;关注承租人名下的融资租赁及动产抵押信息,判断承租人使用的设备数量是否与其业务开展情况相匹配;要求经销商及实际控制人为融资租赁合同提供担保,降低经销商联合承租人实施欺诈的风险;在租赁物上安装GPS,并在融资租赁合同中对租赁物的使用场地、使用方式等作出限制等。

(二)租赁物已经交付承租人的交易结构风险

如果出租人介入直租交易前,租赁物已经由经销商交付给了承租人的,此时出租人直接参与直租交易可能产生融资租赁法律关系无法成立问题。主要原因为,直租法律关系成立的前提是租赁物的所有权应当由经销商转移给出租人。如果出租人支付租赁物购买价款前租赁物已经由经销商交付给承租人的,除非设备买卖合同存在所有权保留约定,否则应当认为承租人已经取得了租赁物所有权,该等情况下无法开展直租交易。

笔者认为,不论是采用经销商直接向承租人退款的方式还是采用合同约定调整款项性质方式处理承租人已付给经销商的款项,均应当确保租赁物尚未实际交付至承租人处(所有权尚未转移),或以承租人、经销商在先签署的设备买卖合同存在设备所有权保留约定为前提,以保证直租交易中经销商对租赁物仍有处分权。

关于上述问题,《上海融资租赁案件审判观点汇编(二)》曾明确:"一、涉动产的融资租赁合同纠纷案件中,若承租人先与出卖人签订买卖合同并已支付全部或部分价款,此后出卖人、出租人、承租人另行签订三方买卖合同和融资租赁合同,该融资租赁合同效力如何认定?1.若承租人支付全部或部分价款后,租赁物已经实际交付,合同亦未约定价款付清之前所有权保留归出卖人,则交付后所有权转移,承租人已经实际取得所有权,此时,三方买卖合同、融资租赁合同,应认定为名为融资租赁实为借款,并按照借款法律关系处理。2.若租赁物尚未实际交付,或租赁物虽已交付但原双方买卖合同约定付清款项前所有权保留归出卖人,此后三方另行签订买卖合同,出租人将货款支付给出卖人,出卖人将已经收取的承租人货款退还承租人,或融资租赁合同中约定将已经支付的货款扣抵首付租金、保证金,出卖人再根据出租人的指示将物交付给承租人,应视为成立新的三方买卖合同和融资租赁合同,替代、变更原买卖合同,融资租赁合同应认定为有效。"

如果出租人介入直租交易前租赁物已经交付给承租人,且承租人与经销商在先签署的设备买卖合同无所有权保留条款,也可以考虑先由经销商与承租人协商解除在先签署的设备买卖合同,并约定租赁物的所有权归还经销商,同时对已经支付的部分设备款采取退款或约定转为支付给出租人的首付款或首付租金的方案解决。

四、出租人租后管理中的锁机风险分析

在以设备为租赁物的融资租赁业务中,出租人可能就租赁物加装锁机装备(包括内置程序或随租赁物配置的设备),在承租人出现逾期支付租金等违约情形时,启动锁机装备使租赁物无法继续使用,以此方式督促承租人尽快履行融资租赁合同。此外,锁机装备可配合 GPS 定位设备一并使用,若出现承租人未经出租人同意将租赁物搬离约定使用地点甚至恶意出售租赁物等情况的,出租人也可以通过启动锁机装备的方式,实现对租赁物的控制或保护。但锁机作为保障出租人保护租赁物所有权及租金债权的一种自力救济方式,出租人并不可随意使用。

(一)哪些情况下出租人可以采取锁机措施

笔者总结了以下四种情况下出租人可以采取锁机措施,并就各种情况下出租人锁机是否属于保护出租人交易安全问题作出分析。

1.情况一:承租人擅自处分租赁物,影响出租人的租赁物所有权

由于融资租赁合同的目的之一是承租人使用租赁物并向出租人支付租金,且融资租赁合同履行期间租赁物的所有权由出租人享有,承租人擅自处分租赁物,影响出租人对租赁物享有的所有权的,应当允许出租人采取锁机措施,且出租人无须承担违约或赔偿责任。

关于上述问题,《民法典》第 753 条规定:"承租人未经出租人同意,将租赁物转让、抵押、质押、投资入股或者以其他方式处分的,出租人可以解除融资租赁合同。"笔者认为,该条规定中列举的承租人处分租赁物的方式,都将对出租人享有的租赁物所有权产生影响。因此,参照该条规定,若承租人在融资租赁合同履行期间发生转让、抵押、质押、投资入股等处分租赁物行为的,出租人有权采取锁机措施。在出租人锁机后,应当允许出租人进一步选择要求承租人继续履行融资租赁合同、支付

租金及罚息类款项(含锁机期间产生的租金及罚息)。

【案例十五】

沈阳某工程机械有限公司与中某融资租赁公司融资租赁合同纠纷案

【案号】

湖南省长沙市中级人民法院(2016)湘01民终6760号

【案情简介】

2008年5月28日,原告中某融资租赁公司与被告沈阳某工程机械有限公司签订了编号为ZLXX-RZ/HNT20080118的《融资租赁合同》及相关附件,合同约定原告向被告沈阳某工程机械有限公司出租设备型号为ZLJ5411THB的混凝土泵车一台,设备总价值350万元,租赁期限为2008年7月28日至2010年7月27日,共计24期。被告沈阳某工程机械有限公司应于每月28日按照租赁支付表支付约定的租金。后原告、被告协议将租赁期限变更为2008年7月28日至2011年6月28日,期数为36期。

《融资租赁合同》签订后,原告按照约定于2008年7月28日向被告交付了租赁设备,但被告未按照租赁支付表的约定按时足额支付租金,故原告于2011年9月16日依据《融资租赁合同》的约定对上述融资租赁设备进行了远程GPS锁机。

被告沈阳某工程机械有限公司先后将涉案设备转让给了沈阳某混凝土有限公司、自然人徐某名下,最后又于2009年12月9日将该设备转卖给自然人魏某某,并变更了车辆登记手续,现车辆登记于魏某某名下。原告对该设备被转让及几次变更登记情况并不清楚,一直依《融资租赁合同》向被告进行催收,被告也并未将该设备的实际情况告知原告。原告据此起诉被告,要求被告按照《融资租赁合同》的条款约定赔偿因非法转让融资租赁设备给原告造成的损失1,163,900元。

【裁判要旨】

出租人已履行融资租赁合同所约定的义务,而承租人违反融资租赁合同约定拖欠租金且违反在租赁期限内不得处分租赁物的义务,违约将租赁物转让给第三方。此时出租人依据融资租赁合同约定对租赁物采取锁车措施,由此造成的损失应由承租人承担。

【法院认为】

一审法院认为,本案原告中某融资租赁公司与被告沈阳某工程机械有限公司所签的《融资租赁合同》及相关附件系原告与被告沈阳某工程机械有限公司双方的真实意思表示,不违反法律、行政法规强制性、效力性规定,依法成立并生效,双方应按合同的约定全面履行各自的义务。原告已履行合同约定义务,但被告沈阳某工程机械有限公司却侵犯原告对租赁物件的所有权,违约将涉案设备转让给第三方,由此造成的损失应由承租人沈阳某工程机械有限公司承担,故原告诉请被告赔偿因其违约转让融资租赁设备所造成的损失计1,163,900元,法院予以支持。

二审法院认为,《融资租赁合同》及相关附件系沈阳某工程机械有限公司与中某融资租赁公司所签,没有证据证明中某融资租赁公司将租赁物租赁给沈阳某混凝土公司。根据合同的相对性原则,中某融资租赁公司交付租赁物,已履行合同约定义务;沈阳某工程机械有限公司违反合同约定,拖欠租金,违反其在租赁期限内不得处分租赁物的义务,导致租赁物被转让给他人;中某融资租赁公司依据合同约定对租赁物采取锁车措施,由此造成的损失应由承租人沈阳某工程机械有限公司承担。故对其上诉理由法院不予采纳。

【裁判结论】

一审法院判决被告沈阳某工程机械有限公司自判决生效之日起3日内支付原告中某融资租赁公司金额计1,163,900元等,二审法院维持了一审判决。

【律师分析】

租赁物可以被承租人占有和使用是融资租赁合同的重要目的。承租人擅自处分租赁物,影响出租人对租赁物享有的所有权的,应当允许出租人采取锁机措施,且此时出租人不承担赔偿责任。

2. 情况二:承租人转租租赁物,或将租赁物免费提供给第三方使用,或将租赁物搬离融资租赁合同约定的使用地点

若融资租赁合同约定未经出租人同意,承租人不得擅自转租或将租赁物提供给第三人使用的,那么一旦承租人发生上述情况的,也属于违约行为。实务中,部分承租人的工厂或办公地点较多,可能发生承租人未经出租人同意,就将租赁物搬离至融资租赁合同约定的租赁物设置地点以外的场所继续使用的情形。由于承租人的上述违约行为并不必然影响出租人对租赁物享有的所有权,[①]在此情况下如果出租人长期采取锁机措施的,可能在诉讼阶段引发争议。

---

① 依据《融资租赁纠纷解释》(2014)第12条第1项的规定,如果承租人未经出租人同意将租赁物转租的,出租人有权请求解除融资租赁合同。由于正常情况下将租赁物进行转租并不必然损害出租人对租赁物的所有权,因此立法对承租人擅自转租逐渐采取比较宽容的态度。《民法典》第753条规定:"承租人未经出租人同意,将租赁物转让、抵押、质押、投资入股或者以其他方式处分的,出租人可以解除融资租赁合同。"该条吸收了《融资租赁纠纷解释》(2014)第12条第1项的规定,但是删除了"转租"这一情形。

依据《融资租赁纠纷解释》(2020修正)第5条第3项的规定,若出现承租人违反合同约定,致使合同目的不能实现的其他情形,出租人请求解除融资租赁合同的,人民法院应予支持。虽然《融资租赁纠纷解释》(2020修正)未就何种情形下融资租赁合同目的无法实现问题作出界定,但从降低出租人合同履行风险的角度而言,建议出租人考虑将"承租人未经出租人同意,将租赁物转租、提供给第三方使用或搬离约定使用地点等情形"明确列入"承租人违约、不能达成融资租赁合同目的"的情形中,并约定该等情况下出租人有权不承担任何责任地采取锁机措施。

此外,笔者建议出租人在上述情况下采取锁机措施后,尽快向承租人发出违约催告函或委托律师发出律师函,要求承租人限期纠正违约行为,否则出租人有权继续采取锁机等救济措施;或者要求承租人出具确认函件,承诺在约定时间内纠正违约行为、同意出租人在此期间内采取锁机措施。

3. 情况三:承租人发生轻微的租金逾期支付情况

依据《融资租赁纠纷解释》(2020修正)第5条第2项的规定,若合同对于欠付租金解除合同的情形没有明确约定,但承租人欠付租金达到两期以上,或者数额达到全部租金15%以上,经出租人催告后在合理期限内仍不支付的,则出租人有权请求解除融资租赁合同,人民法院应支持出租人的请求。该条对承租人发生租金逾期支付、出租人有权解除融资租赁合同的承租人欠付租金标准进行了量化。

《九民会纪要》第47条也规定:"合同约定的解除条件成就时,守约方以此为由请求解除合同的,人民法院应当审查违约方的违约程度是否显著轻微,是否影响守约方合同目的实现,根据诚实信用原则,确定合同应否解除。违约方的违约程度显著轻微,不影响守约方合同目的实现,守约方请求解除合同的,人民法院不予支持;反之,则依法予以支持。"参考该观点,笔者认为在承租人轻微违约的情况下,出租人不宜立即采取锁机措施,即使融资租赁合同已经含有"一旦承租人逾期支付租金即构成违约且出租人即有权采取锁机措施"的约定。理由是,若承租人仅发生了租金短期或小金额逾期情形的,由于此时出租人对于租赁物的所有权并未受到影响,在承租人继续支付租金的情况下,出租人的租金债权也不会受到根本影响,承租人的轻微违约行为并不必然导致融资租赁合同不能继续履行,且出租人的锁机行为可能对承租人的正常经营活动产生较大影响,出租人此时采取锁机措施不属于"正当的"可以妨碍、干扰承租人对租赁物的占有和使用的理由。

4. 情况四:承租人发生严重的租金逾期支付情况

在承租人发生严重的租金逾期支付的情况下,出租人在融资租赁合同项下的合理利益受到了影响。笔者认为,若融资租赁合同约定了出租人享有的违约救济措施包括锁机的,应当允许出租人采取锁机措施,督促承租人继续履行合同。具体理由包括:

第一,在该等情况下,不论出租人是否采取锁机措施,承租人均存在较大可能无法正常履行合同。即出租人是否采取锁机措施,不是承租人租金是否持续处于逾期状态的直接原因。

第二,《民法典》施行后,融资租赁合同的非典型担保属性已经得以明确,租赁物属于出租人租金债权的担保物,在出租人租金债权的取得受到严重影响的情况下,应当允许债权人对担保物作出防范性的处置。

第三,《民法典担保制度解释》第65条第1款规定:"在融资租赁合同中,承租人未按照约定支付租金,经催告后在合理期限内仍不支付,出租人请求承租人支付全部剩余租金,并以拍卖、变卖租赁物所得的价款受偿的,人民法院应予支持;当事人请求参照民事诉讼法'实现担保物权案件'的有关规定,以拍卖、变卖租赁物所得价款支付租金的,人民法院应予准许。"据此,出租人在《民法典担保制度解释》施行后可以主张的权利已经发生变化,出租人即使主张租金加速到期的,并不意味着出租人放弃关于租赁物的权利主张,出租人有权一并就租赁物主张优先受偿。因此,过去司法实践中关于"出租人主张租金加速到期时,意味着出租人认同租赁物的所有权应当继续归属承租人所有,出租人无权继续锁机影响承租人对租赁物的使用"的裁判观点[1]应当随着《民法典担保制度解释》的施行相应调整。

需要注意的是,《民法典》第591条第1款就守约方的减损规则进行了规定,可能导致出租人采取锁机措施后,人民法院不支持锁机期间产生的部分租赁利息、罚息类款项风险。"减损规则是依据诚信原则而产生的,未尽到减轻损失义务构成对诚信原则的违反……减损规则的目的是要促使受损害方采取合理措施减轻损失,避免社会资源的浪费"[2]。综合《民法典》第591条第1款及上述关于减损规则的适用分析,若出租人一方面对租赁物长期采取锁机措施,另一方面又未及时提起诉讼采取公力救济方式的,在锁机期间产生的租金[3]、罚息类款项,可能被认定为因

---

[1] 如天津市第二中级人民法院二审民事判决书,(2017)津02民终3618号。
[2] 最高人民法院民法典贯彻实施工作领导小组主编:《中华人民共和国民法典合同编理解与适用[二]》,人民法院出版社2020年版,第830~831页。
[3] 笔者认为,适用减损规则调整的出租人债权范围应当以租赁利息、罚息类款项为限,即不包括租金中的租赁本金。因司法实践中的民事判决书存在扣减租金情况,本书一律使用"租金"表述。

出租人未采取合理措施造成的融资租赁合同项下扩大的损失,则出租人在诉讼中可能面临败诉风险。

【案例十六】

某(中国)融资租赁公司与余某某融资租赁合同纠纷案

【案号】

江西省南昌市中级人民法院(2021)赣01民终3243号

【案情简介】

2017年9月30日,原告(出租人)与被告(承租人)签订了编号为835-70059090的《融资租赁协议》,主要约定出租人同意依据承租人对设备的选择购买设备并将设备租赁予承租人,承租人同意向出租人租赁设备并支付租金;设备使用地点为江西省;租赁期限开始于起租日(设备交付日);首付款44,236.79元,承租人应于本协议规定的起租日前支付;手续费3760.12元,月付基本租金详见租金支付表,共分36期,每月7861.62元,承租人应于起租日后的每一月的相应同一日之前支付等。

同时,原告向供应商购买了上述设备,设备总价285,000元。后原告向被告交付了上述设备。合同履行过程中,被告向原告支付了首付款44,236.79元、手续费3760.12元、租金共计198,800元。

此后,被告因生活困难,从2019年12月起未付租金。因被告未支付租金,原告及时采取了远程锁机措施,至原告提起诉讼时,设备持续无法使用。因融资租赁合同租赁期届满,原告向法院提起诉讼,要求被告支付融资租赁协议项下未付租金、留购费85,455.38元及违约金等。

【裁判要旨】

虽然融资租赁合同的出租人在承租人出现违约行为时有权采取合理手段保障自身权益,但出租人行使该等权利不能给承租人带来不合理的不当影响。因出租人的行为影响了承租人对挖机的正常使用,造成长期内耗导致设备闲置,出租人对于损失的扩大也应承担一定的责任。在此情况下,法院对出租人要求承租人支付违约金及律师费的主张不予支持。

【法院认为】

双方合同中约定:"若发现或有合理理由认为承租人违反本协议的任何约定,出租人有权利用某某智讯或其他合理必要的方式对设备进行定位、降低设备功率、中止或限制承租人对设备的使用。如出租人按上述约定对设备进行定位、降低功率、中止或限制设备使用给承租人、使用人或其他第三方造成任何人身损害、财产损失或其他合法权益受损的,出租人不承担责任。"虽某(中国)融资租赁公司作为融资租赁合同的出租人在承租人出现违约行为时有权采取合理手段保障自身权益,但某(中国)融资租赁公司行使该权利不能给承租人带来不合理的不当影响,因上述约定违反了公平原则,一审法院认定该约定无法律约束力并无不当。从某(中国)融资租赁公司一审提交的锁机记录表可知,某(中国)融资租赁公司在余某某逾期支付租金后从2019年12月就开始锁机,虽某(中国)融资租赁公司主张挖机所在位置偏远,锁机不一定成功及实践中经常出现承租人自行开机情形,但其并未提供证据证明其主张,故其主张二审法院不予认可。因某(中国)融资租赁公司锁机的行为影响了余某某对挖机的正常使用,造成长期内耗导致设备闲置,某(中国)融资租赁公司对于损失的扩大也应承担一定责任。在此情况下,二审法院对于某(中国)融资租赁公司要求余某某支付违约金及律师费的主张不予支持。

【裁判结论】

一审判决仅支持了原告某(中国)融资租赁公司相当于2期承租人欠付租金的损失赔偿请求。二审判决改判,判决支持原告某(中国)融资租赁公司全部承租人欠付租金的损失赔偿请求,但未支持出租人关于承租人欠付违约金及出租人律师损失的赔偿请求。

【律师分析】

如前文分析,由于出租人锁机将对承租人享有的租赁物平静占有权产生影响,出租人在锁机后起诉承租人的,可能面临出租人主张的部分租金、罚息类款项无法被人民法院支持的风险。本案二审判决撤销了一审判决关于不支持出租人部分租金损失的诉讼请求,改判出租人可主张的损失金额包括租金,但不包括违约金及律师费。笔者认为二审判决结果更为合理,一审判决的处理方式值得商榷。即使人民法院认为出租人锁机造成损失扩大,基于公平原则适用减损规则对出租人主张的债权类款项进行扣减,扣减的范围不应当包括出租人的融资本金,而应当以锁机期间产生的租赁利息、罚息类款项为限。主要原因为,融资租赁合同具有融资及融物的双重属性,不论融物部分发生何等争议,债权人的融资本金都应当予以保护。否则,可能出现名为租赁实为借贷的纠纷中,出租人可以主张的债权金额反而高于真正的融资租赁合同纠纷中可主张金额的情况。

(二)出租人何时有权采取锁机措施

锁机毕竟是一种比较有力的救济措施,甚至在许多情况下可能直接产生解除融资租赁合同的效果,因此采取锁机措施应当谨慎。例如,在承租人仅发生轻微的租金逾期支付时,笔者认为出租人不宜采取锁机措施。笔者认为,可以参考法律与司法解释规定的融资租赁合同的解除条件,判断出租人有权采取锁机的时机。

《融资租赁纠纷解释》(2020修正)第5条规定:"有下列情形之一,出租人请求解除融资租赁合同的,人民法院应予支持:(一)承租人未按照合同约定的期限和数额支付租金,符合合同约定的解除条件,经出租人催告后在合理期限内仍不支付的;(二)合同对于欠付租金解除合同的情形没有明确约定,但承租人欠付租金达到两期以上,或者数额达到全部租金百分之十五以上,经出租人催告后在合理期限内仍不支付的;(三)承租人违反合同约定,致使合同目的不能实现的其他情形。"《民法典》第753条规定:"承租人未经出租人同意,将租赁物转让、抵押、质押、投资入股或者以其他方式处分的,出租人可以解除融资租赁合同。"

参照上述规定,笔者认为以下情况下,出租人有权采取锁机措施:

第一,承租人未按照合同约定的期限和数额支付租金,符合合同约定的出租人有权采取锁机措施的条件,经出租人催告后在合理期限内仍不支付的;

第二,合同对于出租人有权采取锁机措施的情形没有明确约定,但承租人欠付租金达到两期以上,或者数额达到全部租金15%以上,经出租人催告后在合理期限内仍不支付的;

第三,承租人违反合同约定,致使合同目的不能实现的其他情形。

第四,承租人未经出租人同意,将租赁物转让、抵押、质押、投资入股或者以其他方式处分。

此外,需要注意的是,《民法典》第753条规定来源于《融资租赁纠纷解释》(2014)第12条第1项,但在可解除的情形中删除了"转租"。因此,在承租人发生转租租赁物,或将租赁物免费提供给第三方使用,或将租赁物搬离融资租赁合同约定的使用地点情况时,若出租人考虑采取锁机措施的,则建议将这些情况约定为融资租赁合同项下的违约行为,且出租人有权采取锁机的救济措施。

(三)出租人采取锁机措施后应注意哪些事项

1.采取锁机措施前发出书面函件对承租人的违约进行催告

《融资租赁纠纷解释》(2020修正)第5条第2项规定的承租人逾期支付租金、出租人有权解除合同的前提包括"出租人催告后在合理期限内仍不支付的"。"由于融资租赁合同不可解约性特点,守约方在合同解除之前需为违约方提供一个补救的机会为立法与司法惯例"。① 由于锁机将影响承租人的平静占有权,建议出租人考虑参照出租人解除合同时应履行的催告程序,在计划采取锁机措施前,向承租人发出通知,明确承租人限期不纠正违约行为的,出租人将采取锁机措施。至于能否在融资租赁合同中明确约定出租人有权不经事先通知而直接锁机,笔者认为合同可以如此约定,但考虑到锁机措施可能对承租人产生较大影响,提前告知可能较为合理。

2. 采取锁机措施后,若承租人仍未能支付租金的,建议尽快提起诉讼

在出租人采取的锁机措施可能引发争议,或出租人计划长期采取锁机措施的情况下,建议出租人锁机后,尽快向承租人发出违约催告函或委托律师发出律师函,要求承租人立即纠正违约行为,否则出租人有权继续采取锁机等救济措施;或者要求承租人出具确认函件,承诺在约定时间内纠正违约行为、同意出租人在此期间内采取锁机措施。若出租人锁机、通知承租人后,承租人仍未纠正其违约行为的,笔者建议出租人尽快提起诉讼,避免法院认定出租人未采取合理措施导致损失扩大,并适用减损规则处理出租人主张的锁机期间的债权问题。

【案例十七】

某(中国)融资租赁公司与张某某、闻某融资租赁合同纠纷案

【案号】

云南省昆明市中级人民法院(2014)昆民四终字第 140 号

【案情简介】

2012 年 12 月 12 日,某(中国)融资租赁公司与张某某签订《融资租赁协议》,约定某(中国)融资租赁公司根据张某某的选择购买型号为 320D、设备序列号为 MZD00396 的挖掘机,并以融资租赁的方式出租给张某某使用,首付租金为 180,577.21 元,每月租金 31,971.26 元,租赁期限 36 个月,并约定了违约情形及救济。当日某(中国)融资租赁公司向张某某交付了设备。

2013 年 6 月,张某某开始欠付某(中国)融资租赁公司租金。

2013 年 7 月中旬,因张某某发生租金逾期支付的违约行为,某(中国)融资租赁公司对设备进行锁机。

2013 年 8 月,某(中国)融资租赁公司提起诉讼,主张解除融资租赁合同,张某

---

① 最高人民法院民事审判第二庭编著:《最高人民法院关于融资租赁合同司法解释理解与适用》,人民法院出版社 2016 年版,第 202 页。

某向某(中国)融资租赁公司返还型号为 320D、设备序列号为 MZD00393 的挖掘机;张某某支付 2013 年 6 月至 10 月到期未付的 5 期租金(截至 2013 年 10 月 12 日为 159,737.61 元)及未付租金应付日至实际付清之日止的违约金等。

张某某在诉讼中抗辩,某(中国)融资租赁公司于 2013 年 7 月中旬对设备进行锁机,故只认可欠某(中国)融资租赁公司 2013 年 6 月、7 月两期租金。

【裁判要旨】

出租人在实施锁机之后 1 个月即向法院提起了本案诉讼,出租人的锁机系针对张某某欠付租金的违约行为所采取的自力救济措施,其行为具有合法性及合理性,故张某某仍应支付锁机期间的租金。

【法院认为】

根据《合同法》第 248 条的规定,承租人应当按照约定支付租金。经查,出租人在原审庭审中认可张某某主张的 2013 年 7 月中旬的锁机行为,虽然其在庭后提交了情况说明予以佐证锁机未成功,其在二审上诉中亦陈述其并未实施锁机行为,但出租人的相反陈述违反了"禁止反言"的司法审判原则。同时,出租人未提交有效证据证实其相反陈述的合理性、客观性,故原审法院依法认定出租人于 2013 年 7 月中旬对涉案机器实施了锁机行为于法有据,法院依法确认出租人在张某某欠付租金的情况下实施了锁机行为。出租人在实施锁机之后 1 个月即向法院提起了本案诉讼,出租人的锁机系针对张某某欠付租金的违约行为所采取的自力救济措施,其行为具有合法性及合理性,故张某某仍应支付锁机期间的租金。截至《融资租赁协议》解除日,张某某合计欠付 5 期租金,张某某应支付出租人到期未付租金为 159,856.30 元。

【裁判结论】

法院判决某(中国)融资租赁公司与张某某签订的编号为 835-70030803 号《融资租赁协议》于 2013 年 11 月 5 日解除,张某某于判决生效后 10 日内将型号为 320D、设备序列号为 MZD00393 的挖掘机归还某(中国)融资租赁公司,张某某于判决生效后 10 日内支付某(中国)融资租赁公司所欠 2013 年 6 月至 10 月到期未付融资租赁费 159,856.30 元,并承担该款项自应付之日起至本判决确定的履行期间届满之日止按每月中国人民银行同期贷款利率上浮 30% 计算的违约金等。

【律师分析】

本案中出租人在锁机后立即提起了诉讼,法院相应确认了锁机作为自力救济手段的合理性,锁机不构成损失扩大。其他出租人在锁机后若考虑主张租金债权的,可以考虑借鉴本案中出租人的做法,即锁机后尽快提起诉讼。

3. 关注部分人民法院关于"出租人主张融资租赁合同加速到期的,等于放弃了租赁物,在出租人解除租赁物锁定、排除对租赁物的使用干扰前,承租人可以暂停租金支付"的观点,合理规划诉讼请求

《民法典》施行前,司法实践中的主流裁判观点为出租人只能就融资租赁合同项下的债权、物权择其一进行主张。在此观点下,部分法院甚至认为,出租人如果主张融资租赁合同加速到期的,将被推定为出租人不主张租赁物的所有权。[①] 此时出租人采取锁机措施的,构成对承租人占有使用租赁物权利的侵犯。考虑到《民法典》施行后,关于出租人主张融资租赁合同加速到期的锁机争议案例样本较少,建议出租人起诉前,关注融资租赁合同管辖法院前期关于锁机争议案件的裁判观点,是否存在认为出租人仅主张租金债权时,不能采取锁机措施的生效判决。

【案例十八】
某融资租赁公司与董某某融资租赁合同纠纷案

【案号】
天津市第二中级人民法院(2017)津02民终3618号

【案情简介】
2014年5月21日,某融资租赁公司(出租方)与董某某(承租人)签订了编号为9958L的《租赁协议》,某融资租赁公司(买方)与董某某(承租方)、华诚公司(卖方)签订合同编号为9958P的《买卖协议》,以直租方式开展融资租赁交易。

2015年7月27日前,董某某出现多次逾期支付租金的行为,截至2015年7月27日,董某某仍有两期租金逾期未付。

2016年2月13日,某融资租赁公司对租赁物实施了锁机。

此后,出租人向法院提起诉讼,主张承租人支付融资租赁合同项下全部未付租金、迟延支付罚金等。承租人则提出反诉,主张出租人向其支付经济损失420,000元等。

【裁判要旨】
出租人主张融资租赁合同加速到期的,等于放弃了租赁物,在出租人解除租赁

[①] 笔者不赞同该观点。《融资租赁纠纷解释》(2020修正)第10条第2款规定:"出租人请求承租人支付合同约定的全部未付租金,人民法院判决后承租人未予履行,出租人再行起诉请求解除融资租赁合同、收回租赁物的,人民法院应予受理。"因此,即使出租人主张融资租赁合同加速到期的,在全部租金获得清偿前,不意味着出租人放弃租赁物所有权。

物锁定、排除对租赁物的使用干扰前,承租人可以暂停支付租金。

【法院认为】

一审法院认为,截至2016年2月13日,董某某已逾期未支付租金9期,共计278,494.71元。出租人在董某某违约的情形下,根据《租赁协议》的约定对租赁物进行远程锁机的行为不属于无正当理由妨碍、干扰承租人对租赁物的使用的情形,董某某要求出租人赔偿损失的反诉请求缺乏依据,不予支持。董某某多次逾期支付租金的行为,违反了《租赁协议》的约定,根据《合同法》第248条①的规定,董某某经催告后在合理期限内仍不支付租金,出租人可以要求董某某支付全部未付租金785,774.71元。该种救济方式的实质是因承租人的违约行为导致承租人丧失未到期租金的期限利益,以此体现出对承租人违约行为的一定惩罚性,如果出租人选择要求支付全部租金,等于其放弃了租赁物,在此情形下,租赁物仍应当由承租人继续占有、使用。但出租人锁定租赁物后,董某某无法对租赁物正常使用、收益,现出租人选择要求董某某支付全部租金,就应保证董某某对租赁物的使用,故在出租人排除对租赁物的使用干扰前,租赁物被锁定后的租金507,280元可以暂停支付。

二审法院认为,出租人虽系融资租赁设备的所有权人,但其已将设备出租于上诉人董某某,因此在租赁期间,上诉人董某某对设备享有占有及使用的权利,一审法院关于在设备被锁机期间的租金未予支持的处理结果是可行的,二审法院予以维持。

【裁判结论】

董某某于本判决生效之日起10日内向某融资租赁公司支付编号为9958L的《租赁协议》项下截至2016年2月2日的未付租金278,494.71元等。

【律师分析】

本案于《民法典》施行前作出判决,且基于出租人仅可就债权、物权择其一主张的观点,未支持出租人主张融资租赁合同加速到期后、锁机期间的租金主张。对此笔者认为,即使出租人请求承租人支付合同约定的全部未付租金,在人民法院判决后承租人未予履行的,出租人有权再行起诉请求解除融资租赁合同、收回租赁物,故不应将出租人选择要求支付全部租金的行为等同于其放弃了租赁物。由于《民法典担保制度解释》第65条第1款允许出租人主张租金债权的同时,一并主张

---

① 已废止,对应《民法典》第752条。

租赁物优先受偿,笔者认为未来类似情况下人民法院的裁判观点似乎应当作出调整。

4.若承租人在出租人锁机后履行了租金清偿义务的,出租人应当及时解除锁机措施

若承租人在出租人锁机后履行了租金清偿义务的,由于此时融资租赁合同已经履行完毕,租赁物的所有权应归属于承租人所有,出租人应当及时解除锁机措施。出租人若不解除锁机措施的,存在侵犯承租人对租赁物享有的所有权问题,将面临赔偿承租人不能使用租赁物相应损失的风险。

【案例十九】

上海某租赁公司与赵某融资租赁合同纠纷案

【案号】

贵州省黔南布依族苗族自治州中级人民法院(2019)黔27民终3118号

【案情简介】

2010年9月,原告赵某与被告上海某租赁公司签订《融资租赁合同》,被告与原告赵某指定的供货人贵州某工程机械有限公司签订《产品买卖合同》,以SY135C液压挖掘机作为租赁物开展融直租交易。

2013年3月,双方就支付20,000元运输费协商未果,原告拒绝支付租金,被告就通过GPS将该挖掘机锁定。

2017年7月被告诉至一审法院,要求原告支付剩余6个月的租金99,780元。同年9月6日,一审法院作出(2017)黔2731民初1058号民事判决,判令20,000元运费由被告承担,原告于判决生效后15日内向被告支付租金79,780元(扣除由被告支付的运费20,000元)及违约金。

判决生效后,原告未按裁判文书规定时间履行支付义务,被告向一审法院申请强制执行,后原告于2018年5月将79,780元租金交至一审法院。

此后,被告仍未解除挖掘机锁定措施,原告赵某向法院提起诉讼,要求上海某租赁公司解除对SANY液压挖掘机的锁机行为,并赔偿原告赵某不能使用租赁物产生的经济损失。

【裁判要旨】

出租人就主张融资租赁合同加速到期的诉讼取得胜诉判决,且被告相应履行了租金支付义务后,出租人应就未及时解除租赁物锁机措施给承租人造成的损失承担赔偿责任。

【法院认为】

一审法院认为,被告上海某租赁公司对涉案挖掘机实施锁机措施符合合同约定的条件。双方合同约定的锁机措施本质为自助行为,自助只为促进纠纷的解决,并未解决纠纷,在被告上海某租赁公司实施锁机措施后,其已通过诉讼方式要求原告赵某支付下欠租金99,780元,一审法院于2017年9月6日作出(2017)黔2731民初1058号民事判决予以支持。合同中约定的自力救济方式即锁机措施已被公力救济所确认并保障,被告上海某租赁公司即刻应解除挖掘机锁机措施确保原告赵某正常使用涉案挖掘机。因原告赵某无法正常使用涉案挖掘机所带来的损失应由被告上海某租赁公司承担。

二审认为,一审法院作出(2017)黔2731民初1058号民事判决,该判决生效后,赵某并未按裁判文书规定时间履行支付义务,而是上海某租赁公司向一审法院申请强制执行后,赵某于2018年5月将79,780元租金交至一审法院。故对损失的起算时间,应从2018年5月起计算至2019年12月止,更为适当。二审法院据此就损失的计算问题作出了改判。

【裁判结论】

法院判决上海某租赁公司停止侵害、恢复原状(解除对SANY液压挖掘机的锁机行为),在本判决书生效后30日内一次性赔偿上诉人赵某经济损失265,516.26元。

【律师分析】

本案中,出租人锁机的自力救济行为通过诉讼方式转化为了公力救济,在出租人行使救济权利、租金债权得到清偿的情况下,出租人应当相应解除锁机措施。否则,自承租人清偿完毕租金债务之日起,由于此时租赁物所有权已经归属承租人所有,出租人需要赔偿锁机给承租人造成的损失。

除了上述风险外,因厂商、经销商为担保融资租赁合同的履行而签署的回购合同,也容易引发争议。[①]

[①] 关于回购合同的相关法律问题,详见本书第十五讲"融资租赁业务项下回购合同法律实务"。

第十二讲 电费应收账款质押法律实务

CHAPTER 12

在各类融资业务中,接受以收费权对应的应收账款进行质押,是银行、融资租赁公司等债权人经常采用的增信方式之一。在最高人民法院指导案例53号即福建省高级人民法院(2013)闽民终字第870号案明确了特许经营权的收益权可以质押、可以作为应收账款进行出质登记的裁判观点后,以收费权对应的应收账款设定质权,在司法实践层面不存在障碍。笔者认为,实务中关于"电费收费权质押"的表述并不准确,基于法律上纳入统一登记范围的担保类型为"应收账款质押",故应使用"电费收费权应收账款质押"的表述更为准确。同时,电费收费权应收账款质押存在多方主体,在表述时极易混淆。为便于行文表述,本讲以"电费应收账款"代称电费收费权应收账款,并以"质权人"或"主债权人"代称融资租赁公司或银行等融资提供方,以"出质人"或"应收账款债权人"代称出质电费应收账款的、有权向电网公司收取电费的项目公司等融资申请方,以"应收账款债务人"代称电费应收账款的付款义务人即电网公司。

基于电费应收账款的持续性、稳定性特征,在电力类融资项目中,主债权人往往将电费应收账款质押作为重要增信措施。《民法典担保制度解释》第61条就应收账款质押的若干问题进行了规定,其中明确规定了质权人应当如何主张或实现应收账款质权的问题,包括应收账款真实性的举证责任问题及应收账款债务人已经向应收账款债权人履行债务后质权人还能否主张实现质权的问题等。相应地,电力类融资项目主债权人需解决如何通知应收账款债务人的问题、如何证明电费应收账款的真实性等问题,以降低诉讼风险。此外,主债权人在诉讼中还面临应收账款质押登记不特定化、未就100%应收账款设定质押、电费收费权账户被其他法院冻结或扣划等风险。上述因素都可能导致主债权人无法通过设定电费应收账款质权实现债权回收的目的。

本讲将结合《民法典》《民法典担保制度解释》的相关规定，就电费应收账款的实际操作问题及诉讼阶段主债权人常见的败诉风险及如何防范进行探讨。

一、《民法典》下的电费应收账款质押规范梳理

法律法规及司法解释未专门就电费应收账款进行定义，但《农村电网建设与改造工程电费收益权质押贷款管理办法》（计基础〔2000〕198号）第2条规定："本办法所称电费收益权，是指电网经营企业，按国家有关规定，经国家有关部门批准，以售电收入方式，获取一定收益的权利。电费收益权质押，是指电网经营企业以其拥有的电费收益权作担保，向银行申请贷款用于农村电网建设与改造工程的一种担保方式。本办法所称借款人，是指以电费收益权作质物，从银行取得用于农村电网建设与改造工程项目的电网经营企业。本办法所称贷款人，是指为农网建设与改造工程提供电费收益权质押贷款的国内银行及其授权的分支机构。本办法所称出质人即为借款人，质权人即为贷款人。"参考该规定，电费应收账款质押一般是指电站项目公司基于取得的电力业务许可，将其发电产生的应收账款设定质押担保的活动。

《国务院关于实施动产和权利担保统一登记的决定》（国发〔2020〕18号）第2条第2项规定，纳入动产和权利担保统一登记范围的担保类型包括应收账款质押。《动产和权利担保统一登记办法》（中国人民银行令〔2021〕第7号发布）第3条第1款规定："本办法所称应收账款是指应收账款债权人因提供一定的货物、服务或设施而获得的要求应收账款债务人付款的权利以及依法享有的其他付款请求权，包括现有的以及将有的金钱债权，但不包括因票据或其他有价证券而产生的付款请求权，以及法律、行政法规禁止转让的付款请求权。"第3条第2款第1项以列举方式明确，本办法所称的应收账款包括销售、出租产生的债权，包括销售货物，供应水、电、气、暖，知识产权的许可使用，出租动产或不动产等。此外，《民法典》施行前的多份电力行业文件均鼓励就电费收费权设定质押进行融资（见表7）。

表7　电力行业文件关于电费收费权质押的规定

文件名称	相关规定梳理
《分散式风电项目开发建设暂行管理办法》(国能发新能〔2018〕30号发布)	第31条:创新投融资机制。鼓励各类企业、社会机构、农村集体经济组织和个人参与投资分散式风电项目,实现投资主体多元化。 (二)鼓励银行等金融机构,在有效防控风险的前提下,综合考虑社会效益和商业可持续性,积极为分散式风电项目提供金融服务,探索以项目售电收费权和项目资产为质押的贷款机制。
《关于在燃煤电厂推行环境污染第三方治理的指导意见》(发改环资〔2015〕3191号)	三、政策落实 (三)融资支持。鼓励银行业金融机构在贷款额度、贷款利率、还贷条件等方面依据项目及合同给予实施第三方的环境服务公司优惠,对资信良好的环境服务公司,简化信贷申请和审核手续。鼓励银行依据项目及合同,实行应收账款、收费权质押贷款等服务。鼓励商业性融资担保机构为环境服务公司提供融资担保,支持符合条件的主体通过发行企业债券募集资金。
《国家能源局关于进一步加强光伏电站建设与运行管理工作的通知》(国能新能〔2014〕445号)	八、创新光伏电站金融产品和服务。鼓励银行、保险、投资银行等金融机构结合光伏电站的特点和融资需求,对光伏电站提供优惠贷款,简化贷款管理流程,采取灵活的贷款担保方式,实行以项目售电收费权为质押的贷款机制……
《国务院西部开发办关于西部大开发若干政策措施的实施意见》	五、加大金融信贷支持 (十三)扩大以基础设施项目收益权或收费权为质押发放贷款的范围。继续办好农村电网收益权质押贷款业务,开展公路收费权质押贷款业务,创造条件逐步将收费权质押贷款范围扩大到城市供水、供热、公交、电信等城市基础设施项目……

综上,以电费收费权对应的应收账款设定质押在法律上不存在障碍。

二、电费应收账款质权设立操作实务

(一)电站项目处于建设期,是否可以办理电费应收账款质押

对于电力类项目而言,实务中银行、融资租赁公司等主债权人往往在电站项目处于建设期时,就需要为电站建设施工款项、电站组件等采购款项提供融资。为了最大程度保证债权回收的安全性,主债权人一般要求电站项目公司将未来签署的、由其作为电费收费主体的购售电合同项下的电费收入、其他发电补贴收入在主债

权人提供融资时，先行设定质押。这就产生了电力项目处于建设期时，是否可以就将来的电费应收账款设定质押、是否有必要设定质押的实务问题。

依据《民法典》第440条第6项的规定，债务人或者第三人有权处分的现有的以及将有的应收账款可以出质。《民法典担保制度解释》第61条第4款规定："以基础设施和公用事业项目收益权、提供服务或者劳务产生的债权以及其他将有的应收账款出质，当事人为应收账款设立特定账户，发生法定或者约定的质权实现事由时，质权人请求就该特定账户内的款项优先受偿的，人民法院应予支持；特定账户内的款项不足以清偿债务或者未设立特定账户，质权人请求折价或者拍卖、变卖项目收益权等将有的应收账款，并以所得的价款优先受偿的，人民法院依法予以支持。"据此，在《民法典》下，可以设定应收账款质押的范围已经包括了将有的应收账款。笔者认为，即使电站项目处于建设期，主债权人仍然有权结合电站项目公司已经取得的电站审批备案文件，判断其未来获得电费及补贴收入的可能性，并接受以将有的电费及补贴收入设定应收账款质押。

需要注意的是，《民法典》第445条第1款规定："以应收账款出质的，质权自办理出质登记时设立。"第768条规定："应收账款债权人就同一应收账款订立多个保理合同，致使多个保理人主张权利的，已经登记的先于未登记的取得应收账款；均已经登记的，按照登记时间的先后顺序取得应收账款；均未登记的，由最先到达应收账款债务人的转让通知中载明的保理人取得应收账款；既未登记也未通知的，按照保理融资款或者服务报酬的比例取得应收账款。"《民法典担保制度解释》第66条第1款规定："同一应收账款同时存在保理、应收账款质押和债权转让，当事人主张参照民法典第七百六十八条的规定确定优先顺序的，人民法院应予支持。"综合上述规定，质押登记不仅是应收账款质权设立的必要条件，而且登记的先后顺序对质权实现的先后顺序具有决定性影响。因此，主债权人如果在电站项目建设期时未就电费应收账款质押及时办理登记手续，而是等待电站项目公司签署完毕购售电合同、完成并网发电，甚至取得补贴批复文件时再办理质押登记的，可能已有其他主债权人就相同的电费应收账款质押登记在先。那么，登记在后的主债权人在将来主张应收账款质权时只能劣后于登记在先的主债权人，甚至可能面临无法实际主张就质押的应收账款优先受偿权的风险。

(二) 以将有的电费应收账款设定质权的，主债权人需注意什么风险

在电力类融资项目中，若主债权人在电站项目公司建设期为其提供融资的，可能面临电站违规占地被责令拆除、施工期延误未并网发电等风险。若遇到该等情

况,以将有的电费应收账款质押的,可能因为电站未实际发电、电费收入不存在而导致电费应收账款质权无法设立或质权无法实现。例如,在天津市高级人民法院(2018)津民初70号融资租赁合同纠纷案中,某租赁公司虽然与出质人签订了《应收账款质押合同》,但是至本案起诉时,案涉项目电厂并未发电运行,某租赁公司也未提供出质人对外签订的购售电基础合同,故其主张出质人就本案债务承担质押担保责任缺乏事实依据,法院不予支持。[1]

因此,以将有的电费应收账款设定质权的,主债权人可以要求出质人提供其他担保,如以出质人运营的其他并网电力项目提供担保等,作为电力类融资项目在建设期内的过渡性增信措施。

(三)将有的电费应收账款如何签署合同并办理质押登记

1. 质押的电费应收账款未特定化,质权可能不成立

司法实践中,如果质权人未就设定质权的应收账款进行详细描述以使质押标的特定化的,人民法院可能认为应收账款质权缺乏基本要素、质权不成立。例如,在山东省日照市中级人民法院(2020)鲁11民初553号金融借款合同纠纷案中,由于双方签订的《应收账款质押协议》及原告在动产融资统一登记公示系统进行的应收账款质押登记,均未明确记载该应收账款的基础法律关系(基础合同),没有明确约定应收账款的具体信息,付款义务人、金额、账期均无法确定,法院认为根据该合同约定和登记内容,无法确认相关权利确实存续或具有合理期待性,故该应收账款质押因缺少明确具体的质押标的物而不能成立,质权也未设立,该应收账款的付款请求权不存在。在原告不能进一步举证证实其所享有质权的应收账款的具体权利内容要素的情形下,其关于对该质押财产享有优先受偿权的主张,缺乏事实和法律依据,法院不予支持。[2]

因此,笔者建议,电站项目处于建设期,且主债权人计划就电费应收账款设定质权的,主债权人不仅应当签署应收账款质押合同并在动产融资统一登记公示系

---

[1] 持有类似观点的案例有北京市第四中级人民法院一审民事判决书,(2015)四中民(商)初字第209号。

[2] 持有类似观点的案例有:苏州市吴江区人民法院一审民事判决书,(2016)苏0509民初3235号;浙江省杭州市中级人民法院二审民事判决书,(2017)浙01民终8766号;上海市杨浦区人民法院一审民事判决书,(2019)沪0110民初15241号;苏州市相城区人民法院一审民事判决书,(2019)苏0507民初8679号;广东省深圳市中级人民法院一审民事判决书,(2019)粤03民初4035号;山东省高级人民法院二审民事判决书,(2019)鲁民终1832号;庄河市人民法院一审民事判决书,(2020)辽0283民初3424号。

统办理质押登记,而且在登记时应当尽量对应收账款进行详细描述。

2.电费应收账款描述建议

笔者认为,债权人接受以建设期内的电费应收账款质押的,对所质押的应收账款在合同中应当尽量详细描述。一般而言,电费应收账款的描述信息至少可以包含以下内容:应收账款对应的基础合同付款义务人、应收账款对应的发电量、应收账款对应的电费电价、应收账款质押期间及应收账款总金额等(可供参考的描述方式见表8)。

表8 应收账款描述方式

应收账款描述信息	描述方式
应收账款对应的基础合同付款义务人	填写电力项目结算电费的电网公司全称、发放电费补贴的主体全称
应收账款对应的发电量	根据电力项目装机容量测算,如每月不低于×度
应收账款对应的电费电价	根据电力项目预计的上网电价填写,如不低于×元/度
应收账款质押期间	结合主债权期限填写
应收账款总金额	根据发电量、电费电价、应收账款质押期间填写

需要注意的是,上述应收账款描述信息为预估信息,可能与电站项目公司并网发电后的装机容量、签署的购售电合同等信息存在差异,质权人应在电费收费权信息明确后,及时就应收账款质押合同进行变更,并在动产融资统一登记公示系统办理变更登记。"权利质权的设定,通常要订立相关的书面质押合同,并在此基础上交付权利凭证或者办理登记或注册。质押合同一般应该包括以下内容:(1)被担保的主债权种类、数额;(2)债务人履行债务的期限;(3)出质权利的情况;(4)出质担保的范围;(5)当事人认为需要约定的其他事项。书面形式是否属于质押合同的生效要件,存在一定的争议。我们认为,质押合同作为合同的一种,当然要尊重当事人之间的约定,并要求必须具备上述全部的事项,质押合同不完全具备上列规定内容的,可以补正,这不会影响质押合同的效力"。[1] 据此,电力项目建设完毕后,当事人就电费应收账款的部分信息进行变更、签署变更协议并在动产融资统一公示系统办理变更登记的,不会影响质押合同的效力。

---

[1] 最高人民法院民法典贯彻实施工作领导小组主编:《中华人民共和国民法典物权编理解与适用[下]》,人民法院出版社2020年版,第1237页。

3. 签署应收账款质押合同,是否要明确质权对应的购售电合同信息

部分质权人考虑到对应收账款进行特定化描述的要求,可能在应收账款质押合同中,将应收账款描述为"编号为××的《购售电合同》项下的全部电费类款项"。但是,电站项目公司与电网公司一般每年签署一次购售电合同,在应收账款质押合同中将应收账款描述为特定编号的购售电合同对应的电费款项的,可能导致质权人根据合同约定可以主张的应收账款远远小于质权人希望主张的范围。因此,主债权人在应收账款质押合同中明确购售电合同编号的同时,应当注意增加"以及质押期间续签或重新签署的相关购售电合同"的表述。

(四)办理电费应收账款质押后,是否需要通知电网公司

《民法典》施行前,并无关于质权人向应收账款债务人履行质押通知义务的规定。但是,《民法典担保制度解释》第61条第3款规定:"以现有的应收账款出质,应收账款债务人已经向应收账款债权人履行了债务,质权人请求应收账款债务人履行债务的,人民法院不予支持,但是应收账款债务人接到质权人要求向其履行的通知后,仍然向应收账款债权人履行的除外。"《最高人民法院民法典担保制度司法解释理解与适用》一书进一步明确:"债务人在接到该通知前,因为不知道应收账款已经设立质权的事实,可以向应收账款债权人履行,并导致应收账款因履行而消灭,进而导致应收账款质押消灭。就此而言,应收账款质权人要及时通知,否则,就可能面临不利后果。"[①]因此,在电站项目公司签署完毕购售电合同后,如果质权人未就应收账款的质押事宜通知相应的电网公司,那么电网公司可能继续与电站项目公司结算电费,导致电网公司在履行完电费支付义务后应收账款债权消灭,并产生质权人的应收账款质押权相应消灭的法律后果。

理论上,由应收账款债务人即电网公司在质权人与电站项目公司发出的应收账款质押通知书的回执上加盖公章,以确认其收到了应收账款质押通知书,最能证明质押事宜已经通知到电网公司。但是在实务中,电网公司往往处于商事合作的强势地位,不论是质权人还是电站项目公司,都较难要求电网公司在应收账款质押通知书上加盖公章。为此,质权人可以考虑将应收账款质押通知书以特快专递向电网公司进行送达,以替代电网公司盖章确认。质权人采用特快专递方式履行通知义务的,需要关注快递面单信息的填写规范性,保存寄出的特快专递内容作为应

---

① 此处的"债务人"指应收账款债务人。最高人民法院民事审判第二庭:《最高人民法院民法典担保制度司法解释理解与适用》,人民法院出版社2021年版,第520~521页。

收账款质押通知书的相关证据。

需要重点提示的是,依据《民法典担保制度解释》第 61 条第 3 款的规定,质权人可以请求应收账款债务人履行债务的必要前提是"应收账款债务人接到质权人要求向其履行的通知"。此处的"通知"包括两层要求:一是告知应收账款债务人,电费应收账款已经由应收账款债权人出质给了质权人;二是要求应收账款债务人在接到质权人通知之后,向质权人履行债务。

若"通知"符合上述两层要求,则质权人有权直接请求应收账款债务人履行债务。例如,在深圳市中级人民法院(2022)粤 03 民终 2660 号金融借款合同纠纷一案中,应收账款债务人接到质权人向其履行债务的通知之后,仍然向应收账款债权人支付款项的,不具有向应收账款债权人履行债务的法律效果,质权人仍然有权请求应收账款债务人履行给付义务。

相反,若质权人未通知应收账款债务人并要求后者向质权人履行,则质权人请求应收账款债务人履行债务可能无法获得法院支持。例如,在北京市第三中级人民法院(2021)京 03 民初 45 号合同纠纷一案中,法院认为,根据现有证据综合判断,应收账款债务人某科技公司已经向应收账款债权人某文化传媒公司履行了应收账款基础合同《版权合作协议》约定的款项给付债务,且未有证据证明质权人、应收账款债权人曾向应收账款债务人发出履行涉案应收账款债务的通知,故质权人对应收账款享有优先受偿权的主张缺乏依据,法院不予支持。[1]

(五)是否有必要对电费收款账户进行特定化

理论上电费应收账款质权设立后,质权人便对质押的应收账款享有优先受偿权。但是,电费应收账款一般不属于现有的应收账款而属于将有的应收账款,应收账款的履行方式一般是在将来结算电费后由应收账款债务人向指定的电费收款账户进行付款。而实践中电网公司均较为强势,只愿意支付至电费应收账款债权人即项目公司名下的账户。此时,如果质权人不能控制应收账款债务人的给付行为,则其质权存在落空的风险:一方面,一旦应收账款债务人向应收账款债权人进行清偿,应收账款即告消灭,相应的质权随之消灭;另一方面,应收账款债务人支付的款项进入电费收款账户后,若与账户内的其他款项发生混同,质权人将无权对账户内的款项主张优先受偿。司法实践中常见的风险包括以下三种情形:

---

[1] 持有类似观点的案例有:苏州市吴江区人民法院一审民事判决书,(2018)苏 0509 民初 9131 号;济南市历下区人民法院一审民事判决书,(2018)鲁 0102 民初 653 号。

第一,质权人并未实际占有或者通过特定化电费收款账户间接占有质物,丧失对该部分电费享有的质权。例如,在甘肃省高级人民法院(2018)甘民终270号案外人执行异议之诉一案中,根据法院查明的事实,出质人的银行账户系该公司的日常结算账户,并非设立的质押专户或监管账户,该账户内收入并非仅有电费结算收入这一唯一来源,支出也非租金支付这一唯一支出,质权人未能对该账户进行特定化、区分及控制,出质人可对该账户自由使用,进入该账户的电费等款项已经与其他资金混同,作为种类物的货币资金,进入出质人的普通账户后,即形成出质人的一般财产,质权人并未实际占有或者通过特定化出质人的银行账户间接占有质物,已丧失对该部分电费享有的质权。故法院认为质权人主张其对张掖市中级人民法院从出质人银行账户内扣划的存款享有足以排除强制执行的权利的上诉理由不能成立。①

第二,电费收款账户内资金并非全部来自电费应收账款,质权人不能证明执行标的即为质权人享有质权的电费应收账款,对质权人关于就被执行款项享有优先受偿权的主张不予支持。例如,在江苏省宿迁市中级人民法院(2020)苏13民终4523号案外人执行异议之诉一案中,质权人与出质人已在中国人民银行征信中心办理了应收账款质押登记,应当认定质权人对出质人应收电费的应收账款享有质权。但该案中一审法院强制执行的标的为出质人名下案涉银行账户内银行存款。法院认为,从案涉银行账户的外观和资金往来明细来看,该账户除了出质人的电费收入外,还存在其他款项收入,即案涉银行账户内资金并非全部来自出质人的应收电费账款收入,而质权人对出质人享有质权的财产范围仅为该公司的电费收入,质权人不能证明一审法院强制执行的款项与其享有质权的应收电费账款收入具有同一性,故无法认定一审法院强制执行的标的即为质权人享有质权的应收电费账款收入,且该案中一审法院强制扣划的款项数额远小于案涉银行账户内非来源于出质人公司电费收入的款项数额,质权人现有证据不能证明案涉被执行款项属于质押款项的范围,故对质权人有关对案涉被执行款项享有优先受偿权、一审法院不得执行案涉被执行款项的上诉请求,依法不予支持。②

第三,电费收款账户并未形成质权人与应收账款债务人之间具有质押关系的专用账户,账户资金未能特定化,故质权人主张对该账户内资金享有优先受偿权及

---

① 持有类似观点的案例有:邹平市人民法院一审民事判决书,(2021)鲁1681民初3165号。
② 持有类似观点的案例有:江苏省无锡市中级人民法院二审民事判决书,(2020)苏02民终4068号。

阻却执行的相关诉讼请求均不能成立。例如，在新疆维吾尔自治区乌鲁木齐市中级人民法院(2021)新01民终458号案外人执行异议之诉一案中，法院根据以下三点理由认为质权人主张对账户内的资金优先受偿并排除执行的请求不成立：(1)虽然质权人与出质人在双方多份合同中约定应收电费应当支付至"监管账户"，但并未明确该"监管账户"即为涉案账户；(2)质权人并未举证证明涉案账户存在区别于出质人其他账户的外在特征，对于涉案账户，第三人无法直观识别该账户系质权人与出质人之间因质押而形成的特户；(3)涉案账户的部分银行流水信息显示，该账户并非仅用于质权人与出质人基于双方质押关系的资金往来，还存在向案外人支付款项的情形。质权人虽称出质人经涉案账户向案外人支付款项均需经其准许，但在本案审理中其对此未能提供证据予以证明。综合以上三点，法院认为，涉案银行账户并未形成质权人与出质人之间具有质押关系的专用账户，账户资金未能特定化，不能与出质人的其他资金相互区分，故质权人主张对该账户内资金享有优先受偿权及阻却执行的相关诉讼请求均不能成立。

笔者认为，为避免电费收款账户未特定化而导致质权人对账户内的款项不享有优先受偿权的风险，出租人有必要依据《民法典担保制度解释》第61条第4款规定，在办理电费应收账款质押时为应收账款设立特定账户。虽然《民法典担保制度解释》第61条第4款未进一步明确账户怎样才能特定化，但是参考《民法典担保制度解释》第70条[①]及已经废止的《担保法解释》第85条[②]关于保证金的规定，电费收款账户特定化至少需要满足以下两个条件：第一，设立电费收款专户，收取的电费必须专款专用，只能用于清偿质权人的债权，如果金额浮动，必须与电费应收账款所担保的主债权清偿相关。需要特别注意的是，该账户不得用于日常结算与其他业务。第二，质权人必须实际控制账户，非经质权人同意，出质人不得支取或转移电费收款账户内的任何款项。实务中，可能出现出质人与电网公司签署购售电合同在先、将电费应收账款质押予主债权人在后的情况。此时，为满足上述特定化

[①] 《民法典担保制度解释》第70条：债务人或者第三人为担保债务的履行，设立专门的保证金账户并由债权人实际控制，或者将其资金存入债权人设立的保证金账户，债权人主张就账户内的款项优先受偿的，人民法院应予支持。当事人以保证金账户内的款项浮动为由，主张实际控制该账户的债权人对账户内的款项不享有优先受偿权的，人民法院不予支持。在银行账户下设立的保证金分户，参照前款规定处理。当事人约定的保证金并非为担保债务的履行设立，或者不符合前两款规定的情形，债权人主张就保证金优先受偿的，人民法院不予支持，但是不影响当事人依照法律的规定或者按照当事人的约定主张权利。

[②] 《担保法解释》第85条：债务人或者第三人将其金钱以特户、封金、保证金等形式特定化后，移交债权人占有作为债权的担保，债务人不履行债务时，债权人可以以该金钱优先受偿。

要求,笔者建议主债权人要求出质人承诺账户仅能用于收取电费,并与出质人协商就该账户安排限制对外划款的资金 U-key,尽可能要求出质人将资金 U-key 交付债权人保管,并签署对应的资金监管协议。

(六)多名主债权人参与一个电站项目融资,能否按融资比例设定质押

就部分大型电站项目而言,可能出现多名主债权人共同提供融资,电站项目公司可能根据各主债权人的融资情况,按比例向各主债权人提供应收账款质押担保。虽然法律上不禁止该等质押方式,但应收账款作为金钱债权款项,一旦进入银行账户后,无法从物理上进行分割,可能导致主债权人面临无法就对应比例的应收账款实际受偿的问题。由于质权人仅享有部分应收账款质权,但无法证明另案债权人申请扣划的同一银行账户项下的款项属于质权范围的,人民法院就应收账款银行账户实施的强制执行并无不妥。例如,在北京市第二中级人民法院(2017)京 02 执异 330 号执行异议一案中,某银行与某水电站公司签订书面权利质押合同,约定某水电站公司以其享有的应收账款向某银行出质,并在中国人民银行征信中心办理了应收账款质押登记。但某银行主张享有的应收账款质押权,仅占全部应收账款金额的部分,并未覆盖全部应收账款,且未经生效法律文书确定最终实现质权的范围。某公司作为申请执行人,在执行中与某水电站公司、李某某等达成执行和解协议,法院认为,该院向某电网公司发出协助执行通知书要求其从每月应支付给某水电站公司的电费中扣划 2000 万元给付某公司,程序合法,无不妥之处。[①]

三、质权人诉讼主张电费应收账款质权之法律实务

电费应收账款质权设立后,若承租人违约的,质权人为维护自身合法权利可能不得不提起诉讼并主张电费应收账款质权。除本讲第二部分已经提及的质权人未就应收账款进行特定化、按比例设定应收账款质权导致的诉讼法律风险外,质权人诉讼主张电费应收账款质权还可能面临其他法律实务问题。

(一)主张电费应收账款质权,是否要将电网公司一并列为被告

《民法典担保制度解释》第 61 条第 2 款规定:"以现有的应收账款出质,应收账款债务人未确认应收账款的真实性,质权人以应收账款债务人为被告,请求就应收账款优先受偿,能够举证证明办理出质登记时应收账款真实存在的,人民法院应予支持;质权人不能举证证明办理出质登记时应收账款真实存在,仅以已经办理出质

[①] 持有类似观点的案例有安徽省六安市中级人民法院执行裁定书,(2020)皖 15 民终 340 号。

登记为由,请求就应收账款优先受偿的,人民法院不予支持。"据此,质权人可以直接以电网公司为被告,主张电费应收账款享有优先受偿权。但是,该规定未明确质权人是否可以将应收账款债务人单独列为被告,或者是否必须将其与主债务人、出质人或其他担保人共同列为被告。《担保法解释》第106条规定:"质权人向出质人、出质债权的债务人行使质权时,出质人、出质债权的债务人拒绝的,质权人可以起诉出质人和出质债权的债务人,也可以单独起诉出质债权的债务人。"从这条规定来看,质权人可以选择同时起诉出质人和出质应收账款的债务人,也可以单独起诉出质应收账款的债务人。并且,《最高人民法院民法典担保制度司法解释理解与适用》一书附录认为,《担保法解释》第106条符合《民法典》精神和《民事诉讼法》原理,今后可以沿袭该条的审判思路。①

司法实践中,主债权人作为电费应收账款质权人的,应当有权直接起诉电网公司,要求其直接向主债权人支付电费。例如,在北京市高级人民法院(2019)京民终247号融资租赁合同纠纷一案中,一审法院认为,虽然某国网公司非本案所涉《融资租赁合同》的合同相对人,但某融资租赁公司依据其与某能源开发公司签订的《融资租赁合同》及《应收账款质押合同》主张相应的合同权利,如某融资租赁公司之诉讼请求成立,则必然影响某能源开发公司与某国网公司签订的《购售电合同》的后续履行,即影响某国网公司在《购售电合同》项下之权利义务,故某国网公司作为本案被告并无不当。二审法院认为,某国网公司虽然不是《融资租赁合同》及相关担保合同的当事人,但是某融资租赁公司依然可以直接起诉某国网公司直接向其清偿应收账款债务。某融资租赁公司对某国网公司有明确的诉讼请求,即请求法院确认其对《应收账款质押合同》项下电费收费权享有质权,并要求某国网公司直接向某融资租赁公司支付电费。②

实践中质权人出于诉讼效率的考虑,较少单独起诉应收账款债务人,而是倾向于在起诉主债务人、出质人的同时,一并起诉应收账款债务人。但是,一并起诉应收账款债务人也面临送达、举证等问题。对于电费应收账款的质权人而言,主张应收账款质权时便需要考虑是否将电网公司一并列为被告的问题。笔者认为,对此需要综合考虑诉讼文书是否可以采用非公告方式送达电网公司、电网公司对应收

---

① 参见最高人民法院民事审判第二庭:《最高人民法院民法典担保制度司法解释理解与适用》,人民法院出版社2021年版,第687页。

② 持有类似观点的案例有:浙江省杭州市中级人民法院一审民事判决书,(2019)浙01民初2814号;广西壮族自治区南宁市中级人民法院二审民事判决书,(2019)桂01民终44号。

账款真实性提出抗辩的可能性、质权人前期取得的应收账款真实性资料的完整性等因素进行判断。例如,主债权人证据材料充分,从尽快以电费款项弥补债权的角度考虑,笔者建议主债权人在主张应收账款质权时,将电网公司一并列为被告。

(二) 主张电费应收账款质权的诉讼管辖问题

如前所述,质权人主张电费收费权之应收账款质权时,既可单独起诉应收账款债务人,也可在起诉主债务人、出质人时一并起诉应收账款债务人。如果单独起诉应收账款债务人,除非质权人与应收账款债务人存在仲裁条款或管辖约定,那么可以按照一般地域管辖原则确定管辖。但是,如果出质人一并起诉应收账款债务人时,如何确定管辖,笔者认为值得探讨。

司法实践中,如果质权人一并起诉出质人与应收账款债务人的,法院一般认为,作为质押标的的应收账款债权债务关系对主合同也相应具有从属性,应根据主合同确定案件管辖。例如,在最高人民法院(2015)民二终字第209号借款合同纠纷一案中,法院裁定认为,质权人起诉某电力燃料公司是基于其所主张的应收账款质押关系。应收账款质押并不能等同于债权转让。基于质押关系对主合同的从属性,作为质押标的的应收账款债权债务关系对主合同也相应具有从属性。根据《担保法解释》第106条关于"质权人可以起诉出质人和出质债权的债务人,也可以单独起诉出质债权的债务人"的规定,本案质权人选择一并起诉出质人和质押应收账款债务人的,受诉法院有权一并审理。这种情况下的案件管辖,可以适用该解释第129条的规定,即"主合同和担保合同发生纠纷提起诉讼的,应当根据主合同确定案件管辖"。广东省高级人民法院是主合同债务人(出质人)某煤炭公司的住所地法院,对主合同纠纷案具有管辖权,对质权人诉质押应收账款债务人某电力燃料公司案也可以行使管辖权。某电力燃料公司关于其对某煤炭公司不负有应收账款债务、未参与及未认可某煤炭公司的应收账款质押及登记,故其不应作为本案被告及应当驳回质权人对其起诉的主张,并不涉及人民法院之间管辖权的划分,而只涉及质权人对其提起诉讼的其他起诉条件,以及其是否承担实体责任的问题。该主张应由广东省高级人民法院进一步审理,不属于管辖权异议上诉的审理范围。[①]

此外,在应收账款债权人与应收账款债务人之间订立了仲裁条款的情况下,也有法院认为该仲裁条款对质权人不具有约束力,质权人一并主张主债权与质权的

---

① 与本裁定书持有类似观点的案例有:湖北省高级人民法院二审民事裁定书,(2017)鄂民辖终49号;北京市高级人民法院二审民事裁定书,(2018)京民辖终247号;浙江省高级人民法院二审民事裁定书,(2018)浙民辖终50号;山东省高级人民法院二审民事裁定书,(2018)鲁民辖终266号。

应依主合同确定管辖。例如,在浙江省高级人民法院(2020)浙民辖终 148 号质权纠纷管辖一案中,某资产管理公司系依据其与转让人某实业投资公司、债务人沈阳某风能公司及某实业投资共同签订的《收购重组协议》,以及与出质人沈阳某风能公司签订的《质押合同》提起本案诉讼。本案属于涉某实业投资公司及其关联公司的案件,应由浙江省杭州市中级人民法院管辖。沈阳某风能公司与某新能源公司之间的三份合同即《设备采购合同(99MW)》《设备采购合同(100.5MW)》《设备采购合同(201MW)》的第 31.1 条虽约定"合同有关的一切争端应通过双方协商解决。如果协商不成,争端交由买方住所地仲裁机构裁决",因三份《设备采购合同》的签订方为沈阳某风能公司与某新能源公司,某资产管理公司并非三份《设备采购合同》的合同当事方,前述仲裁条款不能约束某资产管理公司,故某新能源公司上诉主张本案应根据《设备采购合同》约定的仲裁条款移送至赤峰仲裁委员会的上诉理由不能成立,法院不予支持,对该仲裁条款效力也不再予以评述。

  根据笔者检索的情况,在质权人通过诉讼主张主债权的同时一并起诉出质人与应收账款债务人的案件中,目前未有应收账款债务人提出管辖权异议获得支持的公开案例。各法院驳回应收账款债务人管辖权异议的主要理由均为应收账款质押合同系从合同,依据《担保法解释》第 129 条①或《民法典担保制度解释》第 21 条②之规定,应根据主合同确定管辖。在部分案件中,应收账款债务人签署了《应收账款质押确认书》或类似名称的文件,尽管确认书并无管辖约定,但法院仍以确认书从属于主债权债务合同及应收账款质押合同、具有担保性质为由,认定基于《应收账款质押确认书》产生的争议应按其所属的主债权债务合同及应收账款质押合同确定管辖。③

  显然,上述主流司法观点对质权人较为有利。在电费应收账款项下,应收账款债务人即电网公司往往更为强势,其与出质人签署的购售电合同的管辖条款往往对电网公司更为有利。然而,若质权人在主张质权时将应收账款债务人列为被告的,质权人可根据主债权债务合同及应收账款质押合同获得有利于质权人的管辖

---

  ① 《担保法解释》第 129 条:主合同和担保合同发生纠纷提起诉讼的,应当根据主合同确定案件管辖。担保人承担连带责任的担保合同发生纠纷,债权人向担保人主张权利的,应当由担保人住所地的法院管辖。主合同和担保合同选择管辖的法院不一致的,应当根据主合同确定案件管辖。

  ② 《民法典担保制度解释》第 21 条:主合同或者担保合同约定了仲裁条款的,人民法院对约定仲裁条款的合同当事人之间的纠纷无管辖权。债权人一并起诉债务人和担保人的,应当根据主合同确定管辖法院。债权人依法可以单独起诉担保人且仅起诉担保人的,应当根据担保合同确定管辖法院。

  ③ 参见山东省高级人民法院二审民事裁定书,(2018)鲁民辖终 266 号。

便利。尽管如此,笔者认为实践中此种处理方式尚无明确的法律依据,在法理上也存在不足,值得商榷。

第一,笔者检索到的关于管辖权争议的案例中,不属于有管辖权约定或者应收账款债务人接受管辖的情形。笔者认为,有两种情况下的管辖权应属不存在争议。一种是应收账款债务人与出质人、质权人达成管辖条款约定。例如,在回复质权人的书面通知书中表示接受主合同或者应收账款质押合同项下的管辖条款的。但是实践中此种情形属少数。另一种是依据《民事诉讼法》(2021 修正)第 130 条①之规定,如果应收账款债务人在收到人民法院的传票之后未提出管辖异议并应诉答辩的,可以视为受诉人民法院有管辖权。

第二,无论是《担保法解释》与《民法典担保制度解释》,还是《民事诉讼法》(2021 修正)及相关司法解释,均未明确如果主债权人一并起诉应收账款债务人时,应当根据主合同确定管辖,相关案例中法院裁定也未就此问题进一步论证。《担保法解释》第 129 条及《民法典担保制度解释》第 21 条规定了主债权人一并起诉主债务人和担保人的,从合同随主合同确定管辖的原则。虽然在主债权人一并起诉主债务人与出质人时,应收账款质押合同属于从合同,故应当根据主合同确定管辖法院,但是应收账款债务人并非应收账款质押合同的当事人。对此,《最高人民法院民法典担保制度司法解释理解与适用》将应收账款债务人等同于应收账款质押中的担保人,②笔者认为不妥。即便质权人与出质人将质押事宜书面通知了应收账款债务人,甚至应收账款债务人签字或盖章确认收到了通知,也不能直接将应收账款债务人视为应收账款质押合同的当事人甚至是主债权的担保人,否则任何一个对外负有支付应收账款义务的市场交易主体均可能因应收账款质押而成为担保人。因此,以《担保法解释》第 129 条及《民法典担保制度解释》第 21 条规定作为认定对应收账款债务人有管辖权的依据,并不充分。此外,人民法院出版社编著的《最高人民法院民事案件案由适用要点与请求权规范指引》也认为:"质权一般

---

① 《民事诉讼法》(2021 修正)第 130 条:人民法院受理案件后,当事人对管辖权有异议的,应当在提交答辩状期间提出。人民法院对当事人提出的异议,应当审查。异议成立的,裁定将案件移送有管辖权的人民法院;异议不成立的,裁定驳回。当事人未提出管辖异议,并应诉答辩的,视为受诉人民法院有管辖权,但违反级别管辖和专属管辖规定的除外。

② 该书认为:"应收账款质权的实现方式,当然包括先提起诉讼确定应收账款质押,再通过执行程序解决。此时,参照适用第 45 条第 3 款之规定,质权人应当以应收账款债权人(基础关系中的债务人)和应收账款债务人(应收账款质押中的担保人)为共同被告提起诉讼。"详见最高人民法院民事审判第二庭:《最高人民法院民法典担保制度司法解释理解与适用》,人民法院出版社 2021 年版,第 521 页。

通过当事人之间签订质押合同并经依法登记而成立。发生在质押当事人之间的质权纠纷的基础关系是质押合同。此类案件的管辖一般应依照质押合同纠纷的管辖确定管辖法院。对于与第三人之间就质权发生的纠纷,可以依据质押标的物的性质和产生纠纷的基础法律关系确定管辖。"①

第三,就合理性角度而言,虽然出质应收账款是出质人的自由,接受应收账款质押担保也属于质权人之权利,但是应收账款质押不应当恶化应收账款债务人的处境。目前司法实践中强行将应收账款债务人并入质权人提起的诉讼之中进行管辖,客观上剥夺了应收账款债务人对应收账款发生纠纷时的管辖权之合理预期。即使为了保护质权人主张质权之便利性,但并无任何合法依据可以因此而牺牲应收账款债务人之正当利益。相反,从民事诉讼法的相关司法解释可以看出,对于应收账款债务人享有的管辖利益应当予以保护。《最高人民法院关于适用〈中华人民共和国民事诉讼法〉的解释》(2022修正)第33条规定:"合同转让的,合同的管辖协议对合同受让人有效,但转让时受让人不知道有管辖协议,或者转让协议另有约定且原合同相对人同意的除外。"该条规定表明,合同转让(包括应收账款转让)不能忽视合同当事人(包括应收账款债务人)原有的正当利益。应收账款质押虽然与应收账款转让(债权转让)产生的法律效果并不完全相同,但是,"债权转让、应收账款质押以及保理三者具有密切的联系,一般认为,相关制度可以相互准用"②。那么,在合同转让的情况下尚且需要保护合同原当事人的管辖利益,在应收账款质押的时候也应同样保护应收账款债务人的管辖利益。

综上,笔者认为,《担保法解释》与《民法典担保制度解释》虽然规定质权人有权一并起诉出质人与应收账款债务人,但可能缺乏程序制度上的支持,甚至与债权转让的相关管辖制度相抵牾。对于应收账款质权人一并起诉应收账款债务人时的管辖问题,目前司法实践中的主流观点对质权人更为有利。单纯就管辖角度而言,笔者建议质权人在主张电费应收账款质权时,应当将应收账款债务人一并列为被告,并依据主合同确定管辖法院。

(三)质权人应当如何提出主张电费应收账款质权的诉讼请求

根据"不告不理"的民事诉讼受理原则,人民法院只能依据质权人在诉讼中的

---

① 人民法院出版社编著:《最高人民法院民事案件案由适用要点与请求权规范指引》,人民法院出版社2020年版,第180页。
② 最高人民法院民事审判第二庭:《最高人民法院民法典担保制度司法解释理解与适用》,人民法院出版社2021年版,第520页。

主张进行审理并作出判决,因此质权人在主张电费应收账款质权时提出的诉讼请求可能直接决定最终的判项。

若质权人未将应收账款债务人列为被告一并提起诉讼的,则即使判决支持质权人对应收账款享有优先权,判决生效之后质权人也难以向法院申请对应收账款债务人直接强制执行,质权人不得不另行提起针对应收账款债务人的诉讼,从而要求应收账款债务人向其履行债务。

若质权人将应收账款债务人列为被告一并提起诉讼的,则在诉讼实践中质权人对质权的不同表述方式,可能直接影响判决的结果。实践中人民法院支持质权人主张应收账款质权的判决表述方式主要包括以下两种:

1. 表述方式一:判决确认质权人有权就拍卖、变卖应收账款所得价款优先受偿

虽然《民法典》未明确规定应收账款质权的实现方式,但依据《民法典》第446条"权利质权除适用本节规定外,适用本章第一节的有关规定"之规定,作为权利质权的应收账款质权,其实现方式适用《民法典》第436条第2款规定的动产质权的实现方式,即主债务人不履行到期债务或者发生当事人约定的实现质权的情形,质权人可以与出质人协议以质押财产折价,也可以就拍卖、变卖质押财产所得的价款优先受偿。相应地,质权人在主张电费应收账款质权时,也可以参照《民法典》第436条第2款的规定,诉请主张就拍卖、变卖电费应收账款所得的价款优先受偿。

例如,在北京市高级人民法院(2019)京民终247号融资租赁合同纠纷案中,一审法院判决,某租赁公司对《应收账款质押合同》项下出质的电费收费权享有质权,并在合同约定担保范围内,有权就某能源开发公司依据2017年4月3日与某国网公司签署的《某生物质电厂购售电合同》所产生的电费收费权及其基于收费权等权益产生的应收账款折价、拍卖或变卖所得价款,对上述第1项、第2项、第3项、第4项确定的给付事项优先受偿。[①]

2. 表述方式二:由应收账款债务人直接向质权人清偿

此种表述的典型案例为最高人民法院指导案例53号即福建海峡银行股份有限公司福州五一支行诉长乐亚新污水处理有限公司、福州市政工程有限公司金融借款合同纠纷案的判决。该判决认为,特许经营权的收益权依其性质不宜折价、拍

[①] 判决表述方式类似的案例有:天津市高级人民法院一审民事判决书,(2016)津民初90号;江西省高级人民法院一审民事判决书,(2018)赣民初81号;四川省甘孜藏族自治州中级人民法院一审民事判决书,(2020)川33民初6号;北京市第二中级人民法院一审民事判决书,(2020)京02民初11号。

卖或变卖,质权人主张优先受偿权的,人民法院可以判令应收账款债务人将收益权的应收账款优先支付质权人,并最终判决:"福建海峡银行股份有限公司福州五一支行于本判决生效之日起有权直接向长乐市建设局收取应由长乐市建设局支付给长乐亚新污水处理有限公司、福州市政工程有限公司的污水处理服务费,并对该污水处理服务费就本判决第一、二项所确定的债务行使优先受偿权。"①

笔者认为,应当区分不同应收账款,依据具体情况提起诉请主张应收账款质权。在前面两种表述方式中,表述方式一看似能够在《民法典》中找到直接的依据,但是可能面临执行问题。在执行程序中,若应收账款债务人不认可应收账款金额且应收账款债权人不主动起诉应收账款债务人确认应收账款金额的,将陷入执行僵局。虽然理论上法院可以通过强制执行程序将应收账款进行拍卖、变卖,但实践中成交案例较少。此外,依据《最高人民法院关于人民法院执行工作若干问题的规定(试行)》(2020修正)第45条②、《最高人民法院关于适用〈中华人民共和国民事诉讼法〉的解释》(2022修正)第159条③之规定,执行法院可以对被执行人的到期债权采取执行措施,但只要该到期债权的债务人在履行通知指定的期间内提出异议,人民法院就不得执行且对异议不进行审查。④ 因此,笔者不推荐质权人按表述方式一主张电费应收账款质权。

"但在应收账款质押中,由于应收账款未必适宜拍卖、变卖,因而优先受偿权一般表现为直接收取权,即当债务人不履行债务时,质权人有权直接向第三债务人请求给付。这种直接收取的权利同样具有排他的优先性"。⑤ 因此,直接向应收账款

---

① 判决表述方式类似的案例有:福建省福州市中级人民法院一审民事判决书,(2015)榕民初字第1428号;扬州市邗江区人民法院一审民事判决书,(2018)苏1003民初1131号。

② 《最高人民法院关于人民法院执行工作若干问题的规定(试行)》(2020修正)第45条:被执行人不能清偿债务,但对本案以外的第三人享有到期债权的,人民法院可以依申请执行人或被执行人的申请,向第三人发出履行到期债务的通知(以下简称履行通知)。履行通知必须直接送达第三人。履行通知应当包含下列内容:(1)第三人直接向申请执行人履行其对被执行人所负的债务,不得向被执行人清偿;(2)第三人应当在收到履行通知后的十五日内向申请执行人履行债务;(3)第三人对履行到期债权有异议的,应当在收到履行通知后的十五日内向执行法院提出;(4)第三人违背上述义务的法律后果。

③ 《最高人民法院关于适用〈中华人民共和国民事诉讼法〉的解释》(2022修正)第159条:债务人的财产不能满足保全请求,但对他人有到期债权的,人民法院可以依债权人的申请裁定该他人不得对本案债务人清偿。该他人要求偿付的,由人民法院提存财物或者价款。

④ 《最高人民法院关于人民法院执行工作若干问题的规定(试行)》(2020修正)第47条:第三人在履行通知指定的期间内提出异议的,人民法院不得对第三人强制执行,对提出的异议不进行审查。

⑤ 此处债务人指主债务人,第三债务人指应收账款债务人。参见最高人民法院民法典贯彻实施工作领导小组主编:《中华人民共和国民法典物权编理解与适用[下]》,人民法院出版社2020年版,第1275页。

债务人请求给付,应当是质权人主张电费应收账款质权的最优选择。同时,直接向应收账款债务人请求给付可以在《民法典担保制度解释》中找到依据。需要注意的是,《民法典担保制度解释》针对现有的应收账款与将有的应收账款,在质权的实现方式上已经作出了区分。

依据《民法典担保制度解释》第 61 条第 1 款至第 3 款之规定,对于现有的应收账款,质权人可以直接请求应收账款债务人给付,因此质权人可在诉请中直接表述为"请求判令被告××(应收账款债务人)支付应收账款××元"或其他类似诉请。

依据《民法典担保制度解释》第 61 条第 4 款之规定,对于将有的应收账款,质权人应当区分两种情形提出相应主张。一是为应收账款设立了特定账户的,质权人可请求就该特定账户内的款项优先受偿。若特定账户内的款项不足以清偿债务的,质权人可以请求折价或者拍卖、变卖项目收益权等将有的应收账款,以所得价款优先受偿。二是未设立特定账户的,质权人可以请求折价或者拍卖、变卖项目收益权等将有的应收账款,并以所得的价款优先受偿。但是,依照最高人民法院指导案例 53 号的观点,特许经营权的收益权依其性质不宜折价、拍卖或变卖,质权人主张优先受偿权时,也可直接请求人民法院判令应收账款债务人将应收账款优先支付质权人。

(四)未及时在动产融资统一登记公示系统办理展期登记对质权的影响

《担保法解释》第 12 条第 1 款规定:"当事人约定的或者登记部门要求登记的担保期间,对担保物权的存续不具有法律约束力。"在《民法典》施行前,部分法院基于上述规定,认为应收账款质押登记期间届满、未办理展期登记的,不影响已设立的质权效力。例如,江西省高级人民法院(2018)赣民终 419 号民事判决书认为,《担保法解释》第 12 条规定,当事人约定的或者登记部门要求的担保期间,对担保物权的存续不具有法律约束力。故本案上诉人未在中国人民银行征信中心办理展期登记,并不影响质权的效力,被上诉人认为本案因未办理展期登记导致质押权失效的抗辩理由依法不能成立。①

但是,在《最高人民法院民法典担保制度司法解释理解与适用》一书附录部分,就《担保法解释》没有被《民法典》《民法典担保制度解释》采纳的条文,在《民法典》施行后发生的担保纠纷案件能否沿袭原来的审判思路问题作出了梳理,该书明

---

① 持有类似观点的案例有:重庆市第一中级人民法院二审民事判决书,(2019)渝 01 民终 2199 号;湖南省湘潭市中级人民法院一审民事判决书,(2016)湘 03 民初 119 号。

确《担保法解释》第 12 条第 1 款不符合《民法典》的精神,不能在相关担保纠纷中沿袭该条的审判思路。① 据此,如果质权人未及时就电费应收账款在动产融资统一登记公示系统登记期限届满前,及时办理展期登记的,仍有可能面临应收账款质权不再成立的风险。

例如,在介休市人民法院(2021)晋 0781 民初 464 号破产债权确认纠纷案中,法院认为,以应收账款出质的,质权自信贷征信机构办理出质登记时设立。本案中,原告作为质权人,第三人作为出质人,双方订立书面合同并办理出质登记,以第三人对被告享有的应收账款作为质押标的,该质权自质权人办理出质登记时设立。质权人自行确定登记期限,登记期限以年计算,最长不得超过 5 年。登记期限届满,质押登记失效。本案中,原告确定的登记期限为 2 年,登记到期日为 2017 年 11 月 30 日,登记期限届满前原告也未申请展期,故法院认定原告办理的该质押登记失效,原告对第三人享有的质权消灭。②

关于上述问题,《中国人民银行征信中心动产融资统一登记公示系统操作规则》(2022 修订)第 21 条第 1 款规定:"在登记期限届满前,可以申请展期登记。登记期限届满未展期的,登记不再对外提供查询。"《动产融资统一登记公示系统常见问题》也明确:"当事人在填写登记期限时,应当充分考虑担保期限、履约情况、诉讼时效等因素,合理选择登记期限,避免因登记期限届满、不再对外公示产生相关风险。通常登记期限应当不短于担保合同的期限。"③

综上,不论是从《民法典》《民法典担保制度解释》的规定,还是从动产融资统一登记公示系统登记规则分析,若主债权合同发生展期、诉讼、强制执行等情况,导致主债权人未按照主债权合同的约定回收债权的,质权人应当就相应的电费应收账款质押在动产融资统一登记公示系统登记期限届满前办理展期登记。

(五)应收账款真实性举证责任分析

《民法典担保制度解释》第 61 条规定:"以现有的应收账款出质,应收账款债务人向质权人确认应收账款的真实性后,又以应收账款不存在或者已经消灭为由主张不承担责任的,人民法院不予支持。以现有的应收账款出质,应收账款债务人未

---

① 参见最高人民法院民事审判第二庭:《最高人民法院民法典担保制度司法解释理解与适用》,人民法院出版社 2021 年版,第 667 页。
② 持有类似观点的案例有辽宁省鞍山市中级人民法院一审民事判决书,(2021)辽 03 民初 187 号。
③ 《动产融资统一登记公示系统常见问题》,载中国人民银行征信中心动产融资统一登记公示系统官网 2022 年 9 月 16 日,https://www.zhongdengwang.org.cn/cms/goDetailPage.do?oneTitleKey=yhyd&twoTitleKey=cjwt。

确认应收账款的真实性,质权人以应收账款债务人为被告,请求就应收账款优先受偿,能够举证证明办理出质登记时应收账款真实存在的,人民法院应予支持;质权人不能举证证明办理出质登记时应收账款真实存在,仅以已经办理出质登记为由,请求就应收账款优先受偿的,人民法院不予支持……"依据上述规定,若应收账款债务人即电网公司在诉讼中不确认电费应收账款真实性的,质权人应当履行真实性举证义务,而不能仅以动产融资统一登记公示系统登记凭证作为电费相关应收账款真实存在的举证材料。

《民法典担保制度解释》施行后,若质权人无法举证应收账款真实性的,在诉讼中可能面临败诉风险。对于质权人而言较为麻烦的是,质权人往往难以获得出质人与应收账款债务人之间签订的基础合同原件,若应收账款债务人不确认应收账款真实存在,质权人往往很难证明应收账款真实性。一旦发生纠纷,质权人主张质权时可能因为无法举证而难以获得法院支持。例如,在辽宁省大连市中级人民法院(2021)辽02民初113号金融借款合同纠纷一案中,法院认为,从原告提交的证据来看,质押合同签订前,原告未取得应收账款债务人对应收账款的确认;在诉讼过程中,第三人某工程公司明确否认其与被告某航务公司间基于大连湾海底隧道建设工程干坞子项工程土石方施工存在未结的应收账款,且不认可原告提交的第三人与被告某航务公司之间建设工程施工分包合同(复印件),故原告提供的现有证据不足以认定被告某航务公司对第三人享有案涉工程的应收账款。因此,法院认为原告主张质权的诉请依据不足,对其诉请不予支持。[①]

此外,《民法典担保制度解释》施行前,司法实践中也有人民法院认为质权人应当履行应收账款真实存在的举证义务,否则无法认定应收账款质权设立的案例。例如,天津市第二中级人民法院(2017)津02民终1509号民事判决书、广东省东莞市中级人民法院(2016)粤19民终1133号民事判决书均持上述观点。

综上,鉴于电费应收账款质押属于电力类融资项目的重要增信措施,笔者建议主债权人应取得电费收费权真实存在的相关材料,如购售电合同、电网公司电费结算凭证、并网调度协议、电费补贴文件。

[①] 持有类似观点的案例有:辽宁省鞍山市中级人民法院一审民事判决书,(2021)辽03民初187号;上海金融法院一审民事判决书,(2021)沪74民初2495号。

四、电费应收账款涉及冻结、扣划时的法律风险分析

（一）应收账款质权无法排除人民法院的冻结措施

此类风险是电费应收账款质权人在司法实践中面临的主要风险之一。《最高人民法院关于人民法院执行工作若干问题的规定（试行）》（2020修正）第31条规定："人民法院对被执行人所有的其他人享有抵押权、质押权或留置权的财产，可以采取查封、扣押措施。财产拍卖、变卖后所得价款，应当在抵押权人、质押权人或留置权人优先受偿后，其余额部分用于清偿申请执行人的债权。"据此，无论是已经质押给质权人的电费应收账款被冻结，还是已经设定质权的电费应收账款所对应的电费收款账户被冻结，即使质权人提出执行异议，要求解除对电费应收账款或电费收款账户的冻结或不得执行电费收款账户中的款项的，该等执行异议、执行异议之诉通常将败诉。

一方面，应收账款质权仅是一种优先受偿权，其权利依据《最高人民法院关于人民法院执行工作若干问题的规定（试行）》（2020修正）第31条之规定，并不能排除法院的强制执行。例如，在宁夏回族自治区吴忠市中级人民法院（2020）宁03民初38号案外人执行异议之诉一案中，法院认为，原告虽然对第三人拥有的某并网发电项目27.5%的应收账款享有质押权，但该质押权仅是一种优先受偿权，其权利依据法律规定，并不能排除法院的强制执行，该权利仅是在进入执行程序中享有优先受偿的一种分配权利，其权源基础来自债权。因此，法院认为，原告要求法院解除对第三人在某并网发电项目中对电网公司享有的债权以及第三人在相关银行账户内存款1100万元的冻结措施，排除法院执行的请求不能成立。①

另一方面，电费收费权银行账户除电费收入外还有其他款项收入时，质权人无法证明其他法院自同一账户扣划的款项属于电费收入的，其提出的不得执行电费收入款项的执行异议也不能成立。例如，在江苏省宿迁市中级人民法院（2020）苏13民终4523号案外人执行异议之诉一案中，从案涉银行账户的外观和资金往来明细看，该账户除了某光伏发电公司的电费收入外，还存在其他款项收入，即案涉银行账户内资金并非全部来自某光伏发电公司的应收电费账款收入，而某租赁公司

---

① 持有类似观点的案例有：四川省成都市中级人民法院执行裁定书，(2016)川01执异1034号；北京市第二中级人民法院执行裁定书，(2019)京02执异1183号；齐齐哈尔铁路运输法院一审民事判决书，(2020)黑7104民初21号。

对某光伏发电公司享有质权的财产范围仅为某光伏发电公司的电费收入,某租赁公司不能证明一审法院强制执行的款项与其享有质权的应收电费账款收入具有同一性,故无法认定一审法院强制执行的标的即为某租赁公司享有质权的应收电费账款收入,且本案中一审法院强制扣划的款项数额远小于案涉银行账户内非来源于某光伏发电公司电费收入的款项数额,某租赁公司现有证据不能证明案涉被执行款项属于质押款项的范围,故对某租赁公司有关对案涉被执行款项享有优先受偿权、一审法院不得执行案涉被执行款项的上诉请求,依法不予支持。

实务中,电站项目公司陷入债权债务纠纷后,其他债权人往往首先选择申请法院冻结电费收款银行账户。由于电费收入属于电力类融资项目的重要还款来源,即使电站项目公司未在质权人主债权合同项下发生违约,为了避免电费收款银行账户被其他债权人冻结、扣划,笔者建议主债权人在该等情况下针对主债权尽快提起诉讼并对电费收款账户实施首轮冻结。在确保主债权人完成电费收款银行账户首轮冻结后,主债权人可以继续根据主债权合同约定的还款金额及期限,与电站项目公司达成调解协议。

(二)作为优先权人申请参与分配,但执行案件已终结

《最高人民法院关于适用〈中华人民共和国民事诉讼法〉的解释》(2022 修正)第 506 条第 2 款规定:"对人民法院查封、扣押、冻结的财产有优先权、担保物权的债权人,可以直接申请参与分配,主张优先受偿权。"依据该规定,若电费收款账户被其他人民法院首先冻结后,质权人有权在相应的强制执行程序中直接申请参与分配。但是,《最高人民法院关于适用〈中华人民共和国民事诉讼法〉的解释》(2022 修正)第 507 条第 2 款规定:"参与分配申请应当在执行程序开始后,被执行人的财产执行终结前提出。"实务中,人民法院可能在完成对电费收款账户上的款项扣划之后,在较短时间内分配完毕执行款并终结执行程序,导致质权人客观上来不及申请参与分配。

例如,在青海省高级人民法院(2020)青执复 17 号执行裁定书中,法院明确,本案中,青海省海南藏族自治州中级人民法院提取被执行人海南藏族自治州某光伏公司在国家电网电费账户的电费收益 1010 万元后,已通过结案通知书告知方式,将执行到位的 1010 万元所有权交付给了申请执行人青海某公司。此被执行人财产已实际执行终结,某资产管理公司未在被执行人财产执行终结前提出优先受偿权申请;某资产管理公司也未提交青海省海南藏族自治州中级人民法院提取被执行人海南藏族自治州某光伏公司的 1010 万元是其享有优先受偿权的一期 20 兆

瓦、二期 30 兆瓦电费收益的证据。综上,对某资产管理公司复议请求不予支持。①

因此,质权人应当随时关注电费收款账户,是否被其他法院冻结、扣划,并及时提出异议或申请参与分配以主张优先受偿权。

---

① 持有类似观点的案例有江西省吉安市中级人民法院执行裁定书,(2020)赣 08 执异 6 号。

第十三讲

CHAPTER 13

融资租赁交易中的租赁保证金法律实务

在融资租赁交易中引入租赁保证金的交易安排,一方面可以在一定程度上缓释承租人逾期支付租金的风险,另一方面也可以提高融资租赁项目的内部收益率。[1] 因此,在融资租赁交易实务中,出租人要求承租人支付租赁保证金的交易形态较为常见。但是,不论是合规监管层面关于出租人能否在租赁本金中内扣租赁保证金的问题;还是法律理论层面关于租赁保证金是否属于金钱质押、出租人是否对保证金享有优先受偿权的问题;抑或诉讼层面租赁保证金冲抵承租人欠付款项的时间、冲抵后承租人是否负有补足义务等问题,均存在一定争议。本讲就上述问题进行讨论。

一、监管视角下融资租赁交易中的租赁保证金

(一) 监管层面关于租赁保证金相关规定

从全国范围适用的租赁保证金监管文件来看,并未出现关于租赁保证金的定义,但相关监管文件一般均明确出租人有权接受承租人的租赁保证金(详见表9)。

---

[1] 内部收益率(Internal Rate of Return, IRR),也叫隐含利率,是指当租金收入的现值等于租赁成本时使用的折现率。在融资租赁交易中引入租赁保证金后,由于出租人支付租赁本金时,租赁保证金可以作为已经收取的现金流,在租赁利率、还款方案相同的情况下,有租赁保证金安排的项目 IRR 将更高。因此,在融资租赁实务中,部分出租人采用引入租赁保证金的方式实现提高项目 IRR 的目的。

249

表9 监管文件关于租赁保证金的规定

文件名称	相关规定
《金融租赁公司项目公司管理办法》(银保监办发〔2021〕143号发布)	第8条:项目公司可以开展融资租赁以及与融资租赁相关的进出口业务、接受承租人的租赁保证金、转让和受让融资租赁资产、向金融机构借款、向股东借款、境外借款、租赁物变卖及处理业务、经济咨询等业务,以及经银保监会认可的其他业务。
《融资租赁公司监督管理暂行办法》(银保监发〔2020〕22号发布)	第5条:融资租赁公司可以经营下列部分或全部业务……(三)与融资租赁和租赁业务相关的租赁物购买、残值处理与维修、租赁交易咨询、接受租赁保证金……
《金融租赁公司管理办法》(中国银行业监督管理委员会令2014年第3号发布)	第26条:经银监会批准,金融租赁公司可以经营下列部分或全部本外币业务……(四)接受承租人的租赁保证金……
《融资租赁企业监督管理办法》(商流通发〔2013〕337号发布)	第9条:融资租赁企业应当以融资租赁等租赁业务为主营业务,开展与融资租赁和租赁业务相关的租赁财产购买、租赁财产残值处理与维修、租赁交易咨询和担保、向第三方机构转让应收账款、接受租赁保证金及经审批部门批准的其他业务。
《汽车金融公司管理办法》(中国银行业监督管理委员会令2008年第1号发布)	第19条:经中国银监会批准,汽车金融公司可从事下列部分或全部人民币业务……(二)接受汽车经销商采购车辆贷款保证金和承租人汽车租赁保证金……

需要说明的是,在融资租赁交易实务中,租赁保证金的支付主体并非仅限于承租人。根据笔者为出租人提供融资租赁法律服务的经验,在以下交易场景中,可能涉及由承租人或第三方支付租赁保证金:

1. 设备生产商、设备经销商合作的直租类业务中,由设备生产商和/或设备经销商向出租人支付一定金额的租赁保证金,以担保其向出租人推荐合作的承租人足额、及时履行融资租赁合同项下的租金支付义务。

2. 担保人向出租人支付一定金额的租赁保证金,以担保承租人足额、及时履行融资租赁合同项下的租金支付义务。

3. 因办理不动产抵押、股权质押等融资租赁合同项下增信手续需要花费一定时间,承租人或担保人承诺在约定时间内履行完毕上述抵质押业务,并支付租赁保证金。

4. 在涉及租赁物需要维修保养的融资租赁交易中,由承租人预付一部分的租赁保证金,以确保承租人在融资租赁合同项下定期履行租赁物的维修保养义务等。

总体而言,鉴于《融资租赁公司监督管理暂行办法》(银保监发〔2020〕22号发布)并未对出租人"接受租赁保证金"的主体作出限制,出租人向承租人以外的第三方收取租赁保证金不存在监管上的障碍。而《金融租赁公司管理办法》(中国银行业监督管理委员会令2014年第3号发布)则使用了"接受承租人的租赁保证金"的表述,金融租赁公司收取第三方支付的租赁保证金的,一般需要作为接受现金类担保处理。

综上所述,法律法规或监管文件均未对租赁保证金作出界定。笔者认为,在融资租赁实践中的租赁保证金是指承租人或第三人与出租人签订一份保证金协议,用以担保融资租赁合同的履行。通常是指为保障承租人或其他第三方按期足额支付融资租赁合同项下的租金及其他款项,由承租人或第三方向出租人支付的款项。此时,承租人或第三方是出租人的债权人,在承租人未发生租金逾期支付等违约情形的情况下,租赁保证金则可以按照合同约定冲抵承租人在租赁期末应支付的一期或多期租金,或由出租人退还给承租人或第三方。在承租人出现租金等款项逾期支付的情况下,出租人便有权依照《民法典》规定的抵销制度或者按照合同约定将保证金冲抵承租人欠付款项,或者按照合同约定由出租人没收保证金。

(二)监管层面不鼓励租赁保证金"内扣"的原因分析及应对

1. 监管层面不鼓励租赁保证金"内扣"的原因分析

实务中,出租人可能在应向承租人支付的租赁本金中扣减应收取的租赁保证金后,再将剩余款项发放予承租人,以完成租赁本金的支付工作,该操作方式在融资租赁行业中被称为"内扣"。"内扣"租赁保证金可以解决承租人流动资金不足而无力支付保证金的问题,并且由于在放款前出租人无须确认承租人是否支付了租赁保证金以及支付租赁保证金的备注信息是否准确,因此可以提高出租人的放款效率。

2021年11月3日,中国银行保险监督管理委员会官网就"请问融资租赁合同项下,租赁公司在融资方不知情的情况下通过其关联企业第三方支付机构直接转账,以应付融资方的首笔货款(总价款50%)直接抵扣应收融资方的保证金(亦为总价款50%),相当于融资款项实际未能为融资方使用。该类情形是否属于以预扣保证金的方式变相抬高融资成本?这种行为是否合规?"问题作出解答时明确:"1.《融资租赁公司监督管理暂行办法》规定了融资租赁公司可以接受与融资租赁和租赁业务相关的租赁保证金,但未涉及保证金收取比例、来源等事项。2. 监管导向上,不支持融资租赁公司直接从融资款中扣除保证金;鼓励融资租赁公司合理确定保证金比例,切实减轻承租人负担。"①据此,就监管角度而言,并不鼓励出租人在支付租赁本金时"内扣"租赁保证金。

笔者认为,监管角度不鼓励租赁保证金"内扣"的原因可能包括:

(1) 租赁保证金设计的本意在于保证融资租赁交易安全。若承租人在融资租赁合同履行期初,已经存在资金紧张、无法支付租赁保证金情况的,则承租人后续的还款能力也可能需要出租人重新作出考虑。

(2) 若融资租赁合同存在"名为融资租赁、实为借贷"风险的,出租人"内扣"租赁保证金后,将面临诉讼阶段被人民法院调减计息本金的风险。

(3) 由于租赁保证金通常可用于抵扣租赁期末承租人应支付的租金,租赁保证金"内扣"操作可以变相提高出租人租赁本金总金额,并提高出租人租赁资产总金额。即在出租人实际支付的租赁本金总金额未发生变化的情况下,通过租赁保证金"内扣"的方式,可以将租赁保证金"转化"为租赁资产总额,可能使出租人的租赁资产总金额与出租人真实的资金支付能力不匹配,导致监管部门无法从出租人的经营数据中准确判断出租人的风险管理能力。

假设租赁本金为1000万元,租赁保证金为200万元,那么在无租赁保证金与有租赁保证金的情况下,对出租人分别会产生什么效果?在无租赁保证金的情况下,出租人应支付的租赁本金为1000万元,租赁资产(不含租赁利息)也是1000万元。但是,如果有租赁保证金安排的,融资租赁合同约定的租赁本金为1000万元,"内扣"租赁保证金之后出租人实际支付的租赁本金为800万元,但租赁资产却仍然是1000万元(详见表10)。

表10　有无租赁保证金安排对租赁资产的影响

操作方案	无租赁保证金安排	有租赁保证金安排
融资租赁合同约定租赁本金	1000万元	1000万元
租赁保证金	0元	200万元
"内扣"租赁保证金后, 实际支付的租赁本金	(1000-0)=1000万元	(1000-200)=800万元
租赁资产(不含租赁利息)	1000万元	1000万元

---

① 中国银行保险监督管理委员会官网"政务咨询"栏目"留言选登",载中国银行保险监督管理委员会2021年11月3日,http://www.cbirc.gov.cn/cn/view/pages/ItemList.html? itemPId=945&itemId=948&itemUrl=hudongjiaoliu/liuyanxuandeng.html&itemName=%E7%95%99%E8%A8%80%E9%80%89%E7%99%BB#4。

由上可见,在有租赁保证金安排的情况下,"内扣"的租赁保证金"转化"成为租赁资产总额,但该资产总额并不能真实反映融资租赁公司的资金实力。

2.避免租赁保证金"内扣"操作的建议

考虑到监管政策与监管态度,笔者建议融资租赁公司尽量避免"内扣"租赁保证金。若承租人同意,笔者建议出租人尽可能要求承租人在出租人支付租赁本金前,一次性向出租人支付租赁保证金。若承租人确实无能力提前支付租赁保证金,则可参考部分同业出租人的操作方式,采用"对打"的方式完成租赁本金的支付。即出租人将原计划一次性支付的租赁本金分多笔支付,首笔支付的租赁本金略高于或等于承租人应当支付的租赁保证金,后续待承租人向出租人实际支付了租赁保证金后,再由出租人支付剩余的租赁本金。

二、出租人是否对租赁保证金享有优先受偿权

笔者认为,本质上租赁保证金只是借助抵销制度以保障融资租赁债权的实现,但由于租赁保证金在支付安排、资金运用方面的特殊性,融资租赁交易中的租赁保证金一般不构成法律上的保证金质押,即出租人对保证金不享有优先受偿权。

(一)关于保证金制度的相关规定

我国在法律层面没有明确的保证金的规定,但《担保法解释》第85条规定:"债务人或者第三人将其金钱以特户、封金、保证金等形式特定化后,移交债权人占有作为债权的担保,债务人不履行债务时,债权人可以以该金钱优先受偿。"该条规定中的"封金"在实践中几乎没有,而"特户""保证金"已经被《民法典担保制度解释》第70条所涵盖。

《民法典担保制度解释》第70条规定:"债务人或者第三人为担保债务的履行,设立专门的保证金账户并由债权人实际控制,或者将其资金存入债权人设立的保证金账户,债权人主张就账户内的款项优先受偿的,人民法院应予支持。当事人以保证金账户内的款项浮动为由,主张实际控制该账户的债权人对账户内的款项不享有优先受偿权的,人民法院不予支持。在银行账户下设立的保证金分户,参照前款规定处理。当事人约定的保证金并非为担保债务的履行设立,或者不符合前两款规定的情形,债权人主张就保证金优先受偿的,人民法院不予支持,但是不影响当事人依照法律的规定或者按照当事人的约定主张权利。"

依据上述规定,债权人主张对保证金优先受偿除了当事人必须有保证金担保的意思表示以外,核心条件有两个:一是特定化,即保证金能够特定化,不可与其他

财产混同,以明确具体的担保财产范围;二是移交债权人占有、控制,即债权人对于保证金能够实际管理控制,以达到占有保证金的公示要求。虽然《担保法解释》已经废止,但其关于保证金的规定在本质上与《民法典担保制度解释》第70条的规定具有共性,均需要满足上述两个核心条件。

(二)租赁保证金通常不满足财产特定化的要求,不属于可以主张优先权的金钱质押

就融资租赁项下的租赁保证金而言,如前文所述,保证金或者已经交付给出租人,或者由出租人在发放融资款时"内扣",即租赁保证金确定由出租人占有、控制。但是,租赁保证金是否符合特定化的要求,笔者认为值得商榷。"保证金质押的特定化,要求保证金内的资金特定化和账户特定化,通过开立保证金账户这一特定形式,与出质人的其他财产予以区分,同时保证金账户内的资金能够专款专用,款项的存入和扣划均系用于担保债权的偿还或者在担保债权被偿还之后退还给出质人"。[①] "多数观点认为,保证金的特定化包括账户的特定化和资金的特定化。具体而言,该账户应专为担保而设立,账户内资金仅可用于担保且应与质押人的其他财产相区分"。[②] 因此,保证金质押的特定化要求设定质押的金钱款项可与承租人的其他财产予以区分。

如前文所述,租赁保证金在付款方式上主要有两种:一种是由承租人或第三方(包括但不限于设备供应商或生产商或其他担保人)直接支付给出租人;另一种是出租人在支付租赁本金时"内扣"。

对于前一种方式,在收款方式上,出租人收取租赁保证金的账户并非为某个承租人专门开立的保证金账户,甚至可能用于其他款项的支付、收取,账户使用功能上明显存在混同。更重要的是,出租人实际收取了租赁保证金后,不仅不可能将该租赁保证金存入特定的保证金账户或通过其他方式与承租人或出租人的其他财产进行区分,出租人也无法参照银行对保证金的管理实现专款专用要求,反而可能继续用于其他日常经营,或用于支付其他融资租赁项目中的租赁本金。显然,此种租赁保证金不符合特定化的要求。

对于后一种方式,在出租人向承租人支付租赁本金时,"内扣"的方式就直接

[①] 最高人民法院民事审判第二庭:《最高人民法院民法典担保制度司法解释理解与适用》,人民法院出版社2021年版,第580页。

[②] 高圣平:《担保法前沿问题与判解研究(第五卷)——最高人民法院新担保制度司法解释条文释评》,人民法院出版社2021年版,第521页。

发生了租赁保证金与承租人收到的租赁本金混同现象,或者租赁保证金仍在出租人的银行账户内,与出租人的其他资金混同。因此,此种租赁保证金也不符合保证金特定化的要求。

笔者认为,融资租赁交易中的租赁保证金虽然名称包含"保证金"三个字,但由于其无法满足保证金必须特定化的要求,因此不符合《民法典担保制度解释》第70条前两款的规定,即一般难以成立法律上的保证金质押,出租人无法主张就租赁保证金享有优先受偿权。但是最高人民法院第二巡回法庭2021年第18次法官会议纪要认为:"从担保效力上看,当事人在合同中约定履约保证金,并且已经由履约方实际交付给相对人的,此时的履约保证金符合《民法典担保制度解释》第70条有关保证金质押规定的,属于保证金质押,具有担保物权的优先受偿性。"[1]对此,笔者认为,并不能直接根据该次法官会议纪要观点,认为租赁保证金亦属于保证金质押,出租人对租赁保证金享有优先受偿权。需要注意的是,该次法官会议纪要认为履约保证金"属于保证金质押,具有担保物权的优先受偿性"是以履约保证金符合《民法典担保制度解释》第70条有关保证金质押规定为前提,反之如果不符合则不具有担保物权的优先受偿性。如果融资租赁交易中的租赁保证金也符合《民法典担保制度解释》第70条有关保证金质押规定的,笔者认为出租人应当享有就租赁保证金优先受偿的权利。

(三) 租赁保证金相关的权利义务应以出租人与承租人的合同约定为准

尽管融资租赁交易中的保证金可能不符合特定化的要求,一般不属于法律上的保证金质押,但是仍不妨碍融资租赁交易中租赁保证金的存在。依据《民法典担保制度解释》第70条第3款的规定,出租人仍然可以通过合同约定如何支付、保管、使用、返还租赁保证金,出租人与承租人均应当按照约定主张权利、履行义务。例如,出租人与承租人如约定"租赁保证金在承租人发生租金或其他款项逾期支付时,可用于抵充逾期款项",该等合同约定应属合法有效,此时融资租赁保证金在某种意义上对出租人而言也是一种保障,应当理解为出租人与承租人(或其他支付保证金的主体)通过签订一个保证金合同来担保融资租赁合同的履行。承租人(或其他支付保证金的主体)将一笔保证金交付(有时可能是"内扣")给出租人,此时承租人是出租人的债权人,而出租人是承租人的债务人。如果承租人履行了融资

---

[1] 贺小荣主编:《最高人民法院第二巡回法庭法官会议纪要》(第三辑),人民法院出版社2022年版,第225页。

租赁合同项下的全部债务，出租人就有义务向承租人返还保证金。如果承租人未能履行融资租赁合同项下的债务或构成违约，即一旦出租人在融资租赁合同项下的债权可能无法实现，出租人就有权按照保证金合同的约定或依照《民法典》规定的抵销制度来实现自己的债权。但是，出租人享有的此种权利，并不具有优先权地位，出租人对保证金并不享有优先受偿权。

三、司法实践层面关于租赁保证金的争议问题

（一）司法文件关于租赁保证金的规定

租赁保证金相关争议是融资租赁合同纠纷中频繁产生的争议，司法实践中已有不少地方就租赁保证金存在的争议问题作出了规定（详见表11）。

表11 关于融资租赁保证金的相关意见

文件名称	相关规定
《最高人民法院印发〈关于进一步加强金融审判工作的若干意见〉的通知》（法发〔2017〕22号）	二、以服务实体经济作为出发点和落脚点，引导和规范金融交易 …… 4.规范和促进直接服务实体经济的融资方式，拓宽金融对接实体经济的渠道。依法保护融资租赁、保理等金融资本与实体经济相结合的融资模式，支持和保障金融资本服务实体经济。对名为融资租赁合同、保理合同，实为借款合同的，应当按照实际构成的借款合同关系确定各方的权利义务，防范当事人以预扣租金、保证金等方式变相抬高实体经济融资成本。
《2014—2018年上海法院融资租赁合同纠纷案件审判情况通报》	三、融资租赁合同纠纷案件应重视的问题及建议 （一）传统融资租赁案件中的问题及建议 1.合同条款约定不明 一是对首付款、保证金性质约定不明。融资租赁合同约定承租人在签订融资租赁合同时须向出租人支付一定数额的首付款、保证金，但对首付款、保证金的性质以及用途未作明确约定。对于首付款、保证金是作为预付租金冲抵承租人所欠的租金，还是作为独立于租金而向出租人支付的额外费用，当事人往往对此存在较大争议。 …… 3.违约处置有争议 …… 三是约定的租金总额、违约金明显过高……又如，出租人在合同条款中除对承租人的违约行为约定了违约金外，还约定了承租人违约时其交纳的保证金不予退还。由此引发承租人提出租金总额、违约金过高的抗辩。

续表

文件名称	相关规定
《上海融资租赁审判观点汇编》	五、对于保证金能否直接抵扣租金、可否没收以及在承租人未到庭抗辩、出租人诉请未涉及保证金的情况下，法院是否依职权主动审查抵扣？ 倾向观点认为：对于保证金的性质和功能应当结合融资租赁合同的约定进行判断。若合同约定承租人违约时，出租人有权没收保证金，融资租赁企业主张没收保证金的，即为违约责任的承担方式之一。 若融资租赁企业诉请保证金冲抵租金，可依照合同约定或者债的抵销规则予以处理。若融资租赁企业并未就保证金提出诉求，承租人抗辩保证金应冲抵欠付租金，属债的抵销，法院应审查后予以冲抵。 在融资租赁企业未主张保证金冲抵租金，承租人未到庭抗辩保证金冲抵租金的情况下，如果合同中对保证金有约定，法官应行使释明权，并按约定进行处理；如果合同对此未作约定，且非诉请范围，法官亦可根据案情行使释明权，在查清事实的基础上作出相应判决。
《天津市高级人民法院关于审理融资租赁合同纠纷案件若干问题的审判委员会纪要（一）》（津高法〔2019〕335号发布）	九、出租人宣布租金提前到期的条件 融资租赁合同中未明确约定租金提前到期的条件，且当事人无法达成一致意见，承租人欠付租金达到两期以上或者数额达到全部租金百分之十五以上，且经催告后在合理期限内仍不履行支付义务的，出租人主张承租人支付全部租金的，予以支持。 融资租赁合同中约定承租人逾期支付一期租金或者承租人存在逾期支付保证金、租前息等非租金给付义务违约行为时，出租人有权宣布租金提前到期的，出租人据此主张承租人支付全部租金，不予支持。 十二、租赁保证金抵扣及顺序 承租人逾期支付租金，出租人宣布租金提前到期的，应当对承租人已经支付的租赁保证金进行抵扣。 融资租赁合同对于租赁保证金的抵扣顺序有明确约定的，从其约定；合同中没有明确约定且当事人未能达成一致意见的，应当按照实现债权的有关费用、逾期利息、违约金、损害赔偿金、租金的顺序，于出租人宣布租金提前到期日进行抵扣。
《天津市地方金融监督管理局、天津市高级人民法院、中国人民银行天津分行、中国银行保险监督管理委员会天津监管局关于进一步优化金融营商环境的意见》（津金融局〔2019〕37号）	十二、准确认定融资法律关系 对以金融创新为名规避金融监管、掩盖金融风险的违规行为，以其实际构成的法律关系确定合同效力和各方的权利义务。对名为融资租赁、保理、典当等合同，实为借款等法律关系的，按照实际构成的法律关系处理，防范当事人以收取管理费、咨询费、服务费、保证金等方式变相抬高实体经济融资成本。

续表

文件名称	相关规定
《天津法院融资租赁合同纠纷案件审理标准》(津高法发〔2018〕5号发布)	4.7　履约保证金 履约保证金冲抵租金及其他费用符合以下原则： 4.7.1　合同有约定的，按照合同约定； 4.7.2　没有约定的，按照债的抵销处理。抵销的顺序为先抵销违约金或者逾期利息，后抵销租金； 4.7.3　承租人未到庭且出租人未主张履约保证金冲抵的，经向出租人释明后，直接按照债的抵销处理。

(二) 是否可以从租赁本金中"内扣"租赁保证金

1. 融资租赁法律关系下保证金从转让价款中直接扣除的约定有效

若融资租赁法律关系成立，且出租人与承租人就租赁保证金抵扣租赁本金问题已经通过合同约定达成合意的，在融资租赁合同产生争议后，法院一般情况下将确认从租赁本金中"内扣"租赁保证金不影响融资租赁法律关系的成立，也不影响出租人主张租金债权。例如，在江苏省高级人民法院(2018)苏民终345号融资租赁合同纠纷案中，融资租赁合同约定："鉴于本合同项下甲方(出租人)需向乙方(承租人)支付协议价款，为减少付款环节，方便支付，甲乙双方确定，该风险金在甲方支付协议价款中直接扣除。甲方在本合同生效并在下述支付前提条件满足后10个工作日内向乙方支付1亿元，扣除风险金1000万元，甲方实际支付9000万元，即完成买方支付全部租赁物协议价款1亿元的义务。"对此，法院认为，上述条款系互负付款义务的合同当事人关于款项支付方式的约定，不属于出借人预先扣除借款本金的情形，不违反法律、法规的强制性规定，应为有效。合同签订后，承租人未实际支付1000万元风险金，出租人在扣除该1000万元风险金后实际支付承租人9000万元，并出具收款收据确认已收取承租人1000万元风险金，同时承租人亦出具收款收据确认收到出租人支付的融资租赁设备转让款1亿元。故一审法院以合同约定的1亿元为承租人应付租金，在扣减承租人已经支付的18,028,343元租金以及100元留购款后，确定承租人应当支付的违约金金额，并无不当。[①]

在融资租赁法律关系下，出租人负有向承租人支付租赁本金的义务，承租人根

[①] 持有类似观点的案例有：天津市高级人民法院一审民事判决书，(2015)津高民二初字第0082号；北京市高级人民法院二审民事判决书，(2017)京民终326号；上海市浦东新区人民法院一审民事判决书，(2019)沪0115民初41572号、(2021)沪0115民初37529号；北京金融法院二审民事判决书，(2021)京74民终799号。

据合同约定,则负有向出租人支付租赁保证金的义务。《民法典》第 568 条第 1 款规定:"当事人互负债务,该债务的标的物种类、品质相同的,任何一方可以将自己的债务与对方的到期债务抵销;但是,根据债务性质、按当事人约定或者依照法律规定不得抵销的除外。"据此,出租人、承租人就互负的款项支付义务进行抵销的,符合法定抵销权的规定,该抵销合法有效,不属于借贷法律关系下出借人预先扣除借款本金的情形。

2. 名为融资租赁实为借贷,支付本金时先行抵扣保证金的,则本金以实际支付的金额为准

若出租人与承租人之间的交易存在"名为融资租赁、实为借贷"情形的,法院将以承租人实际收到的净本金金额作为出租人可以主张的计息本金基数,即租赁保证金将从合同约定的本金中扣除。例如,在最高人民法院(2016)最高法民终286 号融资租赁合同纠纷案中,法院认为,案涉《融资租赁合同》虽名为融资租赁,但无充分证据证明存在特定的租赁物且实际转让了租赁物的所有权,实际构成借款合同关系,故有关借款金额及还款本金应当按照借款合同关系确定。在借款金额的认定上,出租人主张案涉合同的租赁成本为 3 亿元,案涉合同第 7 条也约定承租人应当向出租人支付 900 万元租赁手续费,并由出租人扣收 3000 万元租赁保证金,但出租人并未提供有效证据证明其在履行过程中办理了相应的"租赁"手续且产生了相应的 900 万元手续费;3000 万元保证金也已由出租人在支付全部款项时预先扣除,实际发生的借款金额为 2.61 亿元而非 3 亿元,故法院认为本案的借款本金应当认定为 2.61 亿元。[①]

在"名为融资租赁、实为借贷"的情形下,法院以本金扣除保证金后的金额作为计算利息的基数原因在于,在大部分融资租赁交易中,融资租赁合同约定租赁保证金作为担保融资租赁合同履行的、具有担保性质的款项使用。但如前分析,租赁保证金一般不属于法律层面的保证金质押。因此,若融资租赁法律关系不能成立的,基于融资租赁法律关系作出的租赁保证金用于抵扣逾期租金的合同约定同样无法成立。由于大部分融资租赁合同不会就合同被认定属于"名为融资租赁、实为借贷"时的保证金如何处理问题作出约定,承租人不再负有向出租人支付保证金以担保借贷法律关系项下债务履行的义务。相应地,出租人不能依据《民法典》第

---

① 持有类似观点的案例有:上海市第一中级人民法院二审民事判决书,(2017)沪 01 民终 6190 号、(2017)沪 01 民终 6209 号、(2017)沪 01 民终 6209 号;上海金融法院二审民事判决书,(2019)沪 74 民终 10 号。

568条第1款的规定行使法定抵销权并从本金中扣除保证金。

此外,《民间借贷案件规定》(2020第二次修正)第26条规定:"借据、收据、欠条等债权凭证载明的借款金额,一般认定为本金。预先在本金中扣除利息的,人民法院应当将实际出借的金额认定为本金。"《最高人民法院关于进一步加强金融审判工作的若干意见》(法发〔2017〕22号发布)第4条进一步明确:"……对名为融资租赁合同、保理合同,实为借款合同的,应当按照实际构成的借款合同关系确定各方的权利义务,防范当事人以预扣租金、保证金等方式变相抬高实体经济融资成本。"笔者认为,《民间借贷案件规定》(2020第二次修正)、《最高人民法院关于进一步加强金融审判工作的若干意见》(法发〔2017〕22号发布)属于对法定抵销权作出的例外规定,符合《民法典》第568条第1款规定的"依照法律规定不得抵销的除外"。因此,在"名为融资租赁、实为借贷"的情况下,法院有权依据《民间借贷案件规定》(2020第二次修正)及《最高人民法院关于进一步加强金融审判工作的若干意见》(法发〔2017〕22号发布)的规定,将借款本金扣除保证金后的款项作为借贷法律关系下的计息本金。

(三)承租人违约后,关于租赁保证金抵扣违约款项的顺序

由于出租人关于租赁保证金抵扣违约类款项的合同约定方式多样,因此在融资租赁合同纠纷中,关于租赁保证金如何抵扣违约款项、何时抵扣违约款项等问题,存在一定争议。

1.融资租赁合同约定了租赁保证金的抵扣顺序的,出租人应按照合同约定进行抵扣

该观点认为,应当按照融资租赁合同关于保证金抵扣顺序的约定,对保证金进行抵扣。在广东省高级人民法院(2019)粤民终2416号融资租赁合同纠纷一案中,《融资租赁合同》约定,若承租人未能按照约定支付租金、租前息及其他应付款项的,出租人有权未经承租人同意按照费用、其他应付款项、违约金、损害赔偿金、应付租前息、应付租金的顺序自行从承租人交纳的保证金中抵扣相应未付款项。法院认为,上述约定系对出租人自行抵扣保证金之权利的确认,且合同并未约定在承租人违约时保证金不予退还,案涉保证金不具有惩罚性。可见,在承租人未能依约支付租金的情况下,出租人应先用保证金抵扣应付未付款项。具体而言,出租人在承租人不履行合同时有权按照约定的顺序以保证金抵偿相应的款项,不足部分可要求承租人及时足额补足;如承租人依约履行了义务,出租人应将剩余的保证金如数退还承租人。因此,承租人主张其向出租人支付的保证金应当在支付的款项中

予以抵扣有理,法院予以支持。①

若融资租赁合同约定承租人逾期支付租金时租赁保证金用以抵扣租金,那么出租人诉请主张以租赁保证金先抵扣违约金的,人民法院可能不予支持。例如,在最高人民法院(2018)最高法民终1202号融资租赁合同纠纷一案中,对于保证金应当如何抵扣的问题,融资租赁合同约定承租人未按期支付租金,出租人有权从保证金中抵扣当期应当支付出租人的款项。一审法院据此认为,承租人在第三期逾期支付租金时,出租人就应当进行抵扣,而出租人现主张在计算的违约金中予以抵扣,该计算方法明显加重了承租人欠付租金的债务,也导致债务加重部分产生相应的违约金,对此不予支持。因此,承租人抗辩在第三期欠付租金中予以抵扣的理由成立。二审法院认为,该条款对案涉租赁保证金发生抵扣的条件、时间及抵扣内容作出了明确的约定,即承租人未能如期支付租金时,违约行为发生,此时出租人即应行使以租赁保证金抵扣被逾期给付的租金的权利。一审判决支持承租人抗辩将案涉租赁保证金抵扣第三期逾期给付的租金,符合合同约定,并无不当。

由上可见,司法实践中,在承租人发生租金等款项逾期支付情况时,融资租赁合同关于租赁保证金的抵扣时间与顺序的约定在不违反法律规定的情况下,应当优先适用。出租人提出的诉讼请求,不得与合同约定相悖。在(2019)粤民终2416号案中,人民法院根据融资租赁合同约定的顺序、结合出租人的诉讼请求,确定了租赁保证金的抵扣方式。但在(2018)最高法民终1202号案中,在融资租赁合同已经约定租赁保证金抵扣逾期租金的情况下,出租人提出的关于租赁保证金抵扣违约金的诉讼请求,不符合合同约定,因此未获得法院支持。

此外,部分融资租赁合同约定出租人有权单方面决定抵扣顺序的,笔者认为也应当获得法院支持。例如,在广东省中山市中级人民法院(2019)粤20民终1736号融资租赁合同纠纷案中,关于履约保证金的抵扣顺序问题,合同约定承租人违反合同的任何条款,出租人均有权决定抵销顺序将履约保证金用于抵销已到期租金、未到期租金、迟延利息及违约金,承租人绝无异议。因承租人未按约定支付租金已构成违约,出租人依据上述合同约定主张履约保证金先行抵扣违约金、逾期利息,

---

① 持有类似观点的案例有:北京市高级人民法院二审民事判决书,(2017)京民终404号;上海市黄浦区人民法院一审民事判决书,(2016)沪0101民初18265号;北京市大兴区人民法院一审民事判决书,(2018)京0115民初17890号;北京市第二中级人民法院一审民事判决书,(2019)京02民初569号;上海市浦东新区人民法院一审民事判决书,(2020)沪0115民初42423号。

剩余的再抵扣到期及未到期的租金,符合合同约定,法院依法予以支持。①

2. 若融资租赁合同未约定租赁保证金的抵扣顺序的,出租人应如何抵扣存在争议

如果融资租赁合同未约定租赁保证金抵扣顺序的,笔者认为可参照适用《民法典》第560条②之规定,优先抵扣先到期的债权,同时到期的优先抵扣无担保债权。若承租人的债务有主债务和利息或费用之分的,则可参照适用《民法典》第561条③之规定,先抵扣实现债权的有关费用,再抵扣利息、罚息或违约金,最后再抵扣租金。但是,实务中也有法院认为应根据公平原则,将保证金首先抵扣未付租金。例如,在天津市滨海新区人民法院(2015)滨民初字第1606号融资租赁合同纠纷一案中,关于保证金的抵扣顺序,《保证金合同》中没有明确约定,法院认为根据公平原则,宜首先抵扣未付租金,故承租人已经支付的保证金60,000元从未付租金中扣除后,未付租金总额为465,082.25元。

3. 承租人向出租人支付了租赁保证金的,应当先以租赁保证金抵扣逾期租金,出租人未予以抵扣并主张逾期租金对应罚息的,不予支持

《民法典》第568条第1款规定:"当事人互负债务,该债务的标的物种类、品质相同的,任何一方可以将自己的债务与对方的到期债务抵销;但是,根据债务性质、按照当事人约定或者依照法律规定不得抵销的除外。"《天津市高级人民法院关于审理融资租赁合同纠纷案件若干问题的审判委员会纪要(一)》(津高法〔2019〕335号发布)第12条规定:"承租人逾期支付租金,出租人宣布租金提前到期的,应当对承租人已经支付的租赁保证金进行抵扣。融资租赁合同对于租赁保证金的抵扣顺序有明确约定的,从其约定;合同中没有明确约定且当事人未能达成一致意见的,应当按照实现债权的有关费用、逾期利息、违约金、损害赔偿金、租金的顺序,于出

---

① 持有类似观点的案例有:上海市宝山区人民法院一审民事判决书,(2020)沪0113民初18429号;上海市静安区人民法院一审民事判决书,(2018)沪0106民初47092号;成都高新技术产业开发区人民法院一审民事判决书,(2019)川0191民初12602号。

② 《民法典》第560条:债务人对同一债权人负担的数项债务种类相同,债务人的给付不足以清偿全部债务的,除当事人另有约定外,由债务人在清偿时指定其履行的债务。债务人未作指定的,应当优先履行已经到期的债务;数项债务均到期的,优先履行对债权人缺乏担保或者担保最少的债务;均无担保或者担保相等的,优先履行债务人负担较重的债务;负担相同的,按照债务到期的先后顺序履行;到期时间相同的,按照债务比例履行。

③ 《民法典》第561条:债务人在履行主债务外还应当支付利息和实现债权的有关费用,其给付不足以清偿全部债务的,除当事人另有约定外,应当按照下列顺序履行:(一)实现债权的有关费用;(二)利息;(三)主债务。

租人宣布租金提前到期日进行抵扣。"此前发布的《天津法院融资租赁合同纠纷案件审理标准》(津高法发〔2018〕5号发布)第4.7.3条也有类似规定。因此,不论是依据《民法典》的法定抵销规则,还是依据天津地区融资租赁合同纠纷的司法文件,融资租赁合同项下存在租赁保证金交易安排的,即使承租人未就租赁保证金进行抗辩,出租人仍然应当就租赁保证金作出冲抵处理,或根据合同约定作出没收租赁保证金的安排。

例如,在天津市高级人民法院(2019)津民终112号融资租赁合同纠纷一案中,一审法院认为,由于出租人保存有承租人的保证金6,250,000元,因此承租人第33~38期租金虽然存在迟延给付行为,但应当先用保证金予以抵扣,随后出租人的付款再补足保证金,对于出租人主张的该部分迟延利息,一审法院不予支持。二审法院维持了一审判决。

4. 合同约定以书面通知送达日作为抵扣租赁保证金时间,但出租人未发出相应通知的,可将民事起诉状副本送达日作为通知送达日

抵扣租赁保证金除了涉及如何抵扣的问题,还涉及何时抵扣的问题。在融资租赁合同约定以书面通知日作为抵扣租赁保证金时间的,应当按照约定的时间进行抵扣。如果出租人未发出相应通知的,实践中有观点认为可将民事起诉状副本送达日作为通知送达日。

例如,在浙江省高级人民法院(2019)浙民终635号融资租赁合同纠纷一案中,二审法院认为,案涉《垫付及保证金协议》系某融资租赁公司与珠海某公司的真实意思表示,其内容不违反法律、行政法规规定,合法有效。双方应按照合同约定的内容履行各自的义务。该《垫付及保证金协议》约定:"为确保主合同(案涉《融资租赁合同》)的履行,乙方(珠海某公司)为合作项目项下的所有融资租赁项目建立一个保证金池,如承租人未正常履行主合同项下义务,乙方同意以保证金池中的保证金为双方合作的所有租赁项目下每个承租人的应付未付租金、逾期利息等费用提供保证……承租人未支付主合同项下租金连续达三期及以上或者未支付租金总额达到融资总额的15%以上的,甲方(某融资租赁公司)有权提前终止合同,经甲方书面通知,乙方在收到甲方书面通知的5个工作日内保证垫付主合同项下承租人应付的逾期利息、应付未付租金等;乙方逾期未垫付的,对于乙方应垫付款项可由甲方在乙方缴纳形成的保证金池资金中直接扣除,抵扣后,乙方应于收到甲方书面通知后5个工作日内补足保证金池抵扣前与抵扣后的资金差额部分。"上述约定对案涉租赁保证金发生抵扣的条件、时间及抵扣内容作了明确的约定,承租人未支

付租金连续达三期及以上,珠海某公司在收到某融资租赁公司书面通知后逾期未垫付的,某融资租赁公司在珠海某公司缴纳形成的保证金池资金中直接扣除。据此,原审判决将该5,837,602元保证金在本案承租人应付款项中予以扣除并无不当。某融资租赁公司上诉主张该保证金不应在本案中扣除,不予支持。关于扣除时间点。2018年9月14日,承租人未支付租金连续达三期,某融资租赁公司于当日起诉至人民法院,珠海某公司于2018年10月5日收到法院送达的起诉状等材料,应视为收到某融资租赁公司书面通知,5个工作日内即2018年10月12日应垫付承租人应付的逾期利息和租金等,此时某融资租赁公司即应行使以保证金抵扣逾期利息和租金的权利。经核算,截至2018年9月14日逾期违约金为57,388.44元,2018年9月15日至10月12日逾期违约金为49,190.09元(1,171,192.59元×3期×0.0005×28日),承租人应付全部租金为57,388,436.91元,扣除5,837,602元保证金,承租人尚应支付未付租金计51,657,413.44元(57,388.44元+49,190.09元+57,388,436.91元-5,837,602元),并自2018年10月13日起至实际履行完毕之日止应按合同约定的每日5‰计算逾期违约金。承租人上诉主张5,837,602元保证金应在已发生的逾期利息和未付租金中扣除,予以支持。原审判决扣除保证金5,837,602元的时间点不当,应予纠正。

　　本案中,当事人以合同约定的方式,确定了租赁保证金的抵扣时间为出租人送达抵扣通知后的5个工作日。由于出租人提起诉讼前,并未向承租人发出书面通知,但民事起诉状明确了租金、罚息等债权款项计算时间,司法实践中一般以民事起诉状副本送达对方当事人的时间作为通知送达日。

　　此外,司法实践中也有观点认为,如果融资租赁合同中对保证金抵扣的时间点未有明确约定,根据租赁保证金的担保作用,在合同有效期间内,不宜要求债权人在债务人违约时立即使用该保证金抵扣所欠款项,但债权人最迟应在合同期满或双方进入结算期时抵扣保证金,因为此时保证金已丧失担保功能。[1] 但也有观点认为,对保证金的抵扣时间首先应依其约定,在约定不明时,应自合同解除之日进行抵扣,[2] 或者出于加速到期约定之目的以及公平原则的考量,于加速到期日进行抵扣。[3]

---

[1] 参见北京市第二中级人民法院一审民事判决书,(2019)京02民初569号。
[2] 参见天津市滨海新区人民法院一审民事判决书,(2018)津0116民初3250号。
[3] 参见北京市高级人民法院二审民事判决书,(2021)京民终295号。

5. 债权人不根据合同约定就保证金抵扣本金,又不按债务人的通知予以抵扣的,有违诚实信用的基本原则,主债务人对未以保证金抵扣的借款本金及相应债务不再承担清偿责任

若合同约定债权人有权就保证金抵扣本金,在符合约定的抵扣条件时,债权人应及时予以抵扣,否则债权人的主张可能面临一定风险。例如,在重庆市第一中级人民法院(2017)渝01民终8406号借款合同纠纷一案中,《保证金质押协议》约定:"发生下列情况之一的,乙方有权直接从保证金账户中扣收,甲方对此不提出任何异议,并且保证积极配合,不设置任何障碍:1. 主合同项下全部或部分债务本金或利息履行期限届满,乙方未受清偿的;2. 根据主合同约定的贷款提前到期的情形,其主合同项下债权未能清偿或未能全部清偿的……"可见,乙方(债权人)不仅对49.9万元保证金针对本案债权享有优先受偿权,而且还可以直接扣划该保证金。本案主债务届满时,因上述保证金的实际出资人为债务人自身,所以,主债务人及质押人均向债权人发出扣抵保证金通知,债务人基于对债权人会抵扣保证金的信赖,在扣除保证金后,将剩余主债务全部清偿完毕,其合理信赖利益应予以保护。而债权人在收到主债务人及质押人抵扣通知后,不仅不及时行使其抵扣权利,且对主债务人及质押人的抵扣通知不置可否,试图将该款项抵扣质押人本案之外所负的另外之债务;对于本案主债务人来说,债权人该行为并非抵扣本案主债务人对其所负之另外债务,不是为了实现对本案主债务人之债权利益最大化;债权人既不依据合同约定抵扣保证金,又不通知债务人未予抵扣,而是在事隔半年之后起诉主债务人要求其清偿未抵扣保证金部分的借款本金,违反了《合同法》第6条"当事人行使权利、履行义务应当遵循诚实信用原则"之规定,构成对本案主债务人权利滥用。故本案主债务人对未抵扣的49.9万元借款本金及相应债务不再承担清偿责任。

本案为《民法典》施行前,适用《合同法》中诚实信用原则审理的保证金相关纠纷案件。《民法典》第7条亦有类似规定:"民事主体从事民事活动,应当遵循诚信原则,秉持诚实,恪守承诺。"此外,《民法典》第591条第1款规定:"当事人一方违约后,对方应当采取适当措施防止损失的扩大;没有采取适当措施致使损失扩大的,不得就扩大的损失请求赔偿。"在保证金根据合同约定应当抵扣债务的情况下,若债权人作为非违约方未及时进行抵扣导致债务人逾期罚息增加的,属于没有采取适当措施致使损失扩大的情形。因此《民法典》施行后,若债权人未及时抵扣保证金导致逾期罚息增加,债权人就增加的部分向法院主张由债务人承担的,可能无

法获得法院支持。

(四)出租人就租赁保证金冲抵承租人逾期款项后,关于补足租赁保证金的罚息计算规则问题

部分融资租赁合同可能约定出租人就租赁保证金冲抵承租人逾期款项后,承租人应当履行补足租赁保证金的义务。对此,诉讼阶段可能产生的争议包括租赁保证金何时抵扣违约款项、抵扣后承租人是否有义务继续补足保证金、若承租人不履行补足义务是否应当继续计算罚息等问题。

第一,因承租人违约出租人将保证金抵扣租金后,出租人有权根据合同约定要求承租人承担因未补足的保证金产生的违约金,但融资租赁合同加速到期后,不再适用补足保证金约定。在上海金融法院(2020)沪74民初3458号融资租赁合同纠纷案中,法院认为,按照约定,保证金抵扣后,出租人有权向承租人发出《补足保证金(押金)通知书》,告知承租人保证金抵扣事宜并要求承租人及时补足已抵扣保证金,如承租人迟延补足保证金,则出租人有权就未补足金额按每日5‰收取违约金,直至全部保证金补足之日止。但出租人采取约定的救济措施提前终止合同的,则不再适用承租人补足保证金的约定。原告将上述违约金计算至提前到期日止共计3,128,969.05元。原告主张的以融资总额为基数按5%计收的一次性违约金,亦有合同明确约定。法院认为,本案《融资租赁合同》出租人同时主张的利息、逾期利息、违约金和费用总计不应超过法律予以保护的利率水平,经法院核算,综合考虑以上各项总额并未超出融资期间以原告发放款项为基数按照年利率24%计算的款项,故法院对于原告主张的两项违约金均予以支持。

第二,出租人因承租人违约而将保证金抵扣租金后,出租人有权根据合同约定要求承租人承担因未补足的保证金产生的违约金,未补足保证金产生的违约金自出租人主张补足的通知送达承租人之日,计算至融资租赁合同加速到期日。例如,在上海金融法院(2021)沪74民初814号融资租赁合同纠纷案中,对于第一项违约金,根据《融资租赁合同》的约定,保证金抵扣后,出租人有权发出通知告知承租人抵扣事宜并要求补足保证金,如果承租人迟延补足的,则出租人有权就未补足金额按每日5‰收取违约金,但是,出租人提前终止本合同的,不再适用承租人补足保证金的约定。本案中,原告某融资租赁公司系以诉讼的方式宣告提前到期,各方确认以起诉状副本到达被告湘潭某公司之日即2021年3月20日作为到期日。经查,某融资租赁公司用涉案保证金抵扣了第17期全部租金及第18期部分租金后,于2020年11月30日发出通知,要求湘潭某公司应于2020年12月1日前补足保证

金,该通知于2020年12月2日送达湘潭某公司。故湘潭某公司应自2020年12月3日起承担逾期补足保证金的违约责任。因此,湘潭某公司应向某融资租赁公司支付以500万元为基数,自2020年12月3日起按每日5‰的利率计算至2021年3月20日的违约金,共计27万元。

第三,因承租人违约出租人将保证金抵扣租金后,出租人有权根据合同约定要求承租人继续支付自负有保证金补足义务之日起,至融资租赁合同履行届满之日期间的保证金占用利息。例如,在广东省广州市中级人民法院(2021)粤01民终1359号融资租赁合同纠纷案中,连平县某公司将部分保证金用于支付租金后,依约应尽快补足保证金。某融资租赁公司请求连平县某公司从保证金退还之日起按照月利率1%的标准支付保证金占用利息,符合双方的合同约定,二审法院予以支持。另外,《融资租赁合同》的租赁期限截至2020年5月31日,在合同期满后某融资租赁公司未再要求连平县某公司补足保证金,连平县某公司也无须再补足保证金,而是承担支付全部剩余租金及逾期违约金的责任。因此,连平县公司的保证金补足义务应截至合同期满之日,故保证金占用利息的计算时间应截至合同期满之日。一审法院认定保证金应计至实际清偿之日止,忽略了连平县某公司已不存在补足保证金的合同义务,二审法院予以纠正。连平县某公司上诉主张无须承担保证金占用利息,有悖于双方在《补充协议》、确认函中的约定,理据不足,二审法院不予支持。

上述三个案例中,法院裁判观点存在一定差异,主要是保证金抵扣租金后,补足保证金的罚息计算截止日不同。上海金融法院审理的两个案例均认为,融资租赁合同加速到期后合同提前终止,而承租人补足保证金的义务属于合同义务,故融资租赁合同终止后,承租人不再承担补足义务,相应未补足保证金对应的罚息也不应当继续计算。广州市中级人民法院则将租赁期届满日作为保证金罚息的计算截止日。笔者认为,自融资租赁合同加速到期日起,原融资租赁合同约定的租金支付日已被变更,因此,以加速到期日作为未补足保证金对应罚息的计算截止日更为妥当。

第四,若融资租赁合同未约定承租人补足保证金义务的罚息计算起始时间,人民法院可能适用公平原则酌情确定罚息计算起始时间为租赁届满日。例如,在上海市第一中级人民法院(2017)沪01民终11595号融资租赁合同纠纷案中,一审法院认为,若允许某融资租赁公司在合同末期租金日2014年9月23日之后仍无息占有保证金,同时以未经抵扣的全部未付租金为基数计算违约金,直至超过2年才行抵扣,明显不当加重了承租人的负担,显失公平,故对某融资租赁公司主张亦不予采信。综上,一审法院认定保证金应于约定的租期届满开始抵扣。二审法院则认为,从文义来看,这表明在融资租赁合同履行期间,如果某融资租赁公司用保证金进行相应抵扣之后,承租人仍有义务确保该笔保证金的数额完整。因此,本案中保证金主要起到担保债务履行的作用,并非主要用于抵扣违约金或者其他费用,承租人要求在违约行为发生后即刻予以抵扣的主张没有合同依据。同时,考虑到2000万元保证金系承租人在2011年融资租赁合同签订后即全额支付给某融资租赁公司,且不计利息,一审法院基于公平原则,将抵扣时间确定为合同约定的租赁届满日,而非某融资租赁公司主张的合同解除日,较好地平衡了合同双方的利益,并无不妥,二审法院予以维持。

(2020)沪74民初3458号、(2021)沪74民初814号案将出租人向承租人发出补足保证金通知的送达日作为保证金罚息的计算起点,(2021)粤01民终1359号案则因承租人签署了《补充协议》、确认函确认了保证金的罚息,也未产生争议。但是,在(2017)沪01民终11595号中,融资租赁合同仅约定了保证金抵扣租金等款项后,承租人应"及时补足租赁保证金",即保证金的补足时间约定不明。在该案中,法院采用了公平原则酌情处理,未采纳出租人关于合同解除日作为罚息计算起点的要求,也未采纳承租人关于违约发生日作为罚息计算起点的抗辩,而酌情采用了租赁期届满日标准。若出租人就承租人应补足的保证金也计算罚息的,笔者建议在融资租赁合同中明确约定罚息的计算起始日。

(五)其他债权人是否有权申请法院冻结租赁保证金

由于法律法规及司法解释一般不禁止人民法院对保证金实施冻结措施,[1]实

---

[1] 由于冻结措施不等于扣划,因此一般情况下允许法院冻结债务人名下的保证金。例如,《最高人民法院关于人民法院能否对信用证开证保证金采取冻结和扣划措施问题的规定》(2020修正)第1条规定:"人民法院在审理或执行案件时,依法可以对信用证开证保证金采取冻结措施,但不得扣划……"《最高人民法院、中国人民银行关于依法规范人民法院执行和金融机构协助执行的通知》(法发〔2000〕第21号)第9条规定:"人民法院依法可以对银行承兑汇票保证金采取冻结措施,但不得扣划。如果金融机构已对汇票承兑或者已对外付款,根据金融机构的申请,人民法院应当解除对银行承兑汇票保证金相应部分的冻结措施。银行承兑汇票保证金已丧失保证金功能时,人民法院可以依法采取扣划措施。"但是,有些保证金则既不允许扣划,也不允许冻结。《最高人民法院关于审理期货纠纷案件若干问题的规定(二)》(2020修正)第4条规定:"期货公司为债务人,债权人请求冻结、划拨以下账户中资金或者有价证券的,人民法院不予支持:(一)客户在期货公司保证金账户中的资金;(二)客户向期货公司提交的用于充抵保证金的有价证券。"《期货和衍生品法》第37条第1款规定:"衍生品交易,由国务院授权的部门或者国务院期货监督管理机构批准的结算机构作为中央对手方进行集中结算的,可以依法进行终止净额结算;结算财产应当优先用于结算和交割,不得被查封、冻结、扣押或者强制执行;在结算和交割完成前,任何人不得动用。"第43条第1款规定:"期货结算机构依照其业务规则收取和提取的保证金、权利金、结算担保金、风险准备金等资产,应当优先用于结算和交割,不得被查封、冻结、扣押或者强制执行。"

务中,若有其他债权人申请人民法院冻结甚至扣划租赁保证金,出租人就此提出的执行异议存在被驳回的风险。

一种情形是,由于保证金不属于法律规定的法院不得扣划的资金,债权人就保证金账户被冻结提出的解除冻结执行异议不能成立。例如,在河北省唐山市中级人民法院(2017)冀02执异646号执行异议一案中,法院认为,案涉账号存款系唐山某公司名下保证金存款,不属于法律规定的法院不得冻结扣划的资金项目,故对某银行的异议请求不予支持,依法裁定驳回某银行的异议请求。

另一种情形是,若债权人与债务人未就保证金账户用于金钱质押达成合意,债权人仅取得债权性质担保而非物权性质担保,其主张优先受偿的请求不能支持。例如,在浙江省杭州市中级人民法院(2016)浙01执异6号执行一案中,案件争议焦点是银行对河北某公司33×××42账户中的存款人民币3000万元是否享有优先受偿权。法院认为,由于案外人某银行与河北某公司签订的《减免保证金开立国内信用证协议》关于保证金的约定,未明确该保证金账户的用途是质押担保,应认定双方并无将保证金账户用于质押的合意,故某银行取得的仅是债权性质的担保,未取得物权性质的担保,优先受偿的前提不存在。而且现行法律及司法解释未规定人民法院在执行案件时不能冻结及扣划该类性质账户上的资金,资金被法院扣划后造成账户资金不足的,案外人某银行可以要求河北某公司补足。案外人某银行的行为不符合《担保法解释》第85条的规定,故法院认定案外人某银行对河北某公司33×××42账户中的存款人民币3000万元不享有优先受偿权。

《人民法院、银行业金融机构网络执行查控工作规范》(法〔2015〕321号发布)第12条第1款规定:"有权机关、金融机构或第三人对被执行人银行账户中的存款及其他金融资产享有质押权、保证金等优先受偿权的,金融机构应当将所登记的优先受偿权信息在查询结果中载明。执行法院可以采取冻结措施,金融机构反馈查询结果中载明优先受偿权人的,人民法院应在办理后五个工作日内,将采取冻结措施的情况通知优先受偿权人。优先受偿权人可向执行法院主张权利,执行法院应当依法审查处理。审查处理期间,执行法院不得强制扣划。"可见,就属于金钱质押性质的保证金而言,人民法院虽然不得扣划,但也有权实施冻结措施。此外,依照《人民法院办理执行案件规范(编注第二版)》关于"人民法院不得查封、扣押、冻结法律或者司法解释规定的其他不得查封、扣押、冻结的财产"的整理内容,人民法院不得采取扣划的保证金类财产包括期货交易所会员的期货保证金、期货公司客户的期货保证金、非结算会员的保证金、结算担保金、旅行服务质量保证金、承兑汇票保证金、信用证开证保证金。① 如上文所分析,租赁保证金通常不满足财产特定化的要求,不属于可以主张优先权的金钱质押。因此,若存放于出租人处的租赁保证金被其他债权人申请法院冻结、扣划的,出租人提出的执行异议一般无法获得法院支持。

四、租赁保证金相关的合同条款约定注意事项

(一) 明确约定租赁保证金的担保范围

由于租赁保证金一般不属于可以主张优先权的金钱质押,不适用《民法典担保制度解释》第70条第1款的规定,而属于各方当事人通过合同约定形式作出的债权担保款项,出租人对于租赁保证金的权利主张主要依赖于合同约定,因此笔者建议出租人完整地约定由租赁保证金担保的承租人应付款项范围。例如,租赁保证金用于担保融资租赁合同项下租金(含首付租金)、租前息、资金占用费、手续费、逾期利息、违约金、提前还款手续费、留购价款、约定损失赔偿金、其他应付款项以及出租人为实现债权而支付的诉讼费、保全费、公告费、保全担保费、执行费、律师费、代理费、鉴定费、评估费、收回和处分租赁物而发生的费用和其他合理费用,以及法院判决认定承租人需要向出租人所承担的任何费用。

(二) 明确约定承租人发生租金等款项逾期时,租赁保证金的抵扣顺序、补足规则

如前文所述,若合同未明确约定租赁保证金抵扣顺序的,出租人关于租赁保证金优先抵扣违约金或罚息类款项的诉讼请求不能成立。若合同未明确约定租赁保证金抵扣时间的,人民法院在诉讼中一般认定承租人发生租金逾期时应立即以租赁保证金抵扣逾期租金。此外,就部分出租人作出的租赁保证金冲抵承租人欠付款项后承租人需要继续补足租赁保证金的交易安排而言,也需要以合同约定明确冲抵时间、出租人如何通知承租人租赁保证金已经冲抵、如何计算承租人在未补足租赁保证金期间应当承担的罚息类款项等问题。最后,如融资租赁合同项下存在保证担保、抵押担保、回购担保等其他增信措施的,建议出租人考虑在增信类合同中明确约定出租人作为债权人有权自主选择、决定担保类权利的主张顺序及方式,且担保人不得对租赁物保证金抵扣及使用方式的约定提出异议。

---

① 参见人民法院出版社编:《人民法院办理执行案件规范(编注第二版)》,人民法院出版社2021年版,第381~385页。

(三)明确约定租赁保证金在租赁期末的使用方式

就租赁保证金在租赁期末的使用方式约定而言,实务中出租人通常采用以下两种合同约定方式之一:方式一,租赁期末,若承租人未发生融资租赁合同违约事项的,经承租人申请后,出租人将租赁保证金以不计息方式退还至承租人指定银行账户;方式二,租赁期末,若承租人未发生融资租赁合同违约事项的,租赁保证金以不计息方式依次冲抵融资租赁合同项下最后一期或几期租金。

虽然方式一似乎对出租人更有利,但不论就法律角度而言,还是就操作便利性角度而言,笔者更推荐出租人选用方式二进行约定。一方面,租赁保证金一般属于担保承租人在融资租赁合同项下租金等款项及时足额履行的债权性质担保款项。如果融资租赁合同履行完毕,承租人在融资租赁合同项下不存在需要担保的债权,即使合同未约定出租人应当在租赁期末向承租人退还租赁保证金的,租赁保证金也应当由出租人返还承租人。另一方面,即使融资租赁合同已经约定租赁保证金在租赁期末退还承租人的,就实务角度而言,承租人通常仍然会在租赁期末提出租赁保证金与其应付租金互相冲抵(即使出租人不同意冲抵,承租人仍然有权依据《民法典》第568条第1款主张冲抵),导致方式一的合同约定等于未被实际履行。

(四)考虑融资租赁法律关系可能无法成立的风险因素,适当调整租赁保证金的担保债权范围

若当事人之间被法院认定为成立借款法律关系,那么融资租赁合同项下关于租赁保证金约定便属于无效约定。因此,笔者建议出租人考虑在部分融资租赁法律关系存疑的交易中,调整租赁保证金的相关约定,将租赁保证金界定为担保债务人履行债务的款项,并明确约定租赁保证金的担保债权范围。

| 第十四讲 | CHAPTER 14
"多重买卖型"转租赁法律实务 |

在融资租赁业务领域,出租人已经就某租赁物开展融资租赁业务后,该出租人又与第二家出租人就同一租赁物开展售后回租交易的业务形态较为常见,不少融资租赁从业人员将上述交易模式称为"转租赁"。除了已废止的《金融租赁公司管理办法》(中国人民银行令〔2000〕第4号发布)第48条曾对转租赁业务进行定义以外,现行有效的法律法规及监管文件均未对"转租赁"进行定义。由于上述交易模式与已废止的《金融租赁公司管理办法》(中国人民银行令〔2000〕第4号发布)第48条界定的"转租赁"并不同,部分从事融资租赁法律实务工作的人员可能将上述交易模式称为"多重买卖型转租赁"。2021年下半年,由上海市某法院审理的涉及"转租赁"交易的案件(以下简称上海法院案)中,一审法院判决确认两家出租人之间仅构成借贷法律关系。中国裁判文书网公开的北京市高级人民法院审结的某起涉及类似交易结构的案件(以下简称北京高院案),也判决认定出租人之间构成借贷法律关系。从判决所查明的事实来看,上海法院案与北京高院案中的融资租赁交易与《金融租赁公司管理办法》(中国人民银行令〔2000〕第4号发布)第48条所定义的"转租赁"存在一定区别。笔者认为,在法律法规及监管文件未作出明确规定的情况下,将何种交易结构称为"转租赁",可由当事人自由约定。但对于上文提及的交易模式,相较于定义为"转租赁"而言,将其称为"多重买卖型转租赁"可能更为准确,更符合交易的特征。

本讲从"转租赁"与"多重买卖型转租赁"的交易结构出发,分析上海法院案、北京高院案中的"多重买卖型转租赁"交易结构涉及的法律问题,并对出租人拟继续进行的"多重买卖型转租赁"交易提出实务建议。

一、"转租赁"与"多重买卖型转租赁"交易结构

(一) 监管文件中关于"转租赁"的定义

《金融租赁公司管理办法》(中国人民银行令〔2000〕第 4 号发布)第 48 条规定:"本办法中所称转租赁业务是指以同一物件为标的物的多次融资租赁业务。在转租赁业务中,上一租赁合同的承租人同时又是下一租赁合同的出租人,称为转租人。转租人从其他出租人处租入租赁物件再转租给第三人,转租人以收取租金差为目的的租赁形式。租赁物品的所有权归第一出租人。"以上交易结构图详见图 4。

```
┌──────────┐  融资租赁合同  ┌──────────┐   转租赁   ┌──────────┐
│ 第一出租人│ ←──────────→ │ 第一承租人│ ←──────→ │ 第二承租人│
│租赁物所有权人│            │  转租人  │           │          │
└──────────┘                └──────────┘           └──────────┘
```

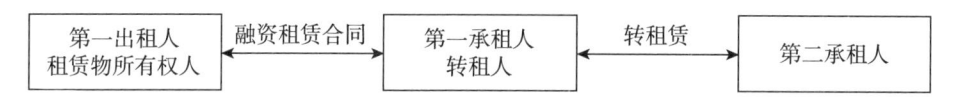

图 4 《金融租赁公司管理办法》(中国人民银行令〔2000〕第 4 号发布)中的"转租赁"交易示意

根据《金融租赁公司管理办法》(中国人民银行令〔2000〕第 4 号发布)第 48 条关于"转租赁"定义,租赁物所有权归属于融资租赁合同项下的第一出租人,"转租赁业务"中的转租人、第二承租人均不享有租赁物的所有权。笔者认为,上述"转租赁业务"中的转租人、第二承租人实际构成《民法典》第 703 条[①]项下的租赁合同法律关系。

但是,现行有效的《金融租赁公司管理办法》(中国银行业监督管理委员会令 2014 年第 3 号发布)删除了"转租赁业务"的定义,且全文未涉及"转租赁"的表述。据此,《金融租赁公司管理办法》(中国人民银行令〔2000〕第 4 号发布)提及的"转租赁业务"就监管依据角度而言,虽然具有参考价值,但不能作为判断出租人开展的"转租赁"交易是否合规的依据。

此外,"转租赁"一词在诸多融资租赁监管文件中出现(详见表 12),但除了《金融租赁公司管理办法》(中国人民银行令〔2000〕第 4 号发布)外,并无其他监管文件对"转租赁"的定义作出界定。

---

① 《民法典》第 703 条:租赁合同是出租人将租赁物交付承租人使用、收益,承租人支付租金的合同。

表 12 监管文件关于"转租赁"的表述

监管文件	相关表述
《融资租赁公司监督管理暂行办法》(银保监发〔2020〕22号发布)	第21条:融资租赁公司对转租赁等形式的融资租赁资产应当分别管理,单独建账。转租赁应当经出租人同意。
《融资租赁企业监督管理办法》(商流通发〔2013〕337号发布)	第8条:融资租赁企业可以在符合有关法律、法规及规章规定的条件下采取直接租赁、转租赁、售后回租、杠杆租赁、委托租赁、联合租赁等形式开展融资租赁业务。 第16条:融资租赁企业对委托租赁、转租赁的资产应当分别管理,单独建账。融资租赁企业和承租人应对与融资租赁业务有关的担保、保险等事项进行充分约定,维护交易安全。
《湖北省融资租赁公司监督管理实施细则(试行)》(鄂金发〔2022〕20号发布)	第13条:融资租赁公司不得开展下列业务或活动……(三)与其他融资租赁公司拆借或变相拆借资金,联合租赁、转租赁和委托租赁除外……
《四川省地方金融监督管理条例》(四川省第十三届人民代表大会常务委员会公告第30号发布)	第17条:融资租赁公司依照有关规定可以采取直接租赁、转租赁、委托租赁、联合租赁等形式开展融资租赁业务,建立完善的内部风险控制体系,形成良好的风险资产分类管理制度、承租人信用评估制度、事后追偿和处置制度以及风险预警机制等。
《关于规范融资租赁公司汽车融资租赁业务的通知》(粤金监函〔2021〕63号)	二、严格把控业务风险 …… (三)审慎开展合作。加强对第三方合作机构的筛选管理,审慎与网约车平台、汽车服务公司等市场主体合作开展最终承租人为个人客户的批量业务,不得与利用转租赁开展"长收短付"资金错配等资金池业务和"租金贷"业务的机构合作,避免出现合作机构"长收短付"形成类似资金池的现象;业务开展过程中发现第三方合作公司存在违法、违规行为的,应及时终止合作关系;凡穿透最终承租人为个人客户的,应签订含个人客户在内的多方合同,明确全业务链各方权责,锁定合法、真实、闭环的还款机制。 三、严格订立业务合同 …… (三)融资租赁公司应随业务模式发展不断完善合同样本;研究增加对转租赁的约束条款,在业务涉及多方的情况下确保租赁物权属明晰、租金回收顺畅,维护多方合法权益。

续表

监管文件	相关表述
《上海市融资租赁公司监督管理暂行办法》(沪金规〔2021〕3号发布)	第30条第2款:融资租赁公司对转租赁等形式的融资租赁资产应当分别管理,单独建账。转租赁应当经出租人同意。
《浙江省融资租赁公司监督管理工作指引(试行)》(浙金管〔2021〕10号发布)	第34条:融资租赁公司对转租赁等形式的融资租赁资产应当分别管理,单独建账。转租赁应当经出租人同意。
《江苏省融资租赁公司监督管理实施细则(试行)》(苏金监规〔2021〕1号发布)	第23条第1款:融资租赁公司对转租赁的融资租赁资产应当分别管理、单独建账。转租赁应当经出租人同意。
《福建省融资租赁公司监督管理实施细则(试行)》(闽金管规〔2022〕2号发布)	第22条:融资租赁公司对转租赁的资产应当分别管理,单独建账。转租赁应当经出租人同意。融资租赁公司和承租人应对与融资租赁业务有关的担保、保险等事项进行充分约定,维护交易安全。
《厦门市地方金融监督管理局关于进一步规范汽车融资租赁业务的通知》(厦金管规〔2021〕3号)	四、审慎开展合作。融资租赁公司应加强对第三方合作机构的筛选管理,审慎与网约车平台、汽车服务公司等市场主体合作开展最终承租人为个人客户的批量业务,不得利用转租赁开展"长收短付"资金错配等资金池业务,不得与开展租金贷业务的非持牌金融机构合作,避免出现合作机构"长收短付"形成类似资金池的现象;业务开展过程中发现第三方合作公司存在违法、违规行为的,应及时终止合作关系;凡明知最终承租人为个人客户的,应签订含个人客户在内的多方合同,事先约定或履行必要告知义务,明确全业务链各方权责,锁定合法、真实、闭环的还款机制。 六、规范签订合同。融资租赁公司应在签订合同前主动向承租人解释融资租赁业务模式,提示重大利害关系和可能存在的风险,全面、准确、真实释明融资租赁款结清前后的车辆归属、租赁期需支付的款项构成和支付时点、提前还款处理流程、逾期处理费用及相关事宜、与第三方的合作关系、服务内容和相关收费标准等;签署规范完整的车辆买卖合同和融资租赁合同;应通过录音录像、书面确认等双方认可的形式确认合同内容,并及时妥善向承租人移交合同等有关材料。融资租赁公司应随业务模式发展不断完善合同样本,研究增加对转租赁的约束条款,在业务涉及多方的情况下确保租赁物权属明晰、租金回收顺畅,维护多方合法权益。

续表

监管文件	相关表述
《河北省融资租赁公司监督管理实施细则(暂行)》(2020年8月26日发布)	第30条:融资租赁公司对委托租赁、转租赁的资产应当分别管理,单独建账。转租赁应当经出租人同意。融资租赁公司和承租人应当对与融资租赁业务有关的担保、保险等事项进行充分约定,维护交易安全。
《辽宁省融资租赁公司监督管理实施细则(暂行)》(辽金监发〔2020〕10号发布)	第26条:融资租赁公司对转租赁等形式的融资租赁资产应当分别管理,单独建账。转租赁应当经出租人同意。
《山东省融资租赁公司监督管理暂行办法》(鲁金监发〔2021〕8号发布)	第28条:融资租赁公司对转租赁等形式的融资租赁资产应当分别管理,单独建账。转租赁应当经出租人同意。
《吉林省融资租赁公司监督管理实施细则(试行)》(2021年12月31日发布)	第37条:融资租赁公司对转租赁等形式的融资租赁资产应当分别管理,单独建账,转租赁应当经出租人同意。
《新疆维吾尔自治区融资租赁公司监督管理实施细则(试行)》(新金规〔2021〕3号发布)	第24条:融资租赁公司对委托租赁、转租赁的资产应当分别管理,单独建账。转租赁应当经出租人同意。融资租赁公司和承租人应当对与融资租赁业务有关的担保、保险等事项进行充分约定,维护交易安全。
《云南省融资租赁公司监督管理实施细则(试行)》(云金规〔2021〕2号发布)	第32条:融资租赁公司对转租赁等形式的融资租赁资产应当分别管理,单独建账。转租赁应当经出租人同意。
《湖南省融资租赁公司监督管理指引(试行)》(湘金监发〔2021〕12号发布)	第40条:融资租赁公司对委托租赁、转租赁的资产应当分别管理,单独建账。转租赁应当经出租人同意。融资租赁公司和承租人应当对与融资租赁业务有关的担保、保险等事项进行充分约定,维护交易安全。
《广西壮族自治区融资租赁公司监督管理实施细则(暂行)》(桂金监壹〔2020〕7号发布)	第36条:融资租赁公司对委托租赁、转租赁的资产应当分别管理,单独建账。转租赁应当经出租人同意。融资租赁公司和承租人应当对与融资租赁业务有关的担保、保险等事项进行充分约定,维护交易安全。

续表

监管文件	相关表述
《青海省融资租赁公司监管工作指引》(青金监〔2020〕63号发布)	第15条:融资租赁公司经营业务范围应当以融资租赁为主营业务,主要包括以下部分或全部业务: (一)融资租赁业务,包括直接租赁、转租赁、回租赁、杠杆租赁、委托租赁、联合租赁等不同形式的融资租赁业务; (二)经营租赁业务; (三)与融资租赁和经营租赁业务相关的租赁物购买、残值处理与维修、租赁交易咨询、接受租赁保证金; (四)转让与受让融资租赁资产; (五)固定收益类证券投资业务。 第25条:融资租赁公司对委托租赁、转租赁、联合租赁等不同形式的资产应当分别管理,单独建账。转租赁应当经出租人同意。融资租赁公司和承租人应对与融资租赁业务有关的担保、保险等事项进行充分约定,维护交易安全。
《湖北省地方金融监督管理局关于〈融资租赁公司监督管理暂行办法〉的实施意见》(鄂金发〔2020〕17号)	三、规范经营行为 (一)明确业务范围。 融资租赁公司应严格执行《办法》关于融资租赁公司经营范围、租赁物范围(固定资产)、关联交易、转租赁等规定,按照法律规定签订租赁合同。鼓励融资租赁公司适应市场发展趋向和产业政策要求,重视开展5G、高端装备制造、新基建、信创产业、应急装备制造等新兴产业融资租赁业务,加大对科技型企业、中小微企业的融资服务力度,促进我省产业联动和产业升级。

综合上述文件的内容,现行有效的监管文件并未对何为"转租赁"作出界定,但多个文件提出了出租人开展"转租赁"交易需要遵循合规性要求,主要包括:

1. 对"转租赁"等形式的融资租赁资产分别管理,单独建账;

2. "转租赁"应当经出租人同意;

3. 开展交易时,对与融资租赁业务有关的担保、保险等事项进行充分约定;

4. 合作开展最终承租人为个人客户的批量业务,不得与利用"转租赁"开展"长收短付"资金错配等资金池业务和"租金贷"业务(针对汽车业务)的机构合作;

5. 研究增加对转租赁的约束条款,在业务涉及多方的情况下确保租赁物权属明晰、租金回收顺畅(针对汽车业务)。

(二)司法实践对"转租赁"的界定

在融资租赁合同纠纷中,人民法院处理涉及"转租赁"交易的案件时,对"转租赁"进行界定的依据主要包括《金融租赁公司管理办法》(中国人民银行令〔2000〕第4号发布)第48条,以及《最高人民法院关于融资租赁合同司法解释理解与适用》一书中介绍的两种"转租赁"交易方式。

"融资租赁交易中的转租赁有两种方式:第一种方式是出租人将租赁物租给第一承租人,承租人经出租人同意,又以第二出租人的身份把租赁物转租给第二承租人"。① 《最高人民法院关于融资租赁合同司法解释理解与适用》一书介绍的第一种"转租赁"交易,实际与《金融租赁公司管理办法》(中国人民银行令〔2000〕第4号发布)第48条界定的"转租赁"交易相同(详见图5)。

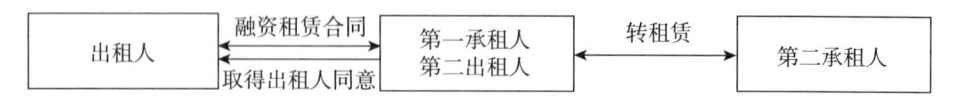

图5 《最高人民法院关于融资租赁合同司法解释理解与适用》
中的第一种"转租赁"交易示意

"第二种方式是出租人把购买租赁物的买卖合同转让给第三人,由第三人作为买受人及出租人履行买卖合同,出租人再从第三人手中租回租赁物,并转租给最终承租人。此类交易在跨国交易中比较多,其主要目的是利用不同国家的税收优惠政策,降低融资成本。其实质是出租人分立为两个或者多个,对出租人与承租人之间的权利义务关系,仍认定为融资租赁合同关系"。② 在该交易方式下,第一出租人基于租赁方式取得租赁物的二次处分权利,并将租赁物转租予承租人(详见图6)。值得注意的是,《最高人民法院关于融资租赁合同司法解释理解与适用》认为第一出租人与承租人构成融资租赁法律关系。

图6 《最高人民法院关于融资租赁合同司法解释理解与适用》
中的第二种"转租赁"交易示意

---

① 转引自最高人民法院民事审判第二庭编著:《最高人民法院关于融资租赁合同司法解释理解与适用》,人民法院出版社2016年版,第59页。

② 转引自最高人民法院民事审判第二庭编著:《最高人民法院关于融资租赁合同司法解释理解与适用》,人民法院出版社2016年版,第59页。

(三) 其他文件中关于"转租赁"的概念

除了上述监管文件及《最高人民法院关于融资租赁合同司法解释理解与适用》外,国际统一私法协会《国际融资租赁公约》第2条规定:"在一次或多次转租交易涉及同一设备的情况下,本公约适用每一项本应适用本公约的融资租赁交易。"笔者认为,《国际融资租赁公约》中界定的每一次转租交易都可以是融资租赁交易。

《企业会计准则第21号——租赁》(2018修订)第37条规定:"转租出租人应当基于原租赁产生的使用权资产,而不是原租赁的标的资产,对转租赁进行分类。但是,原租赁为短期租赁,且转租出租人应用本准则第三十二条对原租赁进行简化处理的,转租出租人应当将该转租赁分类为经营租赁。"该条规定中的"经营租赁"属于会计学中的名词,对应《民法典》第703条的租赁法律关系。显然,《企业会计准则第21号——租赁》(2018修订)中界定的转租赁不属于融资租赁法律关系。

(四)"多重买卖型转租赁"交易结构

在"多重买卖型转租赁"交易中,先由第一承租人与第一出租人开展融资租赁交易(此为第一笔融资租赁,可以是直租,也可以是售后回租),第一出租人将其在第一笔融资租赁项下基于融资租赁法律关系取得的租赁物所有权,与第二出租人以相同的租赁物再次开展融资租赁交易(此为第二笔融资租赁交易)。在第二笔融资租赁交易中,第一出租人将租赁物所有权转让予第二出租人,再进行回租,即第二笔融资租赁交易只能是售后回租。在第二笔融资租赁交易项下,第二出租人基于融资租赁法律关系取得租赁物的所有权。因此,第二出租人可能继续基于其对租赁物享有的所有权,以该租赁物继续寻找新的出租人,继续开展第三笔售后融资租赁交易。理论上在该交易模式下,租赁物可发生多重买卖,租赁物所有权可发生多次转让,因此,笔者称之为"多重买卖型转租赁",交易结构详见图7。

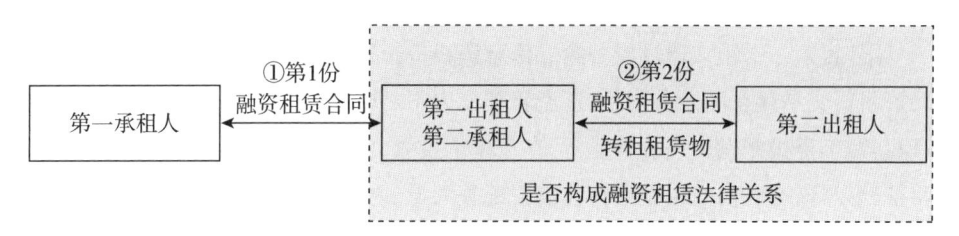

图7 "多重买卖型转租赁"交易示意

在融资租赁实务中,许多出租人采用"多重买卖型转租赁"交易,其主要原因包括：

　　第一，如前所述，"多重买卖型转租赁"涉及多笔融资租赁交易，每笔融资租赁交易项下均需签署融资租赁合同，对每个承租人而言都可获得一次融资。以第二笔融资租赁交易为例，第一出租人在第二笔融资租赁交易项下与第二出租人签订融资租赁合同（此为"多重买卖型转租赁"项下的第二份融资租赁合同），第一出租人系第二份融资租赁合同项下的承租人，第二出租人将基于第二份融资租赁合同向第一出租人支付租赁本金。因此，第一出租人可以通过"多重买卖型转租赁"获得资金融通。

　　第二，第一出租人以参与"多重买卖型转租赁"交易的形式，实现短期不良资产出表的目的。具体而言，一旦第一份融资租赁合同发生承租人租金逾期、诉讼或强制执行等情况，若第一出租人不对第一份融资租赁合同进行处理，将面临相应的融资租赁资产需要分类为"关注""次级""可疑""损失"的问题，且不良资产过多将对第一出租人的再融资工作产生负面影响。因此，第一出租人可能采用与第二出租人签署第二份融资租赁合同的形式，实现已经逾期的融资租赁资产在短期内不体现在第一出租人资产负债表中的目的。当然，在上述情况下，第二承租人与第二出租人往往在签署第二份融资租赁合同的基础上，另行签署"抽屉协议"性质的回购协议，[①]约定第二承租人在满足特定情况时（如第二承租人完成年度财务报表审计、第二承租人完成发债评级），无条件地向第二出租人回购第二份融资租赁合同项下的租赁物及相关权益。

　　第三，第二出租人通过签署第二份融资租赁合同的方式，实现"融资租赁项目放款""融资租赁资产规模增长"的目的。具体而言，在出租人出现未按既定经营计划完成新增融资租赁项目放款的情况下，或出租人属于新设公司，短期内需要完成大量新增融资租赁项目放款的情况下，基于出租人自身经营业绩考核的需要，其可能作为第二出租人，与第一出租人开展融资租赁交易。

　　第四，第二出租人通过签署第二份融资租赁合同的方式，解决其参与特定行业融资租赁交易存在的人员不足、资产管理能力不足的问题。具体而言，诸如汽车融资租赁、工程机械融资租赁等业务，存在单笔投放金额小但融资租赁交易笔数多的特征，参与该类交易的出租人往往需要配置大量的前、中、后台人员，全程参与项目

[①] 就会计准则角度而言，如果第二份融资租赁合同、回购协议同时披露，第一出租人在第二份融资租赁合同项下的风险可能存在并未全部转移的问题，将导致第一出租人需要继续将已经逾期的融资租赁资产列示于其资产负债表中。因此，第一出租人一般不会披露有回购协议。

尽职调查、融资租赁合同签署、租后管理等工作。此外，出租人可能需要配置远程锁定租赁物、远程监控租赁物的管理系统。对于人员较少、行业经验不丰富的出租人而言，若其希望在短期内参与上述行业融资租赁交易的，可能考虑采用"多重买卖型转租赁"交易方式。即由行业交易经验丰富的第一出租人凭借人员及资产管理能力方面的优势，先与第一承租人开展融资租赁交易，然后第二出租人再与第一出租人签署第二份融资租赁合同，由第二出租人向第一出租人购买第一份融资租赁合同项下的租赁物、租金债权及其他相关权益。在上述交易方式下，在第二份融资租赁合同履行期间，第一出租人一般需要继续承担对底层租赁物的租后管理职能。

二、"多重买卖型转租赁"之典型案例分析

（一）上海法院案交易结构及分析

【案例二十】

原告某融资租赁（天津）公司（以下简称X公司）与被告某国际融资租赁公司（以下简称Z公司）、某投资公司借款合同纠纷案

【案号】

上海某法院（2021）沪×民终323号[1]

【案情简介】

2012年2月27日，中华人民共和国交通运输部作出《关于镇江港扬中港区西来桥作业区润华物流通用码头工程使用港口岸线的批复》，同意R公司建设7万吨级散货泊位和7万吨级通用泊位各1个，内港池建设1000吨级泊位8个，同意按1255米码头长度使用所对应的港口岸线，R公司作为项目法人，未经批准不得改变岸线性质和用途，不得自行转让岸线使用权。

2016年4月29日，被告Z公司（出租人）与案外人R公司（承租人）签订001号《租赁合同》，约定被告Z公司同意受让R公司所有的上游码头泊位1个及内港池码头泊位1个，再将上述租赁设备以融资租赁的方式出租给承租人使用，租赁设备购买价款为4.7亿元；起租日为出租人支付完毕融资本金之日后的第一个日历日的15日，租赁期限为72个月，2016年6月15日至2022年6月15日，还租期共

---

[1] 该案民事判决书可于第三方法律数据库下载获得，但无法于中国裁判文书网下载获得。从上海法院案民事判决书案号看应属于二审民事判决书，但从裁判文书内容分析，上海法院案民事判决书应属于一审民事判决书。因本案当事人已在二审程序中达成调解，故本书隐去案号。本讲仅从法律及融资租赁实务角度对上海法院案涉及的法律问题进行探讨。

24期,自起租日起算等。同日,R公司与被告Z公司签订《抵押合同》,约定R公司将镇江港扬中港区西来桥作业区润华物流通用码头1255米码头长度所对应的港口岸线使用权抵押给被告Z公司。

2018年5月25日,R公司向原告X公司出具融资租赁合同相关事项确认函,确认:"一、我公司对001号《租赁合同》项下的租赁物持有合法有效的、完整无瑕疵的所有权,我公司与Z公司已完成了租赁物所有权的转移,租赁物完整且无瑕疵的所有权已移转至Z公司,Z公司为租赁物唯一合法所有权人;二、我公司将按约履行原融资租赁合同相关权利义务,并按约定支付租金,直至双方融资租赁债权债务关系结束;三、在不影响我公司合理占有和使用的前提下,我公司同意Z公司以原租赁合同中的租赁物资产与贵公司开展融资租赁业务,业务期限不长于原融资租赁合同期限。"

2018年6月4日,原告X公司与第三人T公司、C公司作为联合出租人,与被告Z公司(承租人)签订004号《租赁合同》,约定承租人以筹措资金、回租使用为目的,以售后回租方式向出租人出售租赁物,出租人从承租人处购买租赁物并出租给承租人使用;租赁物为R公司通用码头工程上游码头及R公司通用码头工程内港池码头,评估净值为478,867,537元;联合出租人在各自租赁份额内,按份共享本合同项下出租人全部权利(包括但不限于租前息、租金等应收款项的债权以及租赁物的所有权),同时,按份共担本合同项下出租人全部义务(包括但不限于租赁成本支付义务);原告X公司的租赁份额为25%,该份额对应的租赁物购买价款为100,000,000元,起租日为2018年6月6日,租赁期限为自起租日起算的12个月,租赁利率为固定利率7.2%,留购价款为1元,租金总额106,971,600元等。

2018年6月6日,原告X公司向被告Z公司支付融资租赁款1亿元。被告Z公司向原告X公司等三名联合出租人出具了租赁物接受书及所有权转移证书,确认已接受004号《租赁合同》项下的租赁物,并确认上述租赁物的所有权由被告Z公司移转给各名联合出租人。

2019年3月14日,原告X公司、第三人T公司及C公司(乙方,出租人)与被告Z公司(承租人)签订《004号〈租赁合同〉补充协议(委托代收)》,约定:承租人委托出租人代收001号《租赁合同》项下,最终用户及其担保方应向承租人支付的一切款项,包括但不限于租金、手续费、违约金、损害赔偿金等。

004号《租赁合同》签订后,被告Z公司依约支付了前5期租金,但第6期租金出现逾期。

2019年7月12日,原告X公司、T公司、C公司(联合出租人)与被告Z公司(承租人)、某投资公司(保证人)签订《补充协议》,约定将004号《租赁合同》项下租赁期限延长至2020年6月5日。但《补充协议》签订后,被告Z公司仍然逾期支付租金,且经原告X公司催告仍未支付,原告X公司遂提起本案诉讼,请求判令Z公司支付租赁成本、租赁利息、逾期罚息、违约损失赔偿金、留购款、律师代理费,某投资公司承担连带责任。

案情中各主体关系详见图8。

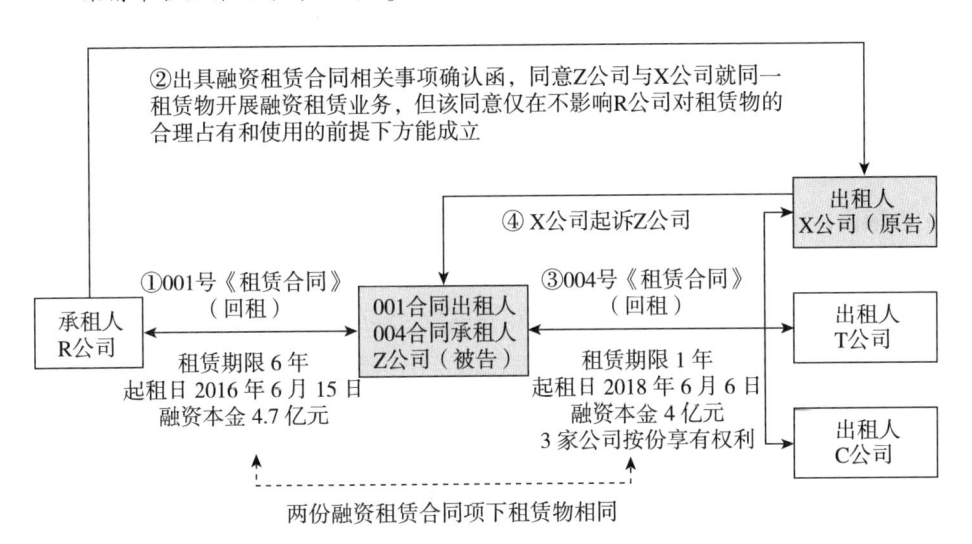

图8 上海法院案交易示意[1]

【裁判要旨】

R公司出具的融资租赁合同相关事项确认函表明,R公司仅同意在不影响R公司对租赁物的合理占有和使用的前提下,由Z公司签署第二层004号《租赁合同》,即该确认函不能视为R公司已同意被告Z公司在租期内可对租赁物任意行使变价处分权。因此,租赁物的担保功能缺失,Z公司对租赁物是否能够发挥担保功能并不关心。此外,Z公司"回租"租赁物的目的不是继续占有使用,本案004号《租赁合同》缺乏融物属性,依法不构成融资租赁法律关系。

---

[1] 考虑到上海法院案中的交易主体可能涉及集中管辖、联合出租人等问题,笔者将上海法院案"事实查明"部分涉及的两家出租人之间交易结构简化、梳理成图,图中的序号根据相关交易主体合同签署、提起诉讼的时间顺序进行排序。

【法院认为】

1. 004号《租赁合同》约定的业务模式并非转租赁,而是售后回租

从监管规定来看,融资租赁公司确实可从事转租赁业务。《融资租赁公司监督管理暂行办法》(银保监发〔2020〕22号发布)第21条规定:"融资租赁公司对转租赁等形式的融资租赁资产应分别管理,单独建账。转租赁应当经出租人同意。"参考《金融租赁公司管理办法》(中国人民银行令〔2000〕第4号发布)第48条的定义,转租赁一般指以同一物件为标的物的多次融资租赁业务,在转租赁业务中,上一租赁合同的承租人同时又是下一租赁合同的出租人,称为转租人;转租人从其他出租人处租入租赁物件再转租给第三人,转租人以收取租金差为目的,租赁物品的所有权归第一出租人。可见,转租赁的特点在于:原租赁合同的效力不受影响,租赁标的物的所有权也不发生移转,承租人只是在征得出租人同意后,在原租赁合同的期限内,将租赁物转租给第三人使用。本案虽然也是以同一物件为标的物的多次融资租赁,但004号《租赁合同》约定的权利义务模式并非转租赁,而是两层独立的售后回租业务的嵌套。前一层融资租赁中,Z公司作为出租人,取得租赁标的物的所有权后,再将其售后回租给R公司使用。后一层融资租赁中,Z公司则作为承租人,将其取得的租赁物所有权转让给原告等联合出租人,再从出租人处租回。两层融资租赁法律关系互相独立,租赁物所有权发生两次转移,Z公司的地位显然并非转租人。从形式上来看,后一层融资租赁仍应为售后回租。

2. 本案租赁物不具有担保债权实现的功能

(1)本案所涉租赁物为001号《租赁合同》项下的R公司通用码头工程上游码头及内港池码头。被告Z公司虽通过001号《租赁合同》,以出租人的身份,通过售后回租的方式从案外人R公司处取得了上述码头的所有权,但如前所述,该所有权仅具担保功能,在001号《租赁合同》的租期内(2016年6月至2022年6月),在双方正常履约的情况下,Z公司并不具有任意处分租赁物的权利。其应当保障承租人R公司对租赁物的占有和使用权,不得任意收回租赁物,也不得任意对租赁物进行折价、拍卖、变卖。换言之,被告Z公司的所有权权能并不完整,不具有变价处分权。

(2)本案所涉004号《租赁合同》签订前,案外人R公司虽向原告提交了融资租赁合同相关事项确认函,同意Z公司与原告就同一租赁物开展融资租赁业务,但其也在确认函中明确表明,该同意仅在不影响R公司对租赁物的合理占有和使用的前提下方能成立。因此,该确认函不能视为R公司已同意被告Z公司在租期内

可对租赁物任意行使变价处分权,相反,该确认函是 R 公司对自身在融资租赁合同项下所享有合法权益的重申,被告 Z 公司缺失的所有权能并未得到补足。

(3)原告作为 004 号《租赁合同》项下的出租人,即便从被告 Z 公司处受让了涉案租赁物的所有权,但由于系继受取得,其取得的所有权范围不能大于被告 Z 公司原有的权利范围。因此,原告取得的所有权也不完整,欠缺变价处分权。

(4)本案所涉 004 号《租赁合同》项下的租赁物如具备担保功能,则当被告 Z 公司在合同期内发生违约时,原告应具备收回租赁物并将其变价受偿的权利。然而,004 号《租赁合同》约定的租赁期限为一年,至 2019 年 6 月 5 日止,此后虽经展期,至 2020 年 6 月 5 日也已期满。而此时,001 号《租赁合同》的租赁期限尚未届至。原告无权直接收回租赁物,对其变价,上述租赁物的担保功能缺失。原告明知上述事实,而仍与被告 Z 公司签订融资租赁合同,也可推知其对租赁物是否能够发挥担保功能并不关心。

3. 案涉第二层"售后回租"与真实售后回租的制度基础不符

售后回租存在并被立法认可的意义在于:对于承租人而言,售后回租中占有改定的交付方式,使其能够持续占有、使用原先的自有设备,不会对现有业务造成实质性影响,同时可解决承租人的现金流和融资需求。因此,承租人对原资产的继续使用是售后回租的目的和主要特点之一。但本案情况并不符合上述特点及目的。被告 Z 公司作为从事融资租赁业务的金融机构,如其确有融资需求,固然可以用自有的办公设施设备等作为租赁物,与其他融资租赁公司开展售后回租业务,并租回上述办公室设施设备继续使用。但本案中,首先,Z 公司在 004 号《租赁合同》项下出售的租赁物并非其拥有完全所有权的自有设备,而是通过售后回租业务,在第一层 001 号《租赁合同》项下取得的仅具担保性、而无任意处分权的××码头。该类标的在售后回租中并不具有适租性。其次,Z 公司作为融资租赁企业,本身并不从事码头业务,其回租码头的目的也不在于继续使用。签订 004 号《租赁合同》的目的只是在于借助"××码头"这一在形式上真实存在的物,以售后回租为名,行借款之实。原告 X 公司对此亦为明知。

综上,本案的租赁物码头虽真实存在,但并非售后回租业务的适格租赁物,无法发挥融资租赁合同项下租赁物的担保功能,被告 Z 公司"回租"码头的目的也不再继续占有使用,故本案所涉 004 号《租赁合同》缺乏融物属性,依法不构成融资租赁法律关系。原告 X 公司与被告 Z 公司签订上述合同,意在以售后回租为名进行资金融通,依法应认定为借款关系。

【裁判结论】

2021年8月24日,上海某法院作出一审判决,判令被告Z公司应于判决生效之日起10日内归还原告X公司借款本金8900万元、利息3,139,682.36元并支付相应利息、罚息、律师费,被告某投资公司承担连带清偿责任。

【律师分析】

如不考虑上海法院案中涉及的底层租赁物的适格性对融资租赁法律关系的影响,笔者认为,上海法院案法院的说理值得商榷。此外,在"多重买卖型转租赁"中,若两层融资租赁交易在法律层面的障碍通过精准设计应对的,[①]"多重买卖型转租赁"仍然存在构成融资租赁法律关系的可能。具体而言:

1. 上海法院案的裁判观点限缩了法律规定层面对融资租赁合同的界定

《民法典》第735条规定:"融资租赁合同是出租人根据承租人对出卖人、租赁物的选择,向出卖人购买租赁物,提供给承租人使用,承租人支付租金的合同。"笔者认为,对于"提供给承租人使用"的理解,不宜过度限缩。"提供给承租人使用"应当包括承租人自行占用、使用,也可以包括承租人将租赁物以出租或其他不转移所有权的方式,提供给第三方使用。仅以X公司与Z公司签署的004号《租赁合同》租赁期限内,Z公司不实际占有租赁物、不直接使用租赁物为由,否定X公司与Z公司之间构成融资租赁法律关系欠妥。

如前文介绍,在《最高人民法院关于融资租赁合同司法解释理解与适用》中介绍的第一种"转租赁"交易中,第一承租人并不实际占有租赁物,并以转租形式将租赁物交付给第二承租人使用,但第一承租人未实际占有租赁物及其对租赁物的处分,不影响第一承租人与出租人之间的融资租赁法律关系的成立。

2. X公司与Z公司签署004号《租赁合同》后,租赁物并未完全丧失债权担保功能

分析上海法院案中的交易结构可知,Z公司与R公司签署001号《租赁合同》后,Z公司取得了租赁物的所有权,但该等所有权存在限制,即Z公司不得任意收回或处分租赁物。出租人在承租人正常履行融资租赁合同期间,应当确保承租人对租赁物享有平静占有权,这是融资租赁的交易特征所决定的。由于R公司已向X公司出具了融资租赁合同相关事项确认函,同意Z公司与X公司就同一租赁物开展融资租赁业务,该函件应当被理解为R公司同意Z公司再次转让租赁物的所

---

① 详见本讲第三部分"'多重买卖型转租赁'交易实务建议"。

有权,但该转让以确保 R 公司继续对租赁物的平静占有为前提。因此,Z 公司与 X 公司签署 004 号《租赁合同》后,X 公司可以按份取得租赁物的所有权,但该等所有权应当以确保 Z 公司、R 公司同时对租赁物享有平静占有权为前提,且 R 公司对租赁物享有平静占有权的时间周期长于 004 号《租赁合同》的租赁期。Z 公司向 X 公司让渡租赁物平静占有权的行为,应视为 Z 公司对自身权利义务的处分,不应视为本案租赁物完全丧失债权担保功能。具体而言:

(1)如果 R 公司在 001 号《租赁合同》项下发生违约,Z 公司在 004 号《融资租赁合同》项下也发生违约,X 公司仍然有权收回租赁物。此时,租赁物具有债权担保功能。

(2)如果 Z 公司在 004 号《租赁合同》项下发生违约,但 R 公司在 001 号《租赁合同》项下未发生违约,尽管 X 公司是租赁物的所有权人,基于 X 公司签署 004 号《租赁合同》实际上也向 R 公司让渡了一定的租赁物权利,X 公司不得收回租赁物。但 X 公司对其作为出租人,部分放弃取回租赁物的交易条件的安排,并不违反法律规定。

根据上海法院案的裁判观点,如果某出租人在普通售后回租交易结构下,向承租人作出"即使承租人发生租金逾期支付情况,出租人同意不取回租赁物"的意思表示的,是否该等情况也可以得出租赁物丧失债权担保功能、不构成融资租赁法律关系的结论? 笔者认为,如此推理演绎缺乏合理性。

关于融资租赁交易中,出租人对租赁物进行一定的权利让渡后,如发生承租人租金逾期,出租人根据交易安排不得收回租赁物,但不能等同于租赁物丧失债权担保功能的问题,也可以从杠杆租赁的交易结构中进行论证。"杠杆租赁一般是指出租人只投入少量资金,如总金额的 20%~40%,此部分资金为交易基础,其余部分依靠银行和银团贷款的融资租赁交易方式。此时,出租人需将租赁物的所有权、融资租赁合同的受益权转让或抵押给贷款人,贷款人对出租人无追索权。"[1]因此,在杠杆租赁中,出租人将租赁物的权利全部或部分让渡给融资银行,出租人也可能在杠杆租赁的交易安排中丧失收回租赁物的权利,但出租人对租赁物的权利限制并不影响底层融资租赁法律关系的成立。

---

[1] 最高人民法院民事审判第二庭编著:《最高人民法院关于融资租赁合同司法解释理解与适用》,人民法院出版社 2016 年版,第 59 页。

(二)北京高院案交易结构及分析

【案例二十一】

上诉人 RX 租赁股份有限公司(以下简称 RX 公司)、HH(上海)融资租赁有限公司(以下简称 HH 公司)与被上诉人 JY 融资租赁(上海)有限公司(以下简称 JY 公司)、原审第三人 HW 融资租赁(上海)有限公司(以下简称 HW 公司)、中国 KF 国际租赁股份有限公司(以下简称 KF 公司)民间借贷纠纷案

【案号】

北京市高级人民法院(2021)京民终 804 号

【案情简介】

2016 年 9 月 14 日,KF 公司(甲方)与 HH 公司、RX 公司(合称乙方)签订《售后回租合同》(以下简称《租赁合同》),约定 RX 公司和 HH 公司已与 KF 公司于 2016 年签订《新三板融资租赁业务的合作协议》(以下简称《合作协议》),乙方在《合作协议》合作期内将其通过融资租赁购买并有权处分的资产出售给甲方,再将该物件从甲方租回使用;甲方同意购买上述物件,并于购买同时将上述物件回租给乙方,分期向乙方收取租金;租赁期满后,双方按照本合同的约定处分上述物件等。

同日,KF 公司(甲方)与 HH 公司、RX 公司(合称乙方)签订《租赁物买卖合同》(以下简称《买卖合同》),约定乙方根据双方签署的《合作协议》将租赁物件出售给甲方并租回使用,甲、乙双方已签订租赁合同;甲、乙双方经协商一致,就《合作协议》项下开展的所有售后回租业务租赁物件购买事宜签订本合同;双方一致确认具体业务开展过程中,乙方只需向甲方提供本合同附件确认具体交易等。

2019 年 1 月 18 日,KF 公司(转让方)与 HW 公司(受让方)签订《转让合同一》,约定转让方同意按照本合同的条件和条款将其基于《租赁合同》《买卖合同》及担保合同对承租人享有的租赁债权、对租赁物件享有的所有权、对担保人享有的担保权利及其他相关权益转让给受让方,受让方接受和同意上述转让等。

2019 年 4 月 16 日,HW 公司(甲方)与 JY 公司(乙方)签订《转让合同二》,约定甲方同意按照本合同的条件和条款将其承继的基于《租赁合同》《买卖合同》及担保合同对承租人享有的租赁债权、对租赁物件享有的所有权、对担保人享有的担保权利及其他相关权益转让给乙方,乙方接受和同意上述转让等。

2019 年 4 月 22 日,JY 公司向 HH 公司邮寄租赁资产转让通知书(致承租人)、租金提前到期通知书;同日,JY 公司向 RX 公司邮寄租赁资产转让通知书(致承租人)、租赁资产转让通知书(致担保人)、租金提前到期通知书,邮寄地址均为 HH 公

司、RX公司在《租赁合同》中约定的送达地址。租赁资产转让通知书(致承租人)载明,KF公司将基于租赁合同对HH公司、RX公司享有的租赁债权、对租赁物件享有的所有权、对担保人享有的担保权利及其他相关权益转让给HW公司,HW公司将上述权利转让给JY公司,现通知RX公司、HH公司,HW公司已将其承继的《租赁合同》项下资产所有权、未实现的租赁债权(包括全部租金及全部逾期违约金、其他违约金、损害赔偿金及其他应付费用)全部转让给JY公司,通知RX公司、HH公司将《租赁合同》原来约定的每期租金及相关款项支付至JY公司账户。租赁债权转让通知书(致担保人)也载有上述内容,并告知担保人就对承租人在《租赁合同》下的债务向JY公司履行担保责任。

租金提前到期通知书载明,JY公司承继了KF公司在《租赁合同》项下的所有租赁债权,自2018年12月以来,RX公司与HH公司已经连续数月逾期支付《租赁合同》项下的租金,根据《租赁合同》第9条的相关约定,JY公司有权宣布所有租金于2019年4月20日提前到期,JY公司向RX公司、HH公司致函告知《租赁合同》项下的所有租金提前到期,RX公司、HH公司收到本通知书后应立即付清《租赁合同》项下的全部剩余的租金、逾期违约金、留购价格及其他所有应付款项。

一审诉讼中,KF公司主张其与RX公司、HH公司的合作模式为:RX公司和HH公司先与实际承租人签订售后回租合同,RX公司、HH公司先向实际承租人支付租赁价款,KF公司基于该合同再与RX公司和HH公司签订租赁合同,KF公司向RX公司、HH公司支付租赁价款。租赁物由实际承租人使用。KF公司将款项打入RX公司或HH公司账户,款项也是由RX公司或HH公司直接向KF公司偿还。KF公司主张其向RX公司、HH公司支付款项与RX公司、HH公司和实际承租人签订的合同存在对应关系,体现的方式是同一天付款包括几个合同的金额。

RX公司对KF公司上述关于合同签订顺序以及款项走向的主张予以认可,并称其与实际承租人签订的合同金额均为500万元,其先向实际承租人支付款项后,定期汇总,实际承租人没有全部付款,其存在资金缺口,故其将项目的个数以及实际承租人尚欠的租金总数汇总后与KF公司签订合同,将其与实际承租人签订的合同以附表的形式提交KF公司,其向KF公司提交的资金额度与实际承租人欠付其租金金额不一致,其收到KF公司的款项后用于公司经营,并非全部支付给实际承租人。

KF公司、RX公司均确认存在RX公司、HH公司相互代为还款的情况,JY公司主张因HH公司始终不到庭参加诉讼,故为不影响HH公司权益,其在起诉时将按照还款主体进行核算,各自还款计入各自名下。

KF公司、RX公司确认案涉《租赁合同》项下共发生131个项目(应为130个项目),KF公司主张其中100个项目(应为99个项目)款项已结清,尚有31个项目未结清,其中涉及RX公司16个、涉及HH公司15个。JY公司向一审法院起诉,请求判令RX公司、HH公司分别向JY公司支付剩余租金及留购价款、逾期违约金,RX公司、HH公司共同承担JY公司的律师费损失及诉讼财产保全保险费损失。

案情中各主体关系详见图9(图中的序号根据相关交易主体合同签署、提起诉讼的时间顺序进行排序)。

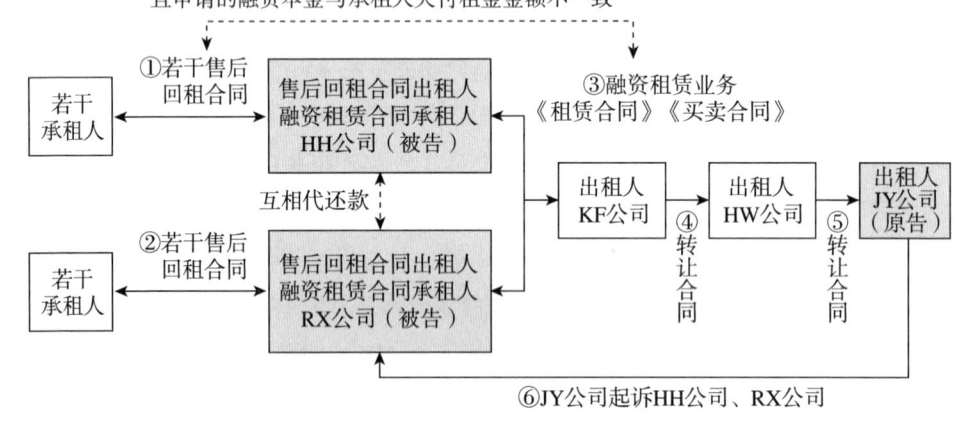

图9 北京高院案交易示意

【裁判要旨】

"多重买卖型转租赁"或"双租赁"的实质是两层独立的售后回租业务的嵌套,特别是第二层售后回租交易(后一个交易模式)与真实售后回租的制度基础根本不符,缺乏融物属性,最终出租人与第一次出租人(转租人)之间回租租赁物的目的已不在于继续使用租赁物,而只是在于借助租赁物这一在形式上真实存在的物,以售后回租为名,行借款之实。因此,后一个交易模式的性质依法应认定为民间借贷关系。

【法院认为】

JY公司二审辩称案涉法律关系性质应为"多重买卖型转租赁",仍应被认定为融资租赁法律关系。对此,法院认为,《金融租赁公司管理办法》(中国人民银行令〔2000〕第4号)第48条规定的"转租赁"应是指承租人转租赁模式,即出租人将租赁物出租给承租人,承租人经出租人同意,又以第二出租人的身份把租赁物转租给第二承租人。实务中还存在"出租人转租赁"模式,即出租人(第一次出租人)把购买租赁物的买卖合同转让给第三人,由第三人作为买受人及最终出租人自身履行买卖合同,出租人再从第三人手中租回租赁物,并转租给最终承租人。此两种"转租赁"模式,均符合我国《民法典》中规定的"出租人根据承租人对出卖人、租赁物的选择,向出卖人购买租赁物,提供给承租人使用,承租人支付租金"的融资租赁交易模式。无论是第一次出租人(转租人)还是第三人(新出租人)均应自身履行买卖合同,按照实际承租人的要求向供货商购买租赁物,享有租赁物的所有权,而后出租(或回租)给最终承租人,具有"既融资又融物"的特性,故仍应被认定为融资租赁法律关系。

而案涉KF公司与RX公司、HH公司之间的交易模式,系目前实务中有些融资租赁公司"创新"出的。在"多重买卖型转租赁"或"双租赁"发生后,第一次出租人(转租人)已经丧失或实际上未取得租赁物的所有权,原有的融资租赁合同要素已经发生变化,第一次出租人(转租人)已不能再继续以融资租赁合同成立时的出租人身份和条件来履行合同,而只能以后一个融资租赁合同中的承租人身份将其具有使用权的租赁物租赁给实际承租人使用,得以继续维持租赁状态。后一个交易的模式与前述"转租赁"的概念及相关规定明显不符,其实质也不属于法律规定的业务模式,更不符合相关法律规定的融资租赁交易模式。故"多重买卖型转租赁"或"双租赁"的实质是两层独立的售后回租业务的嵌套,特别是第二层售后回租交易(后一个交易模式)与真实售后回租的制度基础根本不符,缺乏融物属性,最终出租人与第一次出租人(转租人)之间回租租赁物的目的已不在于继续使用租赁物,而只是在于借助租赁物这一在形式上真实存在的物,以售后回租为名,行借款之实。因此,后一个交易模式的性质依法应认定为民间借贷关系。

本案中,RX公司或HH公司首先与实际承租人签订售后回租型融资租赁合同,实际承租人将其自有物的所有权转让给RX公司或HH公司,再从RX公司或HH公司处租回该物使用,并按期向RX公司或HH公司支付租金,租赁物仍由实际承租人占有、使用。RX公司或HH公司依据其与实际承租人签订的合同,向实际承租人付款后,再与KF公司签订租赁合同及买卖合同,将其与实际承租人合同关系中所涉租赁物的所有权转让给KF公司,KF公司再向其支付款项,RX公司或HH公司向KF公司支付租金及保证金、融资顾问费等。而非RX公司或HH公司(第一次出租人)把购买租赁物的买卖合同转让给第三人KF公司,由KF公司作为买受人及最终出租人自身(按照承租人的要求向供货商)履行买卖合同,出租人再从第三人手中租回租赁物,并转租给最终承租人。租金的支付路径为:实际承租人先向 RX 公司或 HH 公司支付租金,RX 公司或 HH 公司再向 KF 公司支付租金。因此,一审法院认定"虽然 KF 公司与 RX 公司、HH 公司签订了租赁合同,但合同中关于租赁物的相关约定并非签约各方的真实意思表示,各方当事人的真实意思是通过签订租赁合同达到 KF 公司提供资金的融资目的,偏离了融资租赁的本质,故案涉合同虽名为租赁合同,但其实质应为民间借贷",是正确的。

【裁判结论】

一审法院判决,案涉合同虽名为租赁合同,但其实质应为民间借贷。2022 年 3 月 14 日,北京市高级人民法院作出二审判决:RX 公司于本判决生效后 10 日内偿还 JY 公司借款本金及逾期利息、HH 公司于本判决生效后 10 日内偿还 JY 公司借款本及逾期利息。

【律师分析】

北京高院案关于多重买卖型转租赁结构与上海法院案具有一些共性,但北京高院案涉及的第一层《售后回租合同》有多份,即"打包转让租赁物",且从该案"事实查明"的内容来看,第一层《售后回租合同》项下的剩余租金与第二层《融资租赁业务合作合同》项下的融资本金存在不匹配情况。此外,第二层《融资租赁业务合作合同》项下的债权、物权又通过先后签署两次《转让合同》的方式,辗转由另一家出租人即 JY 公司取得,并由 JY 公司作为出租人提起诉讼。

在北京高院案中,因 HH 公司、RX 公司在《融资租赁业务合作合同》项下发生租金逾期支付情形,JY 公司基于《转让合同》受让了《融资租赁业务合作合同》项下的全部债权、物权,对 HH 公司、RX 公司提起诉讼。

笔者认为,二审法院关于 KF 公司与 RX 公司、HX 公司之间构成借贷法律关系的说理部分似乎缺少了必要的逻辑演绎。北京高院案的判决只是陈述案涉交易结构既不符合《金融租赁公司管理办法》(中国人民银行令〔2000〕第 4 号发布)所规定的"转租赁"的交易特征,也不符合《最高人民法院关于融资租赁合同司法解释理解与适用》一书所介绍的第二种"转租赁"的交易特征,这样的简单论述并不足以得出 KF 公司与 RX 公司、HX 公司之间不构成融资租赁法律关系的结论。

笔者倾向于认为,鉴于现行法律法规与监管文件均未明确界定"转租赁"的概念,对于"转租赁"的理解,应当结合实际的交易结构及交易结构对应的法律关系进行分析。将哪种交易定义为"转租赁",在不违反法律法规和监管要求的前提下,属于交易各方当事人意思自治范畴，当事人可以通过合同进行约定。从这个角度分析，上海法院案及北京高院案"本院认为"部分，均引用了已经废止的《金融租赁公司管理办法》（中国人民银行令〔2000〕第4号发布）关于转租赁业务的定义，认定出租人之间签署的融资租赁合同不构成融资租赁法律关系，似乎欠妥。毕竟，现行有效的《金融租赁公司管理办法》（中国银行业监督管理委员会令2014年第3号发布）删除了"转租赁业务"的定义，且《最高人民法院关于融资租赁合同司法解释理解与适用》一书已经介绍了两种"转租赁"交易方式，"转租赁"的交易方式并不局限于《金融租赁公司管理办法》（中国人民银行令〔2000〕第4号发布）中的界定。

但是，从北京高院案描述的合同签署及履行过程来看，KF公司认为其支付的融资本金与第一层《售后回租合同》——对应，但RX公司作为第一层《售后回租合同》的出租人却否认——对应问题，其认为部分《售后回租合同》发生逾期后才转让给KF公司，且申请的融资本金与承租人欠付租金金额不一致。也就是说，KF公司支付的融资本金与希望取得的租赁物价值存在不匹配问题，KF公司并未采取合理方式对融资本金与租赁物价值之间的关系进行核实。此外，KF公司关于取得租赁物所有权的凭证为租赁附表、融资租赁用款申请书、租赁物所有权转移证明、租赁物件接收证明、租赁物件明细表、"新三板快易租"项目合作确认书及租赁物照片，即KF公司无法提供租赁物权属方面的实质性证据（如租赁物发票、租赁物原始购买合同）。仅从KF公司关于租赁物的权属及价值确认工作方面判断，已足以认定KF公司与RX公司、HX公司之间构成借贷法律关系。

三、"多重买卖型转租赁"交易实务建议

上海法院案、北京高院案均否定了"多重买卖型转租赁"可以构成融资租赁法律关系，该等交易结构下参与第二笔融资租赁交易的承租人（第一笔融资租赁交易下的出租人）是否属于对租赁物进行使用、收益的适格承租人问题，在实务中存在争议，笔者建议出租人审慎采用"多重买卖型转租赁"方案。

由于"多重买卖型转租赁"存在诸多法律层面的障碍，需要关注的交易细节较多，且部分交易结构方面的瑕疵可能直接导致第二承租人与第二出租人之间不能构成融资租赁法律关系。在此情况下，若出租人仍然拟开展"多重买卖型转租赁"交易的，建议关注以下问题：

1. 第一承租人[①]对租赁物的平静占有权可能受到"多重买卖型转租赁"的影响

《民法典》第748条规定:"出租人应当保证承租人对租赁物的占有和使用。出租人有下列情形之一的,承租人有权请求其赔偿损失:(一)无正当理由收回租赁物;(二)无正当理由妨碍、干扰承租人对租赁物的占有和使用;(三)因出租人的原因致使第三人对租赁物主张权利;(四)不当影响承租人对租赁物占有和使用的其他情形。"据此,融资租赁交易项下的承租人对租赁物享有平静占有权。在"多重买卖型转租赁"交易结构下,即使租赁物通过签署多次融资租赁合同的方式,名义上被转移所有权的,租赁物客观上应始终由第一承租人占有、使用。

笔者认为,第一出租人若计划签署第二份融资租赁合同转让租赁物所有权的,应当取得第一承租人的确认同意,并确保在后签署的融资租赁合同不对第一出租人享有的租赁物平静占有权产生影响。

2. 第二份融资租赁合同依附于第一份融资租赁合同,即使第二承租人[②]在第二份融资租赁合同项下发生违约情形的,第二出租人一般无权取回租赁物

如上分析,在"多重买卖型转租赁"交易结构下,后续发生的交易应当确保第一承租人对租赁物的平静占有权不受影响。因此,即使第二承租人在第二份融资租赁合同项下发生违约情形的,基于第二出租人签署第二份融资租赁合同时已知晓第一份融资租赁合同的存在,《民法典》第748条关于租赁物平静占有权的规定也对第二出租人产生约束力。除非此时交易各方达成一致,第二出租人一般无权主张取回租赁物。

为保障第二出租人的权利,在上述情况下,第二份融资租赁合同可以考虑约定,在第二承租人发生租金逾期支付的情况时,第二承租人同意无条件将其在第一份融资租赁合同项下享有的全部债权及相关权益转让予第二出租人,以抵充其在第二份融资租赁合同项下欠付的款项。

3. 第二份融资租赁合同的租赁期限不得长于第一份融资租赁合同项下未剩余租赁期

如果第二份融资租赁合同成立融资租赁法律关系的,第二出租人取得的租赁物所有权,实际依附于第一份融资租赁合同,即第二出租人仅在第一份融资租赁合同履行期间,享有租赁物所有权。

---

① "第一承租人"与图7"多重买卖型转租赁"交易示意图中所列示主体相同,下同。
② "第二承租人"与图7"多重买卖型转租赁"交易示意图中所列示主体相同,下同。

《民法典》第759条规定："当事人约定租赁期限届满,承租人仅需向出租人支付象征性价款的,视为约定的租金义务履行完毕后租赁物的所有权归承租人。"若第一承租人足额及时履行了第一份融资租赁合同项下的租金支付义务的,其一般有权支付留购价款取得租赁物的所有权。在该等情况下,若第二份融资租赁合同尚未履行完毕,基于该份合同项下的租赁物已由第一承租人留购,第二份融资租赁合同届时将仅有融资属性而缺乏融物属性,第二承租人与第二出租人之间无法构成融资租赁法律关系。

因此,第二份合同的性质可能由于第一份合同的终止而发生改变。实务中,大部分出租人均关注到了"多重买卖型转租赁"存在的上述问题,采用控制第二份融资租赁合同租赁期限的方式加以解决。

4. 第二份融资租赁合同的租赁本金不得高于第一份融资租赁合同项下租赁物的对应价值

若租赁物存在严重"低值高估"情形的,基于该等情况下租赁物不具有担保租金债权的功能,司法实践中,一般不能认定出租人与承租人构成融资租赁法律关系。

在"多重买卖型转租赁"中,第二份融资租赁合同的租赁本金金额,将根据第一份融资租赁合同项下租赁物价值确定。若第一份融资租赁合同已经部分履行的,基于租赁物存在因使用发生折旧等因素,出租人需要确保第二份融资租赁合同的租赁本金不得高于第一份融资租赁合同项下租赁物的对应价值,避免出现租赁物"低值高估"问题。

5. 第一出租人、第二出租人需要考虑第一承租人在第一份融资租赁合同项下发生违约情形时,由哪一方进行权利救济问题

在"多重买卖型转租赁"交易结构下,由于第一出租人在第二份融资租赁合同履行期间,把租赁物的所有权转让给了第二出租人,在第一承租人发生融资租赁合同违约的情况下,第一出租人、第二出租人需要考虑如何进行权利救济的问题。可行的方案包括:第一出租人、第二出租人解除第二份融资租赁合同,确保第一出租人完整地享有第一份融资租赁合同项下作为出租人的权利;或第一出租人仅向第一承租人主张债权;或由第一出租人向第二出租人转让第一份融资租赁合同项下的权利义务,相应的转让对价与第一出租人在第二份融资租赁合同项下的债务进行抵销。

6.在第二份融资租赁合同项下,第二承租人并未实际占有使用租赁物,可能导致人民法院不确认融资租赁法律关系

虽然第二承租人签署及履行第一份融资租赁合同,享有租赁物的所有权并对租赁物进行转租,但作为融资租赁公司的第二承租人没有实际使用租赁物的目的,仅有签署两份融资租赁合同获得差额收益的目的。因此,诉讼实务中"多重买卖型转租赁"可能被法院认定为不构成融资租赁法律关系而构成借贷法律关系。

综上所述,若出于交易需要,必须采用"多重买卖型转租赁"方案的,建议出租人充分关注"多重买卖型转租赁"在法律层面存在的障碍及应对措施,尽可能规范第二笔融资租赁交易的各项要素。例如,就上海法院案涉及的交易结构,可以考虑由 Z 公司、R 公司共同向 X 公司出具确认文件:如 Z 公司在 004 号《租赁合同》项下发生根本违约的,则 X 公司有权选择要求 Z 公司无条件将 001 号《租赁合同》项下 Z 公司的权利义务转让予 X 公司,相应的转让对价与 004 号《租赁合同》项下 Z 公司欠付的款项抵充。如 X 公司选择上述权利救济方案的,则自 X 公司向 R 公司送达相应通知后,R 公司应向 X 公司继续履行 001 号《租赁合同》项下的款项支付义务。

此外,实务中也有部分出租人以转让融资租赁合同资产并由转让资产的出租人承诺在符合约定情形时回购资产的方式,代替"多重买卖型转租赁"。但该等交易方式属于《中国银保监会关于开展"巩固治乱象成果 促进合规建设"工作的通知》(银保监发〔2019〕23 号)中禁止金融租赁公司开展的业务类型,即使非金融租赁公司采用该等交易方案,未来也可能面临一定的合规风险。为规避风险,出租人可以考虑将融资租赁合同项下租金通过保理进行资金融通,尽可能减少采用"多重买卖型转租赁"交易结构。

第十五讲 CHAPTER 15

融资租赁业务项下回购合同法律实务

在股权交易、信托业务及其他资产管理业务等领域,都存在回购交易安排。但是,在不同的业务领域,回购合同具有不同的法律含义。就融资租赁领域而言,回购交易安排源于生产厂商类直租业务,即由租赁物的厂商或经销商与出租人协商,在承租人发生融资租赁合同违约时,由厂商或经销商买回租赁物。厂商或经销商与出租人就买回租赁物的交易条件等问题签署的合同则称为回购合同。

随着租赁交易形态逐渐丰富,除了可将上述直租业务中厂商或经销商签署的回购合同细化为"见物回购""不见物回购"合同外,实务中也出现了其他类型的回购交易。例如,售后回租交易中承租人发生租金逾期时,由第三方向出租人买回租赁物;或者在经营租赁交易中承租人拒绝支付租金时,由厂商或经销商向出租人买回租赁物。在司法实践中,关于融资租赁交易中回购合同的定性、回购合同引发的争议是否需要追加承租人、回购合同引发的争议是否可以与融资租赁合同纠纷并案审理等问题,存在较大争议。本讲拟探讨融资租赁领域回购合同的法律属性、融资租赁领域回购合同的运用、诉讼视角下回购合同相关法律问题、起草回购合同的若干注意事项等问题。

一、融资租赁领域回购合同的法律属性

(一)融资租赁中的典型回购交易安排

如前文所述,回购交易安排源于厂商类融资租赁直租业务,即厂商或经销商作为卖方,向出租人推荐具有设备购买意愿的客户作为承租人,在承租人与出租人签

署融资租赁合同、开展融资租赁交易时,厂商或经销商为提高出租人的交易意愿,通过签署回购合同的方式,向出租人作出承诺,若承租人发生租金逾期支付等违约情形时,由厂商或经销商买回租赁物。从法律关系角度分析,在典型的厂商或经销商签署的回购合同项下,承租人发生租金逾期支付等违约情形后,厂商或经销商需要向出租人支付回购价款,以回购价款为限承担债务清偿义务。同时,厂商或经销商将以回购价款作为对价,自出租人处取得租赁物的所有权(详见图10)。

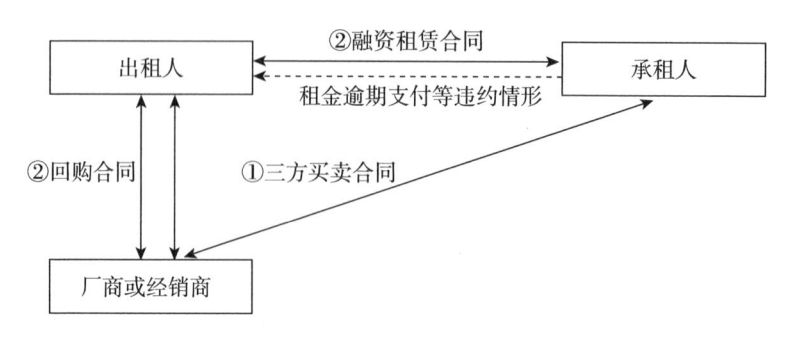

图10 融资租赁回购交易示意

为避免承租人怠于履行融资租赁合同项下租金等款项支付义务,出租人与厂商或经销商签署回购合同时,承租人一般不知晓回购合同的具体内容,甚至承租人并不知晓厂商或经销商与出租人之间回购交易安排的存在。回购合同项下厂商或经销商能否最终取得租赁物的所有权,取决于融资租赁法律关系是否成立、厂商或经销商是否支付了回购价款等因素。

当然,在上述典型回购交易安排之外,随着租赁形态的完善及交易安排的多元化发展,在售后回租交易中,也出现了在承租人发生租金逾期时,由第三方向出租人买回租赁物的"回购"安排。

(二)司法实践中关于回购合同法律属性之争议

关于融资租赁交易领域回购合同的法律属性问题,司法实践中的观点存在分歧。

1.观点一:兼具保证与买卖双重属性

司法实践中,不少法院认为与融资租赁相关的回购合同,同时具有保证及买卖的双重属性,应结合担保和买卖两种法律规范对合同双方的权利义务予以界定。例如,在天津市第二中级人民法院(2015)二中民二终字第758号融资租赁合同纠纷案中,回购义务人上诉主张本案案由应为担保合同纠纷,对此法院认为,担保合同一般认为属于单务合同,而本案涉及融资租赁回购,回购合同在约定一方承担回购义务的情况下,同时约定另一方转移租赁物所有权,是一种兼有保证合同与所有权转移类合同性质的双务合同。由此,融资租赁回购合同不能等同于担保合同,不能单纯引用《担保法》的相关规定。上诉人主张案由应为担保合同纠纷的上诉理由法院未予支持。①

《上海法院类案办案要件指南(第1册)》认为回购合同同时具有保证及买卖的双重属性,应结合担保和买卖两种法律规范对合同双方的权利义务予以调整。其理由为:"回购合同是以附条件买卖合同为形式,以保证融资租赁合同履行为目的的一种混合合同,兼具保证和买卖的双重属性。具体来讲,保证属性方面,回购合同具有担保债权、保障债权人债权得以实现的目的,回购人(出卖人)应在承租人违约时承担保证责任,即支付回购款。买卖属性方面,出租人应向回购人交付符合合同约定的回购物。对于回购合同,不能单纯地适用担保或者买卖合同的相关规定,而是应结合担保和买卖两种法律规范对合同双方的权利义务予以调整。"②

此外,与"兼具保证与买卖双重属性"的观点类似,实务中还有观点认为,回购合同不同于典型的担保合同,担保合同实际上为代为清偿的单务合同,而回购合同从性质上讲具备保证合同与债权转让的双重性质。回购合同意味着回购人在承租人违约时即承担支付回购款等相应责任,从保证属性上讲具有担保债权得以实现的功能;从权利转移角度来看,回购人承担回购责任后,出租人即将融资租赁合同项下享有的全部权利转让给回购人。③

2. 观点二:仅具有保证属性

部分人民法院仅就回购合同的保证属性作出认定。例如,在江苏省南京市中级人民法院(2015)宁商终字第109号融资租赁合同纠纷一案中,法院认为,本案纠纷起源于出租人与承租人之间的融资租赁法律关系,根据合同约定,承租人任意一期租金逾期超过30日未支付,出租人既有权依据《融资租赁合同》的约定,向承租人主张支付全部未付租金,也有权依据《回购合同》的约定,要求回购方回购租赁

---

① 持有类似观点的案例有:天津市第二中级人民法院二审民事判决书,(2014)二中保民终字第249号、(2014)二中民终字第250号、(2015)二中民二终字第761号、(2015)二中民二终字第762号、(2016)津02民终2804号;上海市第二中级人民法院二审民事判决书,(2013)沪二中民六(商)终字第272号;江苏省南京市中级人民法院再审民事裁定书,(2016)苏01民申220号;南京市建邺区人民法院一审民事判决书,(2017)苏0105民初536号。

② 茆荣华主编:《上海法院类案办案要件指南(第1册)》,人民法院出版社2020年版,第80~81页。

③ 参见山东省临沂市中级人民法院二审民事判决书,(2022)鲁13民终3158号。

物,支付回购价款。故法院认为,出租人依据《回购合同》要求回购义务人承担支付回购价款的民事责任,是基于《融资租赁合同》中承租人支付租金义务而产生。《回购合同》具有保证属性,回购价款实质上是对承租人租金损失的补偿。①

此外,在部分案件中,虽然法院未明确认定《回购合同》属于保证合同,但其相关意见实质上认定回购属于担保。例如,在新疆维吾尔自治区高级人民法院(2017)新民初17号融资租赁合同纠纷一案中,第三方作为回购担保人与出租人、承租人签订《回购合同》,为承租人基于《融资租赁合同》所应当承担的债务向出租人提供回购担保,法院认为,《回购合同》系各方当事人的真实意思表示,内容不违反法律、法规的强制性规定,不损害国家、集体、第三人利益及社会公共利益,应为有效合同。故法院认为,回购担保虽不属于法律明确规定的法定担保形式,但三方当事人签订《回购合同》的目的就是担保承租人在《融资租赁合同》中所应承担的债务,《回购合同》的内容也能表明三方的真实意思表示,出租人有权依据该《回购合同》要求回购担保人承担回购责任。

3. 观点三:非典型担保

《天津法院融资租赁合同纠纷案件审理标准》(津高法发〔2018〕5号发布)第4.8条将回购合同定性为无名合同,且明确"回购合同不适用担保法中关于保证合同的规定,适用合同法第一百二十四条的相关规定"。天津市高级人民法院的李阿侠法官在其《融资租赁案件裁判精要》一书中也认为:"回购担保为非典型担保,其法律适用应遵循合同自由原则,在合同内容不违反法律、行政法规强制性规定的情况下,应充分尊重当事人的意思自治,综合考虑合同双方利益状态、合同目的及交易惯例等因素,参照《合同法》分析或其他法律中最相似的规定进行审理。"②

例如,在天津市高级人民法院(2020)津民终370号融资租赁合同纠纷一案中,关于《回购协议》性质认定问题,法院认为:"首先,涉案《融资租赁合同》第14条约定,为保证承租人履行其在本合同项下的租金支付义务和其他义务,承租人应向出租人提供符合出租人要求的担保并自行承担相关费用,本合同项下出租人要求承租人提供的担保包括了涉案《回购协议》。虽然长春中天公司并非《融资租赁合同》的签订主体,但中民公司作为《融资租赁合同》的出租人,对于涉案《回购协议》具有担保功能应为明知且认可。其次,判断涉案《回购协议》的性质,应从当事人的

---

① 持有类似观点的案例有:北京市第二中级人民法院二审民事判决书,(2019)京02民终13520号;深圳市南山区人民法院一审民事判决书,(2015)深南法民二初字第673号。
② 李阿侠:《融资租赁案件裁判精要》,法律出版社2018年版,第249页。

意思表示内容出发,如果当事人之间具有担保的意思表示,应认定构成担保法律关系。本案中,《回购协议》签订的前提是当事人已经签订涉案《融资租赁合同》,长春中天公司作为回购人承担回购责任的条件是承租人出现了《融资租赁合同》项下的违约事件,故从长春中天公司承担债务的内容、当事人关于义务履行顺位的角度来看,可以认定中民公司与长春中天公司因涉案《回购协议》而存在担保合同关系。最后,虽然涉案《回购协议》属于具有担保功能的合同,但其并非我国物权法所确立的担保类型,且有别于传统担保方式的单务性和无偿性,故本院认定涉案《回购协议》的性质属于非典型性担保,且在协议的效力认定问题上应当与传统担保类型有所区分。"

4. 观点四:属于物与债权的转让行为

在上海市第一中级人民法院(2017)沪01民终7340号、(2017)沪01民终7335号、(2017)沪01民终7337号融资租赁合同纠纷案件中,二审法院对于回购协议的性质进行了详细论证。该院认为:"非回购型融资租赁法律关系中,租赁物的出卖方仅与出租人间构成一买卖合同关系,其合同主义务为提供租赁物并承担瑕疵担保责任。然融资租赁业者常于相应三方协议中约定承租人未能及时履行债务的,出卖方应承担相应清偿之责,出租人同时将租赁物所有权及相应其他权利回转予出卖方。依该种约定,当承租人未能依约履行债务时,出租人可选择对承租人追索,也可选择将其从出卖方所买受的租赁物及相应债权交予出卖方,并由出卖方支付相应对价。鉴于融资租赁业务系金融业务,需要相应资质方可从事,则融资租赁债权实际亦不得转让予缺乏相应资质的民事主体,故出租人该种权利并非融资租赁债权债务的转让权。上诉人称相应回购协议具备担保属性,但保证法律关系中的保证人代债务人履行债务后,原债务归于消灭而非发生转移,保证人得向债务人行使损害赔偿请求权而非行使原债权,故保证法律关系中不可能出现物的所有权及相应权益转移的情形,显与前述出卖方的回购义务、权利范围不同,上诉人的上述主张,缺乏法律依据,本院不予采信。融资租赁合同关系当事人设立该种权利,实质系通过物及债权的回转担保出租人的债权得以实现,鉴于出租人行使该种权利系以承租人违约为前提,故此种转让行为中出让的债权已非融资租赁之债,而系违约赔偿之债或侵权之债;出卖方受让物及相应债权后,即负有代承租人履行债务的义务,同时,基于该种义务的履行,出卖方具有向承租人行使相应受让债权之权利。该种民事权利的设定并未违反法律、法规强制性规定,合法有效,各方当事人自应依约履行。"

笔者归纳裁判观点如下：

第一，回购是出租人将租赁物及相应债权交予回购方并由回购方支付相应对价，但因融资租赁业务系金融业务需要相应资质，故出租人的该种权利并非融资租赁债权债务的转让权。

第二，由于保证法律关系中的保证人代债务人履行债务后，原债务归于消灭而非发生转移，保证人得向债务人行使损害赔偿请求权而非行使原债权，故保证法律关系中不可能出现物的所有权及相应权益转移的情形，与回购协议项下出卖方的回购义务、权利范围不同。

第三，转让行为中出让的债权已非融资租赁之债，而系违约赔偿之债或侵权之债；出卖方受让物及相应债权后，即负有代承租人履行债务的义务，同时，基于该种义务的履行，出卖方具有向承租人行使相应受让债权之权利。

该法院的观点明确认为回购协议不具备担保属性，但笔者认为其关于保证法律关系的论述已经不符合《民法典》的相关规定。该法院作出判决之时，《担保法》未规定保证人代债务人履行债务之后的债权法定转移制度，因此原债务归于消灭而非发生转移。但《民法典》第700条规定："保证人承担保证责任后，除当事人另有约定外，有权在其承担保证责任的范围内向债务人追偿，享有债权人对债务人的权利，但是不得损害债权人的利益。"依据该规定，保证人代债务人履行债务的法律效果并不是原债务归于消灭，而是发生债权的法定转移，与该法院的观点完全相反。此外，虽然该法院否认回购协议的担保属性，却认为"融资租赁合同关系当事人设立该种权利，实质系通过物及债权的回转担保出租人的债权得以实现"，略显矛盾。

5. 观点五：直接认定为"回购合同关系"

此外，在个别案件中，法院认为《回购合同》不符合《保证合同》的形式要件，并直接认定是回购关系。在山东省聊城市东昌府区人民法院（2020）鲁1502民初9944号融资租赁合同纠纷一案中，法院认为《回购合同》就回购标的物、回购条件及回购义务的履行等进行了明确约定，未约定主债权、担保范围及保证期间等事项，不符合保证合同的形式要件，故原告与被告签订的《回购协议》是回购合同关系。但是，法院并未进一步阐述回购合同关系是何种法律关系。

（三）回购合同具有保证与买卖双重属性，但应具体问题具体分析

笔者倾向于认为，将回购合同定性为具有保证与买卖双重属性的合同，综合担保和买卖两种法律规范界定回购合同的法律属性的观点更为恰当。但考虑到回购

合同并非典型的商事合同,对于合同的属性仍有必要综合考虑合同当事人的利益状态、签订回购合同的目的及交易惯例等因素,在个案中综合判断。

1. 将回购合同界定为非典型担保的观点似乎不妥

首先,不论是典型担保抑或是非典型担保,一般具有无偿性的特征,意味着担保权人在获得债务清偿时无须支付任何对价。但是在回购合同中,若出现符合约定的回购情形,出租人应当向回购方交付(或转移)租赁物的所有权。即便是不见物回购,出租人也应向回购方转让在融资租赁合同项下对租赁物的取回权或追索权。因此,回购合同并不具有无偿性的特征,将其认定为典型担保或非典型担保均有违交易本质。

其次,若将回购合同仅界定为非典型担保,则不符合当事人之间的真实意思表示。尽管对于出租人而言,通过回购合同的履行可以实现债权回收,但对于回购方而言,其目的并不仅仅在于向出租人支付回购价款,其愿意承担回购义务还有其他商业上的考量,也需要考虑租赁物如何交付或如何取回、租赁物的状态或价值等因素,故在回购合同中通常将就租赁物如何取回、如何交付甚至租赁物无法取回的解决方式等问题作出约定。而这些内容显然不属于担保的问题。因此,非典型担保难以完全概括回购合同项下当事人的真实意思表示,而未被概括的部分(如租赁物的状态、如何交付)恰恰可能是回购合同的主要内容。

最后,《最高人民法院民法典担保制度司法解释理解与适用》一书中对"非典型担保"进行了定义:"非典型担保是相对于典型担保而言的,典型担保是由法律明确规定的典型化的担保类型,在我国包括保证、定金、抵押权、质押权、留置权五类。""非典型担保是指法律未明确规定,在交易中自发产生的担保形式,或法律虽有规定,但未典型化的担保形式。"[1]可见,非典型担保是与包括保证、定金、抵押权、质押权、留置权五类典型担保相对而言的。如果将回购合同界定为非典型担保的理由在于回购义务人向出租人支付回购价款等同于保证人履行保证责任,那么完全可将回购合同界定为保证担保,而不必另行创设一个非典型担保。

2. 回购合同的法律属性仍然应结合具体合同条款约定进行判断

在司法实践中,许多法院已认可了回购合同同时具有买卖及担保属性。虽然该观点在理论上仍有一些反对的声音,但是笔者认为,在理论与实务就回购合同的

---

[1] 最高人民法院民事审判第二庭:《最高人民法院民法典担保制度司法解释理解与适用》,人民法院出版社2021年版,第634页。

法律属性未能达成完全共识之前,将回购合同认定为兼有买卖与担保属性是当前的最优选择。一方面,从解决融资租赁交易中的回购纠纷目的出发,笔者认为无论是买卖还是担保,均能在现行法中找到充足的裁判依据且裁判机构具有丰富的经验。另一方面,商事合同中当事人之间的法律关系并不要求唯一性,而应当允许多个法律关系在同一份合同中并存。当事人在一份合同中进行多种交易乃实践中的常态,亦不为法律所禁止。与其勉强创设一个新的法律属性,倒不如仔细剖析回购合同中当事人的真实意思表示并进行定性。

如果回购合同确实包含买卖与担保的意思表示,则两种法律关系均不可遗漏。但如果确实是以买卖为名行担保之实,直接依据《民法典》第146条的规定(行为人与相对人以虚假的意思表示实施的民事法律行为无效。以虚假的意思表示隐藏的民事法律行为的效力,依照有关法律规定处理)认定合同性质也合情、合理、合法。

但是,融资租赁交易项下的回购合同确实比较复杂,回购合同本身属于非典型合同,各出租人在回购合同项下交易条件及条款约定(如回购条件)差异较大。因此,笔者认为仍应结合具体的回购合同条款分析各份回购合同的法律属性,以更贴近回购合同当事人的真实意思表示。

例如,某份回购合同如果约定在租赁物毁损灭失的情况下,回购方应无条件履行回购义务,或者就承租人在融资租赁合同项下所负全部债务承担不可撤销连带保证责任的,回购合同将在相应情况下转化为保证合同,应当以保证合同对应的法律规定及司法解释界定出租人与回购方的权利义务。其原因在于,租赁物已经毁损灭失,此时回购方履行回购义务已经不再是买卖关系下买方的购买行为,而是仅体现回购交易对出租人租金债权的担保功能。

又如,若回购合同项下的回购方并非直租交易中的厂商或经销商,出租人、回购方签署回购合同的主要交易目的为,在承租人不能支付租金时,回购方需承担债务清偿的责任;甚至出现虽然合同名称为回购合同,但合同内容约定为承租人发生逾期时,由回购方受让出租人基于融资租赁合同产生的全部债权、物权及其他权益的,此时不宜简单套用司法实践关于回购合同的裁判观点界定该等合同项下的权利义务关系。

二、法律视角下融资租赁领域回购合同的具体运用

(一)见物回购与不见物回购

如前文所述,融资租赁领域的回购合同一般可分为"见物回购"与"不见物回

购"。两者的区分标准在于,在回购方支付回购价款时,出租人是否需实际向回购方交付租赁物。

在见物回购方式下,如因融资租赁合同项下承租人违约触发回购合同项下回购条件的,出租人负有自承租人处取回租赁物交付回购方的合同义务,或需在出租人确保承租人不对回购方取回租赁物的行动进行阻碍的情况下,由回购方取回租赁物后,再由回购方向出租人支付回购价款。笔者认为,在见物回购交易下,回购方支付回购价款,一般以融资租赁合同解除、出租人可以不受阻碍地向回购方交付租赁物为前提。

在不见物回购方式下,如融资租赁合同项下承租人因违约触发回购合同项下回购条件的,出租人仅负有向回购方发出回购通知、要求回购方支付回购价款的义务,回购方应自负费用并自担风险,自承租人处取回租赁物。在不见物回购交易下,出租人为租赁物法律上的所有权人,承租人为租赁物的占有使用人。依据《民法典》第227条①之规定,出租人作为负有交付义务的一方,可以向回购方转让请求承租人返还租赁物的权利,以替代实物交付,即不见物回购方式符合法律规定,相应的不见物回购合同合法有效。

(二) 直租交易中的厂商或经销商回购与回租交易中的第三方回购

除厂商或经销商与出租人签署回购合同外,实务中也存在第三方与出租人签署《回购合同》,约定承租人发生融资租赁合同项下部分严重违约情形时,由第三方向出租人支付一定的款项,取得租赁物所有权。在该类交易中,第三方与出租人签署《回购合同》时,可能一并约定第三方支付对价后,第三方有权取得融资租赁合同项下的剩余未获清偿的债权。

严格来说,由于第三方不是租赁物的原始出卖方,不存在出售租赁物后再次买回租赁物的交易安排,以《回购合同》界定该等交易方式,并不确切。但笔者认为,如合同名称与合同实际约定的权利义务不一致的,仍可以根据合同的实际约定,确定出租人、第三方各自可主张的权利、应承担的义务。

除前述交易模式以外,实践中融资租赁《回购合同》还可能发生在融资租赁公司之间。例如,某融资租赁公司向其他融资租赁公司转让融资租赁合同项下全部租金等其他款项债权、租赁物物权及融资租赁合同项下出租人享有的其他全部权

---

① 《民法典》第227条:动产物权设立和转让前,第三人占有该动产的,负有交付义务的人可以通过转让请求第三人返还原物的权利代替交付。

益,并约定在一定期限届满后或承租人违约时,由转出上述权利的出租人再次向受让上述权利的出租人回购债权及物权等权利。对于此种交易形态,在融资租赁行业中也有可能将该等交易合同界定为《回购合同》。但如果金融租赁公司作为出让人及回购方参与上述交易,则存在合规障碍。《中国银保监会关于开展"巩固治乱象成果 促进合规建设"工作的通知》(银保监发〔2019〕23号)之附件2《2019年非银行领域"巩固治乱象成果 促进合规建设"工作要点》中明确金融租赁公司的整治工作要点包括:"4.业务经营。……未做到洁净转让或受让租赁资产,违规以带回购条款的租赁资产转让方式向同业融资,违规通过各类通道(包括券商、信托、资产公司、租赁公司等)实现不良资产非洁净出表或虚假出表,人为调节监管指标……"由此可见,"未做到洁净转让或受让租赁资产,违规以带回购条款的租赁资产转让方式向同业融资"属于违规行为。

(三)经营租赁交易中的回购交易安排

严格来讲,经营租赁合同并不是法律名词,经营租赁合同实际对应《民法典》第三编"合同"第十四章"租赁合同"。在经营租赁回购交易中,出租人为租赁物的所有权人,承租人仅享有以支付租金为对价,使用租赁物的权利,在经营租赁合同解除、终止履行后,出租人有权通过签署回购合同的方式,要求租赁物的生产厂商或经销商或第三方,购买租赁物。

需要注意的是,就回购价款的确定方式而言,经营租赁交易与融资租赁交易存在差异。在融资租赁交易中,通常以承租人触发回购条件时,融资租赁合同项下剩余未付租金或剩余未付租赁本金作为回购价款的计算基数。但是在经营租赁交易中,法律层面不存在"租金加速到期"的概念,因此,一般不以经营租赁合同项下的剩余未付租金作为回购价款的计算基数。实务中,根据租赁物的使用寿命,以对应的租赁物残值作为回购价款计算基数的方式更为常见。

三、诉讼视角下回购合同的相关法律问题

(一)因融资租赁相关回购合同引起的诉讼纠纷,如何确定案由

《最高人民法院关于印发修改后的〈民事案件案由规定〉的通知》(法〔2020〕347号)第3条"关于案由的确定标准"明确:"……修改后的《案由规定》在坚持以法律关系性质作为确定案由的主要标准的同时,对少部分案由也依据请求权、形成权或者确认之诉、形成之诉等其他标准进行确定,对少部分案由的表述也包含了争议焦点、标的物、侵权方式等要素……"第5条"适用修改后的《案由规定》应当注

意的问题"又明确:"1. 在案由横向体系上应当按照由低到高的顺序选择适用个案案由。确定个案案由时,应当优先适用第四级案由,没有对应的第四级案由的,适用相应的第三级案由;第三级案由中没有规定的,适用相应的第二级案由;第二级案由没有规定的,适用相应的第一级案由。这样处理,有利于更准确地反映当事人诉争的法律关系的性质,有利于促进分类管理科学化和提高司法统计准确性。"

依据上述规定,案由的确定应以法律关系性质作为判断标准,且应当以从低到高的顺序选择适用个案案由。由于"融资租赁合同纠纷"项下没有四级案由,司法实践中,一般将因融资租赁相关回购合同引起的诉讼纠纷案由确定为融资租赁合同纠纷。

例如,在天津市第二中级人民法院(2014)二中保民终字第249号融资租赁合同纠纷案中,关于一审确定的案由是否准确的问题,二审法院认为:"本案系融资租赁合同项下的回购协议纠纷,根据《最高人民法院关于印发修改后的〈民事案件案由规定〉的通知》的规定,第一审法院立案时应当根据当事人诉争法律关系的性质,首先应适用修改后的《民事案件案由规定》列出的第四级案由;第四级案由没有规定的,适用相应的第三级案由;第三级案由没有规定的,适用相应的第二级案由;第二级案由没有规定的,适用相应的第一级案由。故本案应确定案由为融资租赁合同纠纷。一审法院对案由的确定并未影响案件实体处理结果,二审对案由予以纠正。"[1]上诉人就前述判决提起再审申请后,天津市高级人民法院在(2015)津高民申字第0418号融资租赁合同纠纷申请再审民事裁定书中认为:"两审法院基于本案属融资租赁合同项下的回购协议,将案由确定为融资租赁合同纠纷而非保证合同纠纷并无不当。"

(二)出租人单独起诉回购方的,人民法院是否应追加承租人为第三人

就融资租赁合同项下的保证合同纠纷而言,如出租人仅起诉保证人的,为便于查明融资租赁合同项下的租金欠付情况、保证人的保证责任范围,部分人民法院可能依据《民事诉讼法》(2021修正)第59条第2款"对当事人双方的诉讼标的,第三人虽然没有独立请求权,但案件处理结果同他有法律上的利害关系的,可以申请参加诉讼,或者由人民法院通知他参加诉讼。人民法院判决承担民事责任的第三人,有当事人的诉讼权利义务"之规定,追加承租人为第三人。

---

[1] 持有类似观点的案例有:天津市滨海新区人民法院一审民事判决书,(2015)滨民初字第332~338号;上海市闵行区人民法院一审民事裁定书,(2021)沪0112民初35661号。

鉴于回购合同属于兼有保证合同与所有权转移类合同性质的混合性合同是目前司法实践中的主流观点,如果回购合同项下回购价款的计算方式与租金挂钩的,对于出租人单独起诉回购方的案件,人民法院仍有可能追加承租人作为第三人。例如,在天津市第二中级人民法院(2014)二中保民终字第 249 号融资租赁合同纠纷案中,一审法院将承租人列为第三人参加诉讼,回购义务人上诉主张将回购合同直接定性为保证合同,并认为一审法院应追加承租人为共同被告。对此,二审法院认为,本案出租人是基于融资租赁回购合同的约定主张回购义务人依约履行回购义务,承租人并非回购合同一方当事人及回购合同的义务主体,出租人也未诉请承租人承担回购合同项下义务,一审法院未追加承租人为共同被告而为查明案件事实追加其为第三人参加诉讼并无不当。①

需要注意的是,虽然《民事诉讼法》(2021 修正)关于类似情况是否追加第三人采用的是"可以"的表述,但根据笔者在部分人民法院代理因承租人违约而引发的与保证合同、回购合同相关的融资租赁合同纠纷的经验来看,大部分案件中人民法院倾向于追加承租人为第三人。笔者建议出租人在提起类似案件诉讼时,综合管辖法院的审判习惯决定是否将承租人列为第三人。

(三) 回购合同纠纷能否与融资租赁合同纠纷一并审理

当满足回购条件时,出租人从最有利于维护自身权益角度出发,可能在起诉承租人的同时,一并起诉回购义务人,即除了融资租赁合同纠纷以外,同案中还可能涉及回购合同相关的纠纷。那么,出租人能否同时向承租人、回购人主张债权?回购合同纠纷能否与融资租赁合同纠纷一并审理?

2014 年 7 月 31 日,上海市第一中级人民法院与上海市第二中级人民法院联合发布的《2009—2013 年融资租赁合同纠纷审判白皮书》列举的一起案例认为,出租人可一并向承租人、回购人主张债权。在该案中,甲租赁公司与李某签订融资租赁合同,乙公司是融资租赁合同项下租赁物的出卖人,甲租赁公司与乙公司就融资租赁合同的履行又签订回购担保合同。后因李某未付租金,甲租赁公司起诉要求李某支付全部未付租金,并要求乙公司支付约定回购款。乙公司辩称,融资租赁合同与回购合同是两个法律关系,不应一并审理。法院经审理认为,尽管李某与乙公司对甲租赁公司所承担责任的性质有所不同,但均系甲租赁公司出于保护系争融资

---

① 持有类似观点的案例有:四川省高级人民法院二审民事判决书,(2016)川民终 486 号;福建省福州市中级人民法院二审民事判决书,(2015)榕民终字第 4078 号。

租赁合同债权得以实现而分别与李某、乙公司合意设立。在任何义务一方履行相应给付义务之后,其他义务方相应的给付义务将予以免除,甲租赁公司的主张未超出其合同利益。因此,甲租赁公司就融资租赁合同项下的损失向李某、乙公司主张权利,于法无悖。①

《2009—2013 年融资租赁合同纠纷审判白皮书》对该案分析认为,回购合同的设立以降低出租人融资租赁合同债权风险为目的,回购合同与融资租赁合同具有关联性。回购款金额与未付租金基本一致,债权范围具有一致性。当债权的主张对象存在数个给付主体时,债权人有权选择对其最有效率和保障的权利救济方式。若出租人选择就承租人的违约责任和回购人的回购责任一并提起诉讼的,虽然责任性质不同,但是系针对同一债务,一并审理更有利于融资租赁交易事实的查明和纠纷的解决。任何一方责任主体按照法院判决履行了对出租人的债务给付义务的,其他责任主体对出租人的给付义务将予以相应免除,出租人也无法获得多重赔偿。

关于该问题,《上海法院类案办案要件指南(第 1 册)》认为:"出租人可一并向承租人、回购人主张债权","出租人向承租人主张租金,同时向回购人主张回购责任的,法院可以合并审理"。②《天津法院融资租赁合同纠纷案件审理标准》(津高法发〔2018〕5 号发布)第 2.3 条规定:"可以合并审理的案件,是基于同一融资租赁行为发生的融资租赁合同、买卖合同、担保合同及回购合同等纠纷。"

(四)出租人主张融资租赁合同加速到期的,能否同时主张回购方承担回购责任

笔者认为,在不见物回购方式下,出租人收取回购价款后向回购方转让请求承租人返还租赁物的权利,以替代实物交付。在出租人主张融资租赁合同加速到期的情况下,如果承租人不支付租金的,出租人仍然有权根据《融资租赁纠纷解释》(2020 修正)第 10 条第 2 款"出租人请求承租人支付合同约定的全部未付租金,人

---

① 持有类似观点的案例有:上海市第二中级人民法院一审民事判决书,(2017)沪 02 民初 865 号;上海市浦东新区人民法院一审民事判决书,(2015)浦民六(商)初字第 19922 号、(2020)沪 0115 民初 27084 号;天津市高级人民法院一审民事判决书,(2016)津民初 49 号;天津市第二中级人民法院一审民事判决书,(2018)津 02 民初 143 号;天津市第三中级人民法院一审民事判决书,(2019)津 03 民初 149 号;新疆维吾尔自治区乌鲁木齐市中级人民法院一审民事判决书,(2015)乌中民二初字第 71 号;重庆市第一中级人民法院二审民事判决书,(2018)渝 01 民终 7362 号;广东省深圳市中级人民法院一审民事判决书,(2015)深中法商初字第 271 号。

② 茆荣华主编:《上海法院类案办案要件指南(第 1 册)》,人民法院出版社 2020 年版,第 82 页。

民法院判决后承租人未予履行,出租人再行起诉请求解除融资租赁合同、收回租赁物的,人民法院应予受理"之规定,再次主张解除融资租赁合同、收回租赁物。因此,只要回购合同的约定不与法律法规及融资租赁合同相矛盾,出租人就有权主张融资租赁合同项下租金加速到期,要求承租人支付全部未付租金,同时要求回购方承担回购义务。

值得注意的是,如果出租人与回购方开展的是见物回购交易,一般情况下回购方履行回购义务将以出租人可以向回购方实际交付租赁物为前提,即回购方履行回购义务的,一般将以出租人解除融资租赁合同、收回租赁物为前提。因此,在见物回购交易下,如果出租人既主张融资租赁合同加速到期,又主张回购方履行回购义务的,笔者认为将面临一定的败诉风险。例如,在江苏省南京市中级人民法院(2016)苏01民终3188号融资租赁合同纠纷案中,某融资租赁公司系基于融资租赁合同继续履行的事实提起第一项诉请,即租赁物仍由承租人承租而产生给付租金的请求权,而第二项诉请是某融资租赁公司向回购义务人交付设备(租赁物)后行使回购合同(买卖合同)价款的请求权,上述两项诉请相互冲突,无法体现其诉请的真实意思,故其诉讼请求存在不明确之处,不符合《民事诉讼法》规定的起诉条件。经法院释明后,某融资租赁公司仍坚持其一审诉请。依据《民诉法解释》(法释〔2015〕5号)第330条之规定,人民法院依照第二审程序审理案件,认为依法不应由人民法院受理的,可以由第二审人民法院直接裁定撤销原裁判,驳回起诉。依此司法解释之规定,法院裁定驳回了某融资租赁公司的起诉。[①]

(五)不见物回购合同是否合法有效?是否对出租人主张回购责任产生影响

如前文分析,不见物回购符合《民法典》第227条的交付约定,只要融资租赁法律关系成立,且不见物回购合同不存在其他无效或可撤销情形的,若回购合同约定出租人无须实际向回购方交付租赁物,则不影响回购合同的效力。例如,在上海金融法院(2020)沪74民终836号融资租赁合同纠纷案中,法院认为:"根据《回购协议》,黑龙江农垦公司支付回购价款后,可取得租赁物所有权并有权依据指示取回租赁物。各方证据显示现租赁物仍在承租人处,且并无证据表明本案租赁物存在灭失或不存在之类情形,至于最终租赁物能否完成现实交付,黑龙江农垦公司能否实现《回购协议》项下的权利,并非本案审理范围,届时上诉人黑龙江农垦公司可

[①] 持有类似观点的案例有:江苏省南京市中级人民法院二审民事裁定书,(2016)苏01民终3189号;吉林省通化市中级人民法院二审民事判决书,(2021)吉05民再7号。

以依法另行主张权利。"①

(六)回购方签署回购合同是否需要出具公司决议

个别法院认为,回购属于非典型担保,若出租人未审查决议,则回购合同无效。但也有法院认为,回购是融资租赁合同项下的义务,并非担保义务,因此不需要出具公司决议。

例如,在天津市高级人民法院(2020)津民终370号融资租赁合同纠纷案中,法院认为《回购协议》属于具有担保功能的合同,因此《回购协议》的效力应当依据《公司法》第16条的规定予以认定。②

在广东省广州市中级人民法院(2020)粤01民终25930号融资租赁合同纠纷案中,一审法院认为:"关于全通公司与中船公司签订的《购买合同》,根据其中关于购买条件的成就、购买价款的确定、标的物所有权的转移等内容的约定来看,是以保障全通公司在《售后回租租赁合同》项下租金债权实现为目的,具有明显的担保特征,有别于《中华人民共和国合同法》第一百三十条所定义的买卖合同。《购买合同》以中船公司在一定条件下购买《售后回租租赁合同》项下租赁物作为担保方式,属于非典型担保合同。根据《中华人民共和国公司法》第十六条第一款的规定,公司向其他企业投资或者为他人提供担保,依照公司章程的规定,由董事会或者股东会、股东大会决议。对于中船公司有无作出过关于签订《购买合同》的董事会或者股东会决议,全通公司负有基本的注意义务。现无证据证明全通公司在《购买合同》签订时有对中船公司有无相应董事会或者股东会决议进行审查,作为担保合同的《购买合同》无效。"但是,二审法院认为:"中船公司依据本案《购买合同》履行的回购义务也是履行融资租赁业务项下的回购义务,并非履行担保义务;全通公司诉请由中船公司与建恒公司对债务共同承担清偿责任理据充分,应予支持。"

另外,在山东省临沂市中级人民法院(2022)鲁13民终3158号融资租赁合同纠纷一案中,一审法院认为:"公司对外担保性质上属于为保证债权人权利实现附条件代为履行的保证合同,由于对外担保不利于公司的长远经营发展且有可能损

---

① 持有类似观点的案例有:北京市第三中级人民法院二审民事判决书,(2018)京03民终4855号;北京市西城区人民法院一审民事判决书,(2015)西民(商)初字第17327号;上海市黄浦区人民法院一审民事判决书,(2012)黄浦民五(商)初字第2759号、(2012)黄浦民五(商)初字第2761号、(2012)黄浦民五(商)初字第2780号。

② 本案已由最高人民法院出具(2020)最高法民申5135号民事裁定书,以原审判决适用法律错误为由进行提审。但截至2022年10月,笔者尚未检索到(2020)最高法民申5135号案后续的民事裁判文书。

害股东利益,出于平衡相对人及股东权利的目的,公司的法定代表人违反公司法关于公司对外担保决议程序的规定,超越权限代表公司与相对人订立担保合同,相对人应当尽到对外担保决议程序的善意审查义务,而公司对外签订买卖合同、租赁合同等双务合同时,相关法律基于鼓励交易、促进效率的原则并未规定公司经股东决议程序才可对外订立,因此公司对外订立的双务合同不需要经过股东决议程序且相对人无须履行善意审查义务。本案中,双方订立的回购条款属于典型的双务合同,瑞力信公司签订回购条款无须经过股东决议程序,即便中和公司未履行善意审查义务亦不能认定回购条款无效,在不存在《中华人民共和国民法典》第一百五十三条、第一百五十四条规定的合同无效的法定情形时,应认定双方订立的回购条款有效。"一审法院进一步认为:"关于回购条款是否适用保证期间的问题。虽然《中华人民共和国民法典》第六百九十二条规定基于保护保证人、督促债权人及时行使权利的立场,在保证债务诉讼时效之外,专门规定了保证期间制度,明确规定所有保证债务均强制适用保证期间,但双方订立的回购条款性质上为双方受益的无名合同,双方在订立融资租赁合同时综合考量双方利益状态而设立了回购条款,故法律适用应充分尊重合同自由、当事人的意思自治的基本原则,在双方未明确约定适用保证期间规定的情况下,不宜超越双方意思自治的边界而适用保证期间的规定。"二审法院也维持了该观点。

笔者认为,由于回购合同同时具有保证及买卖的双重属性,回购合同的签署及履行也应当遵循担保相关法律法规。尤其是部分回购合同可能就租赁物毁损灭失、出租人无法自承租人处取回租赁物等情况下,进一步约定回购方就承租人在融资租赁合同项下债务承担连带清偿责任的,回购合同具有明显的担保属性。因此,笔者建议出租人参考《民法典担保制度解释》的相关规定,由回购方就回购合同的签署出具符合公司章程规定的公司决议。

(七)回购价款能否包括融资租赁合同项下因承租人逾期支付租金而产生的罚息类款项

笔者认为,在融资租赁合同项下的罚息类款项计算标准不超过法律法规及司法实践允许金额上限的情况下,出租人如与回购方约定回购价款包括因承租人逾期支付租金而产生的罚息类款项的,该等约定合法有效。关于该问题,《上海法院类案办案要件指南(第1册)》之"回购担保的范围认定和裁判规则"部分对此问题也持基本肯定的态度。其认为该问题审查要点为:"回购条款一般会对回购人的回购范围及回购价格有明确的约定。回购合同的约定若不存在无效合同或可撤销合同的法定情形,应遵循契约自由原则,并尊重相关行业交易惯例,应属合法有效。"注意事项为:"鉴于回购的担保性质,回购价款具有一定的补偿性,其计算方式通常与承租人的违约情形相挂钩。有的合同约定为承租人未付租金,有的合同约定为承租人未付租金减去保证金,还有的合同约定为承租人全部未清偿债务,包括逾期租金、全部未到期租金及其他应付未付款项。对于回购价款的计算方式并没有严格的标准,主要尊重当事人意思自治,以约定为准。但如果存在回购价款过高的情形,法院可根据案件情况予以调整。"[1]

在上海金融法院(2018)沪74民初1446号其他合同纠纷案中,被告江苏华源公司认为回购款中不应包含第三人(承租人)的迟延履行金及违约金;第三人淮南振能公司认为,回购款中迟延履行金及违约金系重复计算。原告某融资租赁公司则主张,迟延履行金实为利息,依据《融资租赁纠纷解释》(2014)第20条的规定,承租人逾期履行支付租金义务或者迟延履行其他付款义务,出租人按照融资租赁合同的约定要求承租人支付逾期利息、相应违约金的,人民法院应予支持。故迟延履行金与违约金不存在重复计算,且本案系回购合同纠纷,《回购协议》第3条的约定仅用于确定回购价格,与原告对第三人的主张无关。对此,法院认为,虽然本案《回购协议》的签订过程与《融资租赁合同》存在关联,但两者并非基于同一法律关系,《回购协议》第3条约定的回购价格系原、被告协商一致确认且未违反法律规定,现原告在回购通知书中的主张并未超出《回购协议》约定的范围,应予支持。[2]

四、起草回购合同的注意事项

(一)见物回购与不见物回购的区分

如上文所述,出租人在见物回购、不见物回购方式下承担不同的租赁物交付义务。特别地,在见物回购方式下,出租人可能面临必须先行取回租赁物,方可向回购方主张回购责任的问题,而出租人取回租赁物可能导致《融资租赁合同》因取回租赁物被解除。如果回购方不履行回购义务,出租人也无法重新选择主张《融资租赁合同》加速到期。因此,相较于不见物回购方式而言,出租人在见物回购方式下将面临更大的法律风险。出租人在与回购方磋商回购方式、订立回购合同时,应当

---

[1] 茆荣华主编:《上海法院类案办案要件指南(第1册)》,人民法院出版社2020年版,第81页。
[2] 持有类似观点的案例有:新疆维吾尔自治区高级人民法院一审民事判决书,(2017)新民初17号;广东省深圳市中级人民法院一审民事判决书,(2015)深中法商初字第271号;厦门市湖里区人民法院一审民事判决书,(2020)闽0206民初6290号。

关注相应的合同约定。

例如,回购合同如作出"回购方履行回购价款支付义务后,自负费用与自担风险并自行至承租人处取回租赁物"约定的,一般属于不见物回购方式。但如果回购合同作出"回购方支付回购价款以出租人已将租赁物从承租人处收回为前提条件"约定的,则属于见物回购方式。

(二)回购合同与融资租赁合同的连接

第一,基于司法实践中一般认为回购合同履行引发的争议可与融资租赁合同纠纷合并审理,为避免回购方提出管辖权异议,或因回购合同、融资租赁合同关于争议解决方式的约定不一致,导致对是否可以合并审理产生争议,笔者建议出租人尽可能确保回购合同、融资租赁合同采用一致的争议解决条款。

第二,关于回购方履行回购义务后,是仅享有租赁物的所有权还是同时享有向承租人追偿租金等款项的权利在司法实践中仍然存在争议,笔者建议出租人在起草回购合同时,一并考虑上述问题,并相应调整融资租赁合同的约定。

第三,在融资租赁实务中,出租人可能将融资租赁合同项下的债权、物权等权益一并向第三方转让,笔者建议出租人在回购合同中对该情形下回购方是否应当继续履行回购义务、出租人是否承担通知义务等作出约定。

第四,基于承租人发生融资租赁合同违约事项时,出租人可能选择主张融资租赁合同加速到期、解除融资租赁合同收回租赁物、解除融资租赁合同并要求承租人赔偿损失等多种诉讼方案,笔者建议回购合同的起草一并考虑上述因素,并就各种情况下回购方应当承担的责任问题作出约定。

值得注意的是,《上海法院类案办案要件指南(第1册)》在关于"回购合同纠纷案件审理中需注意的其他问题"的分析中认为:"要注意回购条款对第三人即承租人的效力,尤其对约定不实际交付的回购请求,应由出租人提供其已经通知承租人租赁物所有权转让的证据,审查出租人是否履行了通知义务,以证明其为交付标的物履行了相关义务。"[1]依据该观点,如果出租人提出不实际交付租赁物的回购请求的,出租人应当就其已经通知承租人关于租赁物所有权转让问题履行举证义务。基于合同具有相对性,笔者建议出租人在融资租赁合同中,就出租人转让融资租赁合同项下物权或债权的通知及送达方式作出约定。

---

[1] 茆荣华主编:《上海法院类案办案要件指南(第1册)》,人民法院出版社2020年版,第83页。

(三) 回购价款的计算方式及其他费用的承担

回购价款的计算方式属于回购合同的核心条款之一。根据出租人与回购方磋商的条件不同,回购价款一般将按承租人在融资租赁合同项下剩余未付租金或剩余未付租赁本金作为基数计算。由于司法实践中一般允许出租人就承租人逾期未付租金产生的罚息一并计入回购价款中,建议出租人就罚息类款项的计算方式也在回购合同中作出明确约定。

此外,关于出租人主张回购方承担回购责任产生的聘用律师发生的费用、委托担保公司或保险公司出具财产保全担保文件发生的担保费用等,也建议于回购合同中作出约定。

(四) 租赁物不存在、租赁物毁损灭失、融资租赁法律关系不成立时回购方的责任承担

鉴于回购合同具有买卖合同的属性,笔者认为,回购合同成立,仍然应当以融资租赁合同合法有效、租赁物客观存在为前提。关于该问题,《上海法院类案办案要件指南(第1册)》在"回购合同纠纷案件审理中需注意的其他问题"中认为:"应注意审查回购合同签订当事人在融资租赁合同中的地位和合同履行情况,是否真实存在承租人,租赁物是否由承租人占有使用,谨防出租人与出卖人以回购为名,行企业间拆借之实。"[1]

因此,在租赁物不存在、租赁物毁损灭失、融资租赁法律关系不成立的情况下,如回购合同未作出其他约定的,回购方在诉讼中可基于上述因素提出不承担回购责任的抗辩。笔者建议出租人在起草回购合同时,对上述可能产生的问题进行明确,例如,约定特定情况下回购方的回购责任转化为保证责任,或回购方承担损失赔偿责任。

(五) 回购合同是否安排承租人一并作为合同签署方

将承租人一并列为回购合同的签署方后,可就回购合同与融资租赁合同的关系、出租人主张融资租赁合同加速到期时回购方是否承担回购责任等问题作出更清晰的界定。但是,为了减少承租人寄希望于回购方承担回购责任,怠于履行租金支付义务的风险出现,实务中出租人一般不会向承租人披露回购合同涉及的商务条件,出租人一般也选择不将承租人列为回购合同的签署方。

---

[1] 茚荣华主编:《上海法院类案办案要件指南(第1册)》,人民法院出版社2020年版,第82页。

(六) 同时存在回购合同、保证担保、抵押担保等增信措施时的行权顺序

一方面,依据《民法典》第 392 条①关于保证人与担保物并存时的处理规则,为避免回购方提出,出租人应当先就承租人自己提供的担保物实现债权等抗辩,笔者建议出租人参考一般保证合同中关于"债权人有权自主决定要求保证人承担保证责任或选择行使其他担保物权"的约定,在回购合同中也作出相应的约定。

另一方面,基于《民法典担保制度解释》第 13 条②关于保证人能否相互行使追偿权问题的限制性规定,回购合同可就回购方承担了回购价款支付义务后是否可以承继出租人在融资租赁合同项下全部权利问题作出约定,避免回购方丧失向其他保证人进行追偿的权利。

需要进一步说明的是,在回购交易创设之初,厂商或经销商为实现通过融资租赁交易方案推动其产品销售的目的,厂商或经销商在与出租人的交易磋商过程中往往处于弱势地位。因此,回购合同中一般不出现关于回购方是否享有追偿权问题的约定。但由于融资租赁领域的业务竞争日趋激烈,厂商或经销商逐步在回购交易安排中取得了议价权,如果出租人一律拒绝考虑回购方的追偿权问题的,则可能丧失与厂商或经销商的业务合作机会。

---

① 《民法典》第 392 条:被担保的债权既有物的担保又有人的担保的,债务人不履行到期债务或者发生当事人约定的实现担保物权的情形,债权人应当按照约定实现债权;没有约定或者约定不明确,债务人自己提供物的担保的,债权人应当先就该物的担保实现债权;第三人提供物的担保的,债权人可以就物的担保实现债权,也可以请求保证人承担保证责任。提供担保的第三人承担担保责任后,有权向债务人追偿。

② 《民法典担保制度解释》第 13 条:同一债务有两个以上第三人提供担保,担保人之间约定相互追偿及分担份额,承担了担保责任的担保人请求其他担保人按照约定分担份额的,人民法院应予支持;担保人之间约定承担连带共同担保,或者约定相互追偿但是未约定分担份额的,各担保人按比例分担向债务人不能追偿的部分。同一债务有两个以上第三人提供担保,担保人之间未对相互追偿作出约定且未约定承担连带共同担保,但是各担保人在同一份合同书上签字、盖章或者按指印,承担了担保责任的担保人请求其他担保人按照比例分担向债务人不能追偿部分的,人民法院应予支持。除前两款规定的情形外,承担了担保责任的担保人请求其他担保人分担向债务人不能追偿部分的,人民法院不予支持。

第十六讲 融资租赁所有权查询与登记实务

CHAPTER 16

《民法典》第745条规定:"出租人对租赁物享有的所有权,未经登记,不得对抗善意第三人。"《国务院关于实施动产和权利担保统一登记的决定》(国发〔2020〕18号)第1条规定:"自2021年1月1日起,在全国范围内实施动产和权利担保统一登记。"依此规定,就除机动车、船舶、航空器以外的其他普通动产融资租赁交易而言,在《民法典》施行后,融资租赁出租人对租赁物享有的所有权只有在动产融资统一登记公示系统办理融资租赁登记后,才可以实现对抗善意第三人的目的。本讲将就动产融资统一登记公示系统融资租赁的查询与登记实务进行讨论与分析。

一、融资租赁所有权查询与登记的基本问题

(一)《民法典》施行前关于融资租赁所有权查询与登记的监管要求

《民法典》施行前,监管文件未曾对融资租赁所有权的登记机构等问题作出过统一规范。《金融租赁公司管理办法》(中国银行业监督管理委员会令2014年第3号)第33条规定:"租赁物属于国家法律法规规定所有权转移必须到登记部门进行登记的财产类别,金融租赁公司应当进行相关登记。租赁物不属于需要登记的财产类别,金融租赁公司应当采取有效措施保障对租赁物的合法权益。"据此,对金融租赁公司而言,以除不动产、飞机、船舶、机动车以外的大部分租赁物开展融资租赁交易时,《金融租赁公司管理办法》(中国银行业监督管理委员会令2014年第3号)并未规定必须在动产融资统一登记公示系统办理登记。金融租赁公司选择在动产融资统一登记公示系统办理融资租赁登记本质上属于自主性登记,主要是结合司

法裁判观点对于动产融资统一登记公示系统的认可程度,为防范承租人将租赁物进行多次融资(抵押、融资租赁等)而办理的登记。

对由地方金融监管部门承担具体监督管理职能的融资租赁公司而言,《融资租赁公司监督管理暂行办法》(银保监发〔2020〕22号发布)第15条①也有与《金融租赁公司管理办法》(中国银行业监督管理委员会令2014年第3号发布)第33条类似的规定。与金融租赁公司的监管要求不同的是,《商务部办公厅关于全国融资租赁企业管理信息系统试运行的通知》(商办流通函〔2013〕677号)曾规定,融资租赁企业应通过"全国融资租赁企业管理信息系统"进行基本信息备案、业务信息(合同登记表及回款情况)实时填报、租赁物登记公示及查询、各类报表填报、行业信息查询、承租人违约情况反馈及查询等。但"全国融资租赁企业管理信息系统"当时仅适用于内资融资租赁试点企业、外商投资融资租赁企业,银行及金融租赁公司都不使用该系统,且该系统在实际执行层面并未得到推广。在实践中,内资融资租赁试点企业、外商投资融资租赁企业甚至一度因此而陷入尴尬处境:一方面,不执行上述通知涉嫌违规;另一方面,若执行上述通知,却因银行及金融租赁公司不使用该系统而无法在本质上防范物权冲突。

值得注意的是,自2014年3月20日起施行的《中国人民银行关于使用融资租赁登记公示系统进行融资租赁交易查询的通知》(银发〔2014〕93号)第2条第1款规定:"融资租赁公司等租赁物权利人开展融资租赁业务时,可以在融资租赁登记公示系统办理融资租赁登记,公示融资租赁物权利状况,避免因融资租赁物占有与所有分离导致的租赁物权属冲突。"第3条规定:"银行等机构作为资金融出方在办理资产抵押、质押和受让等业务时,应当对抵押物、质物的权属和价值以及实现抵押权、质权的可行性进行严格审查,并登录融资租赁登记公示系统查询相关标的物的权属状况,以避免抵押物、质物为承租人不具有所有权的租赁物而影响金融债权的实现。"因此,自2014年3月20日起,银行办理动产抵押、动产质押等业务前,应当在动产融资统一登记公示系统查询以避免权利冲突。银行未遵循《中国人民银行关于使用融资租赁登记公示系统进行融资租赁交易查询的通知》(银发〔2014〕93号)办理查询的,则属于违规行为。此外,部分出租人为避免租赁物所有权与银行抵押权产生权利冲突,可能主动在动产融资统一登记公示系统办理融资租赁

---

① 《融资租赁公司监督管理暂行办法》(银保监发〔2020〕22号发布)第15条:按照国家法律法规规定租赁物的权属应当登记的,融资租赁公司须依法办理相关登记手续。若租赁物不属于需要登记的财产类别,融资租赁公司应当采取有效措施保障对租赁物的合法权益。

登记。

(二)《民法典》施行前关于融资租赁所有权查询与登记的司法实践情况

1. 银行如未按照《中国人民银行关于使用融资租赁登记公示系统进行融资租赁交易查询的通知》(银发〔2014〕93号)的规定办理动产融资统一登记公示系统查询的,不能适用善意取得规则

对于2014年3月20日之后进行的融资租赁交易,若融资租赁所有权已在动产融资统一登记公示系统办理登记的,当出租人对租赁物享有的所有权与银行抵押权产生冲突时,人民法院一般认为,《中国人民银行关于使用融资租赁登记公示系统进行融资租赁交易查询的通知》(银发〔2014〕93号)对银行具有约束力,法院将根据融资租赁动产融资统一登记公示系统登记时间、银行抵押权设定时间,对租赁物的权属问题作出判断。

【案例二十二】

某银行与某电梯有限公司金融借款合同纠纷案

【案号】

苏州市吴江区人民法院(2016)苏0509民初10032号

【案情简介】

2014年5月28日,某融资租赁公司与某电梯有限公司开展融资租赁交易后,某融资租赁公司就租赁物办理了动产融资统一登记公示系统登记。2014年7月24日,某银行与某电梯有限公司就上述租赁物办理了动产抵押登记。此后,因某电梯有限公司对某银行的借款发生逾期,某银行提起诉讼,主张某电梯有限公司偿还本金、利息等款项,同时主张对办理动产抵押登记的抵押权享有优先受偿权。某融资租赁公司作为有独立请求权第三人参加诉讼,要求法院确认某银行就租赁物办理抵押登记相应签署的抵押合同无效,要求某银行注销就租赁物在工商局办理的抵押登记。

【裁判要旨】

《中国人民银行关于使用融资租赁登记公示系统进行融资租赁交易查询的通知》规定,银行有义务在办理资产抵押过程中登录融资租赁登记公示系统查询抵押物的权属状况。某银行与被告办理上述机器设备的抵押权登记,应按照有关规定进行融资租赁交易查询,某银行应当知道抵押机器设备中部分属于融资租赁物,某银行不属于善意第三人。

【法院认为】

首先，承租人将其自有物出卖给出租人，再通过租赁合同将租赁物从出租人处租回的，法院不应以承租人和出卖人系同一人为由认定不构成融资租赁法律关系，故原告以机器设备系被告初始购买，由被告占有为由认为机器设备系被告所有的抗辩意见法院不予支持。其次，承租人未经出租人同意在租赁物上设立其他物权，第三人与承租人交易时，未按照法律、行政法规、行业或者地区主管部门的规定在相应机构进行融资租赁交易查询的，出租人主张第三人物权权利不成立的，法院应予以支持。本案中，第三人某融资租赁公司于2014年5月28日对融资租赁机器设备进行登记，按照《中国人民银行关于使用融资租赁登记公示系统进行融资租赁交易查询的通知》（银发〔2014〕93号）规定，原告有义务在办理资产抵押过程中登录融资租赁登记公示系统查询抵押物的权属状况。2014年7月24日，原告与被告办理上述机器设备的抵押权登记，应按照银行有关规定进行融资租赁交易查询，原告应当知道抵押机器设备中部分属于融资租赁物，原告不属于善意第三人，故本案第三人的主张符合法律规定，法院予以支持。原告认为其已经对上述机器设备进行抵押权登记，故对上述机器设备享有抵押权的抗辩意见法院不予采纳。鉴于原、被告对上述融资租赁设备设定抵押的行为无效，原、被告应对上述融资租赁设备的抵押登记予以注销。

【裁判结论】

法院支持了某银行关于要求某电梯有限公司偿还本金、利息的诉讼请求，同时确认某电梯有限公司将已在动产融资统一登记公示系统办理融资租赁所有权登记的租赁物抵押给银行的行为无效，判决银行注销相应的动产抵押登记。

【律师分析】

《民法典》施行前，如果出租人基于融资租赁合同产生的物权与银行基于抵押合同产生的抵押权发生权利冲突的，出租人可以依照《中国人民银行关于使用融资租赁登记公示系统进行融资租赁交易查询的通知》（银发〔2014〕93号），主张在后办理抵押登记的银行不属于善意第三人。如果出租人在银行提起诉讼后就发现了该等权利冲突，出租人可以申请作为有独立请求权的第三人参加诉讼，对与租赁物相关的权利提出诉讼请求。如果出租人在银行取得生效民事法律文书之后才发现该等权利冲突，通常需要针对生效法律文书提起第三人撤销权之诉。

【同类案例】

枣庄市峄城区人民法院一审民事判决书，(2016)鲁0404民初929号；日照市东港区人民法院一审民事判决书,(2018)鲁1102民撤1号;山东省聊城市中级人民法院再审民事判决书,(2019)鲁15民再7号。

2.《融资租赁纠纷解释》(2014)第9条所述"融资租赁交易查询"不能必然理解为动产融资统一登记公示系统查询,但当时仍有部分地区的人民法院认可动产融资统一登记公示系融资租赁登记效力

依据《融资租赁纠纷解释》(2014)第9条第3项的规定,承租人或者租赁物的实际使用人,未经出人同意转让租赁物或者在租赁物上设立其他物权,第三人依据《物权法》第106条的规定取得租赁物的所有权或者其他物权,出租人主张第三人物权权利不成立的,人民法院不予支持,但是第三人与承租人交易时,未按照法律、行政法规、行业或者地区主管部门的规定在相应机构进行融资租赁交易查询的除外。因此,若第三人与承租人交易时,已经按照法律、行政法规、行业或者地区主管部门的规定在相应机构进行融资租赁交易查询并且未发现有融资租赁所有权登记的,第三人可主张善意取得。

但是,该条规定中的融资租赁交易查询机构,并不能必然被理解为是动产融资统一登记公示系统。"我国已有的融资租赁交易登记查询系统有两个,一是由中国人民银行批准建设的,由人民银行征信中心开发运行的融资租赁登记公示系统,于2009年7月20日上线运行,在动产融资统一登记公示系统的动产融资(权属)统一登记平台的框架下提供融资租赁登记、查询和证明验证服务,为租赁公司提供租赁登记服务。二是由商务部开发建设的融资租赁业务登记系统,2013年10月刚刚开始运行,主要针对非金融系的租赁公司,商务部要求其监管的内资试点租赁公司及外资系的租赁公司必须在其系统上对租赁业务及租赁物进行登记。从目前运营的效果看,人民银行征信中心的融资租赁登记系统承担了主要的租赁物登记查询功能,已经受到租赁公司及商业银行的认可。因可能成为租赁物抵押人、受让人的多为商业银行,因此,此系统的登记查询已经成为租赁公司保障其租赁物物权的重要支撑,缺陷是尚无法律规定及司法解释的支持。商务部的融资租赁业务管理系统对其所属的租赁公司有强制性要求,但并不具有要求第三人进行查询的约束力。"[1]据此,在《民法典》施行前,动产融资统一登记公示系融资租赁登记虽然在实务操作层面被诸多出租人运用,但未被法

---

[1] 最高人民法院民事审判第二庭编著:《最高人民法院关于融资租赁合同司法解释理解与适用》,人民法院出版社2016年版,第155~156页。

律及司法解释认可。

值得注意的是,在《民法典》施行前,部分地方法院以司法文件的形式,认可了动产融资统一登记公示系统融资租赁登记的对抗效力。如果出租人在融资租赁合同中约定的有管辖权的法院存在认可动产融资统一登记公示系统效力的司法文件的,则出租人可以在诉讼中主张动产融资统一登记公示系统融资租赁登记具有对抗效力。例如,自 2011 年 11 月 11 日起施行的《天津市高级人民法院办公室关于审理融资租赁物权属争议案件的指导意见(试行)的通知》第 1 条规定:"从事融资租赁交易的出租人,应当依照《通知》①的规定,在'中国人民银行征信中心融资租赁登记公示系统'将融资租赁合同中载明的融资租赁物权属状况,予以登记公示。未依照前款规定办理登记公示的,出租人对租赁物的所有权不得对抗《通知》中所列机构范围内的善意第三人。"又如,自 2019 年 8 月 21 日起施行的《上海市高级人民法院关于审理融资租赁物权属争议案件的指导意见(试行)》第 1 条规定:"本市金融租赁公司、外商投资融资租赁公司、内资融资租赁试点企业作为出租人(以下简称出租人),应当在中国人民银行征信中心(以下简称征信中心)的动产融资统一登记公示系统中对融资租赁合同中载明的租赁物权属状况予以登记。未依照规定办理登记公示,且不存在《最高人民法院关于审理融资租赁合同纠纷案件适用法律问题的解释》第九条规定的其余例外情形的,出租人对租赁物享有的所有权不得对抗善意第三人。"

(三)《民法典》施行后动产融资统一登记公示系统查询、登记的相关规定

《民法典》第 745 条规定:"出租人对租赁物享有的所有权,未经登记,不得对抗善意第三人。"该条规定出租人对租赁物享有的所有权未经登记不得对抗善意第三人,明确了必须登记才能取得对抗善意第三人的效力。

《国务院关于实施动产和权利担保统一登记的决定》(国发〔2020〕18 号)第 2 条规定:"纳入动产和权利担保统一登记范围的担保类型包括:(一)生产设备、原材料、半成品、产品抵押;(二)应收账款质押;(三)存款单、仓单、提单质押;(四)融资租赁;(五)保理;(六)所有权保留;(七)其他可以登记的动产和权利担保,但机

---

① 指由天津市金融服务办公室、中国人民银行天津分行、天津市商务委员会、中国银行业监督管理委员会天津监管局联合下发的《关于做好融资租赁登记和查询工作的通知》(津金融办〔2011〕87号)。该通知要求各金融租赁公司、外商投资融资租赁公司、内资融资租赁试点企业在办理融资租赁业务时,应在中国人民银行征信中心的融资租赁登记公示系统办理融资租赁权属状况登记,并按照《中国人民银行征信中心融资租赁登记规则》的规定,如实填写登记事项,公示融资租赁合同中载明的融资租赁物权属状况。

动车抵押、船舶抵押、航空器抵押、债券质押、基金份额质押、股权质押、知识产权中的财产权质押除外。"第3条规定:"纳入统一登记范围的动产和权利担保,由当事人通过中国人民银行征信中心(以下简称征信中心)动产融资统一登记公示系统自主办理登记,并对登记内容的真实性、完整性和合法性负责。登记机构不对登记内容进行实质审查。"据此,在《民法典》施行后,动产融资统一登记公示系统作为动产和权利担保的公示系统,权利人于动产融资统一登记公示系统办理的动产和权利担保具有了法定公示效力。

需要注意的是,依据《国务院关于实施动产和权利担保统一登记的决定》(国发〔2020〕18号)第2条第7项的规定,机动车、船舶、航空器的抵押登记并未被纳入动产融资统一登记公示系统统一登记范围。如果出租人以上述财产作为租赁物的,笔者建议一并在动产融资统一登记公示系统办理融资租赁登记,并参照《融资租赁纠纷解释》(2014)第9条第2项①的规定,继续在相应的抵押登记部门办理租赁物自物抵押登记,以确保租赁物被设定了多个权利负担时,出租人就租赁物所享有的权利具有对抗效力。

关于上述问题,2022年1月27日,最高人民法院在其"全国人大代表全国政协委员联络沟通平台"公布的《对十三届全国人大四次会议第9022号建议的答复》关于机动车融资租赁业务的部分提及:"实践中,出租人通常会通过办理抵押登记方式对租赁物设定抵押权。如果对租赁物办理了融资租赁(抵押)登记的,是能够对抗保全、执行措施的;如果对租赁物未办理融资租赁(抵押)登记,人民法院基于承租人的债权人的申请对租赁物采取保全或者执行措施的,出租人主张对抵押财产优先受偿的,根据《最高人民法院关于适用〈中华人民共和国民法典〉有关担保制度的解释》第五十四条第三项规定,不应予以支持。"②从最高人民法院的倾向性意见来看,当租赁物属于机动车、船舶、航空器时,出租人在动产融资统一登记公示系统办理融资租赁登记的同时,有必要一并办理自物抵押登记。

此外,实务中,出租人也普遍较为关心的是在《民法典》施行前已经在动产融

---

① 《融资租赁纠纷解释》(2014)第9条第2项:承租人或者租赁物的实际使用人,未经出租人同意转让租赁物或者在租赁物上设立其他物权,第三人依据物权法第一百零六条的规定取得租赁物的所有权或者其他物权,出租人主张第三人物权权利不成立的,人民法院不予支持,但有下列情形之一的除外:……(二)出租人授权承租人将租赁物抵押给出租人并在登记机关依法办理抵押权登记的……

② 最高人民法院:《对十三届全国人大四次会议第9022号建议的答复》,载全国人大代表全国政协委员联络沟通平台2022年1月27日,http://gtpt.court.gov.cn/#/NewsDetail?type=03000000&id=0112034ec7594a458de91af36ebc5f03。

资统一登记公示系统办理融资租赁登记的,在《民法典》施行后是否自动产生物权效力。关于该问题,笔者将结合以下案例作出分析。

【案例二十三】

某金融租赁公司与某石化公司等融资租赁合同纠纷案

【案号】

上海金融法院(2020)沪74民初3458号

【案情简介】

2019年4月26日,某金融租赁公司作为出租人与某石化公司作为承租人开展融资租赁交易。2019年4月27日,某金融租赁公司就案涉《融资租赁合同》及租赁物在中国人民银行动产融资统一登记公示系统办理了租赁物所有权登记。此后,因某石化公司在《融资租赁合同》项下发生租金逾期支付情形,某金融租赁公司提起诉讼,主张承租人支付《融资租赁合同》项下全部未付租金,并诉请确认某金融租赁公司有权对案涉租赁设备在折价或拍卖、变卖该财产所得款项价值范围内优先受偿。某石化公司则抗辩认为,本案法律关系发生在2021年之前,不适用《民法典担保制度解释》第65条的规定,且该条中也未规定出租人享有优先受偿权。

【裁判要旨】

自2021年1月1日起,动产融资统一登记公示系统成为在全国范围内实施动产和权利担保统一登记的平台,具有法定的公示公信力。因此,案涉融资租赁合同及租赁物的登记应自2021年1月1日起发生物权效力,原告在系争租赁物上享有的优先权利顺位可根据该时点进行排列确定。

【法院认为】

《最高人民法院关于适用〈中华人民共和国民法典〉时间效力的若干规定》第3条规定:"民法典施行前的法律事实引起的民事纠纷案件,当时的法律、司法解释没有规定而民法典有规定的,可以适用民法典的规定,但是明显减损当事人合法权益、增加当事人法定义务或者背离当事人合理预期的除外。"从该规定来看,融资租赁中出租人对租赁物享有的所有权具有担保功能,在承租人经催告后在合理期限内仍不支付租金的,出租人通过诉讼请求承租人支付全部未付租金的条件下,如果能就拍卖、变卖租赁物所得价款受偿更有利于双方债务的清偿,并不违背合同当事人的合理预期。由此,法院认为,《民法典》及《民法典担保制度解释》第63条关于"拍卖、变卖租赁物所得的价款受偿"的规定可追溯适用于本案《融资租赁合同》。

本案中,《融资租赁合同》及租赁物所有权系于2019年4月27日在动产融资统一登记公示系统登记,但当时该系统还不属于具有法定效力的公示平台。自2021年1月1日起,经国务院批准,动产融资统一登记公示系统成为在全国范围内实施动产和权利担保统一登记的平台,具有法定的公示公信力,本案原告所登记的案涉内容亦被纳入登记系统且公开可查,因此法院认为,案涉融资租赁合同及租赁物的登记应自2021年1月1日起发生物权效力,原告在系争租赁物上享有的优先权利顺位也可根据该时点进行排列确定。

【裁判结论】

法院支持了某金融租赁公司关于要求承租人支付未付租金、逾期利息、违约金等费用的诉讼请求,并判决某金融租赁公司可以与被告某石化公司协议,就《融资租赁合同》项下租赁物折价,或者将该租赁物拍卖、变卖所得价款优先受偿。

【律师分析】

《国务院关于实施动产和权利担保统一登记的决定》(国发〔2020〕18号)的施行时间为2021年1月1日。对于在此之前已经在动产融资统一登记公示系统办理的融资租赁登记的效力而言,应以2021年1月1日为时间界限作出判断。2021年1月1日之前,依照《中国人民银行关于使用融资租赁登记公示系统进行融资租赁交易查询的通知》(银发〔2014〕93号)的规定,银行有义务对动产融资统一登记公示系统融资租赁登记情况进行查询。在司法实践中,出租人仍然可以根据动产融资统一登记公示系统融资租赁登记,主张在后就租赁物办理抵押登记的银行不是善意第三人。此外,如前文所述,2021年1月1日之前已经办理的动产融资统一登记公示系统融资租赁登记可能因部分地方法院发布有司法文件,在诉讼中被作为认定在后就租赁物向承租人提供融资的权利人不善意的依据。此外,上海金融法院(2020)沪74民初3458号案确认了在2021年1月1日之前已经办理的动产融资统一登记公示系统融资租赁登记自2021年1月1日起发生物权效力。因此,若出租人在《民法典》施行前已经办理的动产融资统一登记公示系统融资租赁登记,则随着《民法典》、《国务院关于实施动产和权利担保统一登记的决定》(国发〔2020〕18号)的施行,该等登记将自2021年1月1日起发生物权公示效力。

另外,对于《民法典》施行前并未办理动产融资统一登记公示系统融资租赁登记的交易,是否需要在《民法典》施行后补充办理登记?笔者认为,如果融资租赁的租赁期限尚未届满且未在动产融资统一登记公示系统办理融资租赁登记的,出租人应尽快就该等交易办理登记。主要原因为,《民法典担保制度解释》第57条第3款规定:"同一动产上存在多个价款优先权的,人民法院应当按照登记的时间先后确定清偿顺序。"据此,即使出租人开展融资租赁交易之时租赁物不存在权利冲突的,但仍有可能其他权利人在后就同一租赁物设定担保权利并办理了动产融资统一登记公示系统登记,那么人民法院将依据登记时间先后判断权利优先与劣后顺序,若出租人在先开展的融资租赁交易未及时办理动产融资统一登记公示系统登记,则出租人的所有权可能处于劣后顺位。

二、《民法典》下动产融资统一登记公示系统融资租赁查询实务问题

如前文分析,出租人在开展融资租赁交易前,查询租赁物是否已经存在担保权登记或融资租赁登记是防范权利冲突的重要手段,本部分内容将总结实务中出租人进行动产融资统一登记公示系统融资租赁查询时需要注意的相关问题。

(一)通过动产融资统一登记公示系统下载的租赁物清单无法正常打开

部分出租人在办理融资租赁查询时,可能发现从动产融资统一登记公示系统下载的租赁财产附件(租赁物清单)无法打开。在实务操作层面,出租人可以通过修改下载的租赁物清单后缀名的方式,尝试打开文档。出租人可以尝试的文件后缀名包括"xlsx""doc""wps"等常见文档后缀名。

出现上述下载附件无法打开的原因可能是租赁物清单文件格式要求与大小限制所导致,按照中国人民银行征信中心《动产融资统一登记公示系统操作手册》的说明,①租赁财产附件(租赁物清单)只能上传 JPG、PDF 格式文件,合计大小不超过 20M(详见图 11)。

---

① 《动产融资统一登记公示系统操作手册》,载中国人民银行征信中心官网 2022 年 8 月 4 日,https://www.zhongdengwang.org.cn/cms/goOperationHelpIndex.do?pathName=aboutQuery/index。

图 11　动产融资统一登记公示系统租赁财产信息操作界面

如果出租人开展融资租赁交易的租赁物较多,那么租赁物清单转化为JPG、PDF格式文件后,可能因文件大小超过20M而无法上传。部分出租人为简单解决动产融资统一登记公示系统在租赁财产附件(租赁物清单)文件格式、大小方面的限制,采用直接修改文件后缀名的方式处理,如直接将EXCEL格式的租赁物清单文件后缀名修改为"jpg"后进行上传。因此,笔者建议出租人在遇到下载的租赁物清单无法打开的情况时,尝试采用上述方式调整文件后缀名后,再进行查看。

(二)若存在多笔类似的融资租赁登记,应进一步核查租赁物是否存在被多次设定权利负担

出租人在办理动产融资统一登记公示系统融资租赁查询时,可能发现查询取得的租赁物信息与拟开展融资租赁交易的租赁物信息较为相似。例如,两笔融资租赁登记中的部分租赁物名称相同,但对应的"价格""数量""生产厂商"等租赁物描述信息存在差异。该等情况下,出租人应当通过进一步比对租赁物发票号码、租赁物序列号、承租人财务报表中固定资产金额、承租人已经就固定资产开展融资租赁、动产抵押交易的金额及其他租赁物信息,进一步判断承租人是否可能就同一套设备重复设定权利负担或开展融资。此外,实务中,承租人可能采取打乱租赁物清单顺序、故意对同一件租赁物使用不同的描述信息、对租赁物的数量进行拆分等方式,加大出租人审查动产融资统一登记公示系统登记信息的难度,实现就相同的租赁物与多家融资租赁公司开展交易的目的。笔者建议,若承租人已经与多家融资

327

租赁公司、银行开展交易,出租人在审查租赁物情况时应当更加审慎。

就诉讼实务角度而言,如果两笔融资租赁登记的租赁物名称相同或类似,但租赁物描述信息存在差异,人民法院一般不会仅根据租赁物描述信息存在差异就直接确认两笔融资租赁登记中的租赁物不相同。在上述情况下,人民法院将结合动产融资统一登记公示系统登记的时间先后顺序、出租人取得的租赁物权属文件情况等,进一步审查出租人与承租人之间是否构成融资租赁法律关系。

【案例二十四】

上海某融资租赁公司与某市人民医院等民间借贷合同纠纷案

【案号】

上海市浦东新区人民法院(2020)沪0115民初4804号

【案情简介】

2017年3月7日,上海某融资租赁公司作为出租人与某市人民医院作为承租人签署《回租购买合同》《回租租赁合同》等开展融资租赁交易。因被告某市人民医院逾期支付《回租租赁合同》项下租金,上海某融资租赁公司提起民事诉讼,主张融资租赁合同加速到期。在该案一审阶段,某市人民医院主张涉案租赁物一部分已经在先以融资租赁的方式租于案外人某天津融资租赁公司,一部分不存在,剩余租赁物净值只有140余万元,远远低于合同约定的3300万元,因此涉案融资租赁合同不具备融物属性。某市人民医院为证明其主张,举证了某天津融资租赁公司、上海某融资租赁公司的动产融资统一登记公示系统登记情况,就两名出租人登记的名称相同的租赁物部分进行了比较。

【裁判要旨】

案外人某天津融资租赁公司已就本案部分设备在中国人民银行征信中心进行了登记,原告作为专业的融资租赁公司,理应进行相关查询,对涉案租赁物权属进一步与承租人核实,原告未能举证其尽到此等注意,不能认定原告具有进行融资租赁的真实意思表示。

【法院认为】

原告的真实意图如系建立融资租赁合同法律关系,理应对租赁物的真实性及权属尽到审慎注意。《回租购买合同》已明确约定,承租人应将租赁物的原始发票原件(及/或其他乙方在将租赁物出售给甲方前对租赁物享有所有权的证明文件的原件)交付给原告保管,直至回租赁合同履行完毕。现原告不仅无法提供租赁物发票原件,甚至连复印件也无法提供,现场勘查照片仅涉及极少部分设备,且难以确认与本案租赁物的关联性,原告也未提供其他审核证据。另外在本案售后《回租购买合同》签订之前,案外人某天津融资租赁公司已就本案部分设备在中国人民银行征信中心进行了登记,原告作为专业的融资租赁公司,理应进行相关查询,对涉案租赁物权属进一步与承租人核实,原告未能举证其尽到此等注意。可见,原告对租赁物本身是否存在、其是否能够取得所有权并不关注,法院实难认定原告具有进行融资租赁的真实意思表示。

【裁判结论】

法院确认涉案《回租租赁合同》系以融资租赁合同之名行民间借贷之实,原、被告之间形成的是民间借贷法律关系,并以民间借贷法律关系计算了原、被告之间的本息金额。

【律师分析】

本案中,在上海某融资租赁公司、某天津融资租赁公司办理的动产融资统一登记公示系统融资租赁登记中,大部分租赁物出现了名称相同、数量相同,仅租赁物价值等描述信息不同的情况。由于原告上海某融资租赁公司的登记在后,且无法提供租赁物发票等租赁物权属文件,法院综合认定原告未对在先的动产融资统一登记公示系统登记信息尽到合理的注意义务。

对于出租人而言,在开展动产融资统一登记公示系统融资租赁查询工作时,如果仅以租赁物描述信息不同,就认为在先的融资租赁登记与拟开展交易的租赁物信息不同,可能面临诉讼中人民法院不确认融资租赁法律关系的风险。

(三) 核实承租人是否存在曾用名,并以承租人的曾用名进行动产融资统一登记公示系统融资租赁查询

《中国人民银行征信中心动产融资统一登记公示系统操作规则》(2022年修订)第29条第1款规定:"查询人可以担保人名称为检索标准在统一登记系统查询有关登记信息。"融资租赁交易的租赁期一般长达数年,承租人可能在此期间变更企业名称。如果出租人对承租人开展的租后管理工作中未能及时发现承租人企业名称变更,也未能就承租人变更后的企业名称在动产融资统一登记公示系统办理变更登记的,其他债权人可能无法查询到承租人企业名称变更前的融资租赁登记信息,并就相同的租赁物与承租人再次开展交易,从而产生权利冲突。在上述情况下,究竟是在先办理融资租赁登记的出租人存在过错,还是在后未能就承租人的曾用名、现用名进行全面查询的权利人存在过错,似乎存在一定的争议。笔者建议出租人从审慎角度出发,就承租人是否存在曾用名、曾用名是否存在融资租赁或其他

权利登记均进行查询。

【案例二十五】

某银行与某金融租赁公司第三人撤销权之诉纠纷案

【案号】

上海市第一中级人民法院(2018)沪01民撤6号

【案情简介】

2014年1月3日,某金融租赁公司与某石化集团公司开展融资租赁交易,某石化集团公司当时使用的企业名称为山东A有限公司。2014年4月4日,某金融租赁公司就上述融资租赁交易办理动产融资统一登记公示系统登记,承租人名称登记为山东A有限公司。

2014年9月26日,某石化集团公司的企业名称由山东A有限公司变更为山东B有限公司。但某金融租赁公司未在动产融资统一登记公示系统相应办理融资租赁变更登记。

2016年1月19日,某石化集团公司将相同的租赁物抵押给了某银行并办理了抵押登记,某银行办理抵押登记的抵押人名称为山东B有限公司。

2016年10月14日,因某石化集团公司在融资租赁合同项下发生租金逾期支付情形,某金融租赁公司起诉某石化集团公司。在上述诉讼过程中,某金融租赁公司、某石化集团公司在法院的主持下达成调解协议,法院出具民事调解书,确认双方签署的融资租赁合同解除,某金融租赁公司有权取回租赁物并就租赁物变现所得价款赔偿出租人租金损失等。

2018年10月12日,某银行作为第三人起诉某金融租赁公司、某石化集团公司,要求撤销上述民事调解书中关于某金融租赁公司有权取回租赁物的相关内容。在该案中,某银行主张其就租赁物办理抵押登记时,已经就山东B有限公司是否存在融资租赁登记进行了查询,且无法查询到相关信息,某银行依法享有抵押权。

【裁判要旨】

商业银行应当依照《中国人民银行关于使用融资租赁登记公示系统进行融资租赁交易查询的通知》的规定对抵押物、质物的权属和价值以及实现抵押权、质权的可行性进行严格审查。银行仅以抵押人的现用名为关键词进行动产融资统一登记公示系统查询,远未达到尽职调查、严格审查之程度,存在过错,不适用善意取得规则。

【法院认为】

《商业银行法》第36条第1款规定,商业银行贷款,借款人应当提供担保。商业银行应当对保证人的偿还能力,抵押物、质物的权属和价值以及实现抵押权、质权的可行性进行严格审查。《中国人民银行关于使用融资租赁登记公示系统进行融资租赁交易查询的通知》第 3 条进一步明确,银行等机构作为资金融出方在办理资产抵押、质押和受让等业务时,应当对抵押物、质物的权属和价值以及实现抵押权、质权的可行性进行严格审查,并登录融资租赁登记公示系统查询相关标的物的权属状况,以避免抵押物、质物为承租人不具有所有权的租赁物而影响金融债权的实现。上述通知公布于 2014 年 3 月 20 日,原告某银行作为专门从事资金融通和具有相当风险评估控制能力的商业银行,其在与被告某石化集团公司签订《最高额抵押合同》(2016 年 1 月 12 日)时理应知晓上述法律法规及操作规范。

《商业银行法》和中国人民银行相关通知已明确商业银行应对抵押物进行严格审查并列明具体的审查方式,抵押物权利人的名称及变更情况当然应包括在审查范围之内。即便原告通过公示系统进行过查询,但仅以"山东 B 有限公司"为关键词,也远未达到尽职调查、严格审查之程度。况且,其并未提交相关严格审查的证据材料。由此可见,作为商业银行,原告未按照相关要求对抵押物情况实施严格审查,明显未尽到法定的注意义务,存在过错,不符合《物权法》第 106 条[①]有关善意取得的规定。

【裁判结论】

法院判决驳回某银行的诉讼请求。

【律师分析】

由于本案的民事调解书已经生效,且某金融租赁公司基于民事调解书申请过强制执行,某银行作为第三人提出的第三人撤销权之诉,相较于普通的民商事诉讼纠纷而言,胜诉难度较大。从本案"本院认为"的表述来看,基于《中国人民银行关于使用融资租赁登记公示系统进行融资租赁交易查询的通知》(银发〔2014〕93 号)对银行办理融资租赁查询业务作出了明确规定,法院实际上认为某银行有义务在办理动产融资统一登记公示系统融资租赁查询时,同时就山东 A 有限公司、山东 B 有限公司是否存在融资租赁登记进行查询,才属于进行了合理审查,才可能是法律上的善意第三人。

(四)关注动产融资统一登记公示系统的动产抵押查询功能,并就租赁物是否被设定动产抵押进行查询

已被废止的《动产抵押登记办法》(2019 修订)第 2 条规定:"企业、个体工商

[①] 已废止,对应《民法典》第 311 条。

户、农业生产经营者以《中华人民共和国物权法》第一百八十条第一款第四项、第一百八十一条规定的动产抵押的,应当向抵押人住所地的县级市场监督管理部门(以下简称登记机关)办理登记。抵押权自抵押合同生效时设立;未经登记,不得对抗善意第三人。”据此,在 2021 年 1 月 1 日以前,普通动产的抵押登记应当于抵押人住所地的市场监督管理部门办理。实务中,对于租赁物是否存在在先抵押登记问题,由于国家企业信用信息公示系统一般仅公示抵押权人、登记编号、登记日期、被担保债权数额信息,不公示具体的抵押物信息,出租人往往需要至承租人住所地的市场监督管理部门进行详细查询。

但是,依据《国务院关于实施动产和权利担保统一登记的决定》(国发〔2020〕18 号)第 2 条的规定,2021 年 1 月 1 日后,普通动产抵押登记也在动产融资统一登记公示系统办理。而关于 2021 年 1 月 1 日之前已经设定的部分动产抵押信息,目前动产融资统一登记公示系统也提供查询服务。① 按照《动产融资统一登记公示系统操作手册》的说明,②使用“按担保人查询”方式时,展示的查询结果页面分为五部分,其中一部分显示原全国市场监管动产抵押登记业务系统中的登记信息(详见图 12)。

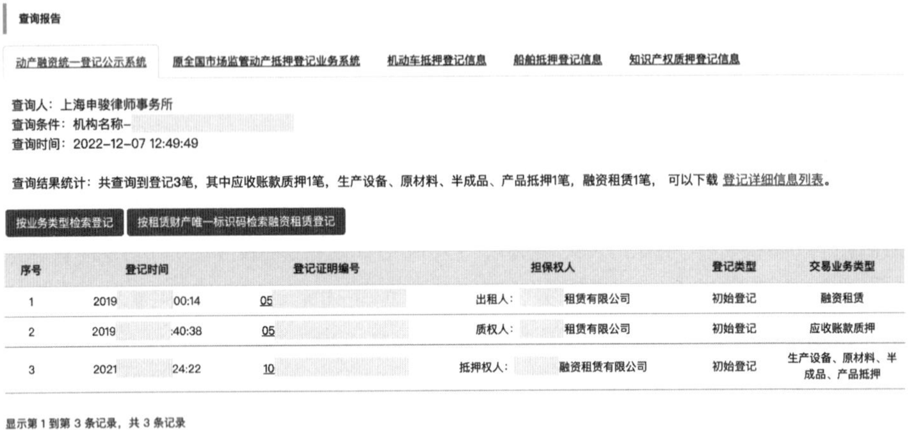
查询报告

动产融资统一登记公示系统　原全国市场监管动产抵押登记业务系统　机动车抵押登记信息　船舶抵押登记信息　知识产权质押登记信息

查询人：上海申骏律师事务所
查询条件：机构名称-
查询时间：2022-12-07 12:49:49

查询结果统计：共查询到登记3笔，其中应收账款质押1笔，生产设备、原材料、半成品、产品抵押1笔，融资租赁1笔， 可以下载 登记详细信息列表。

按业务类型检索登记　按租赁财产唯一标识码检索融资租赁登记

序号	登记时间	登记证明编号	担保权人	登记类型	交易业务类型
1	2019 00:14	05	出租人： 租赁有限公司	初始登记	融资租赁
2	2019 :40:38	05	质权人： 租赁有限公司	初始登记	应收账款质押
3	2021 24:22	10	抵押权人： 融资租赁有限公司	初始登记	生产设备、原材料、半成品、产品抵押

显示第 1 到第 3 条记录，共 3 条记录

图 12　动产融资统一登记公示系统查询报告界面

---

① 截至 2022 年 12 月 31 日,生产设备、原材料、半成品、产品等四类动产抵押登记过渡期已经届满。2021 年 1 月 1 日前已在市场监督管理部门办理的四类动产抵押登记,中国人民银行征信中心将根据不同情况提供在线或离线查询服务。参见:《关于四类动产抵押登记过渡期满后相关工作安排的公告》,载中国人民银行征信中心官网 2022 年 12 月 30 日,https://www.zhongdengwang.org.cn/cms/goDetailPage.do?oneTitleKey=tzgg&twoTitleKey=xtgg。

② 《动产融资统一登记公示系统操作手册》,载中国人民银行征信中心官网 2022 年 8 月 4 日,https://www.zhongdengwang.org.cn/cms/goOperationHelpIndex.do?pathName=aboutQuery/index。

CHAPTER 16 融资租赁所有权查询与登记实务 / 第十六讲

出租人使用动产融资统一登记公示系统查询承租人名下的财产是否存在权利负担时，往往容易遗漏点击图 12 右侧的"原全国市场监管动产抵押登记业务系统"，可能导致出租人未发现承租人名下存在被设定动产抵押的财产信息。

需要注意的是，目前动产融资统一登记公示系统"原全国市场监管动产抵押登记业务系统"无法查询承租人名下全部动产抵押信息。对此问题，《动产融资统一登记公示系统操作手册》也有提示说明①，可查询区间存在一定的限制。（详见图 13）

查询报告				
动产融资统一登记系统	原全国市场监管动产抵押登记业务系统	机动车抵押登记信息	船舶抵押登记信息	知识产权质押登记信息

查询人：上海申骏律师事务所
查询条件：机构名称-
查询时间：2022-12-07 11:54:25
查询结果统计：共查询到登记0笔
可查询区间：2018年5月25日至2020年12月31日

序号	抵押人	登记编号	登记日期	登记机关

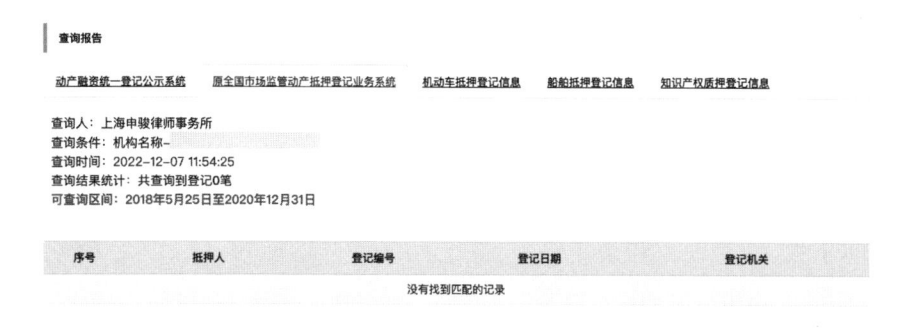

没有找到匹配的记录

图 13　动产融资统一登记公示系统提示查询数据区间界面

若出租人拟开展回租交易的租赁物系承租人于 2021 年 1 月 1 日前购入的，笔者建议出租人在动产融资统一登记公示系统查询是否存在登记在先的融资租赁交易、动产抵押交易的同时，向中国人民银行征信中心申请相关电子化登记信息的离线查询。②

此外，动产融资统一登记公示系统的查询功能也在不断升级。自 2022 年 5 月起，中国人民银行征信中心陆续发布公告，试点开展机动车、船舶、知识产权担保登记信息统一查询公告。截至本书出版时，中国人民银行征信中心动产融资统一登记公示系统已经试点提供全国著作权质权及北京市、重庆市、深圳市、杭州市、广州市机动车、船舶、注册商标专用权、专利权等担保登记信息统一查询服务。

---

① 《动产融资统一登记公示系统操作手册》，载中国人民银行征信中心官网 2022 年 8 月 4 日，https://www.zhongdengwang.org.cn/cms/goOperationHelpIndex.do？pathName=aboutQuery/index。

② 对于在国家市场监督管理总局"全国市场监管动产抵押登记业务系统"办理的历史登记信息，自 2023 年 1 月 1 日起至 2023 年 12 月 31 日止，当事人仍可通过动产融资统一登记公示系统在线查询相关历史登记信息。对于未在"全国市场监管动产抵押登记业务系统"办理的历史登记信息，尚未在动产融资统一登记公示系统补录的，市场监督管理部门和动产融资统一登记公示系统原则上不再提供查询服务，当事人可以向中国人民银行征信中心申请相关电子化登记信息的离线查询。参见：《关于四类动产抵押登记过渡期满后相关工作安排的公告》，载中国人民银行征信中心官网 2022 年 12 月 30 日，https://www.zhongdengwang.org.cn/cms/goDetailPage.do？oneTitleKey=tzgg&twoTitleKey=xtgg。

三、《民法典》下动产融资统一登记公示系统融资租赁登记实务

（一）合理规划登记时间，避免出租人在完成租赁物尽职调查至实际办理动产融资统一登记公示系统融资租赁登记期间，其他权利人就相同的租赁物在先办理登记

实务中，以出租人放款为时间界限，常见的出租人在动产融资统一登记公示系统办理融资租赁登记的时间包括以下两种：第一种，出租人完成放款之日或之后办理登记；第二种，在出租人内部审批同意融资租赁交易后至实际放款之前的某个时间办理登记。当然，目前法律并未对恶意提前办理融资租赁登记的行为规定惩戒措施，少数出租人出于尽快抢占与承租人的合作机会、避免同业公司参与竞争的目的，在融资租赁项目还未完成内部审批时就办理登记。笔者认为，就第一种登记方式而言，租赁物可能被其他权利人在先设定权利负担，那么出租人可能无法主张租赁物所有权。

实务中，出租人关于租赁物是否存在动产抵押登记、融资租赁登记的查询工作一般在融资租赁项目尽职调查期间开展。但是，在完成融资租赁项目尽职调查至实际办理动产融资统一登记公示系统登记的期间，出租人还需要完成签署合同、联系承租人落实放款前提条件、审核放款相关文件等工作。部分资金紧张、可以提供担保的资产有限的承租人可能利用出租人的上述工作周期，就一套租赁物同时与多名出租人开展融资租赁交易。因此，笔者建议出租人在融资租赁项目完成审批后，适当提前办理动产融资统一登记公示系统融资租赁登记。此外，笔者建议出租人在办理登记之日，再次就租赁物是否存在其他融资租赁登记、动产抵押登记问题进行查询。

（二）就登记的租赁物信息进行特定化描述，避免因动产融资统一登记公示系统融资租赁登记信息不明确导致租赁物权属发生争议

《民法典担保制度解释》第53条规定："当事人在动产和权利担保合同中对担保财产进行概括描述，该描述能够合理识别担保财产的，人民法院应当认定担保成立。"依据该规定，出租人在办理动产融资统一登记公示系统融资租赁登记时，可以对租赁物进行概括描述，但应当能够合理识别租赁物。如果对租赁物信息描述过于简单，第三人通过登记信息可能难以识别登记的租赁物情况，甚至无法判断已经登记的租赁物与其他财产是否重复，那么出租人办理的融资租赁登记仍然无法实现对抗第三人的目的。此外，为避免承租人通过改变、调整租赁物描述字段，就同一租赁物进行多次融资，建议出租人登记租赁物序列号、租赁物发票号码等关键

信息。

【案例二十六】

某融资担保有限公司与深圳某电子有限公司应收账款质押纠纷案

【案号】

广东省深圳市中级人民法院(2017)粤03民终20772号

【案情简介】

2010年8月26日,某融资担保有限公司与北京某通讯设备公司签署《委托保证合同》,由某融资担保有限公司为北京某通讯设备公司发行债券形成的债务提供连带责任保证。同日,某融资担保有限公司与北京某通讯设备公司签署《反担保(应收账款质押)合同》,由北京某通讯设备公司向某融资担保有限公司提供应收账款质押反担保。

2011年12月28日,某融资担保有限公司就北京某通讯设备公司出质的应收账款在中国人民银行征信中心进行初始登记,登记到期日为2016年12月27日,出质人为北京某通讯设备公司,质权人为某融资担保有限公司,质押财产为出质人名下的债务人为深圳某电子有限公司的全部应收账款(包括采购合同),质押登记明确了采购合同的具体编号。因某融资担保有限公司未在应收账款质押登记到期日前办理展期,2017年4月24日,某融资担保有限公司重新在中国人民银行征信中心办理应收账款质押初始登记,登记到期日为2022年4月23日。

此后,某融资担保有限公司以应收账款债务人深圳某电子有限公司为被告提起诉讼,主张北京某通讯设备公司怠于行使到期债权,某融资担保有限公司代位北京某通讯设备公司进行诉讼,要求深圳某电子有限公司履行采购合同项下的付款义务。

【裁判要旨】

原告办理的应收账款质押登记未对保证应收账款质押有效性的具体金额、付款期限、付款条件及实际付款状况等相关要素进行记载,也没有其他证据证实应收账款的存在,对于原告实现质押权的请求不予支持。

【法院认为】

应收账款质押登记于中国人民银行征信中心的系统,由用户填写质押财产信息的表格并将应收账款质押登记协议的影像格式文件上传至登记系统的"质押财产信息附件"栏目完成。应收账款登记具有一定的形式性,无法用以确认应收账款的真实性。本案中,在质押登记质押财产描述一栏仅载明了应收账款的付款人以及合同编号,对于应收账款的具体金额、付款期限、付款条件及实际付款状况等均无记载。某融资担保有限公司在进行质押登记时,未对上述能够保证应收账款质押有效性的相关要素进行记载,也没有其他证据证实应收账款的存在,对于其实现质押权的请求,法院不予支持。

【裁判结论】

一审法院驳回了某融资担保有限公司的诉讼请求,二审判决维持一审判决。

【律师分析】

本案中,质权人办理的应收账款质押登记仅对反应债权债务关系的合同编号进行了登记,未对应收账款的金额、付款期间等关键信息作出登记。法院综合考虑某融资担保有限公司关于应收账款真实性的举证情况、应收账款是否进行了特定化登记问题,驳回了某融资担保有限公司的诉讼请求。

关于应收账款如何描述问题,在动产融资统一登记公示系统官方网站《应收账款质押/转让登记财产描述示例》作出了举例,[1]对"已经产生的应收账款"描述示例为:"(出质人/出让人名称)于(时间)销售(货物名称)给(第三方债务人名称)产生的应收账款,销售合同编号为×××,货款到期日为××年××月××日,应收账款金额为×××元,发票号码为×××。"此外,《应收账款质押/转让登记财产描述示例》"需要注意的其他事项"也明确:"实际业务中出现的应收账款的质押/转让品种,不止以上列出的几类。用户登记时,应当根据自身业务涉及的应收账款的特点,在不暴露商业秘密的前提下,按照担保合同内容对标的物信息进行具体或概括性描述,对标的物进行概括性描述的,该描述应能够合理识别担保财产。达到公示和保护质权的效果。"笔者建议出租人参考上述应收账款的描述举例,以第三人可以通过出租人登记公示的租赁物信息合理识别租赁物情况为目的,办理动产融资统一登记公示系统融资租赁登记。

(三)动产融资统一登记公示系统登记期限建议适当长于租赁期,并及时办理展期登记

《中国人民银行征信中心动产融资统一登记公示系统操作规则》(2022年修订)第21条第1款规定:"在登记到期前90日内,可以申请展期登记。登记期限届满未展期的,登记不再对外提供查询。"此外,《动产融资统一登记公示系统常见

---

[1] 《应收账款质押/转让登记财产描述示例》,载中国人民银行征信中心官网2022年8月4日,https://www.zhongdengwang.org.cn/cms/goDetailPage.do?oneTitleKey=yhyd&twoTitleKey=djzy。

问题》①关于"登记期限届满后,登记还能被查到吗?"的问题回复为:"登记期限届满的登记,将不再对外公示,即用户通过登记系统的查询功能,将无法查询到登记期限已届满的登记。因此,若登记期限即将届满,而该笔登记仍有公示需求,用户可以进行展期登记。展期可以多次。"

实务中,出租人就某一笔融资租赁交易办理了动产融资统一登记公示系统融资租赁登记,但动产融资统一登记公示系统登记期间届满时,出租人的租金可能仍未全部收回。此时,若出租人未及时就上述初始登记在动产融资统一登记公示系统办理展期登记,由于动产融资统一登记公示系统登记期限届满后,不再对外公示,若此后承租人继续以租赁物与第三人开展交易,则出租人对租赁物享有的所有权可能与第三人的权利发生冲突,出租人的所有权可能因融资租赁登记期限届满未公示而无法对抗第三人。

因此,笔者建议,出租人在办理动产融资统一登记公示系统融资租赁初始登记时,登记的租赁期限适当长于融资租赁合同的租赁期限,在实际开展租后管理、对承租人提起诉讼、申请强制执行等工作时,持续关注动产融资统一登记公示系统的登记期限是否届满,并在登记期限届满前及时办理展期登记。

关于登记期限是否可以适当长于租赁期限的问题,《动产融资统一登记公示系统常见问题》②关于"登记期限应当如何选择?"的问题回复为:"当事人在填写登记期限时,应当充分考虑担保期限、履约情况、诉讼时效等因素,合理选择登记期限,避免因登记期限届满、不再对外公示产生相关风险。通常登记期限应当不短于担保合同的期限。"可见,动产融资统一登记公示系统并不禁止出租人登记期限长于租赁期限,但笔者建议出租人在融资租赁合同中作出相应的约定,避免承租人提出异议。另外,在融资租赁合同实际履行完毕后,出租人应当及时注销融资租赁登记。

【案例二十七】

某金融租赁公司与山东某炉料有限公司破产债权确认纠纷案

【案号】

山东省滨州市中级人民法院(2020)鲁 16 民终 1731 号

---

① 《动产融资统一登记公示系统常见问题》,载中国人民银行征信中心官网 2022 年 8 月 4 日,https://www.zhongdengwang.org.cn/cms/goDetailPage.do? oneTitleKey = yhyd&twoTitleKey = djzy。

② 《动产融资统一登记公示系统常见问题》,载中国人民银行征信中心官网 2022 年 8 月 4 日,https://www.zhongdengwang.org.cn/cms/goDetailPage.do? oneTitleKey = yhyd&twoTitleKey = djzy。

【案情简介】

2012年,某金融租赁公司与山东某炉料有限公司签署《回租买卖合同》开展融资租赁交易。上述融资租赁合同在新疆维吾尔自治区公证处办理了具有强制执行效力债权文书公证书。某金融租赁公司就上述融资租赁交易办理了动产融资统一登记公示系统融资租赁登记。

2015年6月3日,某金融租赁公司中国人民银行征信中心融资租赁登记——初始登记的公示期届满,某金融租赁公司未进行展期登记。

2015年12月,山东某炉料有限公司将《回租买卖合同》项下的租赁物抵押予多家银行,并办理了动产抵押登记。

2017年2月,因山东某炉料有限公司在《回租买卖合同》发生逾期还款情况,某金融租赁公司申请公证处签发执行证书。2017年2月17日,公证处出具了执行证书后,某金融租赁公司申请强制执行。2017年10月11日,邹平县人民法院出具执行裁定书,裁定终结本次执行程序。

2018年7月,山东某炉料有限公司进入破产重整程序,某金融租赁公司申报租金债权,并主张就租赁物处置价款在租赁范围内优先受偿。但管理人仅确认某金融租赁公司申报的租金债权为普通债权,并未确认租赁物优先权。某金融租赁公司提起破产债权确认之诉,主张对租赁物的处置价款享有优先受偿权。

【裁判要旨】

出租人既未在租赁物的显著位置作出标识,也未对租赁物办理过抵押登记,且于2015年6月3日融资租赁登记到期后未办理展期,出租人没有证据证明后续就租赁物办理抵押登记的银行知道或者应当知道交易标的物为租赁物,出租人关于租赁物处置价款享有优先受偿权的诉讼请求法院不予支持。

【法院认为】

本案中,某金融租赁公司既未在涉案租赁物的显著位置作出标识,也未对租赁物办理过抵押登记,且于2015年6月3日融资租赁登记到期后未办理展期,而自2015年12月4日起,承租人先后与多家银行就4000马力废钢破碎生产线设定抵押权并办理了抵押登记。某金融租赁公司没有证据证实银行办理抵押登记时知道或者应当知道交易标的物为租赁物,某金融租赁公司主张对承租人4000马力破碎线享有所有权,并对该租赁物处置价款享有优先受偿权的理由不能成立,法院依法不予支持。

【裁判结论】

一审法院驳回了某金融租赁公司的诉讼请求,二审判决维持一审判决。

【律师分析】

在上述案例中,出租人并未关注动产融资统一登记公示系统融资租赁展期登记问题。但如前文分析,动产融资统一登记公示系统登记期限届满后,不再对外公示融资租赁登记信息,第三人银行无法通过查询知晓出租人与承租人开展过融资租赁交易。第三人银行可以作为善意第三人,主张就租赁物享有抵押权。

此外,在出租人日常经营管理工作中,动产融资统一登记公示系统融资租赁初始登记、变更登记、展期登记工作,租后管理及诉讼工作一般由不同的部门负责。例如,负责租后资产管理的部门可能不负责动产融资统一登记公示系统登记管理工作,很有可能导致动产融资统一登记公示系统登记期限届满但无人维护、管理。笔者建议出租人关注上述问题,合理规划并明确中后台部门的工作职责。

(四)承租人企业名称变更、租赁物信息变更、租金金额变更时,应及时办理变更登记

如前文所述,当承租人企业名称发生变更时,如果出租人未及时就名称变更事宜办理动产融资统一登记公示系统变更登记,那么其他债权人可能未查询到承租人曾用名下已经办理的融资租赁登记,并与承租人以变更后的企业名称就同一租赁物办理融资租赁、动产抵押等交易,则可能引发租赁物权属争议。因此,出租人在开展租后管理工作时,需要关注承租人的企业名称、租赁物信息、租金等交易信息发生变更后,是否及时在动产融资统一登记公示系统办理了变更登记问题。

需要注意的是,《动产融资统一登记公示系统操作手册》第3.4.2条"变更登记"规定:"变更登记是指登记内容存在遗漏、错误等情形或者合同变更导致登记内容发生变化的。变更登记可修改登记信息中除交易业务类型和登记期限外的其他信息。登记被注销或已过登记期限的,不能对其进行变更登记。"第3.4.3条"展期登记"规定:"在登记到期日前,用户可以根据实际需要进行展期登记,即延长所做登记在登记系统的公示时间。如果拟进行展期的登记已超过登记期限或已被注销,则不能进行展期登记。"因此,若出租人需要在动产融资统一登记公示系统中延长登记期限的,出租人应使用"展期登记"功能而不是"变更登记"功能。

专题四

融资租赁资产保全

第十七讲 融资租赁租金加速到期法律实务

融资租赁合同项下承租人的基本义务是按照合同约定向出租人支付租金。如果承租人经催告后在合理期限内仍不支付租金的,则依据《民法典》第752条之规定,出租人可以选择要求承租人支付全部租金(主张融资租赁合同项下租金加速到期),或者选择解除合同,收回租赁物。实践中,对于融资租赁合同项下的租金加速到期的部分法律实务问题尚未达成共识,本讲拟就相关问题进行探讨。

一、如何理解租金加速到期

(一)租金加速到期不等于解除合同

出租人请求承租人支付全部租金,是《民法典》赋予出租人的一项权利救济方式,是承租人存在融资租赁合同约定的违约行为情形下所应承担的一种违约责任。"此种情形属于租金加速到期,合同并未解除,承租人在租赁期限届满前仍享有占有、使用租赁物的权利。"[1]正因如此,加速到期与解除合同、收回租赁物属于两个相互排斥的请求。《融资租赁纠纷解释》(2020修正)第10条第1款规定:"出租人既请求承租人支付合同约定的全部未付租金又请求解除融资租赁合同的,人民法院应告知其依照民法典第七百五十二条的规定作出选择。"即出租人不能同时要求支付全部租金和解除合同、收回租赁物,只能在两者之间作出选择。

需要注意的是,租金加速到期不等于融资租赁合同提前到期。《民法典》第

---

[1] 最高人民法院民法典贯彻实施工作领导小组主编:《中华人民共和国民法典合同编理解与适用[三]》,人民法院出版社2020年版,第1700页。

673条规定:"借款人未按照约定的借款用途使用借款的,贷款人可以停止发放借款、提前收回借款或者解除合同。"依据该规定,借款合同项下的加速到期条款不但变更原借款履行期限,还能终止既存的借款合同关系,因此借款加速到期,可视为借款合同加速到期。但是,融资租赁合同项下的租金加速到期之后,仅仅是承租人单方的支付全部租金的合同义务提前到期。若承租人履行完毕租金支付义务的,承租人仍有权利主张留购租赁物。相应地,若承租人不能履行租金支付义务的,出租人也有权依据《融资租赁纠纷解释》(2020修正)第10条第2款[①]的规定,再次提起诉讼主张收回租赁物。因此,即使融资租赁合同项下的租金因承租人违约加速到期的,由于租赁物的归属尚未确定,融资租赁合同项下的权利义务并未终结,故租金加速到期不等于融资租赁合同提前到期。

在司法实践中,有观点将主张租金加速到期称为"主张债权",而将主张解除合同、收回租赁物称为"主张物权"。然而,《民法典》将融资租赁担保功能化,即使出租人主张租金加速到期,也有权主张以租赁物的处置款项受偿(是否优先受偿则需要满足一定条件,详见本讲第四部分论述),故加速到期并不仅仅"主张债权",也可能"主张物权"。

(二)加速到期是否应当扣除期限利益

"支付全部租金"包括两部分租金,一是融资租赁合同项下已经到期但承租人未付的租金,属于逾期租金,承租人到期未付,出租人当然有权主张;二是支付期限尚未届至的租金,该租金涉及期限利益问题。"在融资租赁合同中,承租人享有的期限利益就是将全部租金分摊到很长的租赁期限内,分期付租的利益。"[②]加速到期对于出租人而言,原本应当按照合同约定于每期租金届满后才可收取的租金因加速到期而可以提前收到,出租人除了收取该部分租金以外,实际上还额外获得了该部分租金的期限利益。与之相反,承租人则丧失了期限利益。那么,出租人收取全部租金的价值必然大于出租人的实际损失,按照损失填平原则,理应扣除未到期租金的贴现值。但是,《民法典》第752条规定出租人可以要求承租人支付全部租金,"即使该数额必然超过全部租金的贴现值,其实质就是使承租人因其违约行为而丧失其未到期租金的期限利益,从而体现对承租人违约行为的惩罚性,以引导承

---

① 《融资租赁纠纷解释》(2020修正)第10条第2款:出租人请求承租人支付合同约定的全部未付租金,人民法院判决后承租人未予履行,出租人再行起诉请求解除融资租赁合同、收回租赁物的,人民法院应予受理。

② 李阿侠:《融资租赁案件裁判精要》,法律出版社2018年版,第467页。

租人依约履行合同义务"。① 因此,在近几年人民法院处理的融资租赁合同纠纷中,出租人主张租金加速到期的,法院一般不扣除期限利益。

(三)加速到期是否应当扣除租赁利息

《民法典》第746条规定:"融资租赁合同的租金,除当事人另有约定外,应当根据购买租赁物的大部分或者全部成本以及出租人的合理利润确定。"融资租赁合同项下的出租人收取的租金一般由租赁本金及租赁利息组成。租赁利息的计算方式一般与借贷法律关系项下的利息计算方式类似,即各期租金对应的租赁利息=当期租金支付日承租人尚未清偿的全部租赁本金×上述租赁本金实际占用的天数×日租赁利率。实务中,部分出租人在融资租赁合同中明确列示各期租金的组成(各自租金中的租赁本金、租赁利息金额),但也有部分出租人仅在融资租赁合同中列示各期租金。在出租人明确列示租赁本金、租赁利息的情况下,也有承租人在融资租赁合同纠纷案件中以此为由提出相应抗辩,要求未到期租金加速到期后,各期租金中对应的利息应当扣除。

例如,在最高人民法院(2019)最高法民终547号融资租赁合同纠纷案中,《融资租赁合同》第4条"租赁成本、租金和租赁利率"约定:"4.1租赁成本是指出租人向承租人购买租赁物所支付的全部货款及双方一致同意计入租赁成本的相关费用之和。4.2租金是指依据本合同的约定承租人应向出租人支付的租金,包括购买租赁物的租赁成本与基于租赁成本和租赁利率所计算的租赁利息之和……"第18.3条约定:"承租人不按期支付任何一期租金,超过一个月仍未支付租金或严重违反本合同的其他条款时,出租人有权采取下列措施。"第18.3.1条约定:"加速到期,要求承租人立即付清全部剩余租赁成本及其他应付费用,并赔偿由此而给出租人造成的所有损失。"

承租人上诉主张,依据案涉《融资租赁合同》第18条的约定,在加速到期情形下,出租人有权要求承租人付清全部剩余租赁成本及其他应付费用,故应区分已到期未支付租金和加速到期未支付租金。根据合同约定除已到期未支付租金部分,在加速到期情形下上诉人仅对加速到期的租赁成本即未付租金本金承担责任,不应承担加速到期未付租金利息。

法院则认为,在上述合同条款中,虽然对租赁成本、租金等概念作出了界定,但

---

① 最高人民法院民法典贯彻实施工作领导小组主编:《中华人民共和国民法典合同编理解与适用[三]》,人民法院出版社2020年版,第1702页。

对于"剩余租赁成本及其他应付费用"的范围并未涉及,尤其是对于"剩余租赁成本及其他应付费用"与合同附件租金计划表中所列的"本金""利息"的关系,各方当事人在《融资租赁合同》中没有作出任何约定。根据债务人违约导致债务加速到期的通常含义,在本案各方当事人没有明确约定的情况下,承租人所应立即付清的"全部剩余租赁成本及其他应付费用",应理解为所有未到期租金之和。承租人主张其中不应包括租金计划表中所列"利息",没有法律和合同依据,对其主张不予支持。

在上述案例中,虽然融资租赁合同对于加速到期的租金约定不明,承租人据此抗辩其不应承担加速到期未付租赁利息,但法院最终还是根据加速到期的通常含义对承租人的抗辩不予支持。尽管如此,笔者建议,出租人仍然要注意完善融资租赁合同中的加速到期条款,明确约定加速到期的是"租金"而不仅仅是"租赁本金"。

二、出租人主张租金加速到期有哪些条件

若承租人经催告后在合理期限内仍不支付租金的,出租人依据《民法典》第752条规定可以请求承租人支付全部租金。因此,出租人主张租金加速到期的法定条件为承租人欠付租金,且经催告后在合理期限内仍不支付租金。但实务中,出租人一般都会在融资租赁合同中约定承租人违约且将触发租金加速到期的情形。

《上海法院类案办案要件指南(第1册)》在加速到期条件是否成就的认定和裁判规则中,归纳了四个审查要点:符合法定或合同约定的租金加速到期条件、出租人有主张租金加速到期的明确意思表示、对承租人进行催告且给予合理期限、宣布租金加速到期的意思表示到达承租人。[①] 但实践中对于加速到期的条件仍然存在一定争议,笔者认为值得探讨。

(一)约定承租人逾期支付一期租金出租人即可加速到期,出租人主张能否获得法院支持

理论上,根据当事人意思自治原则,融资租赁合同对租金加速到期条件有明确约定时,法院应当尊重当事人的约定。只有在合同没有约定或约定不明时,才适用法定的租金加速到期条件。司法实践中,融资租赁合同约定的加速到期条件却并

---

① 参见茆荣华主编:《上海法院类案办案要件指南(第1册)》,人民法院出版社2020年版,第65页。

非一律能够获得法院支持。

例如,2019 年 12 月 30 日印发《天津市高级人民法院关于审理融资租赁合同纠纷案件若干问题的审判委员会纪要(一)》(津高法〔2019〕335 号发布)第 9 条"出租人宣布租金提前到期的条件"部分明确:"融资租赁合同中约定承租人逾期支付一期租金或者承租人存在逾期支付保证金、租前息等非租金给付义务违约行为时,出租人有权宣布租金提前到期的,出租人据此主张承租人支付全部租金,不予支持。"[1]《上海法院类案办案要件指南(第 1 册)》也有与《天津市高级人民法院关于审理融资租赁合同纠纷案件若干问题的审判委员会纪要(一)》(津高法〔2019〕335 号发布)类似的要求:"融资租赁合同对于租金加速到期条件有约定的一般从约定,但融资租赁合同中约定承租人逾期支付一期租金或者承租人存在非租金给付义务违约行为时,出租人有权宣布提前到期的,出租人据此主张承租人支付全部租金的,不应支持。"[2]

由上可见,《天津市高级人民法院关于审理融资租赁合同纠纷案件若干问题的审判委员会纪要(一)》(津高法〔2019〕335 号发布)与《上海法院类案办案要件指南(第 1 册)》关于不支持融资租赁合同约定的加速到期条件几乎一样,只是后者对于何为"非租金给付义务违约行为"未进行具体列举。除了《天津市高级人民法院关于审理融资租赁合同纠纷案件若干问题的审判委员会纪要(一)》(津高法〔2019〕335 号发布)所列举的保证金、租前息等非租金给付义务以外,实践中也可能包括手续费、服务费、顾问费等非租金给付义务,还可能包括承租人或担保人经营状况恶化、主要资产被查封或执行、股东发生重大变化等相关或类似的情形。笔者斗胆揣测,上述审判思路可能基于以下两点理由:一是由于《民法典》第 752 条规

---

[1] 值得注意的是,在《天津市高级人民法院关于审理融资租赁合同纠纷案件若干问题的审判委员会纪要(一)》(津高法〔2019〕335 号发布)发布之前,天津地区不少案例对于承租人仅逾期一期租金的,法院也支持出租人主张加速到期,如天津市第三中级人民法院(2019)津 03 民初 153 号融资租赁合同纠纷案一审民事判决书。还有案例虽然承租人仅逾期一期租金,但存在其他叠加违约情形,法院亦支持出租人主张加速到期。例如,在天津市高级人民法院(2018)津民初 77 号融资租赁合同纠纷一审民事判决书中,虽然承租人只逾期支付一期租金,但保证人及关联企业在法院多次因合同违约涉诉且未按融资租赁合同约定补足相应担保,法院认为出租人有权宣布租金提前到期。又如,在天津市高级人民法院(2019)津民终 196 号融资租赁合同纠纷民事判决书中,虽然承租人只逾期支付一期租金,但同时发生《融资租赁合同》约定的其他违约情形(如交叉违约及实质影响债权安全),法院因此认为出租人有权宣布租金提前到期。由上可见,《天津市高级人民法院关于审理融资租赁合同纠纷案件若干问题的审判委员会纪要(一)》(津高法〔2019〕335 号发布)可能表明天津法院在加速到期问题上的裁判思路发生了转变,值得融资租赁公司关注。

[2] 茆荣华主编:《上海法院类案办案要件指南(第 1 册)》,人民法院出版社 2020 年版,第 65 页。

定租金加速到期的条件是承租人逾期支付租金且经催告后在合理期限内未支付,若融资租赁合同将非租金给付义务约定为加速到期的条件,则与加速到期的法定条件有所不符。二是根据诚实信用原则①及权利不得滥用原则②对约定的租金加速到期条件进行解释,适当限制出租人权利的行使,尤其是在融资租赁的案件纠纷中。

司法实践中,已经出现了承租人未发生租金逾期支付情形,出租人主张融资租赁合同加速到期的诉讼请求不被支持的情况。例如,在天津市滨海新区人民法院(2020)津0116民初33830号融资租赁合同纠纷案中,承租人最近一期租金支付日为2020年11月15日,出租人主张融资租赁合同加速到期的起诉日为2020年11月10日。出租人提起诉讼的理由包括《融资租赁合同》约定,承租人发生其他可能影响合同债务正常履行的重大事项,即视为承租人在本合同项下的违约情形,出租人有权宣告《融资租赁合同》项下承租人全部债务到期,目前租赁物被其他法院查封。人民法院认为,原告提前行使诉权应当限于合理合法范围,本案原告的起诉并不具备事实和法律上的紧迫性,故原告在起诉时因债务履行期限尚未届至,诉的前提尚不具备。③

但是,《民法典》第752条并未对承租人逾期支付租金的期数提出要求,《天津市高级人民法院关于审理融资租赁合同纠纷案件若干问题的审判委员会纪要(一)》(津高法〔2019〕335号发布)与《上海法院类案办案要件指南(第1册)》却一致不支持出租人在承租人仅逾期一期租金的情形下主张加速到期,即使融资租赁合同中已有明确约定。笔者认为,该要求缺乏法律依据,并且违反当事人意思自治原则,在融资租赁实践中也会产生不合理的后果。例如,实践中不少融资租赁合同约定租金为按季支付或每半年支付,也可能将按季支付的租金拆分成按月支付。一方面,在按月支付情况下,虽然逾期两期租金,但逾期的两期租金金额加起来可能还少于按季支付下仅逾期的一期租金,按照《天津市高级人民法院关于审理融资租赁合同纠纷案件若干问题的审判委员会纪要(一)》(津高法〔2019〕335号发布)与《上海法院类案办案要件指南(第1册)》的规定,不支持仅逾期一期但逾期金额更大的融资租赁合同加速到期,却支持虽逾期两期但逾期金额更小的融资租赁合

---

① 《民法典》第7条:民事主体从事民事活动,应当遵循诚信原则,秉持诚实,恪守承诺。
② 《民法典》第132条:民事主体不得滥用民事权利损害国家利益、社会公共利益或者他人合法权益。
③ 持有类似观点的案例有福州市鼓楼区人民法院一审民事判决书,(2020)闽0102民初5103号。

同加速到期，显得非常不合理。另一方面，如果承租人出现逾期支付一期租金而不允许出租人主张租金加速到期（即使融资合同已经明确约定），那么出租人至少需要再等三个月甚至半年才有权主张租金加速到期，此时承租人的经营状态或财务状况若已经严重恶化，出租人可能已经丧失了最佳诉讼时机。这样的后果也与加速到期意在保护出租人的目的不符。笔者建议，出租人尽量提高融资租赁合同项下的租金支付频率（如租金按月/按季度支付），以降低主张加速到期无法被法院支持的风险。但融资租赁实践中，对于标的金额较大的项目，极少采取按月支付租金的模式。因此，若承租人认为租金支付频率提高后可能对承租人的资金安排产生压力的，出租人可以考虑与承租人协商，约定按月度或按季度支付租赁利息，并按半年度或年度支付租赁本金。

（二）是否要求承租人欠付租金达到全部租金总额的15%

有观点认为，租金加速到期的法定条件有两方面，一是仅限于承租人拒付租金的场合；二是承租人欠付租金达到两期以上或数额达到全部租金总额的15%。该观点理由为，虽然法律与司法解释没有明确承租人欠付租金达到何种程度时出租人可宣布租金加速到期，但是《融资租赁纠纷解释》（2020修正）第5条第2项规定，合同对于欠付租金解除合同的情形没有明确约定，但承租人欠付租金达到两期以上，或者数额达到全部租金15%以上，经出租人催告后在合理期限内仍不支付的，出租人可以请求解除融资租赁合同。通过类推解释，出租人主张租金加速到期的条件应与解除合同的条件保持一致。①

对此，《天津法院融资租赁合同纠纷案件审理标准》（津高法发〔2018〕5号发布）第4.2.1条规定，承租人逾期支付租金，符合下列情形之一且经催告后在合理期限内仍不支付的，支持出租人要求承租人加速支付所有到期和未到期租金的主张：（1）租金加速到期符合合同约定的情形；（2）对租金加速到期没有约定或者约定不明的，欠付租金达到两期以上或者欠付租金数额达到全部租金15%以上。《天津市高级人民法院关于审理融资租赁合同纠纷案件若干问题的审判委员会纪要（一）》（津高法〔2019〕335号发布）第9条"出租人宣布租金提前到期的条件"则进一步明确："融资租赁合同中未明确约定租金提前到期的条件，且当事人无法达成一致意见，承租人欠付租金达到两期以上或者数额达到全部租金百分之十五以上，且经催告后在合理期限内仍不履行支付义务的，出租人主张承租人支付全部租

---

① 参见李阿侠：《融资租赁案件裁判精要》，法律出版社2018年版，第456~457页。

金的,予以支持。"

笔者认为,《天津法院融资租赁合同纠纷案件审理标准》(津高法发〔2018〕5号发布)的上述要求具有一定道理,但是在适用上应当以融资租赁合同对租金加速到期的条件无约定或约定不明为前提。若融资租赁合同已经对加速到期的条件有明确约定,应当优先适用约定。

(三)加速到期的催告与加速到期日的确定

依据《民法典》第752条之规定,出租人主张租金加速到期必须履行催告义务,催告属于前置程序。但是,法律与司法解释并未限定催告的具体方式。关于加速到期日的确定,《天津市高级人民法院关于审理融资租赁合同纠纷案件若干问题的审判委员会纪要(一)》(津高法〔2019〕335号发布)认为:"因承租人逾期支付租金,出租人宣布租金提前到期的,应当综合考虑合同履行期限、实际履行情况以及当事人过错程度等因素,根据公平原则和诚实信用原则,合理确定履行期限及租金提前到期日。"实践中,出租人既可以通过发函的方式进行催告,也可以通过诉讼或仲裁的方式进行催告。不同的催告方式,可能对租金加速到期日的确定产生不同的影响。

1. 以当事人认可的合理日期为加速到期日定

诉讼中法院可以以双方当事人认可的合理日期作为加速到期日。例如,在上海市浦东新区人民法院(2019)沪0115民初47600号融资租赁合同纠纷案中,法院认为被告未按合同约定如期支付租金,已构成违约,原告有权按照《融资租赁合同》的约定,宣布全部租金加速到期,并要求被告支付全部未付租金及违约金;原告主张以2019年3月14日为加速到期日,具有合理性,且被告也认可,法院对加速到期日予以确认。①

2. 以发函方式进行催告,加速到期日的确定

承租人违约后,出租人以发函方式向承租人催告的,所发出的函件在实践中可分为两种:一种是催款,要求承租人在宽限期内尽快支付逾期租金,但该函本身并未作出加速到期的意思表示,故无法起到加速到期的效果;另一种是在函中直接载明主张加速到期的具体日期,或者载明承租人在宽限期内未付清逾期租金则融资租赁合同于宽限期满即加速到期,则可视为函中已表达加速到期的意思表示。如

---

① 持有类似观点的案例有:上海市浦东新区人民法院一审民事判决书,(2019)沪0115民初47599号;天津自由贸易试验区人民法院一审民事判决书,(2021)津0319民初10970号。

果函中指定的加速到期日晚于催告函送达日期的,可以函中确定日期为准。

实践中较为常见的是直接发函通知加速到期,在此种情况下法院一般以催告函送达承租人的日期为加速到期日。例如,在最高人民法院(2019)最高法民终1017号融资租赁合同纠纷案中,出租人向承租人寄送《提前到期通知函》,宣布承租人债务提前到期。虽然出租人未按照合同约定的联系方式进行寄送,但现有证据能够证明承租人对上述函件进行了签收,可以认定通知函已经有效送达,二审法院将通知函到达承租人的日期作为计算提前到期违约金的起算时间。①

3. 以诉讼方式进行催告,加速到期日的确定及风险

以起诉方式进行催告的,实践中加速到期日的确定包括多种方式:

第一,以起诉日作为加速到期日。例如,在北京市高级人民法院(2020)京民终673号融资租赁合同纠纷案中,法院认为,鉴于法院于2020年1月6日受理出租人的起诉,应视为本案《融资租赁合同》于该日提前终止。②

第二,以起诉状副本送达日作为加速到期日。例如,在最高人民法院(2018)最高法民终192号融资租赁合同纠纷案中,在出租人未举证证明其已向承租人发出借款全部提前到期的通知的情况下,原审法院以承租人签收一审起诉状等应诉材料的时间2017年7月19日作为本案借款提前到期日,二审法院予以确认。③ 实践中,如果承租人处于失联状态而需要公告送达的,则以起诉状副本公告送达日作为加速到期日。

第三,以起诉状副本送达之日后第15天作为加速到期日。例如,在上海金融法院(2019)沪74民初404号融资租赁合同纠纷案中,原告明确系以起诉的方式向被告主张合同加速到期,以本案诉状副本送达之日作为合同加速到期日。对此法院认为,根据《合同法》的规定,出租人主张加速到期或行使解除权均要先进行催告,承租人经催告后在合理期限内仍不支付租金的,出租人方可行使上述权利。现原告并未提供催告的证据,故法院将其提起本案诉讼后被告收到原告的诉状副本

---

① 持有类似观点的案例有:最高人民法院二审民事判决书,(2019)最高法民终1018号、(2019)最高法民终1019号、(2019)最高法民终1020号;天津市高级人民法院一审民事判决书,(2018)津民初60号、(2018)津民初61号、(2018)津民初62号、(2018)津民初63号、(2018)津民初64号。

② 持有类似观点的案例有:河南省高级人民法院二审民事判决书,(2021)豫民终90号;陕西省高级人民法院二审民事判决书,(2018)陕民终547号;天津市高级人民法院二审民事判决书,(2018)津民终471号、(2019)津民终195号。

③ 持有类似观点的案例有:甘肃省高级人民法院二审民事判决书,(2021)甘民终510号;湖北省高级人民法院二审民事判决书,(2020)鄂民终588号;上海市高级人民法院二审民事判决书,(2020)沪民终158号;北京市高级人民法院二审民事判决书,(2019)京民终1645号。

之日视为催告之日。本案中,被告自收到本案起诉状副本后一直仍未能向原告偿付拖欠的到期应付租金,并于庭审中明确表示因账户被多家法院查封,目前也没有条件履行付款义务。据此,法院认为,原告关于本案合同加速到期的主张,符合法律及合同约定,法院予以支持,并酌情认定本案合同于2019年5月3日(催告之日后第15天)加速到期。

第四,以融资租赁合同纠纷案件开庭日作为加速到期日。例如,《天津市高级人民法院关于审理融资租赁合同纠纷案件若干问题的审判委员会纪要(一)》(津高法〔2019〕335号发布)认为:"出租人未向承租人发出催告函,或者催告函中未明确合理履行期限,可以确定首次开庭日为租金提前到期日。"在最高人民法院(2019)最高法民终1926号融资租赁合同纠纷案中,在提起本案诉讼之前,出租人未向承租人催告过租金,现通过诉讼方式宣布租金提前到期,应给予承租人一定的履行期限,故一审法院依法酌定本案庭审日2019年5月30日为宣布提前到期日。[1]

需要注意的是,虽然出租人有权不经催告而直接以诉讼方式主张租金加速到期,但实践中也存在一定风险,即可能因为承租人在诉讼中履行了租金支付义务而导致出租人败诉。例如,在湖北省武汉市中级人民法院(2014)鄂武汉中民商终字第640号融资租赁合同纠纷案中,法院认为,承租人虽有迟延支付和未按期缴纳租金的事实,但出租人应向承租人进行催告,要求承租人在合理期限内支付。但出租人没有证据证实其向承租人进行催告后,承租人拒不缴纳租金的事实,且承租人自出租人提起诉讼后一直履行缴纳租金的义务至出租人二审上诉前。故出租人要求解除《租赁合同》,由承租人支付全部剩余租金的请求法院不予支持,承租人不应承担立即支付全部剩余租金的义务,而应继续履行合同约定的义务。

加速到期日的确定,与违约金的计算日息息相关,是法院审理案件时必须查明的事实。为便于诉讼顺利进行,笔者建议,出租人在融资租赁合同中完善相关条款,例如,完善通知、司法文书送达条款,便于催告函的送达。

(四)出租人能否行使不安抗辩权主张租金加速到期

如前文所述,实践中融资租赁合同还可能约定出租人可主张租金加速到期的其他情形,包括但不限于承租人或担保人经营状况恶化、主要资产被查封或执行、

---

[1] 持有类似观点的案例有:天津市高级人民法院一审民事判决书,(2018)津民初87号;天津市高级人民法院二审民事判决书,(2020)津民终370号、(2021)津民终26号、(2021)津民终27号。

股东发生重大变化等。在上述情形下,承租人或担保人虽然构成违约,但可能租金仍然正常支付或者租金的支付期限尚未届至。

《最高人民法院印发〈关于当前形势下审理民商事合同纠纷案件若干问题的指导意见〉的通知》(法发〔2009〕40号)第17条规定:"在当前情势下,为敦促诚信的合同一方当事人及时保全证据、有效保护权利人的正当合法权益,对于一方当事人已经履行全部交付义务,虽然约定的价款期限尚未到期,但其诉请付款方支付未到期价款的,如果有确切证据证明付款方明确表示不履行给付价款义务,或者付款方被吊销营业执照、被注销、被有关部门撤销、处于歇业状态,或者付款方转移财产、抽逃资金以逃避债务,或者付款方丧失商业信誉,以及付款方以自己的行为表明不履行给付价款义务的其他情形的,除非付款方已经提供适当的担保,人民法院可以根据合同法第六十八条第一款、第六十九条、第九十四条第(二)项、第一百零八条、第一百六十七条等规定精神,判令付款期限已到期或者加速到期。"据此,实践中有观点认为,根据该意见并参照《民法典》关于不安抗辩权的规定,①在承租人或担保人经营状况恶化、主要资产被查封或执行、股东发生重大变化等情形下,出租人有权主张融资租赁合同项下的租金加速到期甚至解除合同。笔者认为,该观点值得商榷。

一方面,《最高人民法院印发〈关于当前形势下审理民商事合同纠纷案件若干问题的指导意见〉的通知》(法发〔2009〕40号)是在2008年受国际金融危机影响市场交易领域爆发了大量民商事案件的背景下,最高人民法院为维护市场交易秩序、激发市场信心而颁布的。从其内容来看,该指导意见突破原有的不安抗辩、预期违约法律救济体系,将《合同法》第68条(现为《民法典》第527条)规定的丧失履约能力危险,及相对方被吊销营业执照、被注销、被有关部门撤销、处于歇业状态的法律后果均归为"债务加速到期",属于对法律进行扩张解释,带有明显的政策导向。而该指导意见出台至今已经有14年之久,经济与社会环境、秩序均已经发生重大变化,适用土壤恐不复存在。《最高人民法院印发〈关于当前形势下审理民商事合同纠纷案件若干问题的指导意见〉的通知》(法发〔2009〕40号)虽然未被明确废止,但并非司法解释,不可作为裁判依据进行援引。

另一方面,从《民法典》第752条规定的关于租金加速到期的法定理由,以及

---

① 《民法典》第527条第1款:应当先履行债务的当事人,有确切证据证明对方有下列情形之一的,可以中止履行:(一)经营状况严重恶化;(二)转移财产、抽逃资金,以逃避债务;(三)丧失商业信誉;(四)有丧失或者可能丧失履行债务能力的其他情形。

《天津市高级人民法院关于审理融资租赁合同纠纷案件若干问题的审判委员会纪要(一)》(津高法〔2019〕335号发布)、《天津法院融资租赁合同纠纷案件审理标准》(津高法发〔2018〕5号发布)、《上海法院类案办案要件指南(第1册)》等关于租金加速到期约定条件的要求可见,司法实践中法院对于租金加速到期的约定条件趋于从严把握。即使融资租赁合同约定租金逾期一期出租人即可主张租金加速到期,对此已经出现租金逾期的情形法院尚不予支持,举重以明轻,那么在租金仍在正常支付或支付期限尚未届至的情况下,出租人仅以承租人或担保人经营状况恶化、涉诉或资产被查封等非租金支付义务的违反作为理由主张加速到期,法院不予支持的可能性较高。

在实践中,承租人涉诉、资产被查封尚可客观判断(也存在撤诉、解除查封的可能),而经营状况严重恶化等违约情形在诉讼中举证却并非易事,出租人贸然提起诉讼主张加速到期可能存在较大风险。但是面对客观存在的承租人经营状况恶化等情形,出租人也不敢坐等承租人实质违约。此时,出租人不妨结合承租人的负债情况、其他债权人已经或即将采取的措施,预判承租人的租金支付能力,并决定是否提起诉讼。从提起诉讼到开庭审理,中间可能还需要一段时间,在此期间不排除承租人经营状况继续恶化而产生进一步违约,甚至承租人可能继续被其他债权人提起更多的诉讼或被申请执行,则出租人主张租金加速到期被支持的可能性更高。若在诉讼过程中承租人偿付能力好转,清偿了逾期租金,出租人亦可在诉讼中撤回起诉或与承租人达成和解、调解。

三、出租人主张租金债权,能否主张确认对租赁物的所有权

依据《民法典》第757条[1]之规定,融资租赁的出租人和承租人可以约定租赁期间届满租赁物的归属。如果融资租赁合同约定租赁期间届满租赁物所有权归出租人的,则出租人可行使物上返还请求权,向承租人主张租赁物所有权。当事人也可在融资租赁合同中约定租赁期间届满后,租赁物归承租人所有,或者约定承租人仅需向出租人支付象征性价款后租赁物所有权归承租人的,视为约定的租金义务履行完毕后租赁物的所有权归承租人。在约定租赁期限届满后租赁物所有权归承租人的情况下,出租人起诉主张租金加速到期同时,能否请求法院确认在承租人支

---

[1] 《民法典》第757条:出租人和承租人可以约定租赁期限届满租赁物的归属;对租赁物的归属没有约定或者约定不明确,依据本法第五百一十条的规定仍不能确定的,租赁物的所有权归出租人。

付完毕全部应付未付款项前租赁物所有权仍归出租人？实践中对此存在不同观点,笔者对此进行简要探讨。

(一)司法实践关于是否支持出租人主张保留所有权的观点

1. 观点一:不应支持出租人主张保留租赁物所有权

依据《民法典》第752条①及《融资租赁纠纷解释》(2020修正)第10条第1款②之规定,融资租赁案件中,出租人只能在加速到期与解除合同并返还租赁物中二选一,即不能既诉请租金加速到期,又诉请解除合同并返还租赁物。实务中多称主张加速到期为主张债权,主张返还租赁物为主张物权,即要么主张债权,要么主张物权。因此,部分法院认为,在主张加速到期的案件中,出租人不得同时主张对租赁物享有所有权。

例如,江阴市人民法院(2018)苏0281民初13527号融资租赁合同纠纷民事判决认为,某融资租赁公司要求确认案涉融资租赁标的物所有权及优先受偿权,并主张租金加速到期,而主张租金加速到期即是对其租金债权的实现,如该诉请得以实现则其权益得以保障,如未能实现则可通过解除合同、收回租赁物方式实现救济。某融资租赁公司已经明确主张租金加速到期,又要求确认案涉融资租赁标的物所有权及优先受偿权,该诉讼请求无法律依据,法院依法不予支持。

该案判决于《民法典》施行之前,彼时主流观点认为,出租人主张租金加速到期足以提前实现其租金债权,而承租人则丧失了租金的期限利益,即原本分期支付的租金在加速到期后需要一次性支付。当时施行的《融资租赁纠纷解释》(2014)第21条第2款规定了出租人主张的债权经强制执行程序后仍未回收时,可以再次起诉主张物权(解除融资租赁合同、返还租赁物)的权利救济路径,③且当时并未有其他法律法规或司法解释就出租人能否同时提出债权及物权主张作出规定。因此,部分司法实践观点认为,由于出租人主张债权时系基于主张融资租赁合同加速到期、应继续履行的债权请求权,而出租人主张物权时系基于融资租赁合同解除的物权请求权,出租人在一件案件中不得同时行使债权请求权、物权请求权。

---

① 《民法典》第752条:承租人应当按照约定支付租金。承租人经催告后在合理期限内仍不支付租金的,出租人可以请求支付全部租金;也可以解除合同,收回租赁物。

② 《融资租赁纠纷解释》(2020修正)第10条第1款:出租人既请求承租人支付合同约定的全部未付租金又请求解除融资租赁合同的,人民法院应告知其依照民法典第七百五十二条的规定作出选择。

③ 《融资租赁纠纷解释》(2014)第21条第2款:出租人请求承租人支付合同约定的全部未付租金,人民法院判决后承租人未予履行,出租人再行起诉请求解除融资租赁合同、收回租赁物的,人民法院应予受理。

2. 观点二:支持确认款项付清前租赁物所有权归出租人的主张

该观点认为,出租人主张合同加速到期的,应当根据合同约定确定租赁物的归属。若合同约定融资租赁合同到期后,租赁物归承租人或承租人支付名义购买价后租赁物归承租人的,出租人要求确认承租人支付全部应付未付款项前租赁物所有权由出租人享有的,应予支持。

例如,北京市第二中级人民法院(2020)京02民初385号融资租赁合同纠纷民事判决认为,《融资租赁合同》履行期间,租赁物的所有权归出租人,且《融资租赁合同》约定,在某金融租赁公司收到全部租金、留购价款及其他应付款之后,租赁物所有权自动转移给承租人,故某金融租赁公司主张在其涉案债权实现之前,租赁物所有权归其所有,法院予以支持。①

也有法院认为,在承租人支付完毕全部未付租金及其他费用之前,按合同约定租赁物所有权本来就归出租人享有,故没有必要通过判决主文进行判决确认,但应在"本院认为"部分对此进行描述。

例如,在最高人民法院(2021)最高法民终458号融资租赁合同纠纷案中,一审法院认为,某租赁公司起诉要求确认四被告未清偿债务前,案涉《融资租赁合同》项下的租赁物所有权归其所有,因某租赁公司与某制盐公司在签订《融资租赁合同》的同日即签订《资产转让合同》,某制盐公司已于当日向某租赁公司出具了转让资产的所有权转移证书,且至本案一审其并未对此提出异议。而某租赁公司据以主张支付租金等款项也是以其对该资产享有所有权为前提,故该租赁物的所有权并无判决确认的必要。

3. 观点三:若租赁物真实存在且不存在权属争议,可以支持

该观点认为,尽管融资租赁合同约定租赁物所有权归属融资租赁公司,但支持出租人主张所有权的前提是租赁物真实存在且不存在权属争议,否则不予支持。

例如,湖北省高级人民法院(2018)鄂民初79号融资租赁合同纠纷一审民事判决认为,金融租赁公司未提交证据证明,在签订合同时,合同附件售后回租资产清单的租赁标的沥青砼搅拌站、履带式潜孔钻、推土机、挖土机、轮式装载机等75套

---

① 持有类似观点的案例有:北京市第二中级人民法院一审民事判决书,(2015)二中民(商)初字第06431号、(2016)京02民初179号、(2020)京02民初370号;天津市第二中级人民法院一审民事判决书,(2017)津02民初683号;北京市第一中级人民法院一审民事判决书,(2018)京01民初636号;上海市浦东新区人民法院一审民事判决书,(2019)沪0115民初10943号;浙江省杭州市中级人民法院一审民事判决书,(2020)浙01民初416号等。

设备确实存在,融资租赁合同的登记证明也附注登记内容的真实性、合法性和准确性由登记当事人负责,该登记不能产生确认所有权的效果。即便租赁物在合同签订时存在,也不能排除在合同履行期间发生善意取得的情形,不具有对抗可能存在的善意第三人的效力。因此,对金融租赁公司确认所有权的诉讼请求,金融租赁公司应承担未尽证明责任的不利后果,法院对该项诉讼请求予以驳回。

(二)笔者认为符合条件时可支持出租人保留租赁物所有权的主张

首先,依照《民法典》的相关规定,出租人享有租赁物的所有权,且合同可以约定租赁期限届满租赁物的归属。若合同约定租赁期限届满租赁物所有权归承租人或承租人支付名义购买价后租赁物归承租人的,出租人诉请主张租金加速到期同时请求法院确认在承租人支付完毕全部应付未付款项前租赁物所有权仍由出租人享有的,具有法律与合同依据,理应获得支持。

其次,人民法院应当查明租赁物是否办理了融资租赁登记,以及该租赁物的登记情况或登记顺位。由于《民法典担保制度解释》已经明确融资租赁中出租人对租赁物享有的所有权本质上是具有担保功能,[①]并且《民法典》第745条规定:"出租人对租赁物享有的所有权,未经登记,不得对抗善意第三人。"因此,对于融资租赁同样也要适用《民法典》第414条关于同一财产上多个担保物权的效力顺序之规定,[②]意味着无论是租赁物上存在多个融资租赁,还是同一租赁物上出现融资租赁与抵押权的竞存,都应按照登记先后确定清偿顺序。既然出租人对租赁物享有的所有权可能与其他担保物权竞存,那么人民法院就应当查明租赁物上的所有权登记情况,才能决定是否应当支持出租人提出的对租赁物享有所有权的主张。

再次,虽然出租人可以在主张加速到期的同时主张对租赁物享有所有权,但该所有权是附条件的所有权,即在承租人未付清全部应付未付款项之前,出租人享有租赁物所有权。如果承租人付清全部应付未付款项,其有权从出租人处获得租赁物的所有权。因此,该安排并不损害承租人的利益,也符合融资租赁中租赁物对出租人租金债权的保障作用,有利于督促承租人尽快履行合同。

最后,根据最高人民法院的相关意见,人民法院在作出判决之前应当首先查明

---

① 关于融资租赁"担保功能化"的问题,详见本书第一讲"融资租赁'担保功能化'的理解与主要争议问题"。

② 《民法典》第414条:同一财产向两个以上债权人抵押的,拍卖、变卖抵押财产所得的价款依照下列规定清偿:(一)抵押权已经登记的,按照登记的时间先后确定清偿顺序;(二)抵押权已经登记的先于未登记的受偿;(三)抵押权未登记的,按照债权比例清偿。其他可以登记的担保物权,清偿顺序参照适用前款规定。

拟确权标的物是否已经被人民法院查封、扣押或冻结。《最高人民法院关于执行权合理配置和科学运行的若干意见》(法发〔2011〕15号发布)第26条规定:"审判机构在审理确权诉讼时,应当查询所要确权的财产权属状况,发现已经被执行局查封、扣押、冻结的,应当中止审理;当事人诉请确权的财产被执行局处置的,应当撤销确权案件;在执行局查封、扣押、冻结后确权的,应当撤销确权判决或者调解书。"《最高人民法院关于人民法院立案、审判与执行工作协调运行的意见》(法发〔2018〕9号)第8条规定:"审判部门在审理确权诉讼时,应当查询所要确权的财产权属状况。需要确权的财产已经被人民法院查封、扣押、冻结的,应当裁定驳回起诉,并告知当事人可以依照民事诉讼法第二百二十七条的规定主张权利。"[①]而融资租赁的租赁物动产居多,租赁物是否真实存在、是否被查封或扣押、是否被其他债权人善意取得或是否存在其他权属争议,具有较大的不确定性。如果出租人向法院主张确认租赁物所有权,应当查询所要确权的财产权属状况。从现有的支持出租人主张确权的融资租赁合同纠纷案例来看,法院并未对租赁物的财产权属状况进行深入调查。实务中,也存在法院认为权属审查工作量较大,希望原告撤回保留租赁物所有权诉讼请求的情况。

综上所述,笔者认为,从《民法典》及融资租赁合同约定来看,人民法院可以在支持出租人主张租金加速到期的同时,确认承租人付清全部应付款项之前租赁物所有权归出租人。依照最高人民法院的相关意见,笔者认为如果出租人希望同时确认所有权的,应当向法院提供充分的证据证明租赁物的财产权属状况,包括但不限于租赁物存放位置、租赁物是否有被其他法院查封或扣押、是否已被其他债权人善意取得或是否存在其他权属纠纷。需要说明的是,基于不同的人民法院就上述问题持有不同的裁判观点,笔者建议出租人在起诉前,综合考察管辖法院的既往裁判观点规划诉讼请求。

(三)《民法典》施行后是否还有主张保留租赁物所有权的必要

前文分析系基于出租人在诉讼中提出了相应的诉讼请求,即一是主张租金加速到期,二是主张承租人付清全部款项之前租赁物所有权归出租人所有。那么,如果存在更有利于保障出租人权利的诉讼请求,出租人是否还有必要主张保留租赁物所有权呢?

如前文所述,由于《民法典》及《民法典担保制度解释》已经明确融资租赁中出

[①] 本法中的第227条为《民事诉讼法》(2021修正)第234条。

租人对租赁物享有的所有权本质上是具有担保功能,因此出租人对租赁物享有的所有权并非完整意义上的所有权,相应出租人可主张的权利也可能发生变化。《民法典担保制度解释》第65条第1款规定:"在融资租赁合同中,承租人未按照约定支付租金,经催告后在合理期限内仍不支付,出租人请求承租人支付全部剩余租金,并以拍卖、变卖租赁物所得的价款受偿的,人民法院应予支持;当事人请求参照民事诉讼法'实现担保物权案件'的有关规定,以拍卖、变卖租赁物所得价款支付租金的,人民法院应予准许。"

依据上述规定,出租人在请求支付全部剩余租金(主张加速到期)的同时,也可以主张以拍卖、变卖租赁物所得的价款受偿,或者直接向人民法院申请实现担保物权。至于能否主张就租赁物优先受偿,参考《最高人民法院民法典担保制度司法解释理解与适用》的观点,即"出租人能否主张就拍卖、变卖租赁物所得价款优先受偿,则取决于出租人对租赁物享有的所有权是否已经办理登记。根据《民法典》第745条的规定,出租人对租赁物享有的所有权未经登记的,不得对抗善意第三人,因此在出租人对租赁物享有的所有权未办理登记时,对于出租人请求以拍卖、变卖租赁物所得价款优先受偿的请求,人民法院不应支持,而仅支持其请求以拍卖、变卖租赁物所得价款受偿的请求"。[①]

由上可见,出租人对于办理了融资租赁登记的租赁物理论上可主张优先受偿权。如果法院判决出租人可以就租赁物优先受偿的,相较于单纯判决在承租人付清全部款项之前租赁物的所有权归出租人而言,更有利于保障出租人的权利。因此,在《民法典》施行后,出租人主张租金加速到期的诉讼中,笔者建议同时主张以拍卖、变卖租赁物所得价款优先受偿,而不是主张保留租赁物的所有权。

四、出租人主张租金债权,能否一并主张就租赁物价款优先受偿

(一)出租人可就租赁物价款受偿之规定

在《民法典》施行前,依照《合同法》和《融资租赁纠纷解释》(2014)的规定,出租人的权利行使路径一般为"全部租金加速到期"或"解除合同取回租赁物",且出租人不得在主张租金加速到期的情况下,对租赁物提出物权请求。如前文所述,根据《民法典担保制度解释》第65条第1款的规定,出租人可以在主张融资租赁合同

---

① 最高人民法院民事审判第二庭:《最高人民法院民法典担保制度司法解释理解与适用》,人民法院出版社2021年版,第546页。

加速到期的诉讼中,一并主张以拍卖、变卖租赁物所得的价款受偿。

但是,《民法典担保制度解释》第65条第1款仅规定"以拍卖、变卖租赁物所得的价款受偿"(无"优先"二字),对于出租人能否主张就拍卖、变卖租赁物所得价款"优先"受偿问题,该条并没有直接作出明确规定。《民法典担保制度解释》施行后,出租人能否就租赁物价款优先受偿这一问题,在理论与实务中一直均存在较大分歧。

(二)出租人能否就租赁物价款优先受偿问题司法实践观点

1. 不支持主张确认租赁物所有权归其所有并对租赁物进行拍卖、变卖

云南省昆明市中级人民法院(2019)云01民终3616号融资租赁合同纠纷民事判决认为:"关于上诉人主张确认租赁物所有权归其所有并对租赁物进行拍卖、变卖等方式变价清偿债务,根据《最高人民法院关于审理融资租赁合同纠纷案件适用法律问题的解释》第二十一条第二款①规定:'出租人请求承租人支付合同约定的全部未付租金,人民法院判决后承租人未予履行,出租人再行起诉请求解除融资租赁合同、收回租赁物的,人民法院应予受理。'在上诉人主张承租人支付租金及各项损失后,在承租人未履行的情况下,上诉人可以再行起诉收回租赁物等,故上诉人要求本案中一并处理,本院不予支持,进而其主张对租赁物进行拍卖、变卖等方式变价清偿债务,无合同及法律依据,本院不予支持。"

该案判决于《民法典》施行之前,彼时主流观点认为,出租人主张融资租赁合同项下的租金加速到期时,足以提前实现其租金债权,而承租人则丧失了租金的期限利益,即原本分期支付的租金在加速到期后需要一次性支付。故虽然租金加速到期了,但融资租赁合同并未解除,出租人仍然有义务保证承租人继续使用租赁物,因此法院不应当在支持加速到期的同时支持确认租赁物所有权并拍卖、变卖租赁物。

上述观点在《民法典》施行之前具有一定代表性,但在《民法典》及《民法典担保制度解释》施行之后则此观点值得商榷。

2. 以出租人主张优先受偿权无法律依据为由不予支持

在苏州工业园区人民法院(2021)苏0591民初4215号融资租赁合同纠纷案中,出租人请求判令其对租赁物折价或拍卖、变卖所得价款享有优先受偿权,法院

---

① 对应《融资租赁纠纷解释》(2020修正)第10条第2款。

仅以租赁设备优先受偿的诉讼请求缺乏法律依据为由对出租人的诉讼请求不予支持。①

笔者认为,法院的裁判理由未进一步阐述不予支持的详细理由,尤其是《民法典》及《民法典担保制度解释》施行之后,法院仍然作出这样的判决,值得关注。

3. 支持出租人可就拍卖、变卖租赁物所得价款受偿,但并未明确优先性

在上海市浦东新区人民法院(2021)沪0115民初21753号融资租赁合同纠纷案中,法院认为:"原告以拍卖、变卖租赁车辆所得价款受偿的诉讼请求有法律依据,本院亦予以支持。"并作出判决:"……四、原告某融资租赁公司可以将租赁车辆……拍卖、变卖,所得价款用于清偿被告上述第一至三项判决确定的付款义务;如所得价款不足清偿上述债务,则不足部分由被告继续清偿,如所得价款超过上述债务,则超过部分归被告所有。"在本案中,法院认可依据《民法典担保制度解释》第65条第1款之规定,出租人可以就租赁物价款受偿,但并未明确该受偿是否为"优先"受偿。②

4. 认可自物抵押的效力并支持出租人享有优先受偿权

在济南市市中区人民法院(2021)鲁0103民初3181号融资租赁合同纠纷案中,法院认为:"原、被告签订了抵押合同,约定了抵押担保范围,并办理了抵押登记手续,原告抵押权依法设立,其实现抵押权的诉讼请求应予支持。"并作出判决:"……三、原告某租赁公司对被告名下的……汽车拍卖、变卖或折价所得价款在上述第一、二项判决内容确定的债权范围内享有优先受偿权……"

在(2021)鲁0103民初3181号案中,法院认可出租人自物抵押的效力,基于出租人对租赁物享有抵押权,判决出租人对租赁物价款优先受偿。值得注意的是,在该案的判决依据中,法院列举了《民法典担保制度解释》第65条,但并未展开说理。③

尽管此类裁判结果是支持了出租人对租赁物享有优先受偿权,但其裁判理由实际上认可被设定自物抵押的租赁物属于动产抵押担保物,有悖融资租赁之本质,且与"自物抵押的法律效果为公示对抗而非设立担保物权"的司法实践主流观点

---

① 持有类似观点的案例有:苏州工业园区人民法院一审民事判决书,(2021)苏0591民初4213号;岳阳市岳阳楼区人民法院一审民事判决书,(2020)湘0602民初9068号。
② 持有类似观点的案例有:上海市浦东新区人民法院一审民事判决书,(2020)沪0115民初46642号;重庆自由贸易试验区人民法院一审民事判决书,(2021)渝0192民初1340号。
③ 持有类似观点的案例有泗县人民法院一审民事判决书,(2021)皖1324民初869号。

并不一致,笔者认为值得商榷。

5. 支持出租人可就拍卖、变卖租赁物所得价款优先受偿

2022年3月3日,上海金融法院发布《上海金融法院2021年度典型案例》,其中(2020)沪74民初3458号某金融租赁公司与某石化有限公司等融资租赁合同纠纷案对出租人能否就租赁物价款优先受偿问题予以明确。上海金融法院认为,关于出租人能否享有优先受偿权,根据《民法典》第745条"出租人对租赁物享有的所有权,未经登记,不得对抗善意第三人"以及《民法典担保制度解释》第63条"非典型担保中,当事人未在法定的登记机构依法进行登记,主张该担保具有物权效力的,人民法院不予支持"等规定,出租人享有优先受偿权的前提是融资租赁合同及出租人对租赁物享有的所有权已经办理登记,且相应登记具有公示公信的作用。本案中,《融资租赁合同》及租赁物所有权系于2019年4月27日在动产融资统一登记公示系统登记……自2021年1月1日起,经国务院批准,动产融资统一登记公示系统成为在全国范围内实施动产和权利担保统一登记的平台,具有法定的公示公信力,本案原告所登记的案涉内容也被纳入登记系统且公开可查。因此,法院认为案涉融资租赁合同及租赁物的登记应自2021年1月1日起发生物权效力,原告在系争租赁物上享有的优先权利顺位也可根据该时点进行排列确定。法院遂判决出租人可以与承租人协议,就《融资租赁合同》合同项下租赁物折价,或者将该租赁物拍卖、变卖所得价款优先受偿,拍卖、变卖所得价款超过上述确认债权部分归承租人所有,不足部分由承租人继续清偿。[①]

综上,总体而言,各地法院的裁判案例对于适用租赁物价款受偿规则仍较为谨慎。法院直接依据《民法典担保制度解释》第65条第1款的规定,确认出租人对租赁物享有"优先"受偿权的案件较少、诉讼标的较小,司法实践情况有待进一步观察。

(三) 出租人能否就拍卖、变卖租赁物所得价款优先受偿取决于是否办理登记

《最高人民法院民法典担保制度司法解释理解与适用》认为:"出租人能否主张就拍卖、变卖租赁物所得价款优先受偿,则取决于出租人对租赁物享有的所有权

[①] 持有类似观点的案例有:银川市兴庆区人民法院一审民事判决书,(2021)宁0104民初15563号;新密市人民法院一审民事判决书,(2021)豫0183民初8169号;重庆自由贸易试验区人民法院一审民事判决书,(2021)渝0192民初1741号;上海市黄浦区人民法院一审民事判决书,(2021)沪0101民初27548号;佛山市南海区人民法院一审民事判决书,(2021)粤0605民初28441号;漯河市召陵区人民法院一审民事判决书,(2021)豫1104民初4646号;诸城市人民法院一审民事判决书,(2021)鲁0782民初6779号。

是否已经办理登记。根据《民法典》第745条的规定,出租人对租赁物享有的所有权未经登记的,不得对抗善意第三人,因此在出租人对租赁物享有的所有权未办理登记时,对于出租人请求以拍卖、变卖租赁物所得价款优先受偿的请求,人民法院不应支持,而仅支持其请求以拍卖、变卖租赁物所得价款受偿的请求。"[①]据此理解,最高人民法院对此问题的观点应为:在已办理融资租赁登记的情况下,法院应当支持出租人对租赁物享有"优先"受偿权。

《最高人民法院关于充分发挥司法职能作用 助力中小微企业发展的指导意见》(法发〔2022〕2号发布)第10条明确:"……严格依照民法典及有关司法解释的规定,依法认定生产设备等动产担保,以及所有权保留、融资租赁、保理等非典型担保债权优先受偿效力,支持中小微企业根据自身实际情况拓宽融资渠道……"据此,在审理中小微企业案件中,最高人民法院支持融资租赁出租人对租赁物价款享有优先受偿权。

2022年1月27日,最高人民法院在其"全国人大代表全国政协委员联络沟通平台"公布的《对十三届全国人大四次会议第9022号建议的答复》认为:"根据《最高人民法院关于适用〈中华人民共和国民法典〉有关担保制度的解释》第六十五条的规定,出租人可以在诉讼中主张以拍卖、变卖租赁物所得的价款受偿,也可以请求参照'实现担保物权案件'程序拍卖、变卖租赁物所得的价款受偿。拍卖、变卖租赁物发挥的是担保功能。租赁物已经登记的,出租人享有优先权,租赁物未登记的,不能对抗善意第三人。"[②]

笔者认为,从上述最高人民法院公开出版物及司法文件的内容分析,关于出租人能否就租赁物价款优先受偿这一问题,应可以得出基于融资租赁合同中的租赁物具有担保功能,若租赁物已经登记的,则出租人有权就租赁物价款优先受偿的结论。例如,在上海市黄浦区人民法院(2021)沪0101民初22842号融资租赁合同纠纷一案中,案涉租赁车辆虽登记于承租人名下,然《融资租赁合同》中明确约定案涉租赁车辆所有权属于出租人,且出租人办理了案涉融资租赁业务下租赁车辆的所有权登记,故上述租赁车辆的所有权属于出租人,并得对抗第三人。鉴于承租人

---

① 最高人民法院民事审判第二庭:《最高人民法院民法典担保制度司法解释理解与适用》,人民法院出版社2021年版,第546页。
② 最高人民法院:《对十三届全国人大四次会议 第9022号建议的答复》,载全国人大代表全国政协委员联络沟通平台2022年1月27日,http://gtpt.court.gov.cn/#/NewsDetail?type=03000000&id=0112034ec7594a458de91af36ebc5f03。

未能按约支付租金,出租人可以以拍卖、变卖案涉租赁车辆所得价款按照担保登记的时间顺序优先清偿全部未付租金、留购款和滞纳金。①

(四)建议出租人尽量主张就拍卖、变卖租赁物所得价款优先受偿

笔者认为,对于出租人能否就租赁物价款优先受偿这一问题,最高人民法院的观点较为明确,但基于《民法典担保制度解释》第65条第1款规定中缺少"优先"二字,各地法院所持裁判观点仍较为谨慎。(2020)沪74民初3458号某金融租赁公司与某石化有限公司等融资租赁合同纠纷案作为上海金融法院发布的支持出租人就租赁物价款享有优先受偿的典型案例,可能对此后各法院审理类似融资租赁合同纠纷产生积极影响。但鉴于我国并非判例法国家,前述案例作为个案,并不能成为法院判决的依据。故出租人仍需关注各地区人民法院,特别是出租人住所地人民法院或合同约定有管辖权地区的人民法院,在后续融资租赁合同纠纷民事判决书中,对于出租人主张租赁物价款优先受偿的诉讼请求是否予以支持,并据此调整诉讼请求。

那么,若出租人不主张就租赁物优先受偿,但出租人选择主张租金加速到期并获得了胜诉判决,出租人能否直接请求就租赁物进行强制执行,并以执行所得清偿租金债权?最高人民法院的观点为:"在出租人选择请求承租人支付全部租金并获胜诉判决的前提下,出租人不能直接请求就租赁物进行强制执行,并以执行所得清偿租金债权。"②

综上所述,笔者认为,出租人主张融资租赁合同加速到期时,应当一并主张就租赁物价款优先受偿。同时,在实践中也应结合租赁物的性质、租赁物的可变现价值、出租人取得的租赁物权属文件情况、融资租赁合同项下是否安排有其他担保措施,综合分析判断。在部分案件中,出租人提出就租赁物价款优先受偿的诉讼请求,反而可能对出租人的债权回收产生负面影响。主要原因包括:

第一,关于租赁物优先受偿的诉讼请求必然涉及融资租赁法律关系是否成立、出租人是否有权对租赁物主张权利问题的审查。民事法律文书对租赁物的处置问题进行认定后,如租赁物存在已经被多次设定权利负担情况的,可能发生第三人针对民事法律文书提出撤销权之诉导致民事法律文书被推翻的情形。基于上述原

---

① 持有类似观点的案例有:上海市黄浦区人民法院一审民事判决书,(2021)沪0101民初22893号、(2021)沪0101民初22904号、(2021)沪0101民初22921号、(2021)沪0101民初22941号。

② 最高人民法院民事审判第二庭编著:《最高人民法院关于融资租赁合同司法解释理解与适用》,人民法院出版社2016年版,第306页。

因,相较于出租人主张"全部租金加速到期"的情形,出租人主张"解除合同取回租赁物"或"租赁物价款优先受偿"的,人民法院关于租赁物权属问题的审查要求可能更高。若出租人取得的租赁物权属文件存在瑕疵并可能影响融资租赁法律关系认定的,则需要审慎确定诉讼请求。

第二,若法院判决出租人就租赁物价款优先受偿,且相关案件进入强制执行程序的,人民法院可能基于避免超额处分被执行人财产的考虑,要求出租人先就租赁物进行处置,再对其他被执行人财产进行处置。若被执行人其他财产的处置价值高于租赁物的,关于租赁物价款优先受偿的诉讼请求反而可能对出租人尽快回收债权产生负面影响。

第三,笔者认为,在优先受偿典型案例的裁判观点之下,仍有部分问题有待解决。例如,出租人主张租赁物价款优先受偿的,法院除审查融资租赁合同项下出租人关于租赁物的权属文件及登记情况外,是否需要一并审查租赁物是否被设立了其他顺位在先权利负担?又如,对于机动车、船舶、航空器等租赁物,法院是否需审查车管所、海事局、民航局关于租赁物的登记情况?再如,若融资租赁合同约定租赁期届满后,租赁物所有权属于出租人的,出租人主张租赁物价款优先受偿的诉讼请求是否同样可以被支持?这些问题在实务中应如何处理,有待进一步观察。

五、出租人能否主张加速到期租金之违约金

《融资租赁纠纷解释》(2020修正)第9条规定:"承租人逾期履行支付租金义务或者迟延履行其他付款义务,出租人按照融资租赁合同的约定要求承租人支付逾期利息、相应违约金的,人民法院应予支持。"依据该规定,出租人可在主张租金加速到期的同时,请求承租人支付逾期利息和相应的违约金。实务中关于出租人主张违约金的主要争议问题包括两点,一是关于违约金利率的上限问题;[1]二是关于违约金的计算基数,尤其是融资租赁出租人可否就加速到期的租金主张逾期利息或违约金。本讲主要对第二个争议问题进行探讨。

出租人主张融资租赁合同项下租金加速到期,实际上是要求承租人继续履行合同并立即支付已经到期未付租金和未到期租金。对于已经到期未付租金,出租人可依据合同约定主张违约金,自无争议。对于尚未到期但因承租人违约而加速到期的租金,出租人可否自加速到期日起主张逾期利息或违约金?实践中存在较

---

[1] 关于利率上限问题,详见本书第七讲"融资租赁利率监管与司法裁判"。

大争议。

(一)关于出租人能否主张加速到期租金之违约金的争议

支持观点认为,在融资租赁合同已经明确约定加速到期租金可以计收逾期利息或违约金的情况下,出租人就加速到期租金主张逾期利息或违约金具有合同依据,应予支持。其理由主要包括两点:一是法律未禁止合同约定对加速到期租金计收违约金;二是原本未到期的租金因加速到期而变成到期应付,若承租人未支付就应按照合同约定支付违约金。

例如,北京市高级人民法院(2017)京民终406号融资租赁合同纠纷二审民事判决认为:"《融资租赁合同》对于违约金的计算基数表述为'本合同项下的任何逾期未付款项',即应当包括已到期未支付的租金和加速到期的租金部分,故一审法院判决自2016年12月6日(笔者注:加速到期日)起,计算加速到期租金部分的违约金正确。"[1]

反对观点则认为,尚未到期租金因加速到期而提前到期,出租人在获得其所主张的全部未付租金后,已经实现了全部预期利益,这将导致承租人丧失未到期租金的期限利益,已兼具对其违约行为的补偿和惩罚性质。违约金的性质以补偿性为主兼具惩罚性,如果出租人行使加速到期权利后再叠加主张未到期租金部分的违约金,属于重复行使违约救济方式,额外增加了承租人的负担。因此,对于未到期租金的违约金部分,不能作为出租人的损失而要求承租人负担。

例如,上海市第一中级人民法院(2018)沪01民终403号融资租赁合同纠纷二审民事判决认为:"至于加速到期日后的逾期利息,根据我国《合同法》第一百一十四条的规定,违约金以补偿为主、惩罚为辅。针对和平门诊部的违约行为,拉赫兰顿公司已经主张租赁期限内所有剩余未付租金全部立即到期应付,也即就未到期租金部分拉赫兰顿公司实际已经获得了期限利益,拉赫兰顿公司订立合同的目的已经提前全部实现,和平门诊部则丧失了对未到期租金的期限利益,对其违约行为已兼具补偿和惩罚性质,现拉赫兰顿公司亦未举证证明存在超出上述范围的损失,

---

[1] 持有类似观点的案例有:北京市第二中级人民法院一审民事判决书,(2016)京02民初179号;北京市第一中级人民法院一审民事判决书,(2019)京01民初164号;北京市高级人民法院二审民事判决书,(2019)京民终126号、(2017)京民终406号;广东省深圳市中级人民法院一审民事判决书,(2015)深中法民商初字第117号、(2018)粤03民初1833号;上海金融法院二审民事判决书,(2019)沪74民终246号;天津市第二中级人民法院一审民事判决书,(2018)津02民初1199号、(2019)津03民初259号、(2019)津03民初257号;天津市高级人民法院一审民事判决书,(2016)津民初49号、(2018)津民初84号。

拉赫兰顿公司再就未到期租金要求支付逾期利息,本院不予支持。"①

(二)关于加速到期租金可否计收违约金之司法观点发展

关于加速到期租金能否计收违约金这一问题,司法实践中长期存在争议。就融资租赁纠纷最多的上海地区②而言,在此问题的处理上也曾经出现过反复。

2017年7月以前,若是合同有约定,则上海地区大部分法院支持出租人对加速到期租金计收违约金。例如,在上海市第一中级人民法院(2017)沪01民终6186号融资租赁合同纠纷案中,一审法院支持出租人主张租金加速到期的同时以加速到期租金为基数计收违约金,二审法院对此予以确认支持,并认为:"《融资租赁合同》中约定在双阳中医院违约的情况下,平安租赁公司有权宣布加速到期,并按日万分之五计收违约金,故原审据此判决符合合同约定。"

2017年之后,开始不支持对加速到期租金计收违约金。2017年7月21日,上海市第一中级人民法院(2017)沪01民终6502号融资租赁合同纠纷案的二审判决认为:"关于未到期租金的违约金,出租人就未到期租金主张损失赔偿并获得支持,就此部分款项出租人实际已经获得期限利益,再行就未到期租金要求支付违约金,不予支持。"在此判决之后,上海各基层人民法院逐步开始不支持出租人主张以加速到期租金为基数计收违约金。

但是上海金融法院于2019年10月作出的二审判决观点已有所改变。在上海金融法院(2019)沪74民终246号融资租赁合同纠纷案中,一审法院未支持融资租赁公司主张以加速到期租金为基数计收违约金,融资租赁公司对此提起上诉,获得二审改判支持。该生效判决的观点与以往上海地区法院的主流观点完全相反。

对此问题,《上海法院类案办案要件指南(第1册)》明确:"对于提前到期部分租金,出租人可否自加速到期日起主张逾期利息或违约金有争议。我们倾向性认为:对于融资租赁合同中违约金的计算基数,有约定的从约定。约定的违约金如过

---

① 持有类似观点的案例有:上海市浦东新区人民法院一审民事判决书,(2019)沪0115民初17672号、(2019)沪0115民初17675号;天津市滨海新区人民法院一审民事判决书,(2019)津0116民初102号、(2019)津0116民初3173号、(2019)津0116民初3548号;天津市第一中级人民法院一审民事判决书,(2019)津01民初327号;天津市第二中级人民法院一审民事判决书,(2018)津02民初483号、(2018)津02民初617号、(2018)津02民初474号、(2018)津02民初568号;天津市第三中级人民法院一审民事判决书,(2019)津03民初153号;北京市第二中级人民法院一审民事判决书,(2019)京02民终3083号;湖北省武汉市中级人民法院一审民事判决书,(2019)鄂01民初5061号;贵州省贵阳市中级人民法院一审民事判决书,(2018)黔01民终7237号。

② 2022年9月9日,笔者在阿尔法案例库以"融资租赁合同纠纷"为案由进行检索,共检索到340,754篇文书,其中上海地区共71,712篇,位居全国第一。

分高于实际损失的,法院可依当事人的请求,根据违约金调整规则进行调整。"[1]尽管该观点对于违约金过高保留了调整可能,但已经较为明确支持在融资租赁合同明确约定违约金的计算基数包括提前到期部分租金的情况下,支持出租人主张以加速到期租金为基数计收违约金。

无独有偶,天津地区法院的观点也发生了从不支持到支持的转变。《天津法院融资租赁合同纠纷案件审理标准》(津高法发〔2018〕5号发布)第4.2.2条规定:"承租人欠付租金,出租人请求支付所有到期和未到期租金及相应的逾期利息、违约金的,支持已到期租金发生的逾期利息、违约金,不支持出租人主张提前到期租金部分从提前到期日次日开始计算逾期利息、违约金的主张。"但是2019年出台的《天津市高级人民法院关于审理融资租赁合同纠纷案件若干问题的审判委员会纪要(一)》(津高法发〔2019〕335号发布)对于"未支付提前到期租金违约责任的认定"明确:"承租人未按照融资租赁合同的约定支付提前到期租金时,出租人主张承租人按照合同约定,支付自提前到期日次日至实际给付之日的逾期利息或者违约金的,予以支持。"与《天津法院融资租赁合同纠纷案件审理标准》(津高法发〔2018〕5号发布)相比,该会议纪要的观点明显发生转变。

(三)出租人诉请违约金的可选择方案比较分析

尽管司法实践中对于加速到期租金可否计收违约金有了新的司法动向,但笔者认为,该问题在实践中可能仍然存在争议。对于出租人而言,应综合考虑融资租赁合同约定、诉讼时间成本、违约金金额大小等多方面因素,选择最适合的诉请方案。根据诉讼实践经验及所检索的案例与相关资料,笔者认为,出租人诉请可选择的方案至少包括五个,下文予以简要介绍。

【方案一】不主张加速到期租金的违约金

该方案相当于出租人直接放弃了向承租人主张加速到期租金的违约金,案件诉讼过程中将不涉及加速到期租金违约金是否应当支持的问题。根据笔者诉讼经验,如果法官不支持出租人主张加速到期租金的违约金,有可能在审理过程中劝说出租人主动变更诉讼请求,放弃主张该部分违约金。如果出租人主动放弃主张加速到期租金的违约金,或者出租人由于其他原因而未主张加速到期租金的违约金

---

[1] 茆荣华主编:《上海法院类案办案要件指南(第1册)》,人民法院出版社2020年版,第67页。

的,人民法院应不予支持。①

该方案最大弊端在于从加速到期之日至出租人实际收到加速到期的租金(包括承租人主动履行或通过法院执行到位)往往需要很长的时间,甚至远远超过融资租赁合同原本约定的各期租金到期时间。此时,承租人迟延支付加速到期租金但无须为此承担任何违约金成本,出租人的损失却还在逐渐扩大。

对于承租人而言,表面上加速到期使承租人失去了期限利益,但实质上承租人并未在加速到期之日立即向出租人支付全部租金(实践中绝大部分承租人不可能立即支付,要么无经济能力,要么无付款意愿),一旦超过了合同约定的各期租金到期日再支付加速到期租金,相当于承租人并未丧失任何期限利益。相反,即使承租人超出合同约定的各期租金到期日仍未支付加速到期租金,也不需要为此承担违约责任,无异于法院判决被承租人利用并变相成为承租人逃避违约责任的工具。

对于出租人而言,若仅能就已到期未付租金计收违约金而对于加速到期租金不得计收违约金,那么出租人越早行使加速到期的权利,违约金计算基数就越小(加速到期时已到期未付租金少),越晚请求加速到期,违约金的计算基数就越大(加速到期时已到期未付租金多)。一旦加速到期,出租人获得的总体利益反而可能比未行使加速到期权利更少,显然不符合立法初衷。同时,加速到期租金不计收违约金亦可能变相鼓励承租人迟延向出租人支付加速租金以获得更多的期限利益,对出租人而言更难谓公平。

【方案二】以加速到期租金为基数从提前到期日次日起计算至实际清偿之日

出租人除了可以向承租人主张到期未付租金的违约金以外,由于未到期租金因出租人宣布提前到期亦转变成到期应付租金,承租人未向出租人支付加速到期租金,故也可以对加速到期的租金计收违约金。

例如,在天津市高级人民法院(2016)津民初49号融资租赁合同纠纷案中,出租人在诉请中明确主张:"以加速到期租金60,030,000元为基数,自2016年6月12日起至被告实际付清上述款项之日止按日万分之五计算。"法院经审理后认为:"加速到期租金的违约金计算起始时间应为被告昌兴公司实际收到本案的起诉状等应诉材料的时间即2016年7月20日,故该部分违约金应以60,030,000元为基

---

① 例如,在天津市高级人民法院(2019)津民终195号融资租赁合同纠纷案中,出租人在一审中未主张加速到期租金的违约金,但一审法院超出了出租人的诉讼请求判决承租人支付加速到期租金的违约金,二审法院予以纠正。又如,在天津市高级人民法院(2018)津民初77号融资租赁合同纠纷案中,出租人在诉讼中主动放弃主张加速到期租金的违约金,法院予以准许。

数按照日万分之五标准计算至被告实际付清款项时为止。"①

该方案有利于维护出租人的利益,也有利于督促承租人尽快履行判决。但弊端亦非常明显,即加速到期已使承租人丧失了期限利益,若再对承租人课以较重的违约金责任,可能构成双重惩罚。这是目前大部分法院不支持出租人主张以加速到期租金计收违约金的主要原因。

【方案三】就加速到期租金,按合同约定的各期租金到期日次日起分期计算

在租金未加速到期而是按照合同约定的各期租金到期日到期的情况下(笔者称之为"自然到期"),如果承租人未于到期之日支付该租金,则应支付相应违约金。笔者认为,为平衡承租人与出租人的利益,对于加速到期的租金亦可以参考租金自然到期情况下违约金的计算方式,即对于加速到期的租金仍然从每期租金自然到期的次日起计收违约金。一方面,承租人如果在自然到期日之前向出租人支付了加速到期的租金,则本身属于违约应受的惩罚;另一方面,若其在租金自然到期日之后仍未支付加速到期的租金,则必须支付违约金,亦可从侧面督促承租人尽快履行租金支付义务。

实践中,已经有案例采取了该方案。例如,在北京市高级人民法院(2019)京民终185号融资租赁合同纠纷案中,法院认为,本案中,提前收回未到期租金已经对于出租人的损失进行了补偿,提前支付未到期租金亦是承租人对于其欠租行为承担的违约责任。在此情况下,出租人再要求承租人以全部未付租金为基数,支付自2018年4月3日起至实际支付之日止的逾期利息,事实和法律依据不足。一审法院依照案涉《融资租赁合同》的约定,自各期租金应支付日次日计算至实际支付日,以各期未付租金为基数,确定逾期利息。②

该案中,法院虽然不支持出租人主张以全部租金为基数计算自加速到期之日起至实际支付之日止的逾期利息,但支持各期租金自合同约定的应支付日(自然到期日)次日起计算至实际支付日止的逾期利息。

【方案四】以加速到期租金部分的租赁成本为基数计收违约金

《民法典》第746条规定:"融资租赁合同的租金,除当事人另有约定外,应当根

---

① 持有类似观点的案例有:最高人民法院二审民事判决书,(2019)最高法民终1017号、(2019)最高法民终1018号、(2019)最高法民终1019号、(2019)最高法民终1020号、(2019)最高法民终1926号。

② 持有类似观点的案例有:天津市高级人民法院一审民事判决书,(2017)津民初14号;行唐县人民法院一审民事判决书,(2020)冀0125民初984号;上海金融法院二审民事判决书,(2021)沪74民终1216号。

据购买租赁物的大部分或者全部成本以及出租人的合理利润确定。"因此,一般情况下融资租赁合同中的租金构成应当考虑以下两方面的因素:(1)购买租赁物的大部分或者全部成本,即出租人的"融资成本"或"租赁成本";(2)出租人的"合理利润"。

方案四即基于租金构成,对于加速到期租金的违约金主张以租赁成本为基数进行计算。在计算违约金时,"合理利润"不再作为违约金的计算基数。出租人在诉讼过程中还需要提供证据证明"融资成本"与"合理利润"分别是多少(实践中租金的计算方式包括等额本金法、等额本息法、等额年金法或折现冲抵本金法等)。

例如,在北京市第二中级人民法院(2019)京02民初300号融资租赁合同纠纷案中,法院认为,对第九期至第十二期租金,属于2019年4月8日加速到期的租金,因《融资租赁合同》中并未明确约定以全部加速到期租金为违约金计算基数,结合本案租金支付进度和出租人的资金占用损失情况,第九期至第十二期租金迟延支付而产生的违约金计算基数以此部分租金中的租赁成本35,300,219.39元为宜,按日5‰的标准,自2019年4月8日起计算至实际支付之日止。①

该案中,融资租赁合同并未明确约定以全部加速到期租金为违约金计算基数,并且出租人主张以加速到期租金为基数计收违约金,但法院主动调整为以此部分租金中的租赁成本计收违约金。类似的案例较少,出租人提出类似的诉请能否获得法院的支持,还有待进一步实践检验。

【方案五】扣减承租人丧失的期限利益对应的货币价值

此方案系天津市高级人民法院李阿侠法官在其专著《融资租赁案件裁判精要》中提出的。《融资租赁案件裁判精要》第八章第二节专门对租金加速到期进行经济分析,认为"考虑到资金的时间价值,丧失的期限利益实际上对应着一定的货币价值",并构建了计算期限利益货币价值的数学模型。② 在此基础上,李阿侠法官创设了出租人主张加速到期租金的新方案,具体诉请为:"全部未付租金 + 逾期租金产生的违约金(计算基数为逾期租金,从逾期之日起计算至实际清偿之日,暂计至起诉日) + 提前到期日之后的未到期租金产生的违约金(从宣布提前到期日的次日起统一计算至实际清偿之日,暂计至起诉日) – 承租人丧失的期限利益对应

---

① 持有类似观点的案例有:北京市高级人民法院二审民事判决书,(2019)京民终1645号、(2021)京民终743号;天津市高级人民法院二审民事判决书,(2019)津民终196号。

② 参见李阿侠:《融资租赁案件裁判精要》,法律出版社2018年版,第460~476页。

的货币价值。"①

由于该方案涉及复杂的数学计算过程,在司法实践中暂时未检索到类似的案例,是否具有实际可操作性,还需要进一步讨论研究。

法律赋予出租人加速到期权利的目的在于督促承租人履行合同,保证出租人收回所投资金、避免损失进一步扩大。如果对于加速到期租金不得计收违约金,虽然有利于承租人,却可能与加速到期的立法目的背道而驰,因此,笔者认为方案一不妥。如果对于加速到期的租金一概从提前到期次日起计收违约金,则承租人在丧失期限利益的同时还需要负担相应的违约金,因此方案二对承租人而言显得过于严苛。相较之下,笔者认为,从立法目的出发,考虑到融资租赁纠纷司法实践的操作需要,同时兼顾平衡出租人与承租人的利益,方案三与方案四可能更可行性。

从保护融资租赁公司利益出发,实践中,对于加速到期租金能否计收违约金及如何计收违约金的最新司法动向或态度,值得融资租赁公司关注。

(四)笔者建议出租人及时审核修改融资租赁合同违约条款

通过分析裁判文书,笔者发现法院支持出租人主张加速到期租金部分的违约金的前提均是融资租赁合同已有明确约定,但实务中许多融资租赁合同条款关于违约金的计算基数是否包括加速到期的租金的约定并非特别清晰或明确,可能引发歧义。例如,某融资租赁合同仅约定"迟延履行违约金以迟延支付金额为基数",但并未明确约定若加速到期的租金未在加速到期日付清,是否属于迟延支付金额,容易产生争议。

在部分案件中,即使合同有类似约定,法院也认为出租人主张加速到期租金的违约金缺乏合同依据。例如,在天津市第一中级人民法院(2019)津01民初327号融资租赁合同纠纷案中,虽然《售后回租合同》约定对于迟延支付的租金,从支付期限的次日开始到支付完毕之日止,承租人应当每日按照应付金额的0.05%向出租人支付迟延损害金,但法院仍然判决认为出租人向承租人主张未到期租金的迟延损害金依据不足,故未予支持。

故笔者建议,出租人尽快审核修改融资租赁合同中的违约条款。为避免合同条款歧义,融资租赁合同宜明确约定:"出租人依据本合同约定宣布未到期租金立即提前到期应付,而承租人未在提前到期日支付提前到期租金的,承租人应支付自

---

① 参见李阿侠:《融资租赁案件裁判精要》,法律出版社2018年版,第486~488页。

提前到期日次日至实际给付之日的违约金(或逾期利息)。"或者约定:"承租人未支付的加速到期租金也属于到期未付租金。"或者约定:"违约金的计算基数包括本合同项下的任何逾期未付款项(包括已到期未支付的租金和加速到期的租金部分)。"同时,在合同中进一步明确约定违约金的利率。具体的条款表述顺序、风格可以根据融资租赁合同的需要进行灵活调整,但要确保准确、无歧义。

六、出租人首次起诉仅主张逾期租金而未主张租金加速到期的风险

(一)出租人仅主张逾期租金的优势

融资租赁实践中,在承租人逾期支付租金时,部分出租人未选择主张租金加速到期,而是仅起诉主张已经到期未付的租金。若承租人后续租金继续出现逾期或者违约,则出租人必须追加诉讼请求或者另行提起诉讼。从诉讼效率上看,此种诉讼方案并不高效,但在部分案件中选择此种诉讼方案具有一定优势。

一方面,出租人的诉讼成本较低,但仍能通过诉讼、财产保全对承租人进行施压以达到要求承租人支付租金的目的。如前文所述,在承租人仅逾期一期租金时,即使融资租赁合同已经明确约定出租人有权主张租金加速到期,却未必能获得法院支持。此时,出租人如果选择仅起诉主张逾期租金,则不仅能获得法院支持,而且由于标的金额较小,出租人需要支付的律师费用、诉讼费用也较低,同时仍然能够在诉讼中申请对承租人及担保人采取财产保全措施,以向承租人及担保人施加压力。

另一方面,对于出租人而言,其不立即主张全部租金加速到期,资产管理的压力相对较小。具体而言,出租人一般结合承租人租金逾期支付的时间长短、是否已经提起诉讼、提起诉讼后租金债权是否仍然无法回收等因素,将租赁资产分类为"正常""关注""次级""可疑""损失"。参考《商业银行金融资产风险分类暂行办法(征求意见稿)》第11条的规定:"【次级类资产】商业银行应将满足下列情况之一的金融资产至少归为次级类:(一)本金、利息或收益逾期(含展期后)超过90天……"出租人主张租金加速到期后,自加速到期日起,出租人应当将加速到期但未能回收的租金计入逾期租金,该等处理方式将降低出租人"正常""关注"的租赁资产金额,增加"次级""可疑""损失"类的租赁资产金额。出租人向银行申请融资、发行债券等再融资工作相应可能受到影响。如果租金金额较大,基于租赁资产质量的考虑,出租人在决定是否起诉并主张租金加速到期时需更为慎重。但是,如果出租人只起诉主张已经到期的租金,则资产坏账压力可减轻许多。

(二) 仅起诉主张逾期租金的风险

虽然出租人仅起诉主张逾期租金存在前述优势,但也存在一定的问题。

首先,出租人可能面临剩余未付租金诉讼时效届满的风险。具体而言,《最高人民法院关于审理民事案件适用诉讼时效制度若干问题的规定》(2020 修正)第 9 条规定:"权利人对同一债权中的部分债权主张权利,诉讼时效中断的效力及于剩余债权,但权利人明确表示放弃剩余债权的情形除外。"第 10 条规定:"当事人一方向人民法院提交起诉状或者口头起诉的,诉讼时效从提交起诉状或者口头起诉之日起中断。"据此,在出租人就部分逾期租金提起诉讼的情况下,需要区分剩余未付租金主张加速到期和剩余租金主张自然到期后逾期两种情况进行考虑。若主张租金加速到期的,基于出租人第一次起诉行为对剩余租金债权产生诉讼时效中断的效果,出租人的诉讼时效应当自第一次起诉之日起算。若主张租金自然到期的,依据《民法典》第 189 条"当事人约定同一债务分期履行的,诉讼时效期间自最后一期履行期限届满之日起计算"之规定,则可以从最后一期租金届满之日起计算诉讼时效。但是,若出租人在第二次提起诉讼时,主张部分租金自然到期、部分租金加速到期的,此时的诉讼时效如何确定则可能存在争议。就减少诉讼时效风险的角度而言,笔者建议出租人持续关注剩余未起诉租金债权的诉讼时效,并以第一次向法院提交民事起诉状的时间,作为诉讼时效的计算起点。

其次,出租人需要关注保证期间是否届满的问题。《民法典》第 693 条规定:"一般保证的债权人未在保证期间对债务人提起诉讼或者申请仲裁的,保证人不再承担保证责任。连带责任保证的债权人未在保证期间请求保证人承担保证责任的,保证人不再承担保证责任。"由于保证期间不因出租人起诉承租人发生中断、中止计算的效果,融资租赁交易中如果有保证担保的,保证期间仍然应当结合未到期的租金到期时间、保证合同的约定而确定,不能错误地理解为第一次起诉后保证期间重新计算。

再次,出租人仅起诉主张逾期租金,可能难以对租赁物主张优先受偿。如前文所述,依据《民法典担保制度解释》第 65 条第 1 款的规定,出租人在主张租金加速到期的同时,可以请求以拍卖、变卖租赁物所得的价款受偿。该条规定了出租人可以请求拍卖、变卖租赁物所得的价款受偿有三个前提:一是承租人违约;二是经催告仍未付;三是出租人请求支付全部剩余租金(而不是部分租金)。租赁物对出租人的租金债权具有担保功能,理论上租赁物为所有租金提供担保,但是在出租人仅主张部分租金的时候,出租人还能否主张就全部租赁物的变现款受偿,可能存在争议。

最后,出租人的律师费损失是否一定由承租人赔偿。出租人第一次起诉主张逾期租金并在第二次起诉主张全部租金时,均可能在诉讼中一并起诉要求由承租人承担相应的律师费损失。《民法典》第591条第1款规定:"当事人一方违约后,对方应当采取适当措施防止损失的扩大;没有采取适当措施致使损失扩大的,不得就扩大的损失请求赔偿。"在出租人原本可以通过一次诉讼解决纠纷的情况下,分成两次诉讼,额外产生的律师费损失是否属于扩大的损失?能否由承租人承担?对此笔者认为,出租人选择主张一次诉讼还是两次诉讼,是出租人的权利。两次诉讼也并不一定会导致损失扩大,尤其是律师费用是否因二次诉讼而增加,其实也难以认定。为避免存在争议,笔者建议出租人完善融资租赁合同的约定,明确出租人有权多次提起诉讼且所产生的包括律师费、诉讼费在内的诉讼成本由承租人承担。

第十八讲

CHAPTER 18

承租人违约时出租人请求解除融资租赁合同之法律实务

融资租赁合同中,在符合法定或约定情形时,出租人、承租人均有权解除合同。依据《民法典》第754条[1]之规定,出租人、承租人双方均有权解除合同;依据《融资租赁纠纷解释》(2020修正)第6条[2]之规定,承租人有权解除合同;依据《民法典》第752条、第753条[3]及《融资租赁纠纷解释》(2020修正)第5条[4]之规定,出租人可以解除合同,并且出租人有权主张收回租赁物、赔偿损失。司法实践中,哪些因素可能影响出租人是否有权解除融资租赁合同、主张收回租赁物时损失赔偿范围的确定问题或租赁物价值的清算问题、出租人二次起诉存在的问题、融资租赁合同解除后保证人的责任问题等,仍存一定争议。本讲以融资租赁合同约定租赁期限届满后租赁物归承租人所有(包括约定承租人支付象征性价款即可取得租赁物所

---

[1] 《民法典》第754条:有下列情形之一的,出租人或者承租人可以解除融资租赁合同:(一)出租人与出卖人订立的买卖合同解除、被确认无效或者被撤销,且未能重新订立买卖合同;(二)租赁物因不可归责于当事人的原因毁损、灭失,且不能修复或者确定替代物;(三)因出卖人的原因致使融资租赁合同的目的不能实现。

[2] 《融资租赁纠纷解释》(2020修正)第6条:因出租人的原因致使承租人无法占有、使用租赁物,承租人请求解除融资租赁合同的,人民法院应予支持。

[3] 《民法典》第752条:承租人应当按照约定支付租金。承租人经催告后在合理期限内仍不支付租金的,出租人可以请求支付全部租金;也可以解除合同,收回租赁物。第753条:承租人未经出租人同意,将租赁物转让、抵押、质押、投资入股或者以其他方式处分的,出租人可以解除融资租赁合同。

[4] 《融资租赁纠纷解释》(2020修正)第5条:有下列情形之一,出租人请求解除融资租赁合同的,人民法院应予支持:(一)承租人未按照合同约定的期限和数额支付租金,符合合同约定的解除条件,经出租人催告后在合理期限内仍不支付的;(二)合同对于欠付租金解除合同的情形没有明确约定,但承租人欠付租金达到两期以上,或者数额达到全部租金百分之十五以上,经出租人催告后在合理期限内仍不支付的;(三)承租人违反合同约定,致使合同目的不能实现的其他情形。

有权的情形,本讲另有说明的除外)的融资租赁交易为例,就承租人违约时出租人请求解除融资租赁合同的法律实务相关问题进行探讨。

一、承租人违约后出租人解除融资租赁合同的影响因素

(一)解除融资租赁合同是否以催告为前置程序

《民法典》第562条第2款规定:"当事人可以约定一方解除合同的事由。解除合同的事由发生时,解除权人可以解除合同。"该规定是对解除合同的一般规定,并未对合同的约定解除权设置催告程序。但是,《民法典》第563条第1款第3项规定的合同法定解除事由则明确规定了催告程序,即"当事人一方迟延履行主要债务,经催告后在合理期限内仍未履行"的,当事人可以解除合同。

而依据《民法典》第752条及《融资租赁纠纷解释》(2020修正)第5条之规定,承租人经催告后在合理期限内仍不支付租金的,出租人才可以解除合同,收回租赁物。因此,司法实践主流观点认为,出租人解除融资租赁合同必须以催告为前置程序。例如,《上海法院类案办案要件指南(第1册)》认为:"无论合同对于欠付租金解除合同的情形有无明确约定,出租人均应依法履行催告程序。"[①]但实践中存在争议的问题主要包括以下几个方面:

1. 关于催告的形式

法律与司法解释对于出租人的催告形式均未提出明确要求,除非出租人与承租人对催告形式有明确的约定,否则理论上出租人可以通过书面或口头进行催告。但无论是何种催告形式,出租人均应当考虑后续纠纷中的举证便利问题。例如,出租人以口头形式进行催告,虽然不为法律或司法解释所禁止,却在举证上较为困难。笔者建议融资租赁合同约定出租人有权通过电子邮件、短信、快递、电话等多种方式进行催告,以便根据不同情形选择既便于通知又便于后续举证的催告方式。

2. 关于催告的内容

在催告的内容上,法律与司法解释也无明确要求,但从法条规定来看,催告即

[①] 茆荣华主编:《上海法院类案办案要件指南(第1册)》,人民法院出版社2020年版,第68页。但也有观点认为,法律如果不尊重合同自由而坚守催告程序,会增加出租人利益保护难度。即便融资租赁当事人之间不约定催告等程序,也不会导致社会公共利益受损,因为此种约定也不是基于出租人垄断地位和信息优势,诱骗和强迫承租人签订的。由此可见,强制要求任何融资租赁合同都应该遵循催告程序,则存在过分干预合同自由之嫌疑,并不合理。为保障合同自由,应删除该款规定,让属于合同自治的内容交由当事人自由决定。参见李芷君:《论融资租赁中出租人救济制度的优化》,载《江汉论坛》2021年第6期。

为要求承租人在合理期限内付清到期未付的租金,否则出租人将采取进一步的措施。《民法典》第 563 条第 1 款第 3 项的"经催告后在合理期限内仍未履行"及第 752 条的"经催告后在合理期限内仍不支付租金",《融资租赁纠纷解释》(2020 修正)第 5 条规定的"经出租人催告后在合理期限内仍不支付"等,均提到了"合理期限",但是并未要求催告的内容必须包含"合理期限",也未明确"合理期限"的长短问题。实践中,部分出租人发给承租人的催告函中,要求承租人"于收到本函当日"付清逾期租金,笔者认为,此种情形应当不属于合理期限。一般情况下,期限的长短由法官根据个案进行判断,属于法官自由裁量权的范畴,出租人可根据融资租赁合同租金金额、逾期情况等确定一个相对合理的期限。此外,出租人也可以考虑在融资租赁合同中明确界定"合理期限"的具体时间。例如,自租金催告通知送达承租人之日起满 10 个自然日,承租人仍未能足额支付租金的,属于"经出租人催告后在合理期限内仍不支付"的情形。

在司法实践中,出租人可能在催告函中表述,若承租人未按要求付清租金的,出租人有权采取加速到期、解除合同等措施。催告函中的此种表述内容并没有严重错误,但需要指出的是,该函仅能起到一个催告的作用,能使催告的意思表示到达承租人,该函本身并不能起到加速到期或解除融资租赁合同的效果。若承租人在合理期限内未支付租金且出租人欲解除融资租赁合同的,出租人应当另行向承租人发函,将解除合同的意思表示送达承租人。当然,依据《民法典》第 565 条第 1 款①之规定,出租人也可在催告中载明承租人在一定期限内不支付租金则合同自动解除,承租人在该期限内未支付租金的,融资租赁合同自催告函载明的期限届满时解除。

(二)融资租赁合同解除日期如何确定

依据《民法典》第 565 条第 1 款的规定,当事人一方依法主张解除合同的,应当通知对方,合同自通知到达对方时解除。司法实践中,关于融资租赁合同解除日期的确定,一般也以出租人解除合同的意思表示到达承租人的日期作为解除日。但解除合同的方式不同,可能对解除合同日期的确定产生不同的影响。

融资租赁合同解除日期的确定,可能对出租人主张的违约金或损失赔偿的计

---

① 《民法典》第 565 条第 1 款:当事人一方依法主张解除合同的,应当通知对方。合同自通知到达对方时解除;通知载明债务人在一定期限内不履行债务则合同自动解除,债务人在该期限内未履行债务的,合同自通知载明的期限届满时解除。对方对解除合同有异议的,任何一方当事人均可以请求人民法院或者仲裁机构确认解除行为的效力。

算方式(主要是违约金或逾期利息的计算期间)产生影响。为便于诉讼,笔者建议,出租人在开庭之前根据案件的具体情况,向法院主张以某合理的日期作为合同解除日期,并提前计算、调整所主张的标的金额。例如,在上海金融法院(2020)沪74民终1035号融资租赁合同纠纷案中,法院认为,出租人主张涉案《融资租赁协议》于第二次开庭日即2020年5月29日解除,于法有据,予以支持。同时,其仍主张以第一次诉状副本送达之日即2019年5月20日为时间节点计算损失,于法不悖。

关于解除日期的确定,"当事人在提起诉讼之前没有作出解除合同的意思表示,直接起诉请求解除合同的,如出租人起诉前已对承租人进行催告并给予合理期限的,一般以诉状副本送达日作为解除日;如出租人起诉前未对承租人进行催告并给予合理期限的,则起诉状副本送达承租人视为催告,结合案件具体情况,以答辩期届满日、庭审日、判决日或经过合理期限后的其他日期作为解除日"。[①] 实践中,一般存在以下几种确定融资租赁合同解除日期的情形。

1. 以双方认可的日期视为合同解除日

合同解除虽然系形成权,合同自通知到达对方时解除,但亦允许当事人协商确定合同解除的日期。尤其在部分案件中,由于各种原因,出租人虽然已经于起诉之前解除融资租赁合同,但各方当事人均无法确定准确的合同解除时间,此时如果当事人同意以具体某日作为合同解除日,应当予以准许。例如,在上海市浦东新区人民法院(2021)沪0115民初46782号融资租赁合同纠纷一案中,承租人主张涉案租赁物被出租人锁定导致无法使用,但具体锁定时间不清楚,出租人则确认其于2021年1月18日锁定其中一台租赁物,另一台租赁物因终端关机锁定失败,后双方同意以2021年6月8日作为合同解除日,法院采纳当事人双方同意的日期为合同解除日。

2. 以诉讼文书送达承租人之日为解除日

若出租人在起诉之前曾经就承租人逾期支付租金的行为进行过催告,并且出租人在起诉时明确主张解除合同的,可以诉讼文书送达承租人之日为解除日。例如,在上海市高级人民法院(2020)沪民终339号融资租赁合同纠纷一案中,承租人经出租人多次催收仍未支付逾期租金,出租人主张以起诉的方式通知承租人解除合同,并以承租人收到诉讼材料的日期作为合同解除日,获得一审法院及二

---

① 茆荣华主编:《上海法院类案办案要件指南(第1册)》,人民法院出版社2020年版,第70页。

审法院支持。①

笔者认为,以诉讼文书送达承租人之日作为合同解除日,需要注意以下两方面问题:

一方面,起诉之前必须已经进行过催收。如前文所述,依据《民法典》第 752 条及《融资租赁纠纷解释》(2020 修正)第 5 条之规定,出租人解除合同必须以催告为前提。因此,实务中部分法院未查明出租人在起诉之前是否曾经进行催收,即判决以诉状副本送达承租人之日为融资租赁合同解除日,笔者认为不妥。为减少诉讼阶段可能产生的争议,笔者建议出租人在融资租赁合同中明确约定,若出租人通过提起诉讼方式主张解除合同的,自出租人向人民法院提起诉讼之日至起诉状副本送达承租人的期间,作为出租人给予承租人的债务履行宽限期。

另一方面,出租人的起诉状必须具有明确的解除合同的意思表示,诉请不得互相矛盾,否则起诉状副本的送达不应视为解除合同的通知。例如,在北京市高级人民法院(2017)京民终 334 号融资租赁合同纠纷案中,出租人的诉讼请求是矛盾的,既有解除合同的请求,又有履行合同支付租金的请求,法院认为在这种情况下,起诉书并不具有明确的解除合同的意思表示,不应视为解除合同的通知。

3. 起诉状副本送达承租人视为催告,结合案件具体情况,以答辩期届满日、庭审日、判决日或经过合理期限后的其他日期作为解除日

如果出租人在起诉之前未曾向承租人进行催告的,那么起诉状副本送达承租人可视为出租人的催告。同时,如果起诉状具有明确的解除合同的意思表示的,在经过合理期限之后,可视为融资租赁合同已解除。对此,起诉状副本送达后经过合理期限的日期可视为解除日,如答辩期届满日、第一次庭审之日、判决日。例如,在上海市第一中级人民法院(2016)沪 01 民终 7416 号融资租赁合同纠纷案中,法院认为由于出租人未能证明其在诉讼之前已经催告,故起诉可视为催告,第一次开庭之日可视为解除通知到达债务人,此时融资租赁合同解除。

4. 以出租人收回租赁物的日期作为合同解除日

对于虽然未进行催告而由出租人收回租赁物的,不少法院也以出租人收回租赁物的日期作为合同解除日。关于该问题,《上海法院类案办案要件指南(第 1 册)》明确:"在承租人违约出租人已经收回或扣押租赁物的情况下,出租人收回租

---

① 持有类似观点的案例有:天津自由贸易试验区人民法院一审民事判决书,(2022)津 0319 民初 2395 号;上海市黄浦区人民法院一审民事判决书,(2016)沪 0101 民初 26733 号。

赁物即发生解除合同的效果。"①例如,在北京市高级人民法院(2018)京民申1566号融资租赁合同纠纷案中,法院认为,出租人委托机械公司于2013年6月21日将挖掘机拖回,以其实际行为行使融资租赁合同中约定的合同解除权利,以此认定为合同解除的时间并无不当。②也有部分法院认为,即使出租人收回租赁物但未书面通知承租人解除合同的,仍以出租人诉状副本送达承租人之日为合同解除日。③在司法实践中,也有个别融资租赁合同纠纷中出租人收回租赁物后,承租人未在出租人通知的回赎期回赎租赁物,法院认定融资租赁合同自回赎期届满之日解除。④

(三)租赁物被查封是否影响解除合同、收回租赁物

如果租赁物被其他债权人申请法院查封,出租人能否诉请解除合同、收回租赁物?关于该问题,在广东省佛山市中级人民法院(2019)粤06民终6344号融资租赁合同纠纷案审理过程中,某融资租赁公司自认其两份合同项下的所有机器设备均因其他案件被多个人民法院进行了查封,经一审法院核实相关情况,确认某融资租赁公司所述情况,某融资租赁公司已向相关人民法院提起了查封异议。因此,一审法院认为,案涉机器设备在被查封期间不符合返还条件,某融资租赁公司可通过查封异议程序进行处理,一审法院对某融资租赁公司要求返还合同项下机器设备的诉请不予处理。一审法院在该案中仅支持了出租人解除融资租赁合同的诉讼请求,驳回了出租人要求收回租赁物的诉讼请求。虽然出租人提出了上诉,且二审就出租人有权收回租赁物问题作出了改判,但二审法院改判的理由为案涉机器设备已经被其他法院采取解封措施,已具备返还条件,因此承租人应向某融资租赁公司返还案涉租赁物。即二审法院也未就租赁物处于查封状态时,出租人是否有权主张收回租赁物问题作出正面回应。

---

① 茆荣华主编:《上海法院类案办案要件指南(第1册)》,人民法院出版社2020年版,第70页。关于收回租赁物与解除融资租赁合同的关系,后文另行专门讨论,本部分只讨论合同解除日的确定问题。

② 持有类似观点的案例有:长沙市岳麓区人民法院一审民事判决书,(2019)湘0104民初3654号;湖北省武汉市中级人民法院二审民事判决书,(2017)鄂01民终5005号;北京金融法院二审民事判决书,(2022)京74民终17号;河南省信阳市中级人民法院再审民事判决书,(2020)豫15民再92号;河北省廊坊市中级人民法院二审民事判决书,(2020)冀10民终1555号;贵州省贵阳市中级人民法院二审民事判决书,(2019)黔01民终3039号;北京市高级人民法院再审民事裁定书,(2018)京民申1611号、(2018)京民申1566号。

③ 持有类似观点的案例有:广东省汕尾市中级人民法院二审民事判决书,(2018)粤15民终427号;上海市虹口区人民法院一审民事判决书,(2020)沪0109民初9648号;上海市徐汇区人民法院一审民事判决书,(2015)徐民二(商)初字第3934号。

④ 参见天津自由贸易试验区人民法院一审民事判决书,(2021)津0319民初1192号。

《最高人民法院关于人民法院民事执行中查封、扣押、冻结财产的规定》(2020修正)第2条第1款规定:"人民法院可以查封、扣押、冻结被执行人占有的动产、登记在被执行人名下的不动产、特定动产及其他财产权。"据此,笔者认为,其他人民法院对租赁物实施查封措施的,并不意味着其他人民法院对租赁物的权属进行了实体性认定。即使租赁物被其他债权人申请法院查封,人民法院在查明融资租赁法律关系合法有效、出租人在融资租赁期间享有租赁物所有权的情况下,应当支持出租人收回租赁物的诉讼请求。司法实践中,也存在租赁物被其他债权人申请法院查封,但人民法院仍然支持了出租人解除融资租赁合同、收回租赁物诉讼请求的案例。例如,在广东省中山市第一人民法院(2015)中一法民二初字第249号融资租赁合同纠纷案中,承租人对出租人解除合同及返还租赁物没有异议,但企业已经停产,租赁物已被其他法院查封。对此,法院认为,尽管租赁物被查封,承租人违约,出租人仍有权解除合同、收回租赁物,若租赁物因查封而无法收回的,承租人应根据合同约定折价赔偿。① 此外,在天津市滨海新区人民法院(2020)津0116民初33830号民事裁定书中,法院认为,即便案涉租赁物被其他法院查封,出租人也有权行使租赁物取回权保障其合法权益。

(四)承租人擅自转租,出租人能否解除融资租赁合同

《民法典》及《融资租赁纠纷解释》(2020修正)均规定了出租人可以解除融资租赁合同的法定情形。其中,《民法典》第753条规定:"承租人未经出租人同意,将租赁物转让、抵押、质押、投资入股或者以其他方式处分的,出租人可以解除融资租赁合同。"该条规定吸收了《融资租赁纠纷解释》(2014)第12条第1项"有下列情形之一,出租人请求解除融资租赁合同的,人民法院应予支持:(一)承租人未经出租人同意,将租赁物转让、转租、抵押、质押、投资入股或者以其他方式处分租赁物的……"的规定。但是,《民法典》第753条删除了"转租"这一处分方式,即承租人擅自转租租赁物时,出租人不能当然主张单方解除权。对此,笔者认为,该规定并不排除当事人在融资租赁合同中将承租人擅自转租租赁物约定为解约事项,一旦出现该情形,出租人则有权按照融资租赁合同的约定主张解除合同。不过,融资租赁实践中承租人转租租赁物并不一定损害出租人的权利,因此出租人并不一定会因为承租人转租了租赁物而主张解除融资租赁合同。此外,不排除法院认为擅自

---

① 持有类似观点的案例有:上海市浦东新区人民法院一审民事判决书,(2015)浦民六(商)初字第11911号;江苏省徐州市中级人民法院一审民事判决书,(2018)苏03民初87号等。

转租只构成轻微违约,故不支持出租人提出的解除融资租赁合同的诉讼请求。

(五)轻微违约,能否解除融资租赁合同

出租人为了维护其租金债权,一般都会在融资租赁合同中对承租人构成违约的情形进行约定,其中违约的情形除了未按期支付租金以外,还可能包括较为轻微的违约情形,如承租人涉诉、涉执行或资产被查封。如果租金未发生逾期,但发生了融资租赁合同约定的非租金支付义务以外的其他违约情形的,出租人是否有权解除融资租赁合同?就该问题,在湖南省长沙市中级人民法院(2020)湘01民终12010号融资租赁合同纠纷案中,法院认为,承租人虽存在逾期支付租金且欠付最后一期部分租金的违约行为,但因逾期时间不长、欠付数额不高,基本已履行完毕合同的主要义务,不符合《合同法》约定的当事人一方延迟履行主要债务,经催告后在合理期限内仍未履行的法定解除情形。且因涉案合同中关于违约条款的约定无效,故承租人也不能依据合同约定请求解除融资租赁合同。

《民法典》第752条规定的法定解除融资租赁合同的事由仅为承租人逾期支付租金且经催告仍未支付,《融资租赁纠纷解释》(2020修正)第5条第1项、第2项规定出租人有权解除融资租赁合同的情形亦为违反租金支付义务,仅《融资租赁纠纷解释》(2020修正)第5条第3项规定"承租人违反合同约定,致使合同目的不能实现的其他情形",出租人有权请求解除融资租赁合同。因此,若出租人以承租人违反非租金支付义务以外的其他约定主张解除合同的,需要满足"致使合同目的不能实现"这一条件。

笔者认为,除了违反租金支付义务,或租赁物被承租人恶意处分等导致融资租赁合同无法继续履行等情况外,出租人较难证明承租人的其他违约行为会导致出租人的合同目的不能实现。同时,《九民会纪要》第47条规定:"合同约定的解除条件成就时,守约方以此为由请求解除合同的,人民法院应当审查违约方的违约程度是否显著轻微,是否影响守约方合同目的实现,根据诚实信用原则,确定合同应否解除。违约方的违约程度显著轻微,不影响守约方合同目的实现,守约方请求解除合同的,人民法院不予支持;反之,则依法予以支持。"该规定要求根据诚实信用原则对约定的解除条件进行解释,适当限制合同解除权的行使。笔者认为,该规定符合《民法典》及《融资租赁纠纷解释》(2020修正)相关规定的精神。除此以外,笔者认为,依据《民法典》第132条"民事主体不得滥用民事权利损害国家利益、社会公共利益或者他人合法权益"之规定,在承租人仅有轻微违约的情况下,出租人主张解除融资租赁合同的也有可能无法得到法院的支持。

(六)出租人解除合同是否受到期限限制

《民法典》施行之前,《合同法》第 95 条第 2 款规定:"法律没有规定或者当事人没有约定解除权行使期限,经对方催告后在合理期限内不行使的,该权利消灭。"因此,如果法律没有规定解除权的行使期限,当事人也没有约定解除权的行使期限,那么,在当事人一方依照约定或者法律的规定享有解除权以后,可以随时行使解除权解除合同而不受期限限制(对方催告除外)。例如,在最高人民法院(2019)最高法民申 4462 号融资租赁合同纠纷案中,法院认为,案涉《融资租赁合同》约定出租人未在合同规定时间足额收到承租人支付的任一期租金即构成违约,出租人有权解除合同。承租人未按时支付租金,已经构成违约,某金融租赁公司有权按照上述合同约定内容解除租赁合同。案涉《融资租赁合同》未明确约定行使解除权的期间,承租人、华夏窑炉公司也未向某金融租赁公司催告,故并不存在解除权消灭的事由。

但是也有相反案例认为,权利人应当在合理期限内行使解除权。在四川省成都市中级人民法院(2020)川 01 民终 498 号融资租赁合同纠纷案中,法院认为,合同解除权系形成权,应当在合理的期限内行使,从解除权人知道或应当解除条件成就之日起经过一定期限不行使的,解除权消灭。该案中,《融资租赁合同》的租赁期间为 2011 年 10 月 31 日至 2013 年 10 月 30 日,法律未规定融资租赁合同解除权行使期限,案涉《融资租赁合同》也未约定,承租人自第 8 期(2012 年 6 月 30 日)开始未按期给付租金,出租人应当在合理期限内行使合同解除权。但直到 2019 年 10 月出租人才向一审法院提起诉讼,时隔 7 年有余,远远超过了合理期限,故法院认为出租人未在合理期限内主张合同解除,已经放弃解除权,解除权消灭。①

上述案例系发生于《民法典》施行之前,因《合同法》未规定解除权的行使期限限制问题而产生争议。若类似案例发生于《民法典》施行之后,由于《民法典》第 564 条新增了解除权行使期限的规定,融资租赁公司应当予以注意。《民法典》第 564 条规定:"法律规定或者当事人约定解除权行使期限,期限届满当事人不行使的,该权利消灭。法律没有规定或者当事人没有约定解除权行使期限,自解除权人知道或者应当知道解除事由之日起一年内不行使,或者经对方催告后在合理期限内不行使的,该权利消灭。"该规定是否适用于融资租赁合同?

---

① 笔者认为,该案出租人起诉时,融资租赁合同履行期限已经届满,出租人实无主张解除合同之必要。

从该条在《民法典》中的位置来看，第564条规定位于《民法典》"合同编"之第一分编"通则"的第七章"合同的权利义务终止"，而关于融资租赁合同的规定则位于《民法典》"合同编"之第二分编"典型合同"的第十五章。显然关于融资租赁合同的规定属于特别规定，应当优先适用，如果无特别规定的，则适用"通则"部分的规定。虽然《民法典》第十五章对融资租赁合同的解除也作出了相应规定，但对解除期限并无规定。因此，关于融资租赁合同解除期限的确定应当适用《民法典》第564条之规定。依据该规定，若融资租赁合同未约定解除权行使期限的，融资租赁公司的解除权应自知道或者应当知道解除事由之日起一年内行使。实践中，许多融资租赁公司的解除权可能因超过一年除斥期间而消灭，从而无法主张解除合同并取回租赁物。笔者建议，融资租赁公司完善合同中关于解除权行使期限的相关条款，约定对出租人较为有利的解除权行使期限。

二、出租人主张收回租赁物并申请法院对租赁物采取财产保全措施的实务问题

在融资租赁纠纷实务中，时有承租人转移、隐匿租赁物导致生效判决或调解书难以执行的情况发生。若出租人能在诉讼前或诉讼中及时有效地申请法院对租赁物采取财产保全措施，对保障将来生效法律文书的顺利执行具有重要作用。但是在实践中，不少法院拒绝出租人提出的查封租赁物的财产保全申请。主要理由是认为财产保全的财产应当是被申请人（承租人）的财产，而融资租赁合同项下的租赁物所有权属于出租人，因此拒绝受理出租人提出的对租赁物采取保全措施的申请。笔者认为，租赁物是与案件有关的财产，也可能是案件争议的标的物，出租人应当有权申请对租赁物采取保全措施。

（一）保全财产不仅限于被申请人的财产

有观点认为，可采取保全措施的应当仅限于被申请人的财产，其直接依据为《民事诉讼法》（2021修正）第103条。该条第1款规定："人民法院对于可能因当事人一方的行为或者其他原因，使判决难以执行或者造成当事人其他损害的案件，根据对方当事人的申请，可以裁定对其财产进行保全、责令其作出一定行为或者禁止其作出一定行为；当事人没有提出申请的，人民法院在必要时也可以裁定采取保全措施。"从该条文来看，"裁定对其财产进行保全"表明保全的财产仅限于"其"即被申请人的财产。

但是，《民事诉讼法》（2021修正）第105条规定："保全限于请求的范围，或者

与本案有关的财物。"该条规定表明保全的财产并不限于被申请人的财产,"与本案有关的财物"也可采取保全措施。租赁物不仅是融资租赁交易的核心,也是融资租赁纠纷的重点,明显是与案件有关的财物。

租赁物所有权属于出租人,但交由承租人占有使用,完全符合《最高人民法院关于人民法院民事执行中查封、扣押、冻结财产的规定》(2020 修正)第 2 条第 1 款规定:"人民法院可以查封、扣押、冻结被执行人占有的动产、登记在被执行人名下的不动产、特定动产及其他财产权。"因此,依据该条司法解释,笔者认为出租人也可以申请法院对租赁物采取财产保全措施。

此外,部分地方法院也出台了关于财产保全工作的规定或意见,明确了除被申请人的财产外,当事人争议的财产亦属于保全的范围。比如,《上海市高级人民法院关于财产保全工作的规定》(2017 修正)第 7 条规定了当事人申请财产保全应当符合的条件,其中第 2 项为"请求保全的财产是当事人争议的财产或者是被申请人的财产"。《北京市高级人民法院关于立案阶段财产保全试点工作若干规定(试行)》(京高法发〔2012〕405 号)也有类似规定。

笔者认为,租赁物虽然不属于承租人即被申请人的财产,但可能属于当事人争议的财产,应当允许出租人申请法院查封。

(二)不同租赁物的财产保全措施有所不同

查封财产的方式,《最高人民法院关于人民法院民事执行中查封、扣押、冻结财产的规定》(2020 修正)第 6 条至第 8 条有相应规定。[1] 简单而言,如果查封、扣押的租赁物是动产的,人民法院可以直接控制租赁物,但司法实务中更常见的做法是将查封、扣押的租赁物交付承租人或出租人控制,并在租赁物上加贴封条或者公告。如果查封的租赁物是不动产、特定动产的,人民法院一般向登记机关发送裁定、协助执行通知书办理查封登记手续。

在融资租赁司法实践中,以下几种情况需要区别注意:

首先,如果租赁物为不动产或特殊动产,其所有权已经登记至出租人名下的,

---

[1] 《最高人民法院关于人民法院民事执行中查封、扣押、冻结财产的规定》(2020 修正)第 6 条:查封、扣押动产的,人民法院可以直接控制该项财产。人民法院将查封、扣押的动产交付其他人控制的,应当在该动产上加贴封条或者采取其他足以公示查封、扣押的适当方式。第 7 条:查封不动产的,人民法院应当张贴封条或者公告,并可以提取保存有关财产权证照。查封、扣押、冻结已登记的不动产、特定动产及其他财产权,应当通知有关登记机关办理登记手续。未办理登记手续的,不得对抗其他已经办理了登记手续的查封、扣押、冻结行为。第 8 条:查封尚未进行权属登记的建筑物时,人民法院应当通知其管理人或者该建筑物的实际占有人,并在显著位置张贴公告。

此种情况由于租赁物未登记在承租人名下,出租人一般也无申请查封租赁物之必要,故不存在本讲所述的争议问题。

其次,若以机动车、船舶、航空器等特殊动产作为租赁物办理融资租赁的,出于税务原因或承租人使用(如机动车上牌照)等原因,租赁物所有权虽然归出租人所有,但租赁物的产权登记在承租人名下。由于申请财产保全时人民法院对特殊动产产权的判断一般以产权登记为准,因此出租人申请法院查封登记在承租人名下的租赁物障碍较小。类似地,如果申请查封的租赁物为不动产且仍然登记在承租人名下的,①障碍也比较小。

再次,如果租赁物是设备等一般动产的,则租赁物至少是属于"与本案有关的财物",出租人可以申请人民法院办理查封手续,可在租赁物上张贴封条并对租赁物的保管人(一般为承租人)制作谈话笔录,由法院向中国人民银行征信中心出具协助执行通知书,在动产融资统一登记公示系统公告查封事项。

最后,如果租赁物为构筑物的,笔者认为难以采取财产保全措施。实践中,属于构筑物的常见租赁物包括但不限于高速公路、道路、飞机跑道、桥梁、隧道、地铁(不含闸机等动产)、铁路站台、码头、大坝、涵洞、水塔、水池、水利管道、排水管道、引水管道、市政管道等。虽然《不动产登记暂行条例》(2019 修正)第 5 条②将构筑物所有权纳入不动产权利登记的范围,《不动产登记暂行条例实施细则》(2019 修正)第 2 条③则明确规定构筑物登记的权利主体应与土地使用权人保持一致,但是实务中这些构筑物难以参照房屋等不动产办理登记手续。④ 若人民法院拟查封构筑物,无法前往所有权登记机关办理查封手续,但又不便通过张贴封条等方式办理查封措施,因此实践中若租赁物为构筑物的,人民法院有可能无法受理出租人提出的查封租赁物的申请。

---

① 此种情况下融资租赁关系可能不成立,但本讲主要探讨租赁物的查封问题。
② 《不动产登记暂行条例》(2019 修正)第 5 条:下列不动产权利,依照本条例的规定办理登记:(一)集体土地所有权;(二)房屋等建筑物、构筑物所有权;(三)森林、林木所有权;(四)耕地、林地、草地等土地承包经营权;(五)建设用地使用权;(六)宅基地使用权;(七)海域使用权;(八)地役权;(九)抵押权;(十)法律规定需要登记的其他不动产权利。
③ 《不动产登记暂行条例实施细则》(2019 修正)第 2 条:不动产登记应当依照当事人的申请进行,但法律、行政法规以及本实施细则另有规定的除外。房屋等建筑物、构筑物和森林、林木等定着物应当与其所依附的土地、海域一并登记,保持权利主体一致。
④ 虽然依照《不动产登记暂行条例》(2019 修正)之规定,构筑物所有权也属于登记的范畴,但实践中构筑物的登记在技术上或操作上存在较大障碍,目前全国仅个别城市就少数构筑物办理了所有权登记。

(三)出租人诉请租金加速到期或诉请解除合同,对查封租赁物是否有影响

依据《融资租赁纠纷解释》(2020 修正)第 10 条第 1 款①之规定,出租人必须在请求租金加速到期(支付全部剩余未付租金)与请求解除合同之间作出选择。

如果出租人请求租金加速到期的,则依据《民法典担保制度解释》第 65 条第 1 款之规定,②出租人可以一并请求以拍卖、变卖租赁物所得的价款受偿。此时,租赁物不仅属于当事人争议的财产,也属于被告占有的财产,应当可以查封。

如果出租人请求解除合同的,则一般会同时主张返还租赁物,那么租赁物不仅是承租人占有的动产,而且属于当事人争议的财产,依据《民事诉讼法》(2021 修正)第 103 条、第 105 条的规定,理应可以查封。同理,融资租赁的租赁期限已经届满,出租人诉请要求返还租赁物的,也应当可以查封。

从担保功能主义角度出发,融资租赁项下出租人对租赁物享有的所有权本质上是对出租人的租金债权起到担保作用。因此,租赁物既是融资租赁法律关系的核心,也是出租人租金债权的保障。在出租人主张权利(不管是解除合同还是加速到期)的过程中,支持出租人申请查封租赁物,更有利于实现租赁物对租金的保障功能。相反,如果未对租赁物采取查封措施,则出租人的债权、物权更难得到保障。退一步说,即使当事人约定租赁期限届满后租赁物所有权归出租人的融资租赁交易并不具有担保功能,此种情况下出租人对租赁物享有物权返还请求权,租赁物在承租人的占有之下,属于与案件有关的财产,应当允许出租人申请查封。

因此,笔者认为,不论出租人请求租金加速到期还是请求解除合同,也不论租赁期限届满租赁物所有权归出租人还是归承租人,出租人均应当有权申请法院查封租赁物。

在理论与实务中存在争议的是,在出租人诉请租金加速到期但是未同时主张以拍卖、变卖租赁物所得的价款受偿的情况下,如果人民法院的判决支持了出租人加速到期的诉讼请求但未涉及租赁物(因出租人未主张),在执行阶段人民法院能否处置租赁物用于清偿出租人的租金债权?支持者认为,《民法典担保制度解释》第 65 条第 1 款已经明确规定出租人有权以拍卖、变卖租赁物所得价款受偿,故即

---

① 《融资租赁纠纷解释》(2020 修正)第 10 条第 1 款:出租人既请求承租人支付合同约定的全部未付租金又请求解除融资租赁合同的,人民法院应告知其依照民法典第七百五十二条的规定作出选择。

② 《民法典担保制度解释》第 65 条第 1 款:在融资租赁合同中,承租人未按照约定支付租金,经催告后在合理期限内仍不支付,出租人请求承租人支付全部剩余租金,并以拍卖、变卖租赁物所得的价款受偿的,人民法院应予支持;当事人请求参照民事诉讼法"实现担保物权案件"的有关规定,以拍卖、变卖租赁物所得价款支付租金的,人民法院应予准许。

使出租人在诉讼中未提出该项诉讼请求,人民法院亦有权处置租赁物。反对者认为,即使执行法院查封了租赁物,由于执行法院的执行行为应当以生效裁判文书为依据,因此不得超出生效裁判文书的判项执行。由于法律与司法解释对此并未明确,各地人民法院在此问题上的理解与把握尺度并不相同,实践中两种做法均有。笔者建议出租人尽量在诉讼时一并主张对租赁物的所有权或优先权,并争取获得法院支持,以便执行时具有执行依据。若因各种原因未能在诉讼时一并主张的,则应积极与执行法院沟通,有必要时应及时另行主张对租赁物的权利。

总之,笔者认为,出租人申请法院查封租赁物具有法律依据,且更有利于实现租赁物对租金的保障功能。但是,司法实践中的观点并不统一,若法院不同意出租人申请查封租赁物,则出租人应尽量提供其他财产线索并申请法院查封。

三、出租人自行收回租赁物的法律实务问题

《民法典》第748条第1款规定:"出租人应当保证承租人对租赁物的占有和使用。"据此,对于正常履行的融资租赁合同而言,出租人应当确保承租人对租赁物享有平静占有权。但在承租人违约时,出租人可依据《民法典》第752条、第753条或者按照融资租赁合同的约定,行使租赁物的取回权。在融资租赁实践中,出租人自行收回租赁物的情况也不少见,该行为可能产生什么法律效果?

(一)出租人收回租赁物会产生何种法律效果

《上海法院类案办案要件指南(第1册)》认为:"在承租人违约出租人已经收回或扣押租赁物的情况下,出租人收回租赁物即发生解除合同的效果。"①笔者认为,在融资租赁合同无特殊约定的情况下,出租人收回租赁物时,代表出租人不再履行保证承租人平静占有使用租赁物的义务,可将收回租赁物的行为视为出租人解除合同的意思表示,故可发生解除合同的效果。例如,前文所举的许多案例中,法院以出租人收回租赁物的日期作为合同解除日,表明司法实践中法院一般认为出租人收回租赁物即产生融资租赁合同解除的法律效果。但是,笔者认为有以下两个问题值得注意。

第一个值得注意的问题是,若出租人已经收回租赁物,在后续的诉讼中应如何提出诉讼请求?司法实践中,若出租人先收回租赁物再起诉请求法院判决解除融资租赁合同的,可能无法获得支持。在河北省廊坊市中级人民法院(2020)冀10民

---

① 茆荣华主编:《上海法院类案办案要件指南(第1册)》,人民法院出版社2020年版,第70页。

终 1554 号融资租赁合同纠纷案中,法院认为,出租人将涉案车辆径行收回,以其实际行为表明解除合同之意,故确认租赁物取回日合同已实际解除,出租人再诉请解除合同已无必要,法院不予支持。笔者认为,由于出租人收回或取回租赁物的行为已经导致融资租赁合同解除,那么出租人此后起诉时,诉讼中可以不主张解除融资租赁合同,或者改为请求确认融资租赁合同已经解除。

第二个值得注意的问题是,是否收回租赁物一律视为解除融资租赁合同？笔者认为,如果融资租赁合同对于出租人收回租赁物有特殊约定的,则应当按照合同约定判断出租人取回租赁物的行为是否构成解除合同。例如,在天津市滨海新区人民法院(2017)津 0116 民初 2093 号融资租赁合同纠纷案中,《融资租赁合同》约定:"自出租人将租赁物件收回之日起,出租人有权要求承租人限期偿还到期全部债务并赎回租赁物,承租人逾期未能办理赎回手续的,出租人有权直接处分租赁物进行再销售。"法院据此认为,出租人取回租赁物的行为不代表合同必然解除,应视为一种催告,经过合理期限,承租人仍不支付租金,原告有权解除合同。原告主张解除合同应当通知对方,合同自通知到达对方时解除。因此,法院确认自承租人于收到载明出租人解除合同意思表示的民事起诉状之时融资租赁合同即刻解除。①

(二) 自行收回租赁物是否须以解除融资租赁合同为前提

部分法院认为,即使融资租赁合同约定在承租人拖欠租金的情况下可以自力取回租赁物,但出租人自行收回租赁物仍应以融资合同的解除为前提。

例如,在福建省厦门市中级人民法院(2019)闽 02 民终 131 号融资租赁合同纠纷案中,一审法院认为,虽然合同约定出租人在承租人拖欠租金的情况下可以自力取回租赁物,但该权利的行使仍应以合同的解除为前提。二审法院则认为,根据融资租赁合同的约定,出租人有权暂时取回车辆对其进行变卖,在变卖车辆所得价款扣除相关费用和留购价款后金额小于剩余租金和违约金之和的情况下,可向承租人主张差额部分的损失。②

又如,在上海金融法院(2019)沪 74 民终 224 号融资租赁合同纠纷案中,一审法院认为,虽然取回权是融资租赁合同项下出租人的一项主要权利,但该权利的性质属于救济权,必须以融资租赁合同的解除作为前提。现出租人在未再行起诉请求解除融资租赁合同、收回租赁物的情况下而径行取回车辆的行为,不应构成取回

---

① 持有类似观点案例有天津市滨海新区人民法院一审民事判决书,(2014)滨功民初字第 714 号。
② 持有类似观点案例有安徽省合肥市中级人民法院二审民事判决书,(2019)皖 01 民终 63 号。

权的正当行使,其性质也不属于合法的自力取回行为。故一审法院支持承租人请求出租人返还车辆的诉讼请求。但在该案二审过程中,出租人又在其他法院另案起诉主张解除合同,二审法院为避免案件争议复杂化,改判驳回承租人请求出租人返还车辆的诉讼请求。

依照《民法典》及相关司法解释之规定,解除融资租赁合同需要满足承租人逾期支付租金且经出租人催告后在合理期限内仍未支付等前提条件。但如前所述,实践中出租人收回租赁物的行为本身就可能被认定为属于解除融资租赁合同的意思表示。因此,笔者认为,出租人自行收回租赁物并不必须以解除融资租赁合同为前提。若融资租赁合同已经明确约定出租人有权在承租人违约(但违约程度应当足以导致出租人享有解除权)时自行收回租赁物的,则更应当尊重当事人之间的约定。需要特别注意的是,出租人应当审慎行使自行收回租赁物的权利。2022年8月4日,上海市高级人民法院通报《2021年度上海法院金融商事审判十大案例》,其中案例7程某诉甲租赁公司融资租赁合同纠纷案裁判要旨载明:"融资租赁出租人按照合同约定行使租赁物取回权时应遵循事前告知、当事人在场等程序规范,并根据诚实信用及鼓励交易原则审慎行使租赁物自行取回权。出租人无正当理由收回租赁物的,构成对承租人占有和使用租赁物的侵扰,应赔偿相应损失。"[1]

(三)出租人收回租赁物后还能否请求承租人继续支付租金

如前所述,出租人收回租赁物的行为可能产生解除融资租赁合同的效果,一旦融资租赁合同解除,出租人应当无权请求承租人继续支付租金。例如,在河南省信阳市中级人民法院(2020)豫15民再92号融资租赁合同纠纷案中,法院认为,出租人于2012年8月将其车辆收回,应当视为解除合同收回租赁物。此时,承租人已经不再继续占有、使用该车辆,出租人无权要求承租人继续支付此后租金。

但是,笔者认为,出租人可以向承租人主张赔偿损失。《融资租赁纠纷解释》(2020修正)第11条规定:"出租人依照本解释第五条的规定请求解除融资租赁合同,同时请求收回租赁物并赔偿损失的,人民法院应予支持。前款规定的损失赔偿范围为承租人全部未付租金及其他费用与收回租赁物价值的差额。合同约定租赁期间届满后租赁物归出租人所有的,损失赔偿范围还应包括融资租赁合同到期后租赁物的残值。"因此,出租人在收回租赁物之后导致融资租赁合同解除的,可以向

---

[1] 上海市高级人民法院:《2021年度上海法院金融商事审判十大案例》,载微信公众号"上海高院"2022年8月4日,https://mp.weixin.qq.com/s/da5HvzpoAd6vfTS1HVj6Ow。

承租人主张赔偿损失,损失范围为全部未付租金及其他费用与收回租赁物价值的差额。

(四)出租人是否有权自行处置租赁物

出租人自行收回租赁物之后,为了减少损失,一般情况均会尽快处置租赁物并以租赁物处置变现款抵偿租金债权。大多数情况下,融资租赁合同会约定"出租人有权自行收回租赁物并自行处置,承租人对租赁物的处置价值不持异议"等类似内容。那么出租人是否有权依据类似约定,在自行收回租赁物后自行处置租赁物?笔者以2019年度上海法院金融商事审判十大案例之一上海金融法院(2019)沪74民终439号融资租赁合同纠纷案(以下简称439号案)为例进行分析。

【案例二十八】

某融资租赁公司与上海某汽车运输有限公司、谷某等融资租赁合同纠纷案

【案号】

上海金融法院(2019)沪74民终439号

【案情简介】

2016年8月2日,原告某融资租赁公司与被告上海某汽车运输有限公司、被告谷某签订《融资租赁合同》及其附件所有权转让协议、接收证书,约定被告上海某汽车运输有限公司以售后回租交易方式将3辆东风清障车转让给原告并租回使用,被告谷某系共同承租人。同日,被告朱某向原告出具无条件不可撤销的担保函,就《融资租赁合同》项下的全部义务和责任向原告承担不可撤销的连带保证责任。

因被告上海某汽车运输有限公司违约,某融资租赁公司于2017年6月15日收回租赁车辆,案外人上海某汽车销售服务有限公司(某融资租赁公司认可该公司不具有机动车鉴定评估资质)于2017年6月出具鉴定评估报告,称接受某融资租赁公司委托,对租赁车辆进行鉴定评估,以2017年6月为基准日,评估金额为19~20万元。上海某汽车销售服务有限公司法定代表人张某某以买受人身份于2017年7月5日出具同意函,称同意以20万元向某融资租赁公司购买涉案融资租赁车辆。

原告某融资租赁公司向法院提出诉讼请求:(1)确认《融资租赁合同》于2017年6月15日解除;(2)判令被告谷某、被告上海某汽车运输有限公司向原告赔偿损失43,386元及自2017年6月16日起至实际清偿之日止的逾期违约金;(3)被告谷某、被告上海某汽车运输有限公司向原告支付口卡查档费;(4)被告朱某在被告

第十八讲 承租人违约时出租人请求解除融资租赁合同之法律实务

谷某、被告上海某汽车运输有限公司应承担的债务范围内承担连带保证责任。

被告上海某汽车运输有限公司、朱某辩称：车辆系原告自行变卖，价格过低，没有经过评估，且没有与被告商议，故不认可变卖车辆残值，所以其他诉讼请求均不认可。被告谷某辩称：车辆使用期没有到一年，残值应该为35~38万元，不认可20万元处置价。

【裁判要旨】

融资租赁合同中关于租赁物处置的格式条款排除承租人主要权利且出租人未就该格式条款提请承租人予以特别注意，应认定该格式条款无效；出租人既未提供证据证明其处置车辆的过程，也未委托有资质的专业评估机构对车辆价值进行评估，其提供证据不能认定其处置车辆的价款真实体现了车辆当时的市场价格，法院对出租人提出的车辆价值具有合理性的主张不予认定。

【法院认为】

本案系融资租赁合同纠纷。某融资租赁公司与上海某汽车运输有限公司、谷某签订的《融资租赁合同》及其他协议，以及朱某向原告某融资租赁公司出具的《无条件不可撤销的担保函》，均系各方当事人的真实意思表示，约定内容不违反法律、行政法规的强制性规定，故上述合同及担保函合法有效，对各方均具有约束力。《融资租赁合同》约定承租人未按期支付任何一笔租金，出租人有权单方解除合同、收回租赁设备。上海某汽车运输有限公司、谷某欠付租金后，某融资租赁公司于2017年6月15日将3辆租赁车辆拖回，以其实际行动表明解除合同的意思表示，并行使合同约定的解除权利，且上海某汽车运输有限公司、谷某也认可《融资租赁合同》于2017年6月15日解除，故对某融资租赁公司解除《融资租赁合同》的主张予以支持。

根据双方的诉辩意见，本案争议的焦点是出租人某融资租赁公司自行处置车辆的处置价格是否合理的问题，对此论述如下：

一方面，关于某融资租赁公司自行处置车辆的合同依据问题。某融资租赁公司主张其系依据《融资租赁合同》第11-1条的约定收回并处置租赁车辆。而《融资租赁合同》系某融资租赁公司为重复使用而预先拟定，并在签订合同时已打印完毕，故第11-1条关于处置租赁物的条款属于格式条款。第11-1条约定出租人有权自行"公开或私下处分该租赁车辆"，该条款在形式上字体极小，难以辨识，且某融资租赁公司并未就该格式条款提请合同相对人予以特别注意，在内容上明显属于出租人针对承租人缺乏经营资金这一实际劣势，利用订立合同时的优势地位排除了承租人对处置车辆的参与权、对处置价格的异议权,同时也剥夺了承租人的优先购买权。提供格式条款的当事人在合同中已经约定了通知对方方式和途径的情况下,又以上述约定免除自己的通知义务,违反法律规定的等价、有偿、公平的基本原则,属于《合同法》第40条规定的"排除对方主要权利"的条款内容,应为无效条款,但该条款无效不影响合同其他条款的效力。此外,某融资租赁公司自行处置车辆并未另行获得承租人的认可,故某融资租赁公司自行处置车辆的依据并不充分。

另一方面,某融资租赁公司所主张的车辆价值是否合理。虽然某融资租赁公司不具有自行处置车辆的权利,但租赁车辆已经实际处置,故也应当结合合同约定及诉辩双方的意见依法认定租赁车辆的价值是否合理,以进一步认定能否支持某融资租赁公司的诉讼请求。某融资租赁公司在庭审中称,收回租赁车辆后,其在未通知承租人的情况下,委托无评估资质的一家汽车销售公司对租赁车辆进行评估,后采用变卖而非公开拍卖的方式以20万元的价格将租赁车辆出售给案外人张某某。而庭审中承租人明确表示不认可某融资租赁公司处置车辆的价值。《融资租赁纠纷解释》(2014)第23条第1款规定:"诉讼期间承租人与出租人对租赁物的价值有争议的,人民法院可以按照融资租赁合同的约定确定租赁物价值;融资租赁合同未约定或者约定不明的,可以参照融资租赁合同约定的租赁物折旧以及合同到期后租赁物的残值确定租赁物价值。"但本案当事人签署的《融资租赁合同》并未就该司法解释所规定的要素进行约定,故只能根据公平原则认定价值是否合理。相较于承租人而言,某融资租赁公司作为专门从事融资租赁业务的企业,显然在处置租赁物的资源、能力方面更具优势。特别是某融资租赁公司收回车辆后已经取得对车辆的控制权,其应当且完全具有能力举证证明车辆处置价格的合理性。但某融资租赁公司既未提供证据证明其处置车辆的过程,也未委托有资质的专业评估机构对车辆价值进行评估,依据现有证据不能认定其处置车辆的价款真实体现了车辆当时的市场价格。故难以认定某融资租赁公司主张的车辆价值具有合理性。

依据《融资租赁纠纷解释》(2014)第22条的规定,出租人解除融资租赁合同,同时请求收回租赁物并赔偿损失的,损失赔偿范围为承租人全部未付租金及其他费用与收回租赁物价值的差额。由于某融资租赁公司既不具有自行处置车辆的合同依据,又未能举证证明收回租赁车辆价值是合理的,因此不能认定某融资租赁公司收回租赁车辆后尚有损失存在,某融资租赁公司依据现有证据主张赔偿损失及支付口卡查档费的诉讼请求缺乏事实依据,不予支持。另外,虽然朱某签署的《无条件不可撤销的担保函》合法有效,但法院对某融资租赁公司主张赔偿损失的诉讼请求不予支持,故也不支持某融资租赁公司要求朱某承担连带保证责任的诉讼请求。

【裁判结论】

上海市黄浦区人民法院于2019年4月3日作出(2018)沪0101民初17367号民事判决,判令:一、《融资租赁合同》于2017年6月15日解除;二、驳回某融资租赁公司其余诉讼请求。一审判决后,某融资租赁公司不服,提起上诉。上海金融法院经审理认为,一审判决认定事实清楚,判决结果正确。遂于2019年7月9日作出(2019)沪74民终439号判决:驳回上诉、维持原判。

【律师分析】

由439号案可知,如果融资租赁合同中关于租赁物处置的格式条款排除承租人主要权利且出租人未就该格式条款提请承租人予以特别注意的,法院可能认定该格式条款无效;出租人既未提供证据证明其处置车辆的过程,也未委托有资质的专业评估机构对车辆价值进行评估,其提供证据不能认定其处置车辆的价款真实体现了车辆当时的市场价格的,法院可能对出租人提出的车辆价值具有合理性的主张不予认可。

笔者建议,融资租赁合同应当就出租人有权自行收回租赁物并进行处置进行详细约定,并且为避免被认定为无效格式条款,应当就此向承租人进行充分披露。出租人自行处置租赁物的,需要按照合同的约定确定租赁物的价值并进行处置,确保价格合理,且保留相应的证据。

【同类案例】

辽宁省沈阳市中级人民法院二审民事判决书,(2020)辽01民终2368号;河北省廊坊市中级人民法院二审民事判决书,(2020)冀10民终1555号。

(五)出租人自行收回租赁物,如何确定价值

如前所述,出租人自行收回租赁物之后,还有权向承租人主张赔偿损失,收回的租赁物价值如何确定,是确定损失多少的关键。

1.确定租赁物价值的时间点

融资租赁实践中,大部分租赁物价值可能随着时间的推移而发生贬损,因此租赁物价值的确定时间至关重要。有观点认为,"如果合同尚未解除,承租人的赔偿责任从何而来,因此租赁物价值的计算时点应以赔偿责任产生时,即合同解除之时

作为计算基准"。① 笔者赞同此观点。那么,在出租人自行收回租赁物的时候,若收回租赁物的行为视为解除合同的,则租赁物价值的确定时点应当为收回租赁物之时。如果出租人收回租赁物后未及时处置租赁物的,那么收回租赁物之后租赁物的贬损损失应由出租人自行承担。

例如,在北京金融法院(2022)京74民终17号融资租赁合同纠纷案中,法院认为,案涉车辆所有权归出租人,出租人若怠于处置收回的租赁物,系所有权人对于自己权利的自由处分,应由出租人自行承担相关损失,故案涉车辆从2017年7月26日取回至今,出租人并未依约及时处置案涉车辆,应由出租人自行承担相关贬损损失。又如,在山西省太原市中级人民法院(2019)晋01民终3805号融资租赁合同纠纷案中,出租人同样取回租赁物并处置后起诉,要求承租人支付全部未付租金与处置价款的差额部分。出租人的处置也有评估报告为依据,但法院经审理后认为,出租人于2014年5月将租赁车辆收回,其委托评估的时间为2015年1月2日,出租人的证据无法认定出租人何时将车辆委托评估,对收回车辆后至进行评估期间车辆状况无法确定,故不能仅以旧机动车鉴定评估报告书的评估价格确定出租人收回车辆时车辆的市场价格。本案中,由于出租人未及时委托评估机构进行评估,导致法院认为租赁物的残值无法准确判定,进而驳回了出租人的诉讼请求。②

2. 租赁物价值的确定是否必须要进行评估

笔者认为,除了租赁物价值的确定时点很重要以外,如何确定租赁物的价值亦非常重要。为便于争议发生后出租人向法院举证,对于租赁物价值的确定通过评估方式进行较为稳妥。如果未委托有资质的评估机构进行评估,出租人可能面临不利后果。如前文所提到的439号案,出租人委托了不具有评估资质的第三方进行评估,且买受方为该第三方的法定代表人,法院也因此驳回了出租人要求承租人支付差额部分的诉讼请求。③ 而在安徽省合肥市中级人民法院(2019)皖01民终63号融资租赁合同纠纷案中,出租人在收回租赁物后,委托有评估资质的机构对租赁物进行评估,并据评估价值进行出售,在主张剩余未付租金时,也将出售款先

---

① 李阿侠:《融资租赁案件裁判精要》,法律出版社2018年版,第438页。
② 持有类似观点的案例有河北省廊坊市中级人民法院二审民事判决书,(2020)冀10民终1554号。
③ 持有类似观点的山西省晋中市中级人民法院(2019)晋07民终1560号案件中,出租人深夜强行取回标的物,并在网上拍卖给第三方。后承租人起诉要求出租人返还租赁物、解除合同并赔偿损失。该案中,出租人没有合理证据证明其处置租赁物的价格为合理价格,导致法院无法准确判定租赁物在出租人取走时的价值。法院认为,出租人自力取回并在取回后进行网上拍卖的方式已突破了其行使权力的合理范围,最终判决出租人按照法院酌定的租赁物市场价值返还价款、解除合同并承担违约责任。

行抵扣。法院据此认为,出租人对租赁物的处置行为具有合同依据,且未侵害承租人合法权益,并无不当。因此,笔者认为,出租人在收回租赁物后拟自行处置租赁物的,除了需要具有合同依据以外,更重要的是必须保留证据证明处置价格的合理性。其中,委托有资质的第三方对租赁物价值进行评估并在此基础上处置租赁物,属于比较稳妥的价值确定方式。

但在个别案件中,法院也可能支持出租人不经评估而直接处置租赁物。例如,在上海市第一中级人民法院(2018)沪01民终287号融资租赁合同纠纷案中,《租赁协议》第14条约定,出租人有权在承租人违约的情况下自行收回租赁物,并将租赁物出售给任何接受的人士,承租人无条件接受出租人该等出售及出售价格。法院认为,该条款系对租赁物价值确定方式作出明确约定,考虑到涉案租赁物、供货商均系承租人自行选定,承租人与供应商直接商定租赁物的设计、规格等,故涉案租赁物的通用性可能较差,市场需求方具有一定的局限性,故上述租赁物的价值确定条款并未过分加重承租人的责任,不属于无效条款。同时,出租人提供了类似设备在同期的拍卖价格,以证明其转卖价格高于类似设备的拍卖价格,不存在转卖价值显失公平的情况。承租人主张转卖价格过低损害其利益,但并未提供证据证明租赁物转卖之时的市场价值与转卖价格存在严重偏离,因此即便出租人将租赁物转卖给供应商的关联公司,也并不必然对承租人的利益造成损害。

(六)自行收回租赁物的其他风险

与通过诉讼方式收回租赁物相比,出租人自行取回能及时收回租赁物,避免因诉讼程序延宕导致租赁物价值贬损,也可降低诉讼费用等额外成本,因此实践中不少出租人倾向于自行收回租赁物。但现实的情况是,出租人自行收回租赁物较难获得承租人的配合,因此可能引发其他风险。例如,在北京市石景山区人民法院(2018)京0107民初26277号融资租赁合同纠纷案中,法院查明的事实部分显示,出租人自力取回租赁物后,承租人前往派出所报案,称其被人殴打后,奔驰车、车钥匙及行驶证被人抢走,公安局以涉及诈骗罪进行立案。

因此,虽然我国法律未禁止出租人自行收回租赁物,但出租人应当采取合法手段,且维护自身权益时不能超过必要限度。如果出租人在自行收回租赁物的过程中违反了相关法律、法规,给他人造成财产、人身损害的,应当承担相应的赔偿责任。

笔者通过检索相关案例,也不乏融资租赁公司委托第三方进行催收或自力取回时,第三方最终因敲诈勒索罪、寻衅滋事罪等刑事犯罪而被判决承担刑事责任的情况。例如,在河北省承德市中级人民法院(2021)冀08刑终30号寻衅滋事案中,出租人委托收车公司对车辆进行回收,收车公司人员多次雇用他人采取违法犯罪手段进行收车,且雇用人员相对固定,法院认为收车公司人员的收车行为扰乱了社会生活秩序,造成了恶劣的社会影响,最终判处相关人员构成寻衅滋事罪。[1] 虽然这些案例中,并未直接让融资租赁公司承担刑事责任,但显然也无益于出租人维权。

四、在出租人主张解除合同、收回租赁物的诉讼中租赁物价值的确定

(一)关于租赁物价值确定的相关规定

出租人主张解除融资租赁合同、收回租赁物的,不能同时请求承租人支付全部租金,但可依据《融资租赁纠纷解释》(2020修正)第11条的规定,请求承租人赔偿损失,损失范围为全部未付租金及其他费用与收回租赁物价值的差额。因此,诉讼中租赁物价值的确定就至关重要。

依据《融资租赁纠纷解释》(2020修正)第12条的规定,租赁物价值的确定有三种方式:(1)根据合同约定来确定;(2)参照融资租赁合同约定的租赁物折旧及合同到期后租赁物的残值来确定租赁物的价值;(3)上述方式严重偏离租赁物实际价值的,请求法院启动评估、拍卖程序。《民法典担保制度解释》第65条第2款也作出了相同的规定。

(二)司法实践中常见的租赁物价值确定方式

在司法实务中,法院对租赁物价值的确定主要有以下五种方式:(1)将租赁物价值的确定交由执行程序处理,即判决以租赁物拍卖、变卖的价款来抵偿债权;(2)在案件审理阶段通过评估方式确定租赁物价值;(3)参考《企业所得税法实施条例》(2019修正)第60条关于设备折旧的规定确定租赁物价值;(4)原告起诉时直接依据合同约定的折旧率计算出租赁物的现值,主张赔偿损失时直接扣除租赁物的现值;(5)在判决书中未明确租赁物价值如何确定,只是明确承租人赔偿的损失应扣除出租人收回租赁物的变现价值。[2]

1.将租赁物价值的确定交由执行程序处理,即判决以租赁物拍卖、变卖的金额来抵偿债权

部分地区人民法院支持出租人主张解除合同、赔偿损失的诉讼请求时,将租赁

---

[1] 持有类似观点的案例有:阳城县人民法院一审刑事判决书,(2019)晋0522刑初34号;南通市通州区人民法院一审刑事判决书,(2018)苏0612刑初768号判决书。

[2] 参见茆荣华主编:《上海法院类案办案要件指南(第1册)》,人民法院出版社2020年版,第73页。

物的价值确认问题交由执行程序处理,即在民事判决书中不对租赁物的价值加以固定。该类民事判决书的判项除表述确认出租人与承租人签署的融资租赁合同解除外,一般将就承租人应向出租人赔偿的损失中应当扣减的租赁物价值表述为"涉案租赁物价值由出租人与承租人协议折价,或者以拍卖、变卖该租赁物所得价款确定,如租赁物价值超过全部债务,超过部分归承租人所有"。例如,在天津自由贸易试验区人民法院(2022)津0319民初2395号融资租赁合同纠纷一审民事判决书、上海市浦东新区人民法院(2021)沪0115民初46782号融资租赁合同纠纷一审民事判决书、深圳前海合作区人民法院(2021)粤0391民初7705号融资租赁合同纠纷一审民事判决书中均支持了出租人类似的诉讼请求。

该等租赁物价值确定方式避免了案件审理阶段立即启动租赁物司法评估程序,有助于缩短诉讼周期,实现出租人尽快在强制执行程序中处置租赁物的诉求。此外,该等租赁物价值的处理方式也可以解决民事判决书从作出至出租人可以申请强制执行租赁物存在一定的周期,在此期间租赁物价值较有可能进一步发生贬值的问题。

但是,由于该等租赁物价值确定方式存在一定的不确定因素,即出租人可以主张的损失金额实际并未通过民事判决书的判项加以固定,故在融资租赁合同纠纷司法实践中,该等判决方式的运用并不广泛。经笔者检索,该等租赁物价值确定方式主要被上海、天津、深圳地区受理融资租赁合同纠纷较多的几家法院所采用。笔者建议出租人提出该类诉讼请求前,关注对应管辖法院的类似案例处理方式,在法院不认可该类诉讼请求时,及时变更诉讼请求。

2. 在案件审理阶段通过评估方式确定租赁物价值

在租赁物价值的确定方式上,无论是《融资租赁纠纷解释》(2020修正)第12条第2款规定还是《民法典担保制度解释》第65条第2款规定,评估方式都属于最后的选择,即若融资租赁合同对租赁物的价值确定方式未约定或者约定不明确,根据约定的租赁物折旧以及合同到期后租赁物的残值无法确定租赁物价值,当事人认为根据前两种方法确定的价值严重偏离租赁物实际价值的,可根据当事人的申请委托有资质的机构评估。例如,在天津市高级人民法院(2015)津高民四终字第13号融资租赁合同纠纷案中,因融资租赁合同及其补充协议未就租赁物"长能7"轮的价值作出约定,且租赁物"长能7"轮尚属在建船舶,其在合同解除时的价值亦无法参照合同中约定的承租人留购价格予以确定,故二审法院认为一审法院选取由评估机构对租赁物"长能7"轮现值进行评估的方式确定其价值,符合司法解释的规定,并无不当。①

在评估程序的启动上,如果出租人或承租人一方在诉讼阶段对另一方提出的租赁物价值确定方式提出异议的,人民法院一般将依据对租赁物价值提出异议一方的申请,在诉讼阶段启动对租赁物的评估程序。

需要注意的是,若出租人对承租人提出的租赁物价值确认方式不予认可,但无法提供相反证据加以证明,且又不同意对租赁物进行评估的,可能面临人民法院直接依据承租人提出的租赁物价值确认方式进行处理的不利后果。例如,在北京金融法院(2022)京74民终17号民事判决书中,法院认为,关于涉案车辆被取回时的价值,承租人提交了2016年6月投保时的商业险保险单,主张按照车辆损失险保险金额的90%即211,680元,认定车辆2017年7月26日被取回时的实际价值,在承租人提供了初步证据的前提下,某融资租赁公司虽对此不予认可,但未提交反证,也未在合理期限内处置涉案车辆,经一审法院释明也不对取回车辆时的车辆价值申请鉴定,故一审法院认定涉案车辆在2017年7月26日被取回时的价值为承租人主张的211,680元。

实务中,出租人对诉讼阶段启动租赁物评估程序的态度一般较为谨慎,笔者认为,主要包括以下原因:

首先,租赁物评估结果基于评估方法的不同(市场法、收益法、成本法)、评估参考材料的范围(是否包括租赁物发票、原始购买合同、产品说明书等)有无明确要求、评估公司及人员的不同,可能出现较大的差异。由于出租人无法事前对租赁物的评估结果作出准确预估,因此较多出租人无法作出同意启动租赁物评估事项的决策。

其次,若评估结果与出租人的预期存在较大差异的,依据我国现行的民事诉讼规则,出租人在诉讼程序中对评估结果可以行使的权利救济途径十分有限。《最高人民法院关于民事诉讼证据的若干规定》(2019修订)第40条第1款②虽然规定了当事人有权申请重新鉴定的情形,但实务中发生鉴定人不具备资格、鉴定程序严重违法、鉴定意见明显依据不足的情况极为少见。即使鉴定意见存在瑕疵,依据《最

---

① 持有类似观点的案例有:河北省廊坊市中级人民法院二审民事判决书,(2020)冀10民终1554号;上海市徐汇区人民法院一审民事判决书,(2014)徐民二(商)初字第1463号。

② 《最高人民法院关于民事诉讼证据的若干规定》(2019修订)第40条第1款:当事人申请重新鉴定,存在下列情形之一的,人民法院应当准许:(一)鉴定人不具备相应资格的;(二)鉴定程序严重违法的;(三)鉴定意见明显依据不足的;(四)鉴定意见不能作为证据使用的其他情形。

第十八讲 承租人违约时出租人请求解除融资租赁合同之法律实务

高人民法院关于民事诉讼证据的若干规定》(2019 修订)第 40 条第 3 款的规定,[①]人民法院一般采取补正、补充鉴定或者补充质证、重新质证等方法解决,而不采用重新鉴定方式处理。

再次,司法实践中,出租人依据《最高人民法院关于民事诉讼证据的若干规定》(2019 修订)第 40 条第 1 款第 3 项规定的"鉴定意见明显依据不足"提出重新鉴定申请的,存在较大的举证难度。此外,人民法院一般更信赖具有评估资质的机构出具的评估报告,而较难采信当事人对评估机构评估方法、评估结论提出的质疑。例如,《资产评估执业准则——资产评估方法》(中评协〔2019〕35 号)第 16 条规定:"资产评估专业人员选择和使用成本法时应当考虑成本法应用的前提条件:(一)评估对象能正常使用或者在用……"但是,若租赁物实际不能使用,而评估机构仍然采用成本法对租赁物价值进行评估的,出租人仅提出评估方法质疑的,该类异议意见一般较难被人民法院采纳。

最后,基于司法鉴定程序存在摇号选定鉴定机构、法院与鉴定机构流转委托评估材料等流程,完成司法鉴定的实际周期一般为 3～6 个月。诉讼实务中,部分承租人也存在利用诉讼程序规则恶意申请租赁物价值评估,实现拖延诉讼进程的目的。因此,从加快诉讼流程角度出发,部分出租人也不愿意在诉讼阶段启动评估程序。

3. 参考《企业所得税法实施条例》(2019 修正)第 60 条关于设备折旧的规定确定租赁物的价值

《企业所得税法实施条例》(2019 修正)第 32 条规定:"企业所得税法第八条所称损失,是指企业在生产经营活动中发生的固定资产和存货的盘亏、毁损、报废损失,转让财产损失,呆账损失,坏账损失,自然灾害等不可抗力因素造成的损失以及其他损失。企业发生的损失,减除责任人赔偿和保险赔款后的余额,依照国务院财政、税务主管部门的规定扣除。企业已经作为损失处理的资产,在以后纳税年度又全部收回或者部分收回时,应当计入当期收入。"第 60 条规定:"除国务院财政、税务主管部门另有规定外,固定资产计算折旧的最低年限如下:(一)房屋、建筑物,为 20 年;(二)飞机、火车、轮船、机器、机械和其他生产设备,为 10 年;(三)与生产经营活动有关的器具、工具、家具等,为 5 年;(四)飞机、火车、轮船以外的运输工具,

---

[①] 《最高人民法院关于民事诉讼证据的若干规定》(2019 修订)第 40 条第 3 款:对鉴定意见的瑕疵,可以通过补正、补充鉴定或者补充质证、重新质证等方法解决的,人民法院不予准许重新鉴定的申请。

为4年；(五)电子设备，为3年。"第98条规定："企业所得税法第三十二条所称可以采取缩短折旧年限或者采取加速折旧的方法的固定资产，包括：(一)由于技术进步，产品更新换代较快的固定资产；(二)常年处于强震动、高腐蚀状态的固定资产。采取缩短折旧年限方法的，最低折旧年限不得低于本条例第六十条规定折旧年限的60%；采取加速折旧方法的，可以采取双倍余额递减法或者年数总和法。"

司法实践中，部分人民法院在确认租赁物价值时，将依据上述规定确定租赁物折旧年限，并根据租赁物的实际使用期间、租赁物在起租前的价值，相应计算融资租赁合同解除时的租赁物价值。例如，在四川省成都市中级人民法院(2020)川01民终498号融资租赁合同纠纷案中，因融资租赁合同未约定租赁物损失价值的确定方式，且因涉案挖掘机未经评估，故法院认为，根据《企业所得税法实施条例》(2019修正)第60条的规定，综合考虑挖掘机的折旧最低年限、涉案挖掘机已使用年限等因素，酌定租赁物的年折旧率为7.5%。该案中，挖掘机的购置价款为305,000元，承租人首次违约时间为2012年6月，折旧损失应为以挖掘机总价款为基数按照年折旧率7.5%(月折旧率0.625%)标准从未付租金之日计算至起诉之日，确定折旧损失为165,843.75元(305,000元×0.625%/月×87月)。[①]

但是，笔者认为，该等方式的合理性似乎值得商榷。《企业所得税法实施条例》(2019修正)规定折旧年限及相应折旧金额的核心目的为，通过固定资产折旧额计算企业缴纳企业所得税时，可以进行税前扣除的具体金额。即《企业所得税法实施条例》(2019修正)主要从企业应缴纳税款的角度统一固定资产的折旧年限，该等折旧方式较有可能无法真实反映固定资产实际的市场价值。

4. 原告起诉时直接依据合同约定的折旧率计算出租赁物的现值，主张赔偿损失时直接扣除租赁物的现值

《融资租赁纠纷解释》(2020修正)第12条第1款规定："诉讼期间承租人与出租人对租赁物的价值有争议的，人民法院可以按照融资租赁合同的约定确定租赁物价值；融资租赁合同未约定或者约定不明的，可以参照融资租赁合同约定的租赁物折旧以及合同到期后租赁物的残值确定租赁物价值。"据此，若融资租赁合同对

[①] 采取类似方式确定租赁物价值的案例有：江西省南昌市中级人民法院二审民事判决书，(2018)赣01民终2991号；广东省高级人民法院二审民事判决书，(2019)粤民终2341号；广州市白云区人民法院一审民事判决书，(2020)粤0111民初15676号；新疆维吾尔自治区乌鲁木齐市中级人民法院二审民事判决书，(2019)新01民终3174号。

租赁物的价值确定方式作出明确约定的,相关约定一般将被优先适用。例如,在广东省广州市中级人民法院(2021)粤01民终15415号融资租赁合同纠纷案中,融资租赁合同约定的租赁物折旧方式为:"年折旧率=(1-预计净利残值率)/预计使用年限×100%,月折旧率=年折旧率÷12,月折旧额=租赁物设备原价×月折旧率,预计净残值=留购价,预计净利残值率=预计净残值÷租赁物设备原价,预计使用年限=融资租赁期限,租赁物现值=租赁物设备原价×(1-年折旧率×实际使用年限)。"人民法院直接按照上述合同约定确定了租赁物的价值,进而计算出租人可以主张的损失款项。[①]

但是,如果融资租赁合同所约定的租赁物价值确定方式有失公允的,人民法院可能不予认定。例如,在天津自由贸易试验区人民法院(2021)津0319民初5931号融资租赁合同纠纷案中,法院认为,关于已收回两辆车的价值确定,合同中虽然约定了评估价格计算方式,但约定折旧年限过短,通过该公式难以反映车辆的实际价值,不应采用,本案原告对于案涉两台车辆,收车时间相距约半年,根据原告主张的车辆价值计算方式难以公平合理地确定车辆价值,经法院释明,原告拒绝通过诉讼阶段评估的方式确定车辆价值,因车辆价值无法确定,导致原告主张的损失范围无法确定,故法院认为原告要求被告赔偿差价损失的请求欠缺事实依据,不予支持。

笔者认为,对于出租人而言,采取融资租赁合同约定租赁物折旧、租赁物价值确定的方式,可以有效避免诉讼阶段承租人提出对租赁物价值进行评估、评估结果与出租人预计出现较大偏离的风险,也可以在一定程度上避免租赁物在强制执行阶段评估、处置流程较长的问题。若租赁物属于机动车、通用工程机械设备等二手价值可以确定,且租赁物的变现价款属于出租人租金债权重要保障的情况下,笔者建议,出租人优先考虑采用合同约定方式确定租赁物价值。同时,也要注意约定的租赁物折旧等价值确定方式的合理性,避免出现不被法院认可的风险。

5. 在判决书中未明确租赁物价值如何确定,只是明确承租人赔偿的损失应扣除出租人收回租赁物的变现价值

若融资租赁合同未就租赁物的价值确定方式作出明确约定,出租人、承租人在诉讼中均不同意对租赁物进行价值评估,或出现了其他不适合在诉讼中对租赁物启动价值评估程序的情形的,在部分案件中,人民法院也可能在判决书中不明确租

[①] 持有类似观点的案例有:江苏省南京市中级人民法院二审民事判决书,(2015)宁商终字第1601号;上海市黄浦区人民法院一审民事判决书,(2021)沪0101民初4380号。

赁物价值如何确定,只明确承租人赔偿的损失应扣除出租人收回租赁物变现价值。例如,在上海市徐汇区人民法院(2017)沪0104民初3346号融资租赁合同纠纷案中,出租人诉请主张解除合同、返还租赁物并赔偿损失,法院判决支持了出租人的诉讼请求。但是对于承租人赔偿损失的范围,判决主文在载明承租人应赔偿的损失金额之后,仅仅以括号形式注明其中应扣除出租人收回车辆时的车辆变现价值,至于车辆变现价值如何确定则未予明确。由于此种情形相当于判决未能明确如何确定租赁物的价值,在执行过程可能存在争议,已经越来越少法院采用此种处理方式。

(三)租赁物价值确定方式建议

笔者认为,是否应当在融资租赁合同中约定租赁物价值的确定方式,或通过执行程序确定租赁物的价值,或采取其他租赁物价值确定方式,需要结合租赁物是否具有二手价值、租赁物是否贬值较快、诉讼管辖法院对该类问题的常见处理方式、承租人的态度等因素综合决定。

在以上几种方式中,笔者认为在审理阶段通过评估方式确定租赁物价值的方式可能最不利于出租人。一方面,审理阶段启动评估程序可能会造成诉讼程序拖延,降低诉讼效率;另一方面,虽然评估后可确定租赁物价值,相应地,承租人应承担的损失赔偿范围也一并固定,但是对租赁物完成评估不等于出租人取回了租赁物,从评估时点至出租人实际取回租赁物存在时间差,其间租赁物的贬值风险将不得不由出租人承担。

笔者认为,在出租人实际取回租赁物之时确定租赁物的价值可能最为合理。不仅可以鼓励承租人尽早配合出租人取回租赁物,避免租赁物持续贬值而扩大承租人承担赔偿损失的范围,而且以出租人实际取回时点确定租赁物的价值,对出租人、承租人均较为公平。相较而言,在执行阶段对租赁物进行评估可能较为合理,但实践中有些法院不认可此种方式。综上所述,出租人不仅应当完善融资租赁合同中关于租赁物价值的确定方式,而且应当根据案件实际情况以及各地法院的司法裁判观点,合理选择租赁物价值的确定方式。

五、主张加速到期后再行起诉主张解除合同、收回租赁物的实务问题

(一)再行起诉的司法解释依据及其理解

《融资租赁纠纷解释》(2020修正)第10条第2款规定:"出租人请求承租人支付合同约定的全部未付租金,人民法院判决后承租人未予履行,出租人再行起诉请

求解除融资租赁合同、收回租赁物的，人民法院应予受理。"该款规定是出租人请求承租人支付全部租金但未能最终实现时，如何请求司法救济的问题。出租人请求承租人支付全部租金实际上是要求继续履行融资租赁合同，仅是融资租赁合同项下的租金加速到期，并不等于解除融资租赁合同。因此，出租人主张租金加速到期与主张解除合同、收回租赁物，属于两个不同的诉讼请求，并不违反一事不再理原则。

例如，在山东省青岛市中级人民法院（2021）鲁02民终13467号融资租赁合同纠纷案中，出租人已就到期和未到期的全部租金以及违约金、律师费、担保权利等向上海法院提起了诉讼且其债权已获得判决确认。判决生效后，出租人通过执行程序、债权债务抵销、保证金抵销、破产债权分配等方式，债权得到部分清偿，后出租人又提起本案诉讼要求解除《回租租赁合同》并收回租赁物拍卖所得的价款，法院认为其主张符合法律规定。

对于出租人再行起诉主张解除合同、收回租赁物，笔者认为，应当注意以下几个问题。

首先，《融资租赁纠纷解释》（2020修正）第10条第2款规定属于对出租人救济途径的规定，并不是对于再行起诉主张解除合同、收回租赁物条件的规定。出租人再行起诉主张解除合同、收回租赁物条件是否具备，仍然应当依据法定或约定的融资租赁合同解除条件进行判断。因此，该条规定的是"人民法院应予受理"而不是"应予支持"。

其次，关于"人民法院判决后承租人未予履行"，是指承租人未履行主张全部租金的判决。从条文字面意思来看，笔者认为，只要承租人未在判决要求的履行期限内履行支付全部租金的义务，出租人即有权再行起诉主张解除合同、收回租赁物。由于承租人未履行债务清偿义务属于消极事实，出租人较难就消极事实进行举证，实践中，出租人一般都会就第一份判决先申请强制执行，在执行未果（如执行法院已经裁定终结本次执行程序）的情况下再行起诉主张解除合同、收回租赁物。

最后，出租人先主张全部租金，判决后承租未履行的，出租人有权再行起诉主张解除合同、收回租赁物，先后顺序不可颠倒。如前所述，之所以出租人有权再行起诉主张解除合同，是因为第一次提起诉讼主张全部租金只是租金加速到期而未解除合同，即合同在理论上仍处于继续履行的状态。反之，一旦出租人起诉主张解除合同且解除合同的条件满足，出租人只能主张收回租赁物并赔偿损失，而不能再次起诉主张全部租金。虽然两者在经济利益的计算上最终都不得超过出租人的可得利益,但两者法律性质并不相同。

（二）先后两次诉讼的判决并存时的效力问题

如果出租人依据《融资租赁纠纷解释》(2020修正)第10条第2款再行提起诉讼,出租人可能在先后两次诉讼中均取得了胜诉判决,即出租人可能同时持有两份生效判决并向法院申请执行。此时,涉及先后两份判决,在效力上是否存在竞合,会产生哪些法律效果,司法解释并未明确规定,值得讨论。

第一,"应予指出的是,基于新的事实(承租人不履行给付全部租金的判决)发生,第二份判决,即出租人诉请解除合同、收回租赁物的判决应当对在先判决(承租人给付全部租金的判决)及承租人未履行该判决的事实作出认定,故基于新的事实而产生的新的判决的效力在法理上实际上已替代了既有判决。"[1]司法实践中,法院可能在作出的判决中直接写明第二份判决的效力替代了第一份判决。例如,在山东省青岛市中级人民法院(2021)鲁02民终13467号融资租赁合同纠纷案中,法院在说理部分认为,出租人提起本案诉讼,请求解除合同、收回租赁物拍卖所得的价款,是基于法院作出在先判决后,承租人不履行在先判决确定的义务这一新的事实,故本案为基于新的事实而产生的纠纷,本案判决的效力替代在先判决。对此笔者认为,理论上先后两份判决不应当存在竞合,无论第二份判决是否载明了其判决的效力可替代在先判决,第二份判决在客观上均应当能产生替代在先判决之法律效力。

第二,一旦第二份判决作出并生效,因第一份判决已经被第二份判决的效力所替代,若第一份判决尚未进入执行程序的,其失去强制执行力;若第一份判决已经进入执行程序的,应当终结执行。此种终结执行的事由,笔者认为,可归入《民事诉讼法》(2021修正)第264条第6项所规定的"人民法院认为应当终结执行的其他情形"。

第三,若两次诉讼、两份判决均涉及担保人及担保责任的,如何协调处理？正常情况下,出租人在起诉主张租金加速到期的同时均会主张担保人承担担保责任。若出租人再行起诉主张解除合同、收回租赁物并请求承租人赔偿损失,由此引发两个问题。

一是再行起诉时,出租人是否有权继续请求担保人对损失承担担保责任？是

---

[1] 最高人民法院民事审判第二庭编著:《最高人民法院关于融资租赁合同司法解释理解与适用》,人民法院出版社2016年版,第311页。

否违反一事不再理原则？笔者认为,再行起诉时出租人请求担保人对承租人应向出租人承担的赔偿责任承担担保责任,与第一次起诉时出租人主张租金加速到期,案件事实与出租人的请求权基础均发生了变化,不违反一事不再理原则。

二是如果两份判决均判决担保人承担担保责任,担保人是否承担两次担保责任？笔者认为,由于第一份判决已经因为第二份判决的作出并生效而失去效力,因此担保人在第一份判决项下尚未履行的判决义务,也因第二份判决的生效而免除,担保人仅需要履行第二份判决项下的义务。

尽管如此,笔者也无法就上述问题在法理上给出一个圆满的解释。例如,两次诉讼不违反一事不再理原则的深层次理论问题,第二份判决替代第一份判决的处理方法与生效法律文书的既判力原则的冲突解释问题；又如,出租人在第二次诉讼时未起诉保证人,在第二份判决作出后,保证人是否不再承担保证责任问题,笔者均无力解答。在司法实践中,部分出租人为了减轻法院在处理该问题时的困难,主动在第二次诉讼中放弃对担保人主张权利。[1]

(三) 再行起诉新增的诉讼成本负担问题

融资租赁合同一般都会约定,出租人为维护自身权益所发生的律师费、诉讼费等费用由承租人负担。但是,出租人主张加速到期后又再行起诉主张解除合同、收回租赁物,可能新增律师费、诉讼费等成本。该费用是否应当由承租人、担保人负担？《民法典》施行之后,租赁物对出租人的租金债权具有担保功能已达成共识,出租人主张加速到期的同时也有权主张就租赁物进行(优先)受偿,即出租人可能无须再行起诉即可实现其债权。因此,对于律师费,承租人可能抗辩称出租人再行起诉毫无必要,属于扩大损失范畴。对于诉讼费用,法院可依法判决由败诉方承担。

笔者认为,出租人再行起诉具有法律与司法解释依据,只要承租人未履行第一份判决,出租人即享有再行起诉的权利。为避免承租人提出相应抗辩,笔者建议出租人在融资租赁合同中明确约定,对于再行起诉所产生的包括律师费用在内的所有诉讼成本也由承租人负担。

---

[1] 如山东省青岛市中级人民法院二审民事判决书,(2021)鲁02民终13467号。

六、解除融资租赁合同后的清算问题

(一) 我国法律及司法解释关于融资租赁的清算规则

1.《民法典》第758条第1款之清算规则

《民法典》第758条规定:"当事人约定租赁期限届满租赁物归承租人所有,承租人已经支付大部分租金,但是无力支付剩余租金,出租人因此解除合同收回租赁物,收回的租赁物的价值超过承租人欠付的租金以及其他费用的,承租人可以请求相应返还。当事人约定租赁期限届满租赁物归出租人所有,因租赁物毁损、灭失或者附合、混合于他物致使承租人不能返还的,出租人有权请求承租人给予合理补偿。"

该条是关于承租人请求部分返还租赁物价值及租赁物无法返还时如何处理的规定。第1款与第2款的适用前提有较大区别,第1款的适用前提是当事人约定租赁物期限届满租赁物归承租人所有,第2款的适用前提是当事人约定租赁期限届满租赁物归出租人所有。

根据该条第1款之规定,出租人收回的租赁物价值超过承租人欠付的租金以及其他费用的,若承租人未主张返还,则出租人可以不予返还。

2.《融资租赁纠纷解释》(2020修正)第11条之清算规则

《融资租赁纠纷解释》(2020修正)第11条规定:"出租人依照本解释第五条的规定请求解除融资租赁合同,同时请求收回租赁物并赔偿损失的,人民法院应予支持。前款规定的损失赔偿范围为承租人全部未付租金及其他费用与收回租赁物价值的差额。合同约定租赁期间届满后租赁物归出租人所有的,损失赔偿范围还应包括融资租赁合同到期后租赁物的残值。"

按照该条规定,如果出租人请求解除融资租赁合同,同时请求收回租赁物并赔偿损失的,应当对租赁物价值进行清算("多退少补")。若合同约定租赁期限届满后租赁物归承租人的,出租人收回租赁物的价值并不直接归出租人所有,分三种情形处理:情形一是收回租赁物的价值等于出租人剩余租金等债权时,租赁物的价值归出租人所有;情形二是租赁物价值超出剩余租金及其他费用的,出租人应当返还给承租人,以免出租人获得超额赔偿利益;情形三是不足部分仍应由承租人清偿。如果合同约定租赁期限届满后租赁物归出租人所有的,那么融资租赁合同到期后的残值也应计入损失赔偿范围。

3.《民法典担保制度解释》第65条第2款规定承租人抗辩可启动清算规则

《民法典担保制度解释》第65条规定:"在融资租赁合同中,承租人未按照约定

支付租金,经催告后在合理期限内仍不支付,出租人请求承租人支付全部剩余租金,并以拍卖、变卖租赁物所得的价款受偿的,人民法院应予支持;当事人请求参照民事诉讼法'实现担保物权案件'的有关规定,以拍卖、变卖租赁物所得价款支付租金的,人民法院应予准许。出租人请求解除融资租赁合同并收回租赁物,承租人以抗辩或者反诉的方式主张返还租赁物价值超过欠付租金以及其他费用的,人民法院应当一并处理。当事人对租赁物的价值有争议的,应当按照下列规则确定租赁物的价值:(一)融资租赁合同有约定的,按照其约定;(二)融资租赁合同未约定或者约定不明的,根据约定的租赁物折旧以及合同到期后租赁物的残值来确定;(三)根据前两项规定的方法仍然难以确定,或者当事人认为根据前两项规定的方法确定的价值严重偏离租赁物实际价值的,根据当事人的申请委托有资质的机构评估。"

该条第1款规定在出租人选择支付全部租金时,如果承租人未履行租金支付义务,则出租人可通过诉讼或非讼程序(申请实现担保物权)拍卖、变卖租赁物受偿。笔者认为,该规定是基于融资租赁合同中出租人对租赁物享有的所有权具有担保功能,在适用效果上与《融资租赁纠纷解释》(2020修正)第11条具有相似性,即最终对租赁物的处置都是通过"多退少补"的方式进行清算,从而实现对出租人债权的保护。

至于该条第2款,笔者认为在一定程度上可以弥补《民法典》第758条第1款之不足。《民法典》第758条第1款仅规定"承租人可以请求相应返还",但未明确承租人提出请求的方式是否包括抗辩。

如果人民法院支持承租人提出的租赁物差额与租金差额返还的请求,则意味着出租人应当向承租人进行返还。在承租人仅抗辩称出租人收回的租赁物的价值超过承租人欠付的租金以及其他费用,而未提出反诉或另案提出实体主张的情况下,人民法院能否直接判决出租人向承租人进行返还?

如果从权利的主张方式来看,实践中法院并不排斥抗辩作为权利主张方式之一。例如,(2017)最高法民终46号民事判决即认为,当事人在另案中提出的抗辩,改变了其怠于行使权利的状态,是其主张权利的一种方式,属于《最高人民法院关于审理民事案件适用诉讼时效制度若干问题的规定》(法释〔2008〕11号)第13条第9项(2020年修正后为第11条第8项)中的其他与提起诉讼具有同等诉讼时效中断效力的事项,应当认定具有与提起诉讼同等的诉讼时效中断效力。

对此,《民法典担保制度解释》第65条第2款明确规定,承租人以抗辩或者反诉的方式主张返还租赁物价值超过欠付租金以及其他费用的,人民法院应当一并处理(对租赁物价值进行清算)。因此,《民法典》第758条第1款规定的"承租人可以请求相应返还"之请求方式包括抗辩、反诉及另案提起诉讼。

(二)出租人只主张解除合同与返还租赁物,是否仍适用清算规则

实践中,部分出租人为回避租赁物价值的清算问题,尤其是出租人已经收回租赁物(甚至已经处置)的情况下,不希望法院就租赁物的价值进行审查。出租人出于诉讼策略考虑,若只主张解除合同与返还租赁物,甚至只主张解除合同,是否仍适用清算规则?

【案例二十九】

某融资租赁公司与淮安某运输物流有限公司、淮安某汽车销售服务有限公司等融资租赁合同纠纷案

【案号】

上海金融法院(2021)沪74民终161号

【案情简介】

某融资租赁公司与高某某、淮安某运输物流有限公司签订《融资租赁合同》,约定租赁期届满或届满前,在高某某、淮安某运输物流有限公司清偿合同项下全部到期和未到期租金、违约金、认购费和其他一切费用的前提下,某融资租赁公司应向高某某、淮安某运输物流有限公司出具所有权转让证明书,租赁车辆所有权自所有权转让证明书签发之日起由某融资租赁公司转移至高某某、淮安某运输物流有限公司。在合同履行过程中,高某某、淮安某运输物流有限公司逾期支付租金,某融资租赁公司收回租赁车辆,并根据三家无价格评估资质的经销商出具的价格认定书将车辆卖给案外人肖某某。某融资租赁公司自行取回涉案车辆并处置,高某某、淮安某运输物流有限公司对车辆处置价款并不认可。某融资租赁公司向一审法院提出诉讼请求,要求判令高某某、淮安某运输物流有限公司向某融资租赁公司支付截至收车日的未付租金。

【裁判要旨】

出租人的诉请范围应当以到期未付租金及其违约金、未到期租金、其他费用与收回租赁物价值的差额为限。因某融资租赁公司未能举证证明收回的融资租赁车辆之余值不足以覆盖《融资租赁合同》项下全部剩余未付租金(包括解除日之前已到期未付租金)、违约金及拖车费用,故某融资租赁公司应承担举证不能之法律后果,法院对其主张不予支持。

【法院认为】

一审法院主要观点:虽然对于已到期租金出租人均有权主张,但在合同约定租赁期限届满租赁物归承租人所有且出租人已经收回租赁物的情况下,仍应将出租人主张的债权(解除日之前已到期未付租金及相应违约金等费用)与合同解除后因承租人的违约行为可能给出租人造成的损失,一并与收回租赁物的价值进行比较,才能判断其诉请能否获得支持。由于出租人未能举证证明收回的融资租赁车辆之余值不足以覆盖《融资租赁合同》项下全部剩余未付租金(包括解除日之前已到期未付租金),故判决驳回出租人请求承租人支付合同解除之前的租金的诉请。

二审法院主要观点:出租人既已取回车辆,为避免其可能获得超出合同正常履行利益之外的双重赔偿,出租人的诉请范围应当以到期未付租金及其违约金、未到期租金、其他费用与收回租赁物价值的差额为限。出租人关于因涉案《融资租赁合同》中未约定残值不适用《融资租赁纠纷解释》(2014)第22条[对应《融资租赁纠纷解释》(2020修正)第11条]之规定,而可对到期未付租金及违约金单独主张的理由,于法无据,法院不予支持。

【裁判结论】

驳回某融资租赁公司包括主张已到期未付租金在内的全部诉讼请求。

【律师分析】

本案中,出租人已经收回了租赁物并进行处置,从出租人提出的诉讼请求来看,出租人为规避法院对租赁物价值进行清算,有意不主张赔偿损失,而单独主张到期未付租金及违约金。但法院认为,当出租人取回租赁物后,为避免物的利益返还与合同的可得利益重复计算,造成出租人不当得利,需对租赁物取回后的余值进行折算。故法院未支持出租人的诉讼请求。

【案例三十】

苏州某融资租赁公司与昆山某机械有限公司、涂某某等融资租赁合同纠纷案

【案号】

苏州市中级人民法院(2016)苏05民终6773号

【案情简介】

苏州某融资租赁公司与昆山某机械有限公司签订《融资租赁合同》,约定租赁期间届满,且昆山某机械有限公司已完全履行本合同项下各项义务和责任时,租赁物所有权转移至昆山某机械有限公司。合同订立后,昆山某机械有限公司未按期

支付租金,苏州某融资租赁公司起诉主张解除合同、返还租赁物,并要求昆山某机械有限公司支付合同解除之前的已到期未付租金。

【裁判要旨】

出租人仅要求解除合同、收回租赁物,未提出赔偿损失的请求,且承租人未主张租赁物的价值超过剩余租金并就超出部分要求部分返还的,不需要启动评估程序。

【法院认为】

一审法院主要观点:虽然出租人有权要求解除合同返还租赁物,但在收回的租赁物的价值可能超过承租人欠付的租金及其他费用的情况下,在一审法院已向出租人释明法律后果,出租人仍拒绝对租赁物评估并预缴评估费用,致出租人诉讼请求无法明确,故一审法院对出租人要求解除合同并返还租赁物的诉讼请求不予支持,仅对出租人要求承租人支付合同解除前欠付租金的请求予以支持。

二审法院主要观点:因承租人违约,出租人可以同时主张解除合同、收回租赁物并请求支付合同解除之前的已到期未付租金。关于《合同法》第249条(对应《民法典》第758条)的适用问题,该条与《融资租赁纠纷解释》(2014)第22条、第23条[对应《融资租赁纠纷解释》(2020修正)第11条、第12条]均系对融资租赁合同因承租人违约而解除时的法律后果及损失赔偿作出的规范,明确了当承租人违约导致出租人行使合同解除权收回租赁物时,出租人负有清算义务,避免出租人获得额外利益。依据上述规定,可能需要启动评估程序确定租赁物价值的情形主要为:一是在出租人同时主张解除合同、收回租赁物并赔偿损失时,应当确定取回的租赁物的实际价值,此种情形下,若承租人与出租人对租赁物的价值有争议,可以启动租赁物价值评估程序;二是在出租人仅主张解除合同、收回租赁物时,若承租人主张租赁物的价值超过剩余租金并就超出部分要求部分返还的,也涉及租赁物实际价值的确定,可能要启动租赁物价值的评估程序。具体就本案而言,出租人仅要求解除合同、收回租赁物,并未提出赔偿损失的请求,而承租人在本案中也未主张租赁物的价值超过剩余租金并就超出部分要求部分返还,故本案并不存在上述需要启动评估程序确定租赁物价值的情形,一审法院以出租人拒绝对租赁物价值评估而认定其诉讼请求不明确存在不当,二审法院予以纠正。

【裁判结论】

二审法院判决支持解除合同,并判令昆山某机械有限公司向苏州某融资租赁公司返还租赁物。

【律师分析】

本案二审法院的观点非常明确,即需要对租赁物价值进行清算的情形一是出租人同时提出解除合同、收回租赁物并赔偿损失的诉讼请求;二是出租人虽仅提出解除合同、收回租赁物的诉讼请求,但承租人主张租赁物的价值超过剩余租金并就超出部分要求返还。所以,在出租人仅主张解除合同、返还租赁物且承租人未主张租赁物价值与租金差额的情况下,不适用租赁物清算规则。

【同类案例】

重庆市第一中级人民法院(2019)渝 01 民初 389 号

【案例三十一】

王某某与某融资租赁公司融资租赁合同纠纷案

【案号】

天津市第三中级人民法院(2020)津 03 民终 4499 号

【案情简介】

某融资租赁公司与王某某签订了《融资租赁合同》,约定王某某以售后回租方式从某融资租赁公司处融资租赁奥迪牌小型轿车一台。合同订立后,王某某未按约支付相应租金构成违约。某融资租赁公司在未与王某某联系,未通知王某某的情况下,私自将王某某所购车辆取走。某融资租赁公司起诉请求判决:(1)解除合同;(2)王某某向某融资租赁公司支付已到期未付租金、违约金及罚息;(3)确认租赁物所有权归某融资租赁公司,王某某配合过户。王某某上诉称一审法院未尽到释明义务且未依据法律规定实际解决双方诉争,未查明欠付租金、回收租赁物的价值以及差额,形成一边倒的偏向性审理结果,违背中立性。

【裁判要旨】

承租人一审中未就回收租赁物价值及相关差额提出主张,而在二审中提出的,法院不予支持。

【法院认为】

一审法院主要观点:某融资租赁公司依约履行了合同项下的付款义务,并以占有改定方式向王某某交付了租赁物,王某某理应按照合同约定的方式按期支付租金,但其未按约支付相应租金,已构成违约,应承担违约责任。故某融资租赁公司据此要求王某某解除合同,法院予以支持。某融资租赁公司以收回租赁物的行为作出了解除合同的意思表示,故一审法院确定某融资租赁公司取回租赁物之日为合同解除之日,截至该日,王某某应给付全部未付租金 77,997.57 元。解除合同后,某融资租赁公司要求对已收回的租赁物即案涉车辆确认所有权,并主张王某某配合某融资租赁公司办理过户登记手续等,均符合合同约定,也不违反法律规定,应予支持。王某某逾期支付租金属违约行为,某融资租赁公司有权主张王某某承担违约责任,某融资租赁公司主张的违约金及罚息,均属于王某某应承担的违约责任,某融资租赁公司叠加主张会导致计算数额过分高于某融资租赁公司因王某某逾期付款行为所遭受的损失,某融资租赁公司未充分举证证明其存在的损失,结合本案中王某某的违约情形及王某某认可支付罚息的事实,对某融资租赁公司主张的违约金,不予支持。

二审法院主要观点:关于租金、罚息等数额的认定以及案涉租赁车辆的归属,王某某主张一审判决对于其欠付租金、罚息等的计算适用法律错误。王某某该项主张缺乏事实和法律依据,二审法院不予支持。此外,关于王某某在本案二审中所提关于某融资租赁公司取回租赁车辆的行为侵犯其财产权益、本案回收租赁物价值以及相关差额方面的意见,可依法另行主张。

【裁判结论】

二审法院判决解除合同,王某某向某融资租赁公司支付已到期未付租金及罚息,租赁物归某融资租赁公司所有。

【律师分析】

该案中,承租人未在一审中就租赁物价值返还提出抗辩或主张,导致在二审中未获得法院的支持。笔者认为,就法律上而言,法院对于承租人是否主张租赁物价值返还无释明义务。是否提出抗辩、是否主张返还,是承租人的权利,承租人可以行使,也可以放弃。但就本案而言,笔者认为,确实不符合诉讼经济与效率原则。在融资租赁物的所有权担保化的背景下,对租赁物的价值进行清算应当是担保功能的题中应有之义,何须承租人抗辩或主张呢?

(三)融资租赁清算规则的适用条件

依据《民法典》第758条及《融资租赁纠纷解释》(2020修正)第11条的规定,笔者认为,当出租人提出解除合同、返还租赁物的诉请时,适用清算规则应当满足以下条件。

1.当事人在融资租赁合同中约定租赁期限届满后租赁物所有权归承租人

无论是《民法典》第758条第1款还是《融资租赁纠纷解释》(2020修正)第11条,均规定了适用前提,且共同的前提是租赁期限届满后租赁物所有权归承租人。笔者认为,只有在此情况下融资租赁之租赁物才具有担保功能,即租赁物具有担保出租人租金债权实现的功能。

若融资租赁合同约定租赁期限届满后租赁物归出租人，或者对租赁物的归属没有约定，或者约定不明确而依法推定归属出租人的，租赁物不具有担保功能，出租人对租赁物享有的是完整的所有权。在此情况下，即使出租人主张解除合同、返还租赁物，其请求权依据是物上返还请求权，而非租赁物具有担保功能。

需要注意的是，《民法典》第759条规定："当事人约定租赁期限届满，承租人仅需向出租人支付象征性价款的，视为约定的租金义务履行完毕后租赁物的所有权归承租人。"如果融资租赁合同作出了租赁物留购价款的约定，也将被推定理解为租赁期限届满后租赁物所有权归承租人。出租人若希望更充分地维护自身权利，可以考虑对承租人在租赁期末购买租赁物的价款作出不同的约定，或者约定当承租人发生租金逾期支付等违约情形时，出租人有权撤销融资租赁合同关于留购价款的相关条款。

2. 承租人提出了相应返还的请求或者出租人提出了赔偿损失的主张

若融资租赁出租人同时主张解除合同与返还租赁物，则适用《民法典》第758条第1款之清算规则除了须约定租赁物所有权归承租人等条件以外，还有一个重要前提，即承租人提出相应返还的请求（包括抗辩、反诉）。按照文义解释，根据《民法典》第758条第1款之规定，如果承租人未提出相应返还的请求（包括抗辩、反诉），则人民法院只需审查出租人解除合同及返还租赁物的条件是否成就，而无须对租赁物价值进行清算。更进一步，如果出租人只提出了解除合同的诉讼请求，而未主张返还租赁物，则由于不涉及租赁物的返还问题，更不涉及收回的租赁物价值是否超过承租人欠付的租金以及其他费用的问题，因此无论承租人是否主张相应返还，均无适用清算规则的必要。

在融资租赁合同约定租赁物所有权归承租人的情况下，若出租人除了同时主张解除合同与返还租赁物以外，还一并主张赔偿损失，则依据《融资租赁纠纷解释》(2020修正)第11条之规定，对于损失赔偿范围的确认，必须通过对租赁物的价值进行清算才能实现。换言之，若出租人仅同时主张解除合同、返还租赁物，而未主张赔偿损失，且承租人未提出关于租赁物价值与租金差额的返还请求的，则无须对租赁物的价值进行清算。

(四) 承租人未主张返还、出租人未主张赔偿损失，不适用清算规则

笔者认为，承租人未按照《民法典》第758条第1款规定通过抗辩或反诉的方式主张相应返还的，人民法院无须就租赁物价值清算问题进行处理。就案例二十

九而言,笔者认为,在出租人已经收回租赁物并仅主张已到期未付租金而不主张赔偿损失的情况下,如果承租人认为出租人收回的租赁物价值超过承租人欠付的租金及其他费用的,承租人有权请求相应返还,并且承租人请求的方式包括在诉讼中提出相应抗辩。若承租人未提出相应返还的请求或抗辩的,则人民法院不应主动适用融资租赁清算规则对案件进行审理。

如果出租人在一审诉讼中仅请求解除融资租赁合同、返还租赁物,而未主张赔偿损失的,则依据《融资租赁纠纷解释》(2020修正)第7条"当事人在一审诉讼中仅请求解除融资租赁合同,未对租赁物的归属及损失赔偿提出主张的,人民法院可以向当事人进行释明"之规定,人民法院可以向出租人进行释明。如果出租人仍然不主张赔偿损失的,笔者认为,人民法院应当尊重当事人的诉讼选择权。在此情况下,人民法院应当结合承租人的抗辩或反诉情况,决定是否适用租赁物价值的清算规则。就案例三十而言,由于出租人仅要求解除合同、收回租赁物,并未提出赔偿损失的请求,且承租人也未主张租赁物的价值超过剩余租金并就超出部分要求部分返还,因此无须适用清算规则。

综上,笔者认为,清算规则的适用需有相应的前提,并非出租人主张解除合同、返还租赁物就一律应当适用清算规则。一方面,对于不具有担保功能的融资租赁业务,即融资租赁合同约定租赁期限届满之后租赁物所有权归出租人的,"多退少补"的清算规则不具有适用空间。"多退少补"的清算规则仅适用于具有担保功能的融资租赁交易,即融资租赁合同约定租赁期限届满租赁物所有权归承租人所有。另一方面,即便是具有担保功能的融资租赁交易,并非出租人主张解除合同、返还租赁物就一定适用"多退少补"的清算规则,还应看承租人是否提出了相应返还的请求(包括抗辩),以及出租人是否一并提出了赔偿损失的主张。对于出租人而言,其可根据租赁物是否已经收回等因素考量或者选择合适的诉讼方案。但也应当注意,不同法院对于清算规则的理解可能并不一致。

七、融资租赁合同解除后保证人责任问题

在融资租赁业务中,保证担保是最常见的担保方式。与单纯给付金钱的债务不同,出租人依法解除融资租赁合同后承租人可能同时负有向出租人返还租赁物并赔偿损失的责任,那么连带责任保证人(除非特别指出,下文所称的保证均指连带责任保证)应当承担的保证担保范围应当如何表述?对此,司法实践中法院作出的生效判决并不完全统一,本讲将两种常见表述方式分别称为全额型担保与差额

型担保。其中,表述为差额型担保的判决会对出租人产生一定影响,甚至给出租人维护自身权益造成较大阻力,但该问题尚未引起出租人及法院的重视。

(一)保证担保的主债务:承租人的金钱给付义务

依据《融资租赁纠纷解释》(2020修正)第10条第1款之规定,出租人不能既请求承租人支付全部未付租金(加速到期)又请求解除合同,但可以依据第11条第1款的规定请求解除融资租赁合同,同时请求收回租赁物并赔偿损失(解除合同、收回租赁物并赔偿损失)。

在加速到期型诉讼中,法院可以判决保证人对承租人支付全部未付租金的义务承担连带清偿责任,这点在司法实务中并无争议,也符合法律规定。

在解除合同、收回租赁物并赔偿损失型诉讼中,承租人返还租赁物的义务不属于金钱给付义务,而保证担保的范围一般仅限于金钱给付义务,故保证人对承租人返还租赁物之义务不承担连带责任,而对于承租人应赔偿出租人的损失承担连带清偿责任。从表面上来看,保证人的担保范围似乎并不难确定。但司法实践中,各法院判决对于保证担保范围存在两种不同表述(全额型担保与差额型担保),并且可能产生不同的法律效果。

(二)判决解除融资租赁合同时保证担保范围的常见表述

在解除合同、收回租赁物并赔偿损失型诉讼中,承租人一方面需要向出租人返还租赁物,另一方面还需要赔偿损失,损失赔偿范围为承租人全部未付租金及其他费用与返还租赁物价值的差额(见图14)。

承租人返还设备并赔偿损失

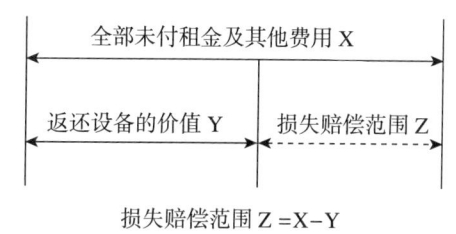

全部未付租金及其他费用 X

返还设备的价值 Y | 损失赔偿范围 Z

损失赔偿范围 Z = X - Y

图14 解除合同、收回租赁物并赔偿损失型诉讼请求

在图14中,当全部未付租金及其他费用小于或等于返还设备的价值时(X≤Y),承租人不需要承担赔偿责任,甚至在X<Y时,出租人还应将多余的设备价值(Y-X)返还给承租人,但这两种情形非本讲需要讨论的问题。

在此类诉讼中,法院判决对于保证担保范围存在两种表述方式,分别为全额型担保与差额型担保。

1. 表述方式一:全额型担保

所谓全额型担保表述,是指判决主文中,保证人承担保证担保责任的主债务范围为全部未付租金及其他费用(见图 15)。

全额型担保

全部未付租金及其他费用 X

返还设备的价值 Y　损失赔偿范围 Z

保证担保范围=X

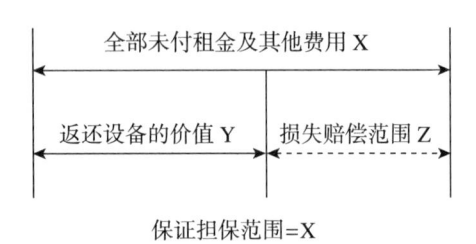

图 15　全额型担保表述示意

例如,上海市浦东新区人民法院(2017)沪 0115 民初 22722 号融资租赁合同纠纷民事一审判决主文包括以下五项:

(1)解除原告和被告某纺织公司签订的《售后回租赁合同》。

(2)被告某纺织公司应于本判决生效之日起 10 日内返还原告《售后回租赁合同》项下的租赁设备(详见《租赁设备清单》)。

(3)被告某纺织公司应于本判决生效之日起 10 日内支付原告按全部未付租金数额计算的损失 1,736,458.33 元,截至 2017 年 2 月 7 日的逾期付款违约金 9789.39 元,以及自 2017 年 2 月 8 日起计算至实际清偿之日止的违约金(以到期应付未付租金为基数,按年利率 24% 以实际欠款天数计算)。

(4)原告可就上述第二项判决所述的租赁设备与被告某纺织公司协议折价,或者将该设备拍卖、变卖,所得价款用于清偿被告某纺织公司上述第三项付款义务;如所得价款不足清偿上述债务,则不足部分由被告某纺织公司继续清偿,如所得价款超过上述债务,则超过部分归被告某纺织公司所有。

(5)被告麦某某等对被告某纺织公司<u>上述第三项付款义务</u>承担连带保证责任,被告麦某某等履行保证责任后,有权向被告纺织公司追偿。[①]

[①] 采取类似全额型担保表述的案例有:上海市第一中级人民法院一审民事判决书,(2016)沪 01 民初 632 号、(2017)沪 01 民初 360 号;北京市第三中级人民法院一审民事判决书,(2016)京 03 民初 54 号;上海市浦东新区人民法院一审民事判决书,(2017)沪 0115 民初 22722 号;浙江省杭州市中级人民法院一审民事判决书,(2020)浙 01 民初 84 号。

2. 表述方式二：差额型担保

所谓差额型担保表述,是指判决主文中,保证人承担保证担保责任的主债务范围为全部未付租金及其他费用与返还租赁物价值的差额(差额＝全部未付租金及其他费用－收回租赁物价值,见图16)。

差额型担保

全部未付租金及其他费用 X

返还设备的价值 Y ｜ 损失赔偿范围 Z

保证担保范围=Z

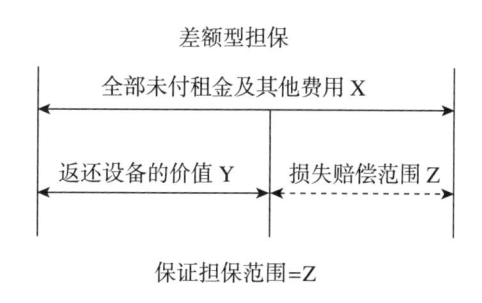

图16 差额型担保表述示意

例如,上海市第一中级人民法院(2016)沪01民终5650号融资租赁合同纠纷案民事二审判决主文包括以下三项：

(1)维持上海市徐汇区人民法院(2015)徐民二(商)初字第7395号民事判决第N项。

(2)撤销上海市徐汇区人民法院(2015)徐民二(商)初字第7395号民事判决第M项。

(3)上诉人沈阳某公司、原审被告林某对原审被告上海某公司的债务承担连带清偿责任,具体范围为逾期未付租金人民币5,287,954元、第13期租金的迟延违约金人民币1092元、按照每日5‰的标准计算的第14期至第24期租金的迟延违约金(每期均以人民币755,422元为基数,按月计期,自2015年1月至2015年11月的每月6日起算,计算至判决生效之日止)、剩余租金人民币9,065,064元、律师费人民币450,000元与设备返还时价值的差额。上诉人沈阳某公司、原审被告林某履行保证责任后,有权向原审被告上海某公司追偿。①

需要特别说明的是,以上案例中保证担保合同约定的保证方式均为连带责任

---

① 采取类似差额型担保表述的案例有：天津市高级人民法院一审民事判决书,(2016)津民初93号、(2017)津01民初308号；天津市第二中级人民法院二审民事判决书,(2017)津02民终5279号；上海市第一中级人民法院二审民事判决书,(2016)沪01民初158号、(2016)沪01民终5650号；江西省南昌市中级人民法院一审民事判决书,(2019)赣01民初490号；福建省高级人民法院再审民事判决书,(2020)闽民再104号；河北省廊坊市中级人民法院再审民事判决书,(2021)冀10民再86号。

保证担保,而非一般保证担保。显然,全额型担保的担保范围一般要大于差额型担保的担保范围。

(三)差额型担保可能产生的影响

笔者认为,全额型担保直接明确了保证人的担保范围与金额,出租人可以在未回收租赁物的情况下直接申请执行保证人的财产,更符合连带责任保证的特征,也更有利于保护出租人的利益。个别法院在前期支持全额型担保的表述方式,而后期改为仅支持差额型担保的表述方式(如上海市第一中级人民法院)。

根据目前公开的裁判文书,上海市第一中级人民法院的裁判意见发生转化的案例可能是该院审理的(2016)沪01民终5650号沈阳某钛业有限公司诉上海某融资租赁公司融资租赁合同纠纷案。在该案中,一审判决主文对保证担保责任的表述方式为全额型担保,而二审改为差额型担保。二审判决改判理由为,承租人的债务范围为全部未付租金及其他费用与收回租赁物价值的差额,故沈阳某钛业有限公司、林某、曹某某作为担保人所承担保证责任的范围亦应当以上述范围为限,原审判决第七项要求三担保人对承租人全部未付租金、迟延违约金以及律师费承担担保责任,未考虑收回租赁物价值之抵偿,系不当扩大了担保人的保证范围,依法予以纠正。

笔者认为,上述判决理由有一定道理,因为承租人的金钱给付义务仅限于差额,保证人只对金钱给付义务承担保证责任,故保证人的担保范围也应当仅限于差额。但是,理论上差额型担保中保证人的担保范围可以明确为差额部分,似乎也很公平,但实际操作中可能会产生一些负面影响。

1. 保证人的担保范围更难明确

差额型担保中,保证人承担连带责任保证的担保范围为全部未付租金及其他费用与收回租赁物价值的差额。其中,全部未付租金及其他费用较明确,即使是违约金也可以通过计算确定,因此属于定量。但收回租赁物的价值则属于变量,因为能否收回租赁物、何时能收回租赁物、租赁物价值如何认定等,均有赖于生效法律文书履行或者执行的情况,存在较大不确定性。故在没有收回租赁物或者虽已收回租赁物但价值尚未确定的情况下,差额也无法确定,保证人的担保范围反而更难明确。实践中,若保证人进入破产重整程序的,不少管理人以租赁物未处置从而保证人的担保金额无法确定为由,拒绝接受出租人申报债权,给出租人维权带来困难。

2. 连带责任保证变相成为一般保证

实践中,大部分融资租赁业务中保证合同约定的保证方式为连带责任保证,当事人签署保证合同的本意是由保证人对承租人在融资租赁合同项下的全部租金支付义务提供连带责任保证担保。依据《民法典》第688条第2款①之规定,出租人可以要求承租人履行债务,也可以要求保证人在其保证范围内承担保证责任。

但是差额型担保中,在未收回租赁物并确定租赁物价值的情况下,全部未付租金及其他费用与收回租赁物价值的差额无法确定,则无法确定保证人应承担的担保范围。在此情况下,法院只能先强制执行承租人向出租人返还租赁物,并根据合同约定或判决确定的方式确定租赁物的价值,在此之后才能确定保证人的担保范围。这意味着在差额确定之前,保证人均有权拒绝对出租人承担保证责任。此时,连带责任保证已经变相成为一般保证。

3. 提高了执行成本,降低了执行效率

差额型担保判决的执行必须先收回租赁物、确定租赁物价值,而这些措施将使执行成本更高,执行效率更低。

首先,强制执行返还租赁物并处置租赁物(以便确定租赁物的价值)是执行实务中的难点。在执行过程中,承租人拒不配合返还租赁物、租赁物遗失或被盗、租赁物被强制占有使用等情形较为常见,在未能实际控制租赁物的情况下,法院无法对租赁物启动评估拍卖程序。在法院执行局案多人少的情况下,如果要抽调执行干警强制执行收回租赁物,并对租赁物进行保管,执行成本将大大提高。

其次,实践中大部分租赁物在使用后已经成为二手设备,甚至本身可能就是售后回租的二手设备,由于发生纠纷、保管不当等多方面原因,设备本身价值可能已经不高,甚至可能不足以覆盖搬迁、保管等处置设备所必须花费的成本。

再次,即使租赁物本身已经不具有处置价值,但为了确定差额,法院也不得不先行处置租赁物,为此投入大量的时间和精力,无疑增加了执行成本,降低了执行效率。

最后,若严格执行差额型担保的判决,当直接处置保证人名下的财产便可全额清偿出租人的债权,或者保证人的财产已经被其他法院先行处置并且变现款足以清偿所有债权时,却仍然要求法院先行处置租赁物,显然影响效率。

4. 出租人无法申请法院径直执行或处置保证人财产

在保证担保范围未确定的情况下,即使保证人名下有可供执行的财产,出租人

---

① 《民法典》第688条第2款:连带责任保证的债务人不履行到期债务或者发生当事人约定的情形时,债权人可以请求债务人履行债务,也可以请求保证人在其保证范围内承担保证责任。

申请法院径直执行或处置保证人的财产也存在障碍。因为在理论上,全部未付租金及其他费用可能小于等于收回租赁物价值,此时保证人便无须承担保证责任。如果法院未先行收回租赁物并确认租赁物价值而直接执行保证人的财产,保证人有权提出执行异议。

与此相关的问题是,若保证人名下的财产被其他法院先行处置,出租人依据生效判决向其他法院申请参与分配时,若差额尚未确定,出租人应当如何申报债权?其他法院应如何制作分配方案?是否应当全额提存出租人的债权?另外,当保证人破产、重整时,出租人又该如何向管理人申报债权?这些问题均无法律规定,各法院、管理人对该问题的理解又不一致,从而给出租人主张权利带来许多障碍。

5. 可能变相鼓励承租人或保证人迟延履行生效判决

实践中,融资租赁业务的保证人一般都与承租人具有关联关系,如是承租人的股东、子公司或母公司等,甚至可能是承租人的法定代表人或实际控制人。当保证人发现法院必须优先执行租赁物才能执行保证人财产时,在利益驱动之下可能消极对待生效判决的执行,甚至可能暗中阻挠法院执行租赁物,以此为其转移财产争取时间,这等于变相鼓励承租人或保证人迟延履行生效判决。

(四) 出租人应当如何最大化维护自身合法权益

由上可见,在解除合同、收回租赁物并赔偿损失型诉讼中,出租人向保证人主张保证责任,若法院判决对于保证担保范围的表述方式为差额型担保的,出租人的权利可能会受到重大影响。在此情况下,建议出租人采取一定措施,以最大化维护自身合法权益。

1. 完善保证合同条款

融资租赁业务中的保证合同对于担保范围的常见约定有"本合同的保证范围为承租人在租赁合同项下的全部债务,包括但不限于租金、首付租金、违约金、租前息、逾期利息、税费、登记费、手续费、关税、维修保养费、损害赔偿金、留购价款及其他所有应付款项,以及出租人为实现债权而发生的费用(包括但不限于律师费、诉讼费、拖车费、搬迁费、公告费、评估费等)……"对于该约定内容,笔者认为,本身没有任何问题,但未进一步明确约定当融资租赁合同被解除时保证人应当如何承担保证责任。

笔者认为,可以尝试在保证合同中约定,如果融资租赁合同解除的,不论承租人是否返还、何时返还租赁物,也不论租赁物价值几何,出租人均有权直接要求保证人支付全部未付租金及其他费用,承租人与保证人之间的债权债务关系与出租人无关。但承租人、保证人共同向出租人支付或赔偿的金额,加上承租人返还的租赁物价值之和,不应超过全部未付租金及其他费用之和。超过部分,出租人应无息返还承租人或保证人。

若保证合同有上述约定,出租人可尝试以此为依据,请求法院就保证人承担的保证责任在判决中以全额型担保的方式进行表述。

2. 合理选择诉讼请求类型

由于差额型担保的表述方式只存在于解除合同、收回租赁物并赔偿损失型诉讼中,因此如果起诉时选择加速到期而不是解除合同,则可以规避法院判决主文采用此种表述方式。《民法典》施行之后,加速到期型诉讼中出租人也有权主张就租赁物进行拍卖、变卖,并以拍卖、变卖所得款项(优先)受偿。笔者认为,对于收回租赁物难度较高且出租人主要寄希望于执行保证人名下的财产的,出租人应当优先选择加速到期而非解除合同。一般情况下,租赁物下落不明、租赁物存在权属纠纷、租赁物已被其他债权人控制、租赁物固定或附着于厂房或土地不便搬迁且承租人配合可能性较低、租赁物价值较低或租赁物具有其他难以返还情形的,以及保证人名下有较多可供执行的财产线索的,笔者建议,选择出租人加速到期而不选择解除合同。

此外,在出租人向承租人主张解除合同、返还租赁物并赔偿损失,同时向连带责任保证人主张连带清偿责任的诉讼中,不妨在主张赔偿损失的诉请中进一步明确:若承租人未按判决确定的期限返还租赁物的,则损失赔偿的范围为全部未付租金及其他费用之和。[①]

3. 提前研究管辖法院关于保证人担保范围的表述习惯

笔者通过检索大量案例发现,关于保证担保范围的表述在不同法院存在一定规律,大部分法院的表述方式仍然是全额型担保,部分法院表述方式为差额型担保的,基本上在同一时期各法院的表述方式还是相对统一的。因此,出租人向法院起诉之前,可以研究一下管辖法院既往案例中关于担保范围的表述方式,以便为确定诉讼请求方案提供参考。

4. 若已收回租赁物,则尽快确定租赁物价值以便固定保证担保范围

在已经收回租赁物的情况下,出租人应尽快确定租赁物的价值,以便后续提起

---

① 实务中少数法院会在判决主文中明确,损失赔偿范围为全部未付租金与返还租赁物的差额,若未按判决确定的期限返还的,损失赔偿范围为全部未付租金。参见山东省青岛市中级人民法院一审民事判决书,(2021)鲁02民初1867号。

诉讼时向承租人主张赔偿损失,并要求保证人承担差额部分的保证责任。但前提是出租人具有足够的合同依据处置租赁物,并且租赁物的处置价格必须合理。

综上所述,在解除合同、收回租赁物并赔偿损失型诉讼中,法院对于保证人担保范围的表述有全额型担保与差额型担保两种表述方式,分别对出租人的权利产生不同的实质性影响。而现有法律及司法解释对此并无明确规定,实践中对此理解尚未统一,现阶段出租人应当通过完善保证合同条款、合理选择诉讼请求类型等方式,尽力维护自身合法权益。

第十九讲

CHAPTER 19

融资租赁出租人执行异议之诉法律实务

融资租赁区别于其他融资方式的显著特征之一在于租赁物的所有权和使用权相分离,即出租人对租赁物享有所有权,但租赁物实际上由承租人占有并使用。正因如此,一旦承租人与其他债权人发生纠纷,租赁物即可能面临被其他债权人申请法院执行(包括保全、查封、扣押、拍卖、变卖等)的风险。当出现此种情况时,出租人一般以其对租赁物享有所有权且该所有权足以排除执行为由,向执行法院提出执行异议或提起执行异议之诉。

理论上,融资租赁出租人对租赁物享有所有权,该权利当然足以排除执行,笔者所检索到的许多案例均支持了出租人的主张。[1] 但是,一方面,在《民法典》实施之后,受担保功能主义影响,融资租赁出租人对租赁物享有的所有权能否排除执行,可能存在争议。笔者认为,即使在融资租赁法律关系项下的租赁物发挥了担保功能的作用,但融资租赁并不能完全等同于抵押担保,出租人对租赁物享有的所有

---

[1] 例如,以下裁判文书均支持出租人提起的案外人异议主张:黑龙江省哈尔滨市中级人民法院二审民事判决书,(2017)黑01民终6343号;北京市顺义区人民法院一审民事判决书,(2019)京0113民初5269号、(2019)京0113民初30034号;东莞市第三人民法院一审民事判决书,(2019)粤1973民初9988号、(2019)粤1973民初12785号、(2019)粤1973民初12665号、(2020)粤1973民初6959号;常熟市人民法院一审民事判决书,(2019)苏0581民初5492号;广东省东莞市中级人民法院二审民事判决书,(2020)粤19民终6541号;昆山市人民法院一审民事判决书,(2020)苏0583民初11834号;佛山市顺德区人民法院一审民事判决书,(2020)粤0606民初31243号;深圳市宝安区人民法院一审民事判决书,(2020)粤0306民初1072号;东莞市第一人民法院一审民事判决书,(2020)粤1971民初31623号;辽宁省大连市中级人民法院二审民事判决书,(2021)辽02民终3957号;丰县人民法院一审民事判决书,(2021)苏0321民初89号;中山市第一人民法院一审民事判决书,(2021)粤2071民初10565号;北京市第三中级人民法院二审民事判决书,(2021)京03民终11475号。

权能否排除执行仍应视情况而定。另一方面,从现已公开的裁判文书(包括《民法典》施行之前与施行之后作出的裁判文书)来看,实务中出租人所提出的执行异议并非均获得了支持,其中原因可能是融资租赁交易本身有瑕疵,也可能是裁判者对融资租赁或相关法规存在误解。本讲通过分析裁判文书网公布的标的物为租赁物的 300 多件执行异议之诉裁判文书,对实务中存在较大分歧的问题或者一些值得引起重视的问题进行归纳总结,以期为融资租赁公司提供一些参考。

一、担保功能主义下出租人的所有权能否排除执行

(一)《民法典》施行前租赁物被执行时出租人的救济方式

在以往的司法实践中,若融资租赁项下的租赁物被其他债权人申请法院执行(包括查封、扣押、冻结、拍卖、变卖、以物抵债等),出租人可以基于其对租赁物享有所有权,依照《民事诉讼法》的相关规定向执行法院提出异议,法院将依法审查出租人对租赁物享有的所有权是否能够排除法院的执行。在此类案件中,若出租人对租赁物享有的所有权符合《融资租赁纠纷解释》(2014)第 9 条①所规定的情形的或者依据《物权法》第 106 条②之规定善意取得了租赁物所有权的,出租人的所有权一般都能够排除法院对租赁物的执行。

出租人对租赁物享有的所有权之所以能够排除法院的执行,原因在于执行法院只能执行被执行人的财产而非案外人的财产。《最高人民法院关于人民法院办理财产保全案件若干问题的规定》(法释〔2016〕22 号)第 27 条第 1 款规定:"人民法院对诉讼争议标的以外的财产进行保全,案外人对保全裁定或者保全裁定实施过程中的执行行为不服,基于实体权利对被保全财产提出书面异议的,人民法院应

---

① 《融资租赁纠纷解释》(2014)第 9 条:承租人或者租赁物的实际使用人,未经出租人同意转让租赁物或者在租赁物上设立其他物权,第三人依据《物权法》第一百零六条的规定取得租赁物的所有权或者其他物权,出租人主张第三人物权权利不成立的,人民法院不予支持,但有下列情形之一的除外:(一)出租人已在租赁物的显著位置作出标识,第三人在与承租人交易时知道或者应当知道该物为租赁物的;(二)出租人授权承租人将租赁物抵押给出租人并在登记机关依法办理抵押权登记的;(三)第三人与承租人交易时,未按照法律、行政法规、行业或者地区主管部门的规定在相应机构进行融资租赁交易查询的;(四)出租人有证据证明第三人知道或者应当知道交易标的物为租赁物的其他情形。

② 《物权法》第 106 条:无处分权人将不动产或者动产转让给受让人的,所有权人有权追回;除法律另有规定外,符合下列情形的,受让人取得该不动产或者动产的所有权:(一)受让人受让该不动产或动产时是善意的;(二)以合理的价格转让;(三)转让的不动产或者动产依照法律规定应当登记的已经登记,不需要登记的已经交付给受让人。受让人依照前款规定取得不动产或者动产的所有权的,原所有权人有权向无处分权人请求赔偿损失。当事人善意取得其他物权的,参照前两款规定。

当依照民事诉讼法第二百二十七条规定审查处理并作出裁定。案外人、申请保全人对该裁定不服的,可以自裁定送达之日起十五日内向人民法院提起执行异议之诉。"因此,若执行法院执行的财产系案外人享有所有权的租赁物,则作为出租人的案外人有权基于其对租赁物的所有权提出异议。

(二)《民法典》将融资租赁纳入具有担保功能的非典型担保是否影响出租人提出执行标的异议的权利

《民法典》第388条第1款规定:"设立担保物权,应当依照本法和其他法律的规定订立担保合同。担保合同包括抵押合同、质押合同和其他具有担保功能的合同。担保合同是主债权债务合同的从合同。主债权债务合同无效的,担保合同无效,但是法律另有规定的除外。"该条所规定的"其他具有担保功能的合同"包括融资租赁、保理、所有权保留等非典型担保合同。《民法典担保制度解释》第1条则明确规定:"因抵押、质押、留置、保证等担保发生的纠纷,适用本解释。所有权保留买卖、融资租赁、保理等涉及担保功能发生的纠纷,适用本解释的有关规定。"

所谓担保功能主义,是指对于融资租赁而言,出租人对租赁物享有的所有权只是交易手段,其目的是用于担保租金债权能够获得清偿,是借助了所有权构造的交易模式达到担保租金债权实现的目的。[①] 据此,有观点认为,担保物权的目的不在于对担保财产的占有、使用、收益,而在于必要时就担保财产的变价所得优先受偿。在典型担保的情形下,法院查封担保财产不会影响案外人享有的抵押权、质押权、留置权,其可以通过参与分配路径和执行行为异议路径保护自身的优先受偿权和变价权,因此原则上不适用执行标的异议路径。在非典型担保的情形下,所有权保留买卖中的出卖人、融资租赁中的出租人享有的是功能化的所有权,应当将其作为担保权人处理,对于这些案外人也不应适用执行标的异议路径,其可以通过参与分配路径和执行行为异议路径寻求救济。[②]

关于认为出租人提出执行标的异议(或案外人异议)不应得到法院支持的观点,其理由主要包括以下两方面:

一方面,既然出租人对租赁物享有的所有权实质上是担保物权,即使执行法院查封、扣押或冻结,甚至拍卖、变卖租赁物,法院的执行行为也并不必然损害出租人

---

① 关于融资租赁担保功能主义,详见本书第一讲"融资租赁'担保功能化'的理解与主要争议问题"。

② 参见刘颖:《民事执行中案外担保权人的救济路径》,载《环球法律评论》2022年第5期。

的权利。出租人对租赁物享有的权利,应当依据《民法典》第414条①所确定的担保物权优先顺位规则(抵押权登记在先的优先于登记在后的、已经登记的先于未登记的、均未登记的按照债权比例清偿,其他可以登记的担保物权清偿顺序参照适用)予以保护。

另一方面,尽管名义上所有权已经归于出租人,但实质上被执行人仍然是租赁物的所有权人,法院执行的仍然是被执行人的财产,且《最高人民法院关于适用〈中华人民共和国民事诉讼法〉的解释》(2022修正)第157条规定:"人民法院对抵押物、质押物、留置物可以采取财产保全措施,但不影响抵押权人、质权人、留置权人的优先受偿权。"即使租赁物被法院拍卖、变卖,出租人对租赁物享有优先受偿的权利亦不足以阻却法院的执行行为,出租人仅能主张就租赁物的拍卖、变卖所得款项优先受偿。

因此该观点认为,对于出租人而言,若是租赁物被其他债权人申请法院查封、扣押、冻结甚至拍卖、变卖的,出租人提出执行标的异议不应当获得法院支持。

笔者认为,融资租赁合同作为"具有担保功能的合同",并不意味着融资租赁合同等于担保合同,而是融资租赁合同项下的租赁物对于出租人而言,是通过享有所有权的方式实现租赁物对出租人租金债权的担保功能。出租人对租赁物享有的所有权能否排除执行,应当视情况而论,但绝对不能因为融资租赁具有担保功能而直接将其等同于担保,从而错误地认为出租人对租赁物享有的所有权"降格"为担保物权而不能排除执行。

1. 并非所有融资租赁合同项下的租赁物都具有担保功能

《民法典》第757条规定:"出租人和承租人可以约定租赁期限届满租赁物的归属;对租赁物的归属没有约定或者约定不明,依据本法第五百一十条的规定仍不能确定的,租赁物的所有权归出租人。"依据该规定,融资租赁期限届满之后租赁物可以归属于承租人,也可以归属于出租人。若融资合同约定租赁期限届满后租赁物所有权归出租人所有或者因约定不明而推定为归出租人所有的,租赁物所有权自始至终归出租人享有,租赁物并不具有担保功能。融资租赁期限届满之后,出租人有权基于物上请求权要求承租人返还租赁物。在此种情况下,若租赁物被承租

---

① 《民法典》第414条:同一财产向两个以上债权人抵押的,拍卖、变卖抵押财产所得的价款依照下列规定清偿:(一)抵押权已经登记的,按照登记的时间先后确定清偿顺序;(二)抵押权已登记的先于未登记的受偿;(三)抵押权未登记的,按照债权比例清偿。其他可以登记的担保物权,清偿顺序参照适用前款规定。

人的其他债权人申请法院查封、扣押甚至拍卖、变卖,出租人当然有权向执行法院提出案外人执行异议,以其对租赁物享有的所有权排除执行。

2. 即使融资租赁具有担保功能,出租人亦有权收回租赁物

对于具有担保功能的融资租赁交易,尽管融资租赁合同约定租赁期限届满租赁物所有权归承租人,出租人仍享有收回租赁物的请求权。依据《民法典》第752条①之规定,承租人逾期支付租金的,出租人可以请求支付全部租金,也可以解除合同,收回租赁物。虽然出租人不能同时请求支付全部租金并请求解除合同、收回租赁物,但是依照司法解释的相关规定,除非出租人明确放弃收回租赁物的权利,否则出租人便有权收回租赁物。

一方面,如果承租人违约之后出租人直接选择解除合同、收回租赁物,则依据《民法典》第752条之规定,出租人当然有权要求收回租赁物,只是此时依据《民法典》第758条第1款②之规定,收回的租赁物的价值超过承租人欠付的租金以及其他费用的,承租人可以请求相应返还。另外,《融资租赁纠纷解释》(2020修正)第11条规定:"出租人依照本解释第五条的规定请求解除融资租赁合同,同时请求收回租赁物并赔偿损失的,人民法院应予支持。前款规定的损失赔偿范围为承租人全部未付租金及其他费用与收回租赁物价值的差额。合同约定租赁期间届满后租赁物归出租人所有的,损失赔偿范围还应包括融资租赁合同到期后租赁物的残值。"即出租人收回租赁物时,应当履行对租赁物进行清算的义务。

另一方面,如果承租人违约之后出租人先选择请求承租人支付全部租金,也并不意味着出租人放弃了对租赁物的所有权及请求解除合同、收回租赁物的权利。《融资租赁纠纷解释》(2020修正)第10条第2款规定:"出租人请求承租人支付合同约定的全部未付租金,人民法院判决后承租人未予履行,出租人再行起诉请求解除融资租赁合同、收回租赁物的,人民法院应予受理。"可见,即使出租人请求承租人支付全部租金,在承租人未履行人民法院判决的情况下,出租人也有权另行起诉主张解除合同、收回租赁物。此时,出租人也要履行相应的清算义务,但出租人有权收回租赁物。

---

① 《民法典》第752条:承租人应当按照约定支付租金。承租人经催告后在合理期限内仍不支付租金的,出租人可以请求支付全部租金;也可以解除合同,收回租赁物。

② 《民法典》第758条第1款:当事人约定租赁期限届满租赁物归承租人所有,承租人已经支付大部分租金,但是无力支付剩余租金,出租人因此解除合同收回租赁物,收回的租赁物的价值超过承租人欠付的租金以及其他费用的,承租人可以请求相应返还。

由上可见，无论融资租赁合同约定租赁期限届满后租赁物所有权归承租人还是归出租人，均不影响出租人享有的收回租赁物的权利。因此，即使融资租赁具有担保功能，出租人对租赁物享有的所有权也不受影响，若租赁物被承租人的其他债权人申请法院执行，出租人对租赁物享有的所有权(尤其是出租人收回租赁物的权利)足以排除执行。

当然，虽然出租人对租赁物享有所有权，但出租人主动放弃所有权而只主张担保物权(主张就租赁物的处置、变现款项优先受偿)的，人民法院应予支持。例如，在佛山市顺德区人民法院(2020)粤0606民初59号案外人执行异议之诉案中，出租人已就案涉售后回租合同另行向其他法院提起融资租赁合同纠纷的诉讼，向承租人主张租金、留购价款和违约金等债权，出租人另行提起的诉讼尚在审理过程中。而且，出租人在案外人执行异议之诉案件中提交了情况说明书，明确表示："请贵院先行保留案涉设备的拍卖价款，待我司取得生效法律文书并申请执行后，将案涉设备的拍卖价款在我司诉请的租金、留购价款及违约金等债权中优先分配给我司。"对此，法院判决认为，鉴于出租人所诉请的租金、留购价款和违约金等债权在未受清偿之前，案涉设备的所有权仍属于其所有，因此，法院处置案涉设备所得的变价款在首先清偿相关租金、留购价款和违约金等债权后，剩余款项才归承租人所有。

在该案中，出租人虽然对租赁物享有所有权，但实际上主张的是就租赁物拍卖价款优先受偿的权利。因此，在实践中，出租人也可根据案件情况判断，在以下方案中择一主张：一是坚持主张对租赁物享有所有权，同时主张出租人对租赁物享有的所有权足以排除执行；二是虽然主张对租赁物享有所有权，但在保障出租人对租赁物享有优先受偿权的前提下，同意执行法院对租赁物进行处置。

二、租赁物被另案执行时，出租人应提起案外人异议

(一)执行行为异议与案外人异议的选择

《民事诉讼法》(2021修正)第232条[1]对执行行为异议作出了规定，第234条[2]

---

[1] 《民事诉讼法》(2021修正)第232条：当事人、利害关系人认为执行行为违反法律规定的，可以向负责执行的人民法院提出书面异议。当事人、利害关系人提出书面异议的，人民法院应当自收到书面异议之日起十五日内审查，理由成立的，裁定撤销或者改正；理由不成立的，裁定驳回。当事人、利害关系人对裁定不服的，可以自裁定送达之日起十日内向上一级人民法院申请复议。

[2] 《民事诉讼法》(2021修正)第234条：执行过程中，案外人对执行标的提出书面异议的，人民法院应当自收到书面异议之日起十五日内审查，理由成立的，裁定中止对该标的的执行；理由不成立的，裁定驳回。案外人、当事人对裁定不服，认为原判决、裁定错误的，依照审判监督程序办理；与原判决、裁定无关的，可以自裁定送达之日起十五日内向人民法院提起诉讼。

对案外人异议作出了规定。

执行行为异议,是指当事人、利害关系人认为人民法院的执行行为违反法律规定,向执行法院提出的书面异议,是针对违法执行行为规定的救济方法,属于一种程序上救济,仅针对执行行为本身,一般不涉及实体争议事项。若对执行法院就异议作出的裁定不服的,当事人、利害关系人只能向上一级人民法院申请复议。

案外人异议,是指执行案件当事人以外的第三人,以其对执行标的享有足以阻止执行的实体权利为由,请求对该标的停止执行而向执行法院提出的实体异议。案外人应先向执行法院提出案外人异议,经执行机构对案外人异议进行审查后,对异议审查结果不服的,案外人才能向执行法院的审判机构提起案外人执行异议之诉(与原判决、裁定无关的),或者依照审判监督程序办理(认为原判决、裁定错误的)。

若租赁物被承租人的其他债权人申请法院执行(包括查封、扣押或者拍卖、变卖等),由于出租人并非对执行法院的执行程序有异议,而是主张对租赁物享有实体上的所有权,并要求以其所有权排除执行法院对租赁物的执行行为,出租人应向执行法院提出案外人异议。

(二)出租人案外人异议之诉被驳回后的救济途径

出租人提出的案外人异议被驳回之后,出租人并非只能向人民法院提起案外人执行异议之诉。依据《民事诉讼法》(2021修正)第234条的规定,如果出租人对裁定不服,认为原判决、裁定(指执行租赁物所依据的原判决、裁定)错误的,依照审判监督程序办理;与原判决、裁定无关的,可以自裁定送达之日起15日内向人民法院提起诉讼。

但是,人民法院在审查之后作出的驳回出租人异议的执行裁定中,并不会明确告知出租人应当依照审判监督程序办理还是应当提起案外人执行异议之诉。相反,裁定应当向作为案外人的出租人以及执行案件的当事人就不服裁定的救济途径进行完整告知,否则该裁定属于法律适用不当。例如,最高人民法院(2019)最高法执监400号民事裁定书认为,江苏省高级人民法院在驳回案外人异议的裁定中,直接将案外人不服该裁定的救济方式限定为通过审判监督程序申请再审,超越了驳回案外人异议裁定的处理范围,属于适用法律不当,应予纠正,并裁定变更江苏省高级人民法院(2019)苏执异16号执行裁定主文为:"驳回异议人刘某仁的异议。案外人、当事人对本裁定不服,认为原判决、裁定错误的,依照审判监督程序办理;与原判决、裁定无关的,可以自裁定送达之日起15日内向人民法院提起诉讼。"

若提出案外人异议之诉被裁定驳回,出租人应当按照审判监督程序办理还是提起案外人执行异议之诉,实务中尚有分歧。在个别案件中,人民法院认为应当按审判监督程序办理,并驳回出租人提起的案外人执行异议之诉。例如,在山东省高级人民法院(2020)鲁民终1042号案外人执行异议之诉案中,案外人某财务租赁公司主张其为涉案机器设备的所有权人,并主张执行案件的申请执行人泰安某资产管理公司对涉案设备不享有优先受偿权,而另案生效民事判决已认定泰安某资产管理公司对涉案设备享有优先受偿权。法院认为,融资租赁公司的异议实质是不认可上述已生效的民事判决,即认为该民事判决中关于泰安某资产管理公司对涉案设备享有优先受偿权的判决内容错误。依据法律规定,某财务租赁公司应当依照审判监督程序进行救济。一审法院对某财务租赁公司提起的本案案外人执行异议之诉受理不当,应予纠正。最终,二审法院裁定撤销了一审判决并驳回了某财务租赁公司提起的案外人执行异议之诉。[①]

笔者认为,出租人应根据情况选择提起案外人执行异议之诉还是按照审判监督程序办理。若出租人以其对租赁物的所有权主张排除执行,在其提起的案外人异议被执行法院裁定驳回之后,出租人不应按照审判监督程序办理,而应当选择提起案外人执行异议之诉。为避免司法实践中人民法院关于法律适用问题发生不同的理解,笔者建议,出租人在执行异议文书中明确提出执行异议所依据的法律规定,并详细说明理由。

1. 如何理解"与原判决、裁定无关"

《最高人民法院关于适用〈中华人民共和国民事诉讼法〉的解释》(2022修正)第303条第1款规定:"案外人提起执行异议之诉,除符合民事诉讼法第一百二十二条规定外,还应当具备下列条件:(一)案外人的执行异议申请已经被人民法院裁定驳回;(二)有明确的排除对执行标的执行的诉讼请求,且诉讼请求与原判决、裁定无关;(三)自执行异议裁定送达之日起十五日内提起。"依据该规定,笔者认为《民事诉讼法》(2021修正)第234条所规定的"与原判决、裁定无关"应理解为案外的提起执行异议之诉的"诉讼请求"与原判决、裁定无关。

在最高人民法院指导案例154号"王四光诉中天建设集团有限公司、白山和丰置业有限公司案外人执行异议之诉案"中,法院认为:"案外人主张排除建设工程价款优先受偿权的执行与否定建设工程价款优先受偿权权利本身并非同一概念。

[①] 持有类似观点的案例有山东省高级人民法院二审民事裁定书,(2016)鲁民终2242号。

前者是案外人在承认或至少不否认对方权利的前提下,对两种权利的执行顺位进行比较,主张其根据有关法律和司法解释的规定享有的民事权益可以排除他人建设工程价款优先受偿权的执行;后者是从根本上否定建设工程价款优先受偿权权利本身,主张诉争建设工程价款优先受偿权不存在。简言之,当事人主张其权益在特定标的的执行上优于对方的权益,不能等同于否定对方权益的存在;当事人主张其权益会影响生效裁判的执行,也不能等同于其认为生效裁判错误。"

在最高人民法院指导案例155号"中国建设银行股份有限公司怀化市分行诉中国华融资产管理股份有限公司湖南省分公司等案外人执行异议之诉案"中,法院认为:"建行怀化分行在本案中并未否定华融湖南分公司对案涉房产享有的抵押权,也未请求纠正第32号判决,实际上其诉请解决的是基于房屋买卖对案涉房产享有的权益与华融湖南分公司对案涉房产所享有的抵押权之间的权利顺位问题,这属于'与原判决、裁定无关'的情形,是执行异议之诉案件审理的内容,应予立案审理。"

江苏省高级人民法院于2022年6月8日发布的《执行异议及执行异议之诉案件办理工作指引(一)》明确规定提起执行异议之诉的条件之一为:"诉讼请求与执行依据无关,即执行标的与执行依据中确定的标的不具同一性、相关性或诉讼请求并不主张执行依据错误。"

由司法解释规定、最高人民法院指导案例及部分地方高级人民法院的指引可见,判断是否属于"与原判决、裁定无关",关键在于案外人提起执行异议之诉的诉讼请求之具体内容是否否定原判决、裁定。如果诉讼请求系否定原判决、裁定或否定对方在原判决、裁定项下的权益,则属于认为原判决、裁定有错误,反之则属于与原判决、裁定无关。

2. 出租人的主张是否属于"与原判决、裁定无关"

一般情况下,出租人对租赁物主张所有权并排除执行并不否定执行法院的原判决、裁定之内容或效力。出租人之所以提出案外人异议,是因为出租人主张对租赁物享有所有权,而该所有权与承租人的其他债权人对租赁物主张的权利相冲突。与出租人对租赁物享有的所有权相冲突的权利主要包括以下两种:一是承租人的普通债权人的债权获得生效法律文书确认之后,以租赁物(一般是动产)由承租人所有为由,申请法院执行租赁物;二是租赁物存在"一物多融"(以同一租赁物进行多次融资)的情况,出租人对租赁物享有的所有权与其他担保物权(包括其他融资租赁公司对租赁物主张的所有权)存在冲突,如前文所举的山东省高级人民法院

(2020)鲁民终1042号案外人执行异议之诉案。对于上述权利冲突,均是主要涉及两个权利何者优先何者劣后的问题,在不否定或不撤销执行法院的原判决、裁定的情况下就可解决。

对于第一种权利冲突,很显然,执行法院的原判决裁定只涉及其他债权人与承租人之间的债权债务关系,不涉及租赁物的权利归属,无论执行法院审查后是否驳回了出租人提出的案外人异议,均不涉及原判决、裁定是否存在错误。

对于第二种权利冲突,则属于同一财产上多个担保物权效力顺序的问题,该问题在《民法典》施行之后已经有较为明确的解决方案。由于《民法典》及《民法典担保制度解释》已经明确融资租赁中出租人对租赁物享有的所有权本质上是具有担保功能的权利,[①]并且《民法典》第745条规定:"出租人对租赁物享有的所有权,未经登记,不得对抗善意第三人。"因此,对于融资租赁同样也要适用《民法典》第414条关于同一财产上多个担保物权的效力顺序之规定,意味着无论是同一租赁物上办理了多笔融资租赁交易,还是同一租赁物上出现融资租赁所有权与抵押权的竞存,都应按照公示先后确定清偿顺序。那么,当出租人主张其对租赁物享有的所有权优先于其他担保物权时,该主张没有必要且实质也并不在于否定其他担保物权的存在,更不是要求纠正原判决、裁定,因此与原判决、裁定无关,属于案外人执行异议之诉的审理范围。

但是,如果出租人提出的诉讼请求明确认为原判决、裁定错误的(如请求改判的),则应当依照审判监督程序办理。因此,出租人提出的异议被执行法院裁定驳回之后,在提起案外人执行异议之诉时,应当科学设计诉讼请求的内容,避免被法院裁定不予受理。

三、出租人已经另案主张权利,对案外人执行异议之诉有何影响

依据《最高人民法院关于适用〈中华人民共和国民事诉讼法〉的解释》(2022修正)第93条第1款第5项、第6项之规定,已为人民法院发生法律效力的裁判所确认的事实和已为仲裁机构生效裁决所确认的事实,当事人无须举证证明。因此,如果出租人与承租人之间的融资租赁交易事实已经由人民法院发生法律效力的裁判所确认,那么出租人就租赁物提出案外人执行异议之诉的,出租人就融资租赁交易

[①] 关于融资租赁"担保功能化"的问题,详见本书第一讲"融资租赁'担保功能化'的理解与主要争议问题"。

事实无须另行举证证明,理论上出租人提起的案外人执行异议之诉更容易得到支持。

但是让笔者意外的是,所检索的涉及融资租赁物的案外人执行异议之诉案例中,不少出租人已经就融资租赁法律关系另案主张权利并已经获得生效法律文书,但反而因此在案外人执行异议之诉中败诉,笔者认为此现象值得检讨、思考。

(一)出租人已另案主张权利,执行法院不支持出租人案外人执行异议的司法实践观点

1. 出租人已经主张全部租金,表明出租人选择了债权而放弃了租赁物所有权,其权利不足以排除法院的执行

在此类案件中,法院普遍认为,依据《合同法》第248条(《民法典》第752条)之规定,出租人只能在"请求支付全部租金"与"解除合同,收回租赁物"之间择一行使权利。如果出租人选择了"请求支付全部租金",则视为出租人选择了租金债权而放弃了对租赁物的所有权,那么出租人的债权不足以排除执行法院对租赁物的执行行为,故对出租人提出的案外人异议不予支持。

例如,在湖南省常德市中级人民法院(2021)湘07民终100号案外人执行异议之诉案中,法院认为,某(中国)融资租赁公司与杭州某租赁有限公司融资租赁合同纠纷案鼎城区人民法院于2018年11月26日作出调解书,双方签订的融资租赁合同自调解书发生法律效力之日起解除。杭州某租赁有限公司未按调解书内容履行给付金钱义务,某(中国)融资租赁公司可以对所有未给付租金及违约金申请强制执行。此时融资租赁公司只能对杭州某租赁有限公司享有金钱债权,无权再就涉案设备主张所有权。现湖南某安装公司对案涉设备享有所有权,而某(中国)融资租赁公司仅对杭州某租赁有限公司享有一般金钱债权。基于物权优先于债权的原理,湖南某安装公司享有足以排除强制执行的民事权益。[①]

对于《融资租赁纠纷解释》(2020修正)第10条第2款"出租人请求承租人支付合同约定的全部未付租金,人民法院判决后承租人未予履行,出租人再行起诉请求解除融资租赁合同、收回租赁物的,人民法院应予受理"之规定,部分法院认为

---

① 持有类似观点的案例有:广东省佛山市中级人民法院二审民事判决书,(2017)粤06民终10413号;广东省东莞市中级人民法院二审民事判决书,(2018)粤19民终1160号;山东省高级人民法院再审审查与审判监督民事裁定书,(2018)鲁10民终27号;丹棱县人民法院一审民事判决书,(2019)川1424民初965号;临沂市河东区人民法院一审民事判决书,(2021)鲁1312民初1094号;辽宁省沈阳市中级人民法院二审民事判决书,(2021)辽01民终13184号民事判决书。

"主要解决的是程序上的问题,即人民法院另行受理出租人再行起诉请求解除融资租赁合同、收回租赁物的案件是否属于一事不再理、是否应当受理的问题,不等于出租人再行起诉请求解除融资租赁合同、收回租赁物的主张,人民法院应予支持"。①

2.出租人另案主张全部租金但未对租赁物归属作处理,租赁物所有权归属未确定,出租人应另行诉讼确定租赁物的所有权

在台州市路桥区人民法院(2019)浙1004民初2693号案外人执行异议之诉案中,对于出租人与承租人之间的融资租赁合同纠纷,宁波市鄞州区人民法院(2019)浙0212民初1094号民事判决已判令承租人向出租人支付租金及违约金,但对租赁物的归属未作出处理。据此,台州市路桥区人民法院认为,出租人与承租人之间的融资租赁合同尚未解除,租赁物的归属权未定,根据《合同法》第248条②、《融资租赁纠纷案解释》(2014)第21条的规定,出租人应通过另诉确定租赁物的所有权。出租人提交的证据不足以证明其主张,目前尚不享有排除该院执行机构对登记在被执行人阮某某名下车辆予以查封的民事权益,因此,对出租人的诉讼请求依法不予支持。③

另外,在上海市闵行区人民法院(2021)沪0112民初26004号案外人执行异议案中,法院认为,出租人已另案起诉承租人承担违约责任,在裁判结果确定之前租赁物权属待定,出租人不是系争财产的当然的所有权人,并且法院进一步认为:"融资租赁合同关系中关于出租人享有租赁物的所有权的约定兼具了所有权属性与担保属性,而根据我国融资租赁相关法律规定,出租人在承租人违约的情况下,其只能在要求支付全部租金与解除合同收回租赁物两者之间择一行使权利,该选择行为影响到对租赁物件物权属性的认定。在本院根据上述法律规定向其进一步释明其需在两者之间作出选择后,原告仍坚持认为上述需作出选择的事项实际系另案审理的诉讼请求范围,因此在另案作出生效裁决前,仍保留另案中的诉讼请求主张,其客观上无法在本案中作出选择。因此,就本案而言,在原告尚未有效作出选择的情况下,其对涉案设备享有的权利属性尚未确定,并不足以排除强制执行,故本院对该排除执行的请求实难支持。"

---

① 参见广东省佛山市中级人民法院二审民事判决书,(2017)粤06民终10413号。
② 已废止,对应《民法典》第752条。
③ 持有类似观点的案例有东莞市第三人民法院一审民事判决书,(2019)粤1973民初16665号。

3. 出租人解除合同、收回租赁物的主张已获得生效仲裁裁决支持，但裁决时间晚于查封日期，不得排除执行

在广州市中级人民法院（2021）粤01民终5294号案外人执行异议之诉一案中，厦门某融资租赁公司另案依据融资租赁合同向仲裁委员会提起仲裁，主张解除融资租赁合同、确认厦门某融资租赁公司对租赁物享有所有权并收回租赁物，仲裁委员会裁决支持了出租人的仲裁请求。但是，裁决书生效日期迟于执行法院采取查封措施的日期。广州市中级人民法院认为，根据《最高人民法院关于人民法院办理执行异议和复议案件若干问题的规定》（2020修正）第26条第2款"金钱债权执行中，案外人依据执行标的被查封、扣押、冻结后作出的另案生效法律文书提出排除执行异议的，人民法院不予支持"的规定，厦门某融资租赁公司所持厦门仲裁委《裁决书》不能当然排除案涉车辆的查封。

对于前述三类观点的案例，虽然笔者无法阅读其全部证据材料，也无法全面掌握上述案例中的事实细节，但是笔者不赞同上述案例中法院的观点。即使出租人已经在另案中主张全部租金，也不代表出租人放弃了对租赁物享有的所有权。

首先，"请求支付全部租金"与"解除合同、收回租赁物"两种救济途径出租人只能择一行使，指的是两者不得同时行使，但出租人有权先后行使。"从理论上讲，支付全部租金的性质是合同加速到期，合同本身并未解除，承租人在租赁期限届满前仍享有占有、使用租赁物的权利，合同处于继续履行的状态，而解除合同、收回租赁物的性质是合同权利义务的终止。因此，同时主张继续履行合同与解除合同存在逻辑矛盾。"[1]因此，出租人不得同时行使两种救济途径。但是，如上文所述，出租人先诉请支付全部租金，法院作出支持判决后，承租人未予履行，出租人有权另行诉请解除合同、收回租赁物[《融资租赁纠纷解释》（2020修正）第10条第2款]。其原因在于出租人提起的前后两个诉讼并非基于同一事实同一法律关系提出的同一诉讼请求，不构成重复诉讼。另外，如果出租人先诉请解除合同、收回租赁物，则由于融资租赁合同已经解除，出租人不得再另行主张融资租赁合同项下的租金加速到期。可见，选择了"请求支付全部租金"不代表出租人放弃了租赁物的所有权。

其次，出租人对租赁物享有的所有权并非必须经过另案生效法律文书确认之后才可排除执行，出租人对租赁物是否享有所有权、能否排除执行，本身就是案外

---

[1] 最高人民法院民法典贯彻实施工作领导小组主编：《中华人民共和国民法典合同编理解与适用[三]》，人民法院出版社2020年版，第1704页。

人异议之诉需要审查的内容。《九民会纪要》第 119 条规定："案外人执行异议之诉以排除对特定标的物的执行为目的，从程序上而言，案外人依据《民事诉讼法》第 227 条[①]提出执行异议被驳回的，即可向执行人民法院提起执行异议之诉。人民法院对执行异议之诉的审理，一般应当就案外人对执行标的物是否享有权利、享有什么样的权利、权利是否足以排除强制执行进行判断。至于是否作出具体的确权判项，视案外人的诉讼请求而定。案外人未提出确权或者给付诉讼请求的，不作出确权判项，仅在裁判理由中进行分析判断并作出是否排除执行的判项即可。但案外人既提出确权、给付请求，又提出排除执行请求的，人民法院对该请求是否支持、是否排除执行，均应当在具体判项中予以明确。执行异议之诉不以否定作为执行依据的生效裁判为目的，案外人如认为裁判确有错误的，只能通过申请再审或者提起第三人撤销之诉的方式进行救济。"可见，在案外人执行异议之诉中，法院应当就出租人是否对租赁物享有所有权进行审查，甚至在出租人提出确权诉请时，法院必须在具体判项中予以明确。因此，在前述台州市路桥区人民法院(2019)浙 1004 民初 2693 号案外人执行异议之诉案中，笔者认为，另案判决虽然未就租赁物的归属进行明确，但并不影响法院在本案中对出租人是否享有所有权进行审查，更不应当以另案判决未处理租赁物所有权的归属为由否定出租人提出的以其对租赁物享有所有权为由排除执行的主张。

最后，虽然另案生效法律文书就出租人对租赁物享有的所有权进行确认，但出租人对租赁物享有的所有权并非始于另案生效法律文书生效之时，而是始于融资租赁法律关系成立之时。因此，笔者不赞同广州市中级人民法院(2021)粤 01 民终 5294 号案外人执行异议之诉一案中法院的判决理由。至于该案法院引用《最高人民法院关于人民法院办理执行异议和复议案件若干问题的规定》(2020 修正)第 26 条第 2 款"金钱债权执行中，案外人依据执行标的被查封、扣押、冻结后作出的另案生效法律文书提出排除执行异议的，人民法院不予支持"的规定作为不支持出租人案外人异议之诉的理由，笔者认为属于法律适用不当。该规定是最高人民法院针对执行异议和复议程序所作出的规定，注重形式审查而轻实质审查，仅适用于执行异议和复议阶段。而案外人执行异议之诉属于实体审理，判断出租人对租赁物是否享有所有权应当进行实质审查，当然不应当再适用针对形式审查程序所作出的规定。

---

① 现为《民事诉讼法》(2021 修正)第 234 条。

综上，笔者认为，上述案例曲解了"请求支付全部租金"与"解除合同、收回租赁物"两种救济途径出租人只能择一行使的立法含义，忽略了案外人异议之诉的主要审查内容之一包括出租人是否对租赁物享有所有权，甚至在案外人执行异议之诉中错误适用了法律依据。

（二）出租人已另案起诉主张融资租赁合同项下权利，不影响出租人对租赁物享有的所有权，其权利可排除执行的司法实践观点

如果出租人另案诉讼的生效裁判文书已经确认了出租人对租赁物享有的所有权，那么出租人提起案外人执行异议之诉，主张以其所有权排除执行的，一般情况下能够得到支持。例如，在佛山市南海区人民法院（2019）粤 0605 民初 15986 号案外人执行异议之诉案中，出租人对租赁物享有的所有权经已发生法律效力的民事判决确认，故法院直接据此认定出租人对租赁物享有的所有权足以排除执行。

如果出租人另案诉讼的生效裁判文书并未确认出租人对租赁物享有的所有权，则在出租人提起的案外人执行异议之诉案件中，承租人或执行案件的申请执行人可能提出出租人已经主张了债权不得再主张物权等抗辩。对此，笔者检索到的一些案例中，案外人执行异议之诉的审理法院认定出租人对租赁物享有所有权，支持了出租人所提出的排除执行的诉讼请求。

1. 出租人先诉主张全部租金不当然导致所有权转移给承租人，仍可请求收回租赁物

在四川省成都市中级人民法院（2018）川 01 民终 12004 号案外人执行异议之诉案中，承租人上诉主张其与出租人之间的融资租赁合同纠纷业经另案生效判决承租人向出租人支付租金并承担逾期付款违约金，表明出租人已经选择了支付租金及逾期付款违约金实现债权，就不应当再选择保留所有权的方式。对此法院认为，即使出租人先行起诉请求支付全部租金，并不当然导致所有权的转移，出租人在未实际收取全部租金的情况下，仍可请求收回租赁物。同理，在案外人执行异议之诉中，出租人租金权益未获得全部实现的情况下，承租人主张四台机器设备的所有权已发生转移的上诉理由缺乏事实和法律依据，法院不予采纳。①

2. 出租人在另案诉讼中未主张租赁物所有权不视为出租人放弃所有权

在四川省眉山市中级人民法院（2020）川 14 民终 409 号案外人执行异议之诉

---

① 持有类似观点的案例有：重庆市南川区人民法院一审民事判决书，（2018）渝 0119 民初 4293 号；东莞市第一人民法院一审民事判决书，（2018）粤 1971 民初 26198 号；山东省高级人民法院再审审查与审判监督民事裁定书，（2019）鲁 17 民终 269 号。

案中,一审法院认为,出租人已向上海市浦东新区人民法院提起诉讼,请求支付全部租金并已获得人民法院支持,其享有了对承租人的债权,再无权主张对租赁物的物权,出租人不能主张对执行异议标的所有权。二审法院则认为,各方当事人对融资租赁合同本身以及合同订立、履行过程并无异议,故在出租人向上海市浦东新区人民法院起诉主张债权前,对案涉租赁设备所有权归属于出租人并无争议。出租人依据《合同法》第248条①主张全部租金并胜诉后,是否因此而丧失案涉租赁设备所有权的问题,该院认为,首先,《合同法》第248条规定"承租人经催告后在合理期限内仍不支付租金的,出租人可以要求支付全部租金;也可以解除合同,收回租赁物",法律是在承租人不支付租金的情况下赋予出租人的救济权利选择,即出租人对是否收回租赁物享有选择的权利,选择债权救济方式并不意味着放弃了所有权。且根据《融资租赁纠纷解释》(2014)第21条第2款"出租人请求承租人支付合同约定的全部未付租金,人民法院判决后承租人未予履行,出租人再行起诉请求解除融资租赁合同、收回租赁物的,人民法院应予受理"的规定,出租人为维护自己的合法权益,完全可以视债权清偿情况,决定何时收回租赁物。其次,双方融资租赁合同对案涉租赁设备所有权归属和移转均有明确约定,出租人的胜诉债权尚未得到任何清偿的情况下,案涉租赁设备的所有权转移的条件并未成就。因此,二审法院改判支持出租人主张排除执行的诉讼请求。②

3. 无论出租人选择何种担保物权的实现方式,均不影响在债务清偿前,出租人是所有权人的事实

在四川省宜宾市中级人民法院(2021)川15民终210号案外人执行异议之诉案中,法院认为:"融资租赁的性质为非典型担保,出租人用保留所有权形式担保其债权的实现,即是在出租人债权实现前,出租人一直享有案涉机械的所有权。而出租人选择采用对租赁物拍卖、变卖价款优先受偿,还是选择取回租赁物是出租人选择采用的担保物权的实现方式。但反之,无论出租人选择何种担保物权的实现方式,均不影响在债务清偿前,出租人是所有权人的事实。""融资租赁合同是出租人以所有权担保租赁费的实现,在出租人未收到所有租赁费时,用所有权进行担保的

---

① 已废止,对应《民法典》第752条。
② 持有类似观点的案例有:昆明市官渡区人民法院一审民事判决书,(2020)云0111民初16098号;广东省东莞市中级人民法院二审民事判决书,(2020)粤19民终3951号;辽宁省高级人民法院二审民事裁定书,(2020)辽民终1263号;河南省高级人民法院再审审查与审判监督民事裁定书,(2020)豫民申5448号。

功能仍然存在。故华宏公司即使选择收取租金并不意味着放弃所有权。"①

正如本讲第一部分所述,无论融资租赁交易是否具有担保功能,均不影响出租人对租赁物享有的所有权,出租人对租赁物享有的所有权足以排除执行。因此,笔者赞同上述案例中法院的裁判观点。对于上述案例,笔者归纳主要裁判观点如下:

首先,即使融资租赁合同约定租赁期限届满租赁物的所有权归承租人所有,在出租人的租金债权获得全部实现之前,租赁物的所有权仍由出租人享有。当出租人以承租人为被告提起融资租赁合同纠纷主张全部未付租金获得法院支持,并不导致租赁物的所有权转移给承租人。

其次,在大量的融资租赁纠纷案件中,出租人可能只请求承租人支付全部租金而未请求法院判决确认在全部剩余租金付清之前租赁物的所有权归出租人所有。② 对于出租人此种诉讼请求,不应当评价为出租人放弃了对租赁物的所有权。而且依照司法解释之规定,出租人有权另行提起诉讼主张解除融资租赁合同、收回租赁物,也说明出租人对租赁物仍享有所有权。

最后,若出租人请求支付全部未付租金并主张以拍卖、变卖租赁物所得的价款受偿,笔者认为也不应当影响出租人对租赁物享有的所有权,出租人的权利依然足以排除执行法院对租赁物的执行。《民法典担保制度解释》第65条第1款规定:"在融资租赁合同中,承租人未按照约定支付租金,经催告后在合理期限内仍不支付,出租人请求承租人支付全部剩余租金,并以拍卖、变卖租赁物所得的价款受偿的,人民法院应予支持;当事人请求参照民事诉讼法'实现担保物权案件'的有关规定,以拍卖、变卖租赁物所得价款支付租金的,人民法院应予准许。"若出租人依据该规定请求承租人支付全部剩余租金并以拍卖、变卖租赁物所得价款受偿,抑或请求参照"实现担保物权案件"的有关规定以拍卖、变卖租赁物所得价款支付租金,且获得法院支持,是否会被执行法院视为出租人放弃了租赁物的所有权而选择了担保物权(有权就租赁物处置所得价款优先受偿)?

若出租人对租赁物不享有所有权而只享有担保物权,则依据《最高人民法院关

---

① 持有类似观点的案例有辽宁省大连市中级人民法院二审民事判决书,(2017)辽02民终8311号。

② 关于出租人请求法院判决在全部剩余租金付清之前租赁物所有权归出租人所有的问题,详见本书第十七讲"融资租赁租金加速到期法律实务"。

于适用〈中华人民共和国民事诉讼法〉的解释》(2022修正)第157条[1]之规定,出租人对租赁物享有的权利不能排除执行,但出租人就租赁物享有的优先受偿权不受影响。截至本书出版之时,笔者尚未检索到与此问题有关的案外人执行异议之诉民事判决书,但不排除将来的司法实践中会有执行法院认为出租人放弃了租赁物的所有权,进而认为出租人的权利不足以排除执行。

虽然《民法典担保制度解释》第65条第1款赋予出租人在请求承租人支付全部剩余租金的同时可主张以拍卖、变卖租赁物所得价款受偿,但是该规定是担保功能主义在融资租赁中的体现之一。该规定亦未否定《融资租赁纠纷解释》(2020修正)第10条第2款规定之适用,出租人仍然有权另行提起诉讼主张解除合同、收回租赁物。笔者认为,无论出租人选择"请求支付全部租金"还是选择"解除合同、收回租赁物",也无论出租人是否在选择"请求支付全部租金"的同时主张以拍卖、变卖租赁物所得价款受偿,都是出租人对权利主张方式的合法选择,均不影响在出租人的租金债权完全实现之前出租人是租赁物的所有权人的事实,其权利足以排除执行法院对租赁物的执行。

(三)出租人未及时解除合同、收回租赁物是否视为放弃所有权

值得注意的是,出租人加速到期的主张获得生效判决支持之后,如果承租人未履行生效判决,而出租人未及时行使解除合同、收回租赁物的权利,是否构成对租赁物所有权的放弃?

在司法实践中,已经有融资租赁公司未及时行使解除权而败诉。例如,在辽宁省沈阳市中级人民法院(2021)辽01民初145号案外人执行异议之诉案中,法院认为,出租人某国际租赁公司的融资租赁合同解除权,最迟也应当在其得知法院查封了案涉租赁物后的一年内行使。但是,某国际租赁公司在2018年7月得知法院查封了案涉租赁物后,至法院最后一次审理本案的2021年5月27日,在长达三年的时间里,未向人民法院请求解除与承租人之间的融资租赁合同、收回租赁物,故其融资租赁合同的解除权已消灭,某国际租赁公司不再享有对案涉租赁物即本案执行标的的所有权,因此法院对某国际租赁公司提出的其对执行标的享有足以排除强制执行的民事权益的抗辩,不予支持。

笔者认为,《民法典》施行之后,出租人行使融资租赁合同解除权时,应注意解

---

[1] 《最高人民法院关于适用〈中华人民共和国民事诉讼法〉的解释》(2022修正)第157条:人民法院对抵押物、质押物、留置物可以采取财产保全措施,但不影响抵押权人、质权人、留置权人的优先受偿权。

除权的行使期限。《民法典》第564条规定:"法律规定或者当事人约定解除权行使期限,期限届满当事人不行使的,该权利消灭。法律没有规定或者当事人没有约定解除权行使期限,自解除权人知道或者应当知道解除事由之日起一年内不行使,或者经对方催告后在合理期限内不行使的,该权利消灭。"我国法律并未规定融资租赁合同的解除权行使期限,如果当事人也未约定融资租赁合同的解除权行使期限的,则出租人在知道或应当知道解除事由之日起一年内未行使,或者经承租人催告后在合理期限内不行使(但笔者认为此情况在实践中极少),出租人的融资租赁合同解除权可能消灭。

为规避该风险,笔者建议,出租人一方面完善融资租赁合同关于解除期限的约定,另一方面需要视情况及时行使解除权、收回租赁物。而在《民法典》施行之后,出租人也可直接主张对租赁物享有优先受偿权,同意执行法院处置租赁物并保障出租人的优先受偿权。

四、租赁物为机动车但产证登记在承租人名下,出租人的所有权能否排除执行

近年来,中国汽车消费市场的蓬勃发展也带动了汽车融资租赁业务的发展,在相应的融资租赁纠纷中,租赁物为汽车的案件数量占比较多。由于机动车登记的特殊性,融资租赁项下的机动车一般登记在承租人名下,[1]导致登记的所有权人与实际所有权人不符。因此,不少法院作出的关于汽车(或称机动车)融资租赁纠纷的判决在实践中也存在较大争议。与此相关,如果承租人的其他债权人申请执行登记在承租人名下的机动车,那么出租人对租赁物享有的所有权能否排除执行,实践中存在争议。

(一)融资租赁业务中机动车所有权登记在承租人名下的原因分析

依照《机动车登记规定》之相关规定,机动车登记的主体是所有人。那么,理论上出租人为了取得对租赁物即机动车的所有权,应当将机动车登记在出租人自己名下。但是,在融资租赁实践中不得不将机动车登记在承租人名下,其原因主要有以下几点:

首先,如果机动车登记在出租人名下,与机动车有关的行政管理方面的责任

---

[1] 以机动车为租赁物的融资租赁实务中,也有部分案例中机动车所有权登记在出租人名下,但受到很多限制。

(如处理交通事故、年检)便落在出租人身上,而其中大部分责任其实应该由机动车的使用人承担。由于出租人并不占有和使用机动车,要求出租人来履行与机动车相关的行政责任也非常不便。

其次,根据行政管理性规定,特种车辆只能登记在具备特殊资质的主体名下才可投入使用,而出租人显然不具备这些资质,而这些特种车辆实际上又由具备相应的资质的承租人实际占有、使用。

最后,部分地区对于机动车牌照有特殊要求,如需要摇号、竞拍牌照额度等。如果要将机动车登记在融资租赁公司名下,那么这些地区的机动车融资租赁业务将完全无法开展。为解决这些问题,机动车不得不继续登记在承租人名下,同时出租人与承租人通过合同对双方权利义务进行约定,特别是约定机动车的所有权归出租人所有。

但是,将机动车登记在承租人名下可能产生的问题是出租人的所有权可能存在一定风险。为了防止承租人擅自处分租赁物,出租人又要求承租人将机动车抵押给出租人。此时,一方面机动车登记在承租人名下,另一方面又办理了抵押登记,出租人是否仍是机动车的所有权人,双方的融资租赁法律关系是否成立,实践中存在不同观点。[1] 虽然《民法典》第745条规定:"出租人对租赁物享有的所有权,未经登记,不得对抗善意第三人。"并且,我国自2021年1月1日起在全国范围内实施动产和权利担保统一登记,其中融资租赁被纳入动产和权利担保统一登记范围,但是机动车抵押登记却被排除在外,[2]仍应依照《机动车登记规定》至车辆管理所办理所有权登记及抵押登记。

在此登记模式下,一旦作为租赁物的机动车被承租人的其他债权人申请法院强制执行,出租人以其对租赁物享有所有权为由提出案外人执行异议之诉主张排除执行的,在实践中就会产生严重分歧。

---

[1] 不少地方的法院认为,由于机动车登记在承租人名下,所以出租人不是机动车的所有权人,双方的融资租赁交易名为租赁,实为借贷,合同无效。例如,浙江省宁波市中级人民法院(2020)浙02民终3147号民间借贷纠纷民事判决书。该观点在理论与实践中产生了巨大争议。

[2] 《国务院关于实施动产和权利担保统一登记的决定》(国发[2020]18号)第2条:纳入动产和权利担保统一登记范围的担保类型包括:(一)生产设备、原材料、半成品、产品抵押;(二)应收账款质押;(三)存款单、仓单、提单质押;(四)融资租赁;(五)保理;(六)所有权保留;(七)其他可以登记的动产和权利担保,但机动车抵押、船舶抵押、航空器抵押、债券质押、基金份额质押、股权质押、知识产权中的财产权质押除外。

(二)司法实践中关于出租人的权利能否排除法院对机动车的执行之分歧

1. 观点一:出租人的权利不足以排除执行

反方观点认为,出租人的权利不足以排除法院对机动车的执行。其主要理由如下:

第一,机动车等物权的设立、变更、转让和消灭,未经登记,不得对抗善意第三人。例如,在山东省潍坊市中级人民法院(2020)鲁07民终3659号案外人执行异议之诉案中,法院认为,《物权法》第24条规定:"船舶、航空器和机动车等物权的设立、变更、转让和消灭,未经登记,不得抵抗善意第三人。"根据涉案车辆登记证书载明的内容,该车辆登记在承租人名下,出租人为车辆抵押权人。因此,无论各方当事人内部关系如何,从对外对抗效力上讲,涉案车辆的所有权人应为承租人,出租人作为抵押权人享有的是对涉案车辆的优先受偿权,而并不直接享有所有权,故出租人上诉要求确认其对涉案车辆的所有权,并要求解除对涉案车辆查封,于法无据,不予支持。

第二,《最高人民法院关于人民法院办理执行异议和复议案件若干问题的规定》(2020修正)第25条第1款第2项规定:"对案外人的异议,人民法院应当按照下列标准判断其是否系权利人……(二)已登记的机动车、船舶、航空器等特定动产,按照相关管理部门的登记判断;未登记的特定动产和其他动产,按照实际占有情况判断……"因此有观点认为,机动车为特殊动产,应当按登记确定所有权人。例如,福建省泉州市中级人民法院(2018)闽05民终4595号案外人执行异议之诉二审民事判决书即持该观点。

第三,机动车有法定登记机关,不适用自物抵押登记。例如,在江苏省常州市中级人民法院(2021)苏04民终3561号案外人执行异议之诉案中,法院认为,《融资租赁纠纷解释》(2014)第9条第1款第2项关于"出租人授权承租人将租赁物抵押给出租人并在登记机关依法办理抵押权登记的"的规定,应仅限于在出租人对租赁物的所有权无法定登记机关的情况下,通过委托承租人将租赁物抵押给自己的方式,将其所有权降低为抵押权,据此在抵押登记机关办理抵押登记,由此产生登记的物权效力这一变通做法。本案争议标的系机动车辆,具有法定登记机关,故不应适用该条款的规定。故此,本案案涉车辆所有权并未发生转移,所有权仍归属于承租人所有,出租人对车辆享有的是抵押权而非所有权,在案涉车辆被首封法院先行查封后,抵押权人即出租人可向首封法院申请参与分配,并对车辆拍卖、变卖所得享有优先受偿权,但不能阻却法院的强制执行行为。

2. 观点二:出租人的权利可以排除执行

支持出租人对机动车租赁物的所有权可以排除执行的案例较多,[①]笔者归纳其主要理由包括:

第一,在公安机关车辆管理部门进行登记是公安机关准予或不准予机动车上道路行驶的行政许可行为,该登记只是公安机关对机动车实施的管理行为,而不是对车辆所有权的登记确认,故虽涉案车辆登记在承租人名下,但不能据此确认承租人即为车辆实际所有权人。

第二,虽然依据《最高人民法院关于人民法院办理执行异议和复议案件若干问题的规定》(2020修正)第25条第1款第2项的规定,机动车按照车辆管理部门的登记判断权利人,但是出租人提供了充分的证据证明机动车系融资租赁项下的租赁物,承租人只是名义上的所有权人,出租人是机动车的实际所有权人,出租人的权利能够排除执行。

第三,我国机动车所有权实行登记对抗主义而非登记生效主义。《物权法》第24条[②]规定:"船舶、航空器和机动车等的物权的设立、变更、转让和消灭,未经登记,不得对抗善意第三人。"该"善意第三人"不包括作为申请执行人的一般债权人。

(三)出租人的权利能否排除法院对机动车的执行之关键问题

1. 机动车登记是否等同于所有权登记

关于机动车登记是否等同于所有权登记的问题,可以从相关法律及公安部、最高人民法院的复函中得到答案。

《道路交通安全法》(2021修正)第8条规定:"国家对机动车实行登记制度。机动车经公安机关交通管理部门登记后,方可上道路行驶。尚未登记的机动车,需

---

① 持类似观点的案例有:辽宁省大连市中级人民法院二审民事判决书,(2017)辽02民终8311号;上海市青浦区人民法院一审民事判决书,(2018)沪0118民初20894号;江西省萍乡市中级人民法院二审民事判决书,(2019)赣03民终457号;陕西省榆林市中级人民法院二审民事判决书,(2019)陕08民终760号;上海市宝山区人民法院一审民事判决书,(2019)沪0113民初14910号;上海市青浦区人民法院一审民事判决书,(2019)沪0118民初24368号;济宁市任城区人民法院一审民事判决书,(2019)鲁0811民初10701号;闽清县人民法院一审民事判决书,(2019)闽0124民初2801号;绵竹市人民法院一审民事判决书,(2020)川0683民初108号;海城市人民法院一审民事判决书,(2020)辽0381民初6380号;广东省江门市中级人民法院二审民事判决书,(2020)粤07民终4266号;江门市新会区人民法院一审民事判决书,(2020)粤0705民初339号;广东省江门市中级人民法院二审民事判决书,(2020)粤07民终4266号;南通市通州区人民法院一审民事判决书,(2021)苏0612民初2783号;义乌市人民法院一审民事判决书,(2021)浙0782民初16246号。

② 已废止,对应《民法典》第225条。

要临时上道路行驶的,应当取得临时通行牌证。"

《公安部关于确定机动车所有权人问题的复函》(公交管〔2000〕98号)明确:"根据现行机动车登记法规和有关规定,公安机关办理的机动车登记,是准予或者不准予上道路行驶的登记,不是机动车所有权登记。为了交通管理工作的需要,公安机关车辆管理所在办理车辆牌证时,凭购车发票或者人民法院判决、裁定、调解的法律文书等机动车来历凭证确认机动车的车主。因此,公安机关登记的车主,不宜作为判别机动车所有权的依据。"

此外,《最高人民法院关于执行案件中车辆登记单位与实际出资购买人不一致应如何处理问题的复函》(〔2000〕执他字第25号)也认为:"本案被执行人即登记名义人上海福久快餐有限公司对其名下的三辆机动车并不主张所有权;其与第三人上海人工半岛建设发展有限公司签订的协议书与承诺书意思表示真实,并无转移财产之嫌;且第三人出具的购买该三辆车的财务凭证、银行账册明细表、缴纳养路费和税费的凭证,证明第三人为实际出资人,独自对该三辆机动车享有占有、使用、收益和处分权。因此,对本案的三辆机动车不应确定登记名义人为车主,而应当依据公平、等价有偿原则,确定归第三人所有。故请你院监督执行法院对该三辆机动车予以解封。"

可见,无论是公安部还是最高人民法院,均认为,机动车登记的权利人只是名义的权利人,如果有证据证明机动车的实际所有权人为第三人的,则不应当以登记作为确定机动车所有权人的依据。对于机动车融资租赁而言,虽然机动车登记在承租人名下,但是出租人与承租人办理了融资租赁业务,出租人才是机动车的真正权利人。因此,在案外人执行异议之诉中,如果出租人能够举证证明其为机动车的所有权人,则出租人的权利应当足以排除执行法院的执行。

2. 案外人执行异议之诉能否以车辆管理部门的登记判断权利人

笔者认为,《最高人民法院关于人民法院办理执行异议和复议案件若干问题的规定》(2020修正)是为了规范人民法院办理执行异议和复议案件的程序而制定的,并不适用于案外人执行异议之诉。执行异议和复议程序的目的是解决执行过程中衍生的程序和实体争议,实际是执行程序的子程序,因此更注重程序效率。相应地,为规范人民法院办理执行异议和复议案件的程序而制定的规定也相应体现出该价值取向。"由于只有15日的审查期间,且有异议之诉最终裁判,案外人异议审查原则上根据执行标的的权利外观表彰来判断权属,只有无法根据外观权利表彰判断或者法律和司法解释有特殊规定时,才进行实质审查。"[1]例如,《最高人民法院关于人民法院办理执行异议和复议案件若干问题的规定》(2020修正)第25条第1款第2项规定机动车按照车辆管理部门的登记判断权利人,正是为了体现效率优先原则而侧重于形式审查。江苏省高级人民法院发布的《执行异议及执行异议之诉案件办理工作指引(一)》规定,审理执行异议及异议之诉案件应当坚持的基本原则之一为实质审理原则,"要基于执行标的权属变化及其争议赖以产生的基础性的实体法律关系予以判断,不能简单地根据权利外观及程序性法律或司法解释对权利归属加以审查"。"要坚持实体审理,无论当事人是否提出确认其权利的诉讼请求,都要作为基础法律关系查明相关实体权利的性质及其归属。"

可见,《最高人民法院关于人民法院办理执行异议和复议案件若干问题的规定》(2020修正)在执行异议和复议程序中可以适用,案外人执行异议之诉是实体审理,应当更加注重实质公正,不能像执行异议与复议程序一样只根据机动车登记的权利外观来判断其权属,而应当结合出租人及其他当事人的举证情况,综合判断机动车的实际权属状况,并最终决定出租人的权利是否足以排除执行。

3. 机动车所有权转让未经登记不得对抗善意第三人的范围有哪些

如果机动车办理了融资租赁业务,机动车登记在承租人名下,其权利外观显示的所有权人为承租人,并非出租人。虽然出租人主张通过占有改定方式[2]获得了机动车的所有权,但是《民法典》第225条规定:"船舶、航空器和机动车等的物权的设立、变更、转让和消灭,未经登记,不得对抗善意第三人。"因此,申请法院执行机动车租赁物的其他债权人在出租人提起的案外人执行异议之诉中可能抗辩称,机动车的所有权虽然通过约定转移给了出租人,但未至车辆管理部门办理所有权变更登记,不得对抗善意的其他债权人。

那么,强制执行债权人是否属于《民法典》第225条所规定的善意第三人?

《最高人民法院关于适用〈中华人民共和国民法典〉物权编的解释(一)》(法释〔2020〕24号)第6条规定:"转让人转让船舶、航空器和机动车等所有权,受让人已经支付合理价款并取得占有,虽未经登记,但转让人的债权人主张其为民法典第二百二十五条所称的'善意第三人'的,不予支持,法律另有规定的除外。"依据该规

---

[1] 刘贵祥、范向阳:《〈关于人民法院办理执行异议和复议案件若干问题的规定〉的理解与适用》,载《人民司法·应用》2015年第11期。
[2] 《民法典》第228条:动产物权转让时,当事人又约定由出让人继续占有该动产的,物权自该约定生效时发生效力。

定,转让人的债权人不属于善意第三人的范围。其背后的原理在于,我国动产物权的转让自动产交付时发生效力,登记只具有对抗效力。在机动车已经由受让人占有的情况下,虽然未经登记,受让人依然取得了物权,而物权优先于债权即优于转让人的普通债权人。

"在第三人仅为一般债权人的情况下,该第三人尚未因特定物的交付而成为物权人,不应认为其与未经登记之特殊动产所有权人之间存在竞争对抗关系。""《民法典》第225条所讲的善意第三人不应包括强制执行债权人,任何一个普通债权人都有可能成为强制执行债权人,强制执行债权人与一般普通债权人并无本质区别;就不动产物权而言,没有办理过户登记尚且不能查封、扣押、冻结,而机动车等特殊动产物权变动采纳的是登记对抗主义,本着举重以明轻的原则,机动车等特殊动产已经交付但尚未办理登记的,也不应查封、扣押、冻结,即不能成为强制执行债权的标的。"[①]因此,机动车办理融资租赁业务之后,其所有权已经转移给出租人,虽然该所有权的转移未在车辆管理部门办理所有权转移登记,但只是不得对抗善意第三人,而不包括强制执行债权人。

此外,如果出租人就机动车融资租赁在动产融资统一登记公示系统办理了融资租赁登记,依据《民法典》第745条"出租人对租赁物享有的所有权,未经登记,不得对抗善意第三人"之规定,出租人对租赁物享有的所有权也可对抗善意第三人。退一步而言,在机动车融资租赁业务在动产融资统一登记公示系统办理了融资租赁登记的同时又在车辆管理部门办理了抵押登记的情况下,出租人对机动车的所有权应足以对抗强制执行债权人。至于能否对抗其他担保物权人(包括其他融资租赁的所有权人),则依据《民法典》第414条之规定,应当根据权利公示的先后顺序进行判断。

2022年1月27日,最高人民法院在公布的《对十三届全国人大四次会议第9022号建议的答复》就机动车融资租赁业务当中,出租人对租赁物的权利主张可能发生的两种情形进行了阐述:"一是承租人与第三人发生机动车买卖的真实交易,由于机动车登记在承租人名下,第三人的权益应当予以保护。融资租赁公司明知机动车的登记管理制度与出租人所有权冲突可能产生的风险,仍然开展相关的租赁业务,对此,法律并不能例外作出保护。二是承租人的债权人对承租人名下的租赁物申请强制执行,出租人以其系真实所有权人或者抵押权人为由向人民法院

---

① 最高人民法院民法典贯彻实施工作领导小组主编:《中华人民共和国民法典物权编理解与适用[上]》,人民法院出版社2020年版,第139页。

提出执行异议。实践中,出租人通常会通过办理抵押登记方式对租赁物设定抵押权。如果对租赁物办理了融资租赁(抵押)登记的,是能够对抗保全、执行措施的;如果对租赁物未办理融资租赁(抵押)登记,人民法院基于承租人的债权人的申请对租赁物采取保全或者执行措施的,出租人主张对抵押财产优先受偿的,根据《最高人民法院关于适用〈中华人民共和国民法典〉有关担保制度的解释》第五十四条第三项规定,不应予以支持。"[1]可见,对机动车租赁物办理了融资租赁(抵押)登记的,出租人对租赁物享有的所有权能够对抗保全、执行措施。

五、出租人案外人执行异议之诉未被支持的其他情形

除前文重点讨论的问题外,笔者通过检索案例还发现出租人提起案外人执行异议之诉的许多案件中,因其他原因未被法院支持,笔者对这些问题进行整理,以供参考。

(一)出租人主张的租赁物与被执行标的不一致,不排除执行

在湖北省孝感市中级人民法院(2020)鄂09民初191号案外人执行异议之诉案中,法院认为,根据当事人提交的证据表明,出租人系与承租人之间发生融资租赁行为,其租赁的96台TC730A-280喷气织机台系承租人所有。法院执行拍卖的标的物所有权不是承租人所有的,规格型号也不相同(法院拍卖标的物规格型号是TC730A-280-DD喷气织机,融资租赁物的规格型号是TC730A-280喷气织机),因此法院执行的标的物与融资租赁公司融资租赁物没有关联性,出租人不是法院执行标的物的权利人,对拍卖标的不享有足以排除强制执行的权利。在该案中,租赁物的规格型号与执行标的略有出入,法院认定出租人并非执行标的物的权利人,故对出租人提出的案外人执行异议不予支持。

在北京市第二中级人民法院(2021)京02民终13343号案外人执行异议之诉案中,虽然《融资租赁合同》项下的租赁物与案涉执行案件查封的部分设备型号一致,但是案涉执行案件中查封的设备属于种类物,承租人也不否认其曾向案外他人购买过该型号的设备,因此法院认为仅依据设备型号不足以认定执行案件查封设备即为承租人应向融资租赁公司返还之租赁物。同时,融资租赁公司、承租人均认

---

[1] 最高人民法院:《对十三届全国人大四次会议第9022号建议的答复》,载全国人大代表全国政协委员联络沟通平台2022年1月27日,http://gtpt.court.gov.cn/#/NewsDetail?type=03000000&id=0112034ec7594a458de91af36ebc5f03。

可在签订《融资租赁合同》后曾对部分机器设备张贴过所有权标识,法院结合融资租赁公司在一审中提交的查封照片等证据,查封设备的现场也显示有部分设备上张贴有融资租赁公司的所有权标识,最终支持融资租赁公司对张贴有所有权标识的设备享有足以排除强制执行的实体权利。

在上述北京市第二中级人民法院这个案例中,虽然出租人主张的租赁物设备型号与执行案件查封设备一致,但由于该设备型号不具有唯一性,没有使租赁物特定化,法院认为不足以认定执行案件查封设备就是出租人的租赁物。若非部分设备张贴有融资租赁公司的所有权标识,则融资租赁公司提出的案外人执行异议可能会被全部驳回。

上述两个案例对于出租人而言,至少有两点启示:一是融资租赁合同项下租赁物的记载、动产融资统一登记公示系统办理融资租赁登记时对租赁物的描述,应当能够使租赁物特定化,以便于将来主张权利。二是关于是否还有必要在租赁物上张贴出租人的所有权人标识,可能存在争议。《民法典》施行之后,融资租赁登记才能对抗善意第三人,出租人已在租赁物的显著位置作出标识不具有对抗第三人之效力,但在个别案件中,可能起到区分租赁物的作用。但是也可能存在负面作用,例如,在办理融资租赁业务时张贴了所有权标识,而后该标识被人为撕毁,则各方当事人可能会就租赁物的特定化产生新的争议。

(二)名为融资租赁,出租人对租赁物不享有所有权,不排除执行

在多起案外人执行异议之诉案件中,法院认为,出租人与承租人之间只是名义上为融资租赁法律关系,实际上则不构成融资租赁,因此出租人对租赁物不享有所有权,出租人的权利不能排除对标的物的执行。

例如,在河南省南阳市中级人民法院(2019)豫13民初118号案外人执行异议之诉案中,融资租赁公司虽然具有开展融资租赁业务的合法资质,也与承租人签订了《融资租赁合同》和《商品房买卖合同》,但双方约定的租赁物所有权并未转移至融资租赁公司名下,不具备融资租赁法律关系应具备的融资和融物双重属性,双方签订的《融资租赁合同》系借贷法律关系性质,且已经由另案生效判决认定为借贷,故出租人所提异议不符合排除执行的条件。[①]

另有部分案例中,由于出租人未能充分举证证明构成融资租赁法律关系,法院也认为出租人的权利不足以排除执行。例如,在广东省惠州市中级人民法院

[①] 持有类似观点的案例有:佛山市南海区人民法院一审民事判决书,(2018)粤0605民初20838号;湖南省邵阳市中级人民法院二审民事判决书,(2020)湘05民终1360号。

(2020)粤13民终2646号案外人执行异议之诉案中,法院认为,出租人与承租人签订的《融资租赁合同》等相关文件均未载明日期,无法确认合同签订的日期是否早于涉案机器设备被查封的日期。即便如出租人主张以《融资租赁合同》附件记载的租赁时间、收据和发票的日期推定实际签订日期,出租人也未提供证据证明《融资租赁合同》有实际履行,包括但不限于出租人按约向承租人支付租赁物件协议价款、承租人向出租人支付租金等情况,出租人主张对涉案机器设备享有足以排除强制执行的民事权益证据不充分。①

对于此类案件,笔者认为,出租人提起的案外人执行异议之诉未被支持比较容易理解。对于出租人而言,还是应当从源头抓起,合法合规办理融资租赁业务,避免不构成融资租赁法律关系,或者避免在案外人执行异议之诉中无法举证证明融资租赁法律关系成立而无法排除法院的执行。

(三)执行异议之诉中不处理解除查封问题或返还租赁物的问题,对出租人的此类执行异议请求不予支持

在陕西省西安市中级人民法院(2019)陕01民终13035号案外人执行异议之诉案中,法院支持了出租人提出的排除执行的诉讼请求,但对于出租人要求解除对案涉两台机器设备查封的诉讼请求,法院认为,该请求属于基于实体权利对执行标的提出的执行行为异议,而停止对案涉机器设备的执行属于基于实体权利对执行标的提出的排除执行的异议,参照《最高人民法院关于人民法院办理执行异议和复议案件若干问题的规定》(2020修正)第8条第1款"案外人基于实体权利既对执行标的提出排除执行异议又作为利害关系人提出执行行为异议的,人民法院应当依照民事诉讼法第二百二十七条规定进行审查"的规定,该院在本案中仅就执行标的异议进行审查,对于出租人的该项诉讼请求,依法不予支持。②

案外人执行异议之诉解决的是出租人对租赁物享有的所有权能否排除执行,若判决支持其权利可排除执行的,出租人可凭生效裁判文书再向法院申请解除对租赁物的查封措施。此外,还有个别出租人在案外人执行异议之诉中提出返还租赁物的诉讼请求,笔者认为,即使出租人对租赁物享有的所有权可排除执行,但案外人执行异议之诉中不宜处理是否应当返还租赁物的问题,出租人可另案主张。

---

① 持有类似观点的案例有:山东省高级人民法院再审民事判决书,(2020)鲁民再92号;北京市顺义区人民法院一审民事判决书,(2020)京0113民初17541号。
② 持该观点的案例有东莞市第三人民法院一审民事判决书,(2019)粤1973民初17294号。

第二十讲 承租人破产时出租人权利保护法律实务

CHAPTER 20

融资租赁作为融资工具之一种,已经被广泛运用于市场经济各个领域。但随着我国供给侧结构性改革的深入,市场竞争加剧,再加上近几年疫情影响等多重因素,不少承租人因经营管理不善而进入破产。由于《企业破产法》及其司法解释并无关于融资租赁合同的专门规定,实践中不同法院、破产管理人对融资租赁实务问题的处理争议颇多,导致破产程序中出租人的权利保护问题较为突出。本讲从融资租赁出租人权利保护的视角,就较为典型的破产实务问题进行探讨。

一、《民法典》施行前后出租人在破产程序中的权利主张比较

（一）《民法典》施行前出租人在破产程序中的权利主张方式

《民法典》施行前,我国法律法规并未明确融资租赁合同属于非典型担保合同,出租人在破产案件中,一般将综合考虑租赁物是否具有变现价值、融资租赁合同是否存在可能导致管理人不确认出租人债权的瑕疵、出租人是否可能在破产程序中获得清偿等因素,结合《合同法》《融资租赁纠纷解释》(2014)的规定,采用以下方式之一申报债权。

1.以全部未付租金作为债权向管理人申报

《企业破产法》第 46 条第 1 款规定:"未到期的债权,在破产申请受理时视为到期。"据此,除非管理人主张行使挑拣履行权,否则不论承租人破产案件被人民法院裁定受理前出租人是否已主张融资租赁合同加速到期,出租人都可以主张融资租赁合同加速到期,并就全部未付租金申报普通债权。关于出租人申报租金债权为

普通债权时能否将租赁利息作为债权申报问题,本讲第四部分将作出详细讨论。

若融资租赁合同设定有不动产抵押、动产抵押担保等增信措施的,出租人可将租金债权申报为有财产担保债权。此外,在《民法典》施行前,部分出租人依据《融资租赁纠纷解释》(2014)第9条第2项的规定,通过签署动产抵押合同的方式,将租赁物抵押给出租人,出租人可能据此申报租金债权为有财产担保债权,而担保物即为租赁物。

为最大化维护出租人的权利,出租人在申报债权的同时,应当主张对租赁物的权利。但是,实践中部分出租人仅就未付租金申报债权而不主张租赁物权利。笔者认为,出租人选择只申报租金债权而不主张租赁物权利,可能是因为破产程序具有特殊性,以及部分国资背景出租人面临资产处置合法合规性等问题,具体而言:

(1)《企业破产法》与《企业国有资产法》关于资产评估问题未有效衔接,导致国资背景的出租人在破产案件中一旦就租赁物主张权利,就可能面临违反《企业国有资产法》相关管理规定的问题。

《九民会纪要》第116条规定:"要合理区分人民法院和管理人在委托审计、评估等财产管理工作中的职责。破产程序中确实需要聘请中介机构对债务人财产进行审计、评估的,根据《企业破产法》第28条的规定,经人民法院许可后,管理人可以自行公开聘请,但是应当对其聘请的中介机构的相关行为进行监督。上述中介机构因不当履行职责给债务人、债权人或者第三人造成损害的,应当承担赔偿责任。管理人在聘用过程中存在过错的,应当在其过错范围内承担相应的补充赔偿责任。"参照上述内容,破产实务中,对于债务人名下资产、债务人实际占有资产的评估方式主要包括人民法院裁定指定评估机构、管理人自行决定评估机构、管理人商请债权人会议表决评估机构、管理人商请债权人委员会表决评估机构。尽管《企业破产法》未明确规定资产评估机构的确定方式,但管理人一般不会接受出租人委托评估机构对租赁物进行价值评估。

但是,《企业国有资产法》第47条规定:"国有独资企业、国有独资公司和国有资本控股公司合并、分立、改制,转让重大财产,以非货币财产对外投资,清算或者有法律、行政法规以及企业章程规定应当进行资产评估的其他情形的,应当按照规定对有关资产进行评估。"第48条规定:"国有独资企业、国有独资公司和国有资本控股公司应当委托依法设立的符合条件的资产评估机构进行资产评估;涉及应当报经履行出资人职责的机构决定的事项的,应当将委托资产评估机构的情况向履行出资人职责的机构报告。"据此,若出租人属于国有企业,且需要对租赁物进行处置的,严格执行《企业国有资产法》时,应当自行委托评估机构对租赁物的价值作出评估。

基于上述矛盾,部分国资背景的出租人为避免在破产程序中出现违反《企业国有资产法》的问题,可能不得不仅就租金债权向管理人申报,而不就租赁物提出主张。

需要进一步说明的是,上述问题在《民法典》施行后并未得到解决,即使出租人主张在租赁物的价值范围内,租金债权属于有财产担保债权的,仍然可能面临租赁物价值评估的合规性障碍。

(2)出租人一旦就租赁物主张权利的,可能出现管理人启动租赁物评估程序、租赁物价值评估较高、管理人向出租人主张差额返还等问题。

《合同法》第249条(对应《民法典》第758条第1款)规定:"当事人约定租赁期间届满租赁物归承租人所有,承租人已经支付大部分租金,但无力支付剩余租金,出租人因此解除合同收回租赁物,收回的租赁物的价值超过承租人欠付的租金以及其他费用的,承租人可以请求相应返还。"依据该规定,在出租人主张收回租赁物时,可能出现租赁物价值高于剩余未付租金而导致出租人获得过高利益的情况,因此司法实践中人民法院可能支持承租人要求出租人返还差额(出租人收回租赁物的价值扣减剩余未付租金及其他费用)的诉讼请求。在涉及承租人破产的案件中,在出租人主张收回租赁物时,部分管理人也将依据《合同法》第249条主导租赁物的价值评估工作,并以租赁物评估价值远高于承租人未付租金为由,要求出租人返还差额款项。

对于破产案件中租赁物价值评估结果的合理性,出租人无法单独提出异议,也不属于出租人可以单独提起诉讼的范围,但出租人可在破产债权确认纠纷中一并就租赁物价值的评估结果提出异议。

第一,《企业破产法》并未就债权人对破产程序中出具的评估报告持有异议的权利救济问题进行明确。《最高人民法院关于审理企业破产案件若干问题的规定》(法释〔2002〕23号)第83条规定:"处理破产财产前,可以确定有相应评估资质的评估机构对破产财产进行评估,债权人会议、清算组对破产财产的评估结论、评估费用有异议的,参照最高人民法院《关于民事诉讼证据的若干规定》第二十七条①的规定处理。"且不论租赁物是否属于破产财产,该规定仅赋予债权人会议、清算组对破产财产的评估结论有异议的可参照司法解释处理,单个债权人并无提出

---

① 对应《最高人民法院关于民事诉讼证据的若干规定》(2019修订)第40条。

异议之权利。即使参照上述规定,当事人对民事诉讼程序中的鉴定意见持有异议的,一般将通过补正、补充鉴定或者补充质证、重新质证等方式处理。而破产案件中,租赁物往往将与承租人名下的财产一并进行评估,若仅有出租人对评估结果提出异议,其他债权人不持有反对意见的,重新启动评估程序的可能性也较低。

第二,个别出租人如果对租赁物的评估结果有异议,可另行提起破产债权确认之诉,并在诉讼中一并对租赁物的评估结果提出异议。《企业破产法》第58条第3款规定:"债务人、债权人对债权表记载的债权有异议的,可以向受理破产申请的人民法院提起诉讼。"《最高人民法院关于适用〈中华人民共和国企业破产法〉若干问题的规定(三)》(2020修正)第8条规定:"债务人、债权人对债权表记载的债权有异议的,应当说明理由和法律依据。经管理人解释或调整后,异议人仍然不服的,或者管理人不予解释或调整的,异议人应当在债权人会议核查结束后十五日内向人民法院提起债权确认的诉讼。当事人之间在破产申请受理前订立有仲裁条款或仲裁协议的,应当向选定的仲裁机构申请确认债权债务关系。"因此,出租人可以在提起破产债权确认之诉的诉讼过程中对租赁物的评估报告提出异议。例如,在湖南省郴州市中级人民法院(2021)湘10民初26号普通破产债权确认纠纷案中,承租人的管理人确认出租人申报的债权为普通债权,其中租赁物价值为0元,其债权金额将作为普通债权依照重整计划受偿。出租人向管理人提交了债权异议申请书,请求对其名下租赁物件价值认定出具正式评估报告,并就其对应债权按优先债权处理,但管理人决定维持原审核结论,出租人对此仍有异议,向法院提起诉讼并被受理。

第三,《九民会纪要》第116条规定,中介机构因不当履行职责给债务人、债权人或者第三人造成损害的,应当承担赔偿责任,管理人在聘用过程中存在过错的,应当在其过错范围内承担相应的补充赔偿责任。因此,若评估机构对租赁物的评估价值与租赁物的实际价值存在明显差异的,出租人可以行使的权利救济措施为向评估机构、管理人主张赔偿责任,但出租人很难证明评估机构存在不当履行职责的情形,也很难证明管理人在聘用过程中存在过错。

实务中,部分出租人基于上述可能出现的不利因素,审慎决定是否对租赁物提出物权主张。

2. 与管理人协商立即处置租赁物,并以未付租金扣减租赁物处置价款申报普通债权

《融资租赁纠纷解释》(2014)第22条规定:"出租人依照本解释第十二条的规

定请求解除融资租赁合同,同时请求收回租赁物并赔偿损失的,人民法院应予支持。前款规定的损失赔偿范围为承租人全部未付租金及其他费用与收回租赁物价值的差额。合同约定租赁期间届满后租赁物归出租人所有的,损失赔偿范围还应包括融资租赁合同到期后租赁物的残值。"实务中,若租赁物具备变现价值的,部分出租人也可能与管理人协商立即处置租赁物,并就全部未付租金扣减租赁物处置所得价款申报普通债权。

需要注意的是,租赁物的处置往往需要一定的时间,且可能长于破产案件中给予债权人债权申报的时间。《企业破产法》第56条规定:"在人民法院确定的债权申报期限内,债权人未申报债权的,可以在破产财产最后分配前补充申报;但是,此前已进行的分配,不再对其补充分配。为审查和确认补充申报债权的费用,由补充申报人承担。债权人未依照本法规定申报债权的,不得依照本法规定的程序行使权利。"立即处置租赁物意味着租赁物处置完毕前,出租人可以向管理人申报的债权金额不确定,进而面临在债权人会议召开时,无法作为债权人就债权人会议审议事项进行表决的风险。

此外,出租人选择处置租赁物的,意味着租赁物的所有权归属于出租人,租赁物不属于债务人的财产,管理人对租赁物的管理及处置属于"代管"。管理人代为处置租赁物的相应报酬,严格而言不属于《最高人民法院关于审理企业破产案件确定管理人报酬的规定》(法释〔2007〕9号)第2条①规定的管理人报酬范围。实务中,出租人选择上述方案时,需要与管理人协商确定管理人代为处置租赁物时,管理人可以获得的报酬金额。

3. 主张收回租赁物并就已到期未付租金申报普通债权

《融资租赁纠纷解释》(2014)第11条规定:"有下列情形之一,出租人或者承租人请求解除融资租赁合同的,人民法院应予支持:(一)出租人与出卖人订立的买卖合同解除、被确认无效或者被撤销,且双方未能重新订立买卖合同的;(二)租

---

① 《最高人民法院关于审理企业破产案件确定管理人报酬的规定》(法释〔2007〕9号)第2条:人民法院应根据债务人最终清偿的财产价值总额,在以下比例限制范围内分段确定管理人报酬:(一)不超过一百万元(含本数,下同)的,在12%以下确定;(二)超过一百万元至五百万元的部分,在10%以下确定;(三)超过五百万元至一千万元的部分,在8%以下确定;(四)超过一千万元至五千万元的部分,在6%以下确定;(五)超过五千万元至一亿元的部分,在3%以下确定;(六)超过一亿元至五亿元的部分,在1%以下确定;(七)超过五亿元的部分,在0.5%以下确定。担保权人优先受偿的担保物价值,不计入前款规定的财产价值总额。高级人民法院认为有必要的,可以参照上述比例在30%的浮动范围内制定符合当地实际情况的管理人报酬比例限制范围,并通过当地有影响的媒体公告,同时报最高人民法院备案。

赁物因不可归责于双方的原因意外毁损、灭失,且不能修复或者确定替代物的;(三)因出卖人的原因致使融资租赁合同的目的不能实现的。"由于承租人被人民法院裁定进入破产程序属于重大的、影响融资租赁合同继续履行的事项,且大部分融资租赁合同都将承租人破产列为融资租赁合同违约事项,实务中,部分出租人依据上述规定在破产案件中主张解除融资租赁合同、收回租赁物,并将融资租赁合同解除前的逾期未付租金作为普通债权向管理人申报。

但如前文分析,出租人主张取回租赁物的,可能面临租赁物评估价值过低、管理人向出租人主张差额范围的风险。

此外,在出租人主张取回租赁物的情况下,管理人在开展债权审查工作时,一般将重点关注出租人取回的租赁物权属及价值、租赁物的适格性、租赁物是否存在权利冲突等问题。若租赁物存在瑕疵的,管理人有可能不认可出租人与承租人之间构成融资租赁法律关系,不准出租人取回租赁物。例如,在江苏省泰州市中级人民法院(2021)苏12民终250号破产债权确认纠纷案中,虽然出租人就解除融资租赁合同、收回租赁物事宜,取得了生效的民事判决书加以确认,但是案外债权人某银行也取得了就同一租赁物享有抵押权的生效民事判决书。经审理破产债权确认纠纷的一审法院查明,银行的抵押权先于融资租赁物权被设定,法院据此判决出租人仅可在租赁物涤除银行抵押权后享有优先受偿权,并未支持出租人要求管理人返还租赁物的诉讼请求。

4.与管理人协商融资租赁合同继续履行

依据《企业破产法》第42条第1项的规定,人民法院受理破产申请后发生的因管理人或者债务人请求对方当事人履行双方均未履行完毕的合同所产生的债务为共益债务。若租赁物属于承租人破产重整后继续开展生产经营活动的必备设备(例如,航空公司作为债务人时,租赁物为航空器的;电力企业作为债务人时,租赁物为发电设备的),出租人可以考虑依据上述规定,与管理人协商继续履行融资租赁合同,并将融资租赁合同项下的租金作为共益债务。

《企业破产法》第113条第1款规定:"破产财产在优先清偿破产费用和共益债务后,依照下列顺序清偿:(一)破产人所欠职工的工资和医疗、伤残补助、抚恤费用,所欠的应当划入职工个人账户的基本养老保险、基本医疗保险费用,以及法律、行政法规规定应当支付给职工的补偿金;(二)破产人欠缴的除前项规定以外的社会保险费用和破产人所欠税款;(三)普通破产债权。"据此,在破产案件中,若出租人享有的租金债权被确认为共益债务的,其清偿顺序将优先于职工债权、税费以及普通债权,且清偿顺序一般仅次于破产费用(诉讼费用,管理、变价和分配债务人财产的费用,管理人执行职务的费用、报酬和聘用工作人员的费用),即对出租人而言,其债权被获得清偿的可能性相对较大。

此外,对于管理人而言,承租人应支付的租金债务被列入共益债务后,将无须继续确认出租人在破产案件中申报的债权金额,即破产案件中可被确认的总债权金额将降低,更有利于后期管理人拟定破产财产分配方案。因此,在租赁物确实存在持续被使用价值的情况下,管理人也有一定的动力与出租人沟通、确认融资租赁合同继续履行问题。

(二)《民法典》施行后出租人在破产程序中的权利主张方式

《民法典担保制度解释》第65条第1款规定:"在融资租赁合同中,承租人未按照约定支付租金,经催告后在合理期限内仍不支付,出租人请求承租人支付全部剩余租金,并以拍卖、变卖租赁物所得的价款受偿的,人民法院应予支持;当事人请求参照民事诉讼法'实现担保物权案件'的有关规定,以拍卖、变卖租赁物所得价款支付租金的,人民法院应予准许。"在此规定下,《民法典》施行前出租人选择的"以全部未付租金作为债权向管理人申报""与管理人协商立即处置租赁物,并以未付租金扣减租赁物处置价款申报普通债权"方案将发生调整,出租人选择申报租金债权的,可以同时主张在租赁物价值范围内就全部未付租金享有优先受偿权。即使出租人希望由管理人代为处置租赁物的,仍然可以先申报租金债权为有财产担保债权,再由管理人根据工作进度处置租赁物。因此,在《民法典》施行后,笔者预测出租人选择"与管理人协商立即处置租赁物,并以未付租金扣减租赁物处置价款申报普通债权"方案的情况可能会有所减少。

《民法典》施行前后出租人权利主张方式的变化详见表13。

表13 《民法典》施行前后出租人债权申报变化

《民法典》施行前	《民法典》施行后
1.将全部未付租金申报债权	主张在租赁物价值范围内就全部未付租金享有优先受偿权,即将全部未付租金申报为有财产担保的债权
2.与管理人协商立即处置租赁物,并以未付租金扣减租赁物处置价款申报普通债权	
3.主张收回租赁物并就已到期未付租金申报普通债权	未发生变化
4.与管理人协商融资租赁合同继续履行	未发生变化

需要注意的是,尽管《民法典》确立了融资租赁合同属于非典型担保合同,租赁物为出租人租金债权担保物的基本原则,但是,若租赁物实际不具有继续使用或流通价值的,在破产案件中,管理人可能认定租赁物的评估价值为0元,进而仍然认定出租人申报的租金债权属于普通债权。例如,《国浩律师(上海)事务所关于海南航空控股股份有限公司未披露担保相关事项之法律意见书》[1]载明,根据该《海航集团有限公司等321家公司实质合并重整案无异议债权表(六)》文件,某金融租赁公司对海航集团有限公司享有普通债权共计688,287,151.39元,债权编号为31451997790117889及31451323132125185。笔者代理的相关案件中,部分出租人开展融资租赁交易申报债权被确认为普通债权而非有财产担保债权的主要原因是管理人根据评估公司对租赁物的评估,认定租赁物价值为0元。

二、《民法典》背景下出租人关于租赁物的权利主张

(一)别除权与取回权概念

在破产法理论上,别除权是指债权人因其债权设有物权担保或享有特别优先权,可不依照破产程序就破产债务人(破产人)的特定财产享有优先受偿权利。我国法律虽然未直接使用别除权的概念,但是《企业破产法》第109条规定:"对破产人的特定财产享有担保权的权利人,对该特定财产享有优先受偿的权利。"《民事案件案由规定》(2020修正)也专门规定了别除权纠纷案由,债权人与管理人因担保物权的实现而发生的纠纷,属于别除权纠纷。

取回权是指财产的权利人可以不依照破产程序,向破产管理人请求返还不属于破产债务人财产的权利。《企业破产法》第38条规定:"人民法院受理破产申请后,债务人占有的不属于债务人的财产,该财产的权利人可以通过管理人取回。但是,本法另有规定的除外。"取回权虽然是《企业破产法》规定的一项权利,但并非破产法创设的权利,而是破产法对民法上的原物返还请求权、占有返还请求权[2]等实体法上权利的承认与保护。

从别除权与取回权的上述概念来看,两者最大的区别在于权利人对标的财产享有的是担保物权(或特别优先权)还是所有权。如果权利人享有的是担保物权,

---

[1] 国浩律师(上海)事务所:《国浩律师(上海)事务所关于海南航空控股股份有限公司未披露担保相关事项之法律意见书》,载巨潮资讯网,http://www.cninfo.com.cn/new/disclosure/detail?stockCode=600221&announcementId=1212219492&orgId=gssh0600221&announcementTime=2022-01-20。

[2] 《民法典》第235条:无权占有不动产或者动产的,权利人可以请求返还原物。

则标的财产属于破产财产,债权人则应当行使别除权;如果权利人享有的是所有权,则标的财产不属于破产财产,权利人则可行使取回权。

(二)租赁物是否属于破产财产,出租人能否行使取回权

如前所述,破产程序中融资租赁出租人对租赁物享有别除权还是取回权,关键在于出租人对租赁物是否享有所有权,租赁物是否属于破产财产。

《合同法》第242条规定:"出租人享有租赁物的所有权。承租人破产的,租赁物不属于破产财产。"依据该规定,融资租赁出租人对租赁物享有所有权,租赁物不属于破产财产。《民法典》第745条规定:"出租人对租赁物享有的所有权,未经登记,不得对抗善意第三人。"两者相比,《民法典》第745条除增加"未经登记,不得对抗善意第三人"的表述之外,还删除了《合同法》第242条中"承租人破产的,租赁物不属于破产财产"的规定。该句规定的删除,在实务中引发了较大争议,即依据《民法典》第745条的规定,承租人破产后租赁物是否属于破产财产。

一种观点认为,《民法典》第388条规定"担保合同包括抵押合同、质押合同和其他具有担保功能的合同",依据全国人民代表大会常务委员会副委员长王晨对《民法典(草案)》所作的说明,所有权保留、融资租赁、保理等属于"其他具有担保功能的合同",[1]因此融资租赁出租人对租赁物享有的所有权实质上是担保物权,租赁物属于破产财产,出租人仅可就租赁物行使别除权。也有学者主张,在破产程序中,由于删除了《合同法》第242条"承租人破产的,租赁物不属于破产财产"之规定,因此出租人不得向破产管理人主张取回权,而只能在登记之后向其主张别除权以就标的物优先受偿。[2]

另一种观点认为,《民法典》第745条未保留《合同法》第242条"承租人破产的,租赁物不属于破产财产"的规定,是因为这一规定过于绝对,但不影响出租人对租赁物享有的所有权。出租人的所有权能否对抗善意第三人取决于是否登记,删除后更加合理。如果融资租赁所有权未登记,则出租人对租赁物享有的所有权不得对抗破产管理人,此时租赁物属于破产财产;但如果办理了登记,则出租人对租赁物享有的所有权可对抗破产管理人,租赁物不属于破产财产。

笔者赞同第二种观点。虽然《民法典》将融资租赁出租人对租赁物享有的所

---

[1] 王晨:《关于〈中华人民共和国民法典(草案)〉的说明》,载《中华人民共和国全国人民代表大会常务委员会公报》2020年特刊,第188页。
[2] 参见冉克平、王萌:《融资租赁回购担保的法律逻辑与风险控制》,载《山东大学学报(哲学社会科学版)》2022年第2期。

有权赋予担保功能,但并未因此而否定出租人对租赁物享有的所有权,出租人对租赁物仍然享有所有权,租赁物不属于破产财产。无论是《民法典》还是《融资租赁纠纷解释》(2020修正)抑或《民法典担保制度解释》,均未否定出租人对租赁物享有的所有权。例如,《民法典》第752条、《融资租赁纠纷解释》(2020修正)第11条仍然赋予出租人解除合同、收回租赁物的权利;《民法典》第757条也明确规定对租赁物的归属没有约定或者约定不明确时租赁物的所有权归出租人。如果《民法典》第745条未保留《合同法》第242条"承租人破产的,租赁物不属于破产财产"的规定意味着租赁物属于破产财产,则明显与《民法典》第752条、第757条相冲突。根据反推解释,《民法典》第745条并未否定出租人的所有权。上海破产法庭于2022年6月7日发布的《关于规范破产案件接管工作办法》第12条第2款规定:"融资租赁物、售后回租物等债务人占有的不属于债务人所有的财产,以及权属不明的财产,管理人应一并接管后予以妥善保管。"该规定也将融资租赁物、售后回租物等认定为"债务人占有的不属于债务人所有的财产",即其所有权仍归出租人。由上文可见,"《民法典》虽删除了租赁物不属于破产财产的规定,并将融资租赁纳入非典型担保制度,但并未改变出租人在融资租赁法律关系存续期间对租赁物享有所有权的立场"。[①]

此外,租赁物具有担保功能不等同于出租人对租赁物享有的是担保物权。《民法典担保制度解释》第1条规定:"……所有权保留买卖、融资租赁、保理等涉及担保功能发生的纠纷,适用本解释的有关规定。"笔者认为,融资租赁涉及担保功能发生纠纷需要适用与担保相关的规则主要包括四类:一是有关登记对抗的规则(《民法典》第745条);二是有关担保物权的顺位规则(《民法典》第414条);三是有关担保物权的实现规则(《民法典担保制度解释》第65条);四是关于价款优先权规则(《民法典》第416条)。这些规则的适用,目的并不在于将出租人的所有权"降格"为担保物权。相反,规则意在保障出租人以其对租赁物享有的所有权实现对租金债权的担保功能。出租人在行使其所有权时,便需要接受上述规则的检验。例如,融资租赁所有权是否办理了登记,租赁物上是否与其他担保物权存在冲突,在所有权的实现方式上是否可以拍卖、变卖租赁物并以所得价款(优先)受偿等。因此,笔者认为租赁物不属于破产财产。

[①] 贺小荣主编:《最高人民法院第二巡回法庭法官会议纪要》(第三辑),人民法院出版社2022年版,第364页。

(三) 出租人别除权与取回权的选择与行使

笔者认为,在符合法定条件的情况下,出租人有权选择行使别除权,也有权选择行使取回权。依据《民法典》第752条之规定,承租人经催告后在合理期限内仍不支付租金的,出租人可以请求支付全部租金;也可以解除合同,收回租赁物。同时依据《融资租赁纠纷解释》(2020修正)第10条之规定,出租人只能在主张全部租金与主张解除合同、收回租赁物之间作出选择。可见,在承租人破产的情况下,如果不考虑破产管理人是否有权决定融资租赁合同的继续履行或解除(详见后文分析),出租人对于是否收回租赁物具有选择权。

1. 当出租人选择请求支付全部租金并以拍卖、变卖租赁物所得价款优先支付租金的,相当于行使别除权

如果出租人选择请求承租人支付全部剩余租金,则依据《民法典担保制度解释》第65条第1款的规定,出租人可以主张以拍卖、变卖租赁物所得的价款受偿,或者请求参照《民事诉讼法》"实现担保物权案件"的有关规定,以拍卖、变卖租赁物所得价款支付租金。"至于出租人能否主张就拍卖、变卖租赁物所得价款优先受偿,则取决于出租人对租赁物享有的所有权是否已经办理登记。根据《民法典》第745条的规定,出租人对租赁物享有的所有权未经登记的,不得对抗善意第三人,因此在出租人对租赁物享有的所有权未办理登记时,对于出租人请求以拍卖、变卖租赁物所得价款优先受偿的请求,人民法院不应支持,而仅支持其请求以拍卖、变卖租赁物所得价款受偿的请求。"[1]因此,笔者认为,如果出租人选择主张全部租金并以拍卖、变卖租赁物所得的价款优先受偿的,出租人行使的是别除权。

例如,在上海金融法院(2020)沪74民初3458号融资租赁合同纠纷案中,法院立案受理出租人提起的本案诉讼,承租人在诉讼过程中进入破产重整程序,出租人主张有权就租赁物拍卖、变卖并优先受偿,获得了法院支持。

2. 当出租人选择解除合同、收回租赁物,属于行使取回权

如前所述,由于租赁物不属于破产财产,融资租赁出租人对租赁物享有所有权,因此,依据《企业破产法》第38条之规定,出租人有权取回租赁物。

如果出租人选择取回租赁物,则依据《民法典担保制度解释》第65条第2项的规定,承租人有权以抗辩或者反诉的方式主张返还租赁物价值超过欠付租金以及

---

[1] 最高人民法院民事审判第二庭:《最高人民法院民法典担保制度司法解释理解与适用》,人民法院出版社2021年版,第546页。

其他费用之和的部分,人民法院应当一并处理。这是因为依据《民法典》第758条之规定,出租人在请求解除合同、收回租赁物时负有租赁物价值的清算义务。如果出租人取回的租赁物价值超过承租人欠付租金与相关费用之和的,出租人应当将超出部分返还承租人且该部分金额将并入破产财产;如果出租人取回的租赁物价值不足以清偿出租人的损失的,则由承租人继续清偿,不过此时因承租人已经进入破产程序,出租人只能就不足部分以普通债权人身份进行受偿。

司法实践中,大部分法院也认可租赁物不属于破产财产,并支持出租人主张取回权。例如,在山东省青岛市中级人民法院(2021)鲁02民终13467号融资租赁合同纠纷案中,法院认为,虽然承租人已进入破产程序,但涉案租赁物不属于承租人的清算财产,对出租人提出解除《回租租赁合同》并收回租赁物拍卖所得价款的请求予以支持。又如,在山东省滨州市中级人民法院(2014)滨中商终字第400号取回权纠纷案中,法院认为,在破产案件中,租赁物不属于破产财产,也不应认定为承租人的财产,出租人依法可以取回,但鉴于租赁物已拍卖,出租人提出将租赁物拍卖款优先清偿其债权的主张,应予支持。

3. 出租人的选择权在承租人破产情形下可能受限制

由上可见,在符合法定条件的情形下,出卖人或者出租人不仅可以选择行使破产别除权,也可以选择行使破产取回权。但是出租人的选择权在实践中也可能受到限制,并且即使融资租赁合同解除,破产管理人也可能比照抵押担保进行处理,确认出租人对租赁物享有优先受偿权。

首先,可能受到破产管理人待履行合同挑拣履行权的限制。关于破产管理人能否对租赁期限尚未届满的融资租赁合同行使挑拣履行权,实务中尚存争议。如果承租人管理人选择继续履行合同,并按照约定支付租金的,出租人不能向管理人主张解除合同、取回租赁物。如果承租人管理人自破产申请受理之日起2个月内未通知出租人,或者自收到出租人催告之日起30日内未答复的,视为解除合同,则出租人可以主张取回租赁物。如果承租人管理人虽然选择继续履行合同,但未按照约定支付租金,经出租人催告后在合理期限内仍不支付,则出租人仍然有权选择主张解除合同、取回租赁物。

其次,重整期间出租人可能无法行使别除权。《企业破产法》第75条第1款规定:"在重整期间,对债务人的特定财产享有的担保权暂停行使。但是,担保物有损坏或者价值明显减少的可能,足以危害担保权人权利的,担保权人可以向人民法院请求恢复行使担保权。"因此,出租人对租赁物虽享有别除权,但在重整期间要暂停行使,除非租赁物有损坏或者价值明显减少可能,足以危害出租人权利的,出租人方可请求恢复行使别除权。依据《九民会纪要》第112条之规定①,出租人应当对租赁物有损坏或者价值明显减少可能的事实承担举证责任。虽然出租人完成举证责任,但管理人有证据证明租赁物是重整所必需,并且提供与减少价值相应担保或补偿的,在充分保护出租人利益的前提下,为了保障重整程序的制度目标,人民法院亦可能裁定不批准出租人恢复行使权利的申请。

最后,参考别除权在重整期间的限制,取回权在重整期间也可能受限。如果租赁物是破产重整顺利进行所必需,破产管理人也可能拒绝出租人行使租赁物取回权。例如,在新疆维吾尔自治区高级人民法院(2017)新民终116号破产管理人一般取回权纠纷案中,卖方出卖的设备已由买方安装使用,成为买方主厂房的组成部分,设备与主厂房已形成添附,强行拆除将导致主厂房无法正常使用,同时亦破坏卖方要求取回的财产本身的价值。二审法院认为,卖方请求取回财产在经济上不合理,会造成社会财产的损失和浪费,故维持一审法院不予支持出卖人取回的判决。

虽然该案的基础关系并非融资租赁合同纠纷,但是法院的观点对于融资租赁合同项下出租人行使取回权具有参考意义。在融资租赁实务中,不少租赁物可能与承租人的其他财产形成添附,无法取回或者取回将导致财产价值严重受损。也有些租赁物可能是承租人的核心资产,如果出租人取回租赁物,可能导致破产重整失败。因此,不排除破产管理人拒绝出租人主张取回的可能,此时一般情况下管理人可能比照抵押担保进行处理,确认出租人对租赁物享有优先受偿权。

4. 出租人应当在何时对别除权与取回权作出选择

如前所述,笔者认为在符合法定条件的情况下,出租人对别除权与取回权有选择权。但出租人应当在何时作出选择?《最高人民法院关于适用〈中华人民共和国

---

① 《九民会纪要》第112条:【重整中担保物权的恢复行使】重整程序中,要依法平衡保护担保物权人的合法权益和企业重整价值。重整申请受理后,管理人或者自行管理的债务人应当及时确定设定有担保物权的债务人财产是否为重整所必需。如果认为担保物不是重整所必需,管理人或者自行管理的债务人应当及时对担保物进行拍卖或者变卖,拍卖或者变卖担保物所得价款在支付拍卖、变卖费用后优先清偿担保物权人的债权。在担保物权暂停行使期间,担保物权人根据《企业破产法》第75条的规定向人民法院请求恢复行使担保物权的,人民法院应当自收到恢复行使担保物权申请之日起三十日内作出裁定。经审查,担保物权人的申请不符合第75条的规定,或者虽然符合该条规定但管理人或者自行管理的债务人有证据证明担保物是重整所必需,并且提供与减少价值相应担保或者补偿的,人民法院应当裁定不予批准恢复行使担保物权。担保物权人不服该裁定的,可以自收到裁定书之日起十日内,向作出裁定的人民法院申请复议。人民法院裁定批准行使担保物权的,管理人或者自行管理的债务人应当自收到裁定书之日起十五日内启动对担保物的拍卖或者变卖,拍卖或者变卖担保物所得价款在支付拍卖、变卖费用后优先清偿担保物权人的债权。

企业破产法〉若干问题的规定(二)》(2020修正)第26条规定:"权利人依据企业破产法第三十八条的规定行使取回权,应当在破产财产变价方案或者和解协议、重整计划草案提交债权人会议表决前向管理人提出。权利人在上述期限后主张取回相关财产的,应当承担延迟行使取回权增加的相关费用。"因此,理论上出租人应当在破产财产变价方案或者和解协议、重整计划草案提交债权人会议表决前向管理人提出取回租赁物的请求。如果出租人在上述期限后主张取回相关财产的,则应当承担延迟行使取回权增加的相关费用。此外,出租人的取回权以融资租赁合同解除、租赁物存在为行使要件,如果出租人未及时主张取回导致租赁物已经意外毁损灭失或被管理人不当处分的,则出租人无法行使取回权,应当按照《企业破产法》及其司法解释的规定,行使代偿性取回权或者申报普通债权。

司法实践中,有部分法院认为,出租人申报债权时,即视为对别除权与取回权作出选择。例如,在湖北省恩施土家族苗族自治州中级人民法院(2019)鄂28民终329号取回权纠纷案中,法院认为,出租人已向承租人主张支付合同约定的全部未付租金及违约金,经生效判决后一并向承租人管理人申报债权,即出租人已对自己的权利作出选择。出租人在向承租人管理人申报债权并得到初步确认的情况下再主张取回租赁物,明显违背公平原则,一审法院不予支持并无不当。同时法院认为,出租人依据生效判决申请执行,因法院受理承租人破产重整申请而中止执行,并非承租人恶意不履行,在承租人破产重整期间,出租人主张取回租赁物损害了承租人其他债权人的利益,不利于承租人破产重整案件的审理。

但也有法院认为,在出租人申报债权之时,除非出租人明确表示放弃取回租赁物,否则不应当视为出租人对其权利作出了选择。例如,在山东省高级人民法院(2020)鲁民终1347号民事裁定书中,二审法院明确,出租人在承租人破产程序中申报租金债权的行为并不能认定出租人已在租金债权和租赁物所有权二者中作出选择,也不能视为出租人已放弃租赁物所有权。

(四)若租赁物已经被处置,出租人对处置变现款是否优先受偿

实践中,破产管理人在处置破产财产过程中为了使价值最大化,也可能将出租人享有所有权的租赁物与破产财产一并进行处置。对此,出租人对租赁物享有物上代位权,可就租赁物的处置变现款优先受偿。例如,在常州市金坛区人民法院(2021)苏0413民初912号普通破产债权确认纠纷案中,法院为了全体债权人的共同利益,将案涉租赁物委托拍卖,但法院认为拍卖所得价款不属于破产财产,不应参与破产财产分配,而应当优先支付给融资租赁设备的所有权人即出租人。

三、承租人破产时管理人对融资租赁合同的挑拣履行权

（一）管理人的挑拣履行权

《企业破产法》第18条规定："人民法院受理破产申请后,管理人对破产申请受理前成立而债务人和对方当事人均未履行完毕的合同有权决定解除或者继续履行,并通知对方当事人。管理人自破产申请受理之日起二个月内未通知对方当事人,或者自收到对方当事人催告之日起三十日内未答复的,视为解除合同。管理人决定继续履行合同的,对方当事人应当履行;但是,对方当事人有权要求管理人提供担保。管理人不提供担保的,视为解除合同。"该条是关于管理人挑拣履行权（又称合同履行选择权）的直接规定。破产管理人的挑拣履行权是一种特殊的法定合同解除权,即破产管理人对破产申请前尚未履行完毕的合同有权进行挑拣履行,管理人可以单方面决定是继续履行还是解除原有的合同关系,使债务人可能摆脱负担过重的履行义务并且最大化保全破产财产。

从《企业破产法》第18条规定来看,管理人有权挑拣履行的合同需要满足以下两个条件：一是合同成立于破产申请受理之前;二是债务人和对方当事人均未履行完毕。对于合同成立的时间问题尚不难判断,但是对于何为双方当事人均未履行完毕的合同,从表面上看规则清晰,但实际上较为原则化。所谓"均未履行完毕的合同",是仅指合同主要义务（积极义务）未履行完毕,还是包括合同次要义务（消极义务）未履行完毕,在理论与实务中尚存在较大争议。

（二）司法实践中关于融资租赁合同是否属于待履行合同的争议

对于融资租赁合同而言,根据融资租赁方式的不同,对于认定其是否属于均未履行完毕的合同要有所区分。如果是直租交易,出租人尚未向承租人交付租赁物,则出租人的租赁物交付义务与承租人的租金支付义务均未履行完毕,因此属于双方均未履行完毕的合同。如果是售后回租交易,出租人尚未向承租人支付租赁物的转让款,则出租人的转让款支付义务与承租人的租金支付义务均未履行完毕,因此也属于双方均未履行完毕的合同。例如,在山东省聊城市中级人民法院（2021）鲁15民终805号破产债权确认纠纷案中,出租人有两期设备款尚未支付,而承租人未支付租金、风险保证金、服务费,因此法院认为售后回租融资租赁合同属于双方当事人均未履行完毕的合同。但是,如出租人已经将租赁物交付承租人占有使用（直租交易中）或将转让款支付承租人（售后回租交易中）,则出租人的合同履行义务已经完毕,此时融资租赁合同是否属于"均未履行完毕的合同",实践中存在

较大争议。

1. 观点一：融资租赁合同属于双方"均未履行完毕的合同"

该观点认为，出租人在租赁期间负有保障承租人占有、使用租赁物的义务（《民法典》第 748 条），该义务属于持续性义务，因此融资租赁合同属于双方"均未履行完毕的合同"。

例如，在上海金融法院（2020）沪 74 民初 581 号融资租赁合同纠纷案中，法院认为，本案融资租赁合同属于承租人破产申请受理前成立的合同，且由于融资租赁合同兼具"融资"和"融物"属性，出租人除享有收取租金的权利外，仍负有确保承租人不受干涉地占有、使用租赁物，承租人租金支付完毕后向承租人转移租赁物的义务。虽然出租人在承租人破产申请受理前已主张融资租赁合同加速到期并获判决支持，但双方当事人合同项下义务并未履行完毕，故仍属于《企业破产法》第 18 条规定的待履行合同。[①]

此外，《最高人民法院关于审理融资租赁合同纠纷案件适用法律问题的解释（征求意见稿）》第 33 条规定："出租人破产时，租赁物已经交付给承租人使用且融资租赁合同的租赁期限尚未届满的，出租人的管理人可以按照企业破产法第十八条的规定，行使合同解除权。但承租人愿意按照合同约定的条件取得租赁物并履行付款义务的，或者出租人的管理人与承租人就融资租赁合同继续履行达成协议并经债权人会议同意的除外。"但在正式发布的《融资租赁纠纷解释》（2014）中删除了该规定。

2. 观点二：融资租赁合同不属于双方"均未履行完毕的合同"

该观点认为，"在融资租赁合同中，出租人的主要义务是支付租赁物购买价款、将租赁物交付承租人使用，该义务为积极义务。虽然出租人还承担保证承租人在租赁期间对租赁物占有、使用的义务，但该义务为消极义务。出租人积极义务履行完毕，即实现了承租人签订融资租赁合同的实质目的。在出租人不存在违反消极义务的情况下，认定出租人已经履行完毕融资租赁合同的义务更符合融资租赁合同的本质特征"。[②]

持有该观点的典型案例是天津市高级人民法院（2015）津高民二终字第 0070

[①] 持有类似观点的案例有：北京市第二中级人民法院一审民事判决书，（2018）京 02 民初 183 号；广东省广州市中级人民法院二审民事判决书，（2021）粤 01 民终 19561 号；山西省运城市中级人民法院二审民事判决书，（2021）晋 08 民终 1450 号。

[②] 李阿侠：《融资租赁案件裁判精要》，法律出版社 2018 年版，第 396 页。

号融资租赁合同纠纷案。该案中,法院对承租人管理人行使解除权的主张未予支持,主要理由包括以下三个方面:第一,区分合同的积极义务与消极义务,确定待履行合同的行使前提。法院认为,出租人负有支付租赁物购买价款、将租赁物交付承租人使用的积极义务并承担保证承租人在租赁期间对租赁物占有、使用的消极义务。出租人就其中的积极义务履行完毕,即实现了签订融资租赁合同的实质性目的,应认定出租人就融资租赁合同已履行完毕。第二,是否支持承租人管理人行使合同解除权,除需要考量是否有利于破产财产价值最大化和恢复其偿债能力之外,还应兼顾融资租赁合同中出租人的利益。在出租人已经履行了合同主要义务,承租人未按期支付租金,出租人已经在先提起诉讼要求承租人支付全部租金,承租人管理人再依据《企业破产法》第18条就融资租赁合同行使解除权缺乏依据。第三,承租人对管理人行使解除权的主张不予支持,不会导致破产财产绝对价值的减少,并且有利于平衡出租人与承租人的其他债权人的利益。

(三)融资租赁合同属于双方"均未履行完毕的合同",管理人享有挑拣履行权

笔者更倾向于观点一,即融资租赁合同属于双方"均未履行完毕的合同",管理人享有挑拣履行权,具体理由如下。

1.以积极义务、消极义务作为区分判断标准不具有合理性

笔者认为,任何类型的合同均包括积极义务与消极义务,但积极义务不等于合同的主要义务,消极义务也不等于合同的次要义务。就融资租赁合同而言,出租人将租赁物交付承租人(直租交易中)或将转让款支付给承租人(售后回租交易中)属于出租人的积极义务也是主要义务,但并不能类推得出消极义务是次要义务的结论。从承租人角度考虑,虽然保证承租人平静占有、使用租赁物是出租人的消极义务,但是该消极义务却对承租人至关重要,对承租人而言同样属于出租人的主要义务。正因如此,《民法典》第748条规定①出租人违反消极义务时,承租人有权请求其承担赔偿责任。故笔者认为,以积极义务、消极义务是否履行完毕作为衡量融资租赁合同是否属于待履行合同不合理。

2.《最高人民法院关于适用〈中华人民共和国企业破产法〉若干问题的规定(二)》(2020修正)有关于所有权保留买卖合同的规定具有参考意义

《最高人民法院关于适用〈中华人民共和国企业破产法〉若干问题的规定

---

① 《民法典》第748条第2款:出租人有下列情形之一的,承租人有权请求其赔偿损失:(一)无正当理由收回租赁物;(二)无正当理由妨碍、干扰承租人对租赁物的占有和使用;(三)因出租人的原因致使第三人对租赁物主张权利;(四)不当影响承租人对租赁物占有和使用的其他情形。

(二)》(2020修正)第34条规定:"买卖合同双方当事人在合同中约定标的物所有权保留,在标的物所有权未依法转移给买受人前,一方当事人破产的,该买卖合同属于双方均未履行完毕的合同,管理人有权依据企业破产法第十八条的规定决定解除或者继续履行合同。"从该规定来看,在标的物所有权未依法转移给买受人前,所有权保留买卖合同属于待履行合同。

"融资租赁交易在法律结构上虽与传统的所有权担保方式存在一些差异,但其经济作用与传统的所有权担保方式并无差别,属于所有权担保方式的现代形式,融资租赁中的标的物在相当程度上承担的是担保的功能。"[1]此外,两者在具体交易结构上也具有一定共性。例如,合同履行过程中标的物均已经交付承租人或买受人,均是以标的物所有权担保承租人或买受人履行付款义务,均以承租人或买受人履行完毕合同约定的款项支付义务标的物所有权才发生转移。[2] 因此,在法律及司法解释没有明确规定的情况下,不妨参照《最高人民法院关于适用〈中华人民共和国企业破产法〉若干问题的规定(二)》(2020修正)第34条的规定,将租赁期内的融资租赁合同认定为属于双方均未履行完毕的合同。

3. 赋予承租人管理人挑拣履行权更符合立法本意

从《企业破产法》第18条立法本意来看,其赋予管理人行使待履行合同解除权的目的是实现债务人财产的增值,进而保护全体债权人的利益,或为债务人提供重整复苏的可能。在破产程序中,管理人接管承租人之后,管理人应当全面了解承租人的资产状况,管理人需要对承租人的资产进行准确统计,尽早确定租赁物是否属于破产财产,决定是否需要支付租金等。因此,融资租赁合同继续履行与解除何者更有利于实现债务人的财产增值,由管理人进行判断并选择,具有合理性。

如前所述,在部分破产案件中,租赁物可能是承租人的核心资产,如果出租人选择解除合同、收回租赁物,可能严重影响破产重整顺利进行。因此,由承租人管理人对是否继续履行合同进行选择,有利于最大化实现破产人的财产增值,并保护全体债权人的利益,符合立法本意。

4. 由管理人决定是否解除融资租赁合同不损害出租人利益

对于融资租赁出租人而言,其希望对解除融资租赁合同掌握主动权,以最大化

---

[1] 黄薇主编:《中华人民共和国民法典合同编解读(下册)》,中国法制出版社出版2020年版,第856页。

[2] 此处指的是融资租赁合同一般约定在租赁期限届满后承租人不存在其他违约情形时只需要支付象征性留购价款即可以获得租赁物所有权。

维护自身利益。笔者认为,《民法典》及《民法典担保制度解释》施行之后,无论出租人行使破产别除权还是行使破产取回权,均需要对租赁物的价值进行清算,出租人所能获得的利益均不可能超过融资租赁合同正常履行时的可得利益。如果由管理人决定是否解除融资租赁合同,理论上也并不损害出租人利益。

首先,如果承租人管理人选择解除融资租赁合同,或者承租人管理人自破产申请受理之日起2个月内未通知出租人,或者自收到出租人催告之日起30日内未答复的,视为解除合同,则出租人可以主张取回租赁物,并依据《民法典》第758条及《民法典担保制度解释》第65条第2款之规定对租赁物价值进行清算。此种情形与出租人主动选择解除合同、收回租赁物的法律效果是一致的,并不损害出租人利益。

其次,承租人管理人如果选择继续履行融资租赁合同,依据《企业破产法》第18条第2款之规定,出租人应当履行,但出租人有权要求管理人提供担保,管理人不提供担保的,视为解除合同。依据《企业破产法》第42条第1项之规定,因承租人管理人请求出租人履行双方均未履行完毕的融资租赁合同所产生的债务属于共益债务。例如,在辽宁省沈阳市中级人民法院(2019)辽01民初689号破产债权确认纠纷案中,法院认为,对于原告申报的融资租赁债权,"管理人作出《债权审查结论通知书》(编号:乳业集团福兴牧业债审字第106号)载明:管理人决定继续履行《融资租赁合同》,未履行部分的租金确认为共益债务"。而共益债务在破产财产清偿顺序中,其优先级别仅次于破产费用,显然也有利于出租人。融资租赁合同得以继续履行且因此全部剩余租金在破产重整程序中作为共益债务清偿,对于不需要取回租赁物的出租人来说可能是最为有利的清偿方案。

最后,即使承租人管理人选择继续履行融资租赁合同,使出租人暂时不可主张解除合同,但是若在继续履行的过程中融资租赁合同项下的租金未按期支付的,出租人仍有权按照融资租赁合同约定或依据《民法典》第752条之规定主张解除融资租赁合同。

由此可见,无论是承租人选择解除融资租赁合同还是选择继续履行融资租赁合同,均不会损害出租人的利益。

四、出租人申报债权时存在的争议

(一)债权金额是否需要扣除租赁物的价值

如前文分析,《民法典》施行后,出租人常见的债权申报方案与《民法典》施行前存在差异。若租赁物在承租人破产时尚未处置的,实务中出租人一般不会选择以未付租金扣减租赁物处置价款申报债权的方案,因此,出租人无须在申报的债权金额中扣除租赁物的价值。

需要注意的是,破产债权申报实务中,部分出租人可能仅关心融资租赁合同项下是否存在抵押担保、质押担保,并以上述典型担保申请租金债权属于有财产担保的债权,而忽略了租赁物的非典型担保功能。笔者认为,在《民法典》施行后,即使融资租赁合同不存在抵押担保、质押担保增信方式的,出租人仍然有权基于租赁物的担保功能,主张租金债权属于有财产担保的债权。

(二)破产阶段出租人能否将租赁利息作为债权申报

《企业破产法》第46条规定:"未到期的债权,在破产申请受理时视为到期。附利息的债权自破产申请受理时起停止计息。"由于出租人的租金债权由租赁本金与租赁利息两部分组成,实务中,部分观点认为,出租人可以主张的租赁利息应当计算至破产申请受理时之前,"故出租人无论是主张全部租金或是解除合同,租金的利息或违约金计算均应截至破产申请受理之日"。[①]

但是,融资租赁合同项下的租金债权与金融借款合同项下的借款本金、借款利息在表现形式上仍可能存在差异。部分出租人并不将融资租赁合同项下的还款计划表拆分为"租赁本金""租赁利息"而直接采用"租金"概念,并在承租人破产时,直接主张全部租金加速到期。此外,部分观点认为,承租人进入破产程序后,基于未到期的债权视为到期的规定,出租人可以主张融资租赁合同项下的全部租金立即到期,由于租金本身由"租赁本金""租赁利息"组成,因此,出租人申请的债权可以包括租赁利息。例如,天津市滨海新区人民法院(2019)津0116民初7109号普通破产债权确认纠纷一审民事判决书、河南省安阳市中级人民法院(2017)豫05民终2358号破产债权确认纠纷二审民事判决书、广东省广州市中级人民法院(2016)粤01民初44号普通破产债权确认纠纷一审民事判决书等均确认出租人享有的破产债权包括租赁利息。

基于破产阶段出租人能否将租赁利息作为债权申报问题在实务中存在争议,笔者建议,出租人尽可能在承租人进入破产程序前,主张融资租赁合同加速到期或解除融资租赁合同,以此方式减少与管理人之间可能产生的争议。

---

① 李阿侠:《融资租赁案件裁判精要》,法律出版社2018年版,第397页。

（三）加倍支付的迟延利息能否作为破产债权进行申报

《最高人民法院关于适用〈中华人民共和国企业破产法〉若干问题的规定（三）》（2020修正）第3条规定："破产申请受理后，债务人欠缴款项产生的滞纳金，包括债务人未履行生效法律文书应当加倍支付的迟延利息和劳动保险金的滞纳金，债权人作为破产债权申报的，人民法院不予确认。"据此，若加倍支付的迟延利息产生于破产申请受理日之后，则不能作为破产债权进行申报。

破产实务中存在争议的问题是，加倍支付的迟延利息若产生于破产申请受理日之前，出租人能否就该部分利息申报债权；若出租人有权申报，该部分利息能否作为普通债权进行申报。由于上述问题并无明确的法律规定，实务中，存在该部分利息应确认为普通债权、可以确认为劣后债权、不应当确认为破产债权三种不同的观点，且均有相应观点的生效法律文书。

1. 观点一：破产案件受理前产生的加倍支付的迟延利息可以作为普通债权进行申报

《最高人民法院关于人民法院受理破产案件前债务人的滞纳金是否应当确认为破产债权请示的答复》（〔2013〕民二他字第9号）明确："你院粤高法〔2013〕107号《关于人民法院受理破产案件前债务人未付应付款项的滞纳金是否应当确认为破产债权的请示》收悉。经研究，答复如下：同意你院意见，即人民法院受理破产案件前债务人未付款项的滞纳金应确认为破产债权。"若参考上述规定处理，承租人在破产案件受理前，因强制执行程序产生的加倍支付的迟延利息似乎可以作为普通债权进行申报。

在山东省高级人民法院（2019）鲁民终419号破产债权确认纠纷案中，二审法院就采用了上述观点，其认为："《最高人民法院关于审理企业破产案件若干问题的规定》第六十一条规定：'下列债权不属于破产债权……（二）人民法院受理破产案件后债务人未支付应付款项的滞纳金，包括债务人未执行生效法律文书应当加倍支付的迟延利息和劳动保险金的滞纳金。'本案中，因济南医购站未能偿还已经生效法律文书确认的涉案债务，故其应向厦门象屿公司支付迟延履行期间的债务利息。依据上述规定，破产案件受理后债务人应当加倍支付的迟延履行债务利息不应列入破产债权，但对破产案件受理后产生的迟延履行债务利息应当列入破产债权。"

此外，也有部分地方高级人民法院通过审理指引等形式，明确债务人未履行生效法律文书应当加倍支付的迟延利息属于债权人可以申报的破产债权范围。例如,《山东省高级人民法院企业破产案件审理规范指引(试行)》(鲁高法〔2019〕50号发布)第94条第1款规定:"破产申请受理之日前已产生的借款利息、违约金、债务人未履行生效法律文书应当加倍支付的迟延利息、劳动保险或者税款延期缴纳产生的滞纳金等,债权人可以申报。"

2. 观点二:破产案件受理前产生的加倍支付的迟延利息作为普通债权中的劣后债权进行申报

《全国法院破产审判工作会议纪要》(法〔2018〕53号发布)第28条规定:"破产债权的清偿原则和顺序。对于法律没有明确规定清偿顺序的债权,人民法院可以按照人身损害赔偿债权优先于财产性债权、私法债权优先于公法债权、补偿性债权优先于惩罚性债权的原则合理确定清偿顺序。因债务人侵权行为造成的人身损害赔偿,可以参照企业破产法第一百一十三条第一款第一项规定的顺序清偿,但其中涉及的惩罚性赔偿除外。破产财产依照企业破产法第一百一十三条规定的顺序清偿后仍有剩余的,可依次用于清偿破产受理前产生的民事惩罚性赔偿金、行政罚款、刑事罚金等惩罚性债权。"参考上述纪要规定,部分破产案件中管理人将债权人相应申报的债权作为劣后债权。

例如,在上海市高级人民法院(2020)沪民终665号破产债权确认纠纷案中,二审法院认为:"本院亦同意一审法院的认定,企业破产法的核心要义是保护全体债权人公平受偿,迟延履行的加倍利息作为惩罚性的债权应当劣后清偿。理由如下:首先,《中华人民共和国民事诉讼法》①设置迟延履行金的目的是对迟延履行行为和妨碍民事诉讼行为的制裁和惩罚,敦促被执行人自觉履行判决、裁定等法律文书所确定的义务,并警戒其他人不再发生类似的违法行为。依据《最高人民法院关于执行程序中计算迟延履行期间的债务利息适用法律若干问题的解释》第四条规定,被执行人的财产不足以清偿全部债务的,应当先清偿生效法律文书确定的金钱债务,再清偿加倍部分债务利息,但当事人对清偿顺序另有约定的除外,体现的即是补偿性债权优先于惩罚性债权的原则。其次,对于法律没有明确规定清偿顺序的债权,人民法院可以按照人身损害赔偿债权优先于财产性债权、私法债权优先于公法债权、补偿性债权优先于惩罚性债权的原则合理确定清偿顺序。破产财产依照《中华人民共和国企业破产法》第一百一十三条规定的顺序清偿后仍有剩余的,可依次用于清偿破产受理前产生的民事惩罚性赔偿金、行政罚款、刑事罚金等惩罚性

---

① 指《民事诉讼法》(2017修正)。

债权。据此,在法律没有明确规定债权清偿顺序的情形下,在破产受理前产生的惩罚性债权清偿顺位应当劣后。"

3. 观点三:破产案件受理前产生的加倍支付的迟延利息不属于破产财产

实务中,也有观点认为加倍支付的迟延利息具有惩罚性质,若确认该等利息属于破产财产的,可能导致其他债权人的利益受到损害,因此不属于破产财产。

例如,在江苏省高级人民法院(2020)苏民终50号破产债权确认纠纷案中,法院认为:"中瑞太丰公司补充申报的14,769,122元加倍迟延履行利息不属于破产债权。《中华人民共和国企业破产法》第四十六条规定未到期的债权,在破产申请受理时视为到期,附利息的债权自破产申请受理时起停止计息。《最高人民法院关于适用〈中华人民共和国企业破产法〉若干问题的规定(三)》第三条[①]规定,破产申请受理后,债务人欠缴款项产生的滞纳金,包括债务人未履行生效法律文书应当加倍支付的迟延利息和劳动保险金的滞纳金,债权人作为破产债权申报的,人民法院不予确认。根据该条司法解释文义,无法得出破产申请受理前产生的迟延履行利息可以确认为破产债权的结论,且债务人未履行生效法律文书应当加倍支付的迟延利息具有一定的惩罚性,目的在于敦促债务人及时履行生效法律文书确定的金钱给付义务,如将该部分利息作为破产债权予以确认,实际上将导致惩罚措施转嫁于其他债权人,有违破产程序公平受偿的基本原则。"又如,在广东省高级人民法院(2019)粤民终2214号普通破产债权确认纠纷案中,法院认为:"债务人未履行生效法律文书确定的债务而加倍支付的迟延履行期间的债务利息为法定的、带有惩罚性的、为促使债务人履行生效判决的制裁措施。该措施具有特定的实施对象,若确定为破产债权,实际上受惩罚的是全体债权人,有违该措施的本意和破产法公平保护全体债权人的精神。因此,带有惩罚性质的债权应当排除于破产程序之外,不能作为破产债权受偿。"

综上,为最大化维护出租人的权利,笔者建议出租人在破产程序中,将破产申请受理日之前承租人因未履行生效法律文书产生的加倍支付的迟延利息作为普通债权进行申报,同时就管理人可能将该等债权申报调整为劣后债权进行确认或不予确认的预期做好相应准备。

(四)管理人是否有权要求出租人返还破产案件受理前承租人已支付的租金

《企业破产法》第32条规定:"人民法院受理破产申请前六个月内,债务人有本

[①] 对应《最高人民法院关于适用〈中华人民共和国企业破产法〉若干问题的规定》(2020修正)第3条。

法第二条第一款规定的情形,仍对个别债权人进行清偿的,管理人有权请求人民法院予以撤销。但是,个别清偿使债务人财产受益的除外。"实务中,部分管理人可能依据该条规定,主张出租人应当返还破产案件受理之前六个月内承租人向出租人支付的租金。

《最高人民法院关于适用〈中华人民共和国企业破产法〉若干问题的规定(二)》(2020修正)第14条规定:"债务人对以自有财产设定担保物权的债权进行的个别清偿,管理人依据企业破产法第三十二条的规定请求撤销的,人民法院不予支持。但是,债务清偿时担保财产的价值低于债权额的除外。"鉴于租赁物属于对租金债权的担保,出租人可以在管理人提出返还要求时,引用上述司法解释拒绝管理人的要求。但实践中可能存在争议的是,如果承租人支付租金债权时,租赁物的价值低于支付的租金债权额,则可能被认为属于"债务清偿时担保财产的价值低于债权额"的特殊情形。

此外,融资租赁合同与普通的债权债务法律关系存在差异,承租人向出租人支付全额租金及租赁物留购价款后可以取得租赁物的所有权。出租人也可以考虑主张承租人支付租金为取得租赁物所有权之目的的款项,属于《企业破产法》第32条规定的"个别清偿使债务人财产受益"的情况。

(五)融资租赁法律关系不成立,出租人申报的租金债权及出租人的表决权如何处理

《民法典》第146条规定:"行为人与相对人以虚假的意思表示实施的民事法律行为无效。以虚假的意思表示隐藏的民事法律行为的效力,依照有关法律规定处理。"据此规定,若融资租赁法律关系因租赁物存在瑕疵等原因无法成立的,出租人与承租人较有可能构成借贷法律关系,出租人在该等法律关系下的本息债权仍然应当获得保护。但由于租赁物属于租金债权的担保物,融资租赁法律关系不成立的,将导致租赁物的担保功能丧失。若出租人的债权不享有其他抵质押担保的,出租人的本息债权应当确认为普通债权而非有财产担保债权。因此,应当允许出租人作为普通债权人享有表决权。

另外,《企业破产法》第59条第2款规定:"债权尚未确定的债权人,除人民法院能够为其行使表决权而临时确定债权额的外,不得行使表决权。"若出租人由于融资租赁法律关系是否成立问题与管理人产生争议,导致管理人未在债权人会议前确认出租人享有债权的,就理论上而言,若受理破产案件的人民法院同意赋予出租人临时表决权的,其仍然可以行使表决权。但该等临时表决权是否发生表决效

果,仍然受到出租人的债权是否最终被确认、被确认金额的影响。此外,除非出租人享有的债权金额较大,或存在类似情况的债权人较多,一般在实务中"人民法院能够为其行使表决权而临时确定债权额"的情况较少。

(六)出租人申报债权未被管理人确认的,出租人如何进行权利救济

《企业破产法》第58条规定:"依照本法第五十七条规定编制的债权表,应当提交第一次债权人会议核查。债务人、债权人对债权表记载的债权无异议的,由人民法院裁定确认。债务人、债权人对债权表记载的债权有异议的,可以向受理破产申请的人民法院提起诉讼。"《最高人民法院关于适用〈中华人民共和国企业破产法〉若干问题的规定(三)》(2020修正)第8条规定:"债务人、债权人对债权表记载的债权有异议的,应当说明理由和法律依据。经管理人解释或调整后,异议人仍然不服的,或者管理人不予解释或调整的,异议人应当在债权人会议核查结束后十五日内向人民法院提起债权确认的诉讼。当事人之间在破产申请受理前订立有仲裁条款或仲裁协议的,应当向选定的仲裁机构申请确认债权债务关系。"综合上述规定,若出租人申报的债权未被管理人确认的,出租人可以向管理人提出异议。若出租人提出的异议仍然未被管理人接受的,出租人可以提起债权确认的民事诉讼。

需要注意的是,根据笔者代理债权申报案件的经验,由于管理人在短期内一般需要完成大量债权申报材料的审查,发生债权审核错误的情况也存在。因此,若出租人申报债权未被管理人确认,且出租人认为管理人的审查结果确有错误的,笔者建议出租人积极提出异议。出租人向管理人提出异议时,应当清晰地表述对管理人债权确认结果中的哪一部分存在异议,出租人提出异议的对应法律依据、合同依据,并尽可能明确对应合同依据在出租人提交的债权申报材料的相应位置。

此外,《最高人民法院关于适用〈中华人民共和国企业破产法〉若干问题的规定(三)》(2020修正)第8条规定的债权人提起民事诉讼的时间,实际以管理人在债权人会议召开之前已完成债权审核为前提。但在有些破产案件中,第一次债权人会议召开时管理人尚未完成全部债权人申报债权的审核工作,存在将债权人申报的债权列为"待定债权"并在债权人会议后才陆续向各债权人发出债权审核结果的情况。此外,管理人对出租人提出的债权异议不予调整且不予答复的情况也较常见。在上述情况下,出租人提出破产债权确认诉讼的时间,笔者建议以出租人提交的债权异议材料送达管理人之日起算15天后。

后　记

本书顺利出版,依靠的是整个团队的力量。首先,本书的完成离不开申骏律师事务所创始合伙人管敏正律师的支持与鼓励,他的支持与鼓励使我们有更多的精力投入写作当中。其次,本书是我与团队合伙人袁雯卿律师共同撰写完成的,袁雯卿律师的勤奋、敬业、专业令人钦佩,没有袁律师的参与,本书恐怕就不能面世了。最后,在本书写作过程中,团队其他成员不仅分担了业务上的许多工作,而且参与了书稿的案例检索、观点讨论、后期校对等大量工作。本书的写作让我更加坚信团队的力量,在此,我向团队的全体同事表示感谢!

律师写作不能闭门造车,本书能完成,得益于我们长期从事融资租赁法律实务并积累了大量的经验。在此过程中,我们的融资租赁公司客户提供了业务,让我们有机会深度参与融资租赁业务实践,掌握第一手融资租赁业务信息。在实践中,许多融资租赁公司的法务专家或业务人员虚心好学,经常与我们讨论融资租赁法律实务问题,给予我们大量启发。因此,本书的完成,需要感谢我们的所有客户,感谢所有愿意与我们讨论问题、分享思想的朋友!

我们提交给融资租赁公司的法律意见是否专业、可行,最权威的检验方式可能就是我们的法律意见能否获得法院或仲裁机构的支持。因此,我们持续关注司法实践中的案例,了解、掌握最新的司法裁判观点动向。裁判文书的公开,给我们提供了极大便利。而在代理融资租赁合同纠纷案件过程中,法官们或仲裁员们的专业、严谨令我们打心底服从他们所作出的判决或裁决,法官们、仲裁员们辛苦撰写的裁判文书,是本书写作的重要素材。因此,本书的完成,也需要感谢广大的裁判工作者。

此外,我们在写作本书的过程中碰到了许多问题,我们向许多学者、法务人员、律师同行等请教,得到了他们的大力指导与帮助,在此表示衷心感谢!当然,文责

后　记

由我们自担。

本书的面世,离不开法律出版社邢艳萍编辑的辛勤工作。她耐心细致地审阅、校对、编辑本书,不厌其烦地解答我的问题,并提出了许多宝贵的修改意见,使本书更加完善。在此表示由衷感谢!